폴리페서 수사실무

Police Professor Investigative Practice

Superimposition Method

Interrogation

Polygraph

Autoerotic death

Voice Print

scientific investigation

Search warrant

머리말

필자는 공채24기로 경찰에 입문하여 34년간의 경찰공무원생활 중 여청수사팀장을 마지막으로 정년퇴직하면서 경찰공무원 전반을 오직 수사, 형사, 과학수사 부서에서 실무와 실무팀장으로 근무를 하여 왔다.

우연한 기회로 강단에 서게 되면서, 그간의 경험을 공유할 수 있는 기회라고 생각하였지만, 강단에 서는 준비과정은 또 다른 어려움의 연속이었고 그 어려움의 핵심은 정리되어 있는 무언가의 부재였다. 필자의 수업을 같이한 학생들이 경찰관이 되어 현장에 투입되면 바로 업무를 시작하여도 손색이 없을 정도의 실무와 실습 그리고 다양한 경험을 말로써 전달하는 것에 대한 긍지와 자부심을 가지고 수업을 진행하였지만, 말로써 전달하는것 그 자체는 한계가 있을 수밖에 없다. 이러한 부재를 해결하기 위하여 직접 강의안을 만들어 보자는 스스로의 심적 제안을 받아들이게 되었다.

그러나 초반의 의지와는 다르게 상아탑에서의 수사와 한 평생 몸 받쳐오며 근무해왔던 직업윤리와는 조금은 거리감이 있는 일이기도 하고, 실제로 수사실무와 배우는 학생들이 느끼는 수사이론과는 눈에 잘 보이지 않는 미세한 거리가 있다는 점, 실제로 수사를 배우고 시험을 목적으로 집필한 책들 중에는 분류부터 필자와의 차이가 있다고 사료되는 책들이 보여졌다. 이러한 상황들을 인지하면서, 이에 대한 간극을 줄여 보아야겠다고 생각하여 수사개론에 가깝도록 집필(혹은 정리)을 시작한 것이 바로 이 「수사실무」이다.

하지만 이 원고가 정리되면서, 좀 더 체계적으로 되지 않을까 하는 기대로 시작한 일이 시간을 거치면서 늦게 완성이 되는 상황이 되었다. 욕심은 매번 의외의 결과를 나타나는 것임을 다시 한 번 일깨워주는 계기가 되었다.

그럼에도 필자는 이 원고를 다음과 같이 완성하였다.

이 원고는 수사의 개론서라고 보면 된다. 그렇기 때문에 현시점에서 수사가 의미를 되새기고자 총론과 각론으로 나누었고, 총론에서는 형사소송법이 수사의 절차와 결합된 내용을, 각론에서는 각 범죄유형별로 어떻게 수사가 이루어지는지를 개괄적으로 설명했다. 물론 수사를 처음 접하는 학생이나 독자들을 위한 것이기에 개괄적인 설명을 할 뿐, 수사서류 작성 방법 등 세부적인 것에 대해서는 이를 생략하였다.

"수사실무"는 아래와 같은 흐름으로 집필하였다.

첫째, 수사를 처음 접하는 학생들의 이해를 높이기 위하여 여러 가지 도표를 되도록 많이 활용하였다. 따라서 숲을 바라볼수 있게끔 큰 안목성을 고려하고 수사개론의 범위에서 분량을 줄어들 수 있다록 하였다.

둘째, 대학교재로서 학생들에게 강의내용을 정리하는 차원에서 이론을 한번 더 분석함으로써 수사 관련 문제에 대한 적응력을 향상시킬 수 있도록 하였다.

셋째, 수사권이 경찰로 독립됨으로서 경찰수사와 조사절차 부분에서 개정된 부분과 변천 된 흐름을 개정된 수사구조에 대처하고 확립할 수 있도록 수정하고 보완하여 수록하였다.

마지막으로 필자의 노력이 경찰관이 되려는 학생들과 독자들에게 어느정도의 성과를 일궈 청운의 꿈을 펼쳐주기 위해 조금이라도 보탬이 되었으면 하는 바람으로 시작하였던 것이 이러한 결과물을 내게 되었다. 개정되는 법령과 수사절차를 현시점의 흐름에 맞추고자 필요없는 부분은 과감하게 삭제하는 등 노력을 기울였으나, 다소 만족하지 못한 부분이 있더라도 너그럽게 이해해 주시고, 다양한 의견과 질책을 해주시기를 소원한다.

도움과 조언을 주신 여러 수사분야 선, 후배님들에게 감사의 마음을 전하고, 본 원고의 출간을 독려해 준 학부생 여러분에게도 감사의 말을 전하고자 한다.

2025.3.25.

김 성 환.

목차

Police Professor Investigative Practice

제1편 | 수사총론

제1장 수사의 개념

제1절 수사의 의의

Ⅰ. 수사

1. 일반적 의의

수사라 함은 형사사건에 관하여 범죄의 혐의유무를 명백히 하여 공소제기 및 유지 여부를 결정하기 위하여 범죄사실을 조사하고 범인 및 증거를 발견・수집・보전하는 수사기관의 활동이다.

① **공소** : 법원에 대하여 특정한 형사사건의 심판을 요구하는 검사의 법률행위적 소송행위를 말한다. 검사의 공소제기는 수사의 종결을 의미하는 동시에 공소에 의하여 법원의 심판이 개시된다. 따라서 공소에 의하여 범죄수사는 일응 종결되고 사건은 공판절차로 이행된다.

② **증거** : 증거는 사실인정의 근거가 되는 자료를 말한다. 증거는 증거방법과 증거자료의 두 가지 의미를 포함하는 개념이다. 증거방법이란 사실인정의 자료가 되는 유형물 자체를 말한다. 증인, 증거서류, 증거물이 여기에 속한다. 이에 대하여 증거자료는 증거방법을 조사함에 의하여 알게 된 내용을 말한다. 예컨대 증인신문에 의하여 얻게 된 증언, 증거물의 조사에 의하여 알게 된 증거물의 성질이 그것이다.

③ **수사기관** : 수사기관이란 법률상 수사의 권한이 인정되어 있는 국가기관을 의미한다. 수사기관에는 검사와 사법경찰관리가 있고, 사법경찰관리에는 일반사법경찰관리와 특별사법경찰관리가 있다.

2. 형식적 의미의 수사와 실질적 의미의 수사

(1) 형식적 의미의 수사

① 수사를 하는 과정에서 어떤 수단과 방법을 선택할 것인가 하는, 수단 또는 형식에 관한 절차적인 측면에서 보았을 때의 수사를 의미한다. 이러한 절차면에서의 수사는 수사기관, 피의자, 참고인 등의 권리 의무관계가 형성되므로 합법성이 요구된다.

② 형사소송법의 절차적인 이념인 공공복리와 기본적 인권보장의 조화를 추구하는 활동이 되어야 한다.

(2) 실질적 의미의 수사

① 수사로서 무엇을 명백히 할 것인가 하는 목적 또는 내용에 관한 실체적인 측면에서 보았을 때의 수사를 의미한다.

② 구체적으로 문제된 사건이 과연 범죄가 될 것인가?

③ 범죄가 된다면 범인은 누구인가?

④ 그 동기는 무엇인가?

⑤ 어떠한 수단과 방법에 의해서 이루어졌는가?

⑥ 용의자로 지목된 사람이 과연 진범인가 등에 관한 수사

⑦ 합법성보다 합리성 또는 합목적성이 요구된다.

⑧ 형사소송법의 이념인 실체적 진실 발견을 추구한다.

3. 구별개념

① **일반경찰상의 행위와의 구별** : 수사는 이미 발생한 범죄 진압을 목적으로 하는 행위로서 사전의 범죄예방과 사회질서 유지를 위한 지구대 경찰관의 순찰활동이나 불심검문은 수사가 아니다.

② **실행기관에 따른 구별** : 수사는 수사기관의 활동이므로 사설탐정의 활동은 수사가 아니다.

③ **행정기관의 조사행위와의 구별** : 행정기관의 인구조사 등의 조사행위는 행정목적의 수행을 위한 행위로, 수사기관의 범죄수사 행위와는 구별된다.

④ **공소제기 재판 등과의 구별** : 수사도 공소제기, 공판과정과 더불어 형사소송절차의 일환이나, 순수한 공소제기나 공판과정에서의 피고인심문, 증인심문 등은 수사가 아니다.

Ⅱ. 수사의 기본이념

1. 의의

수사의 기본이념은 실체적 진실발견과 인권보장이 양대 주축을 이루고 있으며 적법절차를 준수하여 양 목표가 조화를 이룰 수 있도록 노력하여야 한다.

2. 실체적 진실발견

(1) 의의

당사자의 주장 또는 입증에 구애되지 않고 객관적 사실의 진상을 규명하려는 절차법상의 이념이다.

(2) 한계

① **인간능력의 한계와 제도 자체에서 오는 한계이다** : 개개사건의 진실발견을 위하여 무한한 비용과 시간 및 노력을 들일 수는 없으며, 또 사후에 절대적인 진실을 완전히 재현함은 불가능함으로 가능한 범위 안에서 객관적인 진실에 접근하려는 것이 실체적 진실발견의 이념이라고 할 수 있다.

② **다른 중요한 이익과의 충돌로 인한 제약이다** : 예컨대, 군사상 비밀, 공무상 비밀, 업무상 비밀과 압수 수색 검증의 제한을 들 수 있다.

③ **인권 보장적 측면에서 가해지는 제약이다** : 예컨대, 수사기간의 제한, 재판기간, 위법수집증거의 증거능력 부정 등을 들 수 있다.

3. 기본적 인권보장

수사는 그 자체로서 인권을 침해할 소지가 많은 만큼 형사소송법은 인권보장을 위하여 임의수사를 원칙으로 하고, 강제수사는 법률의 규정이 있는 때만 가능하도록 하고 또 영장주의를 채택하고 있다.

Ⅲ. 수사의 지도원리

① **실체적 진실주의** : 객관적 사실의 진상을 규명하는 것

② **무죄추정의 법리** : 유죄 판결이 있기 전 까지는 일응 무죄로 추정한다는 것

③ **필요최소한도의 원리** : 수사는 필연적으로 인권을 제한할 수밖에 없으므로 강제수사는 물론 임의수사도 필요한 최소한에 그쳐야 한다.

④ **적정절차의 원리** : 인간의 존엄과 가치를 보장하는 헌법 정신에 합치되는 방법으로 수사를 해야 한다.

Ⅳ. 수사의 성질

1. 사실의 진상을 탐지하는 활동이다

범죄수사는 범죄사실의 진상을 규명하는 활동이고, 그 사실에 적용할 형벌법령을 밝혀내는 활동으로 과거의 범죄사실을 탐지하여 재현한다는 것을 의미한다. 그러나 수사관이나 법관이 신이 아닌 이상 과거의 사실에 대한 순수한 진상을 파악한다는 것은 사실상 불가능한 일이다. 여기서 말하는 진상이란 진상 그 자체가 아니고 진실에 아주 가까운 개념으로서 누구에게도 의심을 불러일으키지 않고 수긍할 정도의 것을 말한다. 그러나 여기서 사실의 인정은 증거에 의하여야 한다.

2. 형사절차의 일환이다

범죄수사는 직접으로 공소의 제기 및 수행을 위한 준비활동인 동시에 국가 형벌권 행사를 위한 형사절차의 일환인 것이다. 그리고 공소제기의 준비뿐만 아니라 공소수행에 필요한 자료 수집을 하는 것도 범죄수사의 목적이 되는 것이므로 반드시 기소 전에 한하는 것이 아니고 그 활동은 기소 후에도 행하여지는 것이다.

3. 심증형성을 지향하는 활동이다(하강과정)

수사관이 범죄현장을 보고 심증을 형성하는 과정이다. 범죄수사는 사실의 진상을 파악하고 그것을 형사절차에 올려놓는 활동이므로, 수사관은 무엇보다도 자신이 사실의 진실성에 대해서 확신 있는 판단을 얻는다는 것이 필요하다. 왜냐하면 수사의 목적을 달성하기 위해서는 그 수사로서 수사관이 도달한 종국적 판단이 법관의 심증을 획득할 수 있는 것이 아니면 안 되기 때문이다. 이러한 의미에서 범죄수사는 수사관이 자신의 심증을 형성하는 것을 지향하는 활동이라고 볼 수 있다.

4. 획득한 판단을 증명하는 활동이다(상승과정)

검사, 법관의 심증을 형성하도록 증거를 확보・보전하는 과정이다. 수사관이 수사로서 확신 있는 판단에 도달했을 경우, 즉 수사관 자신이 심증을 얻었을 때에는 그것을 형사절차에 올려놓기 위하여 얻은 심증의 진실성을 설명하지 않으면 안 된다. 수사관의 증명이 완벽할 때 법관의 심증에 영향을 미쳐 유

죄 판결이 행해지는 것이다.

5. 수사의 2가지 과정 : 하강과정과 상승과정

범죄수사는 두 가지의 성질이 다른 단계를 통하여 행하여지며 하강과정과 상승과정이 있다.

구분		내용
1단계	하강 과정	① 수사관 자신이 범죄사실의 진상을 파악·확인하고 심증을 형성하기 위한 과정 ② 수사관은 자기의 심증을 얻기까지는 엄격한 의미에서의 증거는 필요가 없으므로 수사관은 자유자재로 수사를 추진할 수 있다(자유로운 증명). ③ 용의자의 조사는 하강과정에서 행하는 수사로 법관의 심증형성단계에 이르기 위한 수사이다. ④ 전개적(연역적) 추리를 한다. 하나의 사실로서 다수의 추리선을 전개하는 것이다.
2단계	상승 과정	① 피고인이 유죄임을 확신하는 법관의 심증형성을 목표로 하는 활동이다. ② 검사 및 법관에게 틀림이 없다는 심증을 갖도록 증명을 하기위한 증거수집과정이다(엄격한 증명). ③ 고소·고발수사는 피고소인·피고발인이 특정되어 있는 등 사실관계가 보다 확실하므로 수사의 중점은 상승과정수사이다. ④ 현행범의 수사는 증거가 확실하므로 바로 피의자로 입건, 상승과정의 수사만이 행하여진다. ⑤ **집중적(귀납적) 추리사용** : 다수의 사실로써 하나의 사실을 추론하는 것이다.
원칙과 예외		① 범죄수사는 대체로 하강과정을 거쳐 상승과정으로 발전하는 것이 순서이나 이 순서는 반드시 고정적인 것은 아니다. ② 예컨대 현행범인을 체포한 경우와 같이 범죄사실의 진상이 처음부터 명백한 경우에는 수사관 자신의 진상파악을 위한 별도의 활동을 필요로 함이 없어 상승과정의 활동만이 전개되는 것이다. ③ 상승과정없는 하강과정은 있을 수 없지만, 하강과정없는 상승과정은 있을 수 있다. ➪ 수사시에는 하강과정과 상승과정이 함께 있거나, 하강과정이 없이 상승과정만 있을 수 있다.

Ⅴ. 수사의 목적

1. 피의사건의 진상파악

공소제기 전 수사의 목적은 수사기관이 수사의 단서를 통하여 범죄에 관한 주관적 혐의점을 발견하고 그에 관한 범인 및 범죄사실에 관한 진위를 명백히 하여 객관적 혐의로 발전시키는데 있다.

2. 기소·불기소의 결정

수사를 통하여 파악된 피의사건의 진상을 토대로 법률적 평가, 즉 구성요건해당성, 위법성, 책임성, 처벌조건, 소추조건을 고려하여 기소·불기소 여부를 결정한다.

3. 공소제기 및 유지

수사의 제1차적 목적으로 기소하기로 결정된 사건에 대해서는 수집된 증거를 토대로 공소를 제기하고, 필요시는 공소유지를 위한 수사도 가능하다.

4. 유죄판결

수사의 궁극적인 목적은 당해 범죄에 관하여 유죄의 판결을 받게 하는 것이다.

5. 형사소송법의 목적 실현

형사소송법의 절차면에 관한 목적인 인권보장 · 공공복리의 조화와 실체면에 관한 목적인 실체적 진실 발견은 수사에도 그대로 적용된다.

Ⅵ. 수사의 대상

범죄수사로서 무엇을 탐색하고 명확하게 할 것인가 하는 수사의 대상, 즉 수사의 실체면은 이를 사실적 내용과 법률적 내용의 두 가지로 나누어 볼 수 있다.

1. 수사의 사실적 내용(사실적 실체면)

(1) 의의

수사의 사실적 내용이란 과거에 행하여진 범죄사실을 관념적으로 재현하는 것으로 수사요소의 충족, 행위의 필연성, 사건의 형태성이 있다.

(2) 수사요소의 충족

구분	요소	8하의 원칙
4하의 원칙	① 주체(누가)	8하의 원칙 (← 이 원칙이 가장 효과적)
4하의 원칙	② 일시(언제)	
4하의 원칙	③ 장소(어디서)	
4하의 원칙, 6하의 원칙	④ 행위 · 결과(무엇을 했나)	
6하의 원칙	⑤ 동기(왜)	
6하의 원칙	⑥ 수단 · 방법(무엇으로 어떻게 해서)	
	⑦ 공범(누구와)	
	⑧ 객체(누구를)	

수사요소란 범행의 관념적 재현을 위해서는 최소한의 요건을 구비해야 하는데, 소송절차에서는 요증사실이라고 하며 사실인정에는 위와 같은 요소가 충족되어야 한다.

(3) 행동의 필연성

사람의 행동이라는 것은 이유나 원인 없이는 행하여 지지 않는 것이며, 반드시 그렇게 되지 않으면 안 되는 사태와 조건이 따르는 것이다. 다시 말하면 그 범행이 일어나지 않으면 안 되었던 조건들을 묘사하여야 한다. 따라서 수사의 요소를 명확하게 하는 데는 그와 같은 범행이 행하여진 이유와 경과 혹은 조건 등을 포착해서 그 필연성을 추궁해 나가지 않으면 안 된다. 예컨대 범죄일시 하나를 명백하게 하는데도 어째서 그 시간을 택하였는가 그리고 그 시간이 행동의 어떤 점에 영향을 주었는가 하는 점을 조사함으로써 그 행동의 필연성을 명백하게 하여야만 한다.

(4) 사건의 형태성

사건이 전체적으로 집약되는 것을 사건의 형태성이라 한다. 우리들은 범행의 전부에 걸쳐서 완전한 증거를 획득하기란 불가능하다. 아무래도 일부의 자료에 의하여 전부의 사건을 묘사해 볼 수밖에 다른 도리가 없다. 그렇게 하자면 수집된 일부의 증거가 질서 있게 정리되어 결국 형태성을 갖추게 하는 것이 가장 중요하다. 수집된 자료는 항상 전체와 관련시켜서 종합된 형태로 정비되지 않으면 안 된다. 그러기 위해서는 형태화함에 필요한 자료와 증거를 되도록 많이 수집하는 동시에 그러한 자료의 상호관계를 합리적으로 긴밀하게 결부시켜서 연구하여야 한다. 그러한 자료나 증거가 상호 모순이 있다든지 전체의 인정에 도리어 방해가 된다든지 하여서는 사건을 생생하게 재현시킬 수는 없는 것이다.

2. 수사의 법률적 내용(내용적 실체면)

범죄로 될 행동을 명확하게 하는 동시에 그러한 행동을 법률적으로 평가하여 범죄로 되는가, 그리고 그 행동이 어떠한 범죄가 되는가를 명확하게 하지 않으면 안 된다. 본래 실제의 활동에 있어서 범행사실의 인정과 법률의 적용에는 항상 동시적으로 상호 불가분의 관계에서 진전되고 범죄행위의 전모가 명확하게 됨으로서 비로써 법률적 평가가 시작된다는 시간적 순서가 있는 것도 아니다. 수사를 개시하는데 있어서도 반드시 법률적으로 범죄성립의 평가를 받아야만 하는 것은 아니다.

수사의 법률적 내용은 범죄사실의 법률적 평가를 의미하는 것이다. 법률적 내용은 형벌법령에 정하여 있는 요건이 구체적으로 그 사건에 있어서 어떠한 형태로 표현되어 있는가를 명확하게 하지 않으면 안 된다. 범죄라는 것은 형벌법령에 열거된 위법 유책한 행위이다. 따라서 일반적으로 범죄행위가 되는가 여부는, ① 구성요건해당성이 있는 행위, ② 위법성 있는 행위 ③ 책임성 있는 행위 등 가벌성 있는 행위 여부를 검토함으로서 명확하게 하여야 한다.

VII. 수사의 조건

1. 의의

수사개시의 조건과 수사실행의 조건을 말하는 것으로 강제수사는 물론 임의수사도 인권을 침해할 소지가 많은 만큼 수사권 발동을 제한하는 원리가 수사조건론이다. 수사조건론은 수사의 합리성이 아닌 합법성을 강조하기 위한 것이다.

2. 수사의 일반적 조건

(1) 수사의 필요성

수사는 수사 목적을 달성함에 필요한 경우에 한해서 허용된다. 즉 임의수사의 경우는 수사에 필요한 때, 강제수사의 경우는 체포, 구속, 압수, 수색, 검증의 필요성이 인정되어야 한다.

(2) 수사의 상당성

(가) 수사의 신뢰의 원칙

수사는 국민의 신뢰를 침해하는 형태로 행하여서는 안 된다는 원칙으로 함정수사가 문제된다.

① **함정수사의 의의** : 함정수사란 수사기관이 신분을 숨기고 범죄를 교사한 후 그 실행을 기다렸다가 체포하는 것을 말한다.

② **함정수사의 위법성** : 종래 대륙법계에서는 교사자의 처벌에 관하여서만 논의하였을 뿐 수사방법의 적법성에 관하여서는 별다른 논의가 없이 피교사자가 당연히 범죄가 성립된다고 보았다. 교사자는 기수의 고의가 없어 처벌할 수 없다는 것이 통설이다. 영미에서는 함정수사를 기회제공형 과 범의유발형으로 나누어 판단하였다. 기회제공형이란 이미 범죄의사를 가진 자에게 범죄의 기회를 부여하는 것이고, 범의유발형이란 범죄의사 없는 자에게 범죄의사를 일으키게 하여 범죄를 실행시키는 것이다. 대법원은 교사자를 기회제공형은 처벌할 수 없으나, 범의유발형은 처벌할 수 있다는 입장이다.

③ **판례** : 마약단속 공무원이 정보원을 활용하여 피의자로부터 마약을 매수하여 범죄를 행하였다 할지라도 **전혀 범의없는 자로 하여금 범행을 유발하게 한 경우**가 아니면 피의자의 행위는 공소절차 및 공소권에 하자가 있는 것으로 볼 수 없다(大判 1982.6.8, 82조884).

(나) 수사비례의 원칙

① 수사권을 발동함으로서 얻는 이익과 그로 인하여 침해되는 이익을 비교하여 침해이익이 더 크면 수사권을 발동할 수 없다는 원칙으로 경미한 범죄에 대하여도 수사권을 발동하면 이 원칙에 위배될 수 있다.

② 수사처분은 수사의 목적을 달성함에 필요한 최소한도 내에서만 허용되어야 한다(필요최소한도의 원칙).

③ 수사의 결과에 의한 이익과 수사로 인한 법익침해가 부당하게 균형을 잃어서는 안된다.

④ 수사의 비례성은 임의수사보다는 특히 **강제수사**의 경우 강조된다.

(3) 소송조건과 수사의 필요성

(가) 의의

소송조건이 결여되면 공소제기의 가능성이 없으므로 수사의 필요성도 부인된다.

(나) 친고죄의 고소와 수사

① 친고죄의 고소는 범죄의 성립요건과는 전혀 관계가 없다

② 친고죄의 고소는 소송조건이므로 피해자가 고소하지 않겠다는 의사표시를 분명히 하면 수사의 필요성이 부인되어 수사할 수 없다.

③ 고소가 없을 지라도 수사는 할 수 있다. 이 경우 수사의 범위에 관해서 다툼이 있다.

㉠ 고소가 없으면 임의수사만 가능하다는 것이 소수설의 입장이다.

㉡ 강제수사도 가능하다는 것이 다수설과 판례의 입장이다.

(4) 수사의 조건과 범죄혐의

① **수사의 개시를 위한 범죄혐의** : 수사개시를 위한 범죄의 혐의는 주관적으로 가능하다. 그러나 주관적으로 범죄혐의를 인정함에 대한 합리적 근거가 있어야 한다.

② **체포구속을 위한 범죄혐의** : 체포 구속을 위한 범죄혐의는 증거에 의하여 뒷받침되는 객관적 혐의가 있어야 한다.

③ **압수수색을 위한 범죄혐의** : 압수 수색을 위한 범죄혐의는 최초의 혐의로 족하다할 것이므로 객관적 혐의를 요하는 것은 아니다.

(5) 수사조건 위반의 효과

수사조건을 위반한 수사에 의하여 수집된 증거는 위법수집증거배제법칙에 의하여 ① 증거능력이 부정되고, ② 준항고의 대상이 되며(제417조), ③ 형법상 직권남용죄(형법 제123조)를 구성한다.

(6) 수사구조론과 수사조건

(가) 규문주의 소송구조

법원이 스스로 절차를 개시하여 심리, 재판하는 주의를 말한다. 즉 규문주의는 심리개시와 재판의 권한이 법원에 집중되어 있다는 점에 특색이 있다. 따라서 규문주의에서는 소추기관이나 피고인도 없이 오직 심리 재판하는 법관과 그 조사, 심리의 객체가 있을 뿐이다.

(나) 탄핵주의 소송구조

재판기관과 소추기관을 분리하여 소추기관의 공소제기에 의하여 법원이 절차를 개시하는 주의를 말한다. 탄핵주의에서 법원은 공소 제기된 사건에 대하여만 심판할 수 있다는 불고불리의 원칙이 적용되고 피고인도 소송의 주체로서 절차에 관여하여 형사절차는 소송의 구조를 갖게 된다.

(다) 소결

피의자의 인권을 고려하지 않는 규문적 소송구조나 수사구조에서 보다 피의자의 인권을 보장하는 탄핵적 소송구조나 수사구조에서 수사조건이 강조된다.

제2절 수사의 원리

Ⅰ. 범죄수사의 가능성

1. 범죄의 흔적

범죄행위는 그 과정에서 범죄의 흔적(범적)을 남긴다. 만일 전혀 흔적을 남기지 않는 범행이 있다고 하면 그것은 완전범죄라고 말할 수 있어 범죄수사의 대상이 될 수 없을 것이다. 즉 수사에 있어서도 완전수사가 없는 것과 같이, 완전히 범적을 남기지 않는 완전범죄도 있을 수 없다.

2. 범죄의 흔적과 인과관계

범죄행위는 그 과정에서 흔적을 남기며 범죄흔적과 범죄 사실 간에는 인과관계가 존재하게 되고 이 인과관계를 밝힘으로서 범죄수사는 가능한 것이다.

3. 범죄수사 가능성의 3대 근간

① **범죄는 인간의 행동** : 인간의 생물학적 · 심리학적 징표에 관한 흔적(예 혈액 · 정액 · 수법 등)을 남기게 된다.

② **범죄는 사회적 행동** : 사회적 제반 법칙에 따른 흔적(예 도구입수 · 목격자 등)을 남기게 된다.

③ **범죄는 자연현상을 수반한 행동** : 범죄는 자연현상(지 · 공 · 해)속에서 이루어지며, 필연적으로 자연과학적 법칙에 따른 흔적(예 현장의 변화, 지문, 족적 등)을 남기게 된다.

Ⅱ. 범죄의 징표

1. 범죄의 징표와 범죄흔적 · 형태 · 종류 · 기능 · 수사선

(1) 범죄 징표의 의의

범죄에 수반하여 나타나는 내적 외적 현상의 일체를 말한다.

(2) 범죄흔적(범적)

수사의 대상이 되는 범죄 징표는 수사 자료로 사용될 수 있는 것이어야 한다. 수사수단에 의하여 수집되는 것이어야 하고, 그와 같은 수사수단에 의하여 수집되는 범죄의 징표는 주로 외적으로 표현되는 징표이므로, 때문에 외적 현상만을 범죄흔적이라 한다. 범죄는 사회와 자연현상 속에서의 인간의 행동이기 때문에 범죄 징표는 범행시 범인이 관계한 여러 가지 대상에서 찾을 수 있다.

(3) 범죄 징표의 형태

<table>
<tr><th>범죄징표</th><th colspan="3">흔적</th></tr>
<tr><td>범인의 생물학적 특징에 의한 징표</td><td colspan="3">인상, 지문, 혈액형, DNA, 정액, 기타의 신체 특징(불구, 단신, 장구, 꼽추, 절음발이 ,耳(이)형, 齒(치)형, 모발의 특징, 음성, 동작)</td></tr>
<tr><td rowspan="5">범인의 심리학 (심령학×)적 특징에 의한 징표</td><td rowspan="4">보통심리</td><td>범행동기</td><td>원한, 치정, 미신, 이욕 등</td></tr>
<tr><td>범행결의</td><td>불안, 초조, 친지와의 상담 등 심리적 갈등, 흉기・용구의 준비, 현장의 사전답사, 알리바이 공작 등</td></tr>
<tr><td>범행 중</td><td>목적달성에 용이한 방법, 숙지・숙달된 기술 선호</td></tr>
<tr><td>범행 후</td><td>특수한 꿈, 잠꼬대, 피해자에 대한 위로, 친지 등에의 고백, 자살, 도주, 증거인멸, 변명 준비 등</td></tr>
<tr><td>이상심리</td><td colspan="2">심리과정에 합리적인 일관성이 결여</td></tr>
<tr><td>범인의 사회관계에 의한 징표</td><td colspan="3">사회적 지문(성명, 가족, 주거, 경력, 직업 등), 목격자, 도구의 입수, 풍설, 소문 등</td></tr>
<tr><td>자연현상에 의한 징표</td><td colspan="3">일시의 확정 (일기・신문 등 사회적 요소, 일출・일몰 등 자연현상, 시체의 위(胃)내용물 감정), 물건의 특정(물건의 특징, 물건의 이동)</td></tr>
<tr><td>문서에 의한 범죄징표</td><td colspan="3">문자의 감정, 사용잉크의 감정, 지질(종이의 질)의 감정</td></tr>
</table>

(4) 종류

① **유형적 징표** : 생물학적 자연현상 문서에 의한 징표가 있다.

② **무형적 징표** : 심리적 사회적 징표 등이 있다.

③ **직접적 징표** : 유류물 등을 통한 징표를 말한다.

④ **간접적 징표** : 사람의 기억을 진술에 의해 간접적으로 듣는 것을 말한다.

(5) 범죄 징표의 기능

① 범죄 징표는 범인 및 범죄사실의 발견을 위한 수사 자료로서의 기능을 가지고 있다.

② 이러한 범죄 징표는 주로 범인, 범죄일시, 범행 장소, 물건 등 수사의 요소를 확정하는데 이용된다.

③ 범죄 징표의 형태에 따라 범행동기를 추정하여 수사선이나 수사방향이 결정된다.

(6) 범죄 징표와 수사선과의 관계

① **범죄 징표** : 범죄 징표이론은 합리적 지식에 기초한 이론면 인데 반하여, 수사선은 특정사건의 수사에 당하여 범죄 징표이론을 실제에 응용하는 실천면에 해당하는 것이다. 즉, 범죄 징표이론은 수사수단을 통하여 수집된 여러 범죄흔적이 범인 및 범죄사실의 어떤 것을 징표 하는가를 수사지식을 기초로 하여 "범행에서 징표로"의 이론적 지식체계인 것이다. 즉, 범죄가 있으면 반드시 징표가 남는다는 합리적

지식체계를 말한다. 예를 들어 살인사건 현장에서 피해자의 상처 부위나 피해자가 잔혹하게 살해되었다면 살인의 동기는 원한, 치정 등의 추정이 가능하다.

② **수사선** : 수사선은 범죄흔적을 보고 어떠한 범죄에서 비롯된 것이라는 원인을 캐는 "징표에서 범죄로"의 추리적 체계화로서 구체적으로 수집된 범죄흔적을 기초로 범죄 징표이론을 응용하여 범인 및 범죄사실을 추리하는 선을 말한다.

2. 범인의 생물학적 특징에 의한 범죄 징표

(1) 의의

인간은 생물학적 존재이므로 모든 사람은 생물학적으로 다르고 쉽게 변경할 수 없다. 수사상 주로 이용되고 있는 징표로는 인상, 지문, 혈액형, 기타 신체적 특징이다.

(2) 인상

(가) **피의자의 인상** : 개인 식별에 가장 많이 사용되는 것이 얼굴 즉 인상이다.

(나) **피의자 사진** : 피의자의 사진 또는 금융기관 등에 설치된 CCTV의 사진은 범인식별 상 정확한 자료가 될 수 있다.

(다) **몽타주 사진** : 몽타주란 프랑스어로 '조합하다'라는 뜻으로 피의자의 인상을 알고 있는 자의 기억을 기초로 피의자의 특징을 합성한 것으로 사진을 입수할 수 없을 때 사용한다.

(라) 선면수사법

A. 의의

피의자의 인상을 알고 있는 자의 협력을 얻어서 동일인을 확인하는 수사방법으로, 실물에 의한 선면, 사진에 의한 선면, 인상서에 의한 선면(용의자의 인상 특징을 글로서 표현한 것)이 있다.

B. 주의사항

① 실물에 의한 선면의 경우는 목격 당시와 동일한 조건하에서 관찰하게 하여야 한다.

② 기억의 불완전성을 고려 기타 증거자료를 수집하여 진술의 진위를 확인하여야 한다.

③ 피선면자와 단독으로 선면하게 하면 선면자는 용의자를 범인으로 보려는 경향이 강하므로 여러 명의 피선면자를 선면하게 한다.

④ 선면자의 보호를 위하여 피선면자 모르게 선면한다.

(3) 지문

지문은 만인 부동, 종생불변의 특성이 있어서 가장 정확한 개인 식별법으로 널리 활용된다.

(4) 혈액형

① 혈액형은 A형, B형, AB형, O형의 ABO식 분류, MN식, Rh식의 분류법이 사용되고 있다.

② 혈액형으로는 개인의 동일성을 적극적으로 증명할 수 는 없으나 소극적으로 동일인이 아니라는 증명에 이용된다.

③ 혈액형은 타액, 콧물, 땀, 정액, 소변, 눈물 등에서도 검출될 수 있다.

(5) DNA

DNA는 염색체 위에 존재하는 유전정보를 책임 맡은 유전물질로서 세포에서 세포로 옮겨지고 부모에서 자식에게 전해지는데, DNA지문은 개인차가 심하여 모든 개체에서 검출된 패턴이 완전히 다르며 다만 일란성 쌍둥이만 동일하다.

(6) 기타 신체적 특징

기타 신체적 특징으로서 불구, 이(귀)형, 치형의 특징도 다양하여 개인 식별의 자료가 되며, 모발, 음성, 동작 등도 개인 식별에 활용되고 있다.

3. 범인의 심리적 특징에 의한 범죄 징표

(1) 범죄 심리의 응용

인간은 육체적인 동시에 심리적인 존재로서 인간의지의 외적표현인 행위에는 인간의 심리가 작용하여 심리적 흔적을 남긴다. 따라서 범죄 심리에 관한 지식은 범죄 징표의 발견은 물론 진술, 도주, 증거인멸, 위장 등의 심리를 포착하여 수사수단의 기술로 이용된다.

(2) 범인의 인격과 성격

범죄자의 인격이라 함은 범행 당시에 형성되는 인간으로서의 심리적 태도를 말한다. 한편 성격이라 함은 대체로 10세를 전후하여 사회 환경적으로 형성되어 성장과 더불어 변경하기 어렵게 고정화되는 심리 태도를 말한다. 사람의 언어, 동작, 수법 등에 성격적 특징이 나타나므로 이에 의하여 범인의 특정에 이용되고 있으나, 지문과 같이 고정불변적인 것이 아니고 어느 정도 변동성이 있으며 성격의 분류가 어렵고 외적표현만으로 성격의 정확한 판단이 곤란하다는 약점이 있다.

(3) 범죄 심리의 종류와 내용

범죄 심리에는 정상인으로서의 심리과정으로 범행과 관련하여 동기, 결의, 범행, 범행 후의 과정에서 나타나는 징표로서 보통심리와 범행의 심리과정에 합리적인 일관성을 결한 정신병자, 이상성격자의 이상 심리가 있다.

(가) 보통심리

① **범행의 동기** : 동기는 범행을 결의하게 된 사회적 조건 즉 환경으로 인한 자극으로서 인간의지의 소산인 범행에는 필연코 동기를 수반한다. 따라서 범인불명의 살인사건, 방화 등에 있어서 범행의 유형, 피해자의 신원, 사회 환경 등의 자료로 원한, 치정, 미신, 이욕 등의 범행동기를 추리하여 그러한 동기를 가질만한 개연성이 있는 자에 대하여 수사를 전개함으로서 범인을 특정 하는데 이용되는 것이다.

② **범행의 결의** : 동기에 이어 범행을 결의함에는 정신병자 이상성격자 상습범인 확신범인 우발범인

등을 제외한 정상인은 그 징표로서 불안, 초조, 친지와의 상의, 흉기용구의 준비, 현장의 사전답사, 알리바이 공작 등 심리적인 갈등이 나타나는바 탐문수사 등으로 사건 전 피의자의 행동 등 파악에 주력하지 않으면 안 된다.

③ **범행의 심리** : 인간의 행위는 심리적인 것이므로, 행위 그 자체로서 심리상태를 추리할 수 있다. 범인의 심리법칙은 목적달성에 필요하고 용이한 방법을 취하려고 하고, 범행에 심리적 특징을 수반하고, 범행에 이미 숙지 숙달한 기술을 활용하려는 경향이 있다. 이러한 법칙에 의하여 범행의 유형, 범행의 목적, 동기, 범행의 계획성, 우발성, 범행시의 사용물건, 입수방법, 수법 등의 추리 간파가 가능하다.

④ **범행 후의 심리** : 범행 후의 범인의 심리는 보통 흥분과 긴장의 해소로 일시 안도감을 가지나 곧 후회와 체포에 대한 공포감 때문에 특수한 꿈, 잠꼬대, 피해자에 대한 위로, 친지 등에의 고백, 자살, 도주, 증거인멸 공작, 알리바이 청탁, 변명준비 등 이상 심리적 징표를 남기는 바 수사상 이에 유의 하여야 한다.

(나) 이상심리

이상심리란 범행의 심리과정에 합리적인 일관성을 결여한 것으로 정신병자 이상성격자의 심리를 말한다. 보통심리는 수사관이 "자신이 범인이라면 어떠한 심리일 것인가"라는 방법으로 추리가 가능하나 이상심리의 추리는 그렇지 못하다. 따라서 각종 수사 자료를 검토하여 범행심리에 합리적 일관성을 결하고 있는 것이 발견되면 이를 이상심리 소유자의 행동이 아닌가를 검토하여야 한다.

4. 범인의 사회관계에 의한 범죄 징표

(1) 의의

범죄는 인간의 사회적 행동이므로 범죄가 행해질 경우에는 반드시 사회관계와 관련된 범죄 징표를 낳는다. 사회관계는 범죄의 동기, 범인의 성격, 범인의 도주로 등에 영향을 미친다.

(2) 사회적 지문(사회관계에 의한 개인의 특성)

인간은 마치 지문의 형태와 같이 사회와의 연대관계를 갖고 있는데, 과거의 사회관계인 종적 사회관계와 현재의 사회관계인 횡적 사회관계로 연결되고 있는 것을 사회적 지문이라고 하며, 이에 의하여 개인을 특정할 수 있게 된다. 사회적 지문의 요소로는 성명, 가족, 주거, 경력, 직업 등이 있다.

① **성명** : 인간의 특정에 관한 사회적 부호로서 사회적 지문의 대표적 형태이다. 그러나 신체적 특징과는 달리 가족관계기록부의 본명 외에 별명, 예명, 이명, 호, 아호, 택호 등 개작이 가능하여 개인 특정에 한계가 있다.

② **가족** : 출생지, 생년월일, 부모, 친척관계 등 범인의 특정에 매우 효과적이다.

③ **주거** : 일상생활과 관계되는 주소, 거소 여행지, 체류지, 방문지, 배회처 등의 특정지역은 범인의 특정에 매우 효과적이다.

④ **경력** : 경력은 성장 변화하는데 일반경력과 비행경력으로 구분할 수 있다.

㉠ **일반경력** : 출신가정의 사회적 지위, 교육경력, 혼인에 관련된 경력, 병력 등

㉡ **비행경력** : 범죄경력, 가출경력, 방탕, 주벽, 도박, 폭력성, 가정폭력 등

⑤ **직업**

㉠ **의복** : 의복의 특징에 의하여 학생, 화이트칼라, 블루칼라 등 직업 식별이 어느 정도 가능하다.

㉡ **두발** : 남녀의 두발형에 의하여 어느 정도 직업을 추정할 수 있다.

㉢ **대화** : 대화는 생활 내용의 반영이므로 그 내용에 의하여 직업을 추정할 수 있다.

㉣ **범행의 방법** : 평소 직업적으로 숙달된 방법을 활용하는 것이 보통이므로 이에 의하여 범인의 직업을 추정할 수 있다.

㉤ **기타 신체적 특징** : 생선 상인의 경우 옷 등에 생선 냄새가 난다든가, 철공소 직원의 경우 옷에 기름 냄새가 난다든가, 직업에 따라 취급하고 있는 물품의 냄새나 흔적들이 기타 신체에 남아 그것들을 토대로 직업을 추정함으로서 수사의 폭을 좁힐 수 있다.

(3) 사회관계에 의한 범죄사실의 확정

① **사회양식에 의한 범행방법의 수사** : 범행의 방법은 사회양식에 따라 행해진다. 따라서 수표나 부동산 매매의 사기는 그 법적 절차 및 거래관행에 대하여, 사이버범죄의 경우는 컴퓨터에 의하여 고도의 지식을 가진 자만이 범할 수 있다. 이러한 사실을 활용하면 도망중인 지명수배자의 검거나 지능범죄의 수사에 효과적이다.

② **사회집단에 의한 범인의 수사** : 인간은 사회집단의 구성원으로 존재하며 다른 개인 및 집단과 접촉하면서 생존한다. 따라서 관청, 회사, 학교, 연합회, 조합, 클럽 등 사회집단에 관한 지식을 활용하여 범인 특히 지명수배 중인 범인을 수사하면 효과적이다.

③ **사회관계에 의한 범죄수사** : 범죄 특히 사기, 횡령, 독직 등 지능범수사에 있어서는 범죄수사의 고유한 기술보다도 사회기구. 거래관행 및 절차, 장부, 조직, 인적연결 관계(고용, 지인 관계 등) 등 사회관계에 대한 제반 지식이나 자료를 활용하면 범행의 수단 및 규모를 확정짓는데 유리하다.

(4) 사회적 파문(풍설)

① 범죄는 사회적 행동이기 때문에 사회적 파문을 남긴다. 그 대표적인 것이 풍설이다. 풍설은 범죄수사의 단서로 또는 수사수행의 자료로 중요한 의미를 가진다. 풍설의 진실성은 직접 경험자로부터의 원근과 함수관계에 있는 것이므로 그 직접 경험자를 찾도록 노력해야 한다.

② **유형**

㉠ **하향성형** : 독재자가 여론을 조작하는 방법으로 특정목적을 달성하기 위하여 선전수단으로 사용하는 방법이다.

㉡ **상향성형** : 피지배층에서 반항적 의미로 조작 유포시키는 형태이다.

㉢ **수평선형** : 대등자간에 유포되는 풍설로서 범죄의 사회적 파문인 풍설은 바로 여기에 해당한다.

5. 자연현상에 의한 범죄 징표

(1) 의의

인간은 자연속의 생물체이므로 결국 범인의 범행도 자연환경 속에서 이루어진다. 따라서 범죄는 자연현상을 수반하고 자연환경 속에 범죄 징표로서의 범죄흔적을 남기게 되므로, 자연현상에 대한 광범한 지식은 수사상 극히 긴요한 것이다. 범죄 징표로서 특히 자연현상 속에 남기는 것은 전문적인 자연과학의 힘을 빌리는 감식수사가 이용되고 있으나, 여기서는 감식분야를 제외한 부분만 설명하기로 한다.

(2) 일시의 확정

① **확정의 필요성** : 범죄일시는 범죄사실의 구성요소로서 범죄의 특정에 중요한 요소가 된다. 따라서 일시의 확정은 일력, 일기, 신문 등 사회적 요소에 의하기도 하고 일출, 일몰 등 자연적 요소에 의하기도 하므로 결국 양자를 병용하여야 한다.

② **연월일의 확정** : 연월일, 요일은 일력에 의하여 결정되지만, 기억착오, 허위진술, 알리바이, 공작 등에 대비하여 광범한 자료의 검토를 통한 결정이 필요하다. 보통 연월일, 요일의 결정 자료로서 일기, 편지의 일자, 금전출납부, 예금통장, 운전일지, 신문기사, 라디오 프로그램, 출근부, 숙박부, 승차권, 영화포스터, 악천후, 서냉도, 풍설우, 신병, 천재, 장의, 장날, 사람의 기억 등이 이용된다.

③ **시간의 확정** : 시간의 확정은 살인사건, 방화사건, 알리바이 사건 등 반증을 요하는 경우에 절대로 필요하다. 시간확정에 이용되고 있는 것을 보면, 식사시간으로부터의 추정 계산, 라디오 및 TV의 프로그램, 버스·열차의 발차시간, 신문·우유 등 정기배달물, 시계를 본 자가 있을 경우 그 전후의 시간관계, 시간적으로 정확한 생활을 하는 사람의 습관을 기준으로 시간 추정, 휴대폰 문자메시지 왔을 때의 시간, 경찰관·군인·경비원의 순찰시간 등이 있다.

(3) 물건의 특정

(가) 필요성

범죄에는 흉기와 같은 범행수단 또는 도품과 같은 피해물건 등 여러 가지 물건이 관련되는데, 범죄사실의 확정을 위해서는 이것의 특정이 필요하다.

(나) 물건특정의 본질

물건의 특정은 그 물건의 구성 물질을 과학적으로 확정하는 것과 그 물건의 동일성을 다른 유사한 물건과 식별하는 것을 그 본질로 하고 있다

① **물건의 구성 물질** : 물건을 구성하고 있는 물질이 무엇인가 즉 목재라면 무슨 나무인가 또는 유류라면 유질이 무엇인가를 과학적으로 확정하고 그 구성 물질을 수사의 자료로 활용해야 한다.

② **물건의 동일성** : 수사상 가장 중요한 것은 동종, 동질의 물건이 둘 이상 존재할 때에 수사 목적인 물건과 다른 물건과를 식별하는 물건의 동일성 판단이다. 이는 물건의 구성물질의 조사 외에도 물건에 관한 광범위한 상식 및 관련사실을 종합하여 판단된다.

③ 물건특정의 방법

㉠ **상식에 의한 물건의 특정** : 수사관은 물건의 종류 및 명칭에 대한 광범위한 상식을 가지고 이를 이용함으로서 물건을 특정할 수 있다. 예컨대 시계・안경・양복지 등의 품종, 총기・자동차 등의 부속품 명칭 같은 것을 광범위하게 알고 있음으로써, 참고인의 형체에 관한 진술만으로 그 물건을 추정할 수 있는 것이다.

㉡ **특징에 의한 물건의 특정** : 물건의 동일성 확정은 금일의 대량생산시대에서는 더욱 어렵다. 일반적으로 대량 생산품이 아닌 우산 편물 공예품 골동품은 제조자・판매자의 결정, 규격 형상의 비교 등으로 어느 정도 물건의 개별특정이 가능하고, 대량생산품의 경우에도 사진기의 등록번호, 자동차의 형 번호, 엔진번호, 모직물의 마크등 물건의 특징에 관한 풍부한 지식 활용으로 그것을 특정 하는데 노력해야 한다.

㉢ **사회적 부가물에 의한 물건의 특정** : 사용자에 의해서 생겨진 사회적 부가물에 의하여 물건을 특정할 수 있는바 주요한 예를 들면, 소지자의 성명 표시, 사용자의 습벽의 흔적, 모자의 접는 방식, 의복의 주름, 구두의 뒷축, 자동차나 기구의 사용습벽・마멸형상, 인체의 부착물, 혈액, 정액, 체액, 분뇨 그리고 직업상의 특수물질 등이 인체에서 분리되어 부착물에 부착된 경우, 물건의 접수 이동경로를 간파하여 물건의 특정할 수 있다.

④ **물건의 이동** : 물건의 이동을 중심으로 하는 수사는 장물수사인데, 장물수사는 장물처분 및 은닉장소에 대한 수사가 필요한 것은 물론이지만 그것의 발견을 위하여 물건의 이동경로를 밝히는 방법으로 행하여진다.

㉠ **장물의 수사수단** : 장물수배서에 의한 수사, 탐문수사에 의한 소지자 발견, 용의자 가택수색

㉡ **장물수사의 방법** : 장물수사의 방법으로 수사기술상 유의할 점은,

ⓐ 추정범인의 출입관계를 충분히 내탐하여 장물의 은닉처 및 행방발견에 노력해야한다.

ⓑ 피해자의 발견과 동시에 조속히 수사해야 한다.

ⓒ 의심이 있는 모든 곳을 철저히 수사해야 한다.

ⓓ 조사를 반복한다.

ⓔ 고압적 수사태도로 몰래 숨기거나 옮기도록 촉진시킴이 없이 은밀하게 조사하여야 한다.

㉢ **금품의 특정** : 증수뢰 등 금품수수사건에 있어서 그 금품의 특정이 범죄사실의 확정에 중요한 요소가 된다. 금품수수에 관한 수사는 장물수사가 피해자의 적극적인 협력을 구할 수 있는 것과는 달리, 공여자나 수령자가 다 같이 범죄를 구성하므로 수사에 협조하지 않음은 물론 오히려 수사를 방해한다는 점이다. 따라서 금품의 이동으로 범인을 찾는 것 보다는 풍설 기타 자료로서 대체적인 범죄의 윤곽을 잡은 후에 본인조사에 의하여 수사를 추진함이 타당하다.

6. 문서에 의한 범죄 징표

(1) 의의

현대사회는 문서의 시대라고 할 정도로 많은 문서가 작성되어 유통되고 있다. 따라서 문서범죄가 빈발

하고 있다. 이러한 문서범죄는 문서상에 범죄 징표로서 흔적을 남기게 되는 바 이러한 범죄관계 문서의 특정은 범죄사실의 확정에 있어서 중요한 기능을 갖는다. 문서 수사에는 특히 문서의 작성권자, 작성절차, 작성형식, 결재관계, 장부기입 등에 관하여 광범위한 지식이 필요하다.

(2) 문서의 특정

(가) 문서의 동일성 구분

문서의 동일성을 구분함에는, 그 문서가 위조문서인가, 부분적인 말소 가필이 있는 변조인가, 작성자 또는 변조자가 누구인지 확정하는 것이다.

(나) 특정의 방법

문서의 동일성 확정에는 지질감정, 사용잉크감정, 문자의 감정 등이 있고, 문자감정에는 활자, 타이프의 감정과 필적(육필)감정이 있다.

(다) 필적감정

① **의의** : 필적감정이란 사람의 글씨체 습벽의 특징을 비교하여 친필 여부를 가리는 감정을 말한다.

② **종류** : 필적감정은 기준필적과 비교필적을 직감에 의거 종합적으로 비교하는 보통감정과 유형적 특징점을 수량에 의하여 과학적으로 비교하는 과학적 감정이 있다.

③ **필적감정시 주의사항**

㉠ **필적 감정의 효과** : 필적감정은 다른 과학적 감식과 같이 절대적인 것이 못됨으로 수사자료 이상의 가치를 부여하여서는 안 된다.

㉡ **비교필적의 입수에 주의할 것** : 자연적으로 작성되고 작위의도가 개입되지 않은 문서라야 하고, 대상문서와 비교점이 많은 문서를 입수하고 입수량이 많을수록 좋다.

㉢ 본인에게 비교문서를 작성케 할 때에는 글씨체의 변경을 막고 종이와 잉크도 동종을 사용하도록 하되 많은 양을 쓰게 하는 것이 좋다.

Ⅲ. 수사수단

1. 수사수단의 의의

수사수단이란 수사상의 자료를 입수하는 방법을 말한다. 다시 말하면 범죄의 흔적으로 남겨진 징표를 수사기관이 입수하는 방법을 말한다.

2. 수사수단의 종류

(1) 듣는 수사

범죄를 직접 경험했거나 또는 타인의 경험을 전문한 자의 기억을 증거화하는 수사수단으로서 사람에 대한 조사가 이에 해당한다.

(가) **용의자 수사** : 수사선상에 떠오른 추정범인을 수사하는 것이다.

① **용의자의 특징** : 용의자는 범인으로 추정되는 자의 전체를 의미하므로 비진범인을 포함하는 다수인 것이다. 범인인 경우 검거처벌을 면하고자 증거인멸이나 도주, 자살을 하는 경향이 있다.

② **용의자 수사의 목적** : 수명의 용의자 중에서 진범인을 특정하고, 비진범인을 가려내고 진범인으로 지목되는 자의 진범인 여부를 확인하고, 수사 자료를 바탕으로 범죄의 직접 경험자인 진범인으로부터 완전한 자백을 얻기 위해서이다.

(나) 참고인 수사

① **참고인의 의의** : 수사의 목적을 달성하기 위하여 수사기관에서 조사할 수 있는 피의자 이외의 사건관계자 즉 피해자 목격자, 간접적인 사건관련자, 감정인, 통역인을 수사하는 것이다.

② **참고인의 심리** : 보통 참고인의 심리는 진술기피 경향이 있는데 범인에 대한 관계에서의 후환 내지 동정, 시간 낭비라는 생각과 좋은 것이 좋다라는 생각을 하게 된다.

③ **진술의 착오** : 참고인이 여러 가지 사정으로 불성실하거나 편파적인 진술을 하는 경향이 농후하고, 불성실한 진술이 아니더라도 지각이나 회상 표현의 착오로 사실이 그릇되게 전해질 가능성이 있으므로 주의를 기울여 그 진의 파악에 힘써야 한다.

(다) 풍설의 탐문

신문이나 방송 인터넷에 떠도는 소문, 풍문 등을 여러 각도로 탐문하여야 한다.

(2) 보는 수사

① **의의** : 보는 수사라 함은 시각을 동원하여 현장 또는 물건의 형상과 이동에 따라 남겨진 수사 자료를 입수하여 증거화 하는 수사수단으로서 광의의 현장관찰이라고도 한다.

② **목적** : 주로 증거물을 발견하기 위해(수색), 물건 또는 장소의 현상을 관찰하기 위해서이다.

③ **분류** : ㉠ 장소의 관찰, ㉡ 장소에서의 물건입수 및 그 관찰, ㉢ 물건의 수색 발견, ㉣ 물건 형상의 관찰, ㉤ 감식적인 검사

(3) 추리수사

듣는 수사와 보는 수사만으로 그 범죄를 재현해 낼 수 있을 정도의 수사 자료를 완전히 수집하는 것은 사실상 불가능함으로 수사관의 경험, 축척된 노하우 등을 활용하여 듣는 수사와 보는 수사의 부족한 부분을 보충하는 수사이다.

3. 수사수단과 수사선의 관계

수사는 수사수단과 수사선의 상호 연결로 이루어진다. 즉, 수사수단에 의하여 입수되는 자료는 구체적인 사실로서의 진술 또는 물건이며 이러한 수사 자료는 추리의 기점을 이루며 또한 추리는 수사수단에 이용되어 새로운 수사 자료를 낳는다.

4. 수사수단의 2방향

(1) 횡적수사

① **의의** : 자료 수집을 위한 수사이며 폭을 넓혀 나가는 수사로서 널리 범행에 관계있는 모든 자료의 발견·수집을 목적으로 하는 수사 활동을 말하다.

② **장·단점** : 광범위한 자료수집으로 사건의 신중한 판단 및 수사의 확실성을 기할 수 있는 장점이 있는 반면에 노력과 시간의 면에서 비경제적인 면이 있다.

③ **수사방법** : 횡적수사의 방법으로 현장관찰, 탐문수사, 행적수사, 미행 잠복, 수색 등이 있다.

(2) 종적수사

① **의의** : 수사 자료에 의한 수사이며, 깊이 파고드는 수사로서 수집된 특정자료의 성질 이동, 특징 등을 깊이 통찰하여 범인에 도달하는 수사 활동을 말한다.

② **장·단점** : 이 수사의 장점은 특정의 자료를 통한 집중적 수사 활동으로 신속한 범인검거를 기할 수 있다는 것이고, 단점은 한정된 자료로 판단을 그르쳐서 재출발을 하지 않으면 안 되는 수가 많다는 것이다.

③ **수사방법** : 종적수사의 방법으로는 유류물 수사, 장물수사, 수법수사, 인상특징수사, 수배수사 등이 있다.

Ⅳ. 수사선

1. 의의

수사선이라 함은 범죄수사에 공통되는 수사상의 추리의 선을 말하는 것으로, 범죄 징표에서 범죄로의 추리의 체계화이다. 수사는 단서로서 알게 된 기초사실에 의하여 수사 자료가 수집되고 그 자료를 기초로 무수한 추리를 하게 되며 그 추리의 선을 좇아 나아가는 것이다. 예를 들어 '홍길동'이 수사선상에 올랐다는 것은 이러한 추리선상에 구체적인 인물이 추리의 대상이 되었다는 것을 말한다.

2. 수사선의 분류

종류	내용
개인특징에 관한 수사선 (생물학적· 심리학적 범죄징표)	• 범죄는 인간의 행동이다. ① **신체적 특징**에 의한 개인 식별선 ➪ 인상 기타 신체적 특징, 지문, 혈액형, 연령, 성별 ② **성격 또는 습성**에 의한 사람의 특징 ➪ 수법, 습관(습벽), 동기, 범행후의 행동, 언어, 회화, 성격, 가정환경

사회관계에 관한 수사선 (사회관계에 의한 범죄징표)	• 범죄는 인간의 사회적 행동이다. ① 사람의 사회적 환경에 의한 특징 ➪ 성명, 주거・배회처, 직업, 비행경력, 가족관계, 혼인관계, 교우관계 ② 사람의 행동유형에 의한 특징 ➪ 행적, 수법, 집단성, 행동방식, 사용물건, 문서・장부, 상거래 절차 ③ 범죄의 사회적 파문에 의한 특징 ➪ 동기, 사회적 배경, 소문, 풍설, 인심의 동향
자연과학에 관한 수사선 (자연현상에 의한 범죄징표)	• 범죄는 물건 기타의 자연 현상을 수반한다. ① 물건의 특징 ② 물건의 이동 ③ 현장관찰 ④ 문서 ⑤ 자연현상 ⑥ 현장상황

3. 수사선에 의한 수사

(1) 수사선은 미확정의 사실을 향하여 방사된다.

수사선의 분류 또는 정형화는 추리방법의 단위화로서 수종의 수사선이 얼키고설키며 변화하여 나타나는 것이다. 수사의 진전에 따라 확정된 사실이 수집되고, 다시 확정된 사실을 기초로 하여 미확정의 사실을 향하여 많은 수사선을 방사함으로서 수사가 진전되는 것이다. 예를 들어, 범죄 사실은 판명되었으나 범인불명인 경우에 있어서는 모든 수사선을 범인의 신체적, 심리적, 사회적 특징의 목표를 향하여 그자의 배회처 등에 수사를 집중시켜야 되는 것이다.

(2) 수사선은 추리와 자료수집의 선이다.

기존의 자료에서 추리의 선을 발견하고 추리의 선을 따라 자료를 구하는 것이다. 그런데 자료는 어떤 경우에는 추리를 뒷받침하는가 하면, 경우에 따라서는 추리를 부정하는 경우도 있다. 따라서 추리와 수사활동은 항상 확인과 수정의 과정을 거듭하면서 나아가는 것이다. 하나의 사실이나 자료를 분석・검토하여 다수의 추리의 기점을 발견하는 것이 수사의 성공을 가져오는 열쇠이다.

4. 범죄징표와 수사선과의 관계

구분	범죄징표	수사선
특징	합리적 지식에 기초한 **이론면**이다.	・범죄징표이론을 **특정사건 수사에 응용**하는 것이다. ・수사는 확정된 사실이 수집되고, 다시 기확정된 사실을 기초로 하여 미확정의 사실을 향해 많은 수사선을 방사함으로써 진전되는 것이다. ・수사선은 **추리**와 **자료수집**의 선이다.
비고	"어떠한 **범행**이 그러한 **범적**을 낳게 하는가" 라는 **결과**를 캐는 "**범행에서 징표로**"의 이론적 **지식체계**이다.	**범적**을 보고 "어떠한 **범죄**에서 비롯된 것이다" 라는 **원인**을 캐는 "**범죄징표에서 범죄로의 추리**"의 **체계화**이다.

Ⅴ. 수사의 추리

1. 개념

① **의의** : 범죄수사는 범죄의 결과로 나타난 범죄흔적, 범죄정보 등 각종 수사 자료를 수집 종합하여 그것을 관찰 · 분석 · 판단하고 새로이 추리함으로서 범인과 범죄사실을 추정하는 방법으로 진행된다.

② **요소** : 추리의 요소는 범죄의 사실적 내용을 이루는 범인과 범죄사실이며, 그 파악방법에는 4하, 6하, 8하의 요소가 있으며, 그 내용은 범죄의 주체, 범인, 일시, 장소, 동기, 행위, 방법, 결과, 공범, 객체 등이다.

2. 추리의 종류

① **연역적 추리**(전개적 추리) : 주로 하강과정의 수사에서 사용되는 추리로 하나의 사실로서 다수의 가능한 사실을 추론하는 것이다. 즉, 하나의 범죄사실로서 다수의 용의자를 상정하여 거기에서 합리성 있는 추리를 전개하는 것이다. 예컨대, 외부침입흔적이 없다는 하나의 사실로 내부인 甲, 乙, 丙과 내부인과 면식이 있는 A. B. C 총 6명을 용의자로 선정하는 것이다.

② **귀납적 추리**(집중적 추리) : 주로 상승과정에서 다수의 사실로서 하나의 결론을 추론하는 것이다. 예컨대, 다수의 용의자 중에서 한사람의 진범인에 도달하는 추리방법이다. 위 6명의 용의자 중 5명은 알리바이가 입증되어 1명이 범인이라는 결론을 내리는 것이다.

3. 추리의 방법

① **의의** : 추리의 방법에는 어떤 정형이 있는 것은 아니며, 과학적 지식과 건전한 상식에 의하여 추리하여야 한다.

② **추리시의 유의사항**

㉠ 추리에 앞서 수사 자료를 완전히 수집하고

㉡ 수집된 수사 자료를 면밀히 감식 · 검토하여,

㉢ 과학적 지식과 건전한 상식을 이용하여 범인 및 범죄사실에 대한 합리적인 추리를 예측하고,

㉣ 예측 가능한 모든 사태의 추이를 고려하여 다각적인 추리를 하여야 한다.

㉤ 자료의 수집과정이나 감식 · 검토과정에서 직감이나 상상을 기록해 두었다가 후에 의문점을 보다 깊이 파헤치는 자세가 필요하며,

㉥ 과거에 취급한 동종 사건의 해결사례를 참작하고,

㉦ 자료검토 시에 나타난 현상에 대하여 가장 합리적인 설명방법을 강구하여야 한다.

4. 사실상 추정의 예

어떤 사실이 합리적인 의심을 넘어설 만큼 신빙성이 있는 경우에는 소송법상 증명을 요하지 않는 사실로 되는 경우를 사실상 추정이라 한다.

① **절도품의 소지와 절도의 추정** : 절도피해가 있고 절도품을 소지한 자가 있는 경우

㉠ 그 소지가 타인의 개입을 허용하지 않는 정도이며,

㉡ 절도품의 입수경로에 대하여 합리적인 설명을 하지 못할 경우 그 자를 절도범인으로 추정하여 유죄판결을 한 판례가 있다.

② **인간의 정상적 추정**

㉠ 인간의 특별한 사정이 증명되지 않는 한 정상인으로 추정된다.

㉡ 일정한 시기에 존재한 사실이 증명될 경우에는 특별한 사정이 없는 한 장구한 시일을 경과하지 않는 시기에도 존재하였을 것으로 추정된다.

③ **행위와 의사와의 관계** : 사람의 행위는 사람의 보통 의식하는 과정을 밟는 것으로 추정된다.

④ **상태계속의 추정** : 사람이나 사물의 상태는 특별한 사정이 없는 한 보통 같은 상태로 계속된 것으로 추정된다(예 사적 관계의 계속, 상거래의 계속, 만성질병의 계속, 교우관계의 계속 등).

⑤ **중간상태의 추정** : 사물의 시작과 끝이 확정되면 중간상태는 추정된다(예 오후 6시와 9시에 주취상태에 있었던 자는 그 중간시간에도 주취 상태에 있었다고 추정된다).

⑥ **정규의 우편물**은 반송이나 특별한 배달불능(예 천재지변 등)의 사유가 없는 한 배달된 것으로 추정된다.

⑦ **인거인(隣居人)**은 보통의 경우 이웃의 사정을 잘 알고 있는 것으로 추정된다.

Ⅵ. 범죄수사의 원칙

1. 범죄수사의 3대원칙(3S의 원칙)

① **급속착수의 원칙**(Speedy Initiation) : 범죄의 흔적은 시간이 경과함에 따라 자연적 또는 인위적으로 멸실 또는 변질되는 것이 본질이다. 따라서 성공적인 수사를 위해서는 범죄의 흔적이 손실 훼손되기 전에 신속히 착수해야 한다.

② **현장보존의 법칙**(Scene Preservation) : 범죄의 현장이나 물건 등은 변화하는 본질을 가지고 있다. 그러므로 범죄현장을 잘 보존하고 관찰하지 않으면 수사는 성공하기 어렵게 된다. 그래서 범죄현장을 증거의 보고(寶庫)라 한다.

③ **공중협력의 원칙**(Support by the Public) : 범죄의 흔적은 기억에 남겨지게 되는 것이므로 민중으로부터 적극적 협력을 얻지 못하면 수사는 곤란하게 된다. 범죄의 현장을 증거의 보고라 한다면 민중이 살고 있는 이 사회는 증거의 바다라고 할 수 있으므로 수사를 성공적으로 수행하기 위해서는 개개의 사건수사에 있어서는 물론 평소 공중의 협력을 얻도록 노력해야 한다.

2. 수사의 기본원칙

① **강제수사법정주의와 영장주의** : 수사기관의 강제처분은 형소법에 특별한 규정이 있는 경우에 한하여 허용된다는 원칙을 말한다. 헌법상의 원칙으로 강제처분에 대한 법률적 규제와 영장주의 원칙이 적용된다.

② **임의수사의 원칙** : 수사의 방법은 임의수사를 원칙으로 하고, 강제수사는 법률에 특별한 규정이 있는 경우에 한하여 예외적으로 허용되며 원칙적으로 영장을 요한다. 임의수사는 무죄추정의 법리 또는 필요한 최소한도의 법리의 제도적 표현이기도 하다.

③ **수사비례의 원칙** : 수사권을 발동함으로서 얻는 이익과 그로 인하여 침해되는 이익 간에 균형을 잃어서는 안 된다는 것이다. 죄질과 피해가 극히 경미한 사건을 입건하는 것은 이 원칙에 위배될 수 있다.

④ **수사 비공개의 원칙** : 공판절차는 공개주의를 채택하는데 대하여 수사는 비공개를 원칙으로 한다. 이는 범인의 발견, 검거, 증거의 발견, 수집, 보전을 위하여 요구되며 관계자의 비밀이나 인권의 보호를 위해서도 요구된다.

⑤ **자기부죄강요금지의 원칙** : 헌법은 고문의 금지와 형사상 불리한 진술거부권을 규정하고, 형사소송법은 피의자의 진술거부권을 보장하고 있다.

⑥ **제출인 환부의 원칙** : 수사기관은 사인간의 권리관계에는 관여하지 아니하므로 압수물을 환부할 경우에는 피압수자에게 환부하는 것이 원칙이다. 다만 피해자에게 환부할 이유가 명백한 때에는 결정으로 피해자에게 환부할 수 있다.

3. 범죄수사상의 준수원칙

선증후포(先證後捕)의 원칙 [선증거수집 후체포의 원칙] ⇨ 선포후증의 원칙(×)	형사소송법의 실체적 진실발견주의와 개인의 기본권 보장이 조화를 이루기 위해서 사건에 관하여 먼저 조사하고 증거를 확보한 후에 범인을 체포하여야 한다는 원칙이다.
법령준수의 원칙	수사를 함에 있어서 형사소송법, 범죄수사규칙 등의 관계 법령과 규칙을 준수·숙지하여 개인의 자유와 권리를 부당하게 침해하는 일이 없도록 주의하여야 한다.
民事사건 불관여의 원칙 ⇨ 刑事×	범죄수사는 형사사건에 한하여 행하여야 하며, 순수한 민사사건에 관하여 수사권이 발동되어서는 안된다.
합리적 수사의 원칙	수사를 할 때에는 기초수사를 철저히 하여 모든 증거의 발견수집에 힘써야 하며 과학수사기법과 지식·기술·자료를 충분히 활용하여 수사를 합리적으로 진행하여야 한다. 또한 수사를 할 때에는 상사의 지시명령을 성실히 수행하고 상호 협력하여야 한다.

4. 수사실행의 5원칙

성공적인 수사를 위해서 준수해야 할 원칙이다.

수사자료 완전 수집의 원칙	① **수사의 기본방법의 제1의 조건은 역시 그 사건에 관련된 모든 수사자료를 수사관이 완전히 수집하여야 한다**는 것이다. ② 범죄수사는 일면으로 생각하면 문제해결의 과정이라고 할 수 있다. 그것은 수사의 시작시에 제기되는 '범인은 누구인가', '사건은 어떠한 형태인가'라는 의문을 풀어가는 과정이라 할 수 있다. 문제를 해결하는 데는 무엇보다도 먼저 문제가 어떠한 구조인가를 명확하게 인식하지 않으면 안되기 때문이다. ③ 따라서 수사의 1단계에서는 이와 같이 문제해결의 관련이 되는 자료를 누락한다든지 멸실시키는 일이 없도록 전력을 다하여 자료를 수집하지 않으면 안된다.
수사자료 감식 · 검토의 원칙	① 수집된 자료는 **과학적 지식과 시설을 최대한 활용, 면밀히 감식 · 검토하여 완벽을 기하여야 하며,** 단순한 수사관의 상식적인 검토나 판단에만 그칠 것이 아니라 수사관의 상식적인 검토나 경험적인 판단에 의존하는 일이 있어서는 안된다. ② 범행현장에 유류된 흉기, 지문 등이 단지 존재했다는 것에 가치가 있는 것이 아니라 그것이 범행사실을 무언으로 말해주고 범인이 누구라는 것을 증명해 줌으로서 자료가 되는 것이다.
적정추리의 원칙	수사 자료의 수집과 검토 후에는 그것을 기초로 사건에 대하여 가상의 추측과 판단을 해볼 필요가 있다. 추측의 대상은 역시 범인과 범죄사실에 대하여 행해진다. 추측이 적절하다면 문제의 해결은 신속하고 용이하게 되는 것이며, 반대로 그 판단이 부적절하다면 그 수사는 혼란에 빠지게 된다.
사실판단 증명의 원칙 (객관적 증명의 원칙)	① 획득한 확신있는 판단은 모두에게 그 판단이 진실이라는 것을 **객관적으로 증명**해야 한다. ② 범죄수사는 형사절차의 일환으로서, 수사의 결과로 정립된 판단에 의해 사건이 송치 · 공판회부 · 심리되는 것이므로 다음과 같은 객관성이 필요하다. ㉠ **판단(주장)을 일정한 형식으로 표현할 것** · 판단이 수사관 자신만의 판단으로 그치는 한 주관적이 되고 만다. 이를 객관화하기 위해서는 먼저 그 판단을 일정한 형식으로 표현하여 이를 타인에게 전달함으로써 객관적 자료가 되도록 해야 한다. 그 표현의 양식은 보통 말(언어)이나 문자로 한다. · 수사의 종국적 판단은 범죄사실에 집약되는 것이다. 예 "피의자 갑은 1998.3.10. 02경 경기도 용인시 구성면 언남리 15번지 안○○가에 침입하여 동인 소유의 현금 200만원을 절취한 것이다."라고 표현되는 것이다. ㉡ **판단이 진실이라는 사유 또는 근거(증거)를 제시할 것** · 수사의 결과를 집약한'범죄사실'이 진실이라는 것을 증명하기 위해서는 위와 같이 판단을 명제화하는 동시에 그 판단이 진실이라는 이유 또는 근거를 제시하지 않으면 안된다. · 판단의 이유나 근거는 그 판단의 진실성을 증명하는 증거인 것이다. · 그러므로 증거를 실제 확인(검증) 함으로써 그 판단이 진실인가 아닌가를 알 수 있게 된다. 따라서 판단은 검증 가능성이 있어야만 하고 검증 후에야 비로소 진위의 판별을 할 수 있다.

검증적 수사의 원칙	① '여러 가지 추측 중에 과연 어떤 추측이 정당한 것인가를 가리기 위해서는 그들 **추측 하나 하나를 모든 각도에서 검토**해야 한다'는 수사의 원칙이다. ② 다각도에서 추리한 모든 대안을 **모든 관점에서 검토**하여 어느 것이 최적 대안인가를 검증해 나가야 한다. ③ 검증의 원칙 진행 순서 수사사항의 결정 → 수사방법 결정 → 수사실행 ㉠ **수사사항의 결정** ⇒ 무엇을 확인할 것인가, 즉 수사사항을 결정해야 한다. ㉡ **수사방법의 결정** ⇒ 수사사항을 어떠한 수단과 방법으로 수사할 것인가 하는 수사방법을 결정해야 한다. ㉢ **수사의 실행(확인수사)** ⇒ 실제로 확인하는 수사의 실행이 행해져야 한다. · 수사방침이 수립되면 그 방침에 따라 수사가 실행된다. 확인 수사는 한두 번의 조사로써 속단하는 것은 좋지 않으며, 여러 각도에서 모든 수단을 동원하여 몇 번이고 반복해서 노력하지 않으면 안 된다. · 실제의 수사결과가 먼저 추측한 사실을 입증할 수 있다면 그 추측은 일단 옳았다고 인정되고 반대로 입증할 수 없다면 그 추측은 인정할 수 없게 된다. 이러한 검증적 수사의 실행은 추측을 확인하는 작업인 동시에 새로이 수집된 자료는 이제까지의 추측을 확실하게 하는 것도 있고 불확실하게 하는 것도 있다. 또한 그것으로 새로운 추정을 낳기도 한다. 따라서 수사실행에 의한 자료수집은 수사의 순서를 반복하는 기초가 된다. 수사는 이처럼 단선적인 활동과정이 아니고 항상 순환적으로 행해지는 것이다.

Ⅶ. 수사와 인권

1. 인권보장의 법적 근거

(1) 헌법 : 헌법은 국가 최고의 성문법원이며 국민의 기본권과 관련하여 여러 조항을 두고 있다.

① **제12조**(적정절차의 원칙) : 형사절차법정주의, 고문금지와 불이익진술거부권, 영장주의, 변호인의 조력을 받을 권리, 구속적부심사청구권, 자백배제법칙과 자백의 보강법칙을 규정하여 헌법적 형사소송법의 최고 법원이 되고 있다.

② **제13조**(일사부재리의 원칙) : 모든 국민은 행위시의 법률에 의하여 범죄를 구성하지 아니하는 행위로 소추되지 아니하며, 동일한 범죄에 대하여 거듭 처벌받지 아니한다.

③ **제27조** : 신속한 공개재판을 받을 권리와 피고인의 무죄추정

④ **제28조** : 형사피의자 또는 형사피고인으로서 구금되었던 자가 법률이 정하는 불기소처분을 받거나 무죄판결을 받은 때에는 법률이 정하는 바에 의하여 국가에 정당한 보상을 청구할 수 있는 형사보상청구권을 인정하고 있다.

(2) 형사소송법

① 형사소송법은 국가형벌권의 구체적 행사에 관한 재판상의 절차를 규정한 절차법으로서 국가형벌권의 존부와 범위를 확정하기 위해서는 그 절차를 법정하여야 한다는 원칙에 따라 형사절차법정주의를 채

택하고 있다.

② 형사소송의 최고의 목표이며 가장 중요한 지도이념으로 설정되어 있는 실체적진실주의도 '죄 있는 자를 빠짐없이 벌하는' 적극적 실체적 진실주의와 '열 사람의 범인을 놓치는 한이 있더라도 한 사람의 죄 없는 사람을 벌하여서는 안 된다'라는 소극적 실체적 진실주의가 있지만 인권보장이라는 대명제를 실현하기 위한 소극적 실체적 진실주의를 채택하는 판례들이 점증하는 사례를 감안하면 국민의 인권에 더 많은 비중을 두고 있음을 알 수 있다.

③ 형사소송법은 실체적 진실주의를 달성하기 위한 사법적 성격을 가지면서 인권보장을 직접적으로 규정하는 조항들이 많아 양자는 상호 모순이라고 지적하는 사람들도 있으나 절차보장의 웅위로서 위법수집증거의 배제법칙, 진술거부권 등을 지킴으로서 피의자나 피고인의 인권보장을 하고 있다.

④ 실체적 진실의 발견을 강조하면 피고인의 인권을 희생시킬 우려가 있다. 적정한 절차를 준수해서 인권보장이 되어야 하고, 진상규명에 매달려 고문이나 가혹한 수단을 사용해서는 안 될 것이다.

2. 구속제도 운용의 기본원칙

(1) 무죄추정의 원칙

피의자나 피고인에 대한 인신구속제도의 운용은 헌법과 형사소송법이 지향하는 법 원리인 무죄추정의 법리에 의해서 엄격히 제한되어야 한다는 것이다. 피의자 피고인이 유죄의 확정판결이 있기도 전에 유죄로 취급되어 부당한 처우를 받는 상황이 허용되는 경우에는 헌법에 보장된 '인간으로서의 존엄과 가치'를 침해 하는 것이기 때문이다. 따라서 무죄추정의 원칙은 수사절차와 공판절차의 전 과정을 지배하는 지도원리가 되고 있다.

(2) 비례성의 원칙

① 국가는 형사절차에 의하여 개인을 범죄자로 처벌하는 경우에도 그의 기본권을 최대한 존중해야 하며 그 제한은 필요 최소한이어야 한다는 원칙이다. 이것은 법치국가원리와 기본권의 본질에서 유래하는 것으로 전 형사절차를 지배하는 원칙으로 과잉금지의 원칙이라고도 한다.

② 비례성의 원칙은 강제처분의 실행과 기간 및 방법을 제한하는 이념이 된다. 따라서 비례성의 원칙은 체포와 구속이 법적으로 허용되고 있는 경우에도 그 명령과 집행 또는 계속을 한계지우는 기능을 한다. 형사소송법에 있어서도 수사는 원칙적으로 임의수사에 의하고 '강제처분은 법률에 특별한 규정이 있는 경우에 한하며 필요한 최소한도의 범위 안에서만 하여야 한다.'고 규정하고 있다.

③ 형사소송법이 '다액 50만원 이하의 벌금, 구류 또는 과료에 해당하는 현행범인에 대하여 범인의 주거가 분명하지 아니한 때에 한하여 현행범인으로 체포할 수 있다'고 규정하고 있는 것도 비례성의 원칙의 표현이라 할 수 있다.

3. 수사과정에서의 인권보호 장치

(1) 수사비례원칙

수사의 목적은 범인발견, 범죄사실의 규명, 증거수집에 있으므로 그 수단이 적합하고, 필요하고, 수사목적을 달성하여 얻는 이익과 수사 활동으로 침해되는 이익 사이에는 균형성이 있어야 한다.

(2) 임의수사원칙

수사는 원칙적으로 임의수사에 의하고 강제수사는 임의수사로 수사목적을 달성할 수 없을 때에 한하여 예외적으로 법률에 정한 요건과 절차에 의하여 이루어져야 한다.

(3) 영장주의

법관이 발부한 적법한 영장에 의하지 않고서는 수사상 필요한 강제처분을 할 수 없다는 주의를 말한다.

(4) 임의동행의 적법성

① 임의동행이란 수사관이 피의자의 동의를 얻어 조사 등의 목적으로 수사기관까지 동행하는 것을 말한다. 피의자를 임의로 동행한 경우에는 언제든지 퇴거할 수 있는 자유가 보장되어야 하며, 이에 위반되는 경찰관의 임의동행은 불법체포・감금죄에 해당한다.

② 대판 1992.5.26, 91다38334에 의하면 경찰관이 임의동행 요구에 응하지 않는다 하여 강제연행하려고 대상자의 양팔을 잡아 끈 행위는 적법한 공무수행이라 할 수 없으므로 그 대상자가 이러한 불법연행으로부터 벗어나기 위하여 저항한 행위는 정당한 행위라고 할 것이다. 라고 판결하고 있다.

(5) 무기 등 경찰장구의 사용

(가) 무기의 사용

① **위해를 수반하지 않는 무기사용** : 범인의 체포와 도주 방지, 자기 또는 타인의 생명・신체에 대한 방호, 공무집행 항거에 대한 억제

② **위해를 수반하는 무기사용** : 정당방위와 긴급피난, 장기 3년 이상의 징역이나 금고에 해당하는 범인의 체포시, 영장집행시, 무기・흉기의 투기・투항명령에 불응시, 대간첩 작전 수행시

(나) 경찰장구의 사용

① 경찰관은 현행범인 경우와 사형, 무기 또는 장기 3년 이상의 징역이나 금고에 해당하는 죄를 범한 범인의 체포, 도주방지, 자기 또는 타인의 생명・신체에 대한 방호, 공무집행에 대한 항거를 억제하기 위하여 필요하다고 인정되는 상당한 이유가 있을 때에는 그 사태를 합리적으로 판단하여 필요한 한도 내에서 수갑, 포승, 경찰봉, 방패 등(족쇄는 불가)을 사용할 수 있다.

② 범죄의 경중을 고려하여 합리적으로 판단하여 필요한 한도 내에서만 사용하여야 한다. 따라서 경미한 위반자에 대하여는 다른 중요한 범죄사실을 확인한 경우를 제외하고는 사용하지 못한다.

(6) 피의자 신문시 유의사항

피의자 신문은 임의수사이므로 출석요구에 응할 의무는 없으며, 모든 국민은 형사상 자기에게 불리한 진술을 강요당하지 않을 권리를 가지므로 경찰관은 피의자 신문 시 진술거부권을 고지하여야 한다.

(7) 불공정한 수사

수사를 함에 있어서 경찰관의 친분이나 유착으로 일방적으로 한쪽에게 불리하게 조사가 진행되어 당사자로부터 진정이나 편파수사라는 의혹을 받지 않도록 하고, 경찰의 신뢰회복을 위하여 불공정한 수사가 되지 않도록 노력하여야 한다.

(8) 인신구속시 유의사항

① 수사기관은 법관 발부의 사전영장에 의하여 행하는 체포와 구속, 영장 없이 행하는 긴급체포, 현행범 체포 외에는 구속할 수 없다.

② 피의자에 대한 구속요건은 범죄혐의의 상당성, 법원의 피의자에 대한 주거부정, 증거인멸, 도주우려 등의 구속사유가 충족되어야 한다.

(9) 신중한 공개수배

공개수배는 공개수배 자체로 구속이나 형벌보다 더 중대한 기본권 침해를 가져옴으로 중대한 범죄에 한하여 구속(체포)영장이 발부될 것을 전제로 다른 수사방법에 의한 체포가 불가능한 경우에만 제한적으로 시행되어야 한다.

(10) 접견교통권보장

① 변호인 또는 변호인이 되려고 하는 자는 구속 피고인 또는 피의자와 접견하고, 서류 또는 물건을 수수하며, 의사로 하여금 진료하게 할 수 있으며, 변호인의 접견교통권은 현행법상 아무런 제한 없이 절대적으로 보장된다.

② 접견의 일시, 장소를 제한해서는 안 되며, 경찰관이 접견 시 참여하거나 내용을 청취 또는 녹취해서는 안 되며(무기대등의 법칙), 가시거리에서 감시, 관찰은 가능하다.

③ 특히 수용자와 변호사의 접견을 접속차단시설이 설치된 장소에서 실시하도록 하는 것은 헌법재판소에서 헌법에 불합치된다는 결정(2013.8.29, 2011헌마122)으로, 수용자가 소송사건의 대리인인 변호사와 접견하는 경우에는 접촉차단시설이 설치되지 아니한 장소에서 접견하여야 한다.

(11) 압수수색시 유의사항

압수수색은 강제수사이므로 임의수사로서 목적을 달성할 수 없는 경우에 한하여 실시하되, 집행시 범죄혐의와 관련된 증거물의 수집이나 보전에 불기피한 범위 내에서 실시해야 한다.

(12) 자백보강법칙

① 피고인의 자백이 고문, 폭행, 신체구속의 부당한 장기화 또는 기망 기타의 방법으로 임의로 진술한 것이 아니라고 의심할만한 이유가 있을 때에는 이를 유죄의 증거로 하지 못한다.

② 진술거부권을 고지하지 않거나 또는 변호인 선임권, 접견교통권을 고지하지 않은 채 얻어낸 자백에 의한 조서는 그 증거능력이 없다.

③ 피고인의 자백이 그 피고인에게 불이익한 유일한 증거인 때에는 이를 유죄의 증거로 하지 못한다.

4. 불심검문시의 인권보장 조치

① 정지를 위하여 도망하지 못하게 양쪽에서 밀착하여 체포하는 듯한 인상을 주는 것은 허용되지 않는다.

② 동행요구는 그 장소에서 질문하는 것이 당해인에게 불리하거나 교통에 방해가 된다고 인정될 경우에 한하여 허용되므로 신분증을 제시하지 않는다고 동행을 강요할 수 없다.

③ 경찰관은 질문을 할 때 흉기의 소지 여부를 조사할 수 있다. 흉기가 아닌 가방의 소지품을 모두 검사하는 것은 흉기검사의 범위를 넘어선 것으로 허용되지 않는다.

④ 질문을 하거나 동행을 요구할 경우 경찰관은 당해인에게 자신의 신분을 표시하는 증표를 제시하면서 소속과 성명을 밝히고 그 목적과 이유를 설명하여야 하며, 동행의 경우 동행 장소를 밝혀야 한다.

⑤ 동행을 한 경우 경찰관은 당해인의 가족 또는 친지 등에게 동행한 경찰관의 신분, 동행 장소, 동행 목적과 이유를 고지하거나 본인으로 하여금 즉시 연락할 수 있는 기회를 부여하여야 하며, 변호인의 조력을 받을 수 있음을 고지하여야 한다.

⑥ 동행을 한 경우 경찰관은 당해인을 6시간을 초과하여 경찰관서에 머물게 할 수 없다.

5. 국가인권위원회법의 시행관련 조치

① 국가인권위원회는 인권침해, 차별행위에 대한 조사와 구제 등의 업무를 행한다.

② 최초 유치장 입감시 유치인에게 인권침해 사실을 국가인권위원회에 진정할 수 있다는 뜻과 그 방법을 고지하여야 한다.

③ 경찰서 유치장 내에 진정함과 안내서 등을 비치하여 유치인이 필요시 자유롭게 진정서를 작성할 수 있게 한다.

④ 경찰서 청문감사관은 매일 출근 즉시 유치장을 방문 확인하여 진정서 또는 서면이 있을 시에는 지체 없이 국가인권위원회에 등기우편으로 송부하여야 한다.

제3절 수사기관

Ⅰ. 의의

수사기관이란 법률상 수사의 권한이 인정되어 있는 국가기관을 말한다. 수사기관에는 검사와 사법경찰관리(경무관, 총경, 경정, 경감, 경위는 사법경찰관과 경사, 경장, 순경은 사법경찰리를 통칭하여 지칭한다. 제197조)가 있다.

Ⅱ. 종류

1. 검사

검사는 범죄의 혐의가 있다고 사료하는 때에는 범인·범죄사실·증거를 수사한다(제196조 제1항). 검사는 수사의 주재자로서 독자적 수사권을 갖는다(제196조 제2항). 다만, 검사와 사법경찰관은 수사, 공소제기 및 공소유지에 관하여 서로 협력하여야 하고, 검사의 사법경찰관리에 대한 수사지휘권은 인정되지 않으며(제195조 제1항), 직접 수사를 개시할 수 있는 범죄는 ① 부패범죄, 경제범죄 등 대통령령으로 정하는 중요 범죄 ② 경찰공무원(다른 법률에 따라 사법경찰관리의 직무를 행하는 자를 포함한다) 및 고위공직자범죄수사처 소속 공무원(「고위공직자범죄수사처 설치 및 운영에 관한 법률」에 따른 파견공무원을 포함한다)이 범한 범죄 ③ 위 범죄 및 사법경찰관이 송치한 범죄와 관련하여 인지한 각 해당 범죄와 직접 관련성이 있는 범죄로 제한되어 있다(검찰청법 제4조 제1항 제1호).

2. 사법경찰관리

① **일반사법경찰관리** : 수사관·경무관·총경·경정·경감·경위는 사법경찰관에 속하며, 경사·경장·순경은 사법경찰리에 속한다(제197조 제l항·제2항).

② **특별사법경찰관리** : 산림·해사·세무·전매·군수사기관 기타 특별한 사항에 관하여 사법경찰관리의 직무를 행하는 자를 말한다(제245조의10 제1항).

③ **양자의 차이점** : 일반사법경찰관리의 권한이 직무내용이나 지역이 제한되는 특별사법경찰관리 보다 일반적이고 포괄적이다. 또한 양자는 원칙적으로 상호협력관계에 있다.

3. 검찰청 직원

검찰청 직원으로서 사법경찰관리의 직무를 행할 수 있는데, 검사의 지휘를 받아 수사해야 한다(제245조의9 제2항). 사법경찰리의 직무를 행하는 검찰청 직원은 검사 또는 사법경찰관의 직무를 행하는 검찰청 직원의 수사를 보조하여야 한다(제245조의9 제3항).

Ⅲ. 수사기관 상호간의 관계

1. 검사와 사법경찰관리와의 관계

(1) 상호협력관계

① **수사권** : 검사는 범죄의 혐의가 있다고 사료하는 때에는 범인·범죄사실과 증거를 수사하여야 한다(제196조).

② **수사지휘권의 폐지** : 형사소송법은 검사와 사법경찰관리를 수직적이 아닌 수평적 협력관계로 규정함으로써 수사지휘권을 폐지하고 있다. 따라서 검사와 사법경찰관은 수사, 공소제기 및 공소유지에 관하여 서로 협력하여야 한다(제195조 제1항).

③ **수사종결권** : 공소제기 여부를 결정하는 수사종결권은 형사소송법상 검사에게만 있다(제246조, 제247조). 그러나, 사법경찰관은 범죄의 혐의가 있다고 인정되는 경우에는 지체 없이 검사에게 사건을 송치하고, 관계 서류와 증거물을 검사에게 송부하여야 한다고 하여(제245조의5 제1호), 검사만 가지고 있었던 수사종결권을 사법경찰관에게도 1차적 사건종결권을 인정하였다.

(2) 사법경찰관의 지위

검사와 사법경찰관은 수사, 공소제기 및 공소유지에 관하여 서로 협력하여야 하고, 검사의 사법경찰관리에 대한 수사지휘권은 인정되지 않는다(제195조 제1항).

(3) 사법경찰리의 지위

사법경찰리는 수사의 주체가 아니고 수사의 보조기관이다(제196조 제2항).

2. 사법경찰관리 상호간의 관계

① 사법경찰관리는 각기 행정상의 계급에 따라 지휘할 수 있다.

② 사법경찰관리는 범죄가 있다고 사료되는 때에는 범죄사실과 증거를 수사하여야 한다. 즉, 사법경찰관리는 검사의 지휘가 없더라도 독립하여 수사를 행하여야 할 고유의 임무와 책임이 있는 것이다. 다만, 범죄수사에 있어서 검사의 지휘가 있거나 지휘를 받도록 규정되어 있는 사항에 대하여서는 검사의 지휘하에 수사를 해야 한다.

Police Professor Investigative Practice

제2장 수사의 진행절차

제1절 수사의 단계

Ⅰ. 수사절차 개관

① 수사의 절차는 단서 ⇢ 내사 ⇢ 수사개시 ⇢ 수사실행 ⇢ 공소제기 ⇢ 공판절차 ⇢ 형 집행의 과정으로 나눌 수 있다.

② 통상 수사기관의 내사에 의하여 범죄의 혐의가 있다고 판단되면 수사를 개시하여 일정한 단계에 이르면 일단 수사를 종결하는데, 그 종결방법으로 공소제기 함이 보통이다

③ 공소가 제기되면 수사절차 단계에서 공판절차 단계로 넘어가게 되어 이제까지 수사기관의 지배하에 있던 사건이 법원의 지배로 넘어가게 되는데, 이를 소송의 계속이라 한다.

④ 법원에 의하여 범죄의 존재여부가 명확히 되고 법원이 판결을 선고하여 더 이상 다툴 수 없게 되면 형의 선고를 받은 수형자는 마지막으로 교도소 등에서 형의 집행을 받게 됨으로서 소송절차는 종결되는 것이다.

Ⅱ. 수사의 전개과정

1. 의의

① 형사소송절차는 수사의 단서, 내사, 수사개시, 공소제기, 공판절차, 형 집행의 과정으로 나눌 수 있다.

② **수사의 시기** : 광의로는 수사의 단서에서 시작하여 확정판결시 까지를 의미한다. 협의로는 수사의 단서에서 시작하여 공소제기시 까지를 의미한다.

2. 내사

(1) 의의(입건 전 조사 사건 처리에 관한 규칙 제3조)

수사의 전 단계로서 기사, 신고, 소문, 첩보, 진정 탄원 등에 대하여 범죄혐의가 존재하는지를 밝히는 단계이며, 진정내사, 신고내사, 첩보내사, 비신고내사로 분류한다. ⇨ 고소에 의한 내사(×)

진정사건	진정 · 탄원 · 투서 등 서면으로 접수된 신고에 대한 내사
신고사건	진정 · 탄원 · 투서 등 서면으로 접수된 신고에 대한 내사를 제외한 112신고 · 방문신고 등 각종 신고에 대한 내사
첩보사건	① 경찰관이 대상자, 범죄혐의 및 증거 자료 등 조사 단서에 관한 사항을 작성 · 제출한 범죄첩보 사건 ② 범죄에 관한 정보, 풍문 등 진상을 확인할 필요가 있는 사건
기타조사사건 (비신고내사)	진정 · 신고 · 첩보내사를 제외한 범죄에 관한 정보 · 풍문 등 진상을 확인할 가치가 있는 사안에 대한 내사

(2) 내사의 대상(입건 전 조사 사건 처리에 관한 규칙 제3조)

내사는 범죄첩보 및 진정 · 탄원과 범죄에 관한 언론 · 출판물 · 인터넷 등의 정보, 신고 또는 풍문 중에서 출처 · 사회적 영향 등을 고려하여 그 진상을 확인할 가치가 있는 사안을 그 대상으로 하며, 수사의 단서가 되기도 한다.

(3) 내사착수의 착수와 이송 · 통보(입건 전 조사 사건 처리에 관한 규칙 제5조 · 제6조)

① 경찰관은 첩보사건의 조사를 착수하고자 할 때에는 입건 전 조사착수보고서를 작성하고, 소속 수사부서의 장에게 보고하고 지휘를 받아야 한다. 또한 수사부서의 장은 수사 단서로서 조사할 가치가 있다고 판단하는 사건 · 첩보 등에 대하여 소속 경찰관에게 입건 전 조사착수지휘서에 의하여 조사의 착수를 지휘할 수 있다(동규칙 제6조).

② 경찰관은 관할이 없거나 범죄 특성 등을 고려하여 소속 관서에서 조사하는 것이 적당하지 않은 사건을 다른 경찰관서 또는 기관에 이송 또는 통보할 수 있다(동규칙 제6조).

(4) 내사의 진행(입건 전 조사 사건 처리에 관한 규칙 제3장)

임의적 방법의 원칙	· 내사는 **임의적인 방법으로 함을 원칙**으로 한다. · 내사를 빙자하여 막연히 관계인의 출석을 요구하거나 물건을 압수하는 일이 없도록 하여야 한다. · 내사혐의 및 내사관련자 등의 정보가 외부로 유출되거나 공표되는 일이 없도록 주의하여야 한다. · 내사는 청탁에 의하지 않아야 하며 항상 법령 · 규칙을 준수하고 업무편의에 앞서 관계인의 인권보호에 유의하여야 한다.

수사활동 범위	· **체포 · 구속 등의 대인적 강제처분**은 형사입건을 하기 전인 내사단계에서는 허용되지 않는다. · **압수 · 수색 · 검증 등 대물적 강제처분, 통신제한조치, 통신사실 확인자료제공**은 **허용된다.** · 기초적 주변수사 · 신원관련 조회, 주거지 이동상황, 부동산 보유상황, 출입국상황 등의 사실조회 · 감시 · 미행 · 사진촬영 등 · 관계인 등 참고인 조사, 전문가에 대한 감정의뢰 · 출입국금지 요청 · 내사와 관련이 있는 물건의 압수 · 특별관리(동규칙 제9조 1항) : 내사과정에서 사실확인을 위한 압수 · 수색 · 검증, 통신제한조치, 통신사실 확인자료제공 등 법원의 통제를 받는 대물적 강제조치를 실시하는 경우 적법절차에 따라 처리하여야 하며, 남용되지 않도록 유의하여야 한다.
피내사자 조사	· **내사 단계에서는 용의자라고 하며, 사건번호를 부여할 필요도 없다.** · 임의적인 방법으로 출석요구를 하거나 임의동행을 하여 필요한 사항에 조사를 진행할 수 있다. · **피내사자에 대한 임의조사 형식의 참고인 조사**(진술거부권, 변호인선임권 인정)를 할 수 있다.

(5) 내사의 종결

입건	• 내사과정에서 범죄혐의가 인정되어 수사할 필요가 있는 경우에는 **내사를 종결**하고 **범죄사건부에 등재**하여 수사하여야 한다. • 다만, 형사소송법 제200조의3 제1항에 해당하여 긴급체포한 경우에는 즉시 검사의 승인을 얻는 등 관련조치와 함께 입건하여야 한다. • 입건 처리로 종결된 내사기록은 당해 사건기록에 합철. 다만, 내사사건중 일부의 사실만 입건처리되는 경우에는 그 일부만을 사건기록에 합철한다.	
내사사건 불입건시 조치 (입건 전 조사 사건 처리에 관한 규칙 제9조)	내사종결	① **혐의없음, 죄가안됨, 공소권없음** 등에 해당하여 수사개시의 필요가 없는 경우 ② 내사종결 처리를 한 내사사건의 기록은 내사사건기록철에 편철하여 보관한다.
	내사중지	① **피혐의자 또는 참고인 등의 소재불명으로 사유해소시까지 내사를 계속할 수 없는 경우** ② 내사중지 처리를 한 내사사건의 기록은 내사사건기록철에 편철하여 보관한다.
	내사병합	① 동일 또는 유사한 내용의 내사사건이거나 경합범으로 다른 사건과 병합처리할 필요가 있는 경우 ② 내사병합의 처리를 한 경우에는 병합하는 기록에 합쳐 합철한다.
	내사이첩	① 관할이 없거나 범죄특성 및 병합처리 등을 고려하여 다른 수사기관에서 내사할 필요가 있는 경우 ② 내사이첩을 하는 경우에는 사건인계서를 내사사건기록철에 편철한다.

진정내사 사건의 공람종결	사유	① **3회 이상** 반복 진정하여 **2회 이상** 그 처리결과를 통지한 것과 같은 내용인 경우 ② 무기명 또는 가명으로 한 경우 ③ 단순한 풍문이나 인신공격적인 내용인 경우 ④ **완결된 사건 또는 재판에 불복하는 내용인 경우** ⑤ 민사소송 또는 행정소송에 관한 사항인 경우
	통지	진정·탄원 등 내사사건을 종결하였을 때는 종결한 날로부터 **7일 이내**에 진정인 등에게 처분결과를 통지해 주어야 한다.

3. 수사개시(입건)

① 수사기관이 사건을 수리하여 수사를 개시함을 입건이라고 하며 범죄혐의 있다고 인정할 때 수사개시 된다.

② 입건의 원인은 내사를 통한 범죄의 인지, 고소, 고발, 자수 등이다.

③ 실무상으로 범죄사건부에 사건을 등재하고, 사건번호를 부여하는 단계를 말하며, 이때부터 피의자의 신분으로 되며, 범죄보고서 작성만으로 피의자가 되는 것은 아니다.

④ 수사개시 한 사건은 내사종결할 수 없고 수사를 일단락하여 검찰에 송치하여야 한다. 수사종결권자는 검사이기 때문이다. 따라서 사법경찰관은 범죄인지 후 수사를 하였으나 혐의가 없는 경우에도 사건을 검찰에 송치하여야 한다.

⑤ 고소, 고발, 자수의 수리시, 범죄인지시, 범죄사건부 등재하여 사건번호 부여시에 수사는 개시된다.

⑥ 인지절차 전에 먼저 피의자 신문조서를 작성한 경우 그 수사는 적법하며 증거능력이 있다.

4. 수사의 실행

사법경찰관은 형사소송법, 범죄수사규칙 등 관계법령을 준수하면서 수사를 실행하여야 한다. 수사의 실행 전에 현장에서 수집된 여러가지 자료를 검토하여 수사를 어떠한 방향으로 전개할 것인가를 결정하여야 한다. 이를 수사방침의 수립이라고 하며, 만약 수사방침이 제대로 수립되지 않는다면 범인 검거는 어렵게 되고 설사 검거된다고 하더라도 많은 시간과 노력을 낭비하게 된다. 그러므로 중요한 사건에 있어서는 수사회의를 개최하고 각 수사관의 의견을 종합하여 수사방침을 결정하여야 한다.

① 현장 및 그 부근에서부터 범인의 행적 수사

② 범인이 떨어뜨린 것은 없는가를 살피는 유류품 수사

③ 현장상황과 피해자의 생활상태 등으로 보아 범인은 피해자 또는 주변지역을 잘 아는 자인가를 밝히는 감 수사

④ 범인의 침입 도주한 방법, 범행전후의 사정 또는 수단방법을 살피는 수법수사

⑤ 지문조회, 혈액감정 등을 포함하는 감식수사 등의 수사방법을 종합적이고 유기적으로 활용하여 범인을 발견하고 증거를 수집하여야 한다.

5. 사건의 송치

사법경찰관은 사건에 대하여 진상이 파악되고 적용할 법령, 처리의견을 제시할 수 있을 정도가 되면 사건을 검찰청에 송치한다.

6. 송치 후의 수사

사건 송치 후 피의자의 여죄가 발견되거나 검사의 공소제기 또는 유지를 위한 보강수사가 가능하다. 그러나 사건을 검찰에 송치한 후 피의자의 여죄를 발견하였을 때나 송치 후 수사를 속행하는 경우에도 미리 주임검사의 지휘를 받아야 한다.

7. 수사의 종결

즉결심판을 제외한 모든 사건의 수사 종결권은 검사에게 있다. 따라서 수사를 개시한 모든 사건은 검사에게 송치하여야 한다. 종결처분은 기소처분과 불기소처분이 있다.

Ⅲ. 수사의 종결처분

1. 의의

현행법상 수사종결권은 검사에게만 인정되며 사법경찰관은 수사종결권이 없으므로 수사개시한 모든 사건은 검사에게 송치하여야 한다. 다만, 즉결심판청구권은 경찰서장에게 있으므로 기소독점주의의 예외이다.

2. 공소제기

피의사건에 관하여 범죄의 객관적 혐의가 충분하고 소송조건 및 처벌조건을 구비하여 유죄의 판결을 얻을 수 있는 경우에는 공소를 제기함이 원칙이다. 벌금 과료 몰수에 해당하는 사건의 경우에는 검사는 공소의 제기와 동시에 약식명령을 청구할 수 있다.

3. 불기소처분

(1) 혐의의 불기소처분

(가) 혐의 없음

A. 피의사실이 인정되지 않는 경우

① 피의사실이 피의자의 행위가 아닌 것이 명백한 경우

② 피의사실이 피의자의 행위인지 아닌지 명확하지 않은 경우

③ 충분한 의심은 가나 피의자의 행위임이 입증할 증거가 없는 경우

㉠ 공소를 제기함에 충분한 범죄의 객관적 혐의가 없는 경우

㉡ 유죄판결을 받기에는 증거가 불충분한 경우

㉢ 피의자의 자백에 대한 보강증거가 없는 경우

B. 범죄의 구성요건에 해당하지 않는 경우

① 과실범의 처벌규정이 없는 범죄의 고의가 없는 경우

② 과실이 없는 경우

③ 미수불벌의 경우 결과가 없거나 행위와 결과 사이에 인과관계가 인정되지 않는 경우

(나) 죄가 안됨

피의사실이 범죄의 구성요건해당성은 인정되나, 법률상 범죄의 성립을 조각하는 사유가 있어 범죄를 구성하지 아니하는 경우의 처분이다.

① **위법성이 없는 경우** : 정당방위, 긴급피난, 자구행위, 피해자의 승낙, 정당행위

② **책임성이 없는 경우** : 형사미성년자, 심신상실자, 강요된 행위, 기대가능성이 없는 경우

(다) 공소권 없음

소송조건을 결한 경우(공소기각결정사유, 공소기각판결사유, 면소판결사유)와 법률에 의하여 필요적 형면제 사유에 해당하는 때하는 처분이다.

A. 공소기각결정사유

① 공소가 취소되었을 때

② 피고인이 사망하거나 피고인인 법인이 존속하지 아니하게 되었을 때

③ 제12조 또는 제13조의 규정에 의하여 재판할 수 없는 때 즉,

㉠ 동일사건이 합의부와 단독에 공소제기 된 경우 단독판사의 재판

㉡ 동일사건이 사물관할을 같이하는 수개의 법원에 공소제기 된 경우 뒤에 공소제기를 받은 법원의 재판

④ 공소장에 기재된 사실이 진실하다 하더라도 범죄가 될 만한 사실이 포함되지 아니하는 때

B. 공소기각판결사유

① 피고인에 대하여 재판권이 없는 때

㉠ 피의자가 외교관 등인 경우

㉡ 그러나 피의자가 군인이나 군속의 경우 군사법원에 이송.

② 공소제기의 절차가 법률의 규정에 위반하여 무효인 때

③ 공소가 제기된 사건에 대하여 다시 공소가 제기되었을 때.

④ 제329조의 규정에 위반하여 공소가 제기되었을 때, 즉 공소 취소 후에 다른 중요한 증거를 발견하지 못했음에도 재기소한 경우이다.

⑤ 고소가 있어야 죄를 논할 사건에 대하여 고소의 취소가 있는 때.

㉠ 고소가 없는 경우를 포함한다.

㉡ 고발이 소송조건인 경우 고발이 없거나 취소된 때

⑥ 피해자의 명시한 의사에 반하여 죄를 논할 수 없는 사건에 대하여 처벌을 희망하지 아니하는 의사표시가 있거나 처벌을 희망하는 의사표시가 철회되었을 때

C. 면소판결사유

① 확정판결이 있은 때

② 사면이 있은 때

③ 공소의 시효가 완성되었을 때

④ 범죄후의 법령개폐로 형이 폐지되었을 때

D. 필요적 형 면제사유에 해당하는 경우

① 친족상도례의 경우, 직계혈족, 배우자, 동거친족, 호주, 가족 또는 그 배우자간의 재산범죄 중 강도죄와 손괴죄를 제외한 범죄

② 국회의원이 국회에서 직무상 행한 발언과 표결

(2) 기소유예

피의사건에 관하여 범죄혐의가 인정되고 소송조건도 구비되었으나 범인의 연령, 성행, 지능과 환경, 피해자에 대한 관계, 범해의 동기, 수단과 결과, 범행후의 정황 등을 참작하여 공소를 제기하지 아니하는 경우이다.

(3) 기소중지

범인이 누구인지 불명확한 경우와 범인의 소재가 판명되지 아니한 경우이다. 기소중지는 잠정적인 수사종결이라는 점에서 협의의 불기소처분과 구별된다.

(4) 참고인 중지

중요 참고인의 소재가 불명하거나 심신상실, 질병, 해외여행 등과 같은 사유로 수사를 계속하여 종결할 수 없는 경우 그 사유가 해소될 때까지 하는 처분

(5) 기소중지와 참고인 중지와의 관계

甲과 乙이 공범관계인 경우에 甲이 도망하였다면 甲에 대하여는 기소중지 의견으로, 乙의 범죄혐의를 밝히기 위하여 甲의 진술을 들어야 하는 경우 乙에 대하여는 참고인 중지 의견으로 송치한다.

(6) 공소보류

① 국가보안법위반자에 대하여 형법 제51조를 참작하여 공소제기를 보류하는 것으로 기소유예와 유사하나 다음과 같은 점에서 다르다.

② 기소유예의 경우에는 공소시효 내에서 언제든지 공소제기가 가능하나, 공소보류의 경우는 공소시효에 관계없이 2년을 경과하면 공소제기 못한다.

③ 수사기관에 의하여 구속되었다가 석방된 자는 다른 중요한 증거를 발견한 경우에 한하여 재구속이 가능하나(형소법 제208조), 공소보류의 경우는 취소되면 제208조의 적용을 받지 않아 다른 중요한

증거의 발견을 불문하고 재구속할 수 있다.

(7) 타관송치

사건이 그 소속검찰청에 대응하는 법원의 관할에 속하지 아니한 때에는 사건을 서류, 증거물과 함께 관할 법원에 대응하는 검찰청 검사에게 송치하여야 한다.

(8) 각하

(가) 의의

고소・고발사건에 한하여 행하여지는 불기소처분의 일종으로 고소・고발자의 기재 및 고소・고발인의 진술에 의하더라도 기소를 위한 수사의 필요성이 없다고 명백하게 인정되는 경우 간략하게 행하는 종국처분이다.

(나) 각하사유

① 고소・고발사건이 협의의 불기소처분에 해당함이 명백한 때.

② 자기 또는 배우자의 직계존속에 대한 고소 고발 및 고소취소 후의 재 고소

③ 동일사건에 관하여검사의 불기소처분이 있는 때(단, 새로운 증거 발견 시 예외)

④ 고소권자 아니자가 고소한 경우

⑤ 고소・고발장만으로 수사를 진행할 가치가 없다고 인정되는 사건에서, 고소・고발인의 수사협조가 없는 경우 및 1회 이상 진술하였다가 소재불명 된 경우

(다) 각하사건의 처리

① 피고소인을 조사하는 등 사건의 실체에 관하여 수사를 진행한 경우에도 각하사유에 해당하는 때에는 각하할 수 있다.

② 피고소인이 출석하여 각하사유에 해당함이 판명되면 피의자신문조서를 작성하는 것이 아니라 피의자 진술조서를 작성한다.

(9) 불기소사유가 중복된 경우의 조치

각하 → 공소권 없음 → 죄가 안됨 → 혐의 없음 → 기소중지 순으로 종결한다.

제2절 수사의 단서

Ⅰ. 개념

수사의 단서란 수사개시의 자료 또는 범죄발각의 원인을 말한다. 수사관은 수사를 개시하는데 실마리가 되는 단서 없이는 수사를 할 수 없는 것이므로 단서의 포착과 그 취급에 대하여는 평상시라도 예민한 육감으로 특별한 노력과 신중한 배려가 있지 않으면 안 된다.

수사기관 자신의 체험에 의한 단서 (자율적 수사, 직접인지)	① **현행범인・준현행범인의 체포**(형소법 제211조) ② **변사자 검시**(형소법 제222조) ③ **불심검문**(경직법 제3조) ④ 범죄첩보 ⑤ 신문・출판물, 풍설 등 ⑥ 타사건 수사 중 범죄발견 ⑦ 별도의 사건번호 부여 후 인지절차
타인의 체험에 의한 단서 (타율적 수사, 간접인지)	① **고소・고발**(형소법 제223조, 제234조) ② **자수**(형소법 제240조) ③ 피해자 신고 등(익명신고・투서・밀고 포함) ④ 진정, 탄원 등

Ⅱ. 수사기관 자신의 체험에 의한 경우

1. 현행범인의 체포

(1) 의의

(가) 협의의 현행범인 : 범죄를 실행 중 이거나 실행직후인 자

(나) 준현행범인

① 범인으로 호창되어 추적되고 있는 자

② 장물이나 범죄에 사용되었다고 인정함에 충분한 흉기 기타의 물건을 소지하고 있는 자

③ 신체 또는 의복류에 현저한 증적이 있는 자

④ 누구임을 물음에 대하여 도망하려 하는 자

(2) 현행범인의 처리

① 사인이 현행범인을 체포한 경우 즉시 검사 또는 사법경찰관리에게 인도하여야 한다.

② 수사기관이 현행범인을 직접 체포하였을 때는 현행범인 체포서를 작성한다.

③ 사인이 체포한 것을 인도 받았을 때는 현행범인 인수서를 작성해야 한다.

2. 변사자 검시(檢視)(형소법 제222조)

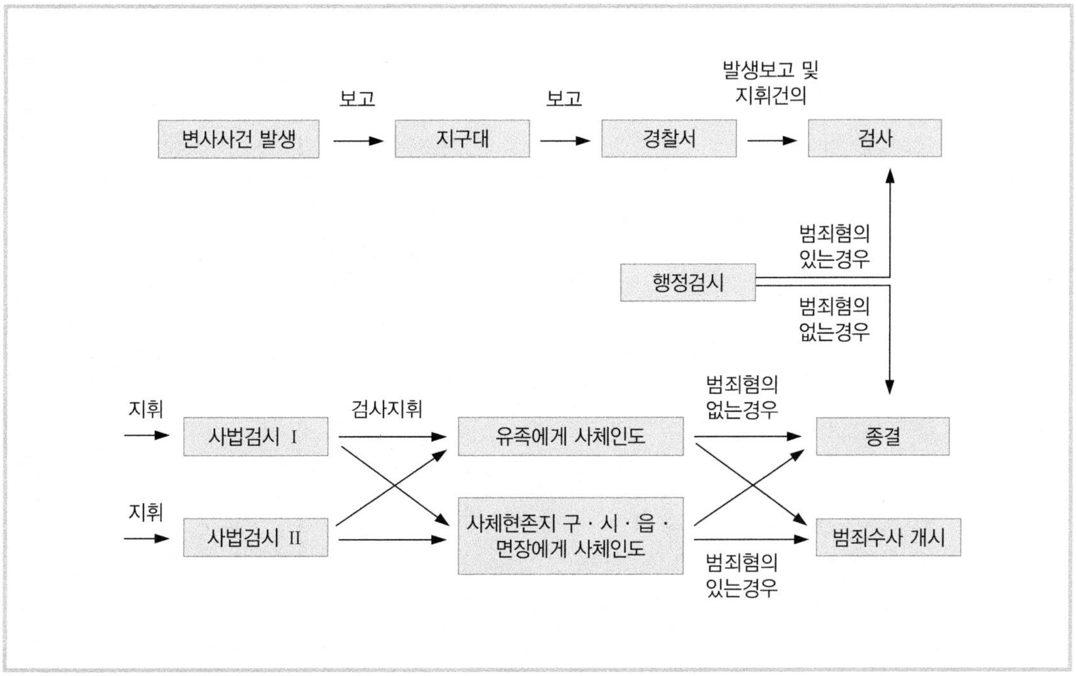

① 자연사 이외의 부자연사에 의한 사체에 대하여 그 사망의 원인이 범죄에 기인하는지 여부를 조사하는 수사기관의 행위로 사인을 규명하고 자 · 타살을 명확히 하여 수사의 단서나 신원을 파악, 유족에게 인도하기 위해 실시된다.

② 변사체 검시는 수사가 아니고 수사전의 처분, 즉 수사의 단서이다.

3. 불심검문

(1) 의의 : 불심검문은 수사처분이 아니라 수사의 단서이다.

(2) 대상

경찰관은 수상한 거동 기타 주위의 사정을 합리적으로 판단하여 다음의 자를 정지시켜 질문할 수 있다.

① 어떠한 죄를 범하였다고 의심할 만한 상당한 이유가 있는 자

② 어떠한 죄를 범하려 하고 있다고 의심할 만한 상당한 이유가 있는 자

③ 이미 행하여진 범죄나 행하여지려고 하는 범죄행위에 관하여 그 사실을 안다고 인정되는 자(참고인)

(3) 수단

① **정지** : 앞에서 가로 막거나, 자전거 핸들이나 짐받이를 잡거나, 배후에서 어깨에 손을 얹는 등 강제에 의하지 않는 정도의 실력행사는 사태의 급박성이나 의혹을 풀 필요성에서 정지시키기 위한 행위로서 허용된다.

② **신체수색, 소지품 조사** : 신체수색은 **외부** 호주머니에서 **내부** 호주머니 순으로 하고, 소지품 조사는 검문에 수반하는 행위로서 어느 정도는 할 수 있으나 설득에 의하여 동의하도록 하고 소지품은 가능한 한 꺼내 보이게 한다.

③ **동행**

㉠ 본인에게 불리한 경우나 교통방해가 되는 경우 경찰서나 파출소에 동행할 수 있다.

㉡ 이 동행은 임의적인 것이므로 상대방의 동의를 요하며 강제적이어서는 안 된다.

㉢ 임의동행을 요구할 경우 경찰관은 상대방에게 자신의 신분을 표시하는 증표를 제시하면서 소속과 성명을 밝히고 그 목적과 이유를 설명해야 하며, 동행 장소를 밝혀야 한다.

㉣ 임의 동행한 경우 경찰관은 상대방의 가족 또는 친지 등에게 동행한 경찰관의 신분, 동행 장소, 동행목적과 이유를 고지하거나 본인으로 하여금 즉시 연락할 수 있는 기회를 부여해야 하며, 변호인의 조력을 받을 권리가 있음을 고지해야 한다.

㉤ 임의 동행한 경우 경찰관은 상대방을 6시간을 초과하여 경찰관서에 머물게 할 수 없다.

(4) 숙련과 심적 대비

① **여러 차례 실시** : 형식적인 질문을 하지 말고, 반드시 목적을 달성한다는 열의로서 행하며, 상대방의 심리적 동요를 감지할 수 있도록 노력하며, 종료 후에는 반성 검토한다.

② **상식의 함양** : 신문 잡지를 읽어 화제를 준비하고, 모든 계층이나 업태의 실태를 파악하며, 지방의 방언, 은어, 암호를 익히며, 지리적 실태 파악과 교통기관의 상황을 파악하고 기타 사회 경제적 사정을 넓힌다.

③ **실시상의 마음가짐** : 냉정 침착 상대방의 돌발적인 태도에 휩쓸리지 않으며 끈기 있게 행동한다.

(5) 수상한 자의 발견

① **거동** : 일반적인 거동에서 발견하거나 경찰관에 대한 거동으로 발견하는 방법, 불러 세웠을 때의 거동에서 발견하거나 질문 중의 태도에서 발견하는 방법 등이 있다.

② **소지품** : ㉠ 본인과 어울리지 않는 저명인사의 명함을 소지하고 있는 자 ㉡ 전당포 등에 신분에 어울리지 않는 물건을 가지고 와서 다른 사람에게서 부탁 받은 물건이라고 변명하는 자 ㉢ 신용카드, 각종 신분증, 주민등록증, 운전면허증 등의 이름과 일치하지 않는 자 ㉣ 일시보관소의 교환표나 전당표 등을 많이 소지한 자 ㉤ 이름이 다른 도장을 소지하고 있는 자 ㉥ 중요사건이 실린 신문을 스크랩해서 소지하고 있는 자 ㉦ 소지하고 있는 수첩에 이상한 기호, 부호 등이 기입되어 있는 자 ㉧ 지갑이나 시계 등을 2개 이상 소지하고 있는 자 ㉨ 휴대품에 흙, 거미줄, 먼지 등이 묻어 있는 자 ㉩ 보기에는 신가 같

은데 보따리를 소지하고 있는 자 ㉠ 필요 없는 코트나 양복상의 등을 소지하고 있는 자 ㉡ 노끈류, 전선 등을 소지하고 있는 자 ㉢ 색안경, 마스크, 장갑 등을 소지하고 있는 자 ㉣ 여벌열쇠, 끌, 유리조각, 드라이버 등을 소지하고 있는 자 ㉮ 언뜻 보아 응급약품 등을 소지하고 있는 자

③ **착의** : ㉠ 아침 일찍 먼지나 흙이 묻은 옷을 입고 서성거리는 자 ㉡ 의류의 세탁표기나 이름이 본인의 이름과 다른 자 ㉢ 연령과 착의가 맞지 않은 자 ㉣ 양복의 이름을 뜯어내버린 자 ㉤ 착의가 현저히 남루하거나 흐트러진 자 ㉥ 더러운 옷 위에 다른 옷을 껴입은 자 ㉦ 착의의 상의가 맞지 않은 자 또는 신발과 맞지 않은 자 ㉧ 신발이 낡았거나 더러운 자 ㉨ 머리에 거미줄 등이 부착되어 있는 자 ㉩ 신체, 착의, 신발에 혈흔 등이 묻었거나 악취가 나는 자 ㉪ 직업과 복장이 맞지 않은 자 ㉫ 고의로 신사나 여행자로 가장하는 자

④ **언동** : ㉠ 위세만 당당한 자 ㉡ 질문에 반응이 없는 자 ㉢ 질문도 하지 않았는데 '수상한 사람 아니오.' 라고 고의로 변명하는 자 ㉣ 이미 다른 곳에서 검문을 받았다고 변명하는 자 ㉤ 병문안이나 경조사가 있어 가는 중이라고 하면서 검문을 재촉하는 자 ㉥ 출발지나 행선지 등으로 보아 시간적으로 불합리한 자 ㉦ 주소, 성명, 직업, 연령, 가족, 방문처, 용건 등을 반복해서 질문하였을 때 처음의 대답과 다른 자 ㉧ 행선지의 갈아타는 장소, 정류장 등에 대한 상식이 전혀 없거나 애매한 자 ㉨ 자기가 답변한 직업에 대하여 지식이 없는 자 ㉩ 경찰관에게 구면이라는 등 고의로 친숙하게 대화하려는 자 ㉪ 질문과 다른 대답을 하는 자 ㉫ 동행자들을 분리하여 질문한 바 행선지나 용건이 일치하지 않은 자들 ㉬ 휴대품이나 소지품의 설명이 애매하고 분명하지 않은 자

(6) 실시

(가) 불러 세우기

기회를 놓치지 않고 불러 세운 다음, 여유를 갖고 말을 건다.

(나) 검문요령

① 행선지, 출발지, 용건, 경유지, 주소, 본적, 출생지, 직업, 성명, 연령, 가정상황 및 주위 상황

② **태도의 관찰** : ㉠ 시간, 장소, 복장, 소지품, 관계 ㉡ 검문 중 안색의 변화, 창백해지거나 당황하는 기색 ㉢ 도주의 우려, 검문 중 복통이나 용변을 호소하는 자 ㉣ 태도, 동작의 변화, 휴대품을 지상에 내던지며 '마음대로 해보시오'라고 소리치는 자 ㉤ 검문 후 자기가 말하였던 길로 가지 않는 등에서 수상한 점을 발견 한다.

(다) 소지품 검사

① 먼저 종류 및 수량을 묻는다.
② 소지품은 가능한 한 상대방에게 꺼내 보이게 한다.
③ 가방 등은 상대방에게 열게 한다.
④ 금전 등은 상대방이 직접 펴서 세어보게 한다.

(라) 신체수색 검사

① 상대방의 승낙을 얻는다.

② 장소와 위치의 선정시에 도주나 사고방지에 주의한다.

③ 외부 호주머니에서 내부 호주머니 순으로 한다.

④ 부녀자의 경우에는 특히 신중을 기한다.

⑤ 은닉의 우려가 있는 장소 - 머리카락, 입, 귀, 옷깃, 소매 끝, 벨트 속

⑥ 바지의 무릎대기, 장갑, 신발, 구두 밑 등에 주의한다.

(마) 수상사고의 방지

① 여유를 충분히 두고 뜻밖의 공격에 대비한다.

② 경찰봉 등의 기자재를 언제나 사용할 수 있도록 준비해 둔다.

③ 상대방의 행동에 세심한 주의를 기울이고 한눈 팔지 않는다.

(바) 동행할 때의 유의사항

① 증거의 인멸, 폐기, 파괴 등이 없도록 충분히 주의한다.

② **자살방지** : ㉠ 단도 등을 사용하지 못하게 한다. ㉡ 독극물을 마시지 못하게 한다. ㉢ 강, 도랑, 달리는 자동차나 전동차로 뛰어 들지 못하게 한다.

③ **도주방지** : ㉠ 복통 등을 호소해올 때 주의한다. ㉡ 옷을 갈아입거나, 허리띠를 고쳐 맬 때 주의한다. ㉢ 번화가를 통행할 때 주의한다. ㉣ 경찰서 파출소 등에 다가왔을 때 주의한다. ㉤ 임의성의 확보, 경찰차량의 사용 등에 주의한다.

(7) 실시 후 조치

① 협력을 하여 준 것에 대하여 감사를 표한다.

② 상대방을 납득시킨다.

③ 헤어진 후 상대방의 행동에 주의한다.

4. 기타 - 보도, 풍설 등

수사기관은 신문·방송의 보도, 기타 출판물의 기사, 밀고, 풍설의 내용 가운데 범죄에 관한 것이 있을 때에는 특히 출처에 주의하여 그 진상을 내사한 후 범죄혐의가 있다고 인정할 때에는 즉시 수사에 착수하여야 한다.

5. 타사건 수사 중 범죄발견

① 입건하여 수사 중인 당해 피의자 또는 그 이외의 자에 대한 새로운 혐의를 발견하게 되는 경우가 있다.

② 타사건 수사 중 새로운 범죄사실을 발견하였을 때는 별도의 사건부호를 부여하고 인지절차를 밟아야 하며 관련사건으로 합철 처리하기도 한다.

Ⅲ. 타인의 체험에 의한 경우

1. 고 소

(1) 의의

고소라 함은 피해자 또는 그 대리인이 수사기관에 대하여 범죄사실을 신고하여 범인의 소추를 구하는 의사표시로 이에 의하여 수사가 개시되므로 수사의 단서가 된다. 고소는 범죄사실의 신고로 일시, 장소 등을 특정할 수 있는 정도이면 충분하며, 성명불상의 피고소인이더라도 그 범죄를 한 자를 처벌할 의사가 표명되어 있으면 적법한 고소로 볼 수 있다.

① 수사기관에 대한 신고일 것

고소는 수사기관에 대한 범죄사실의 신고이다. 따라서 법원에 대하여 진정서를 제출하거나 법원에 피고인의 처벌을 바란다고 증언하는 것은 수사기관에 대한 신고가 아니므로 고소가 아니다(대판 1988.5.10. 87도2079).

② 범죄사실의 신고일 것

고소는 범죄사실을 신고하는 것이다. 따라서 고소의 대상인 범죄사실을 특정하여야 한다. 그러나 공소사실의 특정과 같은 정도를 요구하는 것은 아니고 처벌을 원하는 범죄가 어떤 범죄인지 알 정도면 된다.

판례

① 고소에 있어 범죄사실의 특정의 정도는 고소인의 의사가 구체적으로 어떤 범죄사실을 지정하여 범인의 처벌을 구하고 있는 것인가를 확정할 수 있으면 되는 것이고 고소인 자신이 직접 범행일시, 장소와 방법 등까지 구체적으로 상세히 지적하여 그 범죄사실을 특정할 필요까지는 없다(대판 1985.7.23, 85도1213).

② 고소는 범죄의 피해자 등이 수사기관에 대하여 범죄사실을 신고하여 범인의 소추 처벌을 구하는 의사표시이므로 그 범죄사실 등이 구체적으로 특정되어야 할 것이나, 그 특정의 정도는 고소인의 의사가 수사기관에 대하여 일정한 범죄사실을 지정 신고하여 범인의 소추처벌을 구하는 의사표시가 있었다고 볼 수 있을 정도면 그것으로 충분하고, 범인의 성명이 불명이거나 또는 오기가 있었다거나 범행의 일시・장소・방법 등이 명확하지 않거나 틀린 것이 있다고 하더라도 그 효력에는 아무런 영향이 없다(대판 1984.10.23, 84도1704).

③ 고소는 고소인이 일정한 범죄사실을 수사기관에 신고하여 범인의 처벌을 구하는 의사표시이므로 그 고소한 범죄사실이 특정되어야 할 것이지만 그 특정의 정도는 고소인의 의사가 구체적으로 어떤 범죄사실을 지정하여 범인의 처벌을 구하고 있는가를 확정할 수만 있으면 되는 것이고, 고소인 자신이 직접 범행의 일시. 장소와 방법 등까지 구체적으로 상세히 지적하여 범죄사실을 특정할 필요까지는 없다. … 범행기간을 특정하고 있는 고소에 있어서는 그 기간중의 어느 특정범죄에 대하여 범인의 처벌을 원치 않는 고소인의 의사가 있다고 볼 만한 특별한 사정이 없는 이상 그 고소는 특정한 기간중에 저지른 모든 범죄에 대하여 범인의 처벌을 구하는 의사표시라고 봄이 상당하다(대판 1988.10.25. 87도1114).

③ 범인의 처벌을 구하는 의사표시일 것

㉠ 순수한 도난신고서나 피해전말서, 피해사실의 신고 등은 처벌의 의사표시가 없으므로 고소가 아니다.

㉡ 고소는 법률행위적 소송행위이므로 고소능력(피해를 받은 사실을 이해하고 고소에 따른 사회생활상의 이해관계를 알아차릴 수 있는 사실상의 의사능력)이 있어야 한다(대판 1999.2.9. 98도2074). 또한 고소위임을 위한 능력도 마찬가지이다(대판 2011.6.24. 2011도4451·2011전도76). 판례는 피해 당시 13세(대판 1987.9.22. 87도1707) 혹은 14세의 정신지체아(대판 2007.10.11. 2007도4962)의 경우에는 고소능력 또는 그 위임능력을 인정하였으나, 11세의 경우(대판 1995.5.9. 95도696) 부정하였다.

판례

① 고소를 함에는 소송행위능력, 즉 고소능력이 있어야 하는 바, 고소능력은 피해를 받은 사실을 이해하고 고소에 따른 사회생활상의 이해관계를 알아차릴 수 있는 사실상의 의사능력으로 충분하므로 민법상의 행위능력이 없는 자라도 위와 같은 능력을 갖춘 자에게는 고소능력이 인정된다고 할 것이고, 고소위임을 위한 능력도 위와 마찬가지라고 할 것이다(대판 1999.2.9. 98도2074).

② 출판사 대표인 피고인이 도서의 저작권자인 피해자와 전자도서(e-book)에 대하여 별도의 출판계약 등을 체결하지 않고 전자도서를 제작하여 인터넷서점 등을 통해 판매하였다고 하여 구 저작권법 위반으로 기소된 사안에서, 피해자가 경찰청 인터넷 홈페이지에 '피고인을 철저히 조사해 달라'는 취지의 민원을 접수하는 형태로 피고인에 대한 조사를 촉구하는 의사표시를 한 것은 형사소송법에 따른 적법한 고소로 보기 어렵다(대판 2012.2.23. 2010도9524).

(2) 구별개념

고소는 피해자 등 고소권자가 행하는 점에서 일반인이 수사기관에 범죄사실을 신고하여 범인의 처벌을 희망하는 의사표시인 고발과 구별되며, 또 처벌을 희망하는 의사표시를 핵심요소로 하는 점에서 단순한 범죄사실의 신고와도 구별된다.

(3) 고소의 성격

고소는 원칙적으로 수사의 단서이나, 친고죄의 경우에는 수사의 단서인 동시에 소송조건이 되므로 고소가 없으면 공소제기와 유죄판결을 할 수 없다. 판례도 반의사불벌죄에 있어서 처벌불원의 의사표시의 부존재는 소위 적극적 소송조건으로서 직권조사사항이라 할 것이므로 당사자가 항소이유로 주장하지 아니하였다고 하더라도 법원은 직권으로 이를 조사·판단하여야 한다고 한다.

판례

① 고소가 있어야 죄를 논할 수 있는 친고죄의 경우와는 달리 비친고죄에 있어서 고소는 단순한 수사의 단서가 됨에 지나지 아니하므로 고소의 유무 또는 그 고소의 취소여부에 관계없이 그 죄를 논할 수 있다(대판 1987.11.10, 87도2020).

② 반의사불벌죄에 있어서 처벌불원의 의사표시의 부존재는 소위 소극적 소송조건으로서 직권조사사항이라 할 것이므로 당사자가 항소이유로 주장하지 아니하였다고 하더라도 법원은 이를 직권으로 조사·판단하여야 한다(대판 2001.4.24, 2000도3172).

③ **반의사불벌죄에서 '처벌을 희망하지 아니하는 의사표시' 또는 '처벌을 희망하는 의사표시의 철회'를 인정하기 위한 요건**(대판 2021.10.28. 2021도10010) 폭행죄는 피해자의 명시한 의사에 반하여 공소를 제기할 수 없다(형법 제260조 제3항). 반의사불벌죄에서 처벌을 희망하는 의사표시의 철회 또는 처벌을 희망하지 않는 의사표시는 제1심 판결 선고 전까지 할 수 있다(형사소송법 제232조 제1항, 제3항). 피해자가 처벌을 희망하지 않는 의사표시나 처벌을 희망하는 의사표시의 철회를 하였다고 인정하기 위해서는 피해자

의 진실한 의사가 명백하고 믿을 수 있는 방법으로 표현되어야 한다. 처벌을 희망하지 않는 의사표시의 부존재는 소극적 소송조건으로서 직권조사사항에 해당하므로 당사자가 항소이유로 주장하지 않았더라도 원심은 이를 직권으로 조사·판단해야 한다.

(4) 친고죄

친고죄는 형사소송법상 고소가 있어야 처벌할 수 있는 범죄이다. 친고죄에 있어서 고소는 수사의 단서일 뿐만 아니라 소송조건이 된다. 따라서 친고죄의 경우 고소가 없으면 검사는 공소를 제기할 수 없다.

반의사불벌죄와 구별을 해야 하는데 반의사불벌죄의 경우는 피해자의 고소가 없어도 수사기관의 인지에 의하여 수사를 개시하고 공소를 제기할 수 있으나, 피해자가 처벌을 원하지 않는다는 의사를 명백히 한 때에는 처벌을 할 수 없다는 점에서 친고죄와 구별된다.

(가) 절대적 친고죄

① **의의** : 신분과 관계없이 범죄사실 그 자체가 친고죄에 해당하며, 범인의 지정이 불필요하다.

② **종류** : 모욕죄, 사자의 명예훼손죄, 비밀침해죄, 업무상비밀누설죄 등

(나) 상대적 친고죄

① **의의** : 범인과 피해자간에 특수한 신분관계가 있는 경우가 이에 해당하며, 범인의 지정이 필요하다.

② **종류** : 형법 제328조 친족 간의 범행과 고소 중 제1항 직계친족, 배우자, 동거친족, 동거가족 또는 그 배우자간 범죄는 형을 면제함으로 위 제1항 이외의 친족 간의 범죄에 대하여는 고소가 있어야 공소를 제기할 수 있다고 규정하고 있다.

반의사불벌죄

1. 형법상 반의사불벌죄
   - 폭행·존속폭행죄(제260조)
   - 협박·존속협박죄(제283조)
   - 명예훼손죄(제307조)
   - 출판물 등에 의한 명예훼손죄(제309조)
   - 과실치상죄(제266조)
   - 외국국기·국장모독죄(제109조)
   - 외국원수·외국사절에 대한 폭행·협박·모욕죄(제108조)

(3) 고소권자

구분	내용
피해자	① 범죄로 인한 피해자(직접피해자)는 고소할 수 있다(형소법 제223조). ② 자기 또는 배우자의 직계존속은 고소하지 못한다(제224조). ③ 다만 가정폭력과 성폭력특별법상 자기 또는 배우자의 직계존속도 고소 가능하다.
법정대리인	① 피해자의 **법정대리인은 독립하여** 고소가능하다(제225조 제1항) ② **모자관계는 호적에 입적되어 있는 여부와는 관계없이 자의 출생으로 법률상 당연히 생기는 것이므로** 생모와 그 자의 자 사이에도 법률상 친족관계가 있다 할 것인바, 피고인의 생모가 피고인의 그 딸에 대한 강제추행 등 범죄사실에 대하여 고소를 제기한 것은 형사소송법 제226조 소정의 피해자의 친족에 의한 피해자의 법정대리인에 대한 적법한 고소라 할 것이다[판례].
친족	피해자의 법정대리인이 피의자이거나 또는 법정대리인의 친족이 피의자인 때에는 **피해자의 친족**은 **독립하여 고소할 수 있다**(제226조).
피해자의 사망	피해자가 사망할 경우에는 **그 배우자 · 직계친족 · 형제자매**는 고소 할 수 있다. 단, **피해자의 명시한 의사에 반하여 고소할 수 없다.**(제225조 제2항)
사자명예훼손	사자의 명예를 훼손한 범죄에 대하여는 **그 친족 또는 자손**은 고소할 수 있다.(제227조)
지정 고소권자	**친고죄나 가정폭력사범**에 대하여 고소할 자가 없는 경우에 이해관계인의 신청이 있으면 **검사**는 10일 이내에 고소할 수 있는 자를 **지정하여야 한다.**

(4) 고소의 방법

(가) 고소의 방식

① 서면 또는 구술

ⓐ 고소는 서면 또는 구술로써 검사 또는 사법경찰관에게 하여야 한다(제237조 제1항). 특히 고소는 반드시 고소장이나 조서에 직접 표시함을 요하므로 전화 · 전보 · 팩시밀리에 의한 고소는 조서에 작성되지 않는 한 고소의 효력이 없다.

ⓑ 구술에 의한 고소를 받은 때에는 조서를 작성하여야 한다(제237조 제2항). 그러나 고소조서는 반드시 독립된 조서일 필요는 없기 때문에, 피해자진술조서에 피고인의 처벌을 요구하는 의사표시를 하였다면 적법한 고소가 된다.

판례

① 친고죄에 있어서의 고소는 고소권 있는 자가 수사기관에 대하여 범죄사실을 신고하고 범인의 처벌을 구하는 의사표시로서 서면뿐만 아니라 구술로도 할 수 있는 것이고, 다만 구술에 의한 고소를 받은 검사 또는 사법경찰관은 조서를 작성하여야 하지만 그 조서가 독립된 조서일 필요는 없으며 수사기관이 고소권자를 증인 또는 피해자로서 신문한 경우에 그 진술에 범인의 처벌을 요구하는 의사표시가 포함되어 있고 그 의사표시가 조서에 기재되면 고소는 적법하게 이루어진 것이다(대판 1985.3.12, 85도190).

② 피해자가 강제추행 당한 사실을 진술하면서 피고인의 처벌을 요구하는 의사표시를 하였고 이러한 의사표시가 수사기관이 작성한 피해자진술조서에 기재되었다면, 그러한 의사표시가 경찰관의 질문에 답하는 형식으로 이루어졌다고 하더라도 적법한 고소에 해당한다(대판 2009.7.9. 2009도3860).

② **사법경찰관의 조치** : 사법경찰관이 고소를 받은 때에는 신속히 조사하여 관계서류와 증거물을 검사에게 송부하여야 한다(제238조).

(나) 고소의 대리

㉠ 고소는 대리인으로 하여금 하게 할 수 있다(제236조). 대리의 방식에는 특별한 제한이 없으므로 반드시 위임장을 제출한다거나 '대리'라는 표시를 하여야 하는 것은 아니다. 또 고소기간은 고소대리인이 아니라 정당한 고소권자를 기준으로 고소권자가 범인을 안날로부터 기산한다.

㉡ 고소대리의 허용범위와 관련하여 i) 고소권자의 범위를 제한하는 현행법의 취지에 비추어 고소권자의 처벌희망 의사표시를 전달하는 표시대리에 한한다는 견해(표시대리설)와 ii) 형사소송법이 명문으로 고소의 대리를 허용하고 있으므로 표시대리 이외에 처벌희망 의사표시의 결정 그 자체를 대리하는 의사대리도 허용된다는 견해(의사대리설)가 대립하나, 고소권자가 아닌 자가 고소 여부를 결정하는 것은 부당하므로 표시대리설이 타당하다.

판례 형사소송법 제236조의 대리인에 의한 고소의 경우, 대리권이 정당한 고소권자에 의하여 수여되었음이 실질적으로 증명되면 충분하고, 그 방식에 특별한 제한은 없으므로, 고소를 할 때 반드시 위임장을 제출한다거나 '대리'라는 표시를 하여야 하는 것은 아니고, 또 고소기간은 대리고소인이 아니라 정당한 고소권자를 기준으로 고소권자가 범인을 알게 된 날부터 기산한다(대판 2001.9.4, 2001도3081).

(다) 조건부 고소

고소에 조건을 붙일 수 있는가에 관해 비친고죄의 경우에는 견해가 대립하나 친고죄의 경우에는 고소가 소송조건인 동시에 소송조건이 되므로, 고소의 의사를 좌우하는 조건부 고소는 허용되지 않는다고 보아야 한다. 판례도 의사표시 당시 고소인에게 앞에서 인정한 것과 같은 내심의 진정한 의사가 있었다 하더라도 친고죄에서 처벌을 구하는 의사표시의 철회는 수사기관이나 법원에 대한 공법상의 의사표시로서 내심의 조건부 의사표시는 허용되지 않는다고 한다(대판 2007.4.13. 2007도425).

(5) 고소의 기간

① **비친고죄와 친고죄** : 비친고죄의 경우에는 기간의 제한이 없으나, 친고죄의 경우에는 범인을 알게 된 날로부터 6월을 경과하면 고소하지 못한다(제230조 제1항). 친고죄의 고소는 소송조건이므로 공소제기의 여부를 오랫동안 사인의 의사에 맡겨 불확정한 상태로 둘 수 없기 때문이다. 그러나 「성폭력범죄의 처벌 등에 관한 특례법」에서는 1년이었으나 이를 삭제하였고, 「아동·청소년의 성보호에 관한 법률」에서의 강간죄는 반의사불벌죄로 규정되었지만, 이를 폐지하였다.

판례

① (형법상) 강간죄에 대한 피해자의 고소가 성폭력범죄의처벌및피해자보호등에관한법률상의 고소기간(1년) 안에

제기되었음에도 형사소송법상의 고소기간을 경과한 후 제기되었다는 이유로 공소를 기각한 경우 성폭력범죄의 고소기간에 관한 법리오해의 위법이 있다(대판 2002.5.16, 2002도51 전원합의체).

② **구 성폭법상의 친고죄가 폐지된 경우 폐지 전의 범행에 대한 고소기간**(대판 2018.6.28. 2014도13504)

형사소송법 제230조 제1항 본문은 친고죄의 고소기간을 범인을 알게 된 날로부터 6월로 정하고 있다. 구 형법(2012. 12. 18. 법률 제11574호로 개정되어 2013. 6. 19. 시행되기 전의 것, 이하 '구 형법'이라 한다) 제306조는 형법 제298조에서 정한 강제추행죄를 친고죄로 규정하고 있었다. 그런데 위와 같은 개정으로 구 형법 제306조는 삭제되었고, 개정 형법 부칙 제2조는 '제306조의 개정 규정은 위 개정 법 시행 후 최초로 저지른 범죄부터 적용한다'고 규정하였다. 구 성폭력범죄의 처벌 등에 관한 특례법(2012. 12. 18. 법률 제11556호로 전부개정되기 전의 것) 제2조 제1항 제3호는 형법 제298조(강제추행) 등을 성폭력범죄로 규정하고, 제18조 제1항 본문에서 성폭력범죄 중 친고죄의 고소기간을 '형사소송법 제230조 제1항의 규정에 불구하고 범인을 알게 된 날부터 1년'으로 규정하였다(이하 '이 사건 특례조항'이라 한다). 이 사건 특례조항은 위 전부개정 법률에서 제19조 제1항 본문으로 위치가 변경되었다가 2013. 4. 5. 법률 제11729호 개정으로 삭제되었다(2013. 6. 19. 시행, 이하 '개정 성폭력처벌법'이라 한다). 그런데 개정 성폭력처벌법은 부칙에서 이 사건 특례조항 삭제에 관련된 경과규정을 두고 있지 않아 그 시행일 이전에 저지른 친고죄인 성폭력범죄의 고소기간에 이 사건 특례조항이 적용되는지 여부가 문제된다.

구 형법 제306조를 삭제한 것은 친고죄로 인하여 성범죄에 대한 처벌이 합당하게 이루어지지 못하고 피해자에 대한 합의 종용으로 인한 2차 피해가 야기되는 문제를 해결하기 위한 것이었고, 구 형법 제306조가 삭제됨에 따라 이 사건 특례조항을 유지할 실익이 없게 되자 개정 성폭력처벌법에서 이 사건 특례조항을 삭제한 것이다. 위와 같은 개정경위와 취지를 고려하면, 개정 성폭력처벌법 시행일 이전에 저지른 친고죄인 성폭력범죄의 고소기간은 이 사건 특례조항에 따라서 '범인을 알게 된 날부터 1년'이라고 보는 것이 타당하다.

② **고소기간의 시기** : 범인을 알게 된 날이다(제230조 제1항). 범인이란 공범을 포함하며 알게 된 날이란 적어도 범인이 누구인가를 특정할 수 있을 정도로 알게 된 날을 말한다. 또한 범죄가 진행 중인 경우 범인을 알았다 하여도, 곧바로 고소기간이 진행되는 것이 아니라, 범죄행위가 종료된 때부터 기산한다.

판례

① 형사소송법 제230조 제1항 본문은 "친고죄에 대하여는 범인을 알게 된 날로부터 6월을 경과하면 고소하지 못한다."고 규정하고 있는 바, 여기서 범인을 알게 된다 함은 통상인의 입장에서 보아 고소권자가 고소를 할 수 있을 정도로 범죄사실과 범인을 아는 것을 의미하고, **범죄사실을 안다는 것**은 고소권자가 친고죄에 해당하는 범죄의 피해가 있었다는 사실관계에 관하여 확정적인 인식이 있음을 말한다(대판 2001.10.9, 2001도3106).

② 형사소송법 제230조 제1항에서 말하는 "**범인을 알게 된 날**"이란 범죄행위가 종료된 후에 범인을 알게 된 날을 가리키는 것으로서, 고소권자가 범죄행위가 계속되는 도중에 범인을 알았다 하여도, 그 날부터 곧바로 위 조항에서 정한 친고죄의 고소기간이 진행된다고는 볼 수 없고, 이러한 경우 고소기간은 범죄행위가 종료된 때부터 계산하여야 하며, 동종행위의 반복이 당연히 예상되는 영업범 등 포괄일죄의 경우에는 최후의 범죄행위가 종료한 때에 전체 범죄행위가 종료된 것으로 보아야 한다고 한다(대판 2004.10.28, 2004도5014).

③ **고소기간 시기의 제한**

ⓐ 고소할 수 없는 불가항력사유가 있으면 그 사유가 없어진 날로부터 기산한다.

ⓑ 결혼을 위한 약취유인죄에 있어서 약취·유인된 자가 혼인을 한 경우의 고소는 혼인의 무효 또는

취소의 재판이 확정된 날로부터 고소기간이 진행된다(제230조 제2항).

> **판례**
>
> ① 자기의 피용자인 부녀를 간음하면서 불응하는 경우 해고할 것을 위협하였다 하더라도 이는 업무상 위력에 의한 간음죄의 구성요건일 뿐 그 경우 해고될 것이 두려워 고소를 하지 않은 것이 고소할 수 없는 불가항력적 사유에 해당한다고 할 수 없다(대판 1985.9.10, 85도1273).
>
> ② 강제추행의 피해자가 범인을 안 날로부터 6월이 경과된 후에 고소제기하였더라도, 범행 당시 피해자가 11세의 소년에 불과하여 고소능력이 없었다가 고소 당시에 비로소 고소능력이 생겼다면, 그 고소기간은 고소능력이 생긴 때로부터 기산되어야 하므로, 고소기간이 경과된 것으로 볼 것이 아니다(대판 1995.5.9, 95도696).

④ **고소기간의 해태** : 고소할 수 있는 자가 수인인 경우 1인의 기간의 해태는 타인의 고소에 영향이 없다(제231조).

(6) 고소의 제한

(가) 원칙

자기 또는 배우자의 직계존속을 고소하지 못한다(제224조). 헌법재판소는 범죄피해자의 고소권은 형사절차상의 법적인권리에 불과하므로 원칙적으로 입법자가 그 나라의 고유한 사법문화와 윤리관, 문화전통을 고려하여 합목적적으로 결정할 수 있는 넓은 입법형성권을 갖는다고 하여, 가정의 영역에서는 법률의 역할보다 전통적 윤리의 역할이 더 강조되므로, 헌법 제11조 제1항의 평등원칙에 위반된다고 할 수 없다고 판시한 바 있다(헌재결 2011.2.24. 2008헌바56). 그러나, 친족상도례시 형면제에 대한 형법 제328조 제1항에 대해 넓은 범위의 친족간 관계의 특성은 일반화하기 어려움에도 일률적으로 형을 면제할 경우, 경우에 따라서는 형사피해자인 가족 구성원의 권리를 일방적으로 희생시키는 것이 되어 구체적 사안에서 형사피해자의 재판절차진술권을 형해화할 수 있다고 하여 헌법불합치결정을 한 바 있다(헌재결 2024.6.27. 2020헌마468).

(나) 예 외

성폭력범죄와 가정폭력범죄에 대해서는 자기 또는 배우자의 직계존속도 고소할 수 있다(성폭력범죄처벌법 제18조, 가정폭력범죄의 처벌 등에 관한 특례법 제6조 제2항).

(7) 고소의 포기

① 고소 또는 고소권의 포기란 친고죄의 고소기간 내에 장차 고소권을 행사하지 않겠다는 의사표시를 하는 것을 말한다.

② 반의사불벌죄의 경우에는 처벌을 희망하지 않는 의사표시를 미리 해두는 것을 의미한다.

③ 판례는 고소권의 포기를 부정한다(大判 1967.5.23, 67도47).

> **판례** 친고죄에 있어서의 피해자의 고소권은 공법상의 권리라고 할 것이므로 법이 특히 명문으로 인정하는 경우를 제외하고는 자유처분을 할 수 없고 따라서 일단한 고소는 취소할 수 있으나 <u>고소 전에 고소권을 포기할 수 없다</u>고 함이 상당할 것이다(대판 1967.5.23, 67도471).

(8) 고소의 취소

① 고소는 1심판결 선고 전 까지 취소할 수 있다.

② 고소의 취소권자

㉠ 고소를 취소할 수 있는 자는 고유의 고소권자와 고소의 대리행사자이다(제236조). 다만, 고유의 고소권자는 대리행사권자가 제기한 고소를 취소할 수 있지만, 고소권자 본인(고유의 고소권자)이 한 고소를 대리행사권자가 취소할 수는 없다.

> **판례** 피해자가 한 고소를 피해자가 사망한 후에 그 부(父)가 고소를 취소하여도 적법한 고소취소라고 할 수 없다(대판 1969.4.29, 69도376).

㉡ 고소취소 역시 법률행위적 소송행위이므로 고소취소를 위해서는 소송능력이 있어야 한다. 따라서 교통사고의 피해자가 의식을 회복하지 못하고 있다면, 처벌희망여부에 관한 의사표시를 할 수 있는 소송능력이 있다고 할 수 없다.

> **판례** 의식불명 상태에 있는 성년자 甲의 아버지가 처벌불원의 의사를 표시한 경우(대판 2013.9.26, 2012도568) 의식을 회복하지 못하고 있는 이상 피해자에게 반의사불벌죄에서 처벌희망 여부에 관한 의사표시를 할 수 있는 소송능력이 있다고 할 수 없고, 피해자의 아버지가 피해자를 대리하여 피고인에 대한 처벌을 희망하지 아니한다는 의사를 표시하는 것 역시 허용되지 아니할 뿐만 아니라 피해자가 성년인 이상 의사능력이 없다는 것만으로 피해자의 아버지가 당연히 법정대리인이 된다고 볼 수도 없으므로, 피해자의 아버지가 피고인에 대한 처벌을 희망하지 아니한다는 의사를 표시하였더라도 그것이 반의사불벌죄에서의 처벌희망 여부에 관한 피해자의 의사표시로서 소송법적으로 효력이 발생할 수는 없다.

③ 고소의 취소도 서면 또는 구두로 할 수 있으며, 대리가 가능하며, 고소불가분의 원칙이 적용된다.

④ 효과

㉠ 기소 후 공범자의 1인에 대하여 제1심 판결이 선고되어 그에 대한 고소취소가 불가능한 경우에 제1심 판결전의 공범자에 대한 고소취소도 불가능하며, 취소가 있어도 효력이 없다는 것이 판례이다.

㉡ **재고소 불가** : 고소를 취소한 자는 다시 고소하지 못한다. (반의사불벌죄도 마찬가지이다).

※ 단, 한번 취소한 고발은 다시 고발할 수 **있다**.

㉢ 고소를 취소한 때에는 수사기관은 공소권 없음 **불기소처분** 또는 법원은 **공소기각의 판결**을 하여야 한다.

(8) 고소불가분의 원칙

친고죄에 있어서 일부의 범죄사실과 일부의 범인만을 처벌하는 것을 방지함으로서 형사사법의 공정성과 객관성을 도모하기 위하여 고소의 효력이 미치는 범위에 관한 원칙을 말한다.

(가) 주관적 불가분의 원칙

친고죄의 공범 중 그 1인 또는 수인에 대한 고소 또는 그 취소는 다른 자에 대하여도 효력이 있다(형사소송법 제233조). 절대적 친고죄에는 예외 없이 적용되나 상대적 친고죄에 있어서는 공범자 전원이 피해자와 일정한 신분관계에 있는 경우에는 이 원칙이 적용되며, 비신분자에 대한 고소의 효력은 신분관계에 있는 공범자에 대하여는 미치지 아니한다. ※ 고소의 취소시한, 재고소의 금지는 반의사불벌죄에도 준용되나(형사소송법 제232조) 주관적 불가분의 원칙은 소위 반의사불벌죄(명예훼손 고소사건)에 대하여는 준용하는 규정이 없기 때문에 적용되지 아니한다(大判 1994.4.26, 93도1689).

판례 형사소송법이 고소와 고소취소에 관한 규정을 하면서 제232조 제1항, 제2항에서 고소취소의 시한과 재고소의 금지를 규정하고 제3항에서는 반의사불벌죄에 제1항, 제2항의 규정을 준용하는 규정을 두면서도, 제233조에서 고소와 고소취소의 불가분에 관한 규정을 함에 있어서는 반의사불벌죄에 이를 준용하는 규정을 두지 아니한 것은 처벌을 희망하지 아니하는 의사표시나 처벌을 희망하는 의사표시의 철회에 관하여 친고죄와는 달리 공범자간에 불가분의 원칙을 적용하지 아니하고자 함에 있다고 볼 것이지, 입법의 불비로 볼 것은 아니다(대판 1994.4.26, 93도1689).

(나) 객관적 불가분의 원칙

1개 범죄사실의 일부에 대한 고소 또는 그 취소는 그 전부에 대하여 그 효력이 미친다. 1개 범죄의 불가분적 취급은 형사소송의 기본원칙이라는 점에 그 이론적 근거가 있으나 실정 형사소송법상 규정은 없다. 단순일죄의 경우 예외 없이 적용되고, 과형상의 일죄의 경우 피해자가 같은 경우에는 그 일부에 대한 고소 또는 취소는 그 전부에 대하여 효력이 미치나, 피해자가 다른 경우에는 피해자 수인 중 1인이 한 고소의 효력은 다른 피해자에 대한 범죄사실에 미치지 아니한다.

(9) 고소사건의 취급요령

(가) 고소사건의 수리

① 경찰서에서의 고소사건의 수리는 원칙적으로 사법경찰관이 한다.

② 고소사건은 관할을 불문하고 수리한다.

③ 고소권 없는 자가 고소하는 경우도 있으므로 고소권의 유무를 확인하고 대리인에 의한 고소는 위임장 또는 그 자격을 증명하는 서면 등을 제출하게 한다.

④ 명백한 민사사건은 수리하지 말 것이나 형사사건의 여부가 명확하지 않으면 수리한다.

⑤ 친고죄에 대하여는 고소의 연월일, 고소권의 유무, 대리인에 의한 고소는 대리권의 유무, 범인을 안 연월일, 처벌의사의 유무를 명백히 한다.

(나) 고소사건의 처리

① 고소사건은 신속히 원칙적으로 수리한 날로부터 2개월 이내에 수사를 완료하여 관계서류와 증거물을 검사에게 송부해야함이 원칙이다

② 수리한 고소사건이 범죄지 경찰서에서 처리하는 것이 타당한 경우나 동일 고소인이 여러 경찰서에 고소하여 처리의 조정을 요하는 사건은 소속장에게 보고하여 다른 경찰관서에 이송한다. 이 경우 검사의 지휘도 받아야 한다.

③ 고소는 민사사건을 유리하게 진행하기 위한 경우도 있으므로 고소인이나 피고소인 어느 일방의 진술을 신뢰할 것이 아니라 공정한 입장에서 사건의 실체를 파악한 다음에 처리한다.

④ 고소의 취소나 변제여부는 피의자의 신병의 처리를 결정하는데 중요한 자료가 되므로 이를 수사하여야 하나, 경찰관이 합의를 적극 주선하는 등 불필요한 개입을 하지 않는다.

⑤ 고소사실은 경미한 경우라도 배후에 중대한 범죄가 숨겨져 있는 경우가 있으므로 고소이외의 범죄에도 주의를 한다.

(10) 보충조서 작성

① 구술에 의한 고소를 받았을 때에는 진술조서(고소인 조서)를 작성하여야 한다.

② 서면에 의한 고소를 받았을 때에는 그 취지가 불명할 때 또는 본인의 의사에 적합하지 아니하다고 인정될 때에는 본인에게 보충서면을 제출케 하거나 그 진술을 요구하여 진술조서(고소인 보충)를 작성하여야 한다.

(11) 대리고소의 수리

피해자의 위임에 의한 대리인으로부터 고소를 수리할 때에는 위임장을 제출하게 하며 피해자 이외의 고소권자로부터 고소를 수리할 때에는 그 자격을 증명하는 서면을 제출하게 하여야 한다.

(12) 고소사건의 수사기간

고소 또는 고발된 사건은 2개월 내에 처리함을 원칙으로 한다.

(13) 고소사건 수사시 주의사항

고소에 의하여 범죄를 수사할 때에는 다음 사항에 주의하여야 한다.

① 고소권의 유무

② 친고죄에 있어서 형사소송법에 의한 소정의 고소기간 경과 유무

③ 반의사불벌죄에서 처벌의 희망 여부

④ 무고 중상을 목적으로 하는 허위 또는 현저하게 과장된 사실의 유무

⑤ 당해사건의 범죄사실 이외의 범죄유무

사건의 관할 및 관할사건수사에 관한 규칙(경찰청훈령 제1003호, 2021. 1. 22)

1. 사건의 관할과 지휘조정

제5조【사건의 관할】

① 사건의 관할은 범죄지, 피의자의 주소·거소 또는 현재지를 관할하는 경찰서를 기준으로 한다.

② 사건관할이 다른 수개의 사건에 관련된 때에는 1개의 사건에 관하여 관할이 있는 경찰관서는 다른 사건까지 병합하여 수사 할 수 있다.

제6조【사건관할이 불분명한 경우의 관할지정】

① 다음 각 호의 사건 중 범죄지나 피의자가 불명확한 경우에는 특별한 사정이 없는 한 사건을 최초로 접수한 관서를 사건의 관할관서로 한다.

1. 전화, 인터넷 등 정보통신매체를 이용한 범죄

2. 지하철, 버스 등 대중교통수단 이동 중에 발생한 범죄

3. 그 밖에 경찰청장이 정하는 범죄

② 외국에서 발생한 범죄의 경우에도 사건을 최초로 접수한 관서를 사건의 관할관서로 한다. 다만, 사건접수 단계부터 피의자가 내국인으로 특정된 경우에는 피의자의 주소·거소 또는 현재지를 관할하는 경찰서를 관할관서로 한다.

③ 국내 또는 국외에 있는 대한민국 및 외국국적 항공기 내에서 발생한 범죄에 관하여는 출발지 또는 범죄 후의 도착지를 관할하는 경찰서를 관할관서로 한다.

④ 제1항부터 제3항까지의 규정에도 불구하고 해양경찰청, 군수사기관, 철도특별사법경찰대 등 다른 국가기관과 협의하여 정한 협정 등이 있으면 이를 이 규칙보다 우선하여 적용한다.

제6조의2 【경찰관서 소속 공무원 관련 사건의 관할 지정】

① 경찰관 등 경찰관서에서 근무하는 공무원이 피의자, 피혐의자, 피고소인, 피진정인 또는 피해자, 고소인, 고발인, 진정인, 탄원인인 모든 사건은 해당 공무원의 소속 경찰관서가 아닌 동일 법원관할 내 인접 경찰관서 중 상급 경찰관서장의 지휘를 받아 지정된 관서를 사건의 관할관서로 한다.

② 긴급・현행범체포 등 즉시 현장조치가 필요한 경우, 제5조에 따른 관할관서 또는 최초 신고접수서에서 우선 피의자 검거 및 초동조치를 취한 후 즉시 상급관서의 지휘를 받아 동일 법원관할 내 인접 경찰관서 중 지정된 경찰관서로 이송하여야 한다.

③ 제1항과 제2항에도 불구하고 인접 경찰관서에서 수사하는 것이 수사의 신속성・효율성을 현저히 저해하거나, 해당 공무원의 소속 경찰관서에서 수사하더라도 수사공정성에 지장이 없음이 명백한 경우에는 상급 경찰관서장의 승인을 받아 계속 수사할 수 있다.

④ 제1항부터 제3항까지의 수사지휘와 수사지휘건의는 「범죄수사규칙」 제25조 및 제26조를 따른다.

제7조 【사건관할의 유무에 따른 조치】

① 경찰관은 사건의 관할 여부를 불문하고 이를 접수하여야 한다.

② 경찰관은 제5조와 제6조에 따라 사건의 관할이 인정되면 다른 경찰관서에 이송하지 않고 수사하여야 한다.

③ 사건을 접수한 관서는 일체의 관할이 없다고 판단되는 경우에는 사건의 관할이 있는 관서에 이송하여야 한다.

④ 제3항에 따른 사건의 이송은 원칙적으로 범죄지를 관할하는 관서에 우선적으로 하여야 한다. 다만, 범죄지가 분명하지 않거나 사건의 특성상 범죄지에 대한 수사가 실익이 없어 범죄지를 관할하는 관서에 이송하는 것이 불합리한 경우에는 피의자의 주소·거소 또는 현재지를 관할하는 관서로 이송할 수 있다.

⑤ 제2항부터 제4항까지의 규정에도 불구하고 경찰청장은 개별사건의 특수성을 고려하여 사건관할 및 그에 따른 조치에 대해 별도 지침을 마련하여 따로 정할 수 있다.

제9조 【사건의 관할에 대한 지휘건의】

① 시・도경찰청장 및 경찰서장은 사건의 관할이 분명하지 아니하여 관할에 의문이 있는 경우에는 각각 바로 위 상급경찰관서의 장에게 서면으로 별지 제1호서식의 수사지휘건의서를 작성하여 사건의 관할에 관한 지휘건의를 할 수 있다.

② 제1항의 지휘건의를 받은 상급경찰관서의 장은 신속하게 사건의 관할에 대하여 별지 제2호서식의 수사지휘서를 작성하여 지휘하여야 한다. 이 지휘에 관한 업무는 해당사건의 수사지휘를 담당하는 상급부서에서 수행한다.

③ 지휘건의를 받은 사건이 상급경찰관서 내 다수 부서에 관련되어 있고 각 부서 간 의견이 다른 경우에는 해당 상급경찰관서의 장이 이를 조정한다.

제10조 【병합수사 지휘건의】

① 두 개 이상의 경찰관서에 접수된 사건에 대하여 병합수사의 필요성이 있는 경우에는 사건의 중요도, 수사의 효율성 등을 고려하여 해당 경찰관서장 상호간에 협의하여 관할관서를 정할 수 있다.

② 제1항에 의한 협의가 이루어지지 아니한 경우에는 경찰관서장은 바로 위 상급경찰관서장에게 병합수사를 지휘건의할 수 있다.

③ 제2항에 의한 병합수사 지휘건의를 받은 상급경찰관서장은 수사의 효율성 등을 고려하여 지휘한다. 이 지휘에 관한 업무는 해당사건의 수사지휘를 담당하는 상급부서에서 수행한다.

④ 경찰청장 및 지방경찰청장은 병합수사가 필요한 사건에 대하여는 제2항에 의한 지휘건의가 없는 경우에도 직권으로 병합수사를 지휘할 수 있다.

2. 수사촉탁

제11조 【수사촉탁】

① 수사 중 다른 경찰관서에 소재하는 수사대상에 대하여 수사를 촉탁할 수 있다. 다만, 피의자 조사는 현장진출이 곤란한 경우에 한한다.

② 동일 지방경찰청 내 또는 별표 제1호에 규정된 경찰관서에서는 구치소, 교도소, 대용감방에 수용된 자에 대한 조사를 위하여 수사촉탁할 수 없다. 다만 울릉경찰서는 예외로 한다.

제12조 【수사촉탁 절차】

① 수사촉탁은 촉탁사항을 구체적으로 기재한 촉탁서에 의해야 하고 수사진행사항을 알 수 있는 수사기록 원본 또는 사본의 전부 또는 일부를 첨부하여 발송하여야 한다. 다만, 사건처리가 용이한 단순고발사건 등의 경우에는 경찰 형사사법정보시스템을 열람하는 방법으로 갈음할 수 있다.

② 수사촉탁 사건은 수사지원팀에서 접수하여 대장에 등재한 후 촉탁관서 수사팀에 대응하는 수사팀에 배당하여야 한다.

③ 수사를 촉탁한 수사관은 수사촉탁을 이유로 사건을 방치하여서는 아니 되며 수사진행사항을 파악하여 수사보고하여야 한다.

④ 수사를 촉탁한 수사관은 촉탁을 받은 수사관에게 전화 등을 이용해 촉탁내용을 설명하여야 한다.

⑤ 수탁관서는 촉탁사항에 대한 수사를 완료한 후 회답서 및 관련서류 일체를 신속히 등기송달, 직접전달 등의 방법으로 촉탁관서에 송부하여야 한다.

제13조 【수사촉탁 처리기한 등】

① 수사촉탁의 처리기한은 다음 각 호와 같다.

1. 피의자 조사 20일
2. 고소인, 고발인, 참고인 등 조사 15일
3. 소재수사, 사건기록 사본 송부 10일

② 제1항의 처리기한 내에 촉탁사항에 대한 수사를 완료하지 못하는 경우에는 촉탁한 수사관과 협의하여 처리기한을 연장하고 수사보고하여야 한다.

③ 경찰관서 수사부서의 장은 매월 1회 촉탁받은 사건의 성실한 처리여부를 점검하여야 한다.

2. 고 발

(1) 의 의

① 고발은 범인 및 고소권자 이외의 제3자가 범죄사실을 수사기관에 신고하여 범인의 소추를 구하는 의사표시이다. 누구든지 범죄사실이 있다고 판단될 때에는 고발할 수 있다. 공무원은 직무를 행함에 있어서 범죄가 있다고 사료한 때에는 고발의무가 있다.

② 고소는 대리로 할 수 있으나 고발은 대리로 할 수 없다. 누구나 할 수 있어 대리가 필요치 않기 때문이다.

(2) 고소와 고발의 비교

<table>
<tr><th colspan="2">구분</th><th>고소</th><th>고발</th></tr>
<tr><td colspan="2">동일점</td><td colspan="2">① 고소・고발의 방식은 서면 또는 구술이다.
② 개인이 모두 범죄의 소추를 구할 수 있다.
③ 자기 또는 배우자의 직계존속에 대한 고소・고발의 제한된다.
④ 수사개시의 단서가 되나, 특정한 경우 소송조건이 된다.
⑤ 범죄의 소추를 구하는 의사표시인 점에서 피해신고와 구별된다.
⑥ 절차와 방식이 동일하다.</td></tr>
<tr><td rowspan="5">차이점</td><td>주체</td><td>규정된 자에 한한다.</td><td>고소권자 및 범인 이외의 제3자</td></tr>
<tr><td>기간</td><td>범인을 알게 된 날로부터 6개월
(단, 성폭력・가정폭력은 1년)</td><td>무제한</td></tr>
<tr><td>대리</td><td>허용</td><td>불허(고발은 대리고발, 대리취소가 인정되지 않는다)</td></tr>
<tr><td>취소</td><td>제1심 판결선고 후에는
취소불가능</td><td>제한없다</td></tr>
<tr><td>재고소
/ 재고발</td><td>불허</td><td>허용
(고발은 취소 후 다시 고발할 수 있다)</td></tr>
</table>

(3) 수리 및 처리

① **고발의 수리** : 구두 고발을 수리하는 경우에는 범죄의 성질과 피의자・범죄일시・장소・범죄내용 또는 관계자 및 수사상의 참고사항 등 구체적인 내용을 진술케 하기 위하여 고발인 진술조서를 작성하여야 한다. 서면으로 고발장을 제출할 경우에도 그 내용을 상세히 진술케 하기 위하여 진술조서를 작성하는 것이 좋다.

② **고발 처리시 주의사항**

㉠ 고발인과 피고발인과의 관계 및 피고발인의 신분관계를 명백히 할 것

㉡ 고발하게 된 동기 및 목적을 충분히 조사할 것

㉢ 고발사실에 대한 내용을 어떻게 지득하였는가를 조사할 것

고발이 소송조건인 경우

① 조세범처벌법　② 조세범처벌절차법
③ 관세법　④ 출입국관리법
⑤ 물가안정에관한법률　⑥ 독점규제및공정거래에관한법률
⑦ 전투경찰대설치법

※ 그러나 특정범죄가중처벌 등에 관한 법률위반에 해당할 때는 고발 없이도 수사할 수 있다.

3. 자수

① **의의** : 자수란 범죄인이 자발적으로 자신의 범죄사실을 수사기관에 신고하여 소추를 구하는 의사표시이다. 수사기관에 대한 의사표시인 점에서, 반의사불벌죄의 경우에 피해자에게 자신의 범죄를 고백하는 자복과 구별되고, 수사기관의 신문에 응하여 범죄사실을 진술하는 자백과도 구별된다.

② **시기** : 자수의 시기에는 제한이 없다. 따라서 범죄사실이 발각된 후에 신고하거나 지명수배를 받은 후일지라도 체포 전에는 자수할 수 있다.

③ **수단** : 자수의 수단·방법에 대해서는 법률상 별단의 제한이 없으므로 자신이 자수하는 것이 원칙이나 범인 자신이 신고하지 않고 타인을 시켜서 자기의 범죄를 신고 시켜도 자수임에는 틀림없다.

4. 피해신고

① 절도·사기·상해 등과 같은 범죄가 발생한 경우에 피해자 또는 사건과 관계있는 자가 경찰관에게 피해당했다는 취지의 신고를 하는 것이며 이러한 신고를 접했을 경우 사건의 대소를 막론하고 피해자의 입장에서 조속한 수리를 해야 한다. 이러한 신고를 접수할 때 내용을 기재한 것이 "피해신고서"이다.

② **피해신고의 작성요령**

㉠ 신고시간·신고인의 확인

㉡ 피해내용의 청취

㉢ 상사·주무계에 대한보고

㉣ 피해신고서 제출요구 혹은 대서

㉤ 복잡한 사건의 경우 진술조서에 의한 보충

㉥ 진술서, 자술서, 상신서 등의 제출이 있는 경우 접수 및 보고

㉦ 피해품 속보

5. 익명의 신고(투서·밀고)

자기의 주소·성명을 기재하지 않거나 혹은 전화로 범죄를 신고하는 경우이다. 이러한 경우 그 출처를 확인하고 신고사실의 진실여부도 확인하여야 하나 경솔하게 신고만을 믿고 선량한 사람을 괴롭게 한다거나 그 반면에 무기명 투서라고 경시하여 중대한 사건의 단서를 놓쳐 버리는 실수도 없어야겠다.

제3절 수사첩보 활동규칙

Ⅰ. 수사첩보

1. 의의

수사첩보란 범죄수사상 단서가 될 수 있는 일체의 범죄첩보를 말한다. 즉 수사의 단서로 삼을 목적으로 의도적으로 수집한 자료가 수사첩보의 주된 내용이 된다. 그러나 경찰의 기능이 범죄의 진압에만 있는 것이 아니라 오히려 범죄의 예방과 공공의 안녕, 질서유지에 있기 때문에 경찰 목적 달성을 위해서는 수사의 단서뿐만 아니라 범죄와 관련된 직·간접적인 각종의 정보수집이 경찰활동의 대상이 되어야 한다.

2. 대상

① 형사정책에 관한 자료, ② 수사제도와 운영에 관한 자료, ③ 범죄예방과 검거대책에 관한 자료, ④ 수사의 단서가 될 수 있는 일체의 범죄첩보를 말한다. 그러므로 수사첩보는 범죄첩보 보다 범위가 더 넓다.

3. 수사첩보의 요건

① **적법성** : 첩보의 수집과정에서 법정의 절차를 준수할 것

② **완전성** : 주제와 관련된 것을 담고 있을 것

③ **적시성** : 시기를 놓치지 말고 보고 및 수사를 개시할 것

4. 종류

① 내용에 따라 : 기초첩보와 사건첩보

② 정보원에 따라 : 직접첩보와 간접첩보

③ 사건종별에 따라 : 강력범첩보, 지능범첩보, 도범첩보, 폭력범첩보,

④ 대상에 따라 : 인물첩보, 장소첩보, 시간첩보

5. 첩보의 처리

① 보고는 특별한 경우를 제외하고는 서면보고 ➪

② 신속한 처리

③ 상급기관에 의한 의뢰

④ 보안유지

6. 수사첩보자의 포상(수사첩보 수집 및 처리 규칙 제12조)

① 수사첩보에 의해 사건해결 또는 중요범인을 검거하였을 경우 수사첩보 제출자를 사건을 해결한 자 또는 검거자와 동등하게 특별승진 또는 포상할 수 있다.

② 일정기간 동안 개인별로 수사첩보 성적을 평가하여 포상 및 특별승진 등 기준으로 사용할 수 있다.

③ 제출한 수사첩보에 의해 수사시책 개선발전에 기여한 자는 별도 포상한다.

④ 범죄정보과에서는 범죄첩보 마일리지 제도를 통해 별도 포상을 실시할 수 있다.

7. 위임규정

시・도경찰청장은 이 규칙의 시행에 필요한 세부사항을 별도로 정할 수 있다.(수사첩보 수집 및 처리 규칙 제15조).

Ⅱ. 범죄첩보

1. 범죄첩보의 의의 및 중요성

(1) 의의

① 범죄첩보란 수사첩보의 한 내용으로서 범죄수사상 참고가 될 만한 제반사항을 말한다.

② 수사경찰은 범죄의 수사에 있어서 1차적 책임을 지고 있으므로 범죄의 종류를 가리지 않고 또한 어떠한 지역에서 발생한 범죄인가를 묻지 않고 적극적으로 수사의 단서를 얻는데 노력해야 한다.

(2) 중요성

사회가 발전하고 복잡화됨에 따라 범죄 그 자체도 더욱 더 다양화되어 범행의 수단, 방법도 교묘해지는 경향이 있다. 이에 대처하여 계획적, 조직적인 수사를 추진하기 위해서는 그 단서가 될 각종의 정보를 빨리 입수하여야 하며, 특히 지능범 또는 폭력단에 대한 범죄첩보의 수집에 많은 노력이 필요하다.

2. 특징

① **시한성** : 범죄첩보는 그 내용이 아무리 중요하다고 하더라도 시간이 경과함에 따라 가치가 감소하게 된다. 즉, 범죄첩보의 효용에는 시간적인 제한이 있으며 특히 그 수집시기 및 내사 착수시기의 타이밍이 중요하다.

② **가치변화성** : 범죄첩보는 선별적인 가치를 가지고 있다. 수사기관에는 극히 중요한 첩보일지라도 일반인에게는 불필요한 경우가 많다. 이러한 범죄첩보는 수사기관의 필요성에 따라 가치가 달라진다.

③ **결합성** : 범죄첩보는 결합 가공되어지며, 기초첩보가 다른 기초첩보와 결합하여 구체적인 사건첩보가 되거나, 사건첩보가 다른 사건첩보와 결합하여 범죄첩보가 된다.

④ **결과지향성** : 범죄첩보는 수사에 착수하여 사건으로서 현출되는 결과가 있어야 한다.

⑤ **혼합성** : 범죄첩보는 그 속에 하나의 원인과 결과를 내포하고 있다. 또한 다른 첩보와 연결되어 있어 이를 분해하고 혼합함으로서 완전한 사건으로서 새로운 모습을 찾게 된다.

3. 범죄첩보의 수집

(가) 관내 실태의 파악

첩보 수집을 위하여 외근 형사들은 항상 관내의 실태를 파악해 두어야 한다.

① 새로운 수법에 의한 범죄, 모든 모방성 발전성 있는 범죄와 그 피해 원인

② 범죄로 이행될 염려가 있는 제반 사회 사정

③ 상습도박자, 불량배 등 폭력단체의 동향 ➪

④ 상습폭력행위자, 불량그룹 등 죄를 범할 우려가 있는 자의 동향

⑤ 금융업자, 각종 브로커 등의 영업상황 ➪

⑥ 전당포, 고물상, 각종 시장관계의 영업상황

⑦ 유흥주점, 음식점 기타 풍속영업자의 영업상태 및 객의 유흥상태

⑧ 극장 기타의 흥행장, 각종 유기장의 실태

⑨ 호텔, 모텔, 여관, 여인숙 등의 실태

⑩ 관내의 각종 세력 단체의 파벌 대립 내분 등의 상황

⑪ 전과자 보석 중인 자, 구속집행 정지 중인 자 등의 동정

⑫ 장물의 처분경향, 흉기 등의 입수 경로 실태

⑬ 수사 중인 사건에 관련하는 사회 현상 등

(나) 정보원의 관리

① 정보원이란 수사관 등 수사기관에 종사하는 특정한 자에게 자신이 알고 있거나 부탁받은 사항에 대하여 조사한 바를 주기적으로 알려주는 자를 말한다.

② 정보원으로부터 범죄의 단서 또는 범인검거에 중요한 정보를 얻는 경우가 있으나, 그 관리에 있어 사법경찰관의 정보원에 대한 통제가 유지되지 않으면 오히려 범죄자와 유착이나 수사기밀의 누설 등 비리의 온상이 될 수 있으므로 각별한 주의가 요구된다.

정보원의 관리시 유의사항

㉠ 수사관은 결코 지킬 수 없거나 지키려고 하지 않는 약속은 하지 말라.
㉡ 정보원들과의 만남은 수사관련시설에서는 안된다.
㉢ 서신연락시 머릿글자가 인쇄된 문구용지나 수사기관을 나타내는 어떤 표시가 있는 것을 사용해서는 안된다.
㉣ 정보원의 자동차 위 또는 앞문에 명함을 남겨놓거나 수사관의 인적사항을 추리할 수 있는 것을 남겨놓아서는 안된다.
㉤ 정보원의 정식 이름은 **수사보고서에 결코 사용되어서는 안된다.**
㉥ 정보원의 신원은 수사관의 직상급자 또는 법률적으로 요구할 수 있는 자 이외의 자에게 누설되어서는 안된다.
㉦ 수사관은 정보원에 대하여 명백한 통제가 유지되도록 주의하여야 한다
㉧ 정보제공자의 신원보장 및 비밀유지에 노력하여야 한다.

(다) 첩보수집의 기본적 준비사항

A. 서설

① 범죄첩보는 오관의 작용을 통한 시찰, 관찰, 탐문, 질문, 경험으로서 수집하는 것이므로 평소 사물

에 대한 관찰, 분석, 판단에 노력을 기울여야 한다.

② 첩보수집의 기본요령은 먼저 관내의 실태를 완전히 파악하는데 있다. 즉, 관내 민심의 동향을 주시하고 주도면밀한 통찰력을 가지고 주민의 신뢰와 협조를 받아야 하며 관계기관, 단체, 비공식조직 등과의 연락을 긴밀히 하는데서 수집되는 것이다.

③ 첩보수집은 수사관 각자의 천부적인 능력에도 관계되지만 무엇보다도 대인 접촉기술을 연마해야 한다.

B. 사전의 준비

① 수집대상 관계법규에 대한 내용을 숙지하고 ② 활동, 목표기관, 임무, 첩보수집 목적을 이해하고 ③ 상대방이 편리한 시간을 택하여 ④ 상대방이 마음을 편히 가질 수 있는 장소에서 만나며 ⑤ 면담 전에 상대방의 취미, 기호 등을 알아두면 도움이 된다.

C. 대상자 선정

① 취급기관 ② 관련업무 주변에서 수집 ③ 대상인물 주변내사 실무자에 대한 풍문수집 ④ 경쟁낙오자 ⑤ 경쟁상대방 ⑥ 퇴직자, 특히 강제퇴직자 ⑦ 불평 불만자 ⑧ 종전에 업무 취급자

D. 면담시 마음가짐(유의사항)

① 면담을 시작하기 전에는 먼저 시사문제 등 화제를 풍부히 내 놓아서 상대방의 불안을 간접적으로 제거하도록 하여야 한다.

② 대화를 할 때는 관습을 존중하여 그에 대응하는 말씨나 태도로 대하고 내용은 상대방이 6할, 이쪽이 4할 정도의 비율로 하는 것이 좋다. 대화중에 상대방의 안색, 동작의 변화 등에 유의하고 상대방의 처지를 이해하여 상대방의 감정이 상하지 않도록 한다.

③ 특별한 사항에 대하여 질문을 할 때에는 상대방이 잘 알 수 있는 방법으로 물어야 하고 명령 또는 강요하는 인상을 주지 않도록 한다.

④ 상대방이 중대한 사항을 말하기 시작하면 될 수 있는 대로 자세히 들어 누락되지 않도록 할 것

⑤ 본심을 구체적으로 내 보이지 말 것

⑥ 상대방에 따라서는 말하는 중간에 면전에서 메모하는 것을 삼가야 할 경우도 있다.

⑦ 상대방의 처지를 이해하여 그 감정을 상하지 않도록 할 것

⑧ 면담은 적당한 때에 그치도록 하고 상대방의 협력에 대하여 감사 표시를 잊어서는 안 된다.

(라) 보고 확행

① **신속히 상사·간부에게 보고한다.** : 첩보를 얻은 경찰관이 별로 중요하지 않다고 생각되는 것이라도 자료나 다른 첩보와 합쳐서 검토하면 그것이 중요한 첩보인 경우도 있다. 개인이 제멋대로의 판단으로 유용한 첩보가 매장되지 않도록 대·소 사안을 불문하고 간부나 상사에게 보고하여야 한다.

② **보고의 시기와 방법을 그르치지 않는다.** : 범죄가 발생하기 까지는 여러 가지 징후가 있어 그것을 먼저 알고 있으면 사건 발생을 방지할 수가 있고, 또한 발생 후에 수사 활동도 신속·정확하게 행할

수가 있다. 따라서 첩보를 입수하였을 때는 긴급한 정도에 응하여 시기를 잃지 않도록 신속히 전하거나 또는 서면에 의하여 보고하여야 한다.

(마) 첩보의 내용 검토시 유의사항

① 수집된 첩보는 이를 분류하여 다각도로 검토하여야 한다. 첩보제공자에 대하여는 그 성별, 연령, 직업, 자산, 사회적인 지위, 성격, 소행, 전과의 유무 등을 종합하여 신빙성 여부와 정보제공의 이유를 검토하여야 한다.

② 첩보를 제공한자와 피의자, 피해자 등과의 관계를 검토하여 이들 사이에 이해관계 또는 다른 목적이 있는지 여부를 확인하고, 첩보를 얻게 된 때의 상황, 즉 첩보제공자가 특별한 관심이나 주의를 가졌었는지 여부를 판단하고 다른 첩보자료와의 관계를 비교 검토해 보아야 한다.

(바) 첩보입수자

첩보입수자는 정보에 대하여 종합 판단한 후 책임자에게 즉시 보고하여 정보가 한곳으로 모이도록 하여야 한다.

Ⅲ. 평소의 유의사항

1. 기초자료를 수집 정비한다.

첩보수집활동을 적극적으로 또한 신속·정확하게 행하기 위하여 평소부터 기초자료를 수집하여 확실히 정비해 두는 것이 필요하다.

2. 관내에서 과거에 발생한 범죄의 상황 및 수법을 알아둔다.

관내에서 과거에 발생한 범죄의 상황을 알고 장물의 운반방법, 경로, 운반장소, 처분장소 등의 상황을 파악하는 외에 범인의 도주경로를 알아두는 것이 필요하다.

3. 관내 거주자를 파악한다.

방범심방 순찰 등의 기회에 주민과의 접촉을 긴밀히 해서 관내 거주자의 실태를 파악하는데 힘쓰는 것이 필요하다.

4. 좋은 협력자를 얻는다.

여관·요정의 지배인이나 접대부, 그곳에 출입하는 택시기사, 공사장의 식당, 공사장의 책임자 등은 사건과 관련한 정보를 입수할 기회가 많다. 또한 장물이 처분되는 전당포, 고물상 혹은 유기장·목욕탕·이발관 등의 업자도 마찬가지다. 경찰관은 이러한 사람과 항상 양호한 인간관계를 유지하여 좋은 협력자가 되도록 유의할 필요가 있다.

5. 우범자 또는 우범단체의 관찰에 힘쓴다.

죄를 범할 우려가 있는 자나 단체의 행동에 대하여는 항상 시찰하여 그 파악에 힘쓴다.

6. 피해당하기 쉬운 자의 파악에 힘쓴다.

① 범죄 다발지역 거주자

② 다른 곳으로 가서 벌이를 하는 자, 특히 여자

③ 가출인 소재불명자

④ 독거생활자, 특히 노인

7. 비밀의 보안에 힘쓴다.

입수한 첩보는 수사상 비밀을 요하는 것이 많다. 이것을 무의식중에 누설하거나 하면 정보제공자에게 누를 끼치거나 또한 범인이 도망하거나 증거가 인멸되어 수사가 곤란해지는 일이 많으므로 언동에 충분히 주의하는 것이 필요하다.

제4절 수사자료

Ⅰ. 수사자료의 개념

1. 의의

수사 자료라 함은 범죄의 존재를 명확히 하고 범죄와 범인과의 연관성을 추리 · 판단 · 증명하기 위하여 수집되는 유형 · 무형의 증거자료 및 기타 수사 활동에 도움이 되는 모든 자료를 말한다.

2. 특징

① 수사 자료는 수사 활동의 주요대상이다. 범죄수사의 성취는 궁극적으로 범죄의 진상 발견을 뜻하며, 그 진상의 발견은 수사 자료의 수집을 통하여 가능한 것이다.

② 수사과정에서 범인 및 범죄사실을 명백히 하는데 이용되는 자료이다.

③ 수사 자료는 특정의 구체적 사건자료에 국한하지 않는다. 이미 일어난 사건은 물론 앞으로 일어날 사건의 해결을 위해서 평소에 수집하는 기초자료까지 포함 한다.

3. 수사자료의 중요성

① 수사를 함에 있어서는 범죄에 관한 유형. 무형의 자료, 정탐에 의한 자료, 기타 제반의 정보 등 자료를 수집하고 이에 의거하여 수사를 진행시켜야 한다.

② 죄를 범하였다고 의심할 만한 상당한 이유가 있을 것을 구속요건으로 하고 구속영장의 청구에는 이의 소명자료를 제출하여야 한다.

③ 자백이 피고인에게 불이익한 유일한 증거일 때는 다른 증거가 없이는 유죄로 할 수 없다.

④ 수사관의 범인 및 범죄사실에 대한 단정은 수사 자료를 기초로 한 것이라야 하고 자의적이어서는 안 된다.

Ⅱ. 수사 자료의 가치

① 공판에서 증거로 제출 된다 수사 자료는 법관에 의하여 범죄사실의 진위를 밝히는 증명자료가 된다.

② 수사목적의 달성에 제공되는 경우가 있다. 범인 및 범죄사실의 적극적인 인정을 위한 증거로서 수사목적의 달성만을 위한 자료가 있는바 범인이나 장물의 소재발견을 위한 자료 등이 그것이다.

③ 사실의 소명자료로 제공된다. 수사관의 범인 및 범죄사실에 대한 단정은 수사 자료를 기초로 하여 소명된다. ※ 구속영장 청구의 경우 구속사유를 소명하기 위하여 첨부하는 수사자료

Ⅲ. 수사자료의 종류

기초자료 (발생 전)	기초자료란 구체적인 사건수사와 관계없이 평소의 수사 활동을 통하여 수집된 자료로서 범죄가 발생하였을 때 수사에 참고 될 자료이다. 범죄와 관련된 사회적 통계 경찰백서, 우범자 동향 파악, 수법원지 작성, 피해통보표 등이다.
사건자료 (증거자료 - 발생 후)	구체적인 사건수사와 관련하여 수사방침 수립과 범인 및 범죄사실의 발견을 위하여 수집되는 유형·무형의 모든 자료로서 유류물품, 수법, 냄새, 구술, 미행, 잠복, 탐문의 기록 등이 그것이다.
감식자료	과학적 지식과 기술을 통하여 범인의 발견, 범죄의 증명에 활용되는 자료로서 지문, 유전자, 혈액 사진 등의 감식자료가 있다.
참고자료	수사과정의 반성, 분석, 검토를 통하여 얻게 된 자료로서 사후의 수사에 활용될 수 있는 것으로 수사성패의 교훈과 새로 발견된 범행수법 등이다.

Ⅳ. 수사 자료의 수집요령

1. 광범위한 자료수집

범죄현장과 사회에서 광범위하게 수집해야한다. 범죄현장은 증거의 보고요, 사회는 증거의 바다이다.

2. 조직적 · 계획적 활동

① 자료 수집을 위해서는 모든 경찰관을 동원한 조직적이고 계획적인 활동이 필요하다.

② 외근 경찰관의 순찰 · 임검 등 일상직무 중 수사 자료의 발견 및 수집을 병행하도록 적극 지도하여야 한다.

3. 국민의 협조체제

① 수사 자료의 수집을 위해서는 국민들의 협조가 적극적으로 필요하므로, 범죄 수사 활동이 바로 국민을 위한 것임을 주지시켜 자발적으로 수사 자료를 제공해 올 수 있도록 국민의 협력을 유도한다.

② 자료제공자의 명예와 신용의 보호 및 적절한 비밀유지로 계속적인 협조를 주저하는 일이 없도록 배려하여야 한다.

Ⅴ. 자료 수집 시기에 따른 분류

1. 사전(평소) 수집

(1) 개념

사전수집이란 특정의 범죄사건과 관계없이 앞으로 발생이 예상되는 범죄사건의 수사에 대비하여 평소에 범죄와 관계되는 각종 자료를 수집하는 것을 말한다.

(2) 내용

① **자료조사에 의한 수집** : 지문, 족적, 필적, 사진, 은어 등의 자료를 사전에 수집, 정리, 보존하여 둠으로서 수사 자료로 활용하는 것을 말한다.

② **우범자의 조사에 의한 수집** : 우범지대, 불량배들이 자주 모이는 장소 등에서 상습도박자, 창녀, 소매치기, 전과자, 마약중독자 등 범죄의 경험이 있는 자들을 조사하여 그 명단을 작성하고 조직계보를 파악하여 그 동향을 내사하는 것을 말한다.

③ **영업소 등의 임검** : 전당포, 고물상, 극장, 여인숙 등의 임검을 통하여 출입자, 범죄 용의자 등의 파악과 그 동향관찰로 수사 자료를 입수하는 것이다.

2. 사건현장의 자료 수집

구체적인 사건이 발생하였을 때 사건현장의 현장관찰로 수집되는 자료로서 사건자료가 여기에 속한다.

3. 사후 수집

사건을 검찰청에 송치한 후에도 사건과 관계되는 자료를 수집하는 것을 말하며 이렇게 수집된 자료는 검찰청에 추송하여야 한다.

Ⅵ. 수사자료 수집상 유의사항

1. 자료 발견시 상태의 객관화

① 자료발견시 현황을 사진촬영하거나 실황조서의 작성 기타 기록에 의하여 객관화시켜 놓아야 한다.

② 족적의 경우에 그 위치, 방향, 상태 등의 사진촬영 및 실황조서 작성으로 증거로서의 가치를 발휘할 수 있게 되기 때문이다.

③ 사진 촬영 시에는 참여인 및 촬영일자를 기입한 표찰을 넣어 촬영해야 한다.

2. 자료 발견시 주위에 있던 자의 인적사항 확인

발견자의 발견경위, 목격자, 주변 통행자 등을 조사하고 인적시항을 기록해 두어야 한다.

3. 자료의 채취 · 보관 기타의 취급상의 주의

(1) 신중한 채취

① 유류물품 등 수사 자료를 변질이나 훼손을 가져오지 않도록 주의한다.

② 확대경 등 과학적 검사의 방법으로 관찰을 하여 수사자료의 원형을 채취하도록 하여야 한다.

(2) 보관 및 송부시의 주의

① 채취된 수사자료가 보관 및 송부의 과정에서 변질이나 훼손이 생기지 않도록 한다.

② 채취된 모발이나 족적, 지문 등은 유리병, 봉투 등에 주의 깊게 넣어 사건명, 채취연월일, 장소 등을 표기하여 타 사건의 수사 자료와 혼동되지 않도록 주의한다.

제5절 임의수사와 강제수사

Ⅰ. 개설

① 범죄수사는 그 목적을 달성하기 위하여 법률이 정한 범위 내에서 필요한 조사를 할 수 있다.

② 범죄수사의 방법은 일반적으로 임의수사와 강제수사 두 가지로 분류한다. 임의수사란 강제력을 행사하지 아니하고 상대방의 동의나 승낙을 얻어서 수사하는 방법을 말하고, 강제수사란 상대방의 의사 여하를 불문하고 강제적으로 수사하는 방법을 말한다.

임의수사와 강제수사의 구별에 관해서는 ⅰ) 의무를 부과하거나 강제력을 행사하는 등의 형사소송법이 규정한 강제처분의 유형만을 강제처분으로 보는 형식설, ⅱ) 상대방의 의사에 반하여 실질적으로 그의 법익을 침해하는 처분이 강제처분이라는 실질설, ⅲ) 적법절차의 요청과 관련하여 수사기관의 처분이 법공동체가 공유하고 있는 최저한도의 기본적 인권을 침해할 우려가 있는 경우가 강제처분이라는 절차기준설 등이 있으나 형식설은 새로운 수사방법을 모두 임의수사로 이해하여 인권침해를 통제할 수 없는 단점이 있고, 적법절차설은 실질적 기준을 제시하지 못한다는 비판이 있다. 따라서 실질설이 타당하다.

③ 형사소송법은 기본적으로 임의적 방법에 의할 것을 요구하며 강제수사는 법률에 특별한 규정이 있는 경우에만 예외적으로 허용하고 있다.

Ⅱ. 임의수사

1. 임의수사의 개념

① 강제력을 행사하지 않고 당사자의 승낙(동의)을 얻고 행하는 수사방법이다.

② 형사소송법, 범죄수사규칙은 피의자 또는 피의자 아닌 자에 대한 출석을 요구, 진술의 청취, 통역. 번역 또는 감정의 위촉, 공무소 기타 공공단체에의 조회, 수사촉탁 등을 규정하고 있다.

③ 그 밖에도 당사자의 승낙을 얻어 할 수 있는 것이라면 제한적인 대상을 제외하고 수사기관의 재량으로 할 수 있다.

2. 임의수사의 원칙

수사에 관하여는 그 목적을 달성하기 위하여 필요한 수사를 할 수 있다. 다만, 강제처분은 이 법률에 특별한 규정이 있는 경우에 한하며, 필요한 최소한도의 범위 안에서만 하여야 한다.

3. 임의수사의 내용

① 수사는 임의수사에 의하여야 한다는 수사방법의 일반원리

② 임의수사도 필요한 한도 안에서만 허용되어야 한다는 수사비례의 원칙

③ 강제처분은 법률에 규정이 있는 경우에 예외적으로 허용되어야 한다는 강제처분 법정주의 또는 강제수사 법정주의를 그 내용으로 한다.

④ 형사소송법도 이러한 취지를 반영하여 '피의자에 대한수사는 불구속상태에서 함을 원칙으로 한다'(제198조 제1항)고 규정하고 있다. 그러나 임의수사라 할지라도 그 성질상 개인의 기본적 인권을 침해할 우려가 많으므로 형사소송법은 검사・사법경찰관리 그 밖에 직무상 수사에 관계있는 자는 피의자 또는 다른 사람의 인권을 존중하고 수사과정에서 취득한 비밀을 엄수하며, 수사에 방해되는 일이 없도록 하여야 한다(제198조 제2항)는 주의규정과 동시에, 검사의 체포・구속장소감찰제도를 마련하여 검사는 피구속자가 적법한 절차에 의하지 아니하고 체포 또는 구속된 것이라고 의심할 만한 상당한 사유가 있을 경우에는 즉시 체포 또는 구속된 자를 석방하거나 사건을 검찰에 송치할 것을 명하도록 하는 규정(제198조의2)을 두고 있다.

4. 임의수사의 적법성의 한계

(1) 임의수사의 한계

임의수사는 비유형적이고 다양한 방법으로 행하여지므로 세부사항까지 법적 규제를 하는 것은 불가능하다. 그러나 임의수사의 원칙이 임의수사자유의 원칙을 의미하는 것은 아니므로 적정절차의 원칙에 의한 규제를 받게 된다. 따라서 임의수사도 수사방법으로서의 내재적 제한을 받게 된다.

(가) 수사의 필요성과 상당성

임의수사에 있어서도 수사의 필요성과 상당성이 인정되어야 하므로 범죄혐의, 소송조건구비, 비례성의 원칙 및 수사의 신의칙이 충족되어야 한다.

(나) 자유의사에 의한 승낙

임의수사는 상대방의 자유로운 의사를 전제로 한 승낙을 받아서 행할 것을 요한다. 다만, 언제나 남용의 위험이 수반되므로 탈법적으로 승낙을 얻어 임의수사를 행하는 것은 결코 허용되어서는 안 된다.

(2) 임의수사의 적법성이 문제되는 경우

(가) 임의동행

① 임의동행이란 수사기관이 피의자의 동의를 얻어 피의자와 수사기관까지 동행하는 것을 말한다.

② 형사소송법상의 임의수사로서의 임의동행의 인정여부에 대해서는 견해가 대립하나 제200조, 제221조의 출석요구 및 진정한 의미의 임의동행까지 위법하다고 할 이유는 없다는 점에 비추어 긍정하는 것이 다수의 견해이다.

③ 다만, 그 적법요건(동행의 임의성과 동행의 필요성)을 해석함에 있어서는 엄격해야 할 것이고 이에 위반할 시는 강제연행이라고 보아야 할 것이다.

판례

① 임의동행의 적법요건(대판 2006.7.6, 2005도6810) 형사소송법 제199조 제1항은 "수사에 관하여 그 목적을 달성하기 위하여 필요한 조사를 할 수 있다. 다만, 강제처분은 이 법률에 특별한 규정이 있는 경우에 한하며, 필요한 최소한도의 범위 안에서만 하여야 한다."고 규정하여 임의수사의 원칙을 명시하고 있는 바, 수사관이 수사과정에서 당사자의 동의를 받는 형식으로 피의자를 수사관서 등에 동행하는 것은, 상대

방의 신체의 자유가 현실적으로 제한되어 실질적으로 체포와 유사한 상태에 놓이게 됨에도, 영장에 의하지 아니하고 그 밖에 강제성을 띤 동행을 억제할 방법도 없어서 제도적으로는 물론 현실적으로도 임의성이 보장되지 않을 뿐만 아니라, 아직 정식의 체포·구속단계 이전이라는 이유로 상대방에게 헌법 및 형사소송법이 체포·구속된 피의자에게 부여하는 각종의 권리보장 장치가 제공되지 않는 등 형사소송법의 원리에 반하는 결과를 초래할 가능성이 크므로, 수사관이 동행에 앞서 피의자에게 동행을 거부할 수 있음을 알려 주었거나 동행한 피의자가 언제든지 자유로이 동행과정에서 이탈 또는 동행장소로부터 퇴거할 수 있었음이 인정되는 등 오로지 피의자의 자발적인 의사에 의하여 수사관서 등에의 동행이 이루어졌음이 객관적인 사정에 의하여 명백하게 입증된 경우에 한하여, 그 적법성이 인정되는 것으로 봄이 상당하다. 형사소송법 제200조 제1항에 의하여 검사 또는 사법경찰관이 피의자에 대하여 임의적 출석을 요구할 수는 있겠으나, 그 경우에도 수사관이 단순히 출석을 요구함에 그치지 않고 일정 장소로의 동행을 요구하여 실행한다면 위에서 본 법리가 적용되어야 하고, 한편 행정경찰 목적의 경찰활동으로 행하여지는 경찰관직무집행법 제3조 제2항 소정의 질문을 위한 동행요구도 형사소송법의 규율을 받는 수사로 이어지는 경우에는 역시 위에서 본 법리가 적용되어야 한다.

② 경찰관직무집행법상의 동행요구와 형사소송법상 임의동행(대판 2020.5.14. 2020도398) 임의동행은 경찰관 직무집행법 제3조 제2항에 따른 행정경찰 목적의 경찰활동으로 행하여지는 것 외에도 형사소송법 제199조 제1항에 따라 범죄 수사를 위하여 수사관이 동행에 앞서 피의자에게 동행을 거부할 수 있음을 알려 주었거나 동행한 피의자가 언제든지 자유로이 동행과정에서 이탈 또는 동행장소로부터 퇴거할 수 있었음이 인정되는 등 **오로지 피의자의 자발적인 의사에 의하여 이루어진 경우에도 가능**하다. 이 사건 임의동행은 마약류 투약 혐의에 대한 수사를 위한 것이어서 형사소송법 제199조 제1항에 따른 임의동행에 해당한다.

④ 위법한 임의동행의 효과 : 동행의 임의성을 인정할 수 없는 경우에는 강제수사이므로, 절차(체포·구속의 이유와 변호인을 선임할 수 있음을 말하는 등)를 이행하지 않으면 그 임의동행은 위법하다. 따라서, 위법한 임의동행 후 피의자를 긴급체포·구속을 한 경우에도 원칙적으로 위법하므로 증거의 경우 위법수집증거배제법칙에 의하여, 당사자 동의가 있어도 증거능력이 인정되지 않는다.

판례 사법경찰관이 피고인을 수사관서까지 동행한 것이 사실상의 강제연행, 즉 불법 체포에 해당하고, 불법 체포로부터 6시간 상당이 경과한 후에 이루어진 긴급체포 또한 위법하므로 피고인이 불법체포된 자로서 형법 제145조 제1항에 정한 '법률에 의하여 체포 또는 구금된 자'가 아니어서 도주죄의 주체가 될 수 없다(대판 2006.7.6. 2005도6810).

(나) 보호실유치

① **의의** : 피의자의 의사와 관계없이 수사기관에서 강제로 유치하는 강제유치와 피의자의 승낙을 받아 유치시키는 승낙유치로 구분할 수 있다.

② **강제유치** : 실질적으로 구금에 해당하므로 영장 없이 보호실에 구금하는 것은 불법구금이다. 수사의 편의상 피의자를 임의동행한 경우에도 그의 의사에 반하여 보호실 등에 계속 유치하였다면 이는 구금에 해당한다.

③ **승낙유치** : 승낙유치가 임의수사의 방법으로 허용될 수 있는가가 문제되나 사전 동의를 받은 경우에도 강제처분과 같은 효과를 가지는 경우에는 실질적으로 구속에 해당하고 실질적인 구속을 본인의 동

의를 이유로 허용하는 것은 영장주의를 유린하는 결과를 가져오므로 허용되지 않는다고 할 것이다.

④ 따라서, 긴급체포사유가 없음에도 보호실에 유치한 경우, 긴급체포사유가 있는 때에도 체포 또는 구속영장을 받지 않고 보호실에 유치하는 것은 불법구금이다. 판례도 구속영장 없이 피의자를 보호실에 유치하는 것은 영장주의에 위배되는 위법한 구금이라고 판시하였다(대판 1994.3.11. 93도958).

⑤ **예외** : 다만, 경찰관직무집행법상 정신착란이나 술에 취해 자신 또는 다른 사람에 위해를 끼칠 우려가 있거나 자살을 시도하는 사람 등의 경우 24시간을 초과하지 않는 범위 내에서 경찰관서에 보호하는 등의 적당한 조치를 할 수 있다(동법 제4조)

경찰관직무집행법 제4조 【보호조치 등】 ① 경찰관은 수상한 행동이나 그 밖의 주위 사정을 합리적으로 판단해 볼 때 다음 각 호의 어느 하나에 해당하는 것이 명백하고 응급구호가 필요하다고 믿을 만한 상당한 이유가 있는 사람(이하 "구호대상자"라 한다)을 발견하였을 때에는 보건의료기관이나 공공구호기관에 긴급구호를 요청하거나 경찰관서에 보호하는 등 적절한 조치를 할 수 있다.

1. 정신착란을 일으키거나 술에 취하여 자신 또는 다른 사람의 생명・신체・재산에 위해를 끼칠 우려가 있는 사람
2. 자살을 시도하는 사람
3. 미아, 병자, 부상자 등으로서 적당한 보호자가 없으며 응급구호가 필요하다고 인정되는 사람. 다만, 본인이 구호를 거절하는 경우는 제외한다.

③ 경찰관은 제1항의 조치를 하는 경우에 구호대상자가 휴대하고 있는 무기・흉기 등 위험을 일으킬 수 있는 것으로 인정되는 물건을 경찰관서에 임시로 영치(領置)하여 놓을 수 있다.

⑦ 제1항에 따라 구호대상자를 경찰관서에서 보호하는 기간은 24시간을 초과할 수 없고, 제3항에 따라 물건을 경찰관서에 임시로 영치하는 기간은 10일을 초과할 수 없다.

판례 경찰서에 설치되어 있는 보호실은 영장대기자나 즉결대기자 등의 도주방지와 경찰업무의 편의 등을 위한 수용시설로서 사실상 설치, 운영되고 있으나 현행법상 그 설치근거나 운영 및 규제에 관한 법령의 규정이 없고, 이러한 보호실은 그 시설 및 구조에 있어 통상 철창으로 된 방으로 되어 있어 그 안에 대기하고 있는 사람들이나 그 가족들이 출입이 제한되는 등 일단 그 장소에 유치되는 사람은 그 의사에 기하지 아니하고 일정장소에 구금되는 결과가 되므로, 경찰관직무집행법상 정신착란자, 주취자, 자살기도자 등 응급의 구호를 요하는 자를 24시간을 초과하지 아니하는 범위내에서 경찰관서에 보호조치할 수 있는 시설로 제한적으로 운영되는 경우를 제외하고는 구속영장을 발부받음이 없이 피의자를 보호실에 유치함은 영장주의에 위배되는 위법한 구금으로서 적법한 공무수행이라고 볼 수 없다(대판 1994.3.11. 93도958).

(다) 승낙수색과 승낙검증

승낙수색・승낙검증이 임의수사로 허용되는지에 대하여 견해의 대립이 있으나, 제216조에서 임의로 제출한 물건은 영장없이 압수할 수 있으며 명백히 동의・승낙한 경우에는 이론상 이를 부정할 이유는 없으므로 임의수사로서 허용되어야 한다. 다만 판례는 승낙검증을 부정하는 입장이다.

(라) 거짓말탐지기에 의한 검사

거짓말탐지기 검사의 허용성에 대하여 헌법이 보장하는 인격권을 침해한다는 이유로 피검자의 동의여부를 불문하고 허용되지 않는다는 견해도 있으나 피검자의 동의에 의한 검사는 임의수사로서 허용된다고

해야 한다. 판례도 거짓말탐지기의 검사는 그 기구의 성능, 조작기술에 있어 신뢰도가 극히 높다고 인정되고 그 검사자가 적격자이며, 검사를 받는 사람이 검사를 받음에 동의하였으며 검사자 자신이 실시한 검사의 방법, 경과 및 그 결과를 충실하게 기재하였다는 여러가지 점이 증거에 의하여 확인되었을 경우에 형사소송법 제313조 제2항에 의하여 이를 증거로 할 수 있다고 하여(대판 1984.2.14. 83도3146), 피검사자의 동의가 있는 경우에 한하여 허용된다.

(마) 마취분석

인격의 분열을 초래하는 것으로 피의자의 동의여부를 불문하고 허용되지 않는다.

(바) 계좌추적

금융회사에 종사하는 자는 명의인의 서면상의 요구나 동의를 받지 아니하고는 그 금융거래의 내용에 대한 정보 또는 자료를 타인에게 제공하거나 누설하여서는 아니 되며, 누구든지 금융회사에 종사하는 자에게 거래정보 등의 제공을 요구하여서는 아니 된다. 다만, 법원의 제출명령 또는 법관이 발부한 영장에 따른 거래정보 등의 제공으로 그 사용 목적에 필요한 최소한의 범위에서 거래정보등을 제공하거나 그 제공을 요구하는 경우에는 명의인의 서면상 요구나 동의 없이 요구할 수 있다(금융실명거래 및 비밀보장에 관한 법률 제4조 제1항).

> **판례** 수사기관이 범죄 수사를 목적으로 금융실명거래 및 비밀보장에 관한 법률 제4조 제1항에 정한 '거래정보 등'을 획득하기 위해서는 법관의 영장이 필요하고, 신용카드에 의하여 물품을 거래할 때 '금융회사 등'이 발행하는 매출전표의 거래명의자에 관한 정보 또한 금융실명법에서 정하는 '거래정보 등'에 해당하므로, 수사기관이 금융회사 등에 그와 같은 정보를 요구하는 경우에도 법관이 발부한 영장에 의하여야 한다. 그럼에도 수사기관이 영장에 의하지 아니하고 매출전표의 거래명의자에 관한 정보를 획득하였다면, 그와 같이 수집된 증거는 원칙적으로 형사소송법 제308조의2에서 정하는 '적법한 절차에 따르지 아니하고 수집한 증거'에 해당하여 유죄의 증거로 삼을 수 없다(대판 2013.3.28. 2012도13607).

5. 임의수사의 방법

(1) 출석요구

① 검사 또는 사법경찰관은 수사에 필요한 때에는 피의자 또는 피의자 아닌자(참고인 또는 피해자)의 출석을 요구할 수 있다(형사소송법 제200조 및 제221조).

② 피의자가 죄를 범하였다고 의심할 만한 상당한 이유가 있고, 정당한 이유없이 제200조의 규정에 의한 출석요구에 응하지 아니하거나 응하지 아니할 우려가 있는 때에는 검사는 관할 지방법원판사에게 청구하여 체포영장을 발부받아 피의자를 체포할 수 있고, 사법경찰관은 검사에게 신청하여 검사의 청구로 관할지방법원판사의 **체포영장을 발부받아 피의자를 체포**할 수 있다.(동법 200조의2, 영장에 의한 체포)

③ 참고인은 **강제로 소환당하거나 신문당하지 않는다.**

④ Q경찰서 수사과 甲경장은 A가 B를 사기죄로 고소한 사건을 수사하던 중, 피의자 B와 참고인 C에게 각각 3회 이상 출석요구를 하였으나, B, C모두 출석에 불응하고 있다. 이때 피의자 B에 대하여는

체포영장을 발부받아 체포하거나 또는 기소중지(지명수배)하고, 참고인 C에 대하여는 강제조치가 불가능하다.

(2) 피의자 신문

① 수사기관은 수사에 필요한 때에는 피의자의 출석을 요구하여 진술을 들을 수 있다(형소법 제200조). 피의자로부터 진술을 들을 때에는 미리 피의자에 대하여 진술을 거부할 수 있음을 알려야 한다. 당해 피의자는 언제든지 퇴거할 수 있다.

② 원칙적으로 입건된 피의자에 대하여는 피의자신문을 하여야 한다.

③ 진술거부권의 고시

㉠ 검사 또는 사법경찰관이 출석한 피의자를 신문하는 경우에는 미리 다음의 각 호의 사항을 알려주어야 한다(제244조의3 제1항).

1. 일체의 진술을 하지 아니하거나 개개의 질문에 대하여 진술을 하지 아니할 수 있다는 것
2. 진술을 하지 아니하더라도 불이익을 받지 아니한다는 것
3. 진술을 거부할 권리를 포기하고 행한 진술은 법정에서 유죄의 증거로 사용될 수 있다는 것
4. 신문을 받을 때에는 변호인을 참여하게 하는 등 변호인의 조력을 받을 수 있다는 것

피의자가 진술을 거부할 수 있는 진술의 내용에는 제한이 없다. 다만 신문시 마다 진술거부권을 고지해야 하는 것은 아니다. 진술거부권을 고지하지 아니하고 신문한 진술을 기재한 피의자신문조서는 증거능력이 없다.

㉡ 검사 또는 사법경찰관은 피의자가 진술을 거부할 권리와 변호인의 조력을 받을 권리를 행사할 것인지의 여부를 질문하고, 이에 대한 피의자의 답변을 조서에 기재하여야 한다. 이 경우 피의자의 답변은 피의자로 하여금 자필로 기재하게 하거나 검사 또는 사법경찰관이 피의자의 답변을 기재한 부분에 기명날인 또는 서명하게 하여야 한다(제244조의3 제2항).

㉢ 진술거부권의 고지는 피의자를 신문하는 경우이고, 피의자 지위에 있지 아니한 자에 대해서는 진술거부권이 고지되지 않았더라고 진술의 증거능력을 부정할 수 없다.

판례 피의자에 대한 진술거부권 고지는 피의자의 진술거부권을 실효적으로 보장하여 진술이 강요되는 것을 막기 위해 인정되는 것인데, 이러한 진술거부권 고지에 관한 형사소송법 규정내용 및 진술거부권 고지가 갖는 실질적인 의미를 고려하면 수사기관에 의한 진술거부권 고지 대상이 되는 피의자 지위는 수사기관이 조사대상자에 대한 범죄혐의를 인정하여 수사를 개시하는 행위를 한 때 인정되는 것으로 보아야 한다. 따라서 이러한 피의자 지위에 있지 아니한 자에 대하여는 진술거부권이 고지되지 아니하였더라도 진술의 증거능력을 부정할 것은 아니다(대판 2011.11.10. 2011도8125).

④ 신문사항

검사 또는 사법경찰관이 피의자를 신문함에는 먼저 그 성명, 연령, 등록기준지, 주거와 직업을 물어 피의자임에 틀림없음을 확인하여야 한다(제241조). 이를 인정신문이라 한다.

검사 또는 사법경찰관은 피의자에 대하여 범죄사실과 정상에 관한 필요사항을 신문하여야 하며 그 이익되는 사실을 진술할 기회를 주어야 한다(제242조). 검사 또는 사법경찰관이 사실을 발견함에 필요한

때에는 피의자와 다른 피의자 또는 피의자 아닌 자와 대질하게 할 수 있다(제245조).

⑤ 구제신청권의 고지

사법경찰관은 피의자를 신문하기 전에 수사과정에서 법령위반, 인권침해 또는 현저한 수사권 남용이 있는 경우 검사에게 구제를 신청할 수 있음을 피의자에게 알려주어야 한다(제197조의3 제8항). 사법경찰관은 구제를 신청할 수 있음을 피의자에게 알려준 경우에는 피의자로부터 고지 확인서를 받아 사건기록에 편철한다. 다만, 피의자가 고지 확인서에 기명날인 또는 서명하는 것을 거부하는 경우에는 사법경찰관이 고지 확인서 끝부분에 그 사유를 적고 기명날인 또는 서명해야 한다(수사준칙 제47조).

⑥ 피의자신문과 참여자

검사가 피의자를 신문함에는 검찰청수사관 또는 법원사무관 등을 참여하게 하여야 하고 사법경찰관이 피의자를 신문함에는 사법경찰관리를 참여하게 하여야 한다(제243조). 이는 참여자로 하여금 신문을 보조하게 하는 한편 조서기재의 정확성과 신문절차의 적법성을 보장하기 위한 것이다.

판례 피의자신문조서를 검사가 직접 기록한 경우에도 입회서기가 시종 입회하여 검사의 심문내용을 듣고 심문과 기록이 완료된 후 이를 피의자에게 읽어주고 조서에 간인한 후 하등의 이의없이 서명날인 하였다면 검찰청법 제46조 제1항 제2호 및 형사소송법 제243조가 담보하는 피의자신문기록의 객관성, 공정성, 입회서기의 직무의 독립성을 해친 것이라 할 수 없다(대판 1973.12.24, 73도2361).

(3) 피의자신문과 변호인참여권

(가) 의의

수사기관의 피의자신문과정에서 변호인의 조력을 받을 권리를 실질적으로 보장하기 위하여 현행 형사소송법에서는 이를 명문으로 규정(제243조의2)하고 있다.

(나) 변호인참여권의 내용

① 피의자와 접견 · 피의자신문에 참여

㉠ 검사 또는 사법경찰관은 피의자 또는 그 변호인 · 법정대리인 · 배우자 · 직계친족 · 형제자매의 신청에 따라 변호인을 피의자와 접견하게 하거나 정당한 사유가 없는 한 피의자에 대한 신문에 참여하게 하여야 한다(동조 제1항).

㉡ 신문에 참여하고자 하는 변호인이 2인 이상인 때에는 피의자가 신문에 참여할 변호인 1인을 지정한다. 지정이 없는 경우에는 검사 또는 사법경찰관이 이를 지정할 수 있다(동조 제2항). 신문에 참여한 변호인은 신문 후 의견을 진술할 수 있다. 다만, 신문 중이라도 부당한 신문방법에 대하여 이의를 제기할 수 있고, 검사 또는 사법경찰관의 승인을 얻어 의견을 진술할 수 있고(동조 제3항).

㉢ 이러한 변호인의 의견이 기재된 피의자신문조서는 변호인에게 열람하게 한 후 변호인으로 하여금 그 조서에 기명날인 또는 서명하게 하여야 하며(동조 제4항), 검사 또는 사법경찰관은 변호인의 신문참여 및 그 제한에 관한 사항을 피의자신문조서에 기재하여야 한다(동조 제5항). 수사기관의 자의적인 변호인 참여권 제한을 방지하기 위한 규정이다.

㉣ 검사 또는 사법경찰관은 피의자신문에 참여한 변호인이 피의자의 옆자리 등 실질적인 조력을 할 수 있는 위치에 앉도록 해야 하고, 정당한 사유가 없으면 피의자에 대한 법적인 조언·상담을 보장해야 하며, 법적인 조언·상담을 위한 변호인의 메모를 허용해야 한다(수사준칙 제13조 제1항).

② **참여의 제한** : 검사 또는 사법경찰관은 변호인을 피의자와 접견하게 하거나 정당한 사유가 없는 한 피의자에 대한 신문에 참여하게 하여야 한다(제243조의2 제1항). 이 경우 '정당한 사유'는 구금된 피의자에 대한 신문시 무제한적으로 변호인의 참여를 허용하는 것 또한 헌법이 선언한 적법절차의 정신에 맞지 아니하므로 신문을 방해하거나 수사기밀을 누설하는 등의 염려가 있다고 의심할 만한 상당한 이유가 있는 특별한 사정이 있음이 객관적으로 명백하여 변호인의 참여를 제한하여야 할 필요가 있다고 인정되는 경우에는 변호인의 참여를 제한할 수 있다(대결 2003.11.11. 2003모402).

판례 형사소송법 제417조에서 정한 '구금에 관한 처분' 및 변호인의 피의자신문참여권 제한사유인 '정당한 이유'에 부당한 신문방법에 대한 이의제기가 포함되는지 여부(소극)(대결 2020.3.17. 2015모2357)

[1] 인간의 존엄성 존중을 궁극의 목표로 하고 있는 우리 헌법이 제27조 제4항에서 무죄추정의 원칙을 선언하고, 제12조에서 신체의 자유와 적법절차의 보장을 강조하고 있음을 염두에 두고 앞서 본 규정들의 내용과 취지를 종합하여 보면, 검사가 조사실에서 피의자를 신문할 때 피의자가 신체적으로나 심리적으로 위축되지 않은 상태에서 자기의 방어권을 충분히 행사할 수 있도록 피의자에게 보호장비를 사용하지 말아야 하는 것이 원칙이고, 다만 도주, 자해, 다른 사람에 대한 위해 등 형집행법 제97조 제1항 각호에 규정된 위험이 분명하고 구체적으로 드러나는 경우에만 예외적으로 보호장비를 사용하여야 한다. 따라서 구금된 피의자는 형집행법 제97조 제1항 각호에 규정된 사유에 해당하지 않는 이상 보호장비 착용을 강제당하지 않을 권리를 가진다. 검사는 조사실에서 피의자를 신문할 때 해당 피의자에게 그러한 특별한 사정이 없는 이상 교도관에게 보호장비의 해제를 요청할 의무가 있고, 교도관은 이에 응하여야 한다.

[2] 검사 또는 사법경찰관이 보호장비 사용을 정당화할 예외적 사정이 존재하지 않음에도 구금된 피의자에 대한 교도관의 보호장비 사용을 용인한 채 그 해제를 요청하지 않는 경우에, 검사 및 사법경찰관의 이러한 조치를 형사소송법 제417조에서 정한 '구금에 관한 처분'으로 보지 않는다면 구금된 피의자로서는 이에 대하여 불복하여 침해된 권리를 구제받을 방법이 없게 된다. 따라서 검사 또는 사법경찰관이 구금된 피의자를 신문할 때 피의자 또는 변호인으로부터 보호장비를 해제해 달라는 요구를 받고도 거부한 조치는 형사소송법 제417조에서 정한 '구금에 관한 처분'에 해당한다고 보아야 한다.

[3] 형사소송법 제243조의2 제3항 단서는 피의자신문에 참여한 변호인은 신문 중이라도 부당한 신문방법에 대하여 이의를 제기할 수 있다고 규정하고 있으므로, 검사 또는 사법경찰관의 부당한 신문방법에 대한 이의제기는 고성, 폭언 등 그 방식이 부적절하거나 또는 합리적 근거 없이 반복적으로 이루어지는 등의 특별한 사정이 없는 한, 원칙적으로 변호인에게 인정된 권리의 행사에 해당하며, 신문을 방해하는 행위로는 볼 수 없다. 따라서 검사 또는 사법경찰관이 그러한 특별한 사정 없이, 단지 변호인이 피의자신문 중에 부당한 신문방법에 대한 이의제기를 하였다는 이유만으로 변호인을 조사실에서 퇴거시키는 조치는 정당한 사유 없이 변호인의 피의자신문 참여권을 제한하는 것으로서 허용될 수 없다.

(다) 변호인 참여권의 한계

① 변호인의 신문참여는 헌법이나 형사소송법이 규정하는 '피의자의 접견교통권' 내지 '변호인의 조력을 받을 권리'에서 연원하는 것으로 신문현장에서 변호인의 조력이 허용된다.

② 형사소송법도 신문참여변호인에게 신문 후 의견을 진술할 수 있고, 신문 중이라도 부당한 신문방법에 대하여 이의를 제기하거나 검사 또는 사법경찰관의 승인을 얻어 의견을 진술할 수 있도록 하고 있다(제243조의2 제3항).

③ 다만 신문에 참여한 변호인이 신문을 부당하게 제지 또는 중단시키는 행위, 피의자의 특정한 답변이나 진술번복을 유도하는 행위, 신문내용을 촬영·녹음하는 등 신문을 방해하는 행위를 하는 경우까지 허용된다고 볼 수는 없다.

(라) 불복방법

검사나 사법경찰관이 변호인의 참여를 제한하거나 퇴거시킨 처분에 대해서는 준항고를 통해 다툴 수 있다(제417조).

(4) 피의자신문조서의 작성

(가) 조서작성의 원칙

피의자의 진술은 조서에 기재하여야 한다(제244조 제1항).

(나) 조서의 열람·낭독·증감변경 청구권

조서는 피의자에게 열람하게 하거나 읽어 들려주어야 하며, 진술한 대로 기재되지 아니하였거나 사실과 다른 부분의 유무를 물어 피의자가 증감 또는 변경의 청구 등 이의를 제기하거나 의견을 진술한 때에는 이를 조서에 추가로 기재하여야 한다. 이 경우 피의자가 이의를 제기하였던 부분은 읽을 수 있도록 남겨두어야 한다(제244조 제2항). 조서의 정확성을 담보하기 위한 취지이다.

> **판례** 피의자신문조서를 작성함에 있어 피고인들에게 조서의 기재내용을 알려 주지 아니하였다 하더라도 그 사실만으로는 피의자신문조서의 증거능력이 없다고 할 수 없다(대판 1993.5.14, 93도486).

(다) 조서의 진정성 담보

피의자가 조서에 대하여 이의나 의견이 없음을 진술한 때에는 피의자로 하여금 그 취지를 자필로 기재하게 하고 조서에 간인한 후 기명날인 또는 서명하게 한다(제244조 제3항). 또한 조서에는 작성자인 검사 또는 사법경찰관도 기명날인 또는 서명하여야 한다(제57조).

> **판례**
>
> ① 피고인의 서명, 날인 및 간인이 없는 검사작성의 피고인에 대한 피의자신문조서는 증거능력이 없다(대판 1992.6.23, 92도954).
>
> ② 형사소송법 제57조 제1항은 공무원이 작성하는 서류에는 법률에 다른 규정이 없는 때에는 작성년월일과 소속공무소를 기재하고 서명날인하여야 한다고 규정하고 있는 바, 그 서명날인은 공무원이 작성하는 서류에 관하여 그 기재 내용의 정확성과 완전성을 담보하는 것이므로 검사 작성의 피의자신문조서에 작성자인 검사의 서명날인이 되어 있지 아니한 경우 그 피의자신문조서는 공무원이 작성하는 서류로서의 요건을 갖추지 못한 것으로서 위 법규정에 위반되어 무효이고 따라서 이에 대하여 증거능력을 인정할 수 없다고 보아야 할 것이며, 그 피의자신문조서에 진술자인 피고인의 서명날인이 되어 있다거나, 피고인이 법정에서 그

피의자신문조서에 대하여 진정성립과 임의성을 인정하였다고 하여 달리 볼 것은 아니다(대판 2001.9.28, 2001도4091).

(라) 수사과정의 기록

검사 또는 사법경찰관은 피의자가 조사장소에 도착한 시각, 조사를 시작하고 마친 시각, 그 밖에 조사과정의 진행경과를 확인하기 위하여 필요한 사항을 피의자신문조서에 기록하거나 별도의 서면에 기록한 후 수사기록에 편철하여야 한다. 피의자신문조서의 열람·낭독·증감변경 청구권의 내용은 여기의 조서 또는 서면에 관하여 준용한다(제244의4). 이는 조사장소, 도착시각, 조사개시 및 종료시각을 조서에 기재하도록 하는 것은 장시간 조사가 이루어질 경우 강압행위가 행해질 우려에 기인한 것으로 피의자의 인권을 보장하기 위한 취지이다.

(마) 장애인 등 특별히 보호를 요하는 자에 대한 특칙

검사 또는 사법경찰관은 피의자를 신문하는 경우에 아래의 어느 하나에 해당하는 때에는 직권 또는 피의자·법정대리인의 신청에 따라 피의자와 신뢰관계에 있는 자를 동석하게 할 수 있다(제244조의5).

1. 피의자가 신체적 또는 정신적 장애로 사물을 변별하거나 의사를 결정·전달할 능력이 미약한 때
2. 피의자의 연령·성별·국적 등의 사정을 고려하여 그 심리적 안정의 도모와 원활한 의사소통을 위하여 필요한 경우

(5) 피의자진술의 영상녹화

(가) 배경

형사소송법은 수사절차의 적법성과 투명성을 보장하고 인권침해를 방지할 목적으로 피의자의 진술을 영상녹화할 수 있는 규정(제244조의2)을 규정하고 있는데 다만 영상녹화의 본증(요증사실 입증을 위한 자료) 사용을 불허하고 조서의 진정성립 입증방법(제312조)과 피고인·증인의 기억 환기용(제318조의2)으로만 사용하도록 규정하고 있다.

(나) 영상녹화물 사용의 장·단점

장 점	단 점
㉠ 실체적 진실발견에 유용 : 수사기관의 의도로 진술자의 진술내용을 왜곡할 수 있는 가능성방지	㉠ 소송지연 및 공판중심주의의 형해화 우려 법정심리시간이 녹화 재현에 대부분 할애 가능성
㉡ 사건관계인의 인권보호 : 신문의 밀행성 약화로 인해 가혹행위의 발생가능성 감소	㉡ 조작의 위험 : 촬영이나 편집기법에 의한 조작의 가능성 상존
㉢ 수사의 효율성확보 : 조서작성에 기울이는 노력을 절감하여 조사과정에 집중가능	㉢ 법관에 대한 올바른 심증형성을 방해할 위험성 신문과정의 일부분만이 재현됨으로써 올바른 심증형성을 왜곡할 위험성

(다) 절차

① 피의자의 진술은 영상녹화할 수 있다. 이 경우 미리 영상녹화사실을 알려주어야 하며, 조사의 개시부터 종료까지의 전 과정 및 객관적 정황을 영상녹화 하여야 한다(제244조의2 제1항). 피의자에게 미리 영상녹화한다는 사실을 알려주면 족하며 피의자 또는 변호인의 동의를 받을 필요는 없다. 영상녹화에 있어서는 조사의 개시부터 종료까지의 전과정 및 객관적 정황을 녹화하여야 한다.[1] 따라서 당해 조사의 일부분만을 선별하여 영상녹화하는 것은 허용되지 않는다. 그러나 여러 차례의 녹화가 이루어진 경우에 최초의 조사부터 모든 조사과정을 영상녹화해야 하는 것은 아니다.

② 이러한 영상녹화가 완료된 때에는 피의자 또는 변호인 앞에서 지체없이 그 원본을 봉인하고 피의자로 하여금 기명날인 또는 서명하게 하여야 한다(제244조의2 제2항). 피의자 또는 변호인의 요구가 있는 때에는 영상녹화물을 재생하여 시청하게 하여야 한다. 이 경우 그 내용에 대하여 이의를 진술하는 때에는 그 취지를 기재한 서면을 첨부하여야 한다.

③ 피의자 또는 변호인의 요구가 있는 때에는 영상녹화물을 재생하여 시청하게 하여야 한다. 이 경우 그 내용에 대하여 이의를 진술하는 때에는 그 취지를 기재한 서면을 첨부하여야 한다(제244조의2 제3항).

(6) 신문의 제한

(가) 심야조사의 제한

① 검사 또는 사법경찰관은 조사, 신문, 면담 등 그 명칭을 불문하고 피의자나 사건관계인에 대해 오후 9시부터 오전 6시까지 사이에 조사를 해서는 안 된다. 다만, 이미 작성된 조서의 열람을 위한 절차는 자정 이전까지 진행할 수 있다(수사준칙 제21조 제1항).

② 다만, 심야조사를 할 수 있는 경우가 있는데, ⓐ 피의자를 체포한 후 48시간 이내에 구속영장의 청구 또는 신청 여부를 판단하기 위해 불가피한 경우 ⓑ 공소시효가 임박한 경우 ⓒ 피의자나 사건관계인이 출국, 입원, 원거리 거주, 직업상 사유 등 재출석이 곤란한 구체적인 사유를 들어 심야조사를 요청한 경우(변호인이 심야조사에 동의하지 않는다는 의사를 명시한 경우는 제외한다)로서 해당 요청에 상당한 이유가 있다고 인정되는 경우 ⓓ 사건의 성질 등을 고려할 때 심야조사가 불가피하다고 판단되는 경우 등 법무부장관, 경찰청장 또는 해양경찰청장이 정하는 경우로서 검사 또는 사법경찰관의 소속 기관의 장이 지정하는 인권보호 책임자의 허가 등을 받은 경우이다(수사준칙 제21조 제2항). 이 경우에도 심야조사의 사유를 조서에 명확하게 적어야 한다.

---

1) 전과정 객관적 정황의 녹화를 위해 형사소송규칙은 ㉠ 피의자신문이 영상녹화되고 있다는 취지의 고지 ㉡ 영상녹화의 시작하고 마친 시각 및 장소의 고지 ㉢ 신문하는 검사와 참여자의 성명과 직급의 고지 ㉣ 진술거부권 · 변호인의 참여를 요청할 수 있다는 점 등의 고지 ㉤ 조사를 중단 · 재개하는 경우 중단이유와 중단 시각, 중단 후 재개하는 시각 ㉥ 조사를 종료하는 시각 등을 포함하여 녹화되도록 하고 있으며(규칙 제134조의2 제3항), 영상녹화물은 조사를 행해지는 동안 조사실 전체를 확인할 수 있도록 녹화된 것으로 진술자의 얼굴을 식별할 수 있는 것이어야 하고(동조 제4항), 영상녹화물의 재생화면에는 녹화당시의 날짜와 시간이 실시간으로 표시되도록 하고 있다(동조 제5항). 또한 피고인이 된 피의자의 진술을 녹화한 영상녹화물에 대한 증거조사신청시에는 영상녹화를 시작하고 마친시각, 조사장소, 피고인 등이 조서기재의 동일성을 다투는 부분의 영상을 구체적으로 특정할 수 있는 시각 등을 기재한 서면을 제출하도록 하고 있다(동조 제2항). 단, 피고인이 아닌 피의자의 진술을 녹화한 영상녹화물의 증거조사신청시에는 이러한 서면의 제출을 별도로 요구하지 않는다(동조 제5항).

(나) 장시간 조사의 제한

㉠ 검사 또는 사법경찰관은 조사, 신문, 면담 등 그 명칭을 불문하고 피의자나 사건관계인을 조사하는 경우에는 대기시간, 휴식시간, 식사시간 등 모든 시간을 합산한 총조사시간이 12시간을 초과하지 않도록 해야 한다. 다만, ⓐ 피의자나 사건관계인의 서면 요청에 따라 조서를 열람하는 경우 ⓑ 심야조사를 할 수 있는 경우에는 예외로 한다(수사준칙 제22조 제1항).

㉡ 검사 또는 사법경찰관은 특별한 사정이 없으면 총조사시간 중 식사시간, 휴식시간 및 조서의 열람시간 등을 제외한 실제 조사시간이 8시간을 초과하지 않도록 해야 하고, 사건관계인에 대한 조사를 마친 때부터 8시간이 지나기 전에는 다시 조사할 수 없다. 다만, 12시간을 초과하는 예외적인 사정이 있는 경우(수사준칙 제22조 제1항)에는 예외로 한다(수사준칙 제22조 제2, 3항).

2. 피의자 이외의 자의 조사

(1) 참고인 조사

(가) 의의

검사 또는 사법경찰관은 수사에 필요한 때에는 피의자 아닌 자(참고인)의 출석을 요구하여 진술을 들을 수 있다(제221조). 이를 참고인 조사라 한다. 이 경우 그의 동의를 얻어 영상녹화를 할 수 있다(제221조 제1항).

(나) 참고인과 증인의 구별

참고인은 수사단계에서의 개념이고 공판절차에서의 증인과 구별된다. 즉, 법원・법관에 진술하면 증인이 된다. 참고인은 증인과 달리 강제로 소환당하거나 신문당하지 아니한다. 다만, 범죄의 수사에 없어서는 아니될 사실을 안다고 명백히 인정되는 자가 전조의 규정에 의한 출석 또는 진술을 거부한 경우에는 검사는 제1회 공판기일 전에 한하여 판사에게 그에 대한 증인신문을 청구할 수 있다(제221조의2 제1항).

(다) 참고인 조사의 방식

A. 출석요구

ⓐ 수사기관이 참고인을 조사하기 위하여는 원칙적으로 '참고인 출석요구서'에 의하고 필요한 경우에는 전화, 문자메시지, 그 밖의 상당한 방법으로 할 수 있다(검찰사건사무규칙 제36조). 참고인에게는 출석의무가 없으며 참고인이 진술하는가의 여부는 참고인의 임의에 속한다. 참고인은 수사에 대한 협조자에 불과하므로 참고인에 대한 출석과 진술을 강요할 수 없기 때문이다.

ⓑ 그러나 출석거부는 수사상 반드시 필요한 경우에는 제1회 공판기일 전에 한하여 증인신문청구의 사유가 된다(제221조의2 제1항).

B. 참여 및 진술거부권의 불고지

참고인조사는 피의자신문과 달리 검찰청 수사관, 서기관 또는 사법경찰관리의 참여없이 할 수 있으며, 참고인에게 진술거부권을 고지할 필요도 없다. 이는 참고인조사는 타인의 대한 범죄에 대한 내용이므로 특별히 고지할 필요가 없다는 고려에 근거한다고 볼 수 있다. 그러나 참고인도 진술거부권을 행사할 수 있다.

C. 신뢰관계 있는 자의 동석

ⓐ 검사 또는 사법경찰관은 범죄로 인한 피해자를 증인으로 신문하는 경우 증인의 연령, 심신의 상태, 그 밖의 사정을 고려하여 증인이 현저하게 불안 또는 긴장을 느낄 우려가 있다고 인정되는 때에는 직권 또는 피해자・법정대리인・검사의 신청에 따라 피해자와 신뢰관계에 있는 자를 동석하게 할 수 있다(제163조의2 제1항, 제221조 제3항).

ⓑ 또한 범죄로 인한 피해자가 13세 미만이거나 신체적 또는 정신적 장애로 사물을 변별하거나 의사를 결정할 능력이 미약한 경우에 재판에 지장을 초래할 우려가 있는 등 부득이한 경우가 아닌 한 피해자와 신뢰관계에 있는 자를 동석하게 하여야 한다(제163조의2 제2항, 제221조 제3항).

ⓒ 이 경우 동석한 자는 법원・소송관계인의 신문 또는 증인의 진술을 방해하거나 그 진술의 내용에 부당한 영향을 미칠 수 있는 행위를 하여서는 아니 된다(제163조의2 제3항, 제221조 제3항).

D. 수사과정의 기록

ⓐ 참고인의 진술도 영상녹화할 수 있다. 다만 피의자신문의 경우와 달리 참고인의 동의를 얻어야 한다(제221조 제1항 후단).

ⓑ 참고인을 조사하는 경우에도 피의자신문의 경우와 같이 수사과정을 기록해야 한다(제244조의4 제3항).

(라) 참고인진술조서의 작성

참고인의 진술은 조서에 기재하여야 하고(검찰사건사무규칙 제38조 제2항), 그 조서는 후에 공판정에서 증거로 사용되며(제312조 제4항). 참고인 진술에 대한 영상녹화물은 진술조서의 진정성립・특신상태의 입증방법(제312조 제4항)과 증언시 기억환기용(제318조의2 제2항)으로 사용된다.

(2) 감정・통역・번역의 위촉

① 검사 또는 사법경찰관은 수사에 필요한 때에는 감정・통역 또는 번역을 위촉할 수 있다(제221조 제2항). 임의수사이므로 수사상 감정위촉에 대한 수락여부, 출석여부와 퇴거 등도 위촉받은 자의 자유이므로 이를 강제할 수는 없다.

② 감정의 위촉을 받은 자는 선서를 하지 않으므로 설사 허위감정하더라도 허위감정죄가 성립하지 않는다.

③ 감정의 위촉을 받은 자는 법원의 허가를 얻어 타인의 주거, 간수자 있는 가옥, 건조물, 항공기, 선

차 내에 들어 갈 수 있고 신체의 검사, 사체의 해부, 분묘발굴, 물건의 파괴를 할 수 있다(제173조 제1항).

④ 감정인 또한 참고인으로 신문할 수 있는데 이 경우 조서를 작성해야 한다(제48조 제1항).

⑤ 검사는 감정을 위촉하는 경우, 유치처분이 필요할 때에는 판사에게 이를 청구하여야 한다(제221조의3 제1항).

(3) 전문수사자문위원의 자문

검사는 공소제기 여부와 관련된 사실관계를 분명하게 하기 위하여 필요한 경우에는 직권이나 피의자 또는 변호인의 신청에 의하여 전문수사자문위원을 지정하여 수사절차에 참여하게 하고 자문을 들을 수 있다(제245조의2 제1항).

3. 사실조회(공무소 등에 대한 조회)

수사기관은 수사에 관하여 공무소 기타 공사단체에 조회하여 필요한 사항의 보고를 요구할 수 있다(제199조 제2항). 전과조회, 신원조회 등이 그 예이다. 조회를 받은 상대방은 보고의무가 있다. 그러나 그 이행을 강제할 수 없을 뿐만 아니라 영장에 의할 것을 요하는 것도 아니므로 임의수사이다.

제3장 강제처분과 강제수사

제1절 서설

1. 강제처분의 의의

(1) 의의

형사소송절차에 있어서 강제력의 요소를 포함하는 일체의 처분을 말한다.

(2) 강제처분의 종류

(가) 대상에 따른 분류

① 대인적 강제처분 : 강제력이 직접 향하여진 객체가 사람인 경우이다. 체포, 구속, 소환, 신체수색·신체검증 등

② 대물적 강제처분 : 강제력이 직접 향하여진 객체가 물건인 경우이다. 압수, 수색, 수사상의 검증, 제출명령 등

(나) 주체에 따른 분류

① 법원에 의한 강제처분
- ⓐ 피고인에 대한 구속, 감정유치, 소환
- ⓑ 공판정 외에서의 압수·수색
- ⓒ 증인에 대한 구인
- ⓓ 감정인의 감정허가

② 판사에 의한 강제처분
- ⓐ 피의자에 대한 감정유치
- ⓑ 증거보전을 위한 압수·수색

③ 수사기관에 의한 강제처분
- ⓐ 피의자의 체포·구속
- ⓑ 압수·수색·검증
- ⓒ 참고인에 대한 구인(국가보안법 제18조의 경우 수사기관의 출석요구에 2회 이상 불출석시)

2. 강제처분의 규제

(1) 강제처분법정주의

강제처분은 법률에 특별한 규정이 없으면 하지 못한다(제199조 제1항)는 원칙을 말한다. 일반적 형식에 의한 억제이고, 강제처분의 적법성의 한계를 법률에 명백히 규정하여 법관에 의한 구체적 판단을 가능하게 한다는 점에서 형식적 법정의 요구 뿐만 아니라 적정절차의 요구를 강제수사절차에서 실현하는 것이다.

(2) 영장주의

(가) 원칙

법원 또는 법관이 발부한 적법한 사전영장에 의하지 않으면 형사절차상의 강제처분을 할 수 없다는 원칙을 말한다. 강제처분권한의 남용을 억제하고 시민의 자유와 재산의 보장을 실현하기 위한 원칙으로 구체적 판단에 의한 강제처분의 억제형식이다.

(나) 예외

① 법원의 강제처분
 ⓐ 임의제출물·유류물의 압수
 ⓑ 법원의 제출명령
 ⓒ 공판정에서의 압수·수색
 ⓓ 구속영장의 집행을 위한 수색

② 수사기관의 강제처분
 ⓐ 긴급체포, 현행범인체포
 ⓑ 임의제출물·유류물의 압수
 ⓒ 체포·구속 목적의 수색
 ⓓ 체포현장에서의 압수·수색·검증
 ⓔ 범죄장소에서의 압수·수색·검증
 ⓕ 긴급체포시의 압수·수색·검증
 ⓖ 피고인구속현장에서의 압수·수색·검증

(3) 비례성의 원칙

형사절차에 의한 개인의 기본권의 침해는 사건의 의미와 기대되는 형벌에 비추어 상당성이 유지될 때에만 허용된다는 원칙을 말하고 강제처분의 실행과 기간 및 방법을 제한하는 이념이 된다. 강제처분은 필요한 최소한도의 범위 안에서만 해야 한다고 규정되어 있다(제199조).

3. 강제처분에 대한 구제수단

사전적 구제제도	사후적 구제제도
① 강제처분법정주의 및 비례성의 원칙 ② 영장주의 ③ 무죄추정의 원칙 ④ 구속 전 피의자심문 ⑤ 변호인제도 ⑥ 재구속·재체포의 제한	① 구속취소 ② 구속집행정지 ③ 보석 ④ 체포구속적부심사제도 ⑤ 강제처분에 대한 준항고 ⑥ 자백배제법칙 ⑦ 자백보강법칙

제2절 체포와 구속

Ⅰ. 현행법상 인신구속제도

1. 개관

(1) 현행법상 인신구속제도는 체포와 구속으로 이원화 되어있다. 체포는 수사초기에 단기간에 걸친 피의자의 신병을 확보하는 강제처분이고, 구속은 비교적 장기간에 걸쳐 피고인 · 피의자의 신병을 확보하는 강제처분이다.

(2) 체포의 종류는 통상체포 · 긴급체포 · 현행범인의 체포가 있다. 체포영장에 의한 체포를 원칙으로 하나(제200조의2), 긴급체포와 현행범인 체포에 있어서는 영장 없는 체포를 허용한다.

(3) 구속은 피고인에 대한 구속과 피의자에 대한 구속이 있다. 전자는 법원이 피고인을 구속하거나 구인하는 것이며, 후자는 수사기관이 피의자를 구금하는 것이다. 구금은 피고인 또는 피의자를 교도소 또는 구치소에 감금하는 강제처분이고 구인은 피고인 또는 피의자를 법원 기타 일정한 장소에 인치하는 강제처분이다.

(4) 피의자에 대해서는 체포와 구속이 모두 가능하지만, 피고인에 대해서는 구속만이 가능하다. 피의자는 통상체포 · 긴급체포 · 현행범인 체포를 거쳐서 구속될 수도 있지만 체포절차를 거치지 않고 바로 구속될 수 도 있다. 즉 형사소송법은 체포전치주의를 채택하고 있지 않다.

(5) 체포는 구속에 비하여 그 요건이 완화되어 있다는 점, 영장실질심사제도가 없다는 점과 영장에 의하지 아니한 체포가 가능하다는 점에서 구속과 구별된다.

2. 체포와 구속의 이동

	체 포			구 속 (제70조, 제201조)
	영장에 의한 체포 (제200조의2)	긴급체포 (제200조의3)	현행범인 체포(제212조)	
요 건	① 범죄의 상당성 ② 체포사유(출석불응 또는 출석불응의 우려) ③ 체포의 필요성(소극적)	① 범죄의 중대성(사형, 무기, 장기3년 이상의 징역·금고) ② 체포의 필요성(도망 또는 도망의 염려, 증거인멸의 염려) ③ 긴급성(체포영장을 발부받을 시간적 여유가 없는 때)	① 범죄의 명백성(현행범, 준현행범) ② 체포의 필요성(견해대립)	① 범죄혐의의 상당성 ② 구속사유(증거 인멸, 도망의 염려) ③ 비례성, 보충성 • 구속사유을 심사함에 있어 재범의 위험성, 피해자 및 중요 참고인 등에 대한 위해 우려 등을 고려하여 판단하여야 함(제70조 제2항)
경미사건사유 제한 (50만원이하의 벌금·구류·과료)	일정한 주거가 없거나 정당한 이유없이 출석불응시	제한 없음	피의자의 주거불명시에만 가능	피의자의 일정한 주거가 없는 때에만 가능
재체포·구속 제한	×	영장없이 동일사실 재체포불가(제200조의3 제3항)	×	수사기관은 다른 중요한 증거를 발견하는 때를 제외하고는 재구속 불가(제208조)
영장실질심사	×	×	×	○
체포·구속적부심 청구	○	판례의 인정을 반영하여 형사소송법은 명문으로 인정	판례의 인정을 반영하여 형사소송법은 명문으로 인정	○
피의자 보석	×(판례)	×	×	○

Ⅱ. 피의자의 체포

1. 체포의 의의

체포란 초동수사단계에서 피의자를 체포함으로써 피의자신문을 위한 출석을 확보하고 절차의 원활한 진행을 확보함을 목적으로 하는 강제처분이다. 현행법상 체포는 체포영장에 의한 체포, 긴급체포, 현행범인의 체포의 세 가지로 나뉘며 각 요건이나 영장의 필요여부 등에서 차이가 있다.

2. 통상체포

(1) 의의

(가) 개념

㉠ 통상체포란 수사기관이 사전에 법관의 체포영장을 발부받아 피의자를 체포하는 것을 말한다.

㉡ 체포란 수사 초기 단계에서 피의자의 신병확보를 위한 단기간의 신체구속으로서, 그 기간이 단기이고, 요건이 완화되어 있다는 점에서 구속과 구별된다.

(나) 제도의 취지

㉠ 수사단계에서 조사에 불응하는 피의자에 대한 간이한 인치제도를 제도화함으로써 임의동행・보호실유치와 같은 탈법적인 수사관행을 없앨 수 있다.

㉡ 체포와 구속의 각 단계에서 신체구속의 이유를 다시 심사하여 불필요한 구속을 억제함으로써 피의자의 인권을 보호하는 데 있다.

(2) 요건

(가) 범죄혐의의 상당성

㉠ 피의자가 죄를 범하였다고 의심할 만한 상당한 이유가 있어야 한다(제200조의2 제1항). 즉 범죄혐의가 존재해야 한다.

㉡ 범죄혐의는 수사기관의 주관적 혐의로는 부족하고 객관적 혐의, 즉 무죄추정을 깨뜨릴 수 있을 정도의 유죄판결에 대한 고도의 개연성이 있어야 한다. 인권보장을 도모할 수 있다.

(나) 체포의 사유

피의자가 수사기관의 출석요구에 응하지 아니하거나 응하지 아니할 우려가 있어야 한다(제200조의2 제1항). 다만, 다액 50만원 이하의 벌금, 구류 또는 과료에 해당하는 경미사건에 관하여는 피의자가 일정한 주거가 없는 경우 또는 정당한 이유 없이 출석요구에 응하지 아니한 경우에 한하여 체포할 수 있다(동항 단서).

(다) 체포의 필요성

㉠ 명백히 체포의 필요가 인정되지 아니하는 경우, 즉 도망 또는 증거인멸의 염려가 없는 경우에는

판사는 체포영장을 발부할 수 없다(제200조의2 제2항). 형사소송규칙에서는 체포영장의 청구를 받은 판사는 체포의 사유가 있다고 인정 되는 경우에도 피의자의 연령과 경력, 가족관계나 교우관계, 범죄의 경중 및 태양 기타 제반 사정에 비추어 피의자가 도망할 염려가 없고 증거를 인멸할 염려가 없는 등 명백히 체포의 필요가 없다고 인정되는 때에는 체포영장의 청구를 기각하여야 한다(규칙 제96조의2).

㉡ 이와 같이 체포의 필요성은 체포의 적극적 요건이 아니라 그 부존재가 명백한 경우에 체포를 허용하지 않는 소극적 요건에 해당한다. 따라서 체포의 필요성이 의심스러운 경우에는 체포할 수 있다고 해야 한다.

(3) 체포의 절차

(가) 체포영장의 청구

㉠ 체포영장은 검사만이 청구할 수 있다. 사법경찰관은 검사에게 신청할 수 있을 뿐이다.

㉡ 체포영장의 청구는 지방법원판사에게 하여야 한다(동조 제1항).

㉢ 체포영장의 청구에는 체포의 사유 및 필요를 인정할 수 있는 자료를 제출하여야 한다(규칙 제96조 제1항).

㉣ 동일범죄사실에 관하여 그 피의자에 대하여 전에 체포영장을 청구하였거나, 발부받은 사실이 있는 때에는 다시 체포영장을 청구하는 취지 및 이유를 기재하여야 한다(제200조의5 제4항).

(나) 체포영장의 발부

㉠ **담당법관** : 체포영장의 청구를 받은 지방법원판사는 상당하다고 인정하는 때에는 체포영장을 발부한다. 단, 명백히 체포의 필요성이 인정되지 아니하는 경우에는 판사는 체포영장을 발부할 수 없다(제200조의2 제2항). 체포영장청구사건은 당직법관 또는 영장전담법관이 이를 처리한다. 실무상 대개는 당직법관이 처리한다.

㉡ **체포영장의 심사** : 체포영장의 청구를 받은 지방법원판사는 상당하다고 인정할 때에는 체포영장을 발부한다(제200조의2 제2항). 체포영장을 심사함에 있어 영장실질심사(피의자심문)을 허용할 것인가에 대하여 체포영장은 구속영장의 심사에 비하여 신속성과 밀행성을 요한다는 점 및 현행 형사소송법이 구속영장의 발부에 대해서만 실질심사를 명시한 점을 고려할 때 피의자심문은 허용되지 않는다고 보아야 한다.즉 체포영장의 발부에 대해서는 형식적 심사주의를 취하고 있다.

㉢ **영장청구의 기각** : 체포영장의 청구를 받은 판사는 체포의 사유가 있다고 인정되는 경우에도 피의자의 연령과 경력, 가족관계나 교우관계, 범죄의 경중 및 태양 기타 제반사정에 비추어 피의자가 도망할 염려가 없고 증거를 인멸할 염려가 없는 등 명백히 체포의 필요가 없다고 인정되는 때에는 체포영장의 청구를 기각하여야 한다(규칙 제96조의2).

㉣ **체포영장의 유효기간** : 영장의 유효기간은 7일로 한다. 다만, 법원 또는 법관이 상당하다고 인정하는 때에는 7일을 넘는 기간을 정할 수 있다(규칙 제178조).

㉤ **체포영장의 방식** : 체포영장에는 피의자의 성명, 주거, 죄명, 공소사실의 요지, 인치·구금할 장소, 발부연월일, 그 유효기간과 그 기간을 경과하면 집행에 착수하지 못하며 영장을 반환하여야 할 취지를 기재하고 판사가 서명날인 하여야 한다. 피의자의 성명이 분명하지 아니한 때에는 인상, 체격 기타 피의자를 특정할 수 있는 사항으로 피의자를 표시할 수 있다. 피의자의 주거가 분명 하지 아니한 때에는 그 주거의 기재를 생략할 수 있다(제75조).

㉥ **체포영장을 발부하지 않는 경우** : 체포영장을 발부하지 아니할 때에는 청구서에 그 취지 및 이유를 기재하고 서명날인하여 청구한 검사에게 교부한다(제200조의2 제3항).

(다) 체포영장의 집행

① 집행절차

ⓐ 검사의 지휘로 사법경찰관리가 집행한다. 교도소 또는 구치소에 있는 피의자의 경우에는 검사의 지휘에 의하여 교도관이 집행한다(제200조의5, 제81조 제1항·제3항).

ⓑ 체포영장을 집행함에는 피의자에게 체포영장을 제시하여야 한다(제200조의6, 제85조 제1항). 다만, 체포영장을 소지하지 아니한 경우에 급속을 요하는 때에는 피의자에 대하여 피의사실의 요지와 영장이 발부되었음을 고지하고 집행할 수 있으나 집행완료 후 신속히 체포영장을 제시하여야 한다(제200조의6, 제85조 제3항·제4항).

② 고지의무 및 통지의무

ⓐ 체포영장을 집행하는 사법경찰관리는 피의자에 대하여 범죄사실의 요지, 체포의 이유와 변호인을 선임할 수 있음을 고지하여 변명할 기회를 주어야 한다(제200조의5). 변호인이 있는 경우에는 변호인에게, 변호인이 없는 경우에는 제30조 제2항에 규정한 자 중 피고인이 지정한 자에게 피의사건명, 체포일시·장소, 피의사실의 요지, 체포의 이유와 변호인을 선임할 수 있는 취지를 알려야 한다(제200조의6, 제87조).

ⓑ 통지의 방법 및 시간은 '체포한 때부터 늦어도 24시간 이내에' 서면으로 통지하여야 하며, 급속을 요하는 경우에는 체포 되었다는 취지 및 체포의 일시·장소를 전화 또는 모사전송기 기타 상당한 방법에 의하여 통지할 수 있다. 다만, 이 경우에도 구속통지는 다시 서면으로 하여야 한다(규칙 제51조 제1항·제3항).

판례

① 피의자를 구속영장 없이 현행범으로 체포하기 위하여는 체포 당시에 피의자에 대하여 범죄사실의 요지, 체포의 이유와 변호인을 선임할 수 있음을 말하고 변명할 기회를 준 후가 아니면 체포할 수 없고, 이와 같은 절차를 밟지 아니한 채 실력으로 연행하려 하였다면 적법한 공무집행으로 볼 수 없다(대판 1995.5.9, 94도3016).

② **사전에 미란다 원칙을 고지할 여유가 있었음에도 애초부터 체포 후 고지할 생각으로 먼저 체포행위에 나선 행위 ⇨ 위법한 공무집행**(대판 2017.9.21, 2017도10866) 경찰관들이 체포영장을 소지하고 메트암페타민(일명 필로폰) 투약 등 혐의로 피고인을 체포하려고 하자, 피고인이 이에 거세게 저항하는 과정에서 경찰관들에게 상해를 가하였다고 하여 공무집행방해 및 상해의 공소사실로 기소된 사안에서, 피고인이 경찰관들과 마주하자마자 도망가려는 태도를 보이거나 먼저 폭력을 행사하며 대항한 바 없는 등 경찰관들이 체포를

위한 실력행사에 나아가기 전에 체포영장을 제시하고 미란다 원칙을 고지할 여유가 있었음에도 애초부터 미란다 원칙을 체포 후에 고지할 생각으로 먼저 체포행위에 나선 행위는 적법한 공무집행이라고 보기 어렵다.

③ **체포와 압수·수색·검증** : 체포영장을 집행함에는 영장 없이 타인의 주거에서 피의자를 수색하거나, 체포현장에서 압수·수색·검증을 할 수 있다(제216조 제1항).

④ **무기의 사용** : 경찰관은 범인의 체포·도주의 방지, 자기 또는 타인의 생명·신체에 대한 방호, 공무집행에 대한 항거의 억제를 위하여 필요하다고 인정되는 상당한 이유가 있을 때에는 그 사태를 합리적으로 판단하여 필요한 한도 내에서 무기를 사용할 수 있다(경찰관직무집행법 제11조).

(4) 집행후의 조치

(가) 체포의 통지(규칙 제100조 - 준용규정)

㉠ 피고인을 구속한 때에는 변호인이 있는 경우에는 변호인에게, 변호인이 없는 경우에는 피고인 또는 피의자의 법정대리인, 배우자, 직계친족, 형제자매 중에서 피고인이 지정한 자에게 피고사건명, 구속일시·장소, 범죄사실의 요지, 구속의 이유와 변호인을 선임할 수 있는 취지를 알려야 한다(규칙 제51조 제1항).

㉡ 통지는 지체없이 서면으로 하여야 한다(제87조, 제200조의5).

㉢ 구속의 통지는 구속을 한 때로부터 늦어도 24시간 이내에 서면으로 하여야 한다. 위의 변호인 또는 피고인이 지정한 자에게 통지를 하지 못한 경우에는 그 취지를 기재한 서면을 기록에 철하여야 한다. 급속을 요하는 경우에는 구속되었다는 취지 및 구속의 일시·장소를 전화 또는 모사전송기 기타 상당한 방법에 의하여 통지할 수 있다. 다만, 이 경우에도 구속통지는 다시 서면으로 하여야 한다(규칙 제51조 제2항·제3항).

(나) 구속영장청구 또는 석방

㉠ 체포한 피의자를 구속하고자 할 때에는 체포한 때로부터 48시간 내에 구속영장을 청구하여야 하고, 그 기간 내에 구속영장을 청구하지 아니한 때에는 피의자를 즉시 석방하여야 한다(제200조의2 제5항). 체포 후 피의자 등은 체포의 적부심사를 청구 할 수 있고(제214조의2 제1항), 이 경우 법원이 수사관계서류와 증거물을 접수한 때로부터 검찰청에 반환될 때까지의 기간은 48시간의 청구기간에 포함되지 않는다.

㉡ 체포된 피의자를 구속한 때에는 그 구속기간은 피의자를 체포한 날부터 기산한다(제203조의2).

3. 긴급체포

(1) 의의

(가) 개념

중대한 죄를 범하였다고 의심할 만한 상당한 이유가 있는 현행범 아닌 피의자를 수사기관이 법관의 체포영장을 발부받지 않고 체포하는 제도를 말한다. 종래의 긴급구속제도와 달리 사전영장은 물론 사후영장도 요구되지 아니하므로 현행범체포(제212조)와 함께 영장주의의 예외에 해당한다. 이러한 긴급체포를 인정하는 취지는 영장주의의 원칙을 일관함으로써 중대범죄의 범인을 놓치는 결과를 방지하는 데 있다. 한편 헌법은 영장주의를 선언하면서 이에 대한 규정(헌법 제12조 제3항 단서)두어 헌법적 근거를 제공하고 있다.

(나) 현행법의 태도

형사소송법에서는 긴급체포를 한 경우 지체없이 구속영장을 청구하도록 하되, 영장청구기간은 48시간을 초과할 수 없도록 하는 한편(제200조의4 제1항), 수사기관이 구속영장을 청구하지 아니하고 긴급체포한 피의자를 석방한 경우에는 검사는 법원에 사후 통지하도록 규정하고 있다(제200조의4 제4항).

(2) 요건(제200조의3 제1항)

요건 판단의 주체는 수사기관이며 체포당시를 기준으로 판단하므로 상당한 재량이 인정되나 합리성을 잃은 경우에는 위법한 긴급체포가 된다는 것이 판례이다.

(가) 범죄의 중대성

피의자가 사형·무기 또는 장기 3년 이상의 징역이나 금고에 해당하는 죄를 범하였다고 의심할 만한 상당한 이유가 있어야 한다(제200조의3 제1항). 본조의 형은 법정형을 의미한다. 범죄혐의는 객관적 혐의로서 통상체포와 동일하다.

(나) 체포의 필요성

피의자가 증거를 인멸할 염려가 있거나 도망 또는 도망할 염려, 즉 구속사유가 있어야 한다(제200조의3 제1항). 주거부정은 긴급체포사유가 아니다. 구속사유를 요하는 것은 영장 없는 긴급체포의 남용을 막기 위한 것이다.

(다) 체포의 긴급성

긴급을 요하여 지방법원판사의 체포영장을 발부받을 수 없을 것을 요한다(제200조의3 제1항). 긴급을 요한다 함은 피의자를 우연히 발견한 경우 등과 같이 체포영장을 받을 시간적 여유가 없는 때를 말한다(제200조의3 제1항 후단). 긴급체포의 요건을 갖추었는지 여부는 사후에 밝혀진 사정을 기초로 판단하는 것이 아니라 **체포 당시의 상황을 기초로 판단**하여야 한다(대판 2002.6.11, 2000도5701).

판례

① 긴급체포가 요건을 갖추지 못하여 위법한 체포에 해당하는 경우(대판 2006.9.8, 2006도148)

긴급체포는 영장주의원칙에 대한 예외인 만큼 형사소송법 제200조의3 제1항의 요건을 모두 갖춘 경우에 한하여 예외적으로 허용되어야 하고, 요건을 갖추지 못한 긴급체포는 법적 근거에 의하지 아니한 영장 없는 체포로서 위법한 체포에 해당하는 것이고, 여기서 긴급체포의 요건을 갖추었는지 여부는 사후에 밝혀진 사정을 기초로 판단하는 것이 아니라 체포 당시의 상황을 기초로 판단하여야 하고, 이에 관한 검사나 사법경찰관 등 수사주체의 판단에는 상당한 재량의 여지가 있다고 할 것이나, 긴급체포 당시의 상황으로 보아서도 그 요건의 충족 여부에 관한 검사나 사법경찰관의 판단이 경험칙에 비추어 현저히 합리성을 잃은 경우에는 그 체포는 위법한 체포라 할 것이다.

② 긴급체포가 요건(체포의 긴급성)을 갖추지 못하여 위법한 체포에 해당하는 경우(대판 2016.10.13. 2016도5814) 피고인이 필로폰을 투약한다는 제보를 받은 경찰관이 제보된 주거지에 피고인이 살고 있는지 등 제보의 정확성을 사전에 확인한 후에 제보자를 불러 조사하기 위하여 피고인의 주거지를 방문하였다가, 현관에서 담배를 피우고 있는 피고인을 발견하고 사진을 찍어 제보자에게 전송하여 사진에 있는 사람이 제보한 대상자가 맞다는 확인을 한 후, 가지고 있던 피고인의 전화번호로 전화를 하여 차량 접촉사고가 났으니 나오라고 하였으나 나오지 않고, 또한 **경찰관임을 밝히고 만나자고 하는데도 현재 집에 있지 않다는 취지로 거짓말을 하자 피고인의 집 문을 강제로 열고 들어가 피고인을 긴급체포한 사안**에서, 피고인이 마약에 관한 죄를 범하였다고 의심할 만한 상당한 이유가 있었더라도, 경찰관이 이미 피고인의 신원과 주거지 및 전화번호 등을 모두 파악하고 있었고, 당시 마약 투약의 범죄 증거가 급속하게 소멸될 상황도 아니었던 점 등의 사정을 감안하면, **긴급체포가 미리 체포영장을 받을 시간적 여유가 없었던 경우에 해당하지 않아** 위법하다

(3) 긴급체포의 절차

(가) 긴급체포의 방법

㉠ **긴급체포권자** : 검사 또는 사법경찰관이다(제200조의3 제1항). 사법경찰관이 피의자를 긴급체포한 경우에는 즉시 검사의 사후승인을 받아야만 한다(제200조의3 제2항). 형사소송법은 사전지휘를 요하던 기존의 태도에 비하여 경찰관의 재량이 넓게 인정된 면이 있다. 판례는 사법경찰리도 긴급체포의 권한이 있다는 입장(대판 2010.6.24. 2008도11226)이다.

㉡ **고지의무** : 긴급체포시에는 그 사유를 피의자에게 알려야 하며, 범죄사실의 요지, 긴급체포의 이유와 변호인선임권이 있음을 말하고 변명할 기회를 주어야 한다(제200조의3, 제200조의5).

판례 사법경찰리가 현행범인으로 체포하는 경우에는 반드시 범죄사실의 요지, 구속의 이유와 변호인을 선임할 수 있음을 말하고 변명할 기회를 주어야 하며, 이러한 법리는 비단 현행범인을 체포하는 경우뿐만 아니라 긴급체포의 경우에도 마찬가지로 적용되는 것이고, 이와 같은 고지는 체포를 위한 실력행사에 들어가기 전에 미리 하여야 하는 것이 원칙이나, 달아나는 피의자를 쫓아가 붙들거나 폭력으로 대항하는 피의자를 실력으로 제압하는 경우에는 붙들거나 제압하는 과정에서 하거나, 그것이 여의치 않은 경우에는 일단 붙들거나 제압한 후에 지체 없이 하여야 한다(대판 2010.6.24. 2008도11226).

(나) 체포 후의 절차

㉠ **긴급체포서의 작성** : 검사 또는 사법경찰관이 피의자를 긴급체포한 경우에는 즉시 긴급체포서를 작성하여야 한다. 이에는 범죄사실의 요지, 긴급체포의 사유 등을 기재하여야 한다(제200조의3 제3·4항).

㉡ **통지의무** : 피의자를 체포한 때에는 변호인이 있는 경우에는 변호인에게, 변호인이 없는 경우에는 제30조 제2항에 규정한 자 중 피의자가 지정한 자에게 피의사건명, 체포일시와 장소, 범죄사실의 요지, 체포의 이유와 변호인을 선임할 수 있는 취지를 알려야 한다(제200조의6, 제87조).

㉢ **사후승인** : 사법경찰관이 피의자를 체포한 경우에는 즉시 검사의 승인을 얻어야 한다(제200저의3 제2항). 이 경우 사법경찰관은 긴급체포 후 12시간 내에 검사에게 긴급체포의 승인을 요청해야 한다. 다만, 피의자중지・기소중지결정이 된 피의자를 소속 경찰관서가 위치하는 지역 외에서 긴급체포하거나 경비수역에서 긴급체포한 경우에는 긴급체포 후 24시간 이내에 긴급체포의 승인을 요청해야 한다(수사준칙 제24조 제1항).

(다) 긴급체포 후의 조치

㉠ **구속영장의 청구** : 긴급체포한 피의자를 구속하고자 할 때에는 체포한 때로부터 '지체없이'[2] 검사는 관할지방법원판사에게 구속영장을 청구하여야 하고, 사법경찰관은 검사에게 구속영장의 청구를 신청하여 검사의 청구로 관할지방법원 판사에게 구속영장을 청구하여야 한다. 이 경우 구속영장은 피의자를 체포한 때로부터 48시간 이내에 청구하여야 하며, 청구・신청시에는 긴급체포서를 첨부하여야 한다(제200조의4 제1항).

㉡ **구속기간의 계산** : 긴급체포된 피의자에 대하여 구속영장이 발부된 경우에 그 구속기간은 피의자를 체포한 날로부터 기산한다(제203조의2).

㉢ **피의자의 석방** : 긴급체포한 후 48시간 이내에 구속영장을 청구하지 않거나, 청구를 하였지만 구속영장을 발부받지 못한 때에는 피의자를 즉시 석방하여야 한다(제200조의4 제2항). 검사는 제1항에 따른 구속영장을 청구하지 아니하고 피의자를 석방한 경우에는 석방한 날부터 30일 이내에 서면으로 다음 각 호의 사항을 법원에 통지하여야 한다. 이 경우 긴급체포서의 사본을 첨부하여야 한다(제200조의4 제4항). 이를 통하여 긴급체포가 보다 신중하게 이루어지도록 하기 위함이다.

1. 긴급체포 후 석방된 자의 인적사항
2. 긴급체포의 일시・장소와 긴급체포하게 된 구체적 이유
3. 석방의 일시・장소 및 사유
4. 긴급체포 및 석방한 검사 또는 사법경찰관의 성명

㉣ **통지서 및 관련서류 열람등사권** : 긴급체포 후 석방된 자 또는 그 변호인・법정대리인・배우자・직계친족・형제자매는 통지서 및 관련 서류를 열람하거나 등사할 수 있다(제200조의4 제5항). 이는 긴급체포로 인한 위법행위의 시정이나 손해배상을 구하는 데 사용될 수 있도록 하기 위해 신설된 규정이다. 또한 사법경찰관은 긴급체포한 피의자에 대하여 구속영장을 신청하지 아니하고 석방한 경우에는 즉시 검사에게 보고하여야 한다(동조 제6항). 사법경찰관의 검사에 대한 보고의무는 검사가 법원에 통지할 의무를 부담하므로, 사법경찰관이 긴급체포한 피의자를 석방한 경우에는 검사의 통지의무 이행을 위하여 보고가 전제되어야 한다는 취지에서 이 조항이 신설된 것이다.

㉤ **재체포의 제한** : 석방된 자는 영장 없이는 동일한 범죄사실에 관하여 다시 체포하지 못한다(제200조의4 제3항). 따라서 검사 또는 사법경찰관은 동일한 범죄사실에 관하여는 재차 긴급체포 할 수 없고,

2) 형사소송법은 '체포한 때로부터 48시간 이내에' 구속영장을 청구하여야 한다는 규정을 '지체없이' 구속영장을 청구하여야 한다고 규정함으로써 긴급체포 후 피의자의 구속영장청구를 신속하게 하되, 그 시한은 48시간을 넘지 않아야 함을 명시하였다.

체포영장 또는 구속영장을 발부받은 때에만 다시 체포 또는 구속할 수 있다.

> 판례 형사소송법 제200조의4 제3항은 영장 없이는 긴급체포 후 석방된 피의자를 동일한 범죄사실에 관하여 체포하지 못한다는 규정으로, 위와 같이 석방된 피의자라도 법원으로부터 구속영장을 발부받아 구속할 수 있음은 물론이고, 같은 법 제208조 소정의 '구속되었다가 석방된 자'라 함은 구속영장에 의하여 구속되었다가 석방된 경우를 말하는 것이지, 긴급체포나 현행범으로 체포되었다가 사후영장발부 전에 석방된 경우는 포함되지 않는다 할 것이므로, 피고인이 수사 당시 긴급체포되었다가 수사기관의 조치로 석방된 후 법원이 발부한 구속영장에 의하여 구속이 이루어진 경우 앞서 본 법조에 위배되는 위법한 구속이라고 볼 수 없다(대판 2001.9.28, 2001도4291).

ⓑ **체포적부심사** : 체포되거나 구속된 피의자 또는 그 변호인, 법정대리인, 배우자, 직계친족, 형제자매나 가족, 동거인 또는 고용주는 관할법원에 체포 또는 구속의 적부심사를 청구할 수 있다(제214조의2 제1항).

(라) 체포에 수반하는 압수 · 수색 · 검증

㉠ **체포목적의 수색** : 긴급체포시에는 수색영장 없이 타인의 주거에 들어가서 피의자의 발견을 위한 수색을 할 수 있다(제216조 제1항 제1호).

㉡ **체포현장에서의 압수 · 수색 · 검증** : 긴급체포시에는 체포현장에 한하여 영장 없이 압수 · 수색 · 검증을 할 수 있다(제216조 제1항 제2호).

㉢ **긴급체포시의 압수 · 수색 · 검증** : 긴급체포한 때로부터 24시간 이내에 한하여 피의자가 소유 · 소지 · 보관하는 물건에 대해서 영장 없이 압수 · 수색 · 검증을 할 수 있다(제217조 제1항). 다만 이 경우 계속 압수할 필요가 있는 경우에는 지체없이 압수색영장을 청구하여야 한다(동조 제2항).

> 판례 긴급체포는 영장주의원칙에 대한 예외인 만큼 형사소송법 제200조의3 제1항의 요건을 모두 갖춘 경우에 한하여 예외적으로 허용되어야 하고, 요건을 갖추지 못한 긴급체포는 법적 근거에 의하지 아니한 영장 없는 체포로서 위법한 체포에 해당하는 것이고, 여기서 긴급체포의 요건을 갖추었는지 여부는 사후에 밝혀진 사정을 기초로 판단하는 것이 아니라 **체포 당시의 상황을 기초로 판단**하여야 하고, 이에 관한 검사나 사법경찰관 등 수사주체의 판단에는 상당한 재량의 여지가 있다고 할 것이나, 긴급체포 당시의 상황으로 보아서도 그 요건의 충족 여부에 관한 검사나 사법경찰관의 판단이 경험칙에 비추어 현저히 합리성을 잃은 경우에는 그 체포는 위법한 체포라 할 것이고, 이러한 위법은 영장주의에 위배되는 중대한 것이니 그 체포에 의한 유치 중에 작성된 피의자신문조서는 위법하게 수집된 증거로서 특별한 사정이 없는 한 이를 유죄의 증거로 할 수 없다(대판 2002.6.11, 2000도5701).

4. 현행범인의 체포

(1) 의의

헌법은 현행범인의 체포를 영장주의의 예외로 인정하고 있고(헌법 제12조 제3항 단서), 이에 따라 형사소송법은 현행범인을 고유한 의미의 현행범인과 준현행범인으로 나누어 규정(제211조)하고 있다. 현행범인에 대한 체포는 그 범죄가 명백하여 수사기관에 의한 권한남용의 위험이 없고 긴급한 필요성이 인정되기 때문에 영장주의의 예외가 인정된 것이다. 그리고 일반사인에게도 그 권한을 인정하고 있는데, 현행범인의 체포에 일반국민의 협조를 기대한다는 데에 그 이유가 있다.

(2) 현행범인의 개념

(가) 고유한 의미의 현행범인

현행범인은 범죄의 실행 중이거나 실행 직후인 자를 말한다(제211조 제1항).

㉠ 범죄의 실행 중이란 범죄의 실행에 착수하여 종료하지 못한 상태를 말하며, 예비·음모가 가벌적이면 예비·음모가 실행행위로 된다. 교사범·방조범의 경우에는 정범의 실행행위가 개시된 때에 현행범인이 된다(공범종속설). 단 기도된 교사의 경우에 처벌규정이 있으면 교사행위도 실행행위가 된다. 간접정범의 경우에는 간접정범의 이용행위가 실행행위가 된다.

㉡ 범죄의 실행직후란 범죄의 실행행위를 종료한 직후를 말하며 실행행위의 종료와 시간적 접착성이 있어야 하나 결과발생이나 실행행위의 전부 종료를 요하지 않는다. 또한 범인이 범행장소를 이탈한 때에는 시간적 접착성도 인정되지 않는다는 점에서 장소적 접착성도 요건으로 한다.

㉢ 고유한 현행범의 요건으로는 시간적 접착성, 장소적 접착성, 범죄의 명백성이 요구된다.

판례

① 형사소송법 제211조가 현행범인으로 규정한 '범죄의 실행의 직후인 자'라고 함은, 범죄의 실행행위를 종료한 직후의 범인이라는 것이 체포하는 자의 입장에서 볼 때 명백한 경우를 일컫는 것으로서, 위 법조가 제1항에서 본래의 의미의 현행범인에 관하여 규정하면서 '범죄의 실행의 직후인 자'를 '범죄의 실행 중인 자'와 마찬가지로 현행범인으로 보고 있고, 제2항에서는 현행범인으로 간주되는 준현행범인에 관하여 별도로 규정하고 있는 점 등으로 미루어 볼 때, '범죄의 실행행위를 종료한 직후'라고 함은, 범죄행위를 실행하여 끝마친 순간 또는 이에 아주 접착된 시간적 단계를 의미하는 것으로 해석되므로, 시간적으로나 장소적으로 보아 체포를 당하는 자가 방금 범죄를 실행한 범인이라는 점에 관한 죄증이 명백히 존재하는 것으로 인정되는 경우에만 현행범인으로 볼 수 있다(대판 2002.5.10, 2001도300).

② 경찰관이 112 신고를 받고 출동하여 피고인을 체포하려고 할 때는, 피고인이 피해자의 자동차를 발로 걷어차고 그와 싸우는 범행을 한 지 겨우 10분 후에 지나지 않고, 그 장소도 범행 현장에 인접하였으며, 위 피해자의 친구가 112 신고를 하고 나서 피고인이 도주하는지 여부를 계속 감시하고 있던 중 위 신고를 받고 출동한 위 경찰관 외 1인의 경찰관들에게 피고인을 지적하여 체포하도록 한 경우, 피고인은 "범죄 실행의 즉후인 자"로서 현행범인에 해당한다(대판 1993.8.13. 93도926).

(나) 준현행범인

현행범인은 아니지만 현행범인으로 간주되는 자를 말한다(제211조 제2항).

㉠ 범인으로 호창되어 추적되고 있는 때(1호) : 호창·추적의 주체에는 제한이 없다.

㉡ 장물이나 범죄에 사용되었다고 인정함에 충분한 흉기 기타의 물건을 소지하고 있는 때(2호)

㉢ 신체 또는 의복류에 현저한 증적이 있는 때(3호) : 객관적·외부적으로 범죄의 흔적이 명백한 경우를 말한다.

㉣ 누구임을 물음에 대하여 도망하려 하는 때(4호) : 누구임을 묻는 주체는 수사기관에 한하지 않고 사인을 포함한다. 다른 상황을 종합하여 죄를 범하였다는 사실이 충분히 인정될 것을 요한다.

판례 순찰 중이던 경찰관이 교통사고를 낸 차량이 도주하였다는 무전연락을 받고 주변을 수색하다가 범퍼 등의 파손상태로 보아 사고차량으로 인정되는 차량에서 내리는 사람을 발견한 경우, 형사소송법 제211조 제2항 제2호 소정의 '장물이나 범죄에 사용되었다고 인정함에 충분한 흉기 기타의 물건을 소지하고 있는 때'에 해당하므로 준현행범으로서 영장 없이 체포할 수 있다(대판 2000.7.4, 99도4341).

(3) 체포의 주체

체포는 누구든지 할 수 있다. 수사기관 · 사인을 불문한다. 다만 사인에게 체포의무는 없다. 국회의원의 불체포특권은 현행범의 경우에는 인정되지 않는다(헌법 제44조 제1항).

(4) 체포의 요건

(가) 범죄사실의 명백성

㉠ 체포의 시점에서 특정한 범죄의 범인임이 명백하여야 한다. 구성요건, 위법성, 책임 중에 하나라도 성립하지 않는 것이 체포 당시 명백한 경우에는 체포할 수 없다. 따라서 형사미성년자에게는 현행범체포가 허용되지 않는다.

㉡ 그러나 친고죄의 고소와 같이 소송조건이 없는 경우에도 체포할 수 있다.

㉢ 주한외교사절과 같이 재판권이 없는 현행범에 대해서는 체포가 허용되지 않으나, 군법적용자라 하더라도(예 : 현역군인) 일반수사 기관이 체포할 수 있다.

판례 공무집행방해죄는 공무원의 적법한 공무집행이 전제로 되는데, 추상적인 권한에 속하는 공무원의 어떠한 공무집행이 적법한지 여부는 행위 당시의 구체적 상황에 기하여 객관적 · 합리적으로 판단하여야 하고 사후적으로 순수한 객관적 기준에서 판단할 것은 아니다. 마찬가지로 현행범 체포의 적법성은 체포 당시의 구체적 상황을 기초로 객관적으로 판단하여야 하고, 사후에 범인으로 인정되었는지에 의할 것은 아니다. 비록 피고인이 식당 안에서 소리를 지르거나 양은그릇을 부딪치는 등의 소란행위가 사후적으로 무죄(식당운영권에 관한 양도 · 양수의 합의가 있었다고 인정되지 않음)로 판단된다고 하더라도, 소란을 피운 당시 상황에서는 객관적으로 보아 피고인이 업무방해죄의 현행범이라고 인정할 만한 충분한 이유가 있으므로, 경찰관들이 피고인을 체포하려고 한 행위는 적법한 공무집행이라고 보아야 하고, 그 과정에서 피고인이 체포에 저항하며 피해자들을 폭행하거나 상해를 가한 것은 공무집행방해죄 등을 구성한다고 할 것이다(대판 2013.8.23, 2011도4763).

(나) 체포의 필요성

긴급체포의 경우와는 달리 현행범인의 체포에 도망이나 증거인멸의 우려와 같은 구속사유가 필요하다는 명문의 규정이 없어 현행범인의 체포에도 긴급체포와 같이 구속사유가 인정되어야 하는지에 대해 견해가 대립한다. 그러나 현행범인의 체포는 구속과 구별되며 체포시에는 특정한 범죄의 범인임이 명백할 뿐만 아니라 긴급성이 인정된다는 점에서 체포영장에 의한 체포의 예외가 인정되는 경우이므로 구속사유가 존재할 필요가 없다고 봄이 타당하다. 그러나 판례는 구속사유가 필요하다고 본다. 경찰수사규칙은 사법경찰관리는 현행범인을 체포할 때에는 현행범인에게 도망 또는 증거인멸의 우려가 있는 등 당장에 체포하지 않으면 안 될 정도의 급박한 사정이 있는지 또는 체포 외에는 현행범인의 위법행위를 제지할 다른 방법이 없는지 등을 고려해야 한다고 하여 구속사유가 필요하다고 규정하고 있다(동법 제52조 제1항).

판례

① 현행범인은 누구든지 영장 없이 체포할 수 있으므로 사인의 현행범인 체포는 법령에 의한 행위로서 위법성이 조각된다고 할 것인데, 현행범인 체포의 요건으로서는 행위의 가벌성, 범죄의 현행성·시간적 접착성, 범인·범죄의 명백성 외에 체포의 필요성 즉, 도망 또는 증거인멸의 염려가 있을 것을 요한다(대판 1999.1.26, 98도3029).

② 공무집행방해죄에서 공무집행의 적법성을 판단하는 기준이 현행범 체포의 적법성을 판단하는 경우에도 마찬가지인지 여부(대판 2013.8.23, 2011도4763) 공무원의 적법한 공무집행이 전제로 되는데, 추상적인 권한에 속하는 공무원의 어떠한 공무집행이 적법한지 여부는 행위 당시의 구체적 상황에 기하여 객관적·합리적으로 판단하여야 하고 사후적으로 순수한 객관적 기준에서 판단할 것은 아니다. 마찬가지로 현행범 체포의 적법성은 체포 당시의 구체적 상황을 기초로 객관적으로 판단하여야 하고, 사후에 범인으로 인정되었는지에 의할 것은 아니다.

③ 바지선 내부에서 필로폰 밀입국자에 대해 현행범 체포를 인정한 경우(대판 2016.2.18. 2015도13726)

검사 또는 사법경찰관은 형사소송법 제212조의 규정에 의하여 피의자를 현행범 체포하는 경우에 필요한 때에는 체포 현장에서 영장 없이 압수·수색·검증을 할 수 있으나, 이와 같이 압수한 물건을 계속 압수할 필요가 있는 경우에는 체포한 때부터 48시간 이내에 지체 없이 압수영장을 청구하여야 한다(제216조 제1항 제2호, 제217조 제2항). 그리고 검사 또는 사법경찰관이 범행 중 또는 범행 직후의 범죄 장소에서 긴급을 요하여 판사의 영장을 받을 수 없는 때에는 영장 없이 압수·수색 또는 검증을 할 수 있으나, 이 경우에는 사후에 지체 없이 영장을 받아야 한다(제216조 제3항). 다만 형사소송법 제218조에 의하면 검사 또는 사법경찰관은 피의자 등이 유류한 물건이나 소유자·소지자 또는 보관자가 임의로 제출한 물건은 영장 없이 압수할 수 있으므로, 현행범 체포 현장이나 범죄 장소에서도 소지자 등이 임의로 제출하는 물건은 위 조항에 의하여 영장 없이 압수할 수 있고, 이 경우에는 검사나 사법경찰관이 사후에 영장을 받을 필요가 없다.

피고인이 바지선에 승선하여 밀입국하면서 필로폰을 밀수입하는 범행을 실행 중이거나 실행한 직후에 검찰수사관이 바지선 내 피고인을 발견한 장소 근처에서 필로폰이 발견되자 곧바로 피고인을 체포하였으므로 이는 현행범 체포로서 적법하고, 체포 당시 상황에서 피고인이 밀입국하면서 필로폰을 밀수한 현행범인에 해당하지 않는다거나 그에 관한 검찰수사관의 판단이 경험칙에 비추어 현저히 합리성이 없다고 볼 수는 없다. 그리고 검찰수사관이 필로폰을 압수하기 전에 피고인에게 임의제출의 의미, 효과 등에 관하여 고지하였던 점, 피고인도 필로폰 매매 등 동종 범행으로 여러 차례 형사처벌을 받은 전력이 있어 피압수물인 필로폰을 임의제출할 경우 압수되어 돌려받지 못한다는 사정 등을 충분히 알았을 것으로 보이는 점, 피고인이 체포될 당시 필로폰 관련 범행을 부인하였다고 볼 자료가 없고, 검찰수사관이 필로폰을 임의로 제출받기 위하여 피고인을 기망하거나 협박하였다고 볼 아무런 사정이 없는 점 등에 비추어 보면, 피고인은 필로폰의 소지인으로서 이를 임의로 제출하였다고 할 것이므로 그 필로폰의 압수도 적법하다.

④ 음주 다음날 아침 2m 가량 운전하여 이동·주차한 자를 음주운전 현행범으로 체포한 경우(대판 2017.4.7. 2016도19907) 전날 밤 술을 마신 뒤 식당 건너편 빌라 주차장에 차량을 그대로 둔 채 귀가하였다가 다음날 아침 차량을 이동시켜 달라는 경찰관의 전화를 받고 현장에 도착하여 차량을 약 2m 가량 운전하여 이동·주차하였고, 차량을 완전히 뺄 것을 요구하던 공사장 인부들과 시비가 된 상태에서 누군가 피고인이 음주운전을 하였다고 신고를 하여 출동한 경찰관이 음주감지기에 의한 확인을 요구하였으나 응하지 아니하고 임의동행도 거부하자 피고인을 도로교통법위반(음주운전)죄의 현행범으로 체포하여 지구대로 데리고 가 음주측정을 요구한 경우, 경찰관이 피고인을 현행범으로 체포한 것은 그 요건을 갖추지 못한 것이어서 위법하고, 그와 같이 위법한 체포상태에서 이루어진 경찰관의 음주측정요구 또한 위법하므로 피고인에 대한 도로교통법위반(음주측정거부)죄의 공소사실은 무죄이다.

(다) 비례성의 원칙

비례성의 원칙은 강제처분을 지배하는 대원칙이므로 현행범인의 체포에도 요구된다(대판 1992.5.22, 92도506). 형사소송법이 경미사건, 즉 다액 50만원 이하의 벌금, 구류 또는 과료에 해당하는 죄의 현행범인에 대해서는 범인의 주거가 분명하지 아니한 경우에만 그 체포가 허용된다(제214조)는 규정은 비례성원칙의 표현이다.

> 판례 공소외인의 행위가 법정형 50만원 이하의 벌금, 구류 또는 과료에 해당하는 경미한 범죄에 불과한 경우 비록 그가 현행범인이라고 하더라도 영장 없이 체포할 수 는 없고, 또한 범죄의 사전 진압이나 교통단속의 목적만을 이유로 그에게 임의동행을 강요할 수도 없다 할 것이므로, 경찰관이 그의 의사에 반하여 강제로 연행하려고 한 행위는 적법한 공무집행이라고 볼 수 없고, 따라서 피고인이 위 경찰관의 행위를 제지하기 위하여 경찰관에게 폭행을 가하였다고 하여도 이는 공무집행방해죄를 구성하지 아니한다(대판 1992.5.22, 92도506).

(5) 체포시의 절차

(가) 고지의무

검사 또는 사법경찰관은 피의자를 체포하는 경우에는 피의사실의 요지, 체포의 이유와 변호인을 선임할 수 있음을 말하고 변명할 기회를 주어야 한다(제213조의2, 제200조의5). 또한 진술거부권을 알려주어야 한다(수사준칙 제32조 제1항).

(나) 체포시의 실력행사

현행범인이 저항을 하는 경우에는 사회통념상 체포를 위하여 필요하고 상당하다고 인정되는 범위에서 실력을 행사할 수 있다(대판 1999.1.26, 98도3029). 이는 사인의 경우에도 마찬가지인데, 다만 강제력의 사용은 체포목적을 달성하기 위한 적절한 수단이어야 하므로, 사법경찰관은 상당한 이유가 있을 때, 경찰장구를 사용할 수 있다(경찰관직무집행법 제10조의 2 제1항).

> 판례 적정한 한계를 벗어나는 **현행범인 체포행위**는 그 부분에 관한 한 법령에 의한 행위로 될 수 없다고 할 것이나, 적정한 한계를 벗어나는 행위인가 여부는 결국 정당행위의 일반적 요건을 갖추었는지 여부에 따라 결정되어야 할 것이지 그 행위가 소극적인 방어행위인가 적극적인 공격행위인가에 따라 결정되어야 하는 것은 아니다.
>
> 피고인의 차를 손괴하고 도망하려는 피해자를 도망하지 못하게 멱살을 잡고 흔들어 피해자에게 전치 14일의 흉부찰과상을 가한 경우, 정당행위에 해당한다(대판 1999.1.26, 98도3029).

(다) 체포시의 압수・수색・검증

수사기관이 현행범인을 체포하는 경우에 필요한 때에는 영장 없이 타인의 주거에 들어가 피의자를 수색할 수 있고, 체포현장에서 영장 없이 압수・수색・검증을 할 수 있다(제216조 제1항). 그러나 일반 사인은 현행범인을 체포하기 위하여 타인의 주거에 들어갈 수 없다.

(6) 체포 후의 절차

(가) 현행범인의 인도

㉠ 검사 또는 사법경찰관리 아닌 자가 현행범인을 체포한 때에는 즉시 검사 또는 사법경찰관리에게 인도하여야 한다(제213조 제1항). 사인이 체포한 현행범인을 인도받지 않고 석방하는 것은 허용되지 않는다.

㉡ 사법경찰관리가 현행범인의 인도를 받은 때에는 체포자의 성명, 주거, 체포의 사유를 물어야 하고 필요한 때에는 체포자에 대하여 경찰관서에 동행함을 요구할 수 있다(제213조 제2항). 동행의 요구는 임의동행에 한한다.

㉢ 검사가 현행범인을 체포한 경우에는 현행범인체포서를 작성하고, 검사가 현행범인을 인도받은 경우에는 현행범인인수서를 작성한다(검찰사건사무규칙 제70조 제1항, 제2항).

(나) 체포의 통지 : 체포영장에 의한 체포 및 긴급체포와 동일

(다) 구속영장의 청구

체포한 피의자를 구속하고자 할 때에는 체포한 때부터 48시간 이내에 구속영장을 청구하여야 하고, 그 기간 내에 구속영장을 청구하지 아니하거나 구속영장이 기각된 경우에는 피의자를 즉시 석방하여야 한다(제213조의2, 제200조의2 제5항). 구속영장의 청구권은 검사에게만 있고, 48시간 이내에 구속영장을 청구하면 족하고 그 기간 내에 구속영장이 발부되어야 하는 것은 아니다.

> **판례** 사법경찰리가 현행범인 체포된 피의자에 대하여 구속영장 발부일로부터 만 3일이 경과하여 구속영장 원본 제시에 의한 구속영장을 집행한 경우(대판 2021.4.29. 2020도16438) [1] 헌법이 정한 적법절차와 영장주의 원칙, 형사소송법이 정한 체포된 피의자의 구금을 위한 구속영장의 청구, 발부, 집행절차에 관한 규정을 종합하면, 법관이 검사의 청구에 의하여 체포된 피의자의 구금을 위한 구속영장을 발부하면 검사와 사법경찰관리는 지체 없이 신속하게 구속영장을 집행하여야 한다. 피의자에 대한 구속영장의 제시와 집행이 그 발부 시로부터 정당한 사유 없이 시간이 지체되어 이루어졌다면, 구속영장이 그 유효기간 내에 집행되었다고 하더라도 위 기간 동안의 체포 내지 구금 상태는 위법하다. [2] 사법경찰리가 현행범인 체포된 피의자에 대하여 구속영장 발부일로부터 만 3일이 경과하여 구속영장 원본 제시에 의한 구속영장을 집행한 사안에서, 사법경찰리의 피고인에 대한 구속영장 집행은 지체 없이 이루어졌다고 볼 수 없고, 구속영장이 주말인 토요일에 발부되어 담당경찰서의 송치담당자가 월요일 일과시간 중 이를 받아왔고 피고인에 대한 사건 담당자가 외근 수사 중이어서 화요일에 구속영장 원본 제시에 의한 집행을 한 사정은 구속영장 집행 지연에 대한 정당한 사유에 해당하지 않는다고 보아 구속영장의 집행이 정당한 사유 없이 지체된 기간 동안의 피고인에 대한 체포 내지 구금 상태는 위법하다.

(라) 체포적부심사의 청구

현행범으로 체포된 피의자 등은 법원에 체포적부심사를 청구할 수 있다(제214조의2 제1항). 구속영장을 청구하지 아니하거나 발부받지 못한 때에는 피의자를 즉시 석방하여야 한다(제200조의4 제2항).

Ⅱ. 피의자와 피고인의 구속

1. 구속의 의의와 목적

(1) 구속의 의의

(가) 구속의 개념

피의자·피고인의 신체의 자유를 체포에 비하여 장기간에 걸쳐 제한하는 강제처분이다. 구속은 구인과 구금을 포함하는 개념(제69조, 제201조)이다.

㉠ **구인** : 피의자·피고인을 법원 기타의 장소에 실력을 행사하여 인치하는 강제처분을 말한다. 인치 후 구금할 필요가 없다고 인정한 때에는 그 인치한 때로부터 24시간 내에 석방하여야 한다(제71조, 제209조). 법원은 인치받은 피고인을 유치할 필요가 있는 때에는 교도소·구치소 또는 경찰서 유치장에 유치할 수 있다. 이 경우 유치기간은 인치한 때부터 24시간을 초과할 수 없다(제71조의2). 구인도 구속의 일종이므로 구인을 위한 구속영장이 발부되어야 하며, 구인을 위한 구속영장이 발부되기 위하여는 구속사유가 있어야 한다.

㉡ **구금** : 피의자·피고인을 교도소 또는 구치소 등에 감금하는 강제처분(미결구금)을 말한다. 미결구금이라는 점에서 형의 일종인 구류와 구별된다.

(나) 수사기관의 피의자신문을 위한 구인의 허용여부

형사소송법은 사전의 체포영장에 의한 체포제도의 도입과 함께 구속전 피의자심문을 위한 구인(제201조의2 제2항)을 명문화 한 것은 피의자에 대한 구인을 인정한 취지라 볼 수 있다. 그러나 구속전 피의자심문을 위한 구인은 피의자의 법원에의 출석을 강제하는 것이며, 체포제도를 도입한 이상 수사기관의 피의자신문을 위한 구인을 인정할 필요는 없다고 본다.

(2) 구속의 유형

(가) 피의자의 구속

수사절차에서 수사기관이 검사의 청구에 의하여 법관이 발부한 구속영장(제201조)에 의하여 피의자를 구인 또는 구금하는 것을 말한다. 피의자는 체포된 자일 것을 요하지 않는다.

(나) 피고인의 구속

공소제기 후에 법원이 구속영장에 의하여 피고인을 구인 또는 구금하는 것을 말한다.

(3) 구속의 목적

구속은 피의자·피고인의 형사소송에의 출석을 보장하고, 증거인멸에 의한 수사와 심리의 방해를 제거하며, 확정된 형벌의 집행을 확보하는 것을 그 목적으로 한다. 그러나 피의자·피고인의 자유를 제한하는 구속은 최후의 수단으로 사용되어야 하며, 비례성의 원칙의 지배를 받아야 한다.

2. 구속의 요건

(1) 범죄혐의

① 피의자・피고인이 죄를 범하였다고 의심할 만한 상당한 이유가 있어야 한다(제70조 제1항, 제201조 제1항). 즉 범죄혐의가 있어야 한다.

② 범죄혐의는 수사기관의 주관적 혐의로는 부족하고 객관적 혐의, 즉 무죄추정을 깨뜨릴 수 있을 정도의 유죄판결에 대한 고도의 개연성이 있어야 한다.

③ 위법성조각사유・책임조각사유가 존재할 경우 및 소송조건의 흠결이 명백한 경우에는 범죄혐의를 인정할 수 없다. 다만 심신장애로 인하여 책임능력이 없거나 책임능력이 제한된 자에 대해서는 치료감호 등에 관한 법률상의 치료감호영장(동법 제6조)에 의하여 신체의 자유를 제한할 수 있다.

④ 범죄혐의는 구속시를 기준으로 판단한다.

(2) 구속사유

(가) 증거인멸의 염려

㉠ 증거인멸 : 인적 또는 물적 증거방법에 부정한 영향을 미쳐 진실발견을 곤란하게 만드는 것을 말한다(제70조 제1항 제2호). (증거물・증거서류의 훼손・위조・변경, 공범자・증인・감정인 등에 대한 허위진술의 부탁)

㉡ 증거인멸의 염려 : 부정한 방법으로 증거를 인멸할 고도의 개연성, 긴박한 위험성이 있는 경우를 말한다. 따라서 수사의 미종결, 피의자의 자백거부 또는 피의사실을 다투는 것만으로는 증거인멸의 위험이 있다고 할 수 없다.

(나) 도망 또는 도망할 염려

㉠ 도망 : 형사절차를 피하기 위하여 영구히 또는 장기간에 걸쳐 숨는 것을 말한다. 도망의사가 있음을 전제로 한다(제70조 제1항 제3호).

㉡ 도망할 염려 : 피의자・피고인이 도망을 할 고도의 개연성이 있는 것을 말한다. 도망유인요소(범죄의 종류, 예상되는 형벌)와 도망억제요소(사회적 환경, 가족관계)를 종합적으로 비교형량하여 판단해야 한다.

(다) 주거부정

㉠ 피의자・피고인에게 일정한 주거가 없는 경우이다(제70조 제1항 제1호). 독자적인 구속사유는 아니고 도망의 염려를 판단하는 구체적 자료가 될 뿐이다.

㉡ 그러나 경미사건(50만원 이하의 벌금, 구류, 과료에 해당하는 범죄)의 경우에는 주거부정만이 구속사유가 되므로 이때에는 독자적인 구속사유가 된다(제201조 제1항 단서).

(3) 비례성의 원칙

(가) 의의

형사소송의 확보라는 구속의 목적과 자유권의 침해라는 구속의 수단 사이에는 비례관계가 유지되어야 한다는 원칙을 말한다.

(나) 내용

㉠ **균형성의 원칙** : 기대되는 형벌보다 구속에 의한 자유권침해가 더 중대할 경우에는 구속할 수 없다. (경미사건 → 주거부정의 경우에 한하여 구속가능, 집행유예판결을 선고할 경우 → 구속불가)

㉡ **보충성의 원칙** : 구속은 다른 방법에 의해서는 형사소송을 확보할 수 없는 경우에 한하여 허용된다. (구속집행정지 · 보석에 의하여 구속의 목적을 달성할 수 있는 경우 → 구속불가)

3. 구속의 절차

(1) 구속에 관한 결정

피의자 구속에 관한 결정은 관할지방법원판사가 결정한다(제201조 제1항). 피고인 구속에 관한 결정은 원칙적으로 수소법원(긴급을 요하는 때에는 재판장 또는 수명법관)이 하여야 하나, 상소 중 또는 상소기간 중의 사건이나 이송, 파기환송 또는 파기환송 중의 사건의 경우에는 예외규정이 있다(제105조, 규칙 제57조).

(2) 구속영장의 청구

(가) 영장주의

구속은 피고인의 구속 뿐만 아니라 피의자를 구속하는 때에도 법관이 발부한 영장에 의한다(영장주의). 체포와 달리 구속에 있어서는 영장주의의 예외가 인정되지 않는다. 구속에 대하여 영장주의를 채택하고 있는 것은 구속에 대한 사법적 통제를 통하여 그 남용을 방지하고 인권을 보장하기 위한 것이다.

(나) 구속영장의 성질

구속영장의 성질은 피고인구속과 피의자구속의 경우가 다르다.

㉠ **피고인구속의 경우** : 피고인을 구속하는 영장은 피고인의 구속을 결정하는 수소법원의 재판서로서 재판의 집행기관에 피고인의 구속을 집행해야 할 의무를 발생시키는 명령장의 성질을 가진다.

㉡ **피의자구속의 경우** : 피의자구속의 경우에는 명령장으로서의 성질을 가진다는 견해도 있으나 허가장(다수설, 판례)으로서의 성질을 가진다고 봄이 타당하다.

(다) 청구권자

㉠ 피고인 구속시에는 검사의 청구에 의하지 않으나 피의자 구속시에는 검사의 청구에 의한다. 판례도 재판중인 피고인에 대한 법원의 구속영장의 발부시 검사의 신청은 필요하지 않다는 입장이다(대판 1996.8.12, 96모46). 구속영장의 청구권자는 검사에 한하며(제201조 제1항), 사법경찰관은 검사에게 구속영장의 청구를 신청할 수 있을 뿐 직접적인 청구권이 없다.

판례 법원이 재판 중인 피고인에 대하여 구속영장을 발부하는 경우에도 반드시 검사의 신청이 있어야 하는지 여부(대판 1996.8.12, 96모46) 헌법상 영장제도의 취지에 비추어 볼 때, 헌법 제12조 제3항은 헌법 제12조 제1항과 함께 이른바 적법절차의 원칙을 규정한 것으로서 범죄수사를 위하여 구속 등의 강제처분을 함에 있어서는 법관이 발부한 영장이 필요하다는 것과 수사기관 중 검사만 법관에게 영장을 신청할 수 있다는 데에 그 의의가 있고, 형사재판을 주재하는 법원이 피고인에 대하여 구속영장을 발부하는 경우에도 검사의 신청이 있어야 한다는 것이 그 규정의 취지라고 볼 수는 없다.

㉡ 만일 검사가 사법경찰관이 신청한 영장을 정당한 이유 없이 판사에게 청구하지 아니한 경우 사법경찰관은 그 검사 소속의 지방검찰청 소재지를 관할하는 고등검찰청에 영장 청구 여부에 대한 심의를 영장심의위원회에 신청할 수 있다(제221조의5 제1항, 제2항). 영장심의위원회의 심의 결과에 대해 담당검사와 사법경찰관은 결과를 존중해야 한다(영장심의위원회규칙 제25조 제2항).

(3) 구속전 피의자심문제도(구속영장실질심사)

(가) 의의

㉠ **의의 및 취지** : 구속전피의자심문이란 구속영장의 청구를 받은 판사가 피의자를 직접 심문하여 구속사유의 존부를 심리, 판단하는 제도를 말한다. 이를 영장실질심사라고도 한다(제201조의2). 피의자에게 변명의 기회를 부여하고 영장주의에 입각한 구속 통제의 실효성 및 수사과정에서의 고문 등 불법수사를 방지한다는 피의자의 인권보장적 측면에서 인정되는 제도이다.

㉡ **내용** : 법원이 피의자의 의사 또는 법원의 재량에 따라 구속영장이 청구된 피의자를 심문하도록 하는 형사소송법은 ⓐ 피의자의 의사 또는 법원의 재량과 무관하게 필요적 피의자심문을 실시하도록 하였고, ⓑ 구속영장이 청구되어 법원이 구속전 피의자심문을 한 경우에는 피의자심문조서의 작성을 의무화하였으며, ⓒ 준용규정을 정비하여 구인장이 집행된 피고인을 구속영장 발부 전까지 법원외 구금시설에 유치할 수 있는 근거규정인 제71조의2를 준용한다.

(나) 적용범위

㉠ **피의자가 체포되어 있는 경우** : 체포영장에 의한 체포(제200조의2), 긴급체포(제200조의3), 현행범인의 체포(제212조) 규정에 의해 체포된 피의자에 대하여 구속영장을 청구받은 판사는 지체없이 피의자를 심문하여야 하며, 이 경우 특별한 사정이 없는 한 구속영장이 청구된 날의 다음날까지 심문하여야 한다(제201조의2 제1항). 판사는 즉시, 검사, 피의자 및 변호인에게 심문기일과 장소를 통지하여야 한다. 이 경우 검사는 심문기일에 피의자를 출석시켜야 한다(제201조의2 제3항).

㉡ **피의자가 체포되지 않은 경우**

ⓐ **구인을 위한 구속영장 발부** : 체포되지 않은 피의자에 대하여 구속영장을 청구받은 판사는 피의자가 죄를 범하였다고 의심할 만한 이유가 있는 경우에 구인을 위한 구속영장을 발부하여 피의자를 구인한 후 심문하여야 한다. 다만, 피의자가 도망하는 등의 사유로 심문할 수 없는 경우에는 그러하지 아니하다(제201조의2 제2항). 미체포 피의자에 대하여 구인을 위한 구속영

장(구인영장)을 발부하는 경우의 절차는 피고인의 구인에 관한 규정이 준용된다(제201조의2 제10항).

ⓑ **구인 후 유치절차** : 법원은 인치받은 피고인을 유치할 필요가 있는 때에는 교도소·구치소 또는 경찰서 유치장에 유치할 수 있으며, 이 경우 유치기간은 인치한 때부터 24시간을 초과할 수 없다(제201조의2 제10항, 제71조의2). 법원에 인치된 피의자를 법원이외의 시설에 유치할 수 있는 근거조항이다. 판사는 피의자를 인치한 후 즉시 검사, 피의자 및 변호인에게 심문기일과 장소를 통지하여야 한다(제201조의2 제3항).

(다) 방법과 절차

㉠ **영장전담판사의 지정** : 지방법원 또는 지원의 장은 구속영장청구에 대한 심사를 위한 전담법관을 지정할 수 있다(규칙 제96조의5).

㉡ **심문기일과 장소의 통지**

ⓐ **심문기일의 지정** : '체포된 피의자'에 대한 심문기일은 특별한 사정이 없는 한 구속영장이 청구된 날의 다음날까지 심문하여야 한다(제200조의2 제1항). 그러나 사전구속영장이 청구된 때에는 구속전 피의자심문의 시한의 제한이 없으므로 관계인에 대한 심문기일의 통지 및 그 출석에 소요되는 시간 등을 고려하여 피의자가 법원에 인치된 대로부터 가능한 빠른 일시로 지정하여야 한다(규칙 제96조의12 제2항).

ⓑ **심문기일 및 장소의 통지** : 판사는 피의자가 체포되어 있는 때에는 즉시, 피의자가 체포되어 있지 않은 경우에는 피의자를 인치한 후 즉시 검사, 피의자 및 변호인에게 심문기일과 장소를 통지하여야 한다(제201조의2 제3항). 심문기일의 통지는 서면 이외에 구술·전화·모사전송·전자우편·휴대전화 문자전송 그 밖에 적당한 방법으로 신속하게 하여야 한다. 이 경우 통지의 증명은 그 취지를 심문조서에 기재함으로써 할 수 있다(규칙 제96조의12 제3항). 피의자의 심문은 법원청사 내에서 하여야 한다. 다만, 피의자가 출석을 거부하거나 질병 기타 부득이한 사유로 법원에 출석할 수 없는 때에는 경찰서, 구치소 기타 적당한 장소에서 심문할 수 있다(규칙 제96조의15).

ⓒ **변호인의 구속영장청구서 및 소명자료의 열람** : 피의자 심문에 참여할 변호인은 지방법원 판사에게 제출된 구속영장청구서 및 그에 첨부된 고소·고발장, 피의자의 진술을 기재한 서류와 피의자가 제출한 서류를 열람할 수 있으며, 검사는 증거인멸 또는 피의자나 공범 관계에 있는 자가 도망할 염려가 있는 등 수사에 방해가 될 염려가 있는 때에는 지방법원 판사에게 위 서류의 열람 제한에 관한 의견을 제출할 수 있고, 지방법원 판사는 검사의 의견이 상당하다고 인정하는 때에는 제1항에 규정된 서류의 전부 또는 일부의 열람을 제한할 수 있다(규칙 제96조의21조 제1항, 제2항).

㉢ **피의자의 출석 및 출석거부**

ⓐ **피의자의 출석** : 검사는 피의자가 체포되어 있는 때에는 심문기일에 피의자를 출석시켜야 하고, 미체포 피의자에 대하여는 구인을 위한 구속영장을 발부하여 구인한 후 심문한다(제201조

의2 제3항).

ⓑ **피의자의 출석거부** : 판사는 피의자가 심문기일에의 출석을 거부하거나 질병 그 밖의 사유로 출석이 현저하게 곤란하고, 피의자를 심문 법정에 인치할 수 없다고 인정되는 때에는 피의자의 출석 없이 심문절차를 진행할 수 있다(규칙 제96조의13 제1항). 검사는 피의자가 심문기일에의 출석을 거부하는 때에는 판사에게 그 취지 및 사유를 기재한 서면을 작성 제출하여야 한다(규칙 동조 제2항).

ⓒ **국선변호인의 선정** : 심문할 피의자에게 변호인이 없는 때에는 지방법원판사는 직권으로 변호인을 선정하여야 한다. 이 경우 변호인의 선정은 피의자에 대한 구속영장 청구가 기각되어 효력이 소멸한 경우를 제외하고는 제1심까지 효력이 있다(제201조의2 제8항). 법원은 변호인의 사정이나 그 밖의 사유로 변호인 선정결정이 취소되어 변호인이 없게 된 때에는 직권으로 변호인을 다시 선정할 수 있다(동조 제9항).

ⓓ **변호인의 피의자 접견** : 변호인은 구속영장이 청구된 피의자에 대한 심문 시작 전에 피의자와 접견할 수 있으며, 지방법원 판사는 심문할 피의자의 수, 사건의 성격 등을 고려하여 변호인과 피의자의 접견 시간을 정할 수 있다. 지방법원 판사는 검사 또는 사법경찰관에게 위의 접견에 필요한 조치를 요구할 수 있다(규칙 제96조의20).

㉣ 심문기일의 절차

ⓐ **비공개심문** : 판사는 심문하는 때에는 공범의 분리심문이나 그 밖에 수사상의 비밀보호를 위하여 필요한 조치를 하여야 한다(제201조의2 제5항). 피의자에 대한 심문절차는 공개하지 아니한다. 다만, 판사는 상당하다고 인정하는 경우에는 피의자의 친족, 피해자등 이해관계인의 방청을 허가할 수 있다(규칙 제96조의14).

ⓑ **심문의 방법 및 심문사항** : 판사는 피의자에게 구속영장청구서에 기재된 범죄사실의 요지를 고지하고, 피의자에게 일체의 진술을 하지 아니하거나 개개의 질문에 대하여 진술을 거부할 수 있으며, 이익 되는 사실을 진술할 수 있음을 알려주어야 한다(규칙 제96조의16 제1항). 판사는 구속 여부를 판단하기 위하여 필요한 사항에 관하여 신속하고 간결하게 심문하여야 한다. 증거인멸 또는 도망의 염려를 판단하기 위하여 필요한 때에는 피의자의 경력, 가족관계나 교우관계 등 개인적인 사항에 관하여 심문할 수 있다(규칙 동조 제2항). 검사와 변호인은 판사의 심문이 끝난 후에 의견을 진술할 수 있다. 다만, 필요한 경우에는 심문 도중에도 판사의 허가를 얻어 의견을 진술할 수 있다(규칙 동조 제3항). 피의자는 판사의 심문 도중에도 변호인에게 조력을 구할 수 있다(규칙 동조 제4항).

ⓒ **조서의 작성** : 피의자를 심문하는 경우 법원사무관 등은 심문의 요지 등을 조서로 작성하여야 한다(제201조의2 제6항). 다만 형사소송법은 제48조(조서의 작성방식), 제51조(공판조서의 기재요건), 제53조(공판조서의 서명 등), 제56조의2(공판조서의 속기·녹음 및 영상녹화) 및 제276조의2(장애인 등 특별히 보호를 요하는 자에 대한 특칙)만을 피의자에 대한 심문의 경우에 준용하고, 제52조(공판조서 작성상의 특례)를 준용대상에서 제외하고 있다(제201조의10 후단).

구속전 피의자심문조서는 제311조의 법원 또는 법관의 조서에는 해당하지 않지만, 제315조의 기타 신빙할 만한 정황에 의해 작성된 서류로서 증거능력을 가질 수 있다.

㈒ **영장실질심사와 구속기간** : 피의자심문을 하는 경우 법원이 구속영장청구서·수사 관계 서류 및 증거물을 접수한 날부터 구속영장을 발부하여 검찰청에 반환한 날까지의 기간은 사법경찰관의 구속기간과 검사의 구속기간의 적용에 있어서 그 구속기간에 이를 산입하지 아니한다(제201조의2 제7항).

(라) 피의자심문 후의 조치

판사는 피의자를 심문한 후 피의자를 구속할 사유가 있다고 인정하는 때(도망 내지 증거인멸의 우려)에는 '구금을 위한 구속영장'을 발부하여야 하고, 영장이 기각된 경우에는 인치시부터 24시간 이내에 석방하여야 한다. 판사는 피의자가 법원에 인치된 때로부터 24시간 이내에 구금영장의 발부 여부를 결정해야 하기 때문이다.

⑷ 구속영장의 발부

(가) 담당법관

체포영장과 달리 구속영장청구에 대한 심사는 지방법원 또는 지원의 장이 정하는 전담법관이 담당한다(규칙 제96조의5).

(나) 구속전 피의자심문(전술)

(다) 구속의 결정

피의자심문이 끝나면 구속여부를 결정하여야 하는데, 피의자에 대하여 피의자심문을 한 경우에 구속영장의 발부의 여부의 결정은 피의자심문을 종료한 때로부터 지체없이 이를 하여야 한다(제201조 제3항). 특히 구인된 피의자가 법원에 유치된 때에는 피의자심문 후 지체없이 구금영장의 발부 여부를 결정하여야 한다. 판사는 피의자가 법원에 인치된 때로부터 24시간 이내에 피의자심문을 하고 구금영장발부 여부를 결정하여야 하는 데, 위 시한 내에 구금영장이 발부된 경우에는 구금의 집행까지 피의자를 계속 유치할 수 있다. 구속영장의 발부도 일종의 재판이다.

(라) 구속영장의 기각

판례는 구속영장의 기각은 항고의 대상이 되는 '결정'이 아니므로 이에 대해서는 항고나 준항고는 물론 재항고도 할 수 없고 다만 검사는 영장의 발부를 재청구(제201조 제5항)할 수 있을 뿐이라는 입장이다.

판례 구속영장에 대한 재판의 불복방법(대판 2006.12.18, 2006모646)

[1] 어느 재판에 대하여 심급제도를 통한 불복을 허용할 것인지의 여부 또는 어떤 불복방법을 허용할 것인지 등은 원칙적으로 입법자의 형성의 자유에 속하는 사항이고, 특히 형사사법절차에서 수사 또는 공소제기 및 유지를 담당하는 주체로서 피의자 또는 피고인과 대립적 지위에 있는 검사에게 어떤 재판에 대하여 어떤 절차를 통하여 어느 범위 내에서 불복방법을 허용할 것인가 하는 점은 더욱 더 입법정책에 달린 문제이다.

[2] 검사의 체포영장 또는 구속영장 청구에 대한 지방법원판사의 재판은 형사소송법 제402조의 규정에 의하여 항고의 대상이 되는 '법원의 결정'에 해당하지 아니하고, 제416조 제1항의 규정에 의하여 준항고의 대상이 되는 '재판장 또는 수명법관의 구금 등에 관한 재판'에도 해당하지 아니한다.

[3] 피의자에 대한 체포영장 또는 구속영장의 청구에 관한 재판 자체에 대하여 항고 또는 준항고를 통한 불복을 허용하게 되면 그 재판의 효력이 장기간 유동적인 상태에 놓여 피의자의 지위가 불안하게 될 우려가 있으므로 그와 관련된 법률관계를 가급적 조속히 확정시키는 것이 바람직하다는 점 등을 고려하여, 체포영장 또는 구속영장에 관한 재판 그 자체에 대하여 직접 항고 또는 준항고를 하는 방법으로 불복하는 것은 이를 허용하지 아니하는 대신에, 체포영장 또는 구속영장이 발부된 경우에는 피의자에게 체포 또는 구속의 적부심사를 청구할 수 있도록 하고 그 영장청구가 기각된 경우에는 검사로 하여금 그 영장의 발부를 재청구할 수 있도록 허용함으로써, 간접적인 방법으로 불복할 수 있는 길을 열어 놓고 있는 데 그 취지가 있고, 이는 헌법이 법률에 유보한 바에 따라 입법자의 형성의 자유의 범위 내에서 이루어진 합리적인 정책적 선택의 결과일 뿐 헌법에 위반되는 것이라고는 할 수 없다.

(라) 구속영장의 발부와 법원의 구속신문

㉠ **제72조 구속신문 절차**(사전청문절차) : 피고인에 대한 구속영장의 발부에 있어서도 사전청문절차를 거치는 것을 원칙으로 하는데, 제72조는 "피고인에 대하여 범죄사실의 요지, 구속의 이유와 변호인을 선임할 수 있음을 말하고 변명할 기회를 준 후가 아니면 구속할 수 없다"고 하여 이를 실무에서는 사전청문절차로 운용하고 있고, 또한 구속신문절차로 부르기도 한다.

㉡ **주체** : 제72조의 "구속할 수 없다"는 의미는 구속영장을 집행할 수 없다는 것이 아니라 법원이 구속재판 자체를 할 수 없다는 것을 의미한다. 따라서 제72조상의 고지의 주체는 수소법원이다. 다만, 형사소송법은 재정합의부사건의 확대에 대응하면서 사전청문절차의 실질화를 위해 합의부원으로 하여금 제72조의 절차를 이행하게 할 수 있도록 하였다(제72조의2). 따라서 수소법원은 수명법관으로 하여금 제72조의 사전청문절차를 진행하게 할 수 있다.

(5) 구속영장의 방식

구속영장에는 피고인 또는 피의자의 성명, 주민등록번호, 주거, 죄명, 공소사실 또는 피의사실의 요지, 인치·구금할 장소, 발부연월일, 그 유효기간과 그 기간을 경과하면 집행에 착수하지 못하며 영장을 반환하여야 할 취지를 기재하고 재판장 또는 수명법관이 서명 또는 날인하여야 한다(제209조, 제75조, 규칙 제95조 제3항). 구속영장은 수통을 작성하여 사법경찰관리 수인에게 교부할 수 있다. 이 경우에는 그 사유를 구속영장에 기재하여야 한다(제209조, 제82조).

(6) 구속영장의 집행

(가) 구속영장의 집행기관

피고인과 피의자구속의 경우에 차이가 없으며 검사의 지휘에 의해 사법경찰관이나 교도관리가 집행한다(제209조, 제81조). 단, 급속을 요하는 경우에는 재판장, 수명법관 또는 수탁판사가 그 집행을 지휘할 수 있다. 이 경우에 법원사무관 등은 그 집행에 관하여 필요한 때에는 사법경찰관리·교도관 또는 법원경위에게 보조를 요구할 수 있으며 관할구역 외에서도 집행할 수 있다(제81조 제2항).

(나) 구속시 조치

㉠ **영장제시의무** : 구속영장을 집행함에는 피고인에게 반드시 이를 제시하여야 하며 신속히 지정된 법원 기타 장소에 인치하여야 한다. 다만, 구속영장을 소지하지 아니한 경우에 급속을 요하는 때에는 피고인에 대하여 공소사실의 요지와 영장이 발부되었음을 고하고 집행할 수 있으며, 이때에는 집행을 완료한 후에는 신속히 구속영장을 제시하여야 한다(제209조, 제85조).

㉡ 고지의무

ⓐ 피의자의 경우 : 검사 또는 사법경찰관은 피의자를 체포하는 경우에는 피의사실의 요지, 체포의 이유와 변호인을 선임할 수 있음을 말하고 변명할 기회를 주어야 한다(제209조, 제200조의5). 개정 전 형사소송법 제209조는 검사 또는 사법경찰관이 피의자를 구속하는 경우에 제72조, 제88조를 준용하고 있었으나 현행 형사소송법은 제72조와 제88조는 구속영장의 발부 및 집행을 위한 준비규정이라는 이유로 삭제하는 대신 체포절차 규정으로 신설된 제200조의5를 준용한 것이다.

ⓑ 피고인의 경우 : 피고인에 대하여 범죄사실의 요지, 구속의 이유와 변호인을 선임할 수 있음을 말하고 변명할 기회를 준 후가 아니면 구속할 수 없다 다만, 피고인이 도망한 경우에는 그러하지 아니하다(제72조). 피고인을 구속한 때에는 즉시 공소사실의 요지와 변호인을 선임할 수 있음을 알려야 한다(제88조).

㉢ **통지의무** : 피의자 또는 피고인을 구속한 때에는 변호인이 있는 경우에는 변호인에게, 변호인이 없는 경우에는 변호인선임권자 중 피고인이 지정한 자에게 피고사건명, 구속일시·장소, 범죄사실의 요지, 구속의 이유와 변호인을 선임할 수 있는 취지를 알려야 한다(제209조, 제87조).구속의 통지는 구속을 한 때로부터 늦어도 24시간 이내에 서면으로 하여야 한다(규칙 제51조).

(7) **구속 후의 조치**

구속영장집행사무를 담당한 자가 구속영장을 집행한 때에는 구속영장에 집행일시와 장소를, 집행할 수 없었을 때에는 그 사유를 각 기재하고 기명날인하여야 하고, 구속영장의 집행에 관한 서류는 집행을 지휘한 검사 또는 수탁판사를 경유하여 구속영장을 발부한 법원에 이를 제출하여야 한다(규칙 제49조).

(8) **구속기간**

(가) 영장의 유효기간

영장의 유효기간은 7일로 한다. 다만, 법원 또는 법관이 상당하다고 인정하는 때에는 7일을 넘는 기간을 정할 수 있다(규칙 제178조). 그러나 체포영장에 의한 체포의 경우에는 48시간 이내에 구속영장을 청구해야 하므로 여기의 영장에는 해당하지 않는다.

(나) 피의자에 대한 구속기간

㉠ **구속기간의 기산점** : 구속기산은 실제로 피의자가 구속된 날로부터 기산한다. 구속에 앞서 체포

또는 구인이 선행하는 경우에는 구속기간은 피의자를 실제로 체포 또는 구인한 날로부터 기산한다(제203조의2).

㉡ 구속기간

ⓐ **사법경찰관의 피의자구속** : 사법경찰관이 피의자를 구속한 때에는 10일 이내에 피의자를 검사에게 인치하지 아니하면 석방하여야 한다(제202조). 이 기간은 연장이 허용되지 않는다.

ⓑ **검사의 피의자 구속기간** : 사법경찰관으로부터 피의자의 인치를 받은 때에는 10일 이내에 공소를 제기하지 아니하면 석방하여야 하며, 지방법원 판사의 허가를 얻어 10일 초과하지 않는 한도에서 1차에 한하여 구속기간을 연장할 수 있다(제203조, 제205조 제1항). 구속기간연장 신청은 서면으로 하여야 하고 이 서면에는 수사를 계속하여야 할 상당한 이유와 연장을 구하는 기간을 기재하여야 한다(규칙 제97조). 구속기간연장기각결정에 대해서는 불복이 허용되지 않는다(대판 1997.6.16, 97모1). 결국 검사의 구속기간의 최장기간은 20일이다. 따라서 수사기관의 구속기간의 최장기간은 30일이다.

> **판례** 형사소송법 제402조, 제403조에서 말하는 법원은 형사소송법상의 수소법원만을 가리키므로, 같은 법 제205조 제1항 소정의 구속기간의 연장을 허가하지 아니하는 지방법원 판사의 결정에 대하여는 같은 법 제402조, 제403조가 정하는 항고의 방법으로는 불복할 수 없고, 나아가 그 지방법원 판사는 수소법원으로서의 재판장 또는 수명법관도 아니므로 그가 한 재판은 같은 법 제416조가 정하는 준항고의 대상이 되지도 않는다(대판 1997.6.16, 97모1).

(다) 피고인에 대한 구속기간

㉠ **구속기간** : 피고인에 대한 구속기간은 2개월이나 특히 구속을 계속할 필요가 있는 경우에는 심급마다 2개월 단위로 2차에 한하여 결정으로 갱신할 수 있다. 다만, 상소심은 피고인 또는 변호인이 신청한 증거의 조사, 상소이유를 보충하는 서면의 제출 등으로 추가 심리가 필요한 부득이한 경우에는 3차에 한하여 갱신할 수 있다(제92조 제1항, 제2항). 따라서 제1심부터 제3심까지의 최장구속기간은 18개월이 된다.

㉡ **구속기간에서 제외되는 기간** : 구속피고인에 대한 감정유치기간(제172조), 기피신청(제22조), 공소장의 변경(제298조 제4항), 피고인의 심신상실과 질병(제306조 제1항 및 제2항)의 규정에 의하여 공판절차가 정지된 기간 및 공소제기 전의 체포·구인·구금 기간은 구속기간에 산입하지 아니한다(제172조의2 제1항, 제92조 제3항).

㉢ **구속기간의 기산점** : 형사소송법은 공소제기 전의 체포·구속기간을 법원의 구속기간에 산입하지 아니하고 공소제기일을 기준으로 제1심 구속기간을 계산된다(제92조 제3항).

㉣ **구속기간의 연장** : 구속기간연장 허가결정이 있은 경우에 그 연장기간은 법 제203조의 규정에 의한 구속기간만료 다음 날로부터 기산한다(규칙 제98조).

㉤ **구속기간연장의 특례** : 국가보안법상 일정한 범죄(제3조 내지 제10조)에 대하여는 사법경찰관에게 1회, 검사에게 2회에 한하여 구속기간의 연장을 허가 할 수 있다(국가보안법 제19조). 따라서 국가보안법상 피의자구속기간은 최장 50일이 된다. 이와 관련하여 헌법재판소는 동법 제19조의 구속기간연장규

정을 찬양고무(제7조), 불고지(제10조)의 경미한 죄에까지 적용하는 것은 신체의 자유, 무죄추정, 신속한 재판을 받을 권리를 침해하는 것이므로 위헌으로 판시한 바 있다.

판례 국가보안법 제19조의 위헌여부(헌재 1992.4.14, 90헌마82)　　　국가보안법　제7조(찬양・고무 및 제10조(불고지의 죄는 구성요건이 특별히 복잡한 것도 아니고 사건의 성질상 증거수집이 더욱 어려운 것도 아님에도 불구하고 국가보안법 제19조가 제7조 및 제10조의 범죄에 대하여서까지 형사소송법상의 수사기관에 의한 피의자구속기간 30일보다 20일이나 많은 50일을 인정한 것은 국가형벌권과 국민의 기본권과의 상충관계 형량을 잘못하여 불필요한 장기구속을 허용하는 것이어서 결국 헌법 제37조 제2항의 기본권 제한 입법의 원리인 과잉금지의 원칙을 현저하게 위배하여 피의자의 신체의 자유, 무죄추정의 원칙 및 신속한 재판을 받을 권리를 침해한 것이다.

ⓑ **구속기간을 도과한 구속의 효력 :** 이에 관해서 판례는 구속영장의 효력이 당연히 실효되는 것은 아니라고 판시(대판 1964.11.17, 64도428)하고 있다.

판례 구 군법회의법(87.12.4. 법률 제3993호로 전면 개정 전) 제132조의 제한을 넘어 구속기간을 갱신한 경우에 있어서도 불법구속한 자에 대하여 형법상・민법상의 책임을 물을 수는 있어도 구속명령의 효력이 당연히 실효되는 것은 아니다(대판 1964.11.17, 64도428).

(9) 재구속의 제한

(가) 의의

검사 또는 사법경찰관에 의하여 구속되었다가 석방된 자는 다른 중요한 증거를 발견한 경우를 제외하고는 동일한 범죄사실에 관하여 재차 구속하지 못한다. 이 경우에는 1개의 목적을 위하여 동시 또는 수단결과의 관계에서 행하여진 행위는 동일한 범죄사실로 간주한다(제208조 제1항). 동일사건에 대한 수사기관의 중복적 구속을 방지함에 의하여 피의자의 인권을 보호하기 위한 규정이다. 따라서 재체포영장의 청구서에는 재체포영장의 청구라는 취지와 법 제200조의2 제4항에 규정한 재체포의 이유 또는 법 제214조의3에 규정한 재체포의 사유를 기재하여야 한다(규칙 제99조 제1항).

(나) 적용

㉠ 재구속의 제한은 검사 또는 사법경찰관이 피의자를 구속하는 경우에 적용될 뿐이며, 법원이 피고인을 구속하는 경우에는 적용되지 않는다(대판 1969.5.27, 69도509).

판례 **형사소송법 제208조의 규정**은 수사기관이 피의자를 구속하는 경우에만 적용되고 법원이 피고인을 구속하는 경우에는 적용되지 않는다(대판 1969.5.27, 69도509).

㉡ 재구속이 제한될 뿐이고 재구속이 되었다고 하여 공소제기가 무효로 되는 것은 아니다(대판 1986.2.5, 85도2788).

판례 피고인이 원심판시 위증교사 및 사문서위조 등과 동일한 사건으로 무혐의 불기소처분된 바 있다 하여 이 사건 공소제기의 효력에 어떠한 위법이 있다 할 수 없고, 법원이 그 공소사실에 대하여 유죄판결을 선고한 것이 일사부재리의 원칙에 반하는 것이라 할 수도 없다(대판 1986.2.5, 85도2788).

(다) 재구속영장의 청구

체포 또는 구속적부심사결정에 의하여 석방된 피의자가 도망하거나 죄증을 인멸하는 경우에는 동일한 범죄사실에 관하여 재차 체포 또는 구속할 수 있다(제214조의3 제1항). 구속적부심에서 보증금납입을 조건으로 석방된 피의자가가 도망한 때, 도망하거나 죄증을 인멸할 염려가 있다고 믿을만한 충분한 이유가 있는 때, 출석요구를 받고 정당한 이유없이 출석하지 아니한 때, 주거의 제한 기타 법원이 정한 조건을 위반한 경우에는 동일한 범죄사실에 관하여 재차 체포 또는 구속할 수 있다(동조 제2항).

4. 관련문제

(1) 이중구속과 별건구속

(가) 의의

㉠ **이중구속** : 이중구속이란 이미 구속영장이 발부되어 구속된 피고인·피의자에 대해 다른 사건으로 다시 구속영장을 집행하는 것을 말한다. 예컨대 A범죄사실로 이미 구속되어 있는 피의자 또는 피고인을 별개의 범죄사실인 B범죄사실로 거듭 구속하는 것을 말한다.

㉡ **별건구속** : 별건구속이란 수사기관이 본래 수사하고자 하는 사건에 대하여는 구속의 요건이 구비되지 않았기 때문에 본래의 수사에 이용할 목적으로 구속요건이 구비된 별건으로 구속하는 경우를 말한다. 예컨대 혐의를 둔 피의자에 대하여 사안이 중한 본건에 대한 증거의 수집이 용이하지 않거나 미흡하여 그 사실을 들어 영장을 청구해도 기각이 예상되는 경우에 그 사실에 대한 수사를 계속할 목적으로 이용하는 것을 말한다.

(나) 구속영장의 효력범위

㉠ **학설** : 이에 관하여는 ⓐ 피의자를 기준으로 그의 모든 피의사실에 대하여 구속영장의 효력이 미친다는 견해로서 별건구속은 허용되나 이중구속은 부정된다고 보는 인단위설과 ⓑ 범죄사실의 단일성이 인정되는 사건별로 구속영장의 효력이 미친다는 견해로서 별건구속은 부정되나 이중구속은 허용된다고 보는 사건단위설의 대립이 있다.

㉡ **판례** : 구속은 원칙적으로 구속영장이 발부된 범죄사실에 대한 것이라고 하여 사건단위설의 입장이다(대판 1996.8.12. 96모46). 다만, 미결구금일수의 산입에 있어서는 법원의 재량으로 구속영장이 발부되지 아니한 다른 범죄사실에 관한 죄의 형에 산입할 수 있다고 판시하여 인단위설을 인정한다(대판 1986.12.9. 86도1875).

> **판례** 구속의 효력은 원칙적으로 구속영장에 기재된 범죄사실에만 미친다는 점, 재항고인과 함께 병합심리되고 있는 공동피고인이 상당수에 이를 뿐만 아니라 재항고인과 공동피고인들에 대한 공소사실이 방대하고 복잡하여 그 심리에 상당한 시일이 요구될 것으로 예상된다는 점 등에 비추어 보면, 구속기간이 만료될 무렵에 종전 구속영장에 기재된 범죄사실과는 다른 범죄사실로 재항고인을 구속하였다는 사정만으로는 재항고인에 대한 구속이 위법하다고 단정할 수는 없다(대판 1996.8.12. 96모46).

> **판례** 수개의 범죄사실로 공소제기된 피고인이 그 중 일부의 범죄사실만으로 구속영장이 발부되어 구금되어 있었고, 법원이 그 수개의 범죄사실을 병합심리한 끝에 피고인에게 구속영장이 발부된 일부 범죄사실에 관한 죄의 형과 나머지 범죄사실에 관한 죄의 형으로 나누어 2개의 형을 선고할 경우, 위와 같은 경우에는 일부 범죄사실에 의한 구금의 효과는 피고인의 신병에 관한 한 나머지 범죄사실에도 미친다고 보아 그 구금일수를 어느 죄에 관한 형에 산입할 것인가의 문제는 법원의 재량에 속하는 사항이라고 봄이 상당하고, 따라서 이를 구속영장이 발부되지 아니한 다른 범죄사실에 관한 죄의 형에 산입할 수도 있다(대판 1986.12.9, 86도1875).

㉢ **검토** : 법관의 구속영장발부행위는 재판의 일종인 명령으로서 소송행위이므로 소송행위의 일반적 기준은 사건의 단일성이라는 점, 현행법은 구속된 피고인·피의자에 대한 구속영장의 집행을 명문으로 규정하고 있다는 점(제81조 제3항, 제209조)에 비추어 사건단위설이 타당하다고 본다.

(다) 이중구속의 허용여부

㉠ **학설** : ⓐ 구속영장의 효력은 영장에 기재된 범죄사실에만 미친다는 점(사건단위설), 석방에 대비하여 미리 구속할 필요가 있다는 점을 논거로 이중구속도 허용된다는 견해와 ⓑ 이미 구속되어 있는 자를 다시 구속할 필요는 없으므로 사건단위설을 취한다고 하여 구속의 이유 없는 구속까지 허용된다고 할 수는 없으므로 이중구속은 허용되지 않는다는 견해의 대립이 있다.

㉡ **판례** : "구속의 효력은 원칙적으로 구속영장에 기재된 범죄사실에만 미친다는 점, 피고인에 대한 공소사실이 방대하고 복잡하여 그 심리에 상당한 시일이 요구될 것으로 예상된다는 점을 이유로, 구속기간이 만료될 무렵 종전 구속영장 기재와 다른 범죄사실로 다시 구속하였다는 사정만으로 그 구속이 위법하지 않다"고 하여 이중구속을 허용하는 입장이다(대판 1996.8.12. 96모46).

> **판례** 형사소송법 제75조 제1항은, "구속영장에는 피고인의 성명, 주거, 죄명, 공소사실의 요지, 인치구금할 장소, 발부연월일, 그 유효기간과 그 기간을 경과하면 집행에 착수하지 못하며 영장을 반환하여야 할 취지를 기재하고 재판장 또는 수명법관이 서명날인하여야 한다."고 규정하고 있는 바, 구속의 효력은 원칙적으로 위 방식에 따라 작성된 구속영장에 기재된 범죄사실에만 미치는 것이므로, <u>구속기간이 만료될 무렵에 종전 구속영장에 기재된 범죄사실과 다른 범죄사실로 피고인을 구속하였다는 사정만으로는 피고인에 대한 구속이 위법하다고 할 수 없다</u>(대판 2000.11.10, 2000모134).

(라) 별건구속

㉠ **적법여부** : 견해의 대립이 있으나 별건구속이 실질적으로 본건구속인 이상 위법설이 타당하다. 다만 별건구속이 위법하다고 하기 위해서는 ⓐ 수사기관의 탈법적 의도가 인정될 것, ⓑ 본건사실에 대하여 구속이유와 필요성이 인정되지 않을 것을 요건으로 한다. 판례는 별건구속의 적법성 여부에 관하여 명백히 판시하고 있지 않으나 "<u>별건구속기간을 본건 범행사실의 수사에 실질상 이용하였다 할지라도 그 구속일수를 본건의 본형에 산입할 수 없다</u>"고 판시하였다(대판 1990.12.11, 90도2337).

> **판례** 피고인이 기소중지처분된 신용카드사업법위반 등 피의사실로 27일간 구속되었고, 연이어 사기 등 범행으로 구속되어 사기 등 범행으로 구속기소되었지만 결과적으로 위 구속기간이 사기 등 범행사실의 수사에 실질상 이용되었다 하더라도 위 구금일수를 사기죄의 본형에 산입할 수는 없다(대판 1990.12.11, 90도2337).

㉡ **여죄수사의 한계** : 여죄수사란 동일 피의자의 범죄사실 중 수사기관에 의하여 수사의 대상이 된 피의사건 이외의 사건으로 동시수사의 가능성이 있는 것을 말한다. 여죄수사는 별건체포의 경우에 부수적으로 발생하는 문제이다. 여죄수사는 ⓐ 피의자가 자진하여 여죄를 자백한 경우, ⓑ 여죄가 영장기재 사안보다 경미한 경우, ⓒ 여죄가 영장기재 사실과 동종 사안이거나 밀접한 관련성이 있는 경우에 허용된다고 할 수 있다

(2) 검사의 체포·구속장소 감찰

① 관할수사관서에 소재하는 체포·구속된 피의자에 대한 불법체포·구속의 유무에 관한 검사의 조사권을 검사의 체포·구속장소 감찰권이라 한다.

② 지방검찰청 검사장 또는 지청장은 불법체포·구속의 유무를 조사하기 위하여 검사로 하여금 매월 1회 이상 관할수사관서의 피의자의 체포·구속장소를 감찰하게 하여야 한다. 감찰하는 검사는 체포 또는 구속된 자를 심문하고 관련서류를 조사하여야 한다(제198조의2 제1항).

③ 검사는 적법한 절차에 의하지 아니하고 체포 또는 구속된 것이라고 의심할 만한 상당한 이유가 있는 경우에는 즉시 체포 또는 구속된 자를 석방하거나 사건을 검찰에 송치할 것을 명하여야 한다(동조 제2항).

④ 검사의 체포·구속장소 감찰권은 불법 체포·구속을 규제하고 불법체포 또는 구속된 피의자를 구제하기 위한 제도이다. 그러나 이는 내부적인 통제의 문제이므로 불법체포 또는 구속된 피의자가 검사의 구속장소 감찰에 대한 청구권을 가지는 것은 아니다.

Ⅳ. 피고인과 피의자의 접견교통권

1. 의의

(1) 개념

신체구속된 피의자·피고인이 변호인 또는 변호인이 되려는 자나 가족·친지 등의 타인과 접견하고 서류·물건 등을 수수하며 의사의 진료를 받을 수 있는 권리를 말한다(제34조).

(2) 근거 및 기능

① 변호인과의 접견교통권은 헌법 제12조 제4항 및 형사소송법 제34조를 근거로 하며(다수설) 비변호인과의 접견교통권은 형사소송법 제89조, 제91조, 제209조를 근거로 한다. 이는 피의자(피고인)의 기본적 인권을 보장함과 동시에 방어권을 보장해주는 기능을 한다. 이 권리는 구속된 피고인·피의자의 권리인 동시에 변호인에 대하여도 변호인의 고유권 가운데 가장 중요한 권리라는 양면적 성격을 가지고 있다.

② 다만, 변호인과의 접견교통권은 헌법에서 보장하는 것이지만, 자발적으로 그 권리를 포기한 경우에는 그 의사에 반하여 강제될 수 없다.

판례 변호인의 접견교통권을 피의자가 포기할 수 있는지 여부(대판 2018.12.27. 2016다266736)

변호인의 접견교통권은 피의자 등이 변호인의 조력을 받을 권리를 실현하기 위한 것으로서, 피의자 등이 헌법 제12조 제4항에서 보장한 기본권의 의미와 범위를 정확히 이해하면서도 이성적 판단에 따라 자발적으로 그 권리를 포기한 경우까지 피의자 등의 의사에 반하여 변호인의 접견이 강제될 수 있는 것은 아니다.

2. 변호인과 접견교통권

(1) 주체 및 상대방

① 신체구속된 피의자, 피고인, 구속영장에 의해 구속된 자 뿐만 아니라 체포영장에 의한 체포, 현행범 체포, 긴급체포 또는 감정유치에 의해 구속된 자도 포함된다. 그리고 임의동행의 형식으로 수사기관에 연행된 피의자나 피내사자에게도 변호인 또는 변호인이 되려는 자와의 접견교통권은 당연히 인정된다(제243조의2 제1항). 다만 판례는 이미 재판이 확정된 기결수용자(재심청구인)에게는 인정하지 않는다.

판례 형사소송법 제34조는 "변호인 또는 변호인이 되려는 자는 신체구속을 당한 피고인 또는 피의자와 접견하고 서류 또는 물건을 수수할 수 있으며 의사로 하여금 진료하게 할 수 있다."라고 규정하고 있으므로, **변호인이 되려는 의사를 표시한 자가 객관적으로 변호인이 될 가능성이 있다고 인정되는데도,** 형사소송법 제34조에서 정한 '변호인 또는 변호인이 되려는 자'가 아니라고 보아 신체구속을 당한 피고인 또는 피의자와 접견하지 못하도록 제한하여서는 아니 된다(대판 2017.3.9. 2013도16162).

판례 형사소송법 제34조는 "변호인 또는 변호인이 되려는 자는 신체구속을 당한 피고인 또는 피의자와 접견하고 서류 또는 물건을 수수할 수 있으며 의사로 하여금 진료하게 할 수 있다."고 규정하고 있는 바, 이 규정은 형이 확정되어 집행 중에 있는 수형자에 대한 재심개시의 여부를 결정하는 재심청구절차에는 그대로 적용될 수 없다(대판 1998.4.28, 96다48831).

② 상대방은 변호인 및 변호인이 되려는 자이다.

(2) 내용

(가) 자유로운 접견교통권의 보장

㉠ 현행법상 변호인의 접견교통권을 제한하는 규정은 없고, 법원의 결정이나 수사상 필요하다는 이유로 제한할 수도 없다(대판 1996.6.3, 96모18).

㉡ 헌법재판소가 91헌마111 결정[3]에서 미결수용자와 변호인과의 접견에 대해 어떠한 명분으로도 제한할 수 없다고 한 것은 구속된 자와 변호인 간의 접견이 실제로 이루어지는 경우에 있어서의 '자유로운 접견', 즉 '대화내용에 대하여 비밀이 완전히 보장되고 어떠한 제한, 영향, 압력 또는 부당한 간섭 없이

---

3) 변호인과의 자유로운 접견은 신체구속을 당한 사람에게 보장된 변호인의 조력을 받을 권리의 가장 중요한 내용이어서 국가안전보장, 질서유지, 공공복리 등 어떠한 명분으로도 제한될 수 있는 성질의 것이 아니다(헌재결 1992.1.28. 91헌마111)고 판시했다. 이 판시로 본다면, 변호인과의 자유로운 접견권은 국가안전보장, 질서유지, 공공복리로 제한될 수 없다고 생각할 수 있으나, 위 결정(헌재결 2011.5.26. 2009헌마341)으로 변호인의 조력을 받을 권리 역시 다른 모든 헌법상 기본권과 마찬가지로 국가안전보장 · 질서유지 또는 공공복리를 위하여 필요한 경우에는 법률로써 제한할 수 있는 헌법 제37조 제2항에 속하는 권리라는 점을 분명히 한 것이다.

자유롭게 대화할 수 있는 접견'을 제한할 수 없다는 것이지, 변호인과의 접견 자체에 대해 아무런 제한도 가할 수 없다는 것을 의미하는 것이 아니므로 미결수용자의 변호인 접견권 역시 국가안전보장·질서유지 또는 공공복리를 위해 필요한 경우에는 법률로써 제한될 수 있음은 당연하다(헌재결 2011.5.26. 2009헌마341).

㉢ 변호인과의 접견교통권을 일반적으로 금지하는 일반지정은 물론 일정한 일시와 장소에 한하여 허용하는 구체적 지정에 의한 제한도 인정되지 않는다. 변호인과의 접견시간을 제한하는 것도 금지된다. 다만, 구속장소의 질서유지나 집무상의 요청으로 인한 일반적인 시간의 제한(예컨대, 일요일 또는 퇴근시간 후의 접견의 금지)은 접견교통권의 제한에 해당하지 않는다.

㉣ 접견신청일로부터 상당한 기간이 경과(대결 1990.2.13. 89모37)하였거나 접견신청일이 경과(대결 1991.3.28. 91모24)하도록 접견이 이루어지지 않는 경우는 실질적으로 접견불허처분이 있는 것으로 본다. 한편 수사 중이라는 이유로 접견지연이 허용되는지 문제되는데 변호인과의 접견교통권은 수사의 목적보다 우선하므로 이 경우는 접견교통권의 침해에 해당한다고 보는 것이 타당하다.

판례 형사소송법 제34조가 규정한 변호인의 접견교통권은 피고인 또는 피의자나 피내사자의 인권보장과 방어준비를 위하여 필수불가결한 권리이므로 법령에 의한 제한이 없는 한 수사기관의 처분은 물론 법원의 결정으로도 이를 제한할 수 없다(대판 1996.6.3, 96모18).

판례

① 구치소에 구속되어 검사로부터 수사를 받고 있던 피의자들의 변호인으로 선임되었거나 선임되려는 변호사들이 피의자들을 접견하려고 1989.7.31. 구치소장에게 접견신청을 하였으나 같은 해 8.9.까지도 접견이 허용되지 아니하고 있었다면, 수사기관의 구금 등에 관한 처분에 대하여 불복이 있는 경우 행정소송절차와는 다른 특별절차로서 준항고 절차를 마련하고 있는 형사소송법의 취지에 비추어, 위와 같이 피의자들에 대한 접견이 접견신청일로부터 상당한 기간이 경과하도록 허용되지 않고 있는 것은 접견불허처분이 있는 것과 동일시된다(대결 1990.2.13. 89모37).

② 변호인의 조력을 받을 권리를 규정하고 있는 헌법 제12조 제4항 전문, 절차상 또는 시기상의 아무런 제약 없이 변호인의 피고인 또는 피의자와의 접견교통권을 보장하고 있는 형사소송법 제34조, 구속 피고인 또는 피의자에 대한 변호인의 접견교통권을 규정한 같은 법 제89조, 제90조, 제91조 등의 규정에 의하면 변호인의 접견교통권은 신체구속을 당한 피고인이나 피의자의 인권보장과 방어준비를 위하여 필수불가결한 권리로서 법령에 의한 제한이 없는 한 수사기관의 처분은 물론 법원의 결정으로도 이를 제한할 수 없다 할 것인바, 위 관계법령의 규정취지에 비추어 볼 때 접견신청일이 경과하도록 접견이 이루어지지 아니한 것은 실질적으로 접견불허가처분이 있는 것과 동일시 된다(대결 1991.3.28. 91모24).

(나) 접견의 비밀보장

㉠ 변호인과의 접견교통권은 감시받지 않는 자유로운 접견교통을 본질로 한다. 접견내용에 대하여는 비밀이 보장되어야 하며 접견에 있어서 교도관 또는 경찰관의 입회나 감시는 허용되지 않는다. 법원의 결정 또는 수사상의 필요에 의한 제한은 허용되지 않는다.

㉡ 미결수용자와 변호인과의 접견에는 교도관이 참여하지 못하며 그 내용을 청취 또는 녹취하지 못한다. 다만, 보이는 거리에서 미결수용자를 관찰할 수 있다(형의 집행 및 수용자의 처우에 관한 법률 제84

조 제1항). 또한 미결수용자와 변호인 간의 접견은 시간과 횟수를 제한하지 아니한다(동법 동조 제2항).

판례

① 변호인의 구속된 피고인 또는 피의자와의 접견교통권은 피고인 또는 피의자 자신이 가지는 변호인과의 접견교통권과는 성질을 달리하는 것으로서 헌법상 보장된 권리라고는 할 수 없고, 형사소송법 제34조에 의하여 비로소 보장되는 권리이지만, 신체구속을 당한 피고인 또는 피의자의 인권보장과 방어준비를 위하여 필수불가결한 권리이므로, 수사기관의 처분 등에 의하여 이를 제한할 수 없고, 다만 법령에 의하여서만 제한이 가능하다(대판 2002.5.6, 2000모112).

② 형사소송법은 제89조에서 "구속된 피고인은 법률의 범위 내에서 타인과 접견할 수 있다."고 규정하고, 제209조에 의하여 이를 체포 또는 구속된 피의자에 관하여도 준용하는 외에, 제34조에서 "변호인 또는 변호인이 되려는 자는 신체구속을 당한 피고인 또는 피의자와 접견하고 서류 또는 물건을 수수할 수 있다."고 규정하고 있다. 이러한 형사소송법의 규정들은, 헌법 제12조 제4항 본문이 "누구든지 체포 또는 구속을 당한 때에는 즉시 변호인의 조력을 받을 권리를 가진다."라고 규정하여 체포 또는 구속을 당한 사람이 변호인의 조력을 받을 권리를 기본적 인권의 하나로 보장한 취지를 실현하기 위하여 피의자 등의 헌법상 기본권을 구체화함과 동시에 변호인 또는 변호인이 되려는 자에게 피의자 등과 자유롭게 접견교통을 할 수 있는 법률상 권리를 인정한 것으로 보아야 할 것인데, 종래 변호인의 접견교통권을 직접적으로 제한하는 규정을 따로 두고 있지 아니하므로, 수사기관의 일방적인 처분 등을 통하여 함부로 변호인의 접견교통권을 제한할 수는 없다.

그러나 형사소송법상 체포 또는 구속은 죄를 범하였다고 의심할 만한 상당한 이유가 있는 피의자 또는 피고인의 도망이나 증거인멸을 방지하고 출석을 보장하기 위해 이루어지는 것이므로(제70조, 제200조의2, 제201조), 신체구속을 당한 피고인 또는 피의자에 대한 변호인의 접견교통권은 위와 같은 신체구속 제도의 본래의 목적을 침해하지 아니하는 범위 내에서 행사되어야 하고, 이러한 한계를 일탈하는 접견교통권의 행사는 정당한 접견교통권의 행사에 해당하지 아니하여 허용될 수 없는 것으로 보아야 할 것이다.

다만, 신체구속을 당한 사람에 대한 변호인의 접견교통권은 헌법상 기본권의 하나로 보장되고 있는 신체구속을 당한 사람이 변호인의 조력을 받을 권리와 표리관계에 있는 것이므로 그 접견교통권의 행사가 위와 같은 한계를 일탈한 것이라고 인정함에 있어서는 신체구속을 당한 사람의 헌법상의 기본적 권리로서의 변호인의 조력을 받을 권리의 본질적인 내용이 침해되는 일이 없도록 신중을 기하여야 한다(대판 2007.1.31, 2006모656).

(다) 서류 또는 물건의 수수

변호인 또는 변호인이 되려는 자는 서류 또는 물건을 수수할 수 있다(제34조). 일반인의 경우와 달리 검열이나 압수는 허용되지 않는다.[4] 즉, 미결수용자와 변호인 간의 편지는 교정시설에서 상대방이 변호인임을 확인할 수 없는 경우를 제외하고는 검열할 수 없다(형의 집행 및 수용자의 처우에 관한 법률 제84조 제3항). 다만, 체포 또는 구속장소의 질서유지를 위하여 마약이나 무기 기타 위험한 물건의 수수를 금지하는 것은 허용된다.

4) 다만, 미결수용자와 변호인 사이의 서신으로서 그 비밀을 보장받기 위해서는 ① 교도소 측에서 상대방이 변호인이라는 사실을 확인할 수 있어야 하고 ② 서신을 통하여 마약 등 소지금지품의 반입을 도모한다던가 그 내용에 도주, 증거인멸, 수용시설의 규율과 질서의 파괴, 기타 형벌 법령에 저촉되는 내용이 기재되어 있다고 의심할 만한 합리적인 이유가 있는 경우가 아니어야 한다(헌재 1995.7.21, 92헌마144).

(라) 의사의 수진권

변호인 또는 변호인이 되려는 자는 서류 또는 물건을 수수할 수 있으며, 의사로 하여금 진료하게 할 수 있다(제34조)

> **판례** 경찰서 유치장은 미결수용실에 준하는 것이어서(형의 집행 및 수용자의 처우에 관한 법률 제87조) 그 곳에 수용된 피의자에 대하여는 형의 집행 및 수용자의 처우에 관한 법률 및 그 시행령이 적용되고, 시행령은 '형사소송법 제34조, 제89조, 제209조의 규정에 의하여 피고인 또는 피의자가 의사의 진찰을 받는 경우에는 교도관 및 의무관이 참여하고 그 경과를 신분장부에 기재하여야 한다.'고 규정하고 있는 바, 이는 피고인 또는 피의자의 신병을 보호, 관리해야 하는 수용기관의 입장에서 수진과정에서 발생할지도 모르는 돌발상황이나 피고인 또는 피의자의 신체에 대한 위급상황을 예방하거나 대처하기 위한 것으로서 합리성이 있으므로, 형의 집행 및 수용자의 처우에 관한 법률의 규정은 변호인의 수진권 행사에 대한 법령상의 제한에 해당한다고 보아야 할 것이고, 그렇다면 국가정보원 사법경찰관이 경찰서 유치장에 구금되어 있던 피의자에 대하여 의사의 진료를 받게 할 것을 신청한 변호인에게 국가정보원이 추천하는 의사의 참여를 요구한 것은 행형법시행령 제176조의 규정에 근거한 것으로서 적법하고, 이를 가리켜 변호인의 수진권을 침해하는 위법한 처분이라고 할 수는 없다(대판 2002.5.6, 2000모112).

3. 비변호인과의 접견교통권

(1) 접견교통권의 보장

체포 또는 구속된 피의자 또는 피고인은 법률의 범위 내에서 변호인 또는 변호인이 되려는 자를 제외한 '타인'과 접견하고 서류 또는 물건을 수수하며 의사의 진료를 받을 수 있다(제89조, 제200조의5, 제209조). 이는 방어권 보장 및 특히 피의자 또는 피고인의 사회적 지위와 심리적 안정의 유지에 기여한다.

(2) 접견교통권의 제한

그러나 완전한 자유를 인정하게 되면 공범자와의 공모에 의한 증거인멸의 염려와 피의자 또는 피고인과 구금장소의 안전을 위태롭게 할 우려가 있다. 따라서 법률에 의해 제한할 수 있도록 하고 있다.

(가) 제한의 근거

㉠ **법률에 의한 제한** : 비변호인과의 접견교통권은 법률의 범위 내에서 보장되므로 형집행법 및 동법 시행령에 규정이 있다.

㉡ **법원 또는 수사기관의 결정에 의한 제한** : 법원은 도망하거나 범죄의 증거를 인멸할 염려가 있다고 인정할 만한 상당한 이유가 있는 때에는 직권 또는 검사의 청구에 의하여 결정으로 구속된 피고인과 변호인과 변호인이 되려는 자 외의 타인과의 접견을 금지할 수 있다(제91조). 이 규정은 피의자의 체포 또는 구속에 대하여도 준용된다(제200조의6, 제209조). 이 때 상당한 이유는 구속에 비하여 엄격히 해석해야 한다.

(나) 제한의 범위

접견의 금지, 서류 또는 물건의 검열과 압수 및 수수의 금지가 가능하다. 이때에는 전면적 금지 외에 개별적 금지도 포함하며 조건부, 기한부 금지도 가능하다. 다만, 의류, 양식, 의료품의 수수를 금지 또는 압수할 수 없다(제91조 단서).

(다) 제한의 절차

㉠ **피고인의 경우** : 법원의 직권이나 검사의 청구에 대한 결정이 필요하다.

㉡ **피의자의 경우** : 법 제200조의6, 제209조는 수사기관에게 독자적으로 접견교통권 제한에 대한 법적 근거를 제공하는 것은 아니며 피의자의 방어권을 제한하는 강력한 처분이므로 법원의 결정이 필요하다는 견해(법원결정설)가 있으나, 법 제200조의6, 제209조에 그 근거가 있고, 법원의 결정을 요한다는 논리에 따르면 피의자에 대한 구속의 취소나 집행정지에도 법원의 결정이 필요하다는 기이한 결과를 초래하므로 입법론으로는 별론으로 하고 현행법의 해석상으로는 수사기관의 결정에 의하여 제한이 가능하다고 해야한다는 견해(수사기관결정설)가 타당하다.

4. 접견교통권의 침해에 대한 구제

(1) 항고 · 준항고

① 법원의 결정에 대하여 불복이 있으면 항고를 할 수 있다(제402조). 또한 구금, 보석, 압수나 압수물의 환부에 관한 결정 또는 감정하기 위한 피고인의 유치에 관한 결정에 대해서는 항고를 할 수 있다(제403조 제2항). ② 수사단계에서 검사 또는 사법경찰관에 의한 침해가 있는 경우에는 준항고를 제기할 수 있다(제417조). 접견지연행위도 실질적으로 접견불허처분이 있는 것과 동일시되므로 수사기관의 '처분'이라고 할 수 있으므로 준항고의 대상이 된다.

판례는 준항고의 상대방과 관련하여 제417조 소정의 준항고는 수사단계이므로 당사자주의가 적용되지 아니하므로 사법경찰관이 아닌 안기부장을 상대방으로 표시한 잘못(위법)이 있다고 하더라도 그것이 제415조의 재항고이유로 되는 위법사유가 아니라고 판시(대결 1991.3.28. 91모24)하였다.

(2) 항소이유

수사기관의 접견교통권 침해는 원칙적으로 항소이유가 될 수 없으나 수소법원이 접견교통권을 침해함으로써 피고인의 방어준비에 중대한 지장을 가져온 경우에는 상대적 항소이유가 된다(제361조의5 제1호).

(3) 헌법소원

① 보충성의 원칙(헌법재판소법 제68조 제1항 단서)에 따라 준항고의 절차를 밟아 접견불허처분을 취소하는 법원의 결정이 있었음에도 재차 접견을 불허한다면 헌법소원도 허용된다.

② 신체구속을 당한 피고인 · 피의자만이 제기할 수 있고, 변호인은 원칙적으로 변호인의 접견교통권 침해를 이유로 헌법소원을 제기할 수는 없다[5](헌재결 1991.7.8. 89헌마181). 다만, 변호인이 이를 대리행사하

---

5) 헌법상의 변호인과의 접견교통권은 체포 또는 구속당한 피의자 · 피고인 자신에만 한정되는 신체적 자유에 관한 기본권이고, 변호인 자신의 구속된 피의자 · 피고인과의 접견교통권은 헌법상의 권리라고는 말할 수 없으며 단지 형사소송법 제34조에 의하여 비로소 보장되는 권리임이 그친다(헌재결 1991.7.8. 89헌마181). 따라서, 변호인은 구속된 피의자 · 피고인과의 접견교통권을 침해하였다는 이유로 헌법소원심판을 청구할 수 없다.

는 것은 가능하며 서신검열에 대해서는 변호인 자신도 통신의 비밀을 침해받지 않을 권리(헌법 제18조)가 침해되었음을 주장하여 헌법소원심판을 청구할 수 있다.

(4) 증거능력의 배제

접견교통권이 침해되고 있는 동안에 작성된 피의자신문조서(자백)에 대하여 자백배제법칙의 일환으로 이해하여 증거능력을 부정한다.

판례

① 검사 작성의 피의자신문조서가 검사에 의하여 피의자에 대한 변호인의 접견이 부당하게 제한되고 있는 동안에 작성된 경우에는 증거능력이 없다(대판 1990.8.24, 90도1285).

② 변호인접견 전에 작성된 검사의 피고인에 대한 피의자신문조서가 증거능력이 없다고 할 수 없다(대판 1990.9.25, 90도1613).

(5) 기 타

교도소 또는 구치소에 의한 접견교통권의 침해에 대하여는 행정소송이나 국가배상의 방법에 의하여 구제받을 수 있다.

Ⅴ. 체포 · 구속적부심사제도

1. 의의

(1) 개념

체포 · 구속적부심사제도란 수사기관에 의하여 체포 또는 구속된 피의자에 대하여 사후통제로 법원이 체포 또는 구속의 적부여부와 그 필요성을 심사하여 체포 또는 구속이 부적법 · 부당한 경우에 피의자를 석방시키는 제도를 말한다(제214조의2).

(2) 성질

체포 또는 구속의 적부여부 이외에도 구속계속의 필요성까지 심사의 대상으로 한다는 점에서 법관이 발부한 영장에 대한 재심절차 내지 항고적 성격을 가진다고 할 수 있다.

(3) 보석 · 구속취소와 구별

수사단계에 있는 피의자의 체포 · 구속이 적법한가의 여부를 심사하는 제도라는 점에서, 수소법원이 구속영장의 효력을 유지하면서 보증금의 납입 등을 전제로 구속된 피고인의 석방여부를 결정하는 보석과 구별되며, 법원의 결정에 의하여 석방되는 제도라는 점에서 검사가 구속을 취소하여 피의자를 석방하는 구속취소와 구별된다.

2. 연혁과 비교법적 고찰

(1) 연혁

구속적부심사제도는 미군정법령 제176호에 의하여 처음으로 도입되어 제헌헌법 이래 제3공화국헌법까지 규정하고 있었다. 1972년의 소위 유신헌법에 의하여 삭제되었으며, 제5공화국 헌법에서 부활하였으나 청구사유가 제한되어 입법론상 부당하다는 비판을 면할 수 없었다. 현행 헌법에서는 청구권의 배제규정을 삭제하여 청구사유를 현저히 확대하였으며, 이에 형사소송법은 체포제도를 도입함에 따라 체포적부심사청구도 가능하게 하고 체포·구속적부심사 청구시에 피의자에 대한 보석을 인정하였다.

(2) 비교법적 고찰

영미법계의 인신보호영장제도, 독일의 구속심사제도 및 일본의 구류이유개시제도가 있다.

3. 내용

(1) 심사의 청구

(가) 청구권자

㉠ 체포·구속적부심사의 청구권자는 체포되거나 구속된 피의자 또는 그 변호인, 법정대리인, 배우자, 직계친족, 형제자매나 가족, 동거인 또는 고용주이다(제214조의2 제1항). 청구권자는 피의자로 제한되어 있으므로 피고인은 체포·구속적부심사를 청구할 수 없다. 피의자는 체포 또는 구속된 자이면 족하고, 동거인은 사실상 동거하는 자이면 족하다. 사인에 의하여 불법하게 구속된 자는 여기의 청구권자에 해당하지 않는다.

㉡ 형사소송법 규정 : 판례는 긴급체포 등 체포영장에 의하지 아니하고 체포된 피의자도 적부심사를 청구할 권리를 가진다(대결 1997.8.27, 97모21)고 하면서, 형사소송법은 불법 또는 부당한 체포·구속으로부터 국민의 자유를 보장하기 위하여 이러한 '체포영장 또는 구속영장'에 의하여 체포 또는 구속된 피의자라고 하지 않고, '체포되거나 구속된 피의자'로 변경하여 영장없이 체포·구속된 피의자에게도 적용되도록 규정하고 있다(동조 제1항).

> 판례 헌법 제12조 제6항은 누구든지 체포 또는 구속을 당한 때에는 적부의 심사를 법원에 청구할 권리를 가진다고 규정하고 있고, 형사소송법 제214조의2 제1항은 체포영장 또는 구속영장에 의하여 체포 또는 구속된 피의자 등이 체포 또는 구속의 적부심사를 청구할 수 있다고 규정하고 있는 바, 형사소송법의 위 규정이 체포영장에 의하지 아니하고 체포된 피의자의 적부심사청구권을 제한한 취지라고 볼 것은 아니므로 긴급체포 등 체포영장에 의하지 아니하고 체포된 피의자의 경우에도 헌법과 형사소송법의 위 규정에 따라 그 적부심사를 청구할 권리를 가진다(대판 1997.8.27, 97모21).

(나) 적부심청구의 통지

피의자를 체포하거나 구속한 검사 또는 사법경찰관은 체포 또는 구속된 피의자와 제1항에 규정된 자 중에서 피의자가 지정하는 자에게 제1항에 따른 적부심사를 청구할 수 있음을 알려야 한다(제214조의2 제2항).

(다) 청구사유

㉠ 적부심사의 청구사유는 체포 또는 구속의 적부이다. 따라서 체포 또는 구속의 불법뿐만 아니라 부당, 즉 구속계속의 필요성에 대한 판단을 포함한다.

㉡ **체포·구속이 불법한 경우**로는 재구속의 제한에 위반하여 구속영장이 발부된 경우나, 영장에 의한 체포·긴급체포나 현행범인으로 체포된 자에 대하여 구속영장 청구기간(제200조의4, 제213조의2, 제200조의2 제5항)이 경과한 후에 구속영장이 청구되어 발부된 것과 같이 영장발부가 위법한 경우 뿐 아니라 구속사유가 없음에도 불구하고 구속영장이 발부된 경우나 경미한 사건으로 주거가 일정한 피의자에게 구속 영장이 발부된 경우와 같이 구속의 필요성에 대한 판단이 잘못된 경우도 포함한다.

㉢ **체포·구속이 부당하여 구속계속의 필요성이 없는 경우**란 피해보상, 피해자와 합의, 고소의 취소 등 구속 후 중대한 사정변경이 있는 경우를 의미한다. 따라서 구속 이후의 사유도 고려할 수 있다. 구속을 계속할 필요가 있는가를 판단하는 기준시는 심사시가 된다.

(라) 청구의 방법

피의사건의 관할법원에 체포 또는 구속의 적부심사를 청구할 수 있다(제214조의2 제1항) 청구는 서면 또는 구술로 할 수 있다(규칙 제176조). 체포 또는 구속의 적부심사청구서에는 체포 또는 구속된 피의자의 성명·주민등록번호·주거, 체포 또는 구속된 일자, 청구의 취지 및 청구의 이유, 청구인의 성명 및 체포 또는 구속된 피의자와의 관계 등을 기재하여야 한다(규칙 제102조).

(2) 법원의 심사

(가) 심사법원

지방법원 합의부 또는 단독판사가 심사한다. 영장을 발부한 법관은 관여하지 못하나 영장을 발부한 법관 외에는 심문·조사·결정을 할 판사가 없는 경우에는 관여할 수 있다(제214조의2 제12항).

(나) 심문기일의 지정

㉠ 체포·구속적부심사의 청구를 받은 법원은 청구서가 접수된 때부터 48시간 이내에 심문기일을 지정하여야 한다(제214조의2 제4항). 청구권자 아닌 자가 청구하거나 동일한 체포영장 또는 구속영장의 발부에 대하여 재청구한 때, 공범 또는 공동피의자의 순차청구가 수사방해의 목적임이 명백한 때에는 법원은 심문 없이 결정으로 청구를 기각할 수 있다(동조 제3항). 즉 이때에는 심문기일을 지정할 필요가 없다. 이를 간이기각결정이라고 한다.

㉡ 체포 또는 구속의 적부심사의 청구를 받은 법원은 지체없이 청구인, 변호인, 검사 및 피의자를 구금하고 있는 관서(경찰서, 교도소 또는 구치소등)의 장에게 심문기일과 장소를 통지하여야 한다(규칙 제104조 제1항). 통지는 서면외에 전화·모사전송·전자우편·휴대전화 문자전송 그 밖에 적당한 방법으로 할 수 있다. 이 경우 통지의 증명은 그 취지를 심문조서에 기재함으로써 할 수 있다(규칙 제104조 제3항).

(다) 법원의 심사

㉠ 체포·구속적부심사의 청구를 받은 법원은 심문기일에 체포 또는 구속된 피의자를 심문하고 수사관계서류와 증거물을 조사한다(제214조의2 제4항). 사건을 수사중인 검사 또는 사법경찰관은 제1항의 심문기일까지 수사관계서류와 증거물을 법원에 제출하여야 하고, 피의자를 구금하고 있는 관서의 장은 위 심문기일에 피의자를 출석시켜야 한다(규칙 제104조 제2항). 피의자의 출정은 절차의 개시요건이다. 검사·변호인·청구인은 제4항의 심문기일에 출석하여 의견을 진술할 수 있다(제214조의2 제9항).

㉡ 심문기일에 출석한 검사·변호인·청구인은 법원의 심문이 끝난 후 의견을 진술할 수 있다. 다만, 필요한 경우에는 심문 도중에도 판사의 허가를 얻어 의견을 진술할 수 있다. 피의자는 판사의 심문 도중에도 변호인에게 조력을 구할 수 있고, 체포 또는 구속된 피의자, 변호인, 청구인은 피의자에게 유리한 자료를 낼 수 있다. 법원은 피의자의 심문을 합의부원에게 명할 수 있다(규칙 제105조).

㉢ 체포·구속적부심사를 청구한 피의자가 국선변호인을 선정해야 할 경우 즉 제33조에 해당할 때에는 법원은 국선변호인을 선정하여야 한다(제214조의2 제10항).

(라) 체포·구속적부심사조서

심문기일에 피의자를 심문하는 경우에는 법원사무관 등은 심문의 요지 등을 조서로 작성하여야 한다(제214조의2 제14항, 제201조의2 제6항). 체포·구속적부심사조서는 제315조상의 증거능력있는 서류에 해당한다.

> **판례** (대판 2004.1.16, 2003도5693)
>
> [1] 구속적부심은 구속된 피의자 또는 그 변호인 등의 청구로 수사기관과는 별개 독립의 기관인 법원에 의하여 행하여지는 것으로서 구속된 피의자에 대하여 피의사실과 구속사유 등을 알려 그에 대한 자유로운 변명의 기회를 주어 구속의 적부를 심사함으로써 피의자의 권리보호에 이바지하는 제도인바, <u>법원 또는 합의부원, 검사, 변호인, 청구인이 구속된 피의자를 심문하고 그에 대한 피의자의 진술 등을 기재한 구속적부심문조서는 형사소송법 제311조가 규정한 문서에는 해당하지 않는다 할 것이나, 특히 신용할 만한 정황에 의하여 작성된 문서라고 할 것이므로 특별한 사정이 없는 한, 피고인이 증거로 함에 부동의하더라도 형사소송법 제315조 제3호에 의하여 당연히 그 증거능력이 인정된다(절대적 증거능력).</u>
>
> [2] 구속적부심문조서의 증명력은 다른 증거와 마찬가지로 법관의 자유판단에 맡겨져 있으나, 피의자는 구속적부심에서의 자백의 의미나 자백이 수사절차나 공판절차에서 가지는 중요성을 제대로 헤아리지 못한 나머지 허위자백을 하고라도 자유를 얻으려는 유혹을 받을 수가 있으므로, 법관은 구속적부심문조서의 자백의 기재에 관한 증명력을 평가함에 있어 이러한 점에 각별히 유의를 하여야 한다(제한적 증명력).

(3) 법원의 결정

(가) 결정의 시기

체포 또는 구속의 적부심사청구에 대한 결정은 체포 또는 구속된 피의자에 대한 심문이 종료된 때로부터 24시간 이내에 이를 하여야 한다(규칙 제106조). 법원이 수사관계서류와 증거물을 접수한 때부터 결정 후 검찰청에 반환된 때까지의 기간은 수사기관의 체포제한기간 또는 구속기간에 이를 산입하지 아니한다(제214조의2 제13항). 이는 체포・구속적부심사청구권의 남용을 방지하고, 사실상의 구속기간 단축으로 인한 수사상의 지장을 해소하는 동시에 검사의 전격기소의 폐해를 방지하기 위한 것이다.

(나) 결정의 내용

㉠ **기각결정** : 법원은 심사결과 청구가 이유없다고 인정될 때에는 결정으로 그 청구를 기각하여야 한다(제214조의2 제4항). 심문없이 기각결정이 허용되는 경우(간이기각결정)도 있다(동조 제3항).

㉡ **석방결정** : 법원이 적부심사의 청구를 이유있다고 인정한 때에는 결정으로 체포 또는 구속된 피의자의 석방을 명하여야 한다(제214조의2 제4항). 석방결정은 그 결정서의 등본이 검찰청에 송달된 때에 효력을 발생한다(제42조). 심사청구 후 피의자에 대하여 공소제기가 있는 전격기소의 경우에도 또한 같다(제214조의2 제4항 제2문).6)

㉢ **재체포・재구속의 제한** : 석방결정에 의하여 석방된 피의자는 도망하거나 죄증을 인멸한 경우를 제외하고는 동일한 범죄사실에 대하여 재차 체포 또는 구속을 하지 못한다(제214조의3 제1항). 따라서 피의자가 도망하거나 죄증을 인멸하는 경우에는 재차 체포 또는 구속할 수 있게 된다.

㉣ **항고의 금지** : 석방결정과 기각결정에 대하여는 항고하지 못한다(제214조의2 제8항). 항고로 인한 수사의 지연과 심사의 장기화를 피하기 위한 취지이다.

(다) 보증금납입조건부 피의자보석(기소 전 보석 또는 피의자보석)

A. 의의 및 취지

ⓐ 피의자에 대하여 보증금납입을 조건으로 구속의 집행을 정지하는 제도를 말한다(제214조의2 제5항). 이는 보석제도를 피의자에 대하여 까지 확대한 것이라 할 수 있다. 형사소송법은 보석을 피의자에게 준용하는 대신에 구속적부심사와 결합하여 보증금납입조건부 피의자석방제도를 인정하고 있다. 그러나 구속된 피의자가 아닌 체포된 피의자에게는 인정하지 않는다.

ⓑ 판례는 현행법상 체포된 피의자에 대해서는 보증금납입조건부 피의자석방이 허용되지 않는다는 입장이다. 따라서 이는 구속적부심사의 청구가 있는 때에만 허용되는 직권보석, 재량보석의 성질을 갖는다.

판례 형사소송법은 수사단계에서의 체포와 구속을 명백히 구별하고 있고 이에 따라 체포와 구속의 적부심사를 규정한 같은 법 제214조의2에서 체포와 구속을 서로 구별되는 개념으로 사용하고 있는 바, 같은 조 제4항에 기소 전 보증금 납입을 조건으로 한 석방의 대상자가 '구속된 피의자'라고 명시되어 있고, 같은 법 제214조의3 제2항의 취지를 체포된 피의자에 대하여도 보증금 납입을 조건으로 한 석방이 허용되어야 한다는 근거로 보기는 어렵다 할 것이어서 현행법상 체포된 피의자에 대하여는 보증금 납입을 조건으로 한 석방이 허용되지 않는다(대판 1997.8.27, 97모21).

B. 내용

6) 구속적부심사 청구인적격을 피의자 등으로 한정하고 있는 형사소송법 제214조의2에 대한 위헌법률심판에서 헌법재판소는 동 규정에 대하여 헌법불합치결정을 하였고(헌재결 2004.3.25, 2002헌바104), 이 판결에 의해서 심사청구 후에 피의자에 대하여 공소제기가 있는 경우에도 체포적부심사의 청구권자가 될 수 있도록 형사소송법은 규정하고 있다(제214조의2 제4항). 주의할 것은 피의자 단계에서 적부심이 청구된 경우 공소제기가 있어도 적부심의 효력이 유지된다는 것이고 피고인이 적부심을 청구할 수 있다는 의미는 아니라는 것이다.

ⓐ **피의자보석의 청구**(직권·재량보석) : 피의자가 구속적부심사를 청구한 경우에 법원은 직권재량으로 보증금납입을 조건으로 피의자의 석방을 명할 수 있다. 따라서 피의자의 보석청구는 인정되지 않는다. 피의자의 중복된 청구로 인하여 수사절차가 지연된다는 점을 고려한 결과이다.

ⓑ **피의자석방의 제외사유** : 법원은 구속된 피의자에게 ⅰ) 죄증을 인멸할 염려가 있다고 믿을만한 충분한 이유가 있는 때, ⅱ) 피해자, 당해 사건의 재판에 필요한 사실을 알고 있다고 인정되는 자 또는 그 친족의 생명·신체나 재산에 해를 가하거나 가할 염려가 있다고 믿을만한 충분한 이유가 있는 때에는 보증금납입조건부로 피의자석방을 명할 수 없다(제214조의2 제5항). 전자는 피의자가 실체진실의 발견을 해하는 경우까지 보석을 허용하지는 않겠다는 취지이며, 후자는 피해자 또는 증인을 보호하기 위한 규정이다.

ⓒ **보증금과 조건** : 보증금의 납입을 조건으로 피의자석방을 하는 경우에 보증금의 결정이나 집행절차에 관하여는 보석에 관한 규정이 준용된다(제214조의2 제7항). 법원은 석방결정을 하는 경우에 주거의 제한, 법원 또는 검사가 지정하는 일시·장소에 출석할 의무 기타 적당한 조건을 부가할 수 있다(동조 6항).

ⓓ **재체포·구속의 제한** : 보증금납입을 조건으로 석방된 피의자가 ⅰ) 도망한 때, ⅱ) 도망하거나 죄증을 인멸할 염려가 있다고 믿을만한 충분한 이유가 있는 때, ⅲ) 출석요구를 받고 정당한 이유없이 출석하지 아니한 때, ⅳ) 주거의 제한 기타 법원이 정한 조건을 위반한 때의 1에 해당하는 사유가 있는 경우를 제외하고는 동일한 범죄사실에 관하여 재차 체포 또는 구속하지 못한다(제214조의3 제2항).

C. 보증금의 몰수

ⓐ **임의적 몰수** : 법원은 보증금납입을 조건으로 석방된 피의자를 재체포·재구속 제한의 예외사유에 해당하여 재차 구속할 때, 보증금납입을 조건으로 석방된 피의자에 대하여 공소가 제기된 후 법원이 동일한 범죄사실에 관하여 피고인을 재차 구속할 때에는 보증금의 전부 또는 일부를 몰수 할 수 있다(제214조의4 제1항).

ⓑ **필요적 몰수** : 보증금납입을 조건으로 석방된 자가 동일한 범죄사실에 관하여 형의 선고를 받고 그 판결이 확정된 후, 집행하기 위한 소환을 받고 정당한 이유없이 출석하지 아니하거나 도망한 때에는 직권 또는 검사의 청구에 의하여 결정으로 보증금의 전부 또는 일부를 몰수하여야 한다(제214조의4 제2항).

(라) 항고의 허용 여부

㉠ 보증금납입조건부 피의자석방결정에 대해서 항고할 수 있는가의 문제가 있다. 체포·구속적부심절차에서의 법원의 결정에 대한 항고의 허용여부에 관하여는 법원의 기각·석방결정(제214조의2 제3항, 제4항)에 대하여 항고하지 못한다고 규정(제214조의2 제8항)하고 있을 뿐이고 보증금납입조건부 피의자석방결정에 대하여는 명문의 규정이 없기 때문이다.

㉡ 판례는 피의자나 검사가 그 취소의 실익이 있는 한 제402조에 의해 항고할 수 있다고 한다.

판례 형사소송법 제214조의2 제4항의 석방결정은 ① 구속의 적법을 전제로 한 것이어서 제3항의 석방결정과는 그 취지와 내용을 달리하고, ② 제214조의3은 제214조의2 제3항과 제4항에 의해 석방된 피의자의 각 재체포 및 재구속의 제한에 관하여도 달리 취급하고 있으며, ③ 기소 후 보석결정에 항고가 인정되는 점에 비추어 성질 및 내용이 유사한 기소 전 보석에서도 항고할 수 있도록 하는 것이 균형에 맞으므로 피의자나 검사가 그 취소의 실익이 있는 한 제402조에 의하여 항고할 수 있다고 보아야 한다(대판 1997.8.27, 97모21).

4. 체포 · 구속적부심제도의 개선책

(1) 피고인의 적부심사청구

피고인에 대하여도 구속적부심사를 청구할 수 있게 하는 것이 타당한지에 대해서는 부정설이 있으나 법원에 의하여 불법 또는 부당하게 구속된 피고인도 구제할 필요가 있으며 헌법 제12조 제6항의 취지에 비추어 보아 긍정하는 것이 타당하다고 할 것이다.

(2) 체포 · 구속기간의 산입

체포 · 구속적부심사가 청구된 경우에 법원이 수사관계서류와 증거물을 접수한 때로부터 결정 후 검찰청에 반환된 때까지의 기간은 체포 또는 구속기간에 산입되지 않는다(제214조의2 제13항)는 규정은 체포 · 구속적부심사의 청구가 헌법에 의하여 인정된 권리이고 이 기간 동안 특별히 수사에 지장이 초래되는 것도 아니므로 타당하다고 할 수 없다.

(3) 보증금납입조건부 피의자석방제도

피의자가 체포 · 구속적부심사를 청구한 때에만 보석을 허가하도록 한 점, 임의적 보석만을 인정한 점, 재구속의 제한에 관한 제214조의3의 규정은 보석제도의 취지와 일치하지 않는 문제가 있다.

Ⅵ. 보석

1. 보석의 의의

(1) 개념

보석이라 함은 일정 보증금 등의 납부를 조건으로 하여 구속의 집행을 정지시킴으로써 구속된 피고인이 석방되는 제도이다.

(2) 제도적 취지

피고인을 석방하면서도 피고인의 출석을 확보하여 구속의 효과를 달성(보충성)하면서 피고인에게 자유를 부여하여 방어의 준비를 할 수 있게 하고, 국가의 미결구금유지에 대한 경비절약과 잡거구금의 폐해 방지에 기여한다.

(3) 구별개념

㉠ **구속의 집행정지** : 보석은 구속의 집행만을 정지하는 제도라는 점에서 광의의 구속집행정지에 속하나 피고인에게만 인정된다는 점과 청구권이 인정된다는 점에서 법원이나 수사기관이 직권으로 인정하는 집행정지와 구별된다.

㉡ **구속의 취소** : 보석은 구속의 집행을 정지하는데 불과하다는 점에서 구속영장을 실효시키는 구속의 취소와 구별된다.

㉣ **체포·구속적부심사** : 보석은 피고인의 석방을 위한 제도라는 점에서 피의자를 석방하기 위한 체포·구속적부심사와 구별된다.

2. 보석의 종류

① 보석은 보석청구의 유무에 따라 청구보석과 직권보석으로, ② 보석결정에 대한 법원의 재량의 유무에 따라 필요적 보석과 임의적 보석으로 나눌 수 있다. 필요적 보석은 청구보석에 대하여만 인정되고 임의적 보석은 청구보석과 직권보석에 모두 인정된다.

(1) 필요적 보석

(가) 필요적 보석의 원칙

필요적 보석은 보석청구가 있으면 법원이 반드시 보석을 허가하여야 하는 경우를 말하며(제95조), 청구보석에 대해서만 인정된다. 형사소송법은 필요적 보석을 원칙으로 한다.

(나) 필요적 보석의 제외사유

형사소송법은 필요적 보석을 원칙으로 하면서도 다음과 같은 광범위한 제외사유(제95조 제1호 내지 제6호)를 인정하여 오히려 필요적 보석을 예외로 만들었다는 비판을 받는다.

1. 피고인이 사형·무기 또는 장기 10년이 넘는 징역이나 금고에 해당하는 죄를 범한 때(제1호)
2. 피고인이 누범에 해당하거나 상습범인 죄를 범한 때(제2호)
3. 피고인이 죄증을 인멸하거나 인멸할 염려가 있다고 믿을 만한 충분한 이유가 있는 때(제3호)
4. 피고인이 도망하거나 도망할 염려가 있다고 믿을 만한 충분한 이유가 있는 때(제4호)
5. 피고인의 주거가 분명하지 아니한 때(제5호)
6. 피고인이 피해자, 당해 사건의 재판에 필요한 사실을 알고 있다고 인정되는 자 또는 그 친족의 생명·신체나 재산에 해를 가하거나 가할 염려가 있다고 믿을 만한 충분한 이유가 있는 때(제6호)

판례 피고인이 집행유예의 기간 중에 있어 집행유예의 결격자라고 하여 보석을 허가할 수 없는 것은 아니고 형사소송법 제95조는 그 제1호 내지 제5호 이외의 경우에는 필요적으로 보석을 허가하여야 한다는 것이지 여기에 해당하는 경우에는 보석을 허가하지 아니할 것을 규정한 것이 아니므로 집행유예기간 중에 있는 피고인의 보석을 허가한 것이 누범과 상습범에 대하여는 보석을 허가하지 아니할 수 있다는 형사소송법 제95조 제2호의 취지에 위배되어 위법이라고 할 수 없다(대판 1990.4.18, 90모22).

(다) 제외사유의 판단과 여죄

㉠ 제외사유 판단시 구속영장에 기재된 범죄사실 외에 여죄를 고려할 수 있는지가 문제된다.

ⓛ 이와 관련하여서는 ⓐ 구속의 효력은 구속영장에 기재된 사실에 대해서만 미치므로 여죄를 고려할 수 없다는 견해(소극설), ⓑ 구속영장의 효력은 피고인 또는 피의자에 대한 것이므로 여죄도 고려해야 한다는 견해(적극설), ⓒ 원칙적으로는 구속영장의 기재사실로 판단하나 병합심리중인 때에는 여죄도 고려할 수 있다는 견해(절충설), ⓓ 제95조 1호, 2호, 4호의 사유에는 여죄를 고려할 수 있으나 3호의 경우에는 고려할 수 없다는 견해(중간설)의 대립이 있으나 구속영장은 사건을 단위로 하는 것이므로 소극설이 타당하다고 본다.

(2) 임의적 보석

보석 청구가 없는 경우 또는 필요적 보석의 제외사유에 해당하는 경우에도 법원은 상당한 이유가 있으면 직권 또는 보석청구권자의 청구에 의하여 결정으로 보석을 허가할 수 있다(제96조). 즉, 보석허가 여부가 재량인 경우를 임의적 보석이라 한다. 직권 뿐만 아니라 청구보석의 경우에도 인정된다. 예컨대 병보석과 같은 경우이다.

3. 보석의 절차

(1) 보석의 청구

(가) 청구권자

보석청구권자는 피고인, 변호인, 법정대리인, 배우자, 직계친족, 형제자매, 가족 등 이다. 동거인과 고용주도 청구권자가 된다(제94조). 피고인 이외의 자의 보석청구권은 독립대리권이다. 피고인은 실제 구속집행 중이든, 구속집행정지 중이든 불문한다.

(나) 청구의 방법

보석청구의 기재사항은 구속취소청구서와 동일하다(규칙 제53조 제1항). 공소제기 후 재판확정 전까지는 심급을 불문하고 보석청구를 할 수 있으며, 상소기간에도 가능하다. 상소기간 중 또는 상소 중의 사건에 관하여 보석에 대한 결정은 소송기록이 원심 법원에 있는 때에는 원심법원이 하여야 한다(제105조).

(2) 보석과 검사의 의견

재판장은 보석에 관한 결정을 함에는 검사의 의견을 물어야 한다(제97조 제1항). 검사는 재판장의 의견요청에 대하여 지체없이 의견을 표명하여야 한다(동조 제3항). 법원은 보석에 관하여 검사의 의견을 물을 때에는 청구서의 부본을 첨부하여야 한다(규칙 제53조 제3항). 형사소송법은 보석청구가 있는 경우 검사에게 의견을 구하는 주체를 법원이 아닌 재판장으로 하여, 신속한 신병결정을 위하여 검사는 '지체없이' 의견을 밝힐 의무규정을 규정하고 있다(제97조 제3항).

> 판례 검사의 의견청취의 절차는 보석에 관한 결정의 본질적 부분이 되는 것은 아니므로 설사 법원이 검사의 의견을 듣지 아니한 채 보석에 관한 결정을 하였다고 하더라도 그 결정이 적정한 이상, 절차상의 하자만을 들어 그 결정을 취소할 수는 없다(대판 1997.11.27, 97모88).

➲ 법원의 결정시 검사의 의견을 들어야 하는 경우
① 공판절차의 정지(제306조 제1항 · 제2항)
② 보석허가(제97조 제1항)
③ 간이공판절차결정 취소(제286조의3)
④ 구속취소(제97조 제2항)
⑤ 구속집행정지(제101조 제2항).

(3) 법원의 결정

법원은 구속된 피고인을 심문하여 보석의 청구가 부적법하거나 이유 없는 때에는 기각하여야 하며 허가하는 경우에는 보증금을 정하거나 적당한 조건을 부가할 수 있다.

(가) 보석의 심리

㉠ 보석의 청구를 받은 법원은 지체없이 심문기일을 정하여 구속된 피고인을 심문하여야 한다. 다만, ⓐ 법 제94조에 규정된 청구권자 이외의 사람이 보석을 청구한 때, ⓑ 동일한 피고인에 대하여 중복하여 보석을 청구하거나 재청구한 때, ⓒ 공판준비 또는 공판기일에 피고인에게 그 이익되는 사실을 진술할 기회를 준 때, ⓓ 이미 제출한 자료만으로 보석을 허가하거나 불허가할 것이 명백한 때에는 그러하지 아니하다(규칙 제54조의2 제1항).

판례 형사소송규칙 제54조의2는 보석청구를 받은 법원이 지체없이 심문기일을 정하여 구속 피고인을 심문하도록 규정한 것이지 항고심에서도 필요적으로 피고인을 심문하도록 규정한 것이 아니다(대판 1991.8.13, 91모53).

㉡ 심문기일을 정한 법원은 즉시 검사, 변호인, 보석청구인 및 피고인을 구금하고 있는 관서의 장에게 심문기일과 장소를 통지하여야 하고, 피고인을 구금하고 있는 관서의 장은 위 심문기일에 피고인을 출석시켜야 한다(규칙 제54조의2 제2항). 위의 통지는 서면 외에 전화 · 모사전송 · 전자우편 · 휴대전화 문자전송 그 밖에 적당한 방법으로 할 수 있다. 이 경우 통지의 증명은 그 취지를 심문조서에 기재함으로써 할 수 있다(규칙 동조 제3항).

㉢ 이때 피고인, 변호인, 보석청구인은 피고인에게 유리한 자료를 낼 수 있으며, 검사, 변호인, 보석청구인은 위의 심문기일에 출석하여 의견을 진술할 수 있다(규칙 동조 제4항, 제5항).

㉣ 법원은 피고인, 변호인 또는 보석청구인에게 보석조건을 결정함에 있어 필요한 자료의 제출을 요구할 수 있고, 피고인의 심문을 합의부원에게 명할 수 있다(규칙 동조 제6항, 제7항).

(나) 보석의 결정

법원은 특별한 사정이 없는 한 보석의 청구를 받은 날부터 7일 이내에 그에 관한 결정을 하여야 한다(규칙 제55조). 필요적 보석의 경우에는 제외사유가 없는 이상 보석청구에 대하여 반드시 허가하여야 하나, 임의적 보석의 경우에는 보석청구에 대한 허가여부는 법원의 재량에 속한다. 보석을 허가하지 아니하는 결정을 하는 때에는 결정이유에 법 제95조 각호 중 어느 사유에 해당하는 지를 명시하여야 한다(규칙 제55의2 제2항). 법원은 보석을 허가하는 경우에는 피고인의 출석을 보증할 수 있는 보증금을 정해야 하고 적당한 조건을 부과할 수 있다(제98조, 제99조).

> **판례** 보석불허가 이유로 피고인이 죄증을 인멸할 염려가 있다고 믿을 만한 충분한 이유가 있다고 설시한 것은 필요적 보석의 제외사유인 형사소송법 제95조 제3호에 해당함을 명시한 것이므로 형사소송규칙 제55조의2에 위반되지 아니한다(대판 1991.8.13, 91모53).

(다) 보석의 조건

법원은 보석을 허가하는 경우에는 필요하고 상당한 범위 안에서 다음 각 호의 조건 중 하나 이상의 조건을 정하여야 한다(제98조).

1. 법원이 지정하는 일시·장소에 출석하고 증거를 인멸하지 아니하겠다는 서약서를 제출할 것
2. 법원이 정하는 보증금 상당의 금액을 납입할 것을 약속하는 약정서를 제출할 것
3. 법원이 지정하는 장소로 주거를 제한하고 이를 변경할 필요가 있는 경우에는 법원의 허가를 받는 등 도주를 방지하기 위하여 행하는 조치를 수인할 것
4. 피해자, 당해 사건의 재판에 필요한 사실을 알고 있다고 인정되는 자 또는 그 친족의 생명·신체·재산에 해를 가하는 행위를 하지 아니하고 주거·직장 등 그 주변에 접근하지 아니할 것
5. 피고인 외의 자가 작성한 출석보증서를 제출할 것
6. 법원의 허가 없이 외국으로 출국하지 아니할 것을 서약할 것
7. 법원이 지정하는 방법으로 피해자의 권리회복에 필요한 금원을 공탁하거나 그에 상당한 담보를 제공할 것
8. 피고인 또는 법원이 지정하는 자가 보증금을 납입하거나 담보를 제공할 것
9. 그 밖에 피고인의 출석을 보증하기 위하여 법원이 정하는 적당한 조건을 이행할 것

(라) 보석조건의 결정기준

㉠ 법원은 보석의 조건을 정함에 있어서 ⓐ 범죄의 성질 및 죄상, ⓑ 증거의 증명력, ⓒ 피고인의 전과·성격·환경 및 자산, ⓓ 피해자에 대한 배상 등 범행 후의 정황에 관련된 사항을 고려하여야 한다(제99조 제1항). 보석의 조건을 정함에 있어서 가장 중요한 것은 보석보증금을 정한다.

㉡ 보석보증금은 피고인의 출석을 확보함에 상당한 금액이어야 한다. 그러나 과다한 보증금은 실질적으로 보석제도를 무의미하게 할 우려가 있다. 따라서 법원은 피고인의 자력 또는 자산 정도로는 이행할 수 없는 보증금액을 정할 수 없다(제99조 제2항).

(마) 보석조건의 변경

법원은 직권 또는 보석청구권자의 신청에 따라 결정으로 피고인의 보석조건을 변경하거나 일정기간 동안 당해 조건의 이행을 유예할 수 있다(제102조 제1항). 보석 허가 후에 준수되는 후이행 조건이 있음을 고려한 규정이다.

(4) 보석허가결정에 대한 불복

(가) 즉시항고

보석을 허가한 결정에 대하여 검사는 즉시항고를 할 수 없다(제97조 제4항). 검사의 불복의 효력이 법원의 석방결정보다 우선되는 결과가 되기 때문이다.

(나) 보통항고

보통항고는 판결 전 소송절차에 대한 결정(제403조 제1항)과 대법원 결정 등 성질상 항고가 허용되지 않는 결정을 제외한 모든 결정에 대하여 허용된다. 따라서 법원의 보석허가결정도 결정의 일종이므로 보통항고가 허용된다. 판례도 이를 인정한다(97모26).

> 판례 개정된 형사소송법 제97조 제3항이 구 형사소송법(1995.12.29. 법률 제5054호로 개정되기 전의 것) 제97조 제3항에서 인정하던 보석허가결정에 대한 검사의 즉시항고권을 삭제하였으나, 개정된 형사소송법이 시행된 이후에도 검사가 형사소송법 제403조 제2항에 의한 보통항고의 방법으로 보석허가결정에 대하여 불복하는 것은 허용된다(대판 1997.4.18, 97모26).

(5) 보석집행의 절차

① 제98조 제1호·제2호·제5호·제7호 및 제8호의 조건은 이를 이행한 후가 아니면 보석허가결정을 집행하지 못하며, 법원은 필요하다고 인정하는 때에는 다른 조건에 관하여도 그 이행 이후 보석허가결정을 집행하도록 정할 수 있다(제100조 제1항). 법원은 보석청구자 이외의 자에게 보증금의 납입을 허가할 수 있으며(동조 제2항), 법원은 유가증권 또는 피고인 외의 자가 제출한 보증서로써 보증금에 갈음함을 허가할 수 있다(동조 제3항).

② 형사소송법의 규정방식과 취지 : 형사소송법은 제98조 제1호(본인 서약서), 제2호(본인 보증금 약정서), 제5호(제3자출석보증서), 제7호(피해액 공탁조건) 및 제8조(보증금 또는 담보의 제공)의 조건은 선이행·후석방조건으로 규정하고, 그 나머지 즉 제98조의 제3호, 제4호, 제6호의 조건은 선석방·후이행조건으로 규정하고 있는데, 이는 피고인에게 어떤 특정한 작위의무를 부과하는 조건(전자의 경우)과 부작위의무를 부과하는 조건(후자의 경우)이 다르다는 점을 고려한 것으로 보인다. 다만 향후에는 <u>법원이 지정하는 다양한 보석조건이 부과될 수 있으므로 조건부 석방시 선이행이 필요하다고 판단되는 경우 개별적인 조건의 선이행 여부를 법원이 정할 수 있도록 하고 있다</u>(제100조 제1항 후단).

③ 보증서에는 보증금액을 언제든지 납입할 것을 기재하여야 한다(제100조 제4항). 따라서 법원은 보석허가결정의 집행 전후를 불문하고 보증서제출인에게 보증금의 납부를 명할 수 있고, 보증서제출인은 보증금을 납부할 의무를 진다. 법원은 보석허가결정에 따라 석방된 피고인이 보석조건을 준수하는데 필요한 범위 안에서 관공서나 그 밖의 공사단체에 대하여 적절한 조치를 취할 것을 요구할 수 있다(제100조 제5항). 예컨대 제98조 제6호의 조건을 부과한 경우에는 출입국관리를 담당하는 기관에 출국금지조치를 요구할 수 있다.

4. 보석의 취소 · 실효와 보증금의 몰취 · 환부

(1) 보석의 취소와 실효

(가) 보석의 취소

㉠ 보석 후에 다음과 같은 보석취소사유가 있는 때에는 법원은 직권 또는 검사의 청구에 의하여 보석을 취소할 수 있다(제102조 제2항). 보석의 취소 여부는 법원의 재량이며 보석취소결정에 대하여는 항고할 수 있다(제403조 제2항).

1. 도망한 때
2. 도망하거나 죄증을 인멸할 염려가 있다고 믿을 만한 충분한 이유가 있는 때
3. 소환을 받고 정당한 사유 없이 출석하지 아니한 때
4. 피해자, 당해 사건의 재판에 필요한 사실을 알고 있다고 인정되는 자 또는 그 친족의 생명 · 신체 · 재산에 해를 가하거나 가할 염려가 있다고 믿을 만한 충분한 이유가 있는 때
5. 법원이 정한 조건을 위반한 때

㉡ 보석취소의 결정이 있는 때에는 검사는 그 취소결정의 등본 또는 기간을 정한 구속집행정지결정의 등본에 의하여 피고인을 재구금하여야 한다. 다만, 급속을 요하는 경우에는 재판장, 수명법관 또는 수탁판사가 재구금을 지휘할 수 있다(규칙 제56조 제1항). 보석취소결정이 송달은 요하지 않는다.

㉢ 법원은 피고인이 정당한 사유 없이 보석조건을 위반한 경우에는 결정으로 피고인에 대하여 1천만 원 이하의 과태료를 부과하거나 20일 이내의 감치에 처할 수 있다. 이 결정에 대하여는 즉시항고를 할 수 있다(제102조 제2항, 제3항).

(나) 보석의 실효

보석은 제98조 제8호의 조건을 제외한 보석의 취소와 구속영장의 실효에 의하여 그 효력을 상실한다(제104조의2). 따라서 무죄, 면소, 형의 선고유예와 집행유예, 벌금 또는 과료의 재판이 선고된 때에는 물론 자유형이나 사형이 확정된 경우에도 구속영장이 실효되므로 보석도 효력을 잃는다. 그러나 피고인에게 제1심이나 제2심에서 실형이 선고되었다고 하여도 그것이 확정되지 않고 또 보석이 취소되지 않는 한 보석의 효력은 상실되지 않는다.

(2) 보증금의 몰취와 환부

(가) 보증금 등의 몰취

A. 임의적 몰취

ⓐ 법원은 보석을 취소하는 때에는 직권 또는 검사의 청구에 따라 결정으로 보증금 또는 담보의 전부 또는 일부를 몰취할 수 있다(제103조 제1항). 보증금의 전부 또는 일부를 몰취하느냐는 법원의 재량에 속하며, 법원은 보증금을 전혀 몰취하지 않을 수도 있다.

ⓑ 이와 관련하여 보증금몰취결정은 보석취소결정과 동시에 하여야만 하는가에 관하여 i) 취소결정과 동시에 하여야 한다는 견해와 ii) 취소결정 후에도 몰취결정을 결정을 할 수 있다는 견해가 대립하나 판례는 후자의 견해를 취하고 있다.

> **판례** 형사소송법 제103조 제1항은 "보석을 취소할 때에는 결정으로 보증금의 전부 또는 일부를 몰수할 수 있다."라고 규정하고 있는 바, 이는 보석취소사유가 있어 보석취소결정을 할 경우에는 보석보증금의 전부 또는 일부를 몰수하는 것도 가능하다는 의미로 해석될 뿐 ① 문언상 보석보증금 몰수는 반드시 보석취소와 동시에 결정하여야 한다는 취지라고 단정하기는 어려운 점, ② 보석보증금의 기능은 유죄의 판결이 확정될 때까지의 신체 확보도 담보하는 취지로 봄이 상당하다는 점, ③ 보석취소결정은 그 성질상 신속을 요하는 경우가 대부분임에 반하여, 보증금몰수결정에 있어서는 그 몰수의 교부 및 몰수 금액의 범위 등에 관하여 신중히 검토하여야 할 필요성도 있는 점 등을 아울러 고려하여 보면, 보석취소 후에 별도로 보증금몰수결정을 할 수도 있다. 그리고 형사소송법 제104조가 구속 또는 보석을 취소하거나 구속영장의 효력이 소멸된 때에는 몰수하지 아니한 보증금을 청구한 날로부터 7일 이내에 환부하도록 규정되어 있다고 하여도, 이 규정의 해석상 보석취소 후에 보증금몰수를 하는 것이 불가능하게 되는 것도 아니다(대판 2001.5.29, 2000모22 전원합의체).

B. 필요적 몰취

ⓐ 법원은 보증금의 납입 또는 담보제공을 조건으로 석방된 피고인이 동일한 범죄사실에 관하여 형의 선고를 받고 그 판결이 확정된 후 집행하기 위한 소환을 받고 정당한 사유 없이 출석하지 아니하거나 도망한 때에는 직권 또는 검사의 청구에 따라 결정으로 보증금 또는 담보의 전부 또는 일부를 몰취하여야 한다(제103조 제2항). 형집행을 위한 불출석을 이유로 한 필요적 보증금 몰취를 인정한 것이다.

ⓑ 보증금의 몰취(임의적, 필요적)는 법원의 결정에 의하며, 검사에게 결정서를 교부 또는 송달함으로써 즉시 집행할 수 있다.

(나) 보증금의 환부

구속 또는 보석을 취소하거나 구속영장의 효력이 소멸된 때에는 몰취하지 아니한 보증금 또는 담보를 청구한 날로부터 7일 이내에 환부하여야 한다(제104조).

5. 보석제도의 개선

(1) 필요적 보석의 제외사유 축소

형사소송법은 필요적 보석을 원칙으로 하면서도 지나치게 광범위한 예외를 인정하여 필요적 보석이 예외가 되지 않을 수 없게 하고 있으므로 제95조의 제외사유를 제한해야 한다고 본다.

(2) 피의자에 대한 보석

피의자가 체포・구속적부심사청구를 한 경우에 한하여 직권으로 보증금납입조건부 피의자석방을 인정하고 있으나 피의자에게도 보석청구권을 인정하고 피의자의 보석청구에 의하여 보석을 허가하도록 하는 것이 타당하다.

(3) 기타

이외에도 피고인의 도망에 대한 방지책(보석중인 피고인이 도망한 때에는 보증금을 몰수하는 외에도 피고인을 처벌하는 규정을 신설)마련, 권리보석을 인정한 이상 보석권의 고지를 의무화해야 한다는 주장이 있다.

▌보석과 구속집행정지의 이동

구 분	보 석	구속집행정지
공통점	• 구속영장의 효력은 그대로 유지하면서 집행만을 정지시키는 제도 • 원칙적으로 검사의 의견을 물어야 한다. • 직권 또는 검사의 청구로 취소	
차이점	• 보증금의 납부를 요함 • 직권 또는 청구권자의 청구 • 허가결정에 대한 검사의 즉시항고 (×)	• 보증금의 납부 불요 • 직권 • 구속집행정지결정에 대한 검사의 즉시항고(○)

Ⅶ. 구속의 집행정지와 실효

1. 구속의 집행정지

(1) 의의

(가) 개념

㉠ 법원은 상당한 이유가 있는 때에는 결정으로 구속된 피고인을 친족, 보호단체 기타 적당한 자에게 부탁하거나 피고인의 주거를 제한하여 구속의 집행을 정지할 수 있다(제101조 제1항). 이를 구속의 집행정지라 한다.

㉡ 구속된 피의자에 대하여는 검사 또는 사법경찰관이 구속집행을 정지할 수 있다(제209조, 제101조 제1항). 단, 사법경찰관은 검사의 지휘를 받을 것을 요한다.

(나) 보석 · 구속취소와의 구별

보증금의 납부가 불필요하다는 점, 직권에 의해서만 가능한 점, 구속집행정지결정에는 즉시항고가 가능하다는 점이 보석과 구별되고 구속영장의 효력에는 영향을 주지 않으므로 구속의 취소와는 다르다.

(2) 구속집행정지의 절차

① 당사자에게는 신청권이 없으며, 설령 신청했다 하더라도 직권발동을 촉구하는 의미밖에 없다.

② 법원이 피고인에 대한 구속의 집행정지결정을 할 때에는 검사의 의견을 물어야 한다. 단, 급속을 요하는 경우에는 그러하지 아니하다(제101조 제2항).

③ 법원의 구속집행정지결정에 대하여 검사는 즉시항고를 할 수 있다는 형사소송법 제101조 제3항은 헌법재판소의 위헌결정으로 삭제되었다.

④ 헌법 제44조에 의하여 구속된 국회의원에 대한 석방요구가 있으면 당연히 구속영장의 집행이 정지된다(동조 제4항). 석방요구의 통고를 받은 검찰총장은 즉시 석방을 지휘하고 그 사유를 수소법원에 통지하여야 한다(동조 제5항).

(3) 구속집행정지의 취소

① 법 제102조 제1항(보석취소사유)에 정한 사유가 있을 때 법원은 직권 또는 검사의 청구에 의하여 결정으로 구속의 집행정지를 취소할 수 있다. 취소사유, 청구 및 재판, 취소에 의한 재구금절차 등은 모두 보석취소의 경우가 동일하다.

② 구속된 피의자에 대하여는 **검사 또는 사법경찰관이 결정**으로 구속의 집행정지를 취소할 수 있다(제209조, 제101조 제1항).

③ 국회의원에 대한 구속영장의 집행정지는 그 회기 중 취소하지 못한다(제102조 제1항).

2. 구속의 실효

구속의 실효, 즉 구속영장의 효력이 없어지는 경우에는 구속의 취소와 구속의 당연실효가 있다.

(1) 구속의 취소

(가) 의의

구속의 취소란 법원 또는 수사기관이 구속의 사유가 없거나 소멸된 때에 직권 또는 청구에 의하여 구속된 피고인 또는 피의자를 석방하는 것을 말한다(제93조, 제209조). 즉, 법원은 구속의 사유가 없거나 소멸된 경우에는 직권으로 또는 검사, 피고인, 변호인과 변호인 선임권자(제30조 제2항)의 청구에 의하여 결정함으로써 구속은 취소하여야 한다. 피의자에 대해서는 검사 또는 사법경찰관이 결정으로 구속을 취소하여야 한다(제93조). 장래에 향하여 구속의 효력을 없어지게 하므로 소급효는 인정되지 않는다.

(나) 취소의 원인

㉠ 구속사유가 없는데도 구속을 하였음이 판명된 경우(예 도주우려가 없는 경우에 구속한 경우)

㉡ 구속사유가 사후적으로 소멸되었을 때(예 제70조 제2항의 경미사건으로서 일정한 주거가 없는 것으로 보고 구속했는데 후에 일정한 주거가 있음이 판명된 경우)

판례 구속취소사유인 경우

① 피고인에 대한 형이 그대로 확정된다고 하더라도 잔여형기가 8일 이내이고 또한 피고인의 주거가 일정할 뿐 아니라 증거인멸이나 도망의 염려도 없어 보인다면 피고인을 구속할 사유는 소멸하였다고 보아야 할 것이니 구속취소신청은 이유 있다(대판 1983.8.18, 83모42).

② 대법원의 파기환송 취지대로 제1심판결을 파기하고 징역형과 공소사실 중 일부무죄를 선고한 항소심 판결에 대하여 피고인과 검사가 다시 상고하였으나 검사의 상고가 받아들여지리라고 보기 어려우며, 피고인의 상고가 기각되더라도 제1심과 항소심판결 선고 전 구금일수만으로도 본형 형기를 초과할 것이 명백하므로 피고인이 현재 집행유예기간 중에 있더라도 피고인을 구속할 사유는 소멸되었다(대판 1991.4.11, 91모25).

판례 구속취소사유가 아닌 경우

① 체포·구금 당시에 헌법 및 형사소송법에 규정된 사항(체포·구금의 이유 및 변호인의 조력을 받을 권리) 등을 고지 받지 못하였고, 그 후의 구금기간 중 면회거부 등의 처분을 받았다 하더라도 이와 같은 사유는 형사소송법 제93조 소정의 구속취소사유에는 해당하지 아니한다(대판 1991.12.30, 91모76).

② 형사소송법 제93조에 의한 구속의 취소는 구속영장에 의하여 구속된 피고인에 대하여 구속의 사유가 없거나 소멸된 때에 법원이 직권 또는 피고인 등의 청구에 의하여 결정으로 구속을 취소하는 것으로서, 그 결정에 의하여 구속영장이 실효되므로 구속영장의 효력이 존속하고 있음을 전제로 하는 것이고, 다른 사유로 이미 구속영장이 실효된 경우에는 피고인이 계속 구금되어 있더라도 위 규정에 의한 구속의 취소결정을 할 수 없다(대판 1999.9.7, 99도3454).

(다) 절차

㉠ 법원이 구속취소결정을 함에는 검사의 청구에 의하거나 급속을 요하는 경우 외에는 검사의 의견을 물어야 한다(제97조 제2항, 규칙 제53조). 단, 검사는 구속취소결정에 대한 의견요청에 대하여 지체 없이 의견을 표명하여야 한다(제97조 제3항).

㉡ 검사는 구속을 취소하는 결정에 대하여 즉시항고를 할 수 있다(동조 제4항).

(2) 구속의 당연실효

(가) 구속기간의 만료

피고인·피의자에 대한 구속기간이 만료되면 구속영장의 효력은 당연히 상실된다. 그러나 판례는 구속기간이 만료되더라도 구속영장의 효력이 당연히 상실되는 것은 아니라고 본다(대판 1964.11.17, 64도428).

판례 구 군법회의법(87.12.4. 법률 제3993호로 전면 개정 전) 제132조의 제한을 넘어 구속기간을 갱신한 경우에 있어서도 불법구속한 자에 대하여 형법상·민법상의 책임을 물을 수는 있어도 구속명령의 효력이 당연히 실효되는 것은 아니다(대판 1964.11.17, 64도428).

(나) 구속영장의 실효

무죄, 면소, 형의 면제, 형의 선고유예, 형의 집행유예, 공소기각 또는 벌금이나 과료를 과하는 판결이 선고된 때에는 구속영장은 효력을 잃는다(제331조). 공소기각결정은 조문에는 명시되어 있지 않다고 해석할 수 있지만 당연히 포함된다고 해석해야 한다. 관할위반의 선고는 포함되지 않는다.

(다) 사형·자유형의 확정

사형·자유형의 판결이 확정되면 확정판결의 효력에 의하여 자유형은 그날부터 형의 집행이 시작되고, 사형은 집행시까지 구치소에 수감되므로 구속영장은 효력이 상실된다.

제3절 압수 · 수색 · 검증

Ⅰ. 대물적 강제처분

1. 의의

대물적 강제처분이란 증거물이나 몰수물의 수집과 보전을 목적으로 하는 강제처분을 말하며, 그 직접적 대상이 물건이라는 점에서 대인적 강제처분과 구별된다. 여기에는 압수·수색·검증이 있다. 다만 법원이 행하는 검증은 증거조사의 일종이다. 수사기관의 대물적 강제처분을 강제수사라고 한다. 대물적 강제수사에 대하여도 법원의 압수·수색과 검증에 관한 규정이 준용된다(제219조).

2. 요건

(1) 영장주의 원칙

압수·수색과 검증은 구속과 함께 형사소송법에 있어서 가장 중요한 강제처분이므로 원칙적으로 강제처분법정주의가 적용되며 영장주의의 원칙, 강제처분의 필요성, 범죄 혐의의 존재요건을 충족해야 한다. 영장주의와 관련, 대물적 강제수사에 의한 국민의 재산과 주거, 특히 privacy에 대한 침해는 사법적 사전심사에 의해 정당화될 수 있고 수사기관의 자의에 의한 강제수사의 남용을 견제하여야 하므로 압수·수색·검증은 원칙적으로 영장에 의하여야 한다(제215조). 다만, 압수·수색의 긴급성에 대처하기 위하여 그 예외를 인정하고 있다.

(2) 강제처분의 필요성 및 비례성

압수·수색은 범죄수사와 증거수집에 필요한 때에 할 수 있다. 형사소송규칙이 압수·수색영장에는 압수·수색의 사유를 기재하도록 하고(규칙 제58조), 영장을 청구할 때에는 피의자에게 범죄의 혐의가 있다고 인정되는 자료와 압수·수색 또는 검증의 필요를 인정할 수 있는 자료를 제출하도록 하고 있는 것(규칙 제108조)도 이러한 의미로 이해할 수 있다. 여기서 압수·수색의 필요성은 단순히 압수·수색이 필요하다는 것 뿐만 아니라 강제처분에 의해야 할 필요성까지 포함하는 개념으로 파악함이 타당하고(이견 있음), 판례도 이와 같은 입장이다. 즉 압수의 필요성이 인정되는 경우에도 비례성의 원칙에 위배되면 그 압수는 위법하다.

> **판례** [1] 형사소송법 제215조에 의하면 검사나 사법경찰관이 범죄수사에 필요한 때에는 영장에 의하여 압수를 할 수 있으나, 여기서 '범죄수사에 필요한 때'라 함은 단지 수사를 위해 필요할 뿐만 아니라 강제처분으로서 압수를 행하지 않으면 수사의 목적을 달성할 수 없는 경우를 말하고, 그 필요성이 인정되는 경우에도 무제한적으로 허용되는 것은 아니며, 압수물이 증거물 내지 몰수하여야 할 물건으로 보이는 것이라 하더라도, 범죄의 형태나 경중, 압수물의 증거가치 및 중요성, 증거인멸의 우려 유무, 압수로 인하여 피압수자가 받을 불이익의 정도 등 제반 사정을 종합적으로 고려하여 판단해야 한다.
>
> [2] 검사의 압수처분이 수사상의 필요에서 행하는 압수의 본래의 취지를 넘는 것으로 상당성이 없을 뿐만 아니라, 수사상의 필요와 그로 인한 개인의 재산권 침해의 정도를 비교형량해 보면 비례성의 원칙에 위배된다면 위법하다(대판 2004.3.23, 2003모126).

(3) 범죄의 혐의

① 압수·수색 또는 검증을 함에 있어서도 범죄에 대한 혐의가 존재해야 한다. 그것은 강제처분의 대상과 필요성을 판단하는 기준이 되기 때문이다.

② 이와 관련하여 압수·수색의 요건으로서의 범죄혐의가 인신체포·구속시의 범죄혐의(고도의 개연성 또는 상당한 혐의)와 동일함을 요하는가에 관하여 ㉠ 동일한 혐의를 요하는 비구별설이 있으나, ㉡ 압수·수색에 있어 혐의는 체포·구속보다는 낮은 최초의 혐의 또는 단순한 범죄혐의로 충분하다는 구별설이 다수설이다.

Ⅱ. 압수와 수색

1. 의의

① 물건의 점유를 취득하는 강제처분을 압수라 한다. 압수는 점유취득과정 자체에 강제력을 행사 하는 압류, 점유보관에서 강제력을 사용하는 영치, 일정한 물건의 제출을 명하는 제출명령(수사 기관에게는 인정되지 않는 강제처분이고 영장이 필요 없다)의 3가지를 내용으로 한다.

② 수색이란 압수할 물건이나 피고인 등을 발견하기 위해 사람의 신체나 물건 또는 일정한 장소를 뒤지는 강제처분을 말한다.

2. 압수·수색의 목적물

(1) 압수의 목적물

(가) 의의

① 압수의 대상은 ⓐ 증거물 또는 몰수할 것으로 사료되는 물건으로 점유가 가능한 유체물이다(제219조, 제106조 제1항) 몰수물은 필요적 몰수에 한하지 않고 임의적 몰수를 포함한다. ⓑ 압수의 목적물은 유체물에 한한다. 따라서 무체물은 압수의 대상이 되지 않는다. 견해의 대립은 있으나 동산 뿐만 아니라 부동산도 압수의 대상이 된다고 해석해야 한다. ⓒ 증거물은 인증에 대비되는 물증을 의미하므로 원칙적으로 사람은 압수의 대상이 되지 않으나, 사람의 일부에 대해서는 가능할 수 있으며(예 : 손톱, 모발), 사람의 사체에 대해서도 압수가 가능하다.

② 형사재판을 진행하기 위해서는 증거물이 있어야 하므로, 증거물에 대한 압수는 절차확보라는 의미를 가지는 데 반하여, 몰수물에 대한 압수는 앞으로 있을 형집행에 대비한 판결확보라는 의미를 가진다.

③ **정보저장매체** : 압수의 목적물이 컴퓨터용디스크, 그 밖에 이와 비슷한 정보저장매체인 경우에는 기억된 정보의 범위를 정하여 출력하거나 복제하여 제출받아야 한다. 다만, 범위를 정하여 출력 또는 복제하는 방법이 불가능하거나 압수의 목적을 달성하기에 현저히 곤란하다고 인정되는 때에는 정보저장매체를 압수할 수 있다(제106조 제3항).

④ **우체물** : 법원은 피고사건과 관계가 있다고 인정할 수 있는 것에 한정하여 우체물 또는 「통신비

밀보호법」 제2조 제3호에 따른 전기통신에 관한 것으로서 체신관서, 그 밖의 관련 기관 등이 소지 또는 보관하는 물건의 제출을 명하거나 압수를 할 수 있다(제107조 제1항). 우체물 등은 뜯어서 열어보기 전에는 내용물이 증거물에 해당하는지 여부를 알 수 없기 때문에 제한을 두지 않은 점이 이 조문의 특징이다. 처분을 할 때에는 발신인이나 수신인에게 그 취지를 통지하여야 한다. 단, 심리에 방해될 염려가 있는 경우에는 예외로 한다(제219조, 제107조 제2항).

(나) 압수의 제한

① **군사상 비밀** : 군사상 비밀을 요하는 장소는 그 책임자의 승낙 없이는 압수 또는 수색할 수 없으며, 이때 책임자는 국가의 중대한 이익을 해하는 경우를 제외하고는 승낙을 거부하지 못한다(제219조, 제110조).

② **공무상 비밀** : 공무원 또는 공무원이었던 자가 소지 또는 보관하는 물건에 관하여는 본인 또는 그 해당 공무소가 직무상의 비밀에 관한 것임을 신고한 때에는 그 소속공무소 또는 당해 감독관공서의 승낙 없이는 압수하지 못한다. 소속공무소 또는 당해 감독관공서는 국가의 중대한 이익을 해하는 경우를 제외하고는 승낙을 거부하지 못한다(제219조, 제111조).

③ **업무상 비밀**

ⓐ 변호사, 변리사, 공증인, 공인회계사, 세무사, 대서업자, 의사, 한의사, 치과의사, 약사, 약종상, 조산사, 간호사, 종교의 직에 있는 자 또는 이러한 직에 있던 자가 그 업무상 위탁을 받아 소지 또는 보관하는 물건으로 타인의 비밀에 관한 것은 압수를 거부할 수 있다. 단, 그 타인의 승낙이 있거나 중대한 공익상 필요가 있는 때에는 예외로 한다(제112조).

ⓑ 이것은 위 직업영역에 있어서 업무자와 의뢰인 사이의 신뢰관계를 보호함으로써 궁극적으로 개인의 사생활을 지켜주기 위한 목적이 있다.

④ **정보저장매체와 우체물** : 법원은 압수의 목적물이 컴퓨터용디스크, 그 밖에 이와 비슷한 정보저장매체인 경우에는 기억된 정보의 범위를 정하여 출력하거나 복제하여 제출받아야 하고(제106조 제3항), 법원은 피고사건과 관계가 있다고 인정할 수 있는 것에 한정하여 체신관서, 그 밖의 관련 기관 등이 소지 또는 보관하는 물건의 제출을 명하거나 압수를 할 수 있다(제107조 제1항).

판례

① 개시되지 아니하여 피의자 또는 피고인에 해당한다고 볼 수 없는 사람이 일상적 생활관계에서 변호사와 상담한 법률자문에 대하여도 변호인의 비닉권이 미치는지 여부(대판 2012.5.17. 2009도6788 전원합의체결정)

헌법 제12조 제4항 본문은 "누구든지 체포 또는 구속을 당한 때에는 즉시 변호인의 조력을 받을 권리를 가진다"라고 규정하고 있고, 이와 관련하여 형사소송법 제34조는 변호인 또는 변호인이 되려는 사람에 대하여 신체구속을 당한 피고인 또는 피의자와 제한 없이 접견하고 서류 또는 물건을 수수할 수 있도록 허용하고 있다. 한편 형사소송법은 변호사 등이 그 업무상 위탁을 받아 소지 또는 보관하는 물건으로 타인의 비밀에 관한 것은 압수를 거부할 수 있고(제112조, 제219조), 그 업무상 위탁을 받은 관계로 알게 된 사실로서 타인의 비밀에 관한 것은 증언을 거부할 수 있도록 규정하여(제149조), 변호사와 의뢰인 사이의 법률자문 또는 법률상담의 비밀을 일정한 범위에서 보호하고 있다. 위와 같은 변호인의 조력을 받을 권리, 변호사와 의뢰인 사이의 비밀보호 범위 등에 관한 헌법과 형사소송법 규정의 내용과 취지 등에 비추어 볼 때, 아직 수사나 공판 등 형사절차가 개시되지 아니하여 피의자 또는 피고인에 해당한다고 볼 수 없는 사람이 일상적 생활관계에서 변호사와 상담한 법률자문에 대하여도 변호인의 조력을 받을 권리의 내용으로서 그 비밀의 공개를 거부할 수 있는 의뢰인의 특권을 도출할 수 있다거나, 위 특권에 의하여 의뢰인의 동의가 없는 관련 압수물은 압수절차의 위법 여부와 관계없이 형사재판의 증거로 사용할 수 없다는 견해는 받아들일 수 없다고 하겠다. 원심이 이 사건 법률의견서의 증거능력을 부정하는 이유를 설시함에 있어 위와 같은 이른바 변호인-의뢰인 특권을 근거로 내세운 것은 적절하다고 할 수 없다.

② 무관한 전자정보 탐색 · 복제 · 출력(대결 2015.7.16. 2011모1839 전원합의체)

[1] 저장매체에 대한 압수 · 수색 과정에서 범위를 정하여 출력 또는 복제하는 방법이 불가능하거나 압수의 목적을 달성하기에 현저히 곤란한 예외적인 사정이 인정되어 전자정보가 담긴 저장매체 또는 복제본을 수사기관 사무실 등으로 옮겨 이를 복제 · 탐색 · 출력하는 경우에도, 그와 같은 일련의 과정에서 형사소송법 제219조, 제121조에서 규정하는 피압수 · 수색 당사자(이하 '피압수자'라 한다)나 그 변호인에게 참여의 기회를 보장하고 혐의사실과 무관한 전자정보의 임의적인 복제 등을 막기 위한 적절한 조치를 취하는 등 영장주의 원칙과 적법절차를 준수하여야 한다. 만약 그러한 조치가 취해지지 않았다면 압수 · 수색이 적법하다고 평가할 수 없고(대결 2011.5.26. 2009모1190 등 참조), 비록 수사기관이 저장매체 또는 복제본에서 혐의사실과 관련된 전자정보만을 복제 · 출력하였다 하더라도 달리 볼 것은 아니다.

[2] 전자정보에 대한 압수 · 수색에 있어 그 저장매체 자체를 외부로 반출하거나 하드카피 · 이미징 등의 형태로 복제본을 만들어 외부에서 그 저장매체나 복제본에 대하여 압수 · 수색이 허용되는 예외적인 경우에도 혐의사실과 관련된 전자정보 이외에 이와 무관한 전자정보를 탐색 · 복제 · 출력하는 것은 원칙적으로 위법한 압수 · 수색에 해당하므로 허용될 수 없다. 그러나 전자정보에 대한 압수 · 수색이 종료되기 전에 혐의사실과 관련된 전자정보를 적법하게 탐색하는 과정에서 별도의 범죄혐의와 관련된 전자정보를 우연히 발견한 경우라면, 수사기관으로서는 더 이상의 추가 탐색을 중단하고 법원으로부터 별도의 범죄혐의에 대한 압수 · 수색 영장을 발부받은 경우에 한하여 그러한 정보에 대하여도 적법하게 압수 · 수색을 할 수 있다. 나아가 이러한 경우에도 별도의 압수 · 수색 절차는 최초의 압수 · 수색 절차와 구별되는 별개의 절차이므로, 특별한 사정이 없는 한 그 피압수자에게 형사소송법 제219조, 제121조, 제129조에 따라 참여권을 보장하고 압수한 전자정보 목록을 교부하는 등 피압수자의 이익을 보호하기 위한 적절한 조치가 이루어져야 할 것이다.

(2) 수색의 목적물

수색의 대상은 피의자 · 피고인의 신체, 물건 또는 주거 기타 장소이다(제109조 제1항, 제219조). 그 외에 피의자 · 피고인 아닌 자의 신체, 물건, 주거 기타 장소로 그 안에 압수할 물건이 있음을 인정할 수 있는 경우에 한하여 수색할 수 있다(제109조 제2항, 제219조).

3. 압수 · 수색의 요건

(1) 범죄혐의

피의자가 죄를 범하였다고 의심할 만한 정황(제215조 제1항)으로, 압수 · 수색에 있어서 범죄혐의는 수사를 개시할 정도의 단순한 범의이면 족하다. 그 이유는 압수 · 수색은 구속을 충족하기 위한 수단으로 행해지기 때문이다.

(2) 필요성과 사건 관련성

범죄수사에 필요한 때에는 검사가 지방법원판사에게 청구하는 압수・수색은 해당 사건과 관계가 있다고 인정할 수 있는 것에 한정한다(제215조 제1항).

판례

① 압수・수색영장의 범죄 혐의사실과 관계있는 범죄라는 것은 압수・수색영장에 기재한 혐의사실과 객관적 관련성이 있고 압수・수색영장 대상자와 피의자 사이에 인적 관련성이 있는 범죄를 의미한다. 그중 혐의사실과의 객관적 관련성은 압수・수색영장에 기재된 혐의사실 자체 또는 그와 기본적 사실관계가 동일한 범행과 직접 관련되어 있는 경우는 물론 범행 동기와 경위, 범행 수단과 방법, 범행 시간과 장소 등을 증명하기 위한 간접증거나 정황증거 등으로 사용될 수 있는 경우에도 인정될 수 있다. 그 관련성은 압수・수색영장에 기재된 혐의사실의 내용과 수사의 대상, 수사 경위 등을 종합하여 구체적・개별적 연관관계가 있는 경우에만 인정되고, 혐의사실과 단순히 동종 또는 유사 범행이라는 사유만으로 관련성이 있다고 할 것은 아니다. 그리고 피의자와 사이의 인적 관련성은 압수・수색영장에 기재된 대상자의 공동정범이나 교사범 등 공범이나 간접정범은 물론 필요적 공범 등에 대한 피고사건에 대해서도 인정될 수 있다(대판 2017.12.5. 2017도13458).

② 수사기관이 피의자 甲의 공직선거법 위반 범행을 영장 범죄사실로 하여 발부받은 압수・수색영장의 집행 과정에서 乙, 丙 사이의 대화가 녹음된 녹음파일을 압수하여 乙, 丙의 공직선거법 위반 혐의사실을 발견한 사안에서, 압수・수색영장에 기재된 '피의자'인 甲이 녹음파일에 의하여 의심되는 혐의사실과 무관한 이상, 수사기관이 별도의 압수・수색영장을 발부받지 아니한 채 압수한 녹음파일은 형사소송법 제219조에 의하여 수사기관의 압수에 준용되는 형사소송법 제106조 제1항이 규정하는 '피고사건' 내지 같은 법 제215조 제1항이 규정하는 '해당 사건'과 '관계가 있다고 인정할 수 있는 것'에 해당하지 않으며, 이와 같은 압수에는 헌법 제12조 제1항 후문, 제3항 본문이 규정하는 영장주의를 위반한 절차적 위법이 있으므로, 녹음파일은 형사소송법 제308조의2에서 정한 '적법한 절차에 따르지 아니하고 수집한 증거'로서 증거로 쓸 수 없고, 그 절차적 위법은 헌법상 영장주의 내지 적법절차의 실질적 내용을 침해하는 중대한 위법에 해당하여 예외적으로 증거능력을 인정할 수도 없다(대판 2014.1.16. 2013도7101).

③ 피고인이 2018. 5. 6.경 피해자 A에 대하여 저지른 간음유인미수 및 통신매체이용음란의 각 범행과 관련하여 수사기관이 압수한 피고인 소유의 휴대전화에 대한 디지털정보분석 결과, 피고인이 2017. 12.경부터 2018. 4.경까지 사이에 저지른 피해자 B, C, D에 대한 간음유인(미수), 강간(미수), 통신매체이용음란 등의 각 범행에 관한 자료들이 추가로 취득된 사안에서, ① 이 사건 압수・수색영장에 기재된 혐의사실은 미성년자인 피해자 A에 대하여 간음행위를 하기 위한 중간 과정 내지 그 수단으로 평가되는 반면 피고인은 상습범으로 처벌될 가능성이 완전히 배제되지 아니한 상태였던 점, ② 실제로 2017. 12.경부터 2018. 4.경까지 사이에 저질러진 위 추가 범행들은, 이 사건 압수・수색영장에 기재된 혐의사실의 일시인 2018. 5. 7.과 시간적으로 근접할 뿐 아니라, 미성년자인 피해자들을 대상으로 저지른 일련의 성범죄로서 범행 동기, 범행대상, 범행의 수단과 방법이 공통되는 점, ③ 이 사건 추가 자료들은 이 사건 압수・수색영장의 범죄사실에 대한 주관적 구성요건을 뒷받침하는 간접증거로 사용될 수 있었고 범행수법 및 준비과정, 계획 등에 관한 정황증거에 해당할 뿐 아니라 진술의 신빙성을 판단할 수 있는 자료로도 사용될 수 있었던 점 등을 이유로, 이 사건 추가 자료들로 인하여 밝혀진 피고인의 피해자 B, C, D에 대한 범행은 이 사건 압수・수색영장의 범죄사실과 단순히 동종 또는 유사 범행인 것을 넘어서서, 구체적・개별적 연관관계가 있는 경우로서 객관적 관련성을 갖추었다고 인정하였다(대판 2020.2.13. 2019도14341). ⇨ 객관적 관련성 인정

3. 압수 · 수색의 절차

(1) 압수 · 수색영장의 신청과 발부

(가) 청구권자

검사는 지방법원판사에 청구하여 발부받은 영장에 의하여 압수·수색을 할 수 있다(제215조 제1항). 사법경찰관도 검사에 신청하여 검사의 청구로 지방법원판사가 발부한 영장에 의하여 압수·수색을 할 수 있다(동조 제2항). 사법경찰관의 경우, 체포·구속과 같이 사법경찰관이 신청한 영장을 정당한 이유 없이 판사에게 청구하지 아니한 경우 사법경찰관은 그 검사 소속의 지방검찰청 소재지를 관할하는 고등검찰청에 영장 청구 여부에 대한 심의를 신청할 수 있다(제221조의5 제1항).

(나) 자료의 제출

제215조의 규정에 의한 청구를 할 때에는 피의자에게 혐의가 있다고 인정되는 자료와 압수·수색 또는 검증의 필요를 인정할 수 있는 자료를 제출하여야 한다. 피의자 아닌 자의 신체, 물건, 주거 기타 장소의 수색을 위한 영장의 청구를 할 때에는 압수하여야 할 물건이 있다고 인정될 만한 자료를 제출하여야 한다(규칙 제108조 제1항·제2항).

(다) 영장의 발부

㉠ 영장주의는 압수·수색의 대상을 특정하여 기재하지 않은 일반영장(general warrant)의 금지를 그 내용으로 한다. 따라서 압수·수색영장에는 피고인·피의자의 성명, 죄명, 압수할 물건, 수색할 장소·신체·물건, 발부연월일, 유효기간과 그 기간을 경과하면 집행에 착수하지 못하며 영장을 반환하여야 한다는 취지, 압수·수색의 사유를 기재하고 재판장·수명법관 또는 지방법원판사가 서명·날인하여야 한다(제219조, 제114조 제1항). 피고인·피의자의 성명이 불분명한 때에는 인상·체격 등 피의자를 특정할 수 있는 사항으로 표시할 수 있다(제114조 제2항).

㉡ 법원이 공판정에서 압수·수색을 하는 경우에는 영장이 필요 없으나, 공판정 외에서 압수·수색을 함에는 영장을 발부해야 한다(제113조). 공판정에서 압수나 수색을 한 때에는 이를 공판조서에 기재하여야 한다(제51조 제2항 제10호).

㉢ 압수영장의 발부재판에 대하여는 항고나 준항고는 허용되지 않는다.

> **판례** 재판장 또는 수명법관이 한 재판이 아닌 지방법원판사가 한 압수영장발부의 재판에 대하여는 준항고로 불복할 수 없고, 법원의 결정이 아닌 지방법원판사가 한 압수영장발부의 재판에 대하여 항고의 방법으로도 불복할 수 없다(대판 1997.9.29, 97모66).

(라) 영장의 유효기간

㉠ 압수·수색영장의 유효기간은 7일이며, 법원 또는 법관이 상당하다고 인정하는 때에는 7일이 넘는 기간을 정할 수 있다(규칙 제178조).

㉡ 영장의 유효기간 내일지라도 동일한 영장으로 수회 같은 장소에서 압수·수색·검증을 할 수 없다

(대판 1999.12.1, 99모161).

판례 수사기관이 압수·수색영장을 제시하고 집행에 착수하여 압수·수색을 실시하고 그 집행을 종료하였다면 이미 그 영장은 목적을 달성하여 효력이 상실되는 것이고, 동일한 장소 또는 목적물에 대하여 다시 압수·수색할 필요가 있는 경우에 앞서 발부받은 압수·수색영장의 유효기간이 남아있다고 하여 이를 제시하고 다시 압수·수색을 할 수는 없다(대판 1999.12.1, 99모161).

㉢ 별건압수, 별건수색도 허용되지 않는다.

판례 수사기관이 피의자 갑의 공직선거법 위반 범행을 영장 범죄사실로 하여 발부받은 압수·수색영장의 집행 과정에서 을, 병 사이의 대화가 녹음된 녹음파일을 압수하여 을, 병의 공직선거법 위반 혐의사실을 발견하였지만, 별도의 압수·수색영장을 발부받지 않고 압수한 위 녹음파일의 증거능력(대판 2014.1.16, 2013도7101)

수사기관이 피의자 갑의 공직선거법 위반 범행을 영장 범죄사실로 하여 발부받은 압수·수색영장의 집행 과정에서 을, 병 사이의 대화가 녹음된 녹음파일(이하 '녹음파일'이라 한다)을 압수하여 을, 병의 공직선거법 위반 혐의사실을 발견한 사안에서, 압수·수색영장에 기재된 '피의자'인 갑이 녹음파일에 의하여 의심되는 혐의사실과 무관한 이상, 수사기관이 별도의 압수·수색영장을 발부받지 아니한 채 압수한 녹음파일은 형사소송법 제219조에 의하여 수사기관의 압수에 준용되는 형사소송법 제106조 제1항이 규정하는 '피고사건' 내지 같은 법 제215조 제1항이 규정하는 '해당 사건'과 '관계가 있다고 인정할 수 있는 것'에 해당하지 않으며, 이와 같은 압수에는 헌법 제12조 제1항 후문, 제3항 본문이 규정하는 영장주의를 위반한 절차적 위법이 있으므로, 녹음파일이 형사소송법 제308조의2에서 정한 '적법한 절차에 따르지 아니하고 수집한 증거'로서 증거로 쓸 수 없고, 그 절차적 위법은 헌법상 영장주의 내지 적법절차의 실질적 내용을 침해하는 중대한 위법에 해당하여 예외적으로 증거능력을 인정할 수도 없다.

(2) 영장의 집행

(가) 영장의 집행기관

압수·수색영장은 검사의 지휘에 의하여 사법경찰관리가 집행한다. 단, 필요한 경우에는 재판장은 법원서기관 또는 서기에게 영장의 집행을 명할 수 있다(제115조, 제219조). 법원사무관 등은 압수·수색영장의 집행에 관하여 필요한 때에 한하여 사법경찰관리에게 보조를 구할 수 있다(제117조). 검사의 집행지휘나 사법경찰관리의 집행은 관할구역 외에서도 할 수 있고, 관할구역의 검사나 사법경찰관리에게 촉탁할 수도 있다(제219조, 제83조, 제115조).

(나) 영장의 집행방법

㉠ 압수·수색영장은 처분을 받는 자에게 반드시 제시하여야 하고, 처분을 받는 자가 피고인인 경우에는 그 사본을 교부하여야 한다. 다만, 처분을 받는 자가 현장에 없는 등 영장의 제시나 그 사본의 교부가 현실적으로 불가능한 경우 또는 처분을 받는 자가 영장의 제시나 사본의 교부를 거부한 때에는 예외로 한다(제219조, 제118조).

판례

① 제3자가 임의제출한 정보저장매체에 저장된 전자정보 및 금융계좌추적용 압수·수색영장 집행 결과의 증거

능력 인정 여부에 관한 사건(대판 2022.1.27. 2021도11170)

수사기관의 압수・수색은 법관이 발부한 압수・수색영장에 의하여야 하는 것이 원칙이고, 영장의 원본은 처분을 받는 자에게 반드시 제시되어야 하므로, 금융계좌추적용 압수・수색영장의 집행에 있어서도 수사기관이 금융기관으로부터 금융거래자료를 수신하기에 앞서 금융기관에 영장 원본을 사전에 제시하지 않았다면 원칙적으로 적법한 집행 방법이라고 볼 수는 없다.

다만, 수사기관이 금융기관에 「금융실명거래 및 비밀보장에 관한 법률」 제4조 제2항에 따라서 금융거래정보에 대하여 영장 사본을 첨부하여 그 제공을 요구한 결과 금융기관으로부터 회신받은 금융거래자료가 해당 영장의 집행 대상과 범위에 포함되어 있고, 이러한 모사전송 내지 전자적 송수신 방식의 금융거래정보 제공요구 및 자료 회신의 전 과정이 해당 금융기관의 자발적 협조의사에 따른 것이며, 그 자료 중 범죄혐의사실과 관련된 금융거래를 선별하는 절차를 거친 후 최종적으로 영장 원본을 제시하고 위와 같이 선별된 금융거래자료에 대한 압수절차가 집행된 경우로서, 그 과정이 금융실명법에서 정한 방식에 따라 이루어지고 달리 적법절차와 영장주의 원칙을 잠탈하기 위한 의도에서 이루어진 것이라고 볼 만한 사정이 없어, 이러한 일련의 과정을 전체적으로 '하나의 영장에 기하여 적시에 원본을 제시하고 이를 토대로 압수・수색하는 것'으로 평가할 수 있는 경우에 한하여, 예외적으로 영장의 적법한 집행 방법에 해당한다고 볼 수 있다.

② 영장의 개별제시와 위법수집증거배제법칙의 예외사유(대판 2017.9.21. 2015도12400)

형사소송법이 압수・수색영장을 집행하는 경우에 피압수자에게 반드시 압수・수색영장을 제시하도록 규정한 것은 법관이 발부한 영장 없이 압수・수색을 하는 것을 방지하여 영장주의 원칙을 절차적으로 보장하고, 압수・수색영장에 기재된 물건, 장소, 신체에 대해서만 압수・수색을 하도록 하여 개인의 사생활과 재산권의 침해를 최소화하는 한편, 준항고 등 피압수자의 불복신청의 기회를 실질적으로 보장하기 위한 것이다.

위와 같은 관련 규정과 영장 제시 제도의 입법 취지 등을 종합하여 보면, 압수・수색영장을 집행하는 수사기관은 피압수자로 하여금 법관이 발부한 영장에 의한 압수・수색이라는 사실을 확인함과 동시에 형사소송법이 압수・수색영장에 필요적으로 기재하도록 정한 사항이나 그와 일체를 이루는 사항을 충분히 알 수 있도록 압수・수색영장을 제시하여야 한다. 나아가 압수・수색영장은 현장에서 피압수자가 여러 명일 경우에는 그들 모두에게 개별적으로 영장을 제시해야 하는 것이 원칙이다. 수사기관이 압수・수색에 착수하면서 그 장소의 관리책임자에게 영장을 제시하였더라도, 물건을 소지하고 있는 다른 사람으로부터 이를 압수하고자 하는 때에는 그 사람에게 따로 영장을 제시하여야 한다.

③ 피압수자의 압수・수색영장 제시와 열람(대결 2020.4.16. 2019모3526)

수사기관이 재항고인의 휴대전화 등을 압수(이하 '압수처분'이라 한다)할 당시 재항고인에게 압수・수색영장을 제시하였는데 재항고인이 영장의 구체적인 확인을 요구하였으나 수사기관이 영장의 범죄사실 기재 부분을 보여주지 않았고, 그 후 재항고인의 변호인이 재항고인에 대한 조사에 참여하면서 영장을 확인한 사안에서, 수사기관이 압수처분 당시 재항고인으로부터 영장 내용의 구체적인 확인을 요구받았음에도 압수・수색영장의 내용을 보여주지 않았던 것으로 보이므로 형사소송법 제219조, 제118조에 따른 적법한 압수・수색영장의 제시라고 인정하기 어렵다는 이유로, 압수처분 당시 수사기관이 법령에서 정한 취지에 따라 재항고인에게 압수・수색영장을 제시하였는지 여부를 판단하지 아니한 채 변호인이 조사에 참여할 당시 영장을 확인하였다는 사정을 들어 압수처분이 위법하지 않다고 본 원심결정에 헌법과 형사소송법의 관련 규정을 위반한 잘못이 있다.

ⓛ 체포에 있어서와 같은 긴급집행은 인정되지 않는다.

ⓒ 압수・수색영장의 집행 중에는 타인의 출입을 금지할 수 있다. 이 규정에 위배한 자에게는 퇴거하게 하거나 집행종료시까지 간수자를 붙일 수 있다(제119조, 제219조).

㉣ 압수·수색영장의 집행에 있어서는 건정을 열거나 개봉 기타 필요한 처분을 할 수 있다. 압수물에 대하여도 할 수 있다(제120조, 제219조).

㉤ 압수·수색영장의 집행을 중지한 경우에 필요한 때에는 집행이 종료될 때까지 그 장소를 폐쇄하거나 간수자를 둘 수 있다(제127조).

㉥ 압수·수색영장의 집행에 있어서는 타인의 비밀을 보장하여야 하며 처분받은 자의 명예를 해하지 아니하도록 주의하여야 한다(제116조, 제219조).

> **판례** 형사소송법 제219조가 준용하는 제118조는 "압수·수색영장은 처분을 받는 자에게 반드시 제시하여야 한다"고 규정하고 있으나, 이는 영장제시가 현실적으로 가능한 상황을 전제로 한 규정으로 보아야 하고, 피처분자가 현장에 없거나 현장에서 그를 발견할 수 없는 경우 등 영장제시가 현실적으로 불가능한 경우에는 영장을 제시하지 아니한 채 압수·수색을 하더라도 위법하다고 볼 수 없다(대판 2015.1.22. 2014도10978).

(다) 전자정보의 집행

㉠ 검사 또는 사법경찰관은 컴퓨터용 디스크 및 그 밖에 이와 비슷한 정보저장매체에 기억된 전자정보를 압수하는 경우에는 해당 정보저장매체의 소재지에서 수색 또는 검증한 후 범죄사실과 관련된 전자정보의 범위를 정하여 출력하거나 복제하는 방법으로 한다(수사준칙 제41조 제1항).

㉡ 해당 정보저장매체의 소재지에서 수색 또는 검증한 후 범죄사실과 관련된 전자정보의 범위를 정하여 출력하거나 복제하는 압수 방법의 실행이 불가능하거나 그 방법으로는 압수의 목적을 달성하는 것이 현저히 곤란한 경우에는 압수·수색 또는 검증 현장에서 정보저장매체에 들어 있는 전자정보 전부를 복제하여 그 복제본을 정보저장매체의 소재지 외의 장소로 반출할 수 있다.(수사준칙 제41조 제2항). 검사 또는 사법경찰관은 전자정보의 복제본을 취득하거나 전자정보를 복제할 때에는 해시값(파일의 고유값으로서 일종의 전자지문)을 확인하거나 압수·수색 또는 검증의 과정을 촬영하는 등 전자적 증거의 동일성과 무결성(無缺性)을 보장할 수 있는 적절한 방법과 조치를 취해야 한다(수사준칙 제42조 제3항).

㉢ ㉠㉡의 방법으로 압수 방법의 실행이 불가능하거나 그 방법으로는 압수의 목적을 달성하는 것이 현저히 곤란한 경우에는 피압수자 또는 압수·수색영장을 집행할 때 참여하게 해야 하는 사람이 참여한 상태에서 정보저장매체의 원본을 봉인(封印)하여 정보저장매체의 소재지 외의 장소로 반출할 수 있다(수사준칙 제41조 제3항).

> **판례**
>
> ① 영장의 개별제시와 위법수집증거배제법칙의 예외사유(대판 2017.9.21. 2015도12400)
>
> 형사소송법 제219조, 제121조는 '수사기관이 압수·수색영장을 집행할 때에는 피압수자 또는 변호인은 그 집행에 참여할 수 있다'는 취지로 규정하고 있다. 저장매체에 대한 압수·수색 과정에서 범위를 정하여 출력 또는 복제하는 방법이 불가능하거나 압수의 목적을 달성하기에 현저히 곤란한 예외적인 사정이 인정되어 전자정보가 담긴 저장매체 또는 하드카피나 이미징 등 형태(이하 '복제본'이라고 한다)를 수사기관 사무실 등으로 옮겨 복제·탐색·출력하는 경우에도, 그와 같은 일련의 과정에서 피압수자나 변호인에게 참여의 기회를 보장하고 혐의사실과 무관한 전자정보의 임의적인 복제 등을 막기 위한 적절한 조치를 취하는 등 영장주의 원칙과 적법절차를 준수하여야 한다. 만약 그러한 조치를 취하지 않았다면 피압수자 측이 참여하지 아니한다는 의사를 명시적으로 표시하였거나 절차 위반행위가 이루어진 과정의 성질과 내용 등에

비추어 피압수자 측에 절차 참여를 보장한 취지가 실질적으로 침해되었다고 볼 수 없을 정도에 해당한다는 등의 특별한 사정이 없는 이상 압수·수색이 적법하다고 평가할 수 없고, 비록 수사기관이 저장매체 또는 복제본에서 혐의사실과 관련된 전자정보만을 복제·출력하였다고 하더라도 달리 볼 것은 아니다.

② 수사기관의 압수·수색영장 집행에 대한 사전적·사후적 통제수단 및 전자정보가 담긴 저장매체 등을 수사기관 사무실 등으로 옮겨 복제·탐색·출력할 수 있는 예외적인 사정과 입증책임(대결 2022.7.14. 2019모2584)

[1] 헌법과 형사소송법이 정한 이러한 규정의 체계·내용을 종합하여 보면, 압수·수색영장은 수사기관의 범죄수사 목적을 위하여 필요한 최소한의 범위 내에서만 신청·청구·발부되어야 하고, 이를 전제로 한 수사기관의 압수·수색영장 집행에 대한 사전적 통제수단으로, ① 압수·수색의 대상자에게 집행 이전에 반드시 영장을 제시하도록 함으로써 법관이 발부한 영장 없이 압수·수색을 하는 것을 방지하여 영장주의 원칙을 절차적으로 보장하고, 압수·수색영장에 기재된 물건·장소·신체에 한정하여 압수·수색이 이루어질 수 있도록 함으로써 개인의 사생활과 재산권의 침해를 최소화하며, ② 피의자 등에게 미리 압수·수색영장의 집행 일시와 장소를 통지함으로써 압수·수색영장의 집행 과정에 대한 참여권을 실질적으로 보장하고, 나아가 압수·수색영장의 집행 과정에서 피의사실과 관련성이 있는 압수물의 범위가 부당하게 확대되는 것을 방지함으로써 영장 집행절차의 적법성·적정성을 확보하도록 하였다.

또한 수사기관의 압수·수색영장 집행에 대한 사후적 통제수단 및 피의자 등의 신속한 구제절차로 마련된 준항고 등(형사소송법 제417조)을 통한 불복의 기회를 실질적으로 보장하기 위하여 수사기관으로 하여금 압수·수색영장의 집행을 종료한 직후에 압수목록을 작성·교부할 의무를 규정하였다.

[2] 헌법과 형사소송법이 정한 절차와 관련 규정, 그 입법 취지 등을 충실히 구현하기 위하여, 수사기관은 압수·수색영장의 집행기관으로서 피압수자로 하여금 법관이 발부한 영장에 의한 압수·수색이라는 강제처분이 이루어진다는 사실을 확인할 수 있도록 형사소송법이 압수·수색영장에 필요적으로 기재하도록 정한 사항이나 그와 일체를 이루는 내용까지 구체적으로 충분히 인식할 수 있는 방법으로 압수·수색영장을 제시하여야 하고, 증거인멸의 가능성이 최소화됨을 전제로 영장 집행 과정에 대한 참여권이 충실히 보장될 수 있도록 사전에 피의자·피압수자 또는 변호인(이하 '피의자 등'이라 한다)에 대하여 집행 일시와 장소를 통지하여야 함은 물론 피의자 등의 참여권이 형해화되지 않도록 그 통지의무의 예외로 규정된 '피의자 등이 참여하지 아니한다는 의사를 명시한 때 또는 급속을 요하는 때'라는 사유를 엄격하게 해석하여야 하며, 준항고 등을 통한 권리구제가 신속하면서도 실질적으로 이루어질 수 있도록 압수목록을 작성할 때 압수방법·장소·대상자별로 명확히 구분하여 압수물의 품종·종류·명칭·수량·외형상 특징 등을 최대한 구체적이고 정확하게 특정하여 기재하여야 한다.

[3] 저장매체에 대한 압수·수색 과정에서 범위를 정하여 출력 또는 복제하는 방법이 불가능하거나 압수의 목적을 달성하기에 현저히 곤란한 예외적인 사정이 인정되어 전자정보가 담긴 저장매체 또는 하드카피나 이미징 등 형태를 수사기관 사무실 등으로 옮겨 복제·탐색·출력할 수는 있다. 그러나 압수·수색 과정에서 위와 같은 예외적인 사정이 존재하였다는 점에 대하여는 영장의 집행기관인 수사기관이 이를 구체적으로 증명하여야 하고, 이러한 증명이 이루어졌음을 전제로 전자정보가 담긴 저장매체 또는 하드카피·이미징 등 형태를 수사기관 사무실 등으로 옮겨 복제·탐색·출력을 통하여 압수·수색영장을 집행하는 경우에도 그 과정에서 피의자·피압수자 또는 변호인(이하 '피의자 등'이라 한다)에게 참여의 기회를 보장하고 혐의사실과 무관한 전자정보의 임의적 복제 등을 막기 위한 적법한 조치를 하는 등 헌법상 영장주의 및 적법절차의 원칙을 준수하여야 한다. 만약 그러한 조치를 취하지 않았다면, 그럼에도 피의자 등에 대하여 절차 참여를 보장한 취지가 실질적으로 침해되지 않았다고 볼 수 있는 특별한 사정이 없는 이상, 압수·수색을 적법하다고 평가할 수 없다.

③ 영장에 기재된 범죄혐의사실과 무관한 정보를 압수한 경우(대결 2022.1.14. 2021모1586)

[1] 저장매체의 소재지에서 압수·수색이 이루어지는 경우는 물론 예외적으로 저장매체에 들어 있는 전자파일 전부를 하드카피나 이미징(imaging) 등의 형태(이하 '복제본'이라 한다)로 수사기관 사무실 등으로 반출한 경우에도 반출한 저장매체 또는 복제본에서 혐의사실 관련성에 대한 구분 없이 임의로 저장된 전자정보를 문서로 출력하거나 파일로 복제하는 행위는 원칙적으로 영장주의 원칙에 반하는 위법한 압수가 된다.

[2] 법원은 압수·수색영장의 집행에 관하여 범죄 혐의사실과 관련 있는 정보의 탐색·복제·출력이 완료된 때에는 지체 없이 압수된 정보의 상세목록을 피의자 등에게 교부할 것을 정할 수 있다. 압수물 목록은 피압수자 등이 압수처분에 대한 준항고를 하는 등 권리행사절차를 밟는 가장 기초적인 자료가 되므로, 수사기관은 이러한 권리행사에 지장이 없도록 압수 직후 현장에서 압수물 목록을 바로 작성하여 교부해야 하는 것이 원칙이다. 이러한 압수물 목록 교부 취지에 비추어 볼 때, 압수된 정보의 상세목록에는 정보의 파일 명세가 특정되어 있어야 한다.

[3] 법원은 압수·수색영장의 집행에 관하여 범죄 혐의사실과 관련 있는 전자정보의 탐색·복제·출력이 완료된 때에는 지체 없이 영장 기재 범죄 혐의사실과 관련이 없는 나머지 전자정보에 대해 삭제·폐기 또는 피압수자 등에게 반환할 것을 정할 수 있다. 수사기관이 범죄 혐의사실과 관련 있는 정보를 선별하여 압수한 후에도 그와 관련이 없는 나머지 정보를 삭제·폐기·반환하지 아니한 채 그대로 보관하고 있다면 범죄 혐의사실과 관련이 없는 부분에 대하여는 압수의 대상이 되는 전자정보의 범위를 넘어서는 전자정보를 영장 없이 압수·수색하여 취득한 것이어서 위법하고, 사후에 법원으로부터 압수·수색영장이 발부되었다거나 피고인이나 변호인이 이를 증거로 함에 동의하였다고 하여 그 위법성이 치유된다고 볼 수 없다.

[4] 수사기관이 압수·수색영장에 기재된 범죄 혐의사실과의 관련성에 대한 구분 없이 임의로 전체의 전자정보를 복제·출력하여 이를 보관하여 두고, 그와 같이 선별되지 않은 전자정보에 대해 구체적인 개별 파일 명세를 특정하여 상세목록을 작성하지 않고 '….zip'과 같이 그 내용을 파악할 수 없도록 되어 있는 포괄적인 압축파일만을 기재한 후 이를 전자정보 상세목록이라고 하면서 피압수자 등에게 교부함으로써 범죄 혐의사실과 관련성 없는 정보에 대한 삭제·폐기·반환 등의 조치도 취하지 아니하였다면, 이는 결국 수사기관이 압수·수색영장에 기재된 범죄 혐의사실과 관련된 정보 외에 범죄 혐의사실과 관련이 없어 압수의 대상이 아닌 정보까지 영장 없이 취득하는 것일 뿐만 아니라, 범죄 혐의와 관련 있는 압수 정보에 대한 상세목록 작성·교부의무와 범죄혐의와 관련 없는 정보에 대한 삭제·폐기·반환의무를 사실상 형해화하는 결과가 되는 것이어서 영장주의와 적법절차의 원칙을 중대하게 위반한 것으로 봄이 타당하다(만약 수사기관이 혐의사실과 관련 있는 정보만을 선별하였으나 기술적인 문제로 정보 전체를 1개의 파일 등으로 복제하여 저장할 수밖에 없다고 하더라도 적어도 압수목록이나 전자정보 상세목록에 압수의 대상이 되는 전자정보 부분을 구체적으로 특정하고, 위와 같이 파일 전체를 보관할 수밖에 없는 사정을 부기하는 등의 방법을 취할 수 있을 것으로 보인다). 따라서 이와 같은 경우에는 영장 기재 범죄 혐의사실과의 관련성 유무와 상관없이 수사기관이 임의로 전자정보를 복제·출력하여 취득한 정보 전체에 대해 그 압수는 위법한 것으로 취소되어야 한다고 봄이 타당하고, 사후에 법원으로부터 그와 같이 수사기관이 취득하여 보관하고 있는 전자정보 자체에 대해 다시 압수·수색영장이 발부되었다 고 하여 달리 볼 수 없다.

④ 참여권 미보장 및 전자정보 압수목록 미교부시 사후 압수·수색영장 발부로 치유되는지 여부(대판 2022.7.28. 2022도2960) 압수된 이 사건 휴대전화에서 탐색된 이 사건 엑셀파일을 출력한 출력물 및 위 엑셀파일을 복사한 시디(검사는 이를 증거로 제출하였다)는 경찰이 피압수자인 피고인에게 참여의 기회를 부여하지 않은 상태에서 임의로 탐색·복제·출력한 전자정보로서, 피고인에게 압수한 전자정보 목록을 교부하거나 피고인이 그 과정에 참여하지 아니할 의사를 가지고 있는지 여부를 확인한 바가

없으므로, 이는 위법하게 수집된 증거로서 증거능력이 없고, 사후에 압수·수색영장을 발부받아 압수절차가 진행되었더라도 위법성이 치유되지 않는다.

⑤ 준항고인(서비스이용자로서 '실질적 피압수자이자 피의자')에게 참여할 기회를 부여하지 않은 채 이루어진 인터넷서비스업체가 보관하는 준항고인의 전자정보에 관한 압수·수색영장 집행(대결 2022.5.31. 2016모587)

준항고인이 '수사기관이 인터넷서비스업체 서버에 보관된 준항고인의 전자정보를 압수·수색하는 과정에서 준항고인에게 형사소송법 제219조, 제122조에 따른 압수·수색영장의 집행 일시와 장소를 미리 통지하지 않는 등 참여의 기회를 보장하지 않았고, 그 밖의 압수·수색의 위법 등이 있다'는 이유를 들어, 위 압수·수색의 취소를 청구한 사안에서 인터넷서비스업체가 보관하는 준항고인(서비스이용자로서 실질적 피압수자이자 피의자)의 전자정보에 대한 수사기관의 압수·수색영장 집행 시 준항고인에게 참여권이 있다는 점을 인정하면서도 이 사건은 참여권자에 대한 사전 통지의무의 예외사유인 형사소송법 제122조 단서의 '급속을 요하는 때'에 해당하므로 사전통지를 하지 않은 것 자체는 위법이 아니라고 판단하였으나, 이 사건 압수·수색에는 압수·수색영장 원본을 제시하지 않은 위법, 인터넷서비스업체로부터 입수한 전자정보에서 범죄 혐의사실과 관련된 부분을 선별해야 하고 그 선별과정에서도 준항고인의 참여권이 보장되어야 하는데 이를 이행하지 않은 위법, 준항고인에게 압수한 전자정보 목록을 교부하지 않은 위법 등 그 존재하는 위법의 정도가 중대하여 이 사건 압수·수색 절차 전체가 위법하다. ⇨ 준항고인의 청구를 인용한 원심의 결론 자체는 정당하다고 판단하고, 이 사건 압수·수색을 위법하다고 본 원심 결정을 유지한 사례.

⑥ 판사의 날인이 빠진 압수·수색영장으로 압수한 파일 출력물의 증거능력 여부(적극)(대판 2019.7.11. 2018도20504)

[1] 형사소송법 제219조, 제121조는 '수사기관이 압수·수색영장을 집행할 때에는 피압수자 또는 변호인은 그 집행에 참여할 수 있다.'고 정하고 있다. 저장매체에 대한 압수·수색 과정에서 범위를 정하여 출력·복제하는 방법이 불가능하거나 압수의 목적을 달성하기에 현저히 곤란한 예외적인 사정이 인정되어 전자정보가 담긴 저장매체, 하드카피나 이미징(imaging) 등 형태(이하 '복제본'이라 한다)를 수사기관 사무실 등으로 옮겨 복제·탐색·출력하는 경우에도, 피압수자나 변호인에게 참여 기회를 보장하고 혐의사실과 무관한 전자정보의 임의적인 복제 등을 막기 위한 적절한 조치를 취하는 등 영장주의 원칙과 적법절차를 준수하여야 한다. 만일 그러한 조치를 취하지 않았다면 압수·수색이 적법하다고 평가할 수 없다. 다만 피압수자 측이 위와 같은 절차나 과정에 참여하지 않는다는 의사를 명시적으로 표시하였거나 절차 위반행위가 이루어진 과정의 성질과 내용 등에 비추어 피압수자에게 절차 참여를 보장한 취지가 실질적으로 침해되었다고 볼 수 없는 경우에는 압수·수색의 적법성을 부정할 수 없다. 이는 수사기관이 저장매체 또는 복제본에서 혐의사실과 관련된 전자정보만을 복제·출력한 경우에도 마찬가지이다.

[2] 이 사건 영장에는 야간집행을 허가하는 판사의 수기와 날인, 영장 앞면과 별지 사이에 판사의 간인이 있었으나 그 아래 판사의 서명날인란에는 판사의 서명만 있고 날인이 없었더라도, 판사의 의사에 기초하여 진정하게 영장이 발부되었다는 점은 외관상 분명하다. 당시 수사기관으로서는 영장이 적법하게 발부되었다고 신뢰할 만한 합리적인 근거가 있었고, 의도적으로 적법절차의 실질적인 내용을 침해한다거나 영장주의를 회피할 의도를 가지고 이 사건 영장에 따른 압수·수색을 하였다고 보기 어렵다. 그런데 이 사건 영장의 내용과 형식, 발부 경위와 수사기관의 압수·수색 경위 등에 비추어 보면, 수사기관이 이 사건 영장을 발부받아 그에 기초하여 이 사건 파일 출력물을 압수한 것이 위법수집증거의 증거능력을 부정함으로써 달성하려는 목적을 실질적으로 침해한다고 보기도 어렵다. … (중략) 요컨대, 이 사건 영장이 형사소송법이 정한 요건을 갖추지 못하여 적법하게 발부되지 못하였다고 하더라도, 그 영장에 따라 수집한 이 사건 파일 출력물의 증거능력을 인정할 수 있다. 이에 기초하여 획득한 2차적 증거인 위 각 증거 역시 증거능력을 인정할 수 있다.

⑦ 수사기관이 정보저장매체에 기억된 정보 중에서 범죄 혐의사실과 관련 있는 정보를 선별한 다음 이미지 파일을 제출받아 압수한 경우, 수사기관 사무실에서 위와 같이 압수된 이미지 파일을 탐색·복제·출력하는 과정에서도 피의자 등에게 참여의 기회를 보장하여야 하는지 여부(소극)(대판 2018.2.8. 2017도13263)

[1] 형사소송법 제219조, 제121조에 의하면, 수사기관이 압수·수색영장을 집행할 때 피의자 또는 변호인은 그 집행에 참여할 수 있다. 압수의 목적물이 컴퓨터용디스크 그 밖에 이와 비슷한 정보저장매체인 경우에는 영장 발부의 사유로 된 범죄 혐의사실과 관련 있는 정보의 범위를 정하여 출력하거나 복제하여 이를 제출받아야 하고, 피의자나 변호인에게 참여의 기회를 보장하여야 한다. 만약 그러한 조치를 취하지 않았다면 이는 형사소송법에 정한 영장주의 원칙과 적법절차를 준수하지 않은 것이다. 수사기관이 정보저장매체에 기억된 정보 중에서 키워드 또는 확장자 검색 등을 통해 범죄 혐의사실과 관련 있는 정보를 선별한 다음 정보저장매체와 동일하게 비트열 방식으로 복제하여 생성한 파일(이하 '이미지 파일'이라 한다)을 제출받아 압수하였다면 이로써 압수의 목적물에 대한 압수·수색 절차는 종료된 것이므로, 수사기관이 수사기관 사무실에서 위와 같이 압수된 이미지 파일을 탐색·복제·출력하는 과정에서도 피의자 등에게 참여의 기회를 보장하여야 하는 것은 아니다.

[2] 형사소송법 제219조, 제129조에 의하면, 압수한 경우에는 목록을 작성하여 소유자, 소지자, 보관자 기타 이에 준할 자에게 교부하여야 한다. … 압수물 목록은 피압수자 등이 압수처분에 대한 준항고를 하는 등 권리행사절차를 밟는 가장 기초적인 자료가 되므로, 수사기관은 이러한 권리행사에 지장이 없도록 압수 직후 현장에서 압수물 목록을 바로 작성하여 교부해야 하는 것이 원칙이다. 이러한 압수물 목록 교부 취지에 비추어 볼 때, 압수된 정보의 상세목록에는 정보의 파일 명세가 특정되어 있어야 하고, 수사기관은 이를 출력한 서면을 교부하거나 전자파일 형태로 복사해 주거나 이메일을 전송하는 등의 방식으로도 할 수 있다.

[3] 전자문서를 수록한 파일 등의 경우에는, 성질상 작성자의 서명 혹은 날인이 없을 뿐만 아니라 작성자·관리자의 의도나 특정한 기술에 의하여 내용이 편집·조작될 위험성이 있음을 고려하여, 원본임이 증명되거나 혹은 원본으로부터 복사한 사본일 경우에는 복사 과정에서 편집되는 등 인위적 개작 없이 원본의 내용 그대로 복사된 사본임이 증명되어야만 하고, 그러한 증명이 없는 경우에는 쉽게 증거능력을 인정할 수 없다. 그리고 증거로 제출된 전자문서 파일의 사본이나 출력물이 복사·출력 과정에서 편집되는 등 인위적 개작 없이 원본 내용을 그대로 복사·출력한 것이라는 사실은 전자문서 파일의 사본이나 출력물의 생성과 전달 및 보관 등의 절차에 관여한 사람의 증언이나 진술, 원본이나 사본 파일 생성 직후의 해시(Hash)값 비교, 전자문서 파일에 대한 검증·감정 결과 등 제반 사정을 종합하여 판단할 수 있다. 이러한 원본 동일성은 증거능력의 요건에 해당하므로 검사가 그 존재에 대하여 구체적으로 주장·증명해야 한다.

㉣ 원격지 서버정보에 대한 압수·수색 즉, 압수·수색할 전자정보가 압수·수색영장에 기재된 수색장소에 있는 컴퓨터 등 정보처리장치 내에 있지 아니하고 그 정보처리장치와 정보통신망으로 연결되어 제3자가 관리하는 원격지의 서버 등 저장매체에 저장되어 있는 경우, 수사기관이 피의자의 이메일 계정에 대한 접근권한에 갈음하여 발부받은 영장에 따라 영장 기재 수색장소에 있는 컴퓨터 등 정보처리장치를 이용하여 적법하게 취득한 피의자의 이메일 계정 아이디와 비밀번호를 입력하는 등 피의자가 접근하는 통상적인 방법에 따라 원격지의 저장매체에 접속하고 그곳에 저장되어 있는 피의자의 이메일 관련 전자정보를 수색장소의 정보처리장치로 내려받거나 그 화면에 현출시키는 방법으로 한다(대판 2017.11.29. 2017도9747). 그러나, 압수·수색영장에 적힌 '압수할 물건'에 컴퓨터 등 정보처리장치 저장 전자정보만 기재되어 있는 경우 컴퓨터 등 정보처리장치를 이용하여 원격지 서버 저장 전자정보를 압수할 수는 없다

(대판 2022.6.30. 2022도1452).

판례

① 피의자의 이메일 계정에 대한 접근권한에 갈음하여 발부받은 압수 영장에 따른 압수(대판 2017.11.29. 2017도9747) 수사기관이 인터넷서비스이용자인 피의자를 상대로 피의자의 컴퓨터 등 정보처리장치 내에 저장되어 있는 이메일 등 전자정보를 압수·수색하는 것은 전자정보의 소유자 내지 소지자를 상대로 해당 전자정보를 압수·수색하는 대물적 강제처분으로 형사소송법의 해석상 허용된다.

나아가 압수·수색할 전자정보가 압수·수색영장에 기재된 수색장소에 있는 컴퓨터 등 정보처리장치 내에 있지 아니하고 그 정보처리장치와 정보통신망으로 연결되어 제3자가 관리하는 원격지의 서버 등 저장매체에 저장되어 있는 경우에도, 수사기관이 피의자의 이메일 계정에 대한 접근권한에 갈음하여 발부받은 영장에 따라 영장 기재 수색장소에 있는 컴퓨터 등 정보처리장치를 이용하여 적법하게 취득한 피의자의 이메일 계정 아이디와 비밀번호를 입력하는 등 피의자가 접근하는 통상적인 방법에 따라 원격지의 저장매체에 접속하고 그곳에 저장되어 있는 피의자의 이메일 관련 전자정보를 수색장소의 정보처리장치로 내려받거나 그 화면에 현출시키는 것 역시 피의자의 소유에 속하거나 소지하는 전자정보를 대상으로 이루어지는 것이므로 그 전자정보에 대한 압수·수색을 위와 달리 볼 필요가 없다.

비록 수사기관이 위와 같이 원격지의 저장매체에 접속하여 그 저장된 전자정보를 수색장소의 정보처리장치로 내려받거나 그 화면에 현출시킨다 하더라도, 이는 인터넷서비스제공자가 허용한 피의자의 전자정보에 대한 접근 및 처분권한과 일반적 접속 절차에 기초한 것으로서, 특별한 사정이 없는 한 인터넷서비스제공자의 의사에 반하는 것이라고 단정할 수 없다. 또한 형사소송법 제109조 제1항, 제114조 제1항에서 영장에 수색할 장소를 특정하도록 한 취지와 정보통신망으로 연결되어 있는 한 정보처리장치 또는 저장매체 간 이전, 복제가 용이한 전자정보의 특성 등에 비추어 보면, 수색장소에 있는 정보처리장치를 이용하여 정보통신망으로 연결된 원격지의 저장매체에 접속하는 것이 위와 같은 형사소송법의 규정에 위반하여 압수·수색영장에서 허용한 집행의 장소적 범위를 확대하는 것이라고 볼 수 없다. 수색행위는 정보통신망을 통해 원격지의 저장매체에서 수색장소에 있는 정보처리장치로 내려받거나 현출된 전자정보에 대하여 위 정보처리장치를 이용하여 이루어지고, 압수행위는 위 정보처리장치에 존재하는 전자정보를 대상으로 그 범위를 정하여 이를 출력 또는 복제하는 방법으로 이루어지므로, 수색에서 압수에 이르는 일련의 과정이 모두 압수·수색영장에 기재된 장소에서 행해지기 때문이다.

위와 같은 사정들을 종합하여 보면, 피의자의 이메일 계정에 대한 접근권한에 갈음하여 발부받은 압수·수색영장에 따라 원격지의 저장매체에 적법하게 접속하여 내려받거나 현출된 전자정보를 대상으로 하여 범죄 혐의사실과 관련된 부분에 대하여 압수·수색하는 것은, 압수·수색영장의 집행을 원활하고 적정하게 행하기 위하여 필요한 최소한도의 범위 내에서 이루어지며 그 수단과 목적에 비추어 사회통념상 타당하다고 인정되는 대물적 강제처분 행위로서 허용되며, 형사소송법 제120조 제1항에서 정한 압수·수색영장의 집행에 필요한 처분에 해당한다. 그리고 이러한 법리는 원격지의 저장매체가 국외에 있는 경우라 하더라도 그 사정만으로 달리 볼 것은 아니다.

② 압수·수색영장에 적힌 '압수할 물건'에 컴퓨터 등 정보처리장치 저장 전자정보만 기재되어 있는 경우 컴퓨터 등 정보처리장치를 이용하여 원격지 서버 저장 전자정보를 압수할 수는 있는지 여부(대판 2022.6.30. 2022도1452) 압수할 전자정보가 저장된 저장매체로서 압수·수색영장에 기재된 수색장소에 있는 컴퓨터, 하드디스크, 휴대전화와 같은 컴퓨터 등 정보처리장치와 수색장소에 있지는 않으나 컴퓨터 등 정보처리장치와 정보통신망으로 연결된 원격지의 서버 등 저장매체(이하 '원격지 서버'라 한다)는 소재지, 관리자, 저장 공간의 용량 측면에서 서로 구별된다. 원격지 서버에 저장된 전자정보를 압수·수색하기 위해서는 컴퓨터 등 정보처리장치를 이용하여 정보통신망을 통해 원격지 서버에 접속하고 그곳에 저장되어 있는 전자정보를 컴퓨터 등 정보처리장치로 내려 받거나 화면에 현출시키는 절차가 필요하므로, 컴퓨터 등 정보처

리장치 자체에 저장된 전자정보와 비교하여 압수·수색의 방식에 차이가 있다. 원격지 서버에 저장되어 있는 전자정보와 컴퓨터 등 정보처리장치에 저장되어 있는 전자정보는 그 내용이나 질이 다르므로 압수·수색으로 얻을 수 있는 전자정보의 범위와 그로 인한 기본권 침해 정도도 다르다. 따라서 수사기관이 압수·수색영장에 적힌 '수색할 장소'에 있는 컴퓨터 등 정보처리장치에 저장된 전자정보 외에 원격지 서버에 저장된 전자정보를 압수·수색하기 위해서는 압수·수색영장에 적힌 '압수할 물건'에 별도로 원격지 서버 저장 전자정보가 특정되어 있어야 한다. 압수·수색영장에 적힌 '압수할 물건'에 컴퓨터 등 정보처리장치 저장 전자정보만 기재되어 있다면 컴퓨터 등 정보처리장치를 이용하여 원격지 서버 저장 전자정보를 압수할 수는 없다. ⇨ 법원이 발부한 압수·수색영장에는 '압수할 물건'이 '여성의 신체를 몰래 촬영한 것으로 판단되는 사진, 동영상 파일이 저장된 컴퓨터 하드디스크 및 외부 저장매체'로 되어 있는데, 경찰은 위 압수·수색영장으로 압수한 휴대전화가 구글계정에 로그인되어 있는 상태를 이용하여 구글클라우드에서 불법촬영물을 다운로드 받는 방식으로 압수한 경우, 경찰이 압수한 불법촬영물은 위법수집증거에 해당하고, 이를 이용하여 수집한 다른 증거도 위법수집증거에 기한 2차적 증거에 해당하여 증거능력이 없다.

(라) 당사자·책임자 등의 참여

㉠ 검사·피의자·변호인은 압수·수색영장의 집행에 참여할 수 있다(제121조, 제219조). 이는 압수·수색의 공정을 확보하고 집행을 받는 자의 이익을 보호하기 위한 규정이다. 따라서 압수·수색영장을 집행할 때에는 미리 집행일시와 장소를 참여권자에게 통지하여야 한다. 단, 참여하지 아니한다는 의사표시를 명시한 때 또는 급속을 요하는 때에는 예외로 한다(제122조, 제219조). 검사 또는 사법경찰관이 압수·수색·검증을 함에는 검찰청수사관, 서기관, 서기, 사법경찰관리(제243조) 등을 각 참여하게 하여야 한다(규칙 제110조).

판례 형사소송법 제219조, 제121조가 규정한 변호인의 참여권이 고유권에 해당하는지 여부(대판 2020.11.26. 2020도10729)

[1] 형사소송법 제219조, 제121조가 규정한 변호인의 참여권은 피압수자의 보호를 위하여 변호인에게 주어진 고유권이다. 따라서 설령 피압수자가 수사기관에 압수·수색영장의 집행에 참여하지 않는다는 의사를 명시하였다고 하더라도, 특별한 사정이 없는 한 그 변호인에게는 형사소송법 제219조, 제122조에 따라 미리 집행의 일시와 장소를 통지하는 등으로 압수·수색영장의 집행에 참여할 기회를 별도로 보장하여야 한다.

[2] 피고인이 수년간 피시방, 노래방 등의 화장실에 몰래카메라를 설치하여 타인의 신체를 촬영한 것이 「성폭력범죄의 처벌 등에 관한 특례법」 위반(카메라등이용촬영)으로 기소된 사안에서, 수사기관이 그 사무실에서 저장매체를 탐색·복제·출력하는 방법으로 압수·수색영장을 집행하기에 앞서 피고인의 국선변호인에게 그 집행의 일시와 장소를 통지하는 등으로 절차에 참여할 기회를 제공하지 않은 것은 적법절차 위반에 해당하지만, 기록에 나타난 제반 사정에 비추어 위법수집증거의 증거능력을 예외적으로 인정할 수 있는 경우에 해당한다고 볼 여지가 충분하다는 이유로, 압수·수색을 통해 수집된 증거들을 유죄의 증거로 사용할 수 없다고 단정한 원심의 판단에 위법수집증거 배제 원칙의 예외에 관한 법리를 오해하여 필요한 심리를 다하지 아니한 위법이 있다.

㉡ **책임자 등의 참여** : 공무소·군사용 항공기 또는 선차 내에서 압수·수색영장을 집행함에는 그 책임자에게 참여할 것을 통지해야 한다. 이 이외의 타인의 주거, 간수자 있는 가옥, 건조물, 항공기 또는 선차 내에서 압수·수색영장을 집행함에는 주거주, 간수자 또는 이에 준하는 자를 참여하게 하여야 한다.

이상의 자를 참여하게 하지 못하는 때에는 이웃 사람 또는 지방공공단체의 직원을 참여하게 하여야 한다(제123조, 제219조).

㉢ 여자의 수색과 참여 : 여자의 신체에 대하여 수색할 때에는 성년의 여자를 참여하게 하여야 한다(제124조, 제219조).

판례 정보저장매체를 임의제출한 피압수자에 더하여 임의제출자 아닌 피의자에게도 참여권이 보장되어야 하는 '피의자의 소유·관리에 속하는 정보저장매체'(대판 2022.1.27. 2021도11170)

정보저장매체를 임의제출한 피압수자에 더하여 임의제출자 아닌 피의자에게도 참여권이 보장되어야 하는 '피의자의 소유·관리에 속하는 정보저장매체'라 함은, 피의자가 압수·수색 당시 또는 이와 시간적으로 근접한 시기까지 해당 정보저장매체를 현실적으로 지배·관리하면서 그 정보저장매체 내 전자정보 전반에 관한 전속적인 관리처분권을 보유·행사하고, 달리 이를 자신의 의사에 따라 제3자에게 양도하거나 포기하지 아니한 경우로써, 피의자를 그 정보저장매체에 저장된 전자정보에 대하여 실질적인 압수·수색 당사자로 평가할 수 있는 경우를 말하는 것이다. 이에 해당하는지 여부는 민사법상 권리의 귀속에 따른 법률적·사후적 판단이 아니라 압수·수색 당시 외형적·객관적으로 인식 가능한 사실상의 상태를 기준으로 판단하여야 한다. 이러한 정보저장매체의 외형적·객관적 지배·관리 등 상태와 별도로 단지 피의자나 그 밖의 제3자가 과거 그 정보저장매체의 이용 내지 개별 전자정보의 생성·이용 등에 관여한 사실이 있다거나 그 과정에서 생성된 전자정보에 의해 식별되는 정보주체에 해당한다는 사정만으로 그들을 실질적으로 압수·수색을 받는 당사자로 취급하여야 하는 것은 아니다.

(마) 야간집행의 제한

㉠ 일출 전 일몰 후에는 압수·수색영장에 야간집행을 할 수 있는 기재가 없으면 그 영장을 집행하기 위하여 타인의 주거, 간수자 있는 가옥, 건조물, 항공기 또는 선차 내에 들어가지 못한다(제125조, 제219조).

㉡ 다만, 도박 기타 풍속을 해하는 행위에 상용된다고 인정하는 장소, 여관, 음식점 기타 야간에 공중이 출입할 수 있는 장소에 대해서는 예외가 인정된다. 단, 공개한 시간 내에 한한다(제126조, 제219조).

(바) 수색증명서·압수목록의 교부 및 압수·수색조서의 작성

수색한 경우에 증거물 또는 몰수할 물건이 없는 때에는 그 취지의 증명서를 교부하여야 하고, 압수한 경우에는 목록을 작성하여 소유자·소지자·보관자 그리고 이에 준하는 자에게 교부하여야 한다(제129조, 제219조). 증거물 또는 몰수할 물건을 압수하였을 때에는 조서를 작성하여야 한다(제49조 제1항). 압수조서에는 품종, 외형상의 특정과 수량을 기재하여야 한다(제49조 제3항).

4. 압수·수색에서 영장주의의 예외

(1) 체포·구속 목적의 피의자수사(제216조 제1항 제1호)

(가) 제도의 취지

수색은 피의자 또는 현행범인체포를 위한 불가결한 전제이기 때문에 영장주의의 예외를 인정한 것이다. 피의자수색이라 하는 것이 정확한 표현이다.

> ➲ 본조의 주체는 수사기관으로 한정되어 있으므로 일반인은 (현행범체포는 할 수 있어도) 체포를 위한 수색은 할 수 없다.

(나) 적용범위

㉠ 피의자의 발견을 위한 처분을 말한다. 따라서 피의자의 추적 계속 중 피의자를 따라 주거・건조물 등에 들어가는 것은 체포 또는 구속 자체이며 여기에는 해당하지 않는다.

㉡ 수색은 체포 전임을 요한다. 따라서 체포한 후에는 본 호에 의한 수색은 인정되지 않는다. 그러나 수색과 체포사이의 시간적 접착이나 체포의 성공여부는 문제되지 않는다.

㉢ 수색의 범위는 피의자의 주거 뿐만 아니라 제3자의 주거도 포함한다. 다만, 피의자 이외의 자의 주거 등에 대하여는 그 곳에 피의자가 소재한다는 개연성(구체적 사실에 근거한)이 있어야 수색의 필요성(제216조 제1항 제1호 '필요한 때')을 인정할 수 있으며 그렇지 않으면 위법한 수색이 된다.

㉣ 피의자의 발견을 위한 수색이므로 피고인을 구속하기 위한 수색은 제137조에 의하여 허용된다.

(다) 사후영장의 요부

사후영장을 발부받을 필요가 없다.

(2) 피의자의 체포현장에서의 압수・수색・검증(제216조 제1항 제2호)

(가) 제도의 취지

체포현장에서의 압수・수색・검증에 영장을 요하지 않는 이유에 대하여 ㉠ 체포에 의하여 가장 중요한 기본권인 자유권이 적법하게 침해된 때에는 이에 수반하는 보다 경한 비밀이나 소유권의 침해도 영장 없이 할 수 있도록 한 것이라는 부수 처분설과 ㉡ 체포하는 자의 안전을 위하여 무기를 빼앗고 피의자가 증거를 파괴・은닉하는 것을 예방하기 위한 긴급행위로서 허용된다는 긴급행위설이 대립하고 있으나, 부수처분설에 의하면 영장에 의하지 아니한 대물적 강제수사가 부당하게 확대될 위험이 있으며 대물적 강제처분의 독자적 성격이 상실될 우려가 있으므로 긴급행위설이 타당하다고 본다.

(나) 체포와의 시간적 접착성

어느 정도의 시간적 접착을 요하는가에 대하여 ㉠ 체포행위에 시간적・장소적으로 접착되어 있으면 족하며 체포의 전후를 불문한다는 시간적・장소적 접착설, ㉡ 피의자가 현실적으로 체포되었음을 요한다는 체포설, ㉢ 압수・수색의 당시에 피의자가 현장에 있음을 요한다는 현장설, ㉣ 피의자가 수색장소에 현재하고 체포의 착수를 요건으로 한다는 체포착수설 등의 견해가 대립하고 있으나, 피의자가 있는 장소에서 압수・수색한 이상 체포의 전후나 그 성공여부는 불문하고, 먼저 체포에 착수한 때에는 피의자가 도주한 경우에도 압수・수색이 허용된다고 해석하는 현장설이 타당하다고 본다.

(다) 압수・수색의 대상과 장소적 범위

㉠ **대상** : 체포자에 위해를 줄 우려가 있는 무기, 기타의 흉기, 도주의 수단이 되는 물건 및 체포의

원인이 되는 범죄사실에 대한 증거물에 한한다(긴급행위설의 입장). 당해사건의 증거물이므로 영장기재사실과는 다른 별건의 증거를 발견하여 이를 영장 없이 압수하면 별건압수로서 위법한 압수가 된다.

㉡ **장소적 범위** : 피체포자의 신체 및 그의 직접 지배하에 있는 장소에 제한된다.

(라) 사후영장의 요부

검사 또는 사법경찰관은 제1항 또는 제216조 제1항 제2호에 따라 압수한 물건을 계속 압수할 필요가 있는 경우에는 지체없이 압수수색영장을 청구하여야 한다. 이 경우 압수수색영장의 청구는 체포한 때부터 48시간 이내에 하여야 하며(제217조 제2항), 압수수색영장을 발부받지 못한 때에는 압수한 물건을 즉시 반환하여야 한다(동조 제3항).

판례 제216조 제3항의 긴급성 요건을 갖추지 못하여 위법하다고 본 사례(대판 2012.2.9, 2009도14884)

범행 중 또는 범행직후의 범죄장소에서 긴급을 요하여 법원판사의 영장을 발부받을 수 없는 때에는 영장없이 압수, 수색 또는 검증을 할 수 있으나, 이 경우에는 사후에 지체없이 영장을 받아야 한다(제216조 제3항). 형사소송법 제216조 제3항의 요건 중 어느 하나라도 갖추지 못한 경우 그러한 압수·수색 또는 검증은 위법하고, 이에 대하여 사후에 법원으로부터 영장을 발부받았다고 하여 그 위법성이 치유되는 것은 아니다. 경찰관들이 게임장을 압수·수색할 당시 이 사건 게임장에서 범죄행위가 행해지고 있다는 구체적인 단서를 갖고 있지 않았으며, 단지 위 단속리스트에 기재된 게임장들 주위를 순찰하던 도중 이 사건 게임장에 남자들이 들어가는 것을 우연히 목격한 후 따라 들어가 그 내부를 수색한 점, 불법게임장 영업은 그 성질상 상당한 기간 동안 계속적으로 이루어지고 불법게임기는 상당한 부피 및 무게가 나가는 것들로서 은폐나 은닉이 쉽지 아니한 점 등을 비추어 보면, 위 경찰관들의 압수・수색은 형사소송법 제216조 제3항 소정의 '긴급성' 요건을 충족시키지 못한 것으로 위법하다.

(3) 피고인 구속현장에서의 압수・수색・검증(제216조 제2항)

(가) 의의

피고인에 대한 구속영장을 집행함에 있어 그 집행기관에 체포현장에서 압수・수색영장 없이 할 수 있다는 취지의 규정이다.

(나) 적용범위

피고인 구속영장의 집행시에만 적용되고 증인에게는 적용되지 않는다. 피고인에 대한 구속영장을 집행하는 검사, 사법경찰관은 집행기관으로서 활동하는 것이지만 집행현장에서의 압수・수색・검증 등은 수사기관의 수사에 속하는 처분이다. 따라서 그 결과를 법관에게 보고하거나 압수물을 제출할 필요가 없다. 주의할 것은 피고인의 발견을 위한 수색은 수사처분이 아니라 재판의 집행처분이라는 점이다.

(4) 범죄장소에서의 압수・수색・검증(제216조 제3항)

(가) 제도의 취지

피의자의 체포・구속을 전제로 하지 않는 점에서 긴급체포에 유사한 긴급압수・긴급수색 및 긴급검증을 인정한 것이며 범죄현장에서의 증거물의 은닉과 산일을 방지하기 위한 것이다. 이런 경우까지 사전영장을 요구 한다면 증거의 수집·보전이라는 수사의 목적을 달성하기 어렵기 때문이다.

(나) 적용범위

범행 중 또는 범행 직후의 범죄장소이면 족하며 피의자가 현장에 있거나 체포되었을 것을 요건으로 하지 않는다. 다만 긴급을 요하여 판사의 영장을 받을 수 없는 때에 한하여 본 항에 의한 처분이 허용된다.

(다) 사후영장의 요부

이 경우에는 사후에 지체없이 영장을 받아야 한다(제216조 제3항 제2문). 이 경우 사후영장을 발부받지 못한 때에는 압수한 물건은 즉시 환부해야 하며, 그 처분시에 작성한 압수·수색조서의 증거능력은 위법수집증거로서 증거능력이 부정된다. 판례도 사후영장을 발부받지 않은 경우의 해당조서의 증거능력을 부정한다.

판례 (대판 1990.9.14, 90도1263)

사법경찰관 작성의 검증조서의 작성이 범죄현장에서 급속을 요한다는 이유로 압수·수색영장 없이 행하여졌는데 그 후 법원의 사후영장을 받은 흔적이 없다면 유죄의 증거로 쓸 수 없다.

판례 (대판 1989.3.14, 88도1399)

사법경찰관 사무취급이 작성한 실황조서가 사고발생 직후 사고장소에서 긴급을 요하여 판사의 영장없이 시행된 것으로서 형사소송법 제216조 제3항에 의한 검증에 따라 작성된 것이라면 사후영장을 받지 않는 한 유죄의 증거로 삼을 수 없다.

(5) **긴급 압수·수색·검증(제217조 제1항)**

(가) 의의

검사 또는 사법경찰관은 긴급체포에 따라 체포된 자가 소유·소지 또는 보관하는 물건에 대하여 긴급히 압수할 필요가 있는 경우에는 체포한 때부터 24시간 이내에 한하여 영장 없이 압수·수색 또는 검증을 할 수 있다(동조 제1항).

(나) 제도의 취지

긴급체포된 사실이 알려지는 경우 공범자 등이 증거를 인멸할 우려가 있으므로 신속한 주거 등에의 수색이 필요하다는 고려에 근거한다. 다만, 긴급체포에 관하여 체포에 수반하지 않는 압수·수색 등에 대하여 영장주의의 예외를 인정 한 것은 입법론상 타당하다고 할 수 없다는 비판이 있어 형사소송법에서는 법관으로부터 영장을 발부받을 시간적 여유가 없는 상태에서 긴급히 압수할 필요가 있는 경우로 제한함과 동시에 긴급압수·수색·검증으로 압수한 물건을 계속 압수할 필요가 있는 경우에는 구속영장과 별도로 압수수색영장을 청구하도록 함으로써 제도의 남용을 방지하였다.

(다) 요건

㉠ **대상** : 영장 없이 압수·수색 또는 검증할 수 있는 것은 '긴급체포된 자'의 소유·소지 또는 보관

하는 물건이다. 여기서 긴급체포된 자는 현실로 긴급체포된 자에 한한다. 논란이 되었던 긴급체포의 범위와 관련하여 형사소송법은 '제200조의3에 따라 체포된 자'(개정 전에는 '제200조의3 규정에 의하여 체포할 수 있는 자'로 규정)로 명문화 하였다.

㉡ **기간** : 긴급을 요하여 영장 없이 압수·수색 또는 검증을 할 수 있는 기간은 체포한 때로부터 24시간 이내이다(제217조 제1항).

(라) 사후영장의 요부

검사 또는 사법경찰관은 압수한 물건을 계속 압수할 필요가 있는 경우에는 지체없이 압수수색영장을 청구하여야 한다. 이 경우 압수수색영장의 청구는 체포한 때부터 48시간 이내에 하여야 한다(동조 제2항). 검사 또는 사법경찰관은 제2항에 따라 청구한 압수수색영장을 발부받지 못한 때에는 압수한 물건을 즉시 반환하여야 한다(동조 제3항).

(6) 임의제출한 물건의 압수(제218조)

(가) 의의

검사, 사법경찰관은 피의자 기타인의 유류한 물건이나 소유자, 소지자 또는 보관자가 임의로 제출한 물건을 영장없이 압수할 수 있다. 이를 영치(領置)라고 한다.

(나) 제도의 취지

일단 영치된 이상 제출자가 임의로 취거할 수 없다는 점에서 강제처분이지만, 점유취득이 임의적이므로 영장 없이 압수할 수 있도록 한 것이다.

(다) 적용범위

본조에 의하여 압수할 수 있는 물건은 피의자 등이 유류한 물건 또는 소유자 등이 임의로 제출한 물건이다. 증거물 또는 몰수물에 제한되지 않으며 반드시 권한에 기한 소지 또는 보관한 자일 것을 요하지 않는다. 체포현장 또는 범죄장소라 할지라도 유류한 물건이나 임의로 제출한 물건은 본조에 의해서 영장 없이 압수할 수 있다.

(라) 사후영장의 요부

이 경우 영장 없이 압수할 수 있음은 물론 압수한 후에도 사후영장은 발부받을 필요가 없다. 다만 수사기관은 압수조서를 작성하고(제49조) 피압수자에게 압수목록을 교부하여야 한다(제219조, 제129조).

(7) 요급처분

영장에 의하지 않는 강제처분(제216조)을 하는 경우에 급속을 요하는 때에는 영장의 집행과 책임자의 참여(제123조 2항), 야간집행의 제한(제125조)의 규정에 의함을 요하지 아니한다. 그러나 제217조 및 제218조에 의하는 경우에는 이러한 예외가 허용되지 않는다.

▌영장주의의 예외

	<사전영장 불요 사후영장 필요한 경우>
① 현행범인의 체포(제212조) ② 긴급체포(제200조의3 제1항) ③ 임의제출물의 압수(제218조) ④ 구속·체포목적의 피의자수사(제216조 제1항 제1호) ⑤ 체포·구속현장에서의 압수·수색·검증(제216조 제1항 제2호, 동조 제2항) ⑥ 긴급체포시의 체포한 때부터 24시간 이내의 압수·수색·검증(제217조 제1항) - 다만, 위⑤⑥의 경우는 압수한 물건을 계속 압수할 필요가 있는 경우 지체없이 압수수색 영장을 청구해야 하며 그 기한은 체포한 때로 부터48시간 이내이다(제217조 제2항). ⑦ 공판정외에서 압수 또는 수색(제113조 반대해석) ⑧ 법원의 검증(제139조) ⑨ 변사자에 대한 긴급검증(제222조 제2항)	① 현행범인체포·긴급체포 후 구속(제200조의2 제5항) ② 범죄장소에서의 압수·수색·검증(제216조 제3항)

5. 압수물의 처리

(1) 압수물의 보관과 폐기

(가) 자청보관의 원칙

압수물은 압수한 법원 또는 수사기관의 청사로 운반하여 직접 보관함이 원칙이다. 압수물에 대하여는 그 상실 또는 파손 등의 방지를 위하여 상당한 조치를 하여야 한다(제131조, 제219조).

(나) 위탁보관

운반 또는 보관에 불편한 압수물에 관하여는 간수자를 두거나 소유자 또는 적당한 자의 승낙을 얻어 보관하게 할 수 있다(제130조 제1항, 제219조). 위탁보관의 법적 성질은 보관을 명하는 것은 공법상의 권력작용인 강제처분이나 보관자의 승낙을 얻어 보관하게 하는 것은 임치계약에 해당하므로 보관자는 특별한 약정이 없으면 임치료를 청구할 수 없다(대판 1968.4.16. 68다285). 사법경찰관이 위탁보관을 함에는 검사의 지휘를 받아야 한다(제219조 단서).

(다) 대가보관

㉠ **의의** : 몰수하여야 할 압수물로서 멸실·파손·부패 또는 현저한 가치 감소의 염려가 있거나 보관하기 어려운 압수물은 매각하여 대가를 보관할 수 있으며, 환부하여야 할 압수물 중 환부를 받을 자가 누구인지 알 수 없거나 그 소재가 불명한 경우로서 그 압수물의 멸실·파손·부패 또는 현저한 가치 감소의 염려가 있거나 보관하기 어려운 압수물은 매각하여 대가를 보관할 수 있다(제132조, 제219조). 이

를 환가처분이라고도 한다.

㉡ 매각 및 대가보관의 대상

ⓐ 환가처분은 '몰수하여야 할 압수물'에 대하여만 할 수 있으므로 몰수에 해당하지 않는 증거물(장물 등)의 경우에는 멸실·부패의 염려가 있어도 환가처분이 허용되지 않는다(대판 1965.1.19. 64다1150). 몰수하여야 할 압수물에는 필요적 몰수 뿐만 아니라 임의적 몰수도 포함된다. 환가처분을 함에는 검사, 피해자, 피고인 또는 변호인에게 미리 통지하여야 한다(제135조, 제219조).

ⓑ 사법경찰관이 폐기처분을 함에는 검사의 지휘를 받아야 한다.

ⓒ 대가보관은 몰수와의 관계에서는 압수물과 동일성이 인정된다. 따라서 법원은 대가를 추징하지 않고 압수물을 몰수할 수 있다(대판 1966.9.20. 66도886). 몰수를 하지 아니할 때에는 대가를 소유자에게 인도하여야 한다.

(라) 압수물의 폐기처분

㉠ 의의 : 폭발물 등 위험발생의 염려가 있는 압수물은 폐기할 수 있으며 법령상 생산·제조·소지·소유 또는 유통이 금지된 압수물(검역결과 불합격처분을 받은 축산물, 저작권법 위반물 등)로서 부패의 염려가 있거나 보관하기 어려운 압수물은 소유자 등 권한 있는 자의 동의를 받아 폐기할 수 있다(제130조 제2항, 제3항).

ⓐ 대상 : 법령상 생산·제조·소지·소유 또는 유통이 금지된 압수물(검역결과 불합격처분을 받은 축산물, 저작권법 위반물 등)을 추가

ⓑ 사유 : 부패의 염려가 있거나 보관하기 어려운 경우를 추가하였는데, 어차피 몰수폐기될 물건을 판결확정시까지 보관하는 것은 예산 등의 낭비로 보기 때문이다.

㉡ 절차

ⓐ <u>사법경찰관이 폐기처분을 함에는 검사의 지휘를 받아야 한다</u>(제219조).

ⓑ 압수물을 폐기할 때에는 폐기조서를 작성하고 사진을 촬영하여 이에 첨부하여야 한다.

(2) 압수물의 가환부

(가) 의의

가환부란 압수의 효력을 그대로 존속시키면서 압수물을 소유자, 소지자 등에게 잠정적으로 돌려주는 것을 말한다. 즉 압수를 계속할 필요가 없다고 인정되는 압수물은 피고사건 종결 전이라도 결정으로 환부하여야 하고 증거에 공할 압수물은 소유자, 소지자, 보관자 또는 제출인의 청구에 의하여나(제218조의2 제1항), 증거물로서만 압수하였는데 소유자나 소지자의 계속사용이 필요한 경우 직권에 의하여(동조 제2항) 각각 압수의 효력을 유지하면서 압수물을 일시적으로 반환하는 것이다.

(나) 대상

가환부의 대상은 사본을 확보한 경우 등 압수를 계속할 필요가 없다고 인정되는 압수물 및 증거에 사용할 압수물이다(제218조의2 제1항). 따라서 몰수의 대상이 되는 압수물은 가환부할 수 없다. '증거에

사용할 압수물'에는 증거물로서의 성격과 몰수할 것으로 사료되는 물건으로서의 성격을 가진 압수물이 포함되어 있다고 해석하는 것이 판례의 태도이다(대결 1966.1.28. 65모21).

(다) 절차

소유자, 소지자, 보관자 또는 제출인의 청구에 의하여 법원 또는 수사기관의 결정으로 한다(제133조 제1항, 제219조). 이에 대하여 준항고는 가능하다. 소유권을 포기한 자는 가환부를 청구할 수 없다(대판 1968.2.27. 67모70). 법원 수사기관이 가환부의 결정을 함에는 미리 검사, 피해자, 피고인 또는 변호인에게 미리 통지하여야 한다(제135조, 제219조) 따라서 피고인에게 의견을 진술할 기회를 주지 아니한 채 가환부결정을 하는 것은 위법하다(대결 1980.2.5. 80모3).

(라) 효력

가환부는 압수 자체의 효력을 잃게 하는 것은 아니다. 따라서 가환부를 받은 자는 압수물에 대한 보관의무를 가지며, 이를 임의로 처분하지 못하고, 법원 또는 수사기관의 요구가 있는 때에는 이를 제출하여야 한다. 가환부한 장물에 대하여 별단의 선고가 없는 때에는 환부가 있는 것으로 간주한다(제333조 제3항).

판례

① [1] 압수한 물건이 몰수대상이 된다면 그 물건에 대한 압수는 몰수의 집행을 보전하기 위한 의미도 포함된 것이므로 압수물이 피고인 이외의 제3자의 소유인 경우에는 가환부 대상이 될 수 없다. [2] 본법위반피고사건의 몰수대상이 된 물품은 증거에 공할 목적 외에 몰수를 위한 집행보전의 목적도 있다고 할 것이므로 가사 그 물품이 피고인이 아닌 자의 소유라고 할지라도 가환부를 할 수 없다(대판 1966.1.28, 65모21).

② [1] 형사소송법 제133조 제1항 후단이, 제2항의 '증거에만 공할' 목적으로 압수할 물건과는 따로이, '증거에 공할' 압수물에 대하여 법원의 재량에 의하여 가환부할 수 있도록 규정한 것을 보면, <u>'증거에 공할 압수물'에는 증거물로서의 성격과 몰수할 것으로 사료되는 물건으로서의 성격을 가진 압수물이 포함되어 있다고 해석함이 상당하다.</u> [2] 몰수할 것이라고 사료되어 압수한 물건 중 법률의 특별한 규정에 의하여 필요적으로 몰수할 것에 해당하거나 누구의 소유도 허용되지 아니하여 몰수할 것에 해당하는 물건에 대한 압수는 몰수재판의 집행을 보전하기 위하여 한 것이라는 의미도 포함된 것이므로 그와 같은 압수 물건은 가환부의 대상이 되지 않지만, <u>그 밖의 형법 제48조에 해당하는 물건에 대하여는 이를 몰수할 것인지는 법원의 재량에 맡겨진 것이므로 특별한 사정이 없다면 수소법원이 피고본안사건에 관한 종국판결에 앞서 이를 가환부함에 법률상의 지장이 없는 것으로 보아야 한다.</u> [3] <u>피압수자 등 환부를 받을 자가 압수 후 그 소유권을 포기하더라도 그 때문에 압수물을 환부하여야 하는 수사기관의 의무에 어떠한 영향을 미칠 수 없고, 또 수사기관에 대하여 형사소송법상의 환부청구권을 포기한다는 의사표시를 하더라도 그 효력이 없다</u>(대판 1998.4.16, 97모25).

③ 피고인에게 의견을 진술할 기회를 주지 아니한 채 한 가환부결정은 형사소송법 제135조에 위배하여 위법하고 이 위법은 재판의 결과에 영향을 미쳤다 할 것이다(대판 1980.2.5, 80모3).

④ 밀수출범죄와 무관한 소유자에 대한 검사의 압수물가환부 거부처분 준항고(대결 2017.9.29. 2017모236)

[1] 형사소송법 제218조의2 제1항은 '검사는 사본을 확보한 경우 등 압수를 계속할 필요가 없다고 인정되는 압수물 및 증거에 사용할 압수물에 대하여 공소제기 전이라도 소유자, 소지자, 보관자 또는 제출인의 청구가 있는 때에는 환부 또는 가환부하여야 한다'고 규정하고 있다. 따라서 <u>검사는 증거에 사용할 압수물에 대하여 가환부의 청구가 있는 경우 가환부를 거부할 수 있는 특별한 사정이 없는</u>

한 가환부에 응하여야 한다. 그리고 그러한 특별한 사정이 있는지는 범죄의 태양, 경중, 몰수 대상인지 여부, 압수물의 증거로서의 가치, 압수물의 은닉·인멸·훼손될 위험, 수사나 공판수행상의 지장 유무, 압수에 의하여 받는 피압수자 등의 불이익의 정도 등 여러 사정을 검토하여 종합적으로 판단하여야 한다.

[2] 관세법 제269조 제3항 제2호는 '수출의 신고를 하였으나 해당 수출물품과 다른 물품으로 신고하여 수출한 자 등은 3년 이하의 징역 등에 처한다'고 규정하고 있고, 제282조 제2항은 '제269조 제3항 등의 경우에는 범인이 소유하거나 점유하는 그 물품을 몰수한다'고 규정하고 있다. 따라서 범인이 직접 또는 간접으로 점유하던 밀수출 대상 물품을 압수한 경우에는 그 물품이 제3자의 소유에 속하더라도 필요적 몰수의 대상이 된다.

[3] 피고인 이외의 제3자의 소유에 속하는 물건의 경우, 몰수를 선고한 판결의 효력은 원칙적으로 몰수의 원인이 된 사실에 관하여 유죄의 판결을 받은 피고인에 대한 관계에서 그 물건을 소지하지 못하게 하는 데 그치고, 그 사건에서 재판을 받지 아니한 제3자의 소유권에 어떤 영향을 미치는 것은 아니다.

[4] 피의자들이 밀수출하기 위해 허위의 수출신고 후 선적하려다 미수에 그친 수출물품으로서 甲 주식회사 소유의 렌트차량인 자동차를 세관의 특별사법경찰관이 압수수색검증영장에 기해 압수하였는데, 甲 회사와 밀수출범죄 사이에 아무런 관련성이 발견되지 않음에도 검사가 甲 회사의 압수물 가환부 청구를 거부하자 甲 회사가 준항고를 제기하여 원심에서 준항고가 인용된 사안에서, 자동차는 범인이 간접으로 점유하는 물품으로서 필요적 몰수의 대상인데 밀수출범죄와 무관한 甲 회사의 소유이어서 범인에 대한 몰수는 범인으로 하여금 소지를 못하게 함에 그치는 점 및 밀수출범죄의 태양이나 경중, 자동차의 증거로서의 가치, 은닉·인멸·훼손될 위험과 그로 인한 수사나 공판수행상의 지장 유무, 압수에 의하여 받는 甲 회사의 불이익 정도 등 여러 사정을 아울러 감안하면, 검사에게 甲 회사의 가환부 청구를 거부할 수 있는 특별한 사정이 있는 경우라고 보기 어려우므로, 이와 달리 자동차가 증거에만 사용할 목적으로 압수된 것임을 이유로 형사소송법 제133조 제2항에 의하여 준항고를 받아들이는 결정을 한 원심판단에는 검사의 압수물 가환부에 관한 적용법조 및 가환부 거부의 특별한 사정 유무 등에 관한 법리오해의 잘못이 있으나, 원심이 준항고를 받아들인 것은 결론적으로 정당하다.

(3) 압수물의 환부

(가) 의의

㉠ 압수물의 환부란 압수의 필요가 없게 된 경우 압수의 효력을 소멸시키고 종국적으로 압수물을 피압수자(소유자 또는 제출인)에게 반환하는 법원 또는 수사기관의 처분을 말한다.

㉡ 구별개념 : 압수가 종국적으로 실효되는 점에서 압수의 효력이 존속하면서 일시적으로 반환하는 데 불과한 가환부나, 피압수자에 대한 반환을 원칙으로 하는 점에서 재산범죄의 피해자에 대한 장물의 반환인 피해자환부와 구별된다.

㉢ 여기서 '압수를 계속할 필요가 없다고 인정되는 경우'란 몰수 불능임이 명백해진 경우이거나 증거물로서 압수된 물건이 증거가치를 결하여 증거조사를 할 필요조차 없게 된 경우를 가리킨다.

(나) 환부의 성질

법원 수사기관의 압수물의 환부는 필요적이고 의무적인 강행규정으로 보아야 한다. 따라서 검사는 압수의 요건이 소멸한 경우에는 반드시 그 압수물을 피압수자 등 이를 환부받을 권한이 있는 자에게 환부하여야 한다.

(다) 환부의 대상

압수계속의 필요성이 상실된 압수물이다. 따라서 몰수의 대상이 되는 압수물을 환부하는 것은 위법하므로 항고 또는 준항고의 사유가 된다. 증거에 사용할 압수물도 가환부의 대상은 될 수 있어도 환부의 대상은 될 수 없다(대결 1966.9.12. 66모58).

> 판례 형사소송법 제133조의 규정에 의하면, 압수를 계속할 필요가 없다고 인정되는 압수물 또는 증거에 공할 압수물은 환부 또는 가환부할 수 있도록 되어 있는 바, 본건 약속어음은 범죄행위로 인하여 생긴 위조문서로서 아무도 이를 소유하는 것이 허용되지 않는 물건이므로 몰수가 될 뿐 환부나 가환부할 수 없고 다만 검사는 몰수의 선고가 있은 뒤에 형사소송법 제485조에 의하여 위조의 표시를 하여 환부할 수 있다(대판 1984.7.24, 84모43).

(라) 환부의 절차

법원 또는 수사기관의 결정으로 한다. 소유자 등의 청구가 있어야 하는 것은 아니다. 그러나 소유자 등이 청구할 수는 있다(제133조 제1항, 제219조). 검사가 불기소처분으로 수사를 종결하는 경우에도 압수를 계속할 필요가 없으면 압수물을 환부해야 하는 것은 당연하다. 사법경찰관이 압수물을 환부할 때에는 검사의 지휘를 받아야 한다(제219조 단서). 피압수자가 소유권을 포기한 경우에도 법원 또는 수사기관은 환부결정을 해야 한다(1996.8.16. 94모51).

한편 기소중지의 경우는 수사의 종결이라기보다는 수사의 중간처분에 불과하므로 기소중지의 경우에 압수물을 어떻게 처리해야 하는지에 관하여 견해가 대립하나 판례는 압수계속의 필요성을 부정한다(대판 1996.8.16. 94모51 전원합의체). 기소중지에 대하여 수사기관의 책임이 인정되기 때문이다. 따라서 환부하여야 한다.

> 판례 외국산 물품을 관세장물의 혐의가 있다고 보아 압수하였다 하더라도 그것이 언제, 누구에 의하여 관세포탈된 물건인지 알 수 없어 기소중지 처분을 한 경우에는 그 압수물은 관세장물이라고 단정할 수 없어 이를 국고에 귀속시킬 수 없을 뿐만 아니라 압수를 더 이상 계속할 필요도 없다(대판 1996.8.16. 94모51 전원합의체).

(마) 환부의 효력

환부에 의해 압수는 그 효력을 상실한다. 그러나 환부는 압수를 해제할 뿐이며 환부를 받은 자에게 실체법상의 권리를 확인하는 효력까지 가지는 것은 아니다. 따라서 환부의 상대방은 피압수자가 되지 않을 수 없으며 피압수자에게 실체법상의 권리가 있는가의 여부는 불문한다. 따라서 이해관계인은 민사소송절차에 의하여 그 권리를 주장할 수 있다(제333조 제4항).

몰수는 압수되어 있는 물건에 대해서만 하는것이 아니므로, 판결선고전 검찰에 의하여 압수된 후 피고인에게 환부된 물건에 대하여도 법원은 피고인으로 부터 몰수할 수 있다(대판 1977.5.24. 76도4001). 압수한 서류 또는 물품에 대하여 몰수의 선고가 없는 때에는 압수를 해제한 것으로 간주한다(제332조).

(바) 압수물의 소유권포기와 환부

㉠ **소유권포기각서와 환부청구권의 소멸** : 피압수자가 압수 후에 그 소유권을 포기하는 등에 의하여 실체법상의 권리를 상실하는 경우에 그로 인하여 수사기관에 대한 압수물의 환부청구권도 소멸하는지 여부에 대해 견해가 대립(환부청구권 불소멸설이 다수설이다)한다. 판례는 '실체법상의 권리를 상실하는 일이 있다고 하더라도 그로 인하여 압수를 계속할 필요가 없는 압수물을 환부하여야 하는 수사기관의 의무에 어떠한 영향을 미친다고 할 수는 없으니, 그에 대응하는 압수물의 환부를 청구할 수 있고 절차법상의 권리가 소멸하는 것은 아니라고 할 것이다'(대판 1996.8.16. 94모51 전원합의체)라고 하여 부정설의 입장이다.

㉡ **환부청구권의 포기와 압수물의 국고귀속** : 압수물환부청구권 자체를 포기하거나 또는 피압수자가 압수물에 대한 소유권을 포기한 때에는 압수물환부청구권도 포기한 것으로 보아 법원 또는 수사기관은 압수물을 국고귀속할 수 있는가 문제된다. 판례는 '피압수자 등 압수물을 환부받을 자가 수사기관에 대하여 형사소송법상의 환부청구권을 포기한다는 의사표시를 한 경우에 있어서도, 그 효력이 없어 그에 의하여 수사기관의 필요적 환부의무가 면제된다고 볼 수는 없으므로, 그 환부의무에 대응하는 압수물의 환부를 청구할 수 있는 절차법상의 권리가 소멸하는 것은 아니라고 할 것이다'라고 판시한 바 있다. 결론적으로 환부청구권의 포기는 필요적·의무적 환부를 규정한 제133조를 사문화시키며, 몰수제도를 잠탈할 우려가 있으므로 부정설이 타당하다고 본다.

> **판례** <u>피압수자 등 환부를 받을 자가 압수 후 그 소유권을 포기하는 등에 의하여 실체법상의 권리를 상실하더라도 그 때문에 압수물을 환부하여야 하는 수사기관의 의무에 어떠한 영향을 미칠 수 없고, 또한 수사기관에 대하여 형사소송법상의 환부청구권을 포기한다는 의사표시를 하더라도 그 효력이 없어 그에 의하여 수사기관의 필요적 환부의무가 면제된다고 볼 수는 없으므로, 압수물의 소유권이나 그 환부청구권을 포기하는 의사표시로 인하여 위 환부의무에 대응하는 압수물에 대한 환부청구권이 소멸하는 것은 아니다.</u>
>
> 압수물의 환부는 환부를 받는 자에게 환부된 물건에 대한 소유권 기타 실체법상의 권리를 부여하거나 그러한 권리를 확정하는 것이 아니라 단지 압수를 해제하여 압수 이전의 상태로 환원시키는 것뿐으로서, 이는 실체법상의 권리와 관계없이 압수 당시의 소지인에 대하여 행하는 것이므로, 실체법인 민법(사법)상 권리의 유무나 변동이 압수물의 환부를 받을 자의 절차법인 형사소송법(공법)상 지위에 어떠한 영향을 미친다고는 할 수 없다. <u>그리고 형사사법권의 행사절차인 압수물 처분에 관한 준항고절차에서 민사분쟁인 소유권 포기의사의 존부나 그 의사표시의 효력 및 하자의 유무를 가리는 것은 적절하지 아니하고 이는 결국 민사소송으로 해결할 문제이므로, 피압수자 등 환부를 받을 자가 압수 후에 그 소유권을 포기하는 등에 의하여 실체법상의 권리를 상실하는 일이 있다고 하더라도, 그로 인하여 압수를 계속할 필요가 없는 압수물을 환부하여야 하는 수사기관의 의무에 어떠한 영향을 미친다고 할 수는 없으니, 그에 대응하는 압수물의 환부를 청구할 수 있는 절차법상의 권리가 소멸하는 것은 아니다</u>(대판 1996.8.16, 94모51 전원합의체).

(마) 환부의 상대방

㉠ 압수한 장물은 피해자에게 환부할 이유가 명백한 때에는 피고사건의 종결 전이라도 결정으로 피해자에게 환부할 수 있다(제134조). <u>'환부할 이유가 명백한 때'라 함은 피해자가 사법상 반환청구권을 가지는 것이 명백한 때를 의미하므로, 그 인도청구권에 관하여 사실상 내지 법률상 다소라도 의문</u>

이 있는 경우에는 여기에 해당하지 않는다(대판 1984.7.16, 84모38).

㉡ 검사가 기소중지처분을 내릴 경우 환부의 상대방 : 이에 관해서는 실체법상 권리자설과 피압수자설이 대립하나 판례는 환부는 실체법상의 권리와 관계없이 압수당시의 소지인에게 행하는 것이라 하여 피압수자설과 같은 입장이다(대판 1996.8.16, 94모51 전원합의체).

㉢ 압수한 장물로서 피해자에게 환부할 이유가 명백한 것은 판결로써 피해자에게 환부하는 선고를 하여야 하며, 장물을 처분하였을 때에는 판결로써 그 대가로 취득한 것을 피해자에게 교부하는 선고를 하여야 한다(제333조 제1항, 제2항).

판례 [1] 형사소송법 제134조 소정의 "환부할 이유가 명백한 때"라 함은 사법상 피해자가 그 압수된 물건의 인도를 청구할 수 있는 권리가 있음이 명백한 경우를 의미하고 위 인도청구권에 관하여 사실상, 법률상 다소라도 의문이 있는 경우에는 환부할 명백한 이유가 있는 경우라고는 할 수 없다.

[2] 매수인이 피해자로 부터 물건을 매수함에 있어 사기행위로써 취득하였다 하더라도 피해자가 매수인에게 사기로 인한 매매의 의사표시를 취소한 여부가 분명하지 않고, 위 매수인으로 부터 위탁을 받은 (갑)이 위 물건을 인도받아 재항고인의 창고에 임치하여 재항고인이 보관하게 되었고 달리 재항고인이 위 물건이 장물이라는 정을 알았다고 확단할 자료가 없다면, 재항고인은 정당한 점유자라 할 것이고 이를 보관시킨 매수인에 대해서는 임치료 청구권이 있고 그 채권에 의하여 위 물건에 대한 유치권이 있다고 보여지므로 피해자는 재항고인에 대하여 위 물건의 반환 청구권이 있음이 명백하다고 보기는 어렵다 할 것이므로 이를 피해자에게 환부할 것이 아니라 민사소송에 의하여 해결함이 마땅하다(대판 1984.7.16, 84모38).

Ⅲ. 수사상의 검증

1. 수사기관의 검증

(1) 의의

(가) 개념

수사기관의 검증이라 함은 수사기관이 직접 장소·물건·신체 등의 존재와 상태를 오관의 작용으로 직접 인식하는 처분을 말한다.

(나) 종류

검증에는 수사기관이 행하는 검증(제215조 내지 제217조, 제222조 제1항) 외에 수소법원이 행하는 검증(제139조), 증거보전을 위하여 판사가 행하는 검증(제184조)이 있다. 법원·법관이 행하는 검증은 증거조사로 행해지므로 영장을 요하지 아니하나 수사상 검증은 강제처분이므로 원칙적으로 법관이 발부한 영장을 요한다. 형사소송법은 수사기관의 검증에 관하여는 압수·수색과 같이 규정하면서 법원의 검증에 관한 규정을 준용하고 있다(제219조).

수사기관의 검증은 원칙적으로 강제수사이나, 승낙검증, 공도상의 검증과 같이 임의수사인 경우도 있다.

(2) 대상

수사기관에 의한 검증의 대상에는 제한이 없다. 따라서 검증을 함에는 신체의 검사, 사체의 해부, 분묘의 발굴, 물건의 파괴 기타 필요한 처분을 할 수 있다(제140조, 제219조). 즉 장소, 물건, 서류, 사람의 신체는 물론 사체도 검증의 대상으로 되며 공도 또는 산야도 검증의 대상으로 된다. 검증목적물의 소유관계도 불문한다.

(3) 절차 · 집행

검증영장의 청구 · 발부와 그 집행은 압수 · 수색영장의 경우에 준한다(제219조). 따라서 범죄혐의 · 검증의 필요성 · 비례성의 원칙을 요건으로 한다.

(가) 검증영장의 발부

검사가 검증을 하기 위해서는 지방법원판사가 발부하는 영장이 있어야 한다. 사법경찰관은 검사에게 신청하여 검사의 청구로 지방법원판사가 발부하는 영장에 의하여 검증을 할 수 있다(제215조).

(나) 검증영장의 집행

㉠ 피의자 또는 변호인은 검증영장의 집행에 참여할 권리가 있다(제121조, 제219조). 따라서 검증영장을 집행하는 경우에는 급속을 요하는 경우를 제외하고는 미리 집행의 일시와 장소를 피의자 등에게 통지하여야 한다(제125조, 제219조).

㉡ 검증영장에 야간집행을 할 수 있다는 기재가 없으면 일출 전, 일몰 후에 검증영장을 집행하기 위하여 타인의 주거, 간수자 있는 건조물 등에 들어가지 못한다(제125조, 제219조). 다만, 일몰 전에 검증영장의 집행에 착수한 때에는 일몰 후라도 검증을 계속할 수 있다(제143조 제2항의 유추적용).

㉢ 수사기관이 검증을 함에 있어 필요한 경우에는 신체검사, 사체해부, 분묘발굴, 물건파괴 기타 처분을 할 수 있다(제140조, 제219조). 수사기관이 검증을 위하여 사체해부 또는 분묘발굴을 하는 때에는 예를 잃지 아니하도록 주의하여야 하며, 신체검사를 하는 경우에는 검사를 당하는 자의 성별 · 연령 · 건강상태 기타 사정을 고려하여 그 사람의 건강과 명예를 해하지 아니하도록 주의하여야 한다(제141조, 제219조).

㉣ 검사기관이 여자의 신체를 검사하는 경우에는 의사나 성년의 여자를 참여하게 하여야 한다(제141조 제3항, 제219조).

(다) 검증조서의 작성

검사기관이 검증을 하는 경우에는 검증조서를 작성하여야 하며(의무적) 검증조서에는 검증목적물의 현상을 명확하게 하기 위하여 도화나 사진을 첨부할 수 있다(제49조 제1항 · 제2항). 검증조서에는 조사 또는 처분의 연월일시와 장소를 기재하고 그 조사 또는 처분을 행한 자와 참여한 법원사무관 등이 기명날인 또는 서명하여야 한다. 단 공판기일외에 법원이 조사 또는 처분을 행한 때에는 재판장 또는 법관과 참여한 법원사무관 등이 기명날인 또는 서명하여야 한다(제50조).

2. 신체검사

(1) 의의

신체검사는 신체 자체를 검사의 대상으로 하는 검증으로서의 신체검사와 전문적 지식과 경험을 요하는 감정으로서의 신체검사로 구분할 수 있다. 피의자의 지문을 채취하거나 신체의 문신 등을 확인하는 것은 전자에 해당하고, 혈액검사나 X선 촬영 등은 후자에 해당한다. 검증으로서의 신체검사는 신체외부와 착의에서 증거물을 찾는 신체수색과는 구별된다.

(2) 절차

신체검사에 있어서는 검사를 당하는 자의 성별・연령・건강상태 기타 사정을 고려하여 그 사람의 건강과 명예를 해하지 아니하도록 주의하여야 하며, 피고인 아닌 자의 신체검사는 증적의 존재를 확인할 수 있는 현저한 사유가 있는 경우에 한하여 할 수 있다. 여자의 신체를 검사하는 경우에는 의사나 성년의 여자를 참여하게 하여야 한다(제219조, 제141조 제1항・제2항・제3항).

(3) 영장을 요하지 않는 신체검사

신체검사를 내용으로 하는 검증을 위한 영장의 청구서에는 압수・수색, 검증을 위한 기재사항 이외에 신체검사를 필요로 하는 이유와 신체검사를 받을 자의 성별, 건강상태를 기재하여야 한다(규칙 제107조 제2항). 따라서 신체검사도 영장을 요구하지만, 구속과 체포현장에서 신체검사는 영장 없이 할 수 있으며 체포 또는 구속된 피의자에 대하여 지문 또는 족형 채취, 신장과 체중 또는 흉위측정 등도 영장 없이 할 수 있다(제216조, 제217조).

(4) 체내신체검사(신체검사의 한계)

신체검사의 특수한 유형으로 체내검사가 있다. 체내검사는 다른 압수수색과는 달리 인간의 존엄성과 건강을 해칠 가능성이 크므로 허용여부와 허용될 경우 그 절차가 문제된다.

(가) 체내강제수색

㉠ **의의** : 체내강제수색이라 함은 질내・항문내・구강내 등 신체의 내부에 대한 수사기관의 강제수색을 말한다.

㉡ **허용성** : 형사소송법은 수색의 대상에 피의자 또는 피의자 아닌 자의 '신체'를 포함시키고 있으며(제209조, 제109조) 신체의 내부에 대한 수색을 금지하는 예외규정이 없으므로 신체의 내부에 대한 강제적 수색이 허용된다고 해석해야 한다. 다만, 신체의 외부에 대한 강제수색에 비해서 인권제한의 정도가 심하므로 그 허용요건을 엄격히 제한하여야 한다.

㉢ **요건**

ⓐ 압수할 물건이 신체의 내부에 있다고 인정할만한 상당한 이유가 있는 때에 한하여 신체의 내부에 대한 강제수색이 허용된다고 해석해야 한다(압수물존재의 개연성).

ⓑ 수색의 필요성(제219조, 제109조 제1항)

ⓒ 사회통념상 상당하다고 인정되는 방법으로 하여야 한다. 따라서 전라(全裸)수색은 원칙적으로 허용되지 않는다(수색방법의 상당성).

ⓔ **절차** : 압수・수색영장만으로 가능하다는 견해가 있으나, 신체내부에 대한 수색은 신체검증의 성질을 병유하고 있으며 인권보장을 위해서 압수・수색영장 외에 신체검증영장이 있어야 한다고 본다. 수색을 실시함에 있어서는 피수색자의 성별・연령・건강상태 기타 사정을 고려하여 그 사람의 건강과 명예를 해하지 아니하도록 주의하여야 한다(제219조, 제141조 제1항).

> ➲ 압수・수색영장만으로 가능하다는 견해에 의하면 체내강제수색의 경우에도 영장주의의 예외(제216조, 제217조 – 감정이 없음을 주의할 것)가 인정된다. 감정영장은 필요 없고 압수물에 필요한 처분으로 성분을 분석할 수 있기 때문이다.

ⓜ **직접강제의 허부** : 수사기관의 체내강제수색은 수사상 강제처분이므로 수색의 상대방이 수색을 거부하는 경우에는 직접강제를 위한 실력행사가 허용된다. 다만, 수색의 목적을 달성함에 필요한 최소한도에 그쳐야 한다.

(나) 강제채뇨, 강제채혈

㉠ **의의** : 강제채뇨란 체내에 있는 뇨를 강제로 채취하는 것을 말하고 강제채혈은 대상자의 혈관으로부터 일정량의 혈액을 채취하는 강제처분이다.

㉡ **허용성** : 다수설은 강제채뇨는 허용되지 아니하나 강제채혈은 엄격한 요건하에서, 피검자의 건강이 침해되지 않는 범위 내에서 허용된다고 한다.

㉢ **절차** : 강제채뇨가 감정으로서의 성질을 가진다는 점을 고려하면 검증영장과 감정처분허가장을 병용해야 한다는 검증・감정영장설(병용설)이 타당하다고 본다.

판례

① 진료목적으로 채혈된 혈액을 간호사가 임의제출한 경우(대판 1999.9.3, 98도968) 의료인이 진료 목적으로 채혈한 환자의 혈액을 수사기관에 임의로 제출하였다면 그 혈액의 증거사용에 대하여도 환자의 사생활의 비밀 기타 인격적 법익이 침해되는 등의 특별한 사정이 없는 한 반드시 그 환자의 동의를 받아야 하는 것이 아니고, 따라서 경찰관이 간호사로부터 진료 목적으로 이미 채혈 되어있던 피고인의 혈액 중 일부를 주취운전 여부에 대한 감정을 목적으로 임의로 제출받아 이를 압수한 경우, 당시 간호사가 위 혈액의 소지자겸 보관자인 병원 또는 담당의사를 대리하여 혈액을 경찰관에게 임의로 제출할 수 있는 권한이 없었다고 볼 특별한 사정이 없는 이상, 그 압수절차가 피고인 또는 피고인의 가족의 동의 및 영장없이 행하여졌다고 하더라도 이에 적법절차를 위반한 위법이 있다고 할 수 없다.

② 음주운전과 관련한 도로교통법 위반죄의 범죄수사를 위하여 미성년자인 피의자의 혈액채취가 필요한 경우, 법정대리인이 의사능력 없는 피의자를 대리하여 채혈에 관한 동의를 할 수 있는지 여부(대판 2014.11.13, 2013도1228) ⇨ 원칙적 소극 형사소송법상 소송능력이란 소송당사자가 유효하게 소송행위를 할 수 있는 능력, 즉 피고인 또는 피의자가 자기의 소송상의 지위와 이해관계를 이해하고 이에 따라 방어행위를 할 수 있는 의사능력을 의미하는데, 피의자에게 의사능력이 있으면 직접 소송행위를 하는 것이 원칙이고, 피의자에게 의사능력이 없는 경우에는 형법 제9조 내지 제11조의 규정의 적용을 받지 아니하는 범죄사건에 한하여 예외적으로 법정대리인이 소송행위를 대리할 수 있다(형사소송법 제26조). 따라서 음주운전과 관련한 도로교통법 위반죄의 범죄수사를 위하여 미성년자인 피의자의 혈액채취가 필요한 경우에도 피의

자에게 의사능력이 있다면 피의자 본인만이 혈액채취에 관한 유효한 동의를 할 수 있고, 피의자에게 의사능력이 없는 경우에도 명문의 규정이 없는 이상 법정대리인이 피의자를 대리하여 동의할 수는 없다.

③ 음주운전자에 대한 강제채혈의 절차 및 적법성(대판 2012.11.15. 2011도15258)

[1] 수사기관이 법원으로부터 영장 또는 감정처분허가장을 발부받지 아니한 채 피의자의 동의 없이 피의자의 신체로부터 혈액을 채취하고 사후에도 지체 없이 영장을 발부받지 아니한 채 혈액 중 알코올농도에 관한 감정을 의뢰하였다면, 이러한 과정을 거쳐 얻은 감정의뢰회보 등은 형사소송법상 영장주의 원칙을 위반하여 수집하거나 그에 기초하여 획득한 증거로서, 원칙적으로 절차위반행위가 적법절차의 실질적인 내용을 침해하여 피고인이나 변호인의 동의가 있더라도 유죄의 증거로 사용할 수 없다.

[2] 수사기관이 범죄 증거를 수집할 목적으로 피의자의 동의 없이 피의자의 혈액을 취득·보관하는 행위는 법원으로부터 감정처분허가장을 받아 형사소송법 제221조의4 제1항, 제173조 제1항에 의한 '감정에 필요한 처분'으로도 할 수 있지만, 형사소송법 제219조, 제106조 제1항에 정한 압수의 방법으로도 할 수 있고, 압수의 방법에 의하는 경우 혈액의 취득을 위하여 피의자의 신체로부터 혈액을 채취하는 행위는 혈액의 압수를 위한 것으로서 형사소송법 제219조, 제120조 제1항에 정한 '압수영장의 집행에 있어 필요한 처분'에 해당한다.

[3] 음주운전 중 교통사고를 야기한 후 피의자가 의식불명 상태에 빠져 있는 등으로 도로교통법이 음주운전의 제1차적 수사방법으로 규정한 호흡조사에 의한 음주측정이 불가능하고 혈액 채취에 대한 동의를 받을 수도 없을 뿐만 아니라 법원으로부터 혈액 채취에 대한 감정처분허가장이나 사전 압수영장을 발부받을 시간적 여유도 없는 긴급한 상황이 생길 수 있다. 이러한 경우 피의자의 신체 내지 의복류에 주취로 인한 냄새가 강하게 나는 등 형사소송법 제211조 제2항 제3호가 정하는 범죄의 증적이 현저한 준현행범인의 요건이 갖추어져 있고 교통사고 발생 시각으로부터 사회통념상 범행 직후라고 볼 수 있는 시간 내라면, 피의자의 생명·신체를 구조하기 위하여 사고현장으로부터 곧바로 후송된 병원 응급실 등의 장소는 형사소송법 제216조 제3항의 범죄 장소에 준한다 할 것이므로, 검사 또는 사법경찰관은 피의자의 혈중알코올농도 등 증거의 수집을 위하여 의료법상 의료인의 자격이 있는 자로 하여금 의료용 기구로 의학적인 방법에 따라 필요최소한의 한도 내에서 피의자의 혈액을 채취하게 한 후 그 혈액을 영장 없이 압수할 수 있다. 다만 이 경우에도 형사소송법 제216조 제3항 단서, 형사소송규칙 제58조, 제107조 제1항 제3호에 따라 사후에 지체 없이 강제채혈에 의한 압수의 사유 등을 기재한 영장청구서에 의하여 법원으로부터 압수영장을 받아야 한다.

④ 강제채뇨의 적법요건(대판 2018.7.12. 2018도6219)

[1] 수사기관이 범죄 증거를 수집할 목적으로 하는 강제 채뇨는 피의자의 신체에 직접적인 작용을 수반할 뿐만 아니라 피의자에게 신체적 고통이나 장애를 초래하거나 수치심이나 굴욕감을 줄 수 있다. 따라서 피의자에게 범죄 혐의가 있고 그 범죄가 중대한지, 소변성분 분석을 통해서 범죄 혐의를 밝힐 수 있는지, 범죄 증거를 수집하기 위하여 피의자의 신체에서 소변을 확보하는 것이 필요한 것인지, 채뇨가 아닌 다른 수단으로는 증명이 곤란한지 등을 고려하여 범죄 수사를 위해서 강제 채뇨가 부득이하다고 인정되는 경우에 최후의 수단으로 적법한 절차에 따라 허용된다고 보아야 한다. 이때 의사, 간호사, 그 밖의 숙련된 의료인 등으로 하여금 소변 채취에 적합한 의료장비와 시설을 갖춘 곳에서 피의자의 신체와 건강을 해칠 위험이 적고 피의자의 굴욕감 등을 최소화하는 방법으로 소변을 채취하여야 한다.

[2] 수사기관이 범죄 증거를 수집할 목적으로 피의자의 동의 없이 피의자의 소변을 채취하는 것은 법원으로부터 감정허가장을 받아 형사소송법 제221조의4 제1항, 제173조 제1항에서 정한 '감정에 필요한 처분'으로 할 수 있지만(피의자를 병원 등에 유치할 필요가 있는 경우에는 형사소송법 제221조의3에 따라 법원으로부터 감정유치장을 받아야 한다), 형사소송법 제219조, 제106조 제1항, 제109조에 따른 압수·수색의 방법으로도 할 수 있다. 이러한 압수·수색의 경우에도 수사기관은 원칙적으로 형사소송법 제215조에 따라 판사로부터 압수·수색영장을 적법하게 발부받아 집행해야 한다.

[3] 압수·수색의 방법으로 소변을 채취하는 경우 압수대상물인 피의자의 소변을 확보하기 위한 수사기관의 노력에도 불구하고, 피의자가 인근 병원 응급실 등 소변 채취에 적합한 장소로 이동하는 것에 동의하지 않거나 저항하는 등 임의 동행을 기대할 수 없는 사정이 있는 때에는 수사기관으로서는 소변 채취에 적합한 장소로 피의자를 데려가기 위해서 필요 최소한의 유형력을 행사하는 것이 허용된다. 이는 형사소송법 제219조, 제120조 제1항에서 정한 '압수·수색영장의 집행에 필요한 처분'에 해당한다고 보아야 한다. 그렇지 않으면 피의자의 신체와 건강을 해칠 위험이 적고 피의자의 굴욕감을 최소화하기 위하여 마련된 절차에 따른 강제 채뇨가 불가능하여 압수영장의 목적을 달성할 방법이 없기 때문이다.

[4] 경찰관 직무집행법 제10조 제1항, 제10조의2 제1항 제2호, 제3호, 제2항 등에 따르면, 경찰관은 직무수행 중 자신이나 다른 사람의 생명·신체의 방어와 보호, 공무집행에 대한 항거 제지를 위하여 필요하다고 인정되는 상당한 이유가 있을 때에는 그 사태를 합리적으로 판단하여 필요한 한도에서 수갑, 포승, 경찰봉, 방패 등 경찰장구를 사용할 수 있다.

⇨ 피고인이 메트암페타민을 투약했다는 제보를 바탕으로 영장전담판사로부터 피고인의 소변(30cc), 모발(80수), 마약류 불법사용 도구 등에 대한 압수·수색·검증영장을 발부받아 경찰관이 피고인의 주거지에서 사용 흔적이 있는 주사기 4개를 압수하고, 위 영장에 따라 약 3시간동안 소변과 모발을 제출하도록 설득하였으나 피고인이 계속 거부하면서 자해하자 이를 제압하고 수갑과 포승을 채운 뒤 강제로 인근 ○○의료원 응급실로 데려가 응급구조사로 하여금 피고인의 신체에서 소변 30cc를 채취하도록 하여 이를 압수한 사안에서, ① 피고인에 대한 피의사실이 중대하고 명백한 범죄혐의가 있었고, 경찰관의 장시간에 걸친 설득에도 불구하고 피고인이 임의 제출을 거부하면서 판사가 적법하게 발부한 압수영장의 집행에 저항하자 경찰관이 다른 방법으로 수사목적을 달성하기 곤란하다고 판단하여 강제로 피고인을 소변 채취에 적합한 장소인 인근 병원 응급실로 데려가 의사의 지시를 받은 응급구조사로 하여금 피고인의 신체에서 소변을 채취하도록 하였으며, 그 과정에서 피고인에 대한 강제력 행사가 필요 최소한도를 벗어나지 않았으므로, 형사소송법 제219조, 제120조 제1항에서 정한 '압수영장의 집행에 필요한 처분'으로서 허용되고, ② 경찰관이 피고인을 ○○의료원 응급실로 데려가는 과정에서 공무집행에 항거하는 피고인을 제지하고 자해 위험을 막기 위해 수갑과 포승을 사용한 것은 경찰관 직무집행법에 따라 허용되는 경찰장구의 사용이라고 보아, 피고인의 소변에 대한 압수영장 집행이 적법하다는 원심의 판단을 수긍한 사례.

⑤ 운전자가 호흡측정 결과에 불복하여 행한 혈액채취에 의한 측정(대판 2015.7.9. 2014도16051)

[1] 구 도로교통법 제44조 제2항, 제3항은 음주운전 혐의가 있는 운전자에게 수사를 위한 호흡측정에도 응할 것을 간접적으로 강제하는 한편 혈액 채취 등의 방법에 의한 재측정을 통하여 호흡측정의 오류로 인한 불이익을 구제받을 수 있는 기회를 보장하는 데 취지가 있으므로, 이 규정들이 음주운전에 대한 수사방법으로서의 혈액 채취에 의한 측정의 방법을 운전자가 호흡측정 결과에 불복하는 경우에만 한정하여 허용하려는 취지의 규정이라고 해석할 수는 없다.

[2] 음주운전에 대한 수사 과정에서 음주운전 혐의가 있는 운전자에 대하여 구 도로교통법(2014. 12. 30. 법률 제12917호로 개정되기 전의 것) 제44조 제2항에 따른 호흡측정이 이루어진 경우에는 그에 따라 과학적이고 중립적인 호흡측정 수치가 도출된 이상 다시 음주측정을 할 필요성은 사라졌으므로 운전자의 불복이 없는 한 다시 음주측정을 하는 것은 원칙적으로 허용되지 아니한다. 그러나 운전자의 태도와 외관, 운전 행태 등에서 드러나는 주취 정도, 운전자가 마신 술의 종류와 양, 운전자가 사고를 야기하였다면 경위와 피해 정도, 목격자들의 진술 등 호흡측정 당시의 구체적 상황에 비추어 호흡측정기의 오작동 등으로 인하여 호흡측정 결과에 오류가 있다고 인정할 만한 객관적이고 합리적인 사정이 있는 경우라면 그러한 호흡측정 수치를 얻은 것만으로는 수사의 목적을 달성하였다고 할 수 없어 추가로 음주측정을 할 필요성이 있으므로, 경찰관이 음주운전 혐의를 제대로 밝히기 위하여 운전자의 자발적인 동의를 얻어 혈액 채취에 의한 측정의 방법으로 다시 음주측정을 하는 것을 위법하다고 볼 수는 없다.

이 경우 운전자가 일단 호흡측정에 응한 이상 재차 음주측정에 응할 의무까지 당연히 있다고 할 수는 없으므로, 운전자의 혈액 채취에 대한 동의의 임의성을 담보하기 위하여는 경찰관이 미리 운전자에게 혈액 채취를 거부할 수 있음을 알려주었거나 운전자가 언제든지 자유로이 혈액 채취에 응하지 아니할 수 있었음이 인정되는 등 운전자의 자발적인 의사에 의하여 혈액 채취가 이루어졌다는 것이 객관적인 사정에 의하여 명백한 경우에 한하여 혈액 채취에 의한 측정의 적법성이 인정된다.

⑥ 호흡측정기에 의한 음주측정치와 혈액검사에 의한 음주측정치가 불일치한 경우, 증거취사선택의 방법(대판 2004.2.13. 2003도6905) 도로교통법 제41조 제2항에서 말하는 '측정'이란, 측정결과에 불복하는 운전자에 대하여 그의 동의를 얻어 혈액채취 등의 방법으로 다시 측정할 수 있음을 규정하고 있는 같은 조 제3항과의 체계적 해석상, 호흡을 채취하여 그로부터 주취의 정도를 객관적으로 환산하는 측정방법, 즉 호흡측정기에 의한 측정이라고 이해하여야 할 것이고, 호흡측정기에 의한 음주측정치와 혈액검사에 의한 음주측정치가 다른 경우에 어느 음주측정치를 신뢰할 것인지는 법관의 자유심증에 의한 증거취사선택의 문제라고 할 것이나, 호흡측정기에 의한 측정의 경우 그 측정기의 상태, 측정방법, 상대방의 협조정도 등에 의하여 그 측정결과의 정확성과 신뢰성에 문제가 있을 수 있다는 사정을 고려하면, 혈액의 채취 또는 검사과정에서 인위적인 조작이나 관계자의 잘못이 개입되는 등 혈액채취에 의한 검사결과를 믿지 못할 특별한 사정이 없는 한, 혈액검사에 의한 음주측정치가 호흡측정기에 의한 음주측정치보다 측정 당시의 혈중알콜농도에 더 근접한 음주측정치라고 보는 것이 경험칙에 부합한다.

⑦ 경찰관이 음주운전 단속시 운전자의 요구에 따라 곧바로 채혈을 실시하지 않은 채 호흡측정기에 의한 음주측정을 하고 1시간 12분이 경과한 후에야 채혈을 한 경우(대판 2008.4.24. 2006다32132)

교통단속처리지침 제38조 제6항은 호흡측정기에 의한 측정결과의 오류방지와 음주운전 단속자에게 정확한 혈중알콜농도 측정의 기회를 제공하기 위한 규정으로서, 위 규정의 '주취운전자 적발보고서를 작성한 후 즉시'의 의미는 상당한 시간 경과 등으로 운전 당시의 혈중알콜농도 입증이 곤란하여지는 것 등을 방지하기 위하여 운전자가 경찰공무원에 대하여 호흡측정기에 의한 측정결과에 불복하고 혈액채취의 방법에 의한 측정을 요구한 때로부터 상당한 이유 없이 장시간 지체하지 않을 것을 의미한다고 해석함이 상당하다.

경찰관이 음주운전 단속시 운전자의 요구에 따라 곧바로 채혈을 실시하지 않은 채 호흡측정기에 의한 음주측정을 하고 1시간 12분이 경과한 후에야 채혈을 하였다는 사정만으로는 위 행위가 법령에 위배된다거나 객관적 정당성을 상실하여 운전자가 음주운전 단속과정에서 받을 수 있는 권익이 현저하게 침해되었다고 단정하기 어렵다

(다) 연하물의 강제배출

㉠ 의의 : 연하물의 강제배출이라 함은 연하물 등 위장 내에 있는 물건을 구토제·하제 등을 사용하여 강제로 배출하게 하는 것을 말한다.

㉡ 허용성 : 미연방대법원은 Rochin 판결에서 문명사회의 양심에 대한 충격이라는 이유로 stomach pumping의 허용성을 부정하고 있으나, 우리나라의 다수설은 연하물의 강제배출은 엄격한 요건하에 허용된다고 해석하고 있다

㉢ 절차 : 연하물의 체외배출에 관해서는 전문적인 지식·경험이 필요하다는 점을 고려할 때 압수·수색영장 외에 감정처분허가장을 요한다는 견해가 타당하다고 본다.

Ⅳ. 수사상 감정유치

1. 수사상 감정유치

(1) 의의

감정유치란 피의자의 정신 또는 신체에 관한 감정이 필요한 경우에 기간을 정하여 병원 기타 적당한 장소에 피의자를 유치하는 강제처분을 말한다(제172조 제3항, 제221조의3). 검사 또는 사법경찰관은 수사에 필요한 때에는 감정을 위촉할 수 있다(제221조 제2항). 그러나 감정위촉은 그 자체가 임의수사이므로 강제력을 수반하지 않고는 충분한 결과를 얻을 수 없는 경우가 있다. 따라서 감정을 위촉하는 경우에 피의자의 정신 또는 신체에 관한 감정이 필요한 때에는 판사에게 감정유치를 청구하여야 한다(제221조의3)라고 규정하고 있다.

(2) 대상과 요건

(가) 감정유치의 대상

수사상 감정유치는 피의자를 대상으로 한다. 피의자인 이상 구속중임을 요하지 않는다. 따라서 피의자가 아닌 제3자에 대하여는 감정유치를 청구할 수 없다.

(나) 감정유치의 요건

감정유치를 청구함에 있어서는 강제처분인 이상 감정유치의 필요성이 인정될 것을 요한다. 이러한 감정유치의 필요성은 정신 또는 신체의 감정을 위하여 계속적인 유치와 관찰이 필요한 경우에 인정된다. 다만 감정유치의 필요성은 구속의 필요성이 없는 경우에도 감정유치는 가능하다고 보아야 한다.

(3) 절차

(가) 청구권자

수사상 감정유치의 청구권자는 검사에 한한다(제221조의3 제1항). 따라서 감정유치의 청구에 대한 필요성은 종국적으로 검사가 판단하여야 하며, 판사는 유치처분에 대한 판단을 한다(동조 제2항). 사법경찰관이 감정을 위촉한 경우에도 감정유치는 검사에게 신청하여 검사가 청구하여야 한다.

(나) 청구의 방식

감정유치의 청구는 감정유치청구서에 의한다. 감정유치청구서에는 다음의 사항을 기재하여야 한다(규칙 제113조).

1. 피의자의 성명(분명하지 아니한 때에는 인상, 체격, 그 밖에 피의자를 특정할 수 있는 사항)・주민등록번호 등・직업・주거, 피의자에게 변호인이 있는 때에는 그 성명, 죄명 및 범죄사실의 요지, 7일을 넘는 유효기간을 필요로 하는 때에는 그 취지 및 사유, 여러 통의 영장을 청구하는 때에는 그 취지 및 사유 ⇨ 체포영장청구시 기재사항
2. 유치할 장소 및 유치기간
3. 감정의 목적 및 이유
4. 감정인의 성명, 직업

(다) 감정유치장의 발부와 집행

판사는 청구가 상당하다고 인정할 때에는 유치처분(감정유치장 발부)을 하여야 한다(제221조의3 제2항). 유치처분을 하여야 한다는 것은 감정유치장을 발부한다는 것을 의미한다. 감정유치장에는 피고인의 성명, 주민등록번호 등, 직업, 주거, 죄명, 범죄사실의 요지, 유치할 장소, 유치기간, 감정의 목적 및 유효기간과 그 기간 경과후에는 집행에 착수하지 못하고 영장을 반환하여야 한다는 취지를 기재하고 재판장 또는 수명법관이 서명날인하여야 한다(규칙 제85조 제1항). 감정유치장의 집행에 관하여는 구속영장의 집행에 관한 규정이 준용된다(제221조의3 제2항, 제172조 제7항).

(라) 유치기간

감정유치에 필요한 유치기간에는 제한이 없지만, 감정유치를 함에는 유치기간을 정하여야 하며 법원은 필요한 때에는 유치기간을 연장하거나 단축할 수 있다(제172조 제6항). 감정유치기간의 연장이나 단축 또는 유치할 장소의 변경 등은 재판장 또는 수명법관의결정으로 한다(규칙 제85조 제2항).유치기간이 만료되면 감정유치장은 당연히 실효된다.

(마) 결정에 대한 불복

감정유치를 기각하는 결정에 대하여는 불복하지 못한다. 감정유치장의 발부에 대해서는 준항고 할 수 있다는 견해와 할 수 없다는 견해의 대립이 있다.

(4) 감정유치의 효력

(가) 구속과의 관계

감정유치는 감정을 목적으로 하는 것이라 할지라도 실질적으로는 구속에 해당하므로 유치에 관하여는 구속에 관한 규정이 준용된다(제172조 제7항). 따라서 구속의 취소에 관한 규정(제93조)도 준용되므로 감정유치의 취소를 청구할 수 있고, 감정유치된 피의자도 '신체구속을 당한 피의자'에 해당하므로 접견교통권을 가지며, 감정유치기간은 미결구금일수의 산입에 있어서 구속으로 간주한다(제172조 제8항). 그러나 감정유치는 감정을 목적으로 하는 처분이므로 유치된 피의자에 관해서는 보석 또는 구속적부심사에 관한 규정은 준용되지 않는다(동조 제7항 단서).

(나) 구속 중인 피의자에 대한 감정유치

구속 중인 피의자에 대하여 감정유치장이 집행되었을 때에는 유치되어 있는 기간 동안 구속은 그 집행이 정지된 것으로 간주한다(제221조의3 제2항, 제172조의2 제1항). 따라서 감정유치기간은 구속기간에 포함되지 않는다. 감정유치의 처분이 취소되거나 유치기간이 만료된 때에는 구속의 집행정지가 취소된 것으로 간주한다(제172조의2 제2항). 따라서 별도의 취소절차 없이 피의자를 재차 구금장소에 수용할 수 있다.

2. 감정에 필요한 처분

(1) 의의

수사기관에 의하여 감정의 위촉을 받은 자는 판사의 허가를 얻어 제173조 제1항에 규정된 처분(감정인은 감정에 관하여 필요한 때에는 법원의 허가를 얻어 타인의 주거, 간수자 있는 가옥, 건조물, 항공기, 선차 내에 들어갈 수 있고 신체의 검사, 사체의 해부, 분묘의 발굴, 물건의 파괴)을 할 수 있다(제221조의4 제1항). 본조는 수사상 감정의 목적달성을 도모하기 위하여 수사기관으로부터 감정의 위촉을 받은 자에게 일정한 처분권한을 인정하는 동시에 그 처분에 대한 사법적 억제라는 견지에서 법관의 허가장에 의할 것을 요구하고 있다.

(2) 절차

감정처분에 대한 허가는 검사가 청구하여야 하며(동조 제2항). 판사는 청구가 상당하다고 인정한 때에는 허가장을 발부하여야 한다(동조 제3항). 이를 감정처분허가장이라 한다.

(3) 감정처분허가장에 의한 처분

판사로부터 감정처분허가장을 받은 검사는 이를 감정인에게 교부하고, 이를 교부받은 감정인은 처분을 받은 자에게 이를 제시한 후 처분을 행하여야 한다(제221조의4 제4항, 제173조 제3항). 이 경우 감정인은 신체검사 및 사체해부와 분묘발굴에 있어서의 주의사항(제141조)과 시각의 제한(제143조)에 관한 규정을 준수하여야 한다(제221조의4 제4항, 제173조 제5항).

Ⅳ. 수사상 통신제한조치

1. 통신제한조치의 의의

우편물의 검열 또는 전기통신의 감청을 "통신제한조치"라 한다(통신비밀보호법 제3조 제2항). 국가기관은 범죄수사 또는 국가안전보장을 위하여 보충적인 수단으로 이용되어야 하며, 국민의 통신비밀에 대한 침해가 최소한에 그치도록 노력하여야 하기 때문에, 통신제한조치에 대해서는 통신비밀보호법에서 규정하고 있다.

2. 우편물의 검열

"우편물"이라 함은 우편법에 의한 통상우편물과 소포우편물을 말하고, "검열"이라 함은 우편물에 대하여 당사자의 동의없이 이를 개봉하거나 기타의 방법으로 그 내용을 지득 또는 채록하거나 유치하는 것을 말한다. 여기에서 "당사자"라 함은 우편물의 발송인과 수취인, 전기통신의 송신인과 수신인을 말한다(통신비밀보호법 제2조 제2호, 제4호, 제6호).

3. 전기통신의 감청

(1) 의의와 법적 성질

감청이란 수사기관이 타인간의 대화를 본인들의 부지중에 청취하는 것을 말하며, 도청이라고도 한다. 도청이 강제력을 행사하거나 상대방에게 의무를 과하는 것은 아니라는 이유로 임의수사설도 있으나, 도청은 개인의 프라이버시에 대한 중대한 침해를 가져온다는 점에서 강제수사라고 봄이 타당하다(다수설). 통신비밀보호법도 일정한 요건하에 법원의 허가를 얻은 때에만 감청을 할 수 있게 규정하고 있다(통신비밀보호법 제6조).

판례 통신비밀보호법상 '감청'의 의미(대판 2016.10.13. 2016도8137)

[1] 통신비밀보호법에 규정된 '감청'은 전기통신에 대하여 당사자의 동의 없이 전자장치·기계장치 등을 사용하여 통신의 음향·문언·부호·영상을 청취·공독하여 그 내용을 지득 또는 채록하거나 전기통신의 송·수신을 방해하는 것을 말한다고 규정되어 있다(제2조 제7호). 따라서 '전기통신의 감청'은 '감청'의 개념 규정에 비추어 전기통신이 이루어지고 있는 상황에서 실시간으로 전기통신의 내용을 지득·채록하는 경우와 통신의 송·수신을 직접적으로 방해하는 경우를 의미하는 것이지, 이미 수신이 완료된 전기통신에 관하여 남아 있는 기록이나 내용을 열어보는 등의 행위는 포함하지 않는다.

[2] 허가된 통신제한조치의 종류가 전기통신의 '감청'인 경우, **수사기관 또는 수사기관으로부터 통신제한조치의 집행을 위탁받은 통신기관 등**은 통신비밀보호법이 정한 감청의 방식으로 집행하여야 하고 그와 다른 방식으로 집행하여서는 아니 된다. 한편 수사기관이 통신기관 등에 통신제한조치의 집행을 위탁하는 경우에는 집행에 필요한 설비를 제공하여야 한다(통신비밀보호법 시행령 제21조 제3항). 그러므로 수사기관으로부터 통신제한조치의 집행을 위탁받은 통신기관 등이 집행에 필요한 설비가 없을 때에는 수사기관에 설비의 제공을 요청하여야 하고, 그러한 요청 없이 통신제한조치허가서에 기재된 사항을 준수하지 아니한 채 통신제한조치를 집행하였다면, 그러한 집행으로 취득한 전기통신의 내용 등은 헌법과 통신비밀보호법이 국민의 기본권인 통신의 비밀을 보장하기 위해 마련한 적법한 절차를 따르지 아니하고 수집한 증거에 해당하므로(형사소송법 제308조의2), 이는 유죄 인정의 증거로 할 수 없다.

⇨ 이 사건 통신제한조치허가서에 기재된 통신제한조치의 종류는 전기통신의 '감청'이므로, 수사기관으로부터 집행위탁을 받은 카카오는 통신비밀보호법이 정한 감청의 방식, 즉 전자장치 등을 사용하여 실시간으로 이 사건 대상자들이 카카오톡에서 송·수신하는 음향·문언·부호·영상을 청취·공독하여 그 내용을 지득 또는 채록하는 방식으로 통신제한조치를 집행하여야 하고 임의로 선택한 다른 방식으로 집행하여서는 안 된다고 할 것이다. 그런데도 카카오는 이 사건 통신제한조치허가서에 기재된 기간 동안, 이미 수신이 완료되어 전자정보의 형태로 서버에 저장되어 있던 것을 3~7일마다 정기적으로 추출하여 수사기관에 제공하는 방식으로 통신제한조치를 집행하였다. 이러한 카카오의 집행은 동시성 또는 현재성 요건을 충족하지 못해 통신비밀보호법이 정한 감청이라고 볼 수 없으므로 이 사건 통신제한조치허가서에 기재된 방식을 따르지 않은 것으로서 위법하다고 할 것이다.

(2) 범죄수사를 위한 통신제한조치

① **통신제한조치의 허가요건**(동법 제5조) : 우편물의 검열과 전기통신의 감청은 동법 제5조에 규정된 범죄를 계획 또는 실행하고 있거나 실행하였다고 의심할 만한 충분한 이유가 있고 다른 방법으로는 그 범죄의 실행을 저지하거나 범인의 체포 또는 증거의 수집이 어려운 경우에 한하여 허가할 수 있다.

> **⊃ 통신제한조치가 가능한 범죄**
>
> 1. 형법 제2편중 제1장 **내란의 죄**, 제2장 **외환의 죄** 중 제92조 내지 제101조의 죄, 제4장 **국교에 관한 죄** 중 제107조, 제108조, 제111조 내지 제113조의 죄, 제5장 **공안을 해하는** 죄중 제114조, 제115조의 죄, 제6장 **폭발물에 관한 죄**, 제7장 **공무원의 직무에 관한 죄** 중 제127조, 제129조 내지 제133조의 죄, 제9장 **도주와 범인은닉의 죄**, 제13장 **방화와 실화의 죄** 중 제164조 내지 제167조·내지 제173조·제174조 및 제175조의 죄, 제17장 **아편에 관한 죄**, 제18장 **통화에 관한 죄**, 제19장 **유가증권, 우표와 인지에 관한 죄** 중 제214조 내지 제217조(유가증권), 제223조(제214조 내지 제217조의 미수범에 한한다) 및 제224조(제214조 및 제215조의 예비·음모에 한한다), 제24장 **살인의 죄**, 제29장 **체포와 감금의 죄**, 제30장 **협박의 죄** 중 제283조 제1항(단순협박), 제284조(특수협박)의 상습범에 한한다), 제286조[제283조 제1항, 제284조, 제285조(제283조 제1항, 제284조의 상습범에 한한다)의 미수범에 한한다]의 죄, 제31장 **약취와 유인의 죄**, 제32장 **강간과 추행의 죄** 중 제297조 내지 제301조의2, 제305조의 죄(미성년자에 대한 간음, 추행○ – 미성년자등에 대한 간음 ×), 제34장 신용, **업무와 경매에 관한 죄** 중 제315조의 죄, 제37장 **권리행사를 방해하는 죄** 중 제324조의2 내지 제324조의4·제324조의5(제324조의2내지 제324조의4의 미수범에 한한다)의 죄, 제38장 **절도와 강도의 죄** 중 제329조 내지 제331조, 제332조(제329조 내지 제331조의 상습범에 한한다), 제333조 내지 제341조, 제342조[제329조 내지 제331조, 제332조(제329조 내지 제331조의 상습범에 한한다), 제333조 내지 제341조의 미수범에 한한다]의 죄, 제39장 사기와 공갈의 죄 중 제350조, 제350조의2, 제351조(제350조, 제350조의2의 상습범에 한정한다), 제352조(제350조, 제350조의2의 미수범에 한정한다)의 죄, 제41장 장물에 관한 죄 중 제363조의 죄
> 2. **군형법** 제2편중 제1장 반란의 죄, 제2장 이적의 죄, 제3장 지휘권 남용의 죄, 제4장 지휘관의 강복과 도피의 죄, 제5장 수소이탈의 죄, 제7장 군무태만의 죄중 제42조의 죄, 제8장 항명의 죄, 제9장 폭행·협박·상해와 살인의 죄, 제11장 군용물에 관한 죄, 제12장 위령의 죄중 제78조·제80조·제81조의 죄
> 3. **국가보안법**에 규정된 범죄
> 4. 군사기밀보호법에 규정된 범죄
> 5. 군사시설보호법에 규정된 범죄
> 6. **마약류관리에관한법률**에 규정된 범죄중 제58조 내지 제62조의 죄
> 7. **폭력행위등처벌에관한법률**에 규정된 범죄중 제4조 및 제5조의 죄
> 8. 총포·도검·화약류등단속법에 규정된 범죄중 제70조 및 제71조 제1호 내지 제3호의 죄
> 9. **특정범죄가중처벌등에관한법률**에 규정된 범죄중 제2조 내지 제8조, 제10조 내지 제12조의 죄
> 10. **특정경제범죄가중처벌등에관한법률**에 규정된 범죄중 제3조 내지 제9조의 죄
> 11. 제1호와 제2호의 죄에 대한 가중처벌을 규정하는 법률에 위반하는 범죄
> 12. 「국제상거래에 있어서 외국공무원에 대한 뇌물방지법」에 규정된 범죄 중 제3조 및 제4조의 죄

② 범죄수사를 위한 통신제한조치의 허가절차

㉠ 검사는 통신제한조치의 허가요건이 구비된 경우에는 법원에 대하여 통신제한조치를 허가하여 줄 것을 청구할 수 있다(통신비밀보호법 제6조 제1항). 또한 사법경찰관고 허가요건이 구비된 경우에는 검사

에 대하여 각 피의자별 또는 각 피내사자별로 통신제한조치에 대한 허가를 신청하고, 검사는 법원에 대하여 그 허가를 청구할 수 있다(동법 제6조 제2항). 여기에서 법원은 그 통신제한조치를 받을 통신당사자의 쌍방 또는 일방의 주소지 · 소재지, 범죄지 또는 통신당사자와 공범관계에 있는 자의 주소지 · 소재지를 관할하는 지방법원 또는 지원으로 한다(동법 제6조 제3항).

ⓛ 통신제한조치청구는 필요한 통신제한조치의 종류 · 목적 · 대상 · 범위 · 기간 및 당해 통신 제한조치가 허가요건을 충족하는 사유 등의 청구이유를 기재한 서면으로 하여야 하며, 청구 이유에 대한 소명자료를 첨부하여야 한다. 이 경우 동연한 범죄사실에 대하여 그 피의자 또는 피내사자에 대하여 통신제한조치의 허가를 청구하였거나 허가받은 사실이 있는 때에는 다시 통신제한조치를 청구하는 취지 및 이유를 기재하여야 한다(동법 제6조 제4항).

③ **허가내용 및 기간**(동법 제6조 제5항 · 제6항 · 제7항) : 법원은 청구가 이유 있다고 인정하면 통신제한조치를 허가하고 이를 증명하는 허가서를 청구인에게 발부한다. 통신제한조치의 기간은 2개월을 초과하지 못하고 그 기간 중 통신제한조치의 목적이 달성되었을 경우에는 즉시 종료하여야 한다. 다만, 허가요건이 존속하는 경우에는 절차에 따라 소명자료를 첨부하여 2개월의 범위 안에서 통신제한조치기간의 연장을 청구할 수 있다.

판례

① 통신제한조치에 대한 기간연장결정은 원 허가의 내용에 대하여 단지 기간을 연장하는 것일 뿐 원 허가의 대상과 범위를 초과할 수 없다 할 것이므로 통신제한조치허가서에 의하여 허가된 통신제한조치가 '전기통신 감청 및 우편물 검열'뿐인 경우 그 후 연장결정서에 당초 허가내용에 없던 '대화녹음'이 기재되어 있다 하더라도 이는 대화녹음의 적법한 근거가 되지 못한다(대판 1999.9.3, 99도2317).

② 사인이 통신제한조치 허가서에 의한 대화의 녹음 청취를 집행할 수 있는지 여부(대판 2015.1.22, 2014도10978 이석기 내란음모사건)

통신비밀보호법 제9조 제1항 후문 등에서 통신기관 등에 대한 집행위탁이나 협조요청 및 대장 비치의무 등을 규정하고 있는 것은 통신제한조치의 경우 해당 우편이나 전기통신의 역무를 담당하는 통신기관 등의 협조가 없이는 사실상 그 집행이 불가능하다는 점 등을 고려하여 검사 · 사법경찰관 또는 정보수사기관의 장이 통신기관 등에 집행을 위탁하거나 집행에 관한 협조를 요청할 수 있음을 명확히 하는 취지라고 할 것이다. 따라서 집행주체가 제3자의 도움을 받지 않고서는 '대화의 녹음 · 청취'가 사실상 불가능하거나 곤란한 사정이 있는 경우에는 비례의 원칙에 위배되지 않는 한 제3자에게 집행을 위탁하거나 그로부터 협조를 받아 '대화의 녹음 · 청취'를 할 수 있다고 봄이 타당하다.

(3) 국가안보를 위한 통신제한조치

① 허가요건 : 대통령령이 정하는 정보수사기관의 장은 국가안전보장에 대한 상당한 위험이 예상되는 경우에 한하여 그 위해를 방지하기 위하여 이에 관한 정보수집이 특히 필요한 때에는 법률이 정하는 구분에 따라 통신제한조치를 할 수 있다(동법 제7조 제1항).

② 절차 : 통신의 일방 또는 쌍방 당사자가 내국인인 때에는 고등법원 수석부장판사의 허가를 받아야 한다. 대한민국에 적대하는 국가, 반국가활동의 혐의가 있는 외국의 기관 · 단체와 외국인, 대한민국의 통치권이 사실상 미치지 아니하는 한반도 내의 집단이나 외국에 소재하는 그 산하단체의 구성원의 통신인

때 및 군용전기통신(작전수행을 위한 전기통신에 한함) 경우에는 서면으로 대통령의 승인을 얻어야 한다(동법 제7조 제1항 제1호・제2호).

③ 허가내용 : 통신제한조치의 기간은 4개월을 초과하지 못하고, 그 기간 중 통신제한조치의 목적이 달성되었을 경우에는 즉시 종료하여야 하되, 위 ①의 요건이 존속하는 경우에는 소명자료를 첨부하여 고등법원 수석부장판사의 허가 또는 대통령의 승인을 얻어 4월의 범위 이내에서 통신제한조치의 기간을 연장할 수 있다(동조 제2항).

(4) 긴급통신제한조치

① 검사, 사법경찰관 또는 정보수사기관의 장은 국가안보를 위협하는 음모행위, 직접적인 사망이나 심각한 상해의 위험을 야기할 수 있는 범죄 또는 조직범죄 등 중대한 범죄의 계획이나 실행 등 긴박한 상황에 있고 절차를 거칠 수 없는 긴급한 사유가 있는 때에는 법원의 허가 없이 통신 제한조치를 할 수 있다.

② 이 경우에 검사, 사법경찰관 또는 정보수사기관의 장은 집행착수 후 지체없이 법원에 허가청구를 하여야 하며, 그 긴급통신제한조치를 한 때부터 36시간 이내에 법원의 허가를 받지 못한 때에는 즉시 이를 중지하여야 한다(동법 제8조 제5항).

③ 정보수사기관의 장은 국가안보를 위협하는 음모행위, 직접적인 사망이나 심각한 상해의 위험을 야기할 수 있는 범죄 또는 조직범죄 등 중대한 범죄의 계획이나 실행 등 긴박한 상황에 있고 대통령의 승인을 얻을 시간적 여유가 없거나 통신제한조치를 긴급히 실시하지 아니하면 국가 안전보장에 대한 위해를 초래할 수 있다고 판단되는 때에는 소속장관(국가정보원장을 포함)의 승인을 얻어 통신제한조치를 할 수 있다. 긴급통신제한조치를 한 때에는 지체없이 대통령의 승인을 얻어야 하며, 36시간 이내에 대통령의 승인을 얻지 못한 때에는 즉시 그 긴급통신제한조치를 중지하여야 한다(동법 제8조 제8항, 제10항).

(5) 통신제한조치의 증거능력

① 불법검열에 의한 우편물의 내용과 불법감청에 의한 전기통신 내용의 증거사용 금지 : 불법검열에 의하여 취득한 우편물이나 그 내용 및 불법감청에 의하여 취득 또는 채록된 전기통신의 내용은 재판 또는 징계절차에서 증거로 사용할 수 없다(통신비밀보호법 제4조).

② 통신제한조치로 취득한 자료의 사용제한 : 통신제한조치의 집행으로 인하여 취득된 우편물 또는 그 내용과 전기통신의 내용은 다음의 경우 외에는 사용할 수 없다(동법 제12조).

① 통신제한조치의 목적이 된 범죄(동법 제5조 제1항)나 이와 관련되는 범죄를 수사・소추하거나 그 범죄를 예방하기 위하여 사용하는 경우 ② 위의 범죄로 인한 징계절차에 사용하는 경우 ③ 통신의 당사자가 제기하는 손해배상소송에서 사용하는 경우 ④ 기타 다른 법률의 규정에 의하여 사용하는 경우

③ 인터넷 회선(패킷감청)에 대한 통신제한조치

㉠ 검사는 인터넷 회선을 통하여 송신・수신하는 전기통신을 대상으로 범죄수사 또는 긴급통신제한조

치(범죄수사를 위한 통신제한조치 범죄의의 요건에 해당하는 사람에 대한 긴급통신제한조치에 한정한다)에 따른 통신제한조치를 집행한 경우 그 전기통신을 취득한 자료에 따라 사용하거나 사용을 위하여 보관하고자 하는 때에는 집행종료일부터 14일 이내에 보관이 필요한 전기통신을 선별하여 통신제한조치를 허가한 법원에 보관의 승인을 청구하여야 한다(동법 제12조의2 제1항). 사법경찰관도 인터넷 회선에 대한 통신제한조치를 집행한 경우 그 전기통신의 보관을 하고자 하는 때에는 집행종료일부터 14일 이내에 보관이 필요한 전기통신을 선별하여 검사에게 보관의 승인을 신청하고, 검사는 신청일부터 7일 이내에 통신제한조치를 허가한 법원에 그 승인을 청구할 수 있다(동법 제12조의2 제2항).

㉡ 법원은 청구가 이유 있다고 인정하는 경우에는 보관을 승인하고 이를 증명하는 승인서를 발부하며, 청구가 이유 없다고 인정하는 경우에는 청구를 기각하고 이를 청구인에게 통지한다(동법 제12조의2 제4항).

㉢ 검사 또는 사법경찰관은 청구나 신청을 하지 아니하는 경우에는 집행종료일부터 14일(검사가 사법경찰관의 신청을 기각한 경우에는 그 날부터 7일) 이내에 통신제한조치로 취득한 전기통신을 폐기하여야 하고, 법원에 승인청구를 한 경우(취득한 전기통신의 일부에 대해서만 청구한 경우를 포함한다)에는 법원으로부터 승인서를 발부받거나 청구기각의 통지를 받은 날부터 7일 이내에 승인을 받지 못한 전기통신을 폐기하여야 한다(동법 제12조의2 제5항).

(6) 동의에 의한 감청

통화나 통신의 일방당사자로부터 감청에 동의를 얻어 법원의 허가서 없이 하는 감청이 허용되는지 문제된다. 일방당사자의 동의로 대화의 비밀성이 인정되지 않으므로 허용된다고 보는 견해도 있으나 판례는 쌍방의 동의가 필요하다고 본다.

> **판례** 구 통신비밀보호법(2001.12.29. 법률 제6546호로 개정되기 전의 것)에서는 그 규율의 대상을 통신과 대화로 분류하고 그 중 통신을 다시 우편물과 전기통신으로 나눈 다음, 동법 제2조 제3호로 '전기통신'이라 함은 유선·무선·광선 및 기타의 전자적 방식에 의하여 모든 종류의 음향·문언·부호 또는 영상을 송신하거나 수신하는 것을 말한다고 규정하고 있는 바, 전화통화가 위 법에서 규정하고 있는 전기통신에 해당함은 전화통화의 성질 및 위 규정 내용에 비추어 명백하므로 이를 동법 제3조 제1항 소정의 '타인간의 대화'에 포함시킬 수는 없고, 나아가, 동법 제2조 제7호가 규정한 '전기통신의 감청'은 그 전호의 '우편물의 검열' 규정과 아울러 고찰할 때 제3자가 전기통신의 당사자인 송신인과 수신인의 동의를 받지 아니하고 같은 호 소정의 각 행위를 하는 것만을 말한다고 풀이함이 상당하다고 할 것이므로, 전기통신에 해당하는 전화통화 당사자의 일방이 상대방 모르게 통화내용을 녹음(위 법에는 '채록'이라고 규정한다)하는 것은 여기의 감청에 해당하지 아니하지만(따라서 전화통화 당사자의 일방이 상대방 몰래 통화내용을 녹음하더라도, 대화 당사자 일방이 상대방 모르게 그 대화내용을 녹음한 경우와 마찬가지로 동법 제3조 제1항 위반이 되지 아니한다), 제3자의 경우는 설령 전화통화 당사자 일방의 동의를 받고 그 통화내용을 녹음하였다 하더라도 그 상대방의 동의가 없었던 이상, 사생활 및 통신의 불가침을 국민의 기본권의 하나로 선언하고 있는 헌법규정과 통신비밀의 보호와 통신의 자유신장을 목적으로 제정된 통신비밀보호법의 취지에 비추어 이는 동법 제3조 제1항 위반이 된다고 해석하여야 할 것이다(이 점은 제3자가 공개되지 아니한 타인간의 대화를 녹음한 경우에도 마찬가지이다)(대판 2002.10.8, 2002도123).

Ⅴ. 수사상 비밀녹음과 사진촬영

1. 대화의 비밀녹음 및 청취

① 누구든지 공개되지 아니한 타인간의 대화를 녹음하거나 전자장치 또는 기계적 수단을 이용하여 청취할 수 없지만, 수사기관의 경우 전기통신에 대한 통신제한조치와 동일한 요건하에 허용하고 있다(동법 제14조 제2항).

② 수사기관인 제3자가 전화통화자 중 일방만의 동의를 얻어 통화 내용을 녹음하는 행위가 통신비밀보호법상 '전기통신의 감청'에 해당하므로, 양당자사의 동의를 얻어야 한다(위 '동의에 의한 감청'과 동일). 즉, 수사기관이 甲으로부터 피고인의 마약류관리에 관한 법률 위반(향정) 범행에 대한 진술을 듣고 추가적인 증거를 확보할 목적으로, 구속수감되어 있던 甲에게 그의 압수된 휴대전화를 제공하여 피고인과 통화하고 위 범행에 관한 통화 내용을 녹음하게 한 행위는 불법감청에 해당하므로, 그 녹음 자체는 물론 이를 근거로 작성된 녹취록 첨부 수사보고는 피고인의 증거동의에 상관없이 그 증거능력이 없다(대판 2010.10.14. 2010도9016).

2. 사인간의 감청

통신비밀보호법은 "제14조에서 누구든지 공개되지 아니한 타인 간의 대화를 녹음하거나 전자 장치 또는 기계적 수단을 이용하여 청취할 수 없다"라고 하여 원칙적으로 개인의 경우에도 불법감청을 금지하고 있으나, 대화의 일방 당사자가 상대방의 동의를 받지 않고 녹음하는 행위는 명시적인 규정이 없다. 판례는 제3자가 타인 간의 대화를 녹음한 경우에는 증거능력을 부정하지만, 일방 당사자가 상대방의 동의 없이 몰래 녹음한 녹음테이프의 증거능력을 인정하고 있다.

판례

① 제3자가 통화연결상태에 있는 휴대폰을 이용하여 공개되지 않은 타인간의 대화를 청취·녹음한 경우(대판 2016.5.12. 2013도15616)

구 통신비밀보호법 제3조 제1항이 공개되지 아니한 타인간의 대화를 녹음 또는 청취하지 못하도록 한 것은, 대화에 원래부터 참여하지 않는 제3자가 그 대화를 하는 타인간의 발언을 녹음 또는 청취해서는 아니 된다는 취지이다. 따라서 대화에 원래부터 참여하지 않는 제3자가 일반 공중이 알 수 있도록 공개되지 아니한 타인간의 발언을 녹음하거나 전자장치 또는 기계적 수단을 이용하여 청취하는 것은 특별한 사정이 없는 한 같은 법 제3조 제1항에 위반된다.

② 대화에 원래부터 참여하지 않은 제3자가 타인 간의 발언을 녹음하는 경우(대판 2022.8.31. 2020도1007)

누구든지 이 법과 형사소송법 또는 군사법원법의 규정에 의하지 않고는 공개되지 않은 타인 간의 대화를 녹음하거나 청취하지 못하고(통신비밀보호법 제3조 제1항), 위와 같이 금지하는 청취행위는 전자장치 또는 기계적 수단을 이용한 경우로 제한된다(제14조 제1항). 그리고 제3조의 규정을 위반하여 공개되지 않은 타인 간의 대화를 녹음 또는 청취한 자(제1호)와 제1호에 의하여 지득한 대화의 내용을 공개하거나 누설한 자(제2호)는 제16조 제1항에 따라 처벌받는다. … 통신비밀보호법 제14조 제1항의 금지를 위반하는 행위는 통신비밀보호법과 형사소송법 또는 군사법원법의 규정에 따른 것이라는 등의 특별한 사정이 없는 한, 제3조 제1항 위반행위에 해당하여 제16조 제1항 제1호의 처벌대상이 된다고 해석해야 한다. … 대화에 원래부터 참여하지 않는 제3자가 일반 공중이 알 수 있도록 공개되지 않은 타인 간의 발언을 녹음하거나 전자장치 또는 기계적 수단을 이용하여 청취하는 것은 특별한 사정이 없는 한 제3조 제1항에 위반된다. '공개되지 않았다.'는 것은 반드시 비밀과 동일한 의미는 아니고, 구체적으로 공개된 것인지는 발언자의 의사와 기대, 대화의 내용과 목적, 상대방의 수, 장소의 성격과 규모, 출입의 통제 정도, 청중의 자격 제한 등 객관적인 상황을 종합적으로 고려하여 판단해야 한다.

③ 단순한 비명소리나 탄식 등이 타인 간의 대화에 해당하는지 여부(대판 2017.3.15. 2016도19843)

통신비밀보호법에서 보호하는 타인 간의 '대화'는 원칙적으로 현장에 있는 당사자들이 육성으로 말을 주고받는 의사소통행위를 가리킨다. 따라서 사람의 육성이 아닌 사물에서 발생하는 음향은 타인 간의 '대화'에 해당하지 않는다. 또한 사람의 목소리라고 하더라도 **상대방에게 의사를 전달하는 말이 아닌 단순한 비명소리나 탄식 등은 타인과 의사소통을 하기 위한 것이 아니라면** 특별한 사정이 없는 한 타인 간의 '대화'에 해당한다고 볼 수 없다. 한편 국민의 인간으로서의 존엄과 가치를 보장하는 것은 국가기관의 기본적인 의무에 속하고 이는 형사절차에서도 구현되어야 한다. **위와 같은 소리가 비록 통신비밀보호법에서 말하는 타인 간의 '대화'에는 해당하지 않더라도,** 형사절차에서 그러한 증거를 사용할 수 있는지는 개별적인 사안에서 효과적인 형사소추와 형사절차상 진실발견이라는 공익과 개인의 인격적 이익 등의 보호이익을 비교형량하여 결정하여야 한다.

2. 사진촬영

(1) 법적 성질

㉠ 수사방법으로서의 사진이나 비디오를 촬영하는 것이 허용되는가의 문제는 사진촬영의 법적 성질에 따라 결론이 달라진다. 즉 강제수사라고 하면 강제수사법정주의와 영장주의에 의해 영장 없는 사진촬영은 허용되지 않지만 임의수사라고 하면 허용되기 때문이다.

㉡ 이에 관하여 ⓐ 강제처분의 개념에 관해 형식설을 취하면서 사진촬영은 임의수사라고 보는 견해가 있으나, ⓑ 피촬영자의 의사에 반하거나 승낙 없는 사진촬영은 초상권을 침해하는 강제수사라는 견해가 다수설이다. 강제수사라고 하게 되면 그 성질상 검증에 해당하므로 영장주의가 적용된다.

㉢ 대법원은 ⅰ) 영남위원회사건(집 앞 공도상에 비디오카메라를 설치하고 1개월간 집안에 출입하는 사람을 촬영)에서 초상권을 공익목적상 제한할 수 있다고 하면서 "현재 범행이 행하여지고 있거나 행하여진 직후이고(범행의 현재성), 증거보전의 필요성 내지 긴급성이 있으며 (증거보전의 필요성 · 긴급성), 일반적으로 허용되는 상당한 방법(방법의 상당성)에 의하여 촬영한 경우라면" 영장 없이 피의자에 대한 비디오촬영을 할 수 있다고 판시하였고(대판 1999.9.3. 99도2317), ⅱ) 무인장비에 의한 제한속도위반 차량단속을 위한 사진촬영은 영장 없이 행하여졌다고 해도 위법이 아니라고 판시하였을 뿐만 아니라(대판 1999.1.27, 98도3329). ⅲ) 수사기관이 외국에서 피고인과 북한공작원이 만나는 장면을 영장없이 몰래 촬영한 사진도 위법이라 할 수 없다고 보았다(대판 2013.7.26, 2013도2511).

판례

① 누구든지 자기의 얼굴 기타 모습을 함부로 촬영당하지 않을 자유를 가지나 이러한 자유도 국가권력의 행사로부터 무제한으로 보호되는 것은 아니고 국가의 안전보장 · 질서유지 · 공공복리를 위하여 필요한 경우에는 상당한 제한이 따르는 것이고, 수사기관이 범죄를 수사함에 있어 현재 범행이 행하여지고 있거나 행하여진 직후이고, 증거보전의 필요성 및 긴급성이 있으며, 일반적으로 허용되는 상당한 방법에 의하여 촬영을 한 경우라면 위 촬영이 영장 없이 이루어졌다 하여 이를 위법하다고 단정할 수 없다(대판 1999.9.3, 99도2317).

② 수사, 즉 범죄혐의의 유무를 명백히 하여 공소를 제기·유지할 것인가의 여부를 결정하기 위하여 범인을 발견·확보하고 증거를 수집·보전하는 수사기관의 활동은 수사 목적을 달성함에 필요한 경우에 한하여 사회통념상 상당하다고 인정되는 방법 등에 의하여 수행되어야 하는 것인 바, 무인장비에 의한 제한속도 위반차량 단속은 이러한 수사활동의 일환으로서 도로에서의 위험을 방지하고 교통의 안전과 원활한 소통을 확보하기 위하여 도로교통법령에 따라 정해진 제한속도를 위반하여 차량을 주행하는 범죄가 현재 행하여지고 있고, 그 범죄의 성질·태양으로 보아 긴급하게 증거보전을 할 필요가 있는 상태에서 일반적으로 허용되는 한도를 넘지 않는 상당한 방법에 의한 것이라고 판단되므로, 이를 통하여 운전 차량의 차량번호 등을 촬영한 사진을 두고 위법하게 수집된 증거로서 증거능력이 없다고 말할 수 없다(대판 1999.12.7, 98도3329).

(2) 영장 없이 사진촬영이 허용되는 경우

① 사진촬영은 검증과 유사한 성격을 갖기 때문에, 원칙적으로 검증영장을 발부받아야 한다. 그러나 체포현장에서의 검증(제216조 제1항 제2항), 범행 중 또는 범행직후의 범죄 장소에서 긴급을 요하여 법원판사의 영장을 받을 수 없는 때(제216조 제3항) 등 영장없이 사진촬영이 가능하다. 이외에도 구속된 피의자의 사진촬영, 압수·수색시의 사진촬영 즉, 증거물의 증거가치보존을 위하여나 압수수색절차의 적법성을 담보하기 위한 경우에는 허용된다.

② CCTV, 무인과속단속카메라도 영장 없는 사진촬영이 허용되는 경우에 속한다.

판례 수사, 즉 범죄혐의의 유무를 명백히 하여 공소를 제기·유지할 것인가의 여부를 결정하기 위하여 범인을 발견·확보하고 증거를 수집·보전하는 수사기관의 활동은 수사 목적을 달성함에 필요한 경우에 한하여 사회통념상 상당하다고 인정되는 방법 등에 의하여 수행되어야 하는 것인 바, 무인장비에 의한 제한속도 위반차량 단속은 이러한 수사활동의 일환으로서 도로에서의 위험을 방지하고 교통의 안전과 원활한 소통을 확보하기 위하여 도로교통법령에 따라 정해진 제한속도를 위반하여 차량을 주행하는 범죄가 현재 행하여지고 있고, 그 범죄의 성질·태양으로 보아 긴급하게 증거보전을 할 필요가 있는 상태에서 일반적으로 허용되는 한도를 넘지 않는 상당한 방법에 의한 것이라고 판단되므로, 이를 통하여 운전 차량의 차량번호 등을 촬영한 사진을 두고 위법하게 수집된 증거로서 증거능력이 없다고 말할 수 없다(대판 1999.12.7. 98도3329).

(3) 사인에 의한 비밀촬영

① **학설** : 사인이 위법하게 수집한 증거에 대해서 위법수집증거배제법칙을 적용할 수 있는가에 대하여 다수의 견해는 부당한 목적과 방법에 의한 비밀촬영은 인격권에 대한 침해이므로 증거능력을 부정해야 하지만, 프라이버시를 기대할 수 없는 상황에서 행한 비밀촬영은 증거능력을 인정할 수 있으므로 판례의 종합적 비교형량설의 입장에 대해서는 특단의 사정이 없는 한 반대할 이유가 없다고 본다.

② **판례** : 법원은 사인이 상대방의 동의하에 공갈목적으로 찍어둔 간통현장에서의 나체사진에 대해서 국민의 사생활 영역에 관계된 모든 증거의 제출이 곧바로 금지되는 것은 아니고, 법원으로서는 효과적인 형사소추 및 형사소송에서의 진실발견이라는 공익과 개인의 사생활의 보호라는 이익을 비교형량하여 그 허용여부를 결정하여야 한다고 판시하였다(대판 1997.9.30. 97도1230).

제4절 수사상의 증거보전

Ⅰ. 서설

1. 의의

수사상의 증거보전이란 수사절차에서 판사가 증거조사 또는 증인신문을 하여 그 결과를 보전하는 것을 말한다.

2. 종류

증거보전(제184조)과 증인신문의 청구(제221조의2)가 여기에 해당한다.

Ⅱ. 수사상의 증거보전

1. 증거보전

(1) 의의

(가) 개념

증거보전이란 공판정에서의 정상적인 증거조사가 있을 때까지 기다려서는 증거방법의 사용이 불가능하거나 현저히 곤란하게 될 염려가 있는 경우에 검사・피고인・피의자 또는 변호인의 청구에 의하여 판사가 미리 증거조사를 하여 그 결과를 보전하여 두는 제도를 말한다(제184조).

(나) 취지와 성질

공익의 대표자인 검사는 피고인에게 이익되는 증거도 조사하여야 하나 검사에게 피고인에게 이익되는 증거까지 충분히 수집할 것을 기대할 수는 없다. 따라서 강제처분권이 인정되지 않는 피의자와 피고인이 증거를 보전함에는 법원의 힘을 빌리지 않을 수 없다. 이러한 의미에서 증거보전절차는 검사 뿐만 아니라 피의자와 피고인이 판사에 대하여 강제처분을 청구하여 이에 의하여 수사단계나 공판 절차가 개시되기 전에 증거를 수집・보전할 수 있는 절차를 말한다고 할 수 있다. 즉 공정한 재판을 실현하기 위하여 피의자도 수사단계나 공판절차가 개시되기 이전에 증거를 수집・보전할 수 있도록 하는 제도가 바로 증거보전절차이다. 따라서 독자적인 강제력행사가 가능한 수사기관보다는 피의자・피고인을 위한 제도로서 더 의미가 있는 제도라 할 수 있다.

(2) 요건

(가) 증거보전의 필요성

증거보전을 위하여는 증거를 보전하지 않으면 그 증거를 사용하기 곤란한 사정, 즉 증거보전의 필요성이 인정되어야 한다(제184조 제1항). '증거를 사용하기 곤란한 사정'이란 공판정에서 해당 증거의 증거조사가 불가능하거나 곤란한 경우 뿐만 아니라 증명력의 변화가 예상되는 경우를 말한다. 증거물의 멸실·은닉·분산 또는 훼손의 염려·증인의 사망·장기해외체류·증언불능이나 진술변경의 가능성이 있는 경우, 검증에 있어서 현장 또는 원상회복의 보전이 불가능한 경우, 감정에 있어 감정대상의 멸실·훼손·변경 이외에 감정인을 증인으로 신문할 수 없는 경우 등이 여기에 해당한다.

(나) 제1회 공판기일 전

㉠ 증거보전은 제1회 공판기일 전에 한하여 할 수 있다. 제1회 공판기일 후에는 수소법원이 직접 증거조사를 할 수 있으므로 증거보전의 필요가 없다. 제1회 공판기일 전인 이상 공소제기의 전후는 불문한다. 증거보전절차와 공판중심주의의 취지에 비추어 제1회 공판기일 전에 청구가 있으나 기일 이후에 증거보전절차가 행하여 질 수는 없다고 해야 할 것이다.

㉡ 제1회 공판기일 전의 의미 : 형사소송법은 피고인신문시기를 증거조사 종료 후로 규정하고 있고(제296조의2), 피고인의 모두진술(제286조)과 재판장의 쟁점정리 및 검사·변호인의 증거관계 등에 대한 진술(제287조)을 요구하고 있으므로 제1회 공판기일 전이란 모두절차가 모두 끝난 때까지를 의미한다고 해야 한다.

㉢ 제1회 공판기일 전에 한하여 인정되므로 항소심이나 파기환송 후의 절차 및 재심청구사건에서도 증거보전은 인정되지 않는다(대판 1984.3.29. 84모15).

(3) 증거보전의 절차

(가) 증거보전의 청구

㉠ **청구권자** : 검사(입법론상 의문)·피고인·피의자 또는 변호인이다. 피고인은 공소제기 후 제1회 공판기일 전의 피고인을 말한다. 피의자란 수사기관이 특정범죄의 범인으로 수사의 대상으로 한 것이 수사기관의 활동에 의하여 객관적으로 표시된 자를 말한다. 변호인의 청구권은 피의자·피고인에 명시한 의사에 반할 수 있는 독립대리권이다.

> ➲ 피내사자는 증거보전을 청구할 수 없다.

㉡ **청구의 방식**

ⓐ 서면으로 그 사유를 소명하여야 한다(제184조 3항). 증거보전청구서에는 i) 사건의 개요, ii) 증명할 사실, iii) 증거 및 보전의 방법, iv) 증거보전을 필요로 하는 사유를 기재하여야 한다.

ⓑ 증거보전의 청구는 수소법원에 대하여 청구하는 것이 아니라, i) 압수할 물건의 소재지, ii) 수색 또는 검증할 장소·신체 또는 물건의 소재지, iii) 증인의 주거지 또는 현재지, iv) 감정대상의 소재지 또는 현재지를 관할하는 지방법원판사에게 하여야 한다(규칙 제91조). 증거보전을 청구를 함에는 서면으로 그 사유를 소명해야 하는데(제184조 제3항), 이 서면을 '증거보전청구서'라고 한다.

㉢ **청구의 내용** : 증거보전을 청구할 수 있는 것은 압수·수색·검증·증인신문 또는 감정이다. 따

라서 증거보전절차에서 피의자 또는 피고인의 신문을 청구할 수는 없다. 다만, 공동피고인 또는 공범자를 증인으로 신문하는 것은 허용된다(대판 1988.11.8, 86도1646).

판례 공동피고인과 피고인이 뇌물을 주고받은 사이로 필요적 공범관계에 있다고 하더라도 검사는 수사단계에서 피고인에 대한 증거를 미리 보전하기 위하여 필요한 경우에는 판사에게 공동피고인을 증인으로 신문할 것을 청구할 수 있다(대판 1988.11.8, 86도1646).

(나) 증거보전의 처분

㉠ 지방법원 판사의 결정

ⓐ 청구가 적법하고 필요성이 있다고 인정할 때에는 증거보전을 하여야 한다. 청구에 대한 재판은 요하지 않는다.

ⓑ 청구가 부적법하거나 필요 없다고 인정할 때에는 청구를 기각하는 결정을 하여야 한다. 기각하는 결정에 대하여는 3일 이내에 항고할 수 있다(제184조 제4항).

㉡ 판사의 권한 및 소송관계인의 참여권

ⓐ 증거보전청구의 요건이 구비된 경우 판사는 압수·수색·검증·증인신문 또는 감정을 행한다. 증거보전처분 중에서 증인신문·감정·검증은 증거조사에 해당하고, 압수·수색은 대물적 강제처분에 해당한다. 이 경우 증거보전의 청구를 받은 판사는 그 처분에 관하여 법원 또는 재판장과 동일한 권한이 있다(제184조 제2항). 따라서 공소제기 후 수소법원이 행하는 압수·수색·검증·증인신문 및 감정에 관한 규정은 증거보전에 준용된다.

ⓑ 증인신문에 있어서는 검사 또는 피고인이나 피의자의 참여권이 보장되어야 한다. 따라서 판사는 신문의 일시와 장소를 검사 또는 피의자 등에게 미리 통지하여야 한다.

(4) 증거보존후의 조치

(가) 증거물의 열람·등사권

검사, 피고인, 피의자 또는 변호인은 판사의 허가를 얻어 그 처분에 관한 서류와 증거물을 열람 또는 등사할 수 있다(제185조). 피고인에는 증거보전을 청구한 피고인뿐만 아니라 공동피고인도 포함되며, 피고인 또는 피의자에게 변호인이 있는 때에도 독립한 열람·등사권이 인정된다는 점에서 공판조서열람의 경우와 다르다. 열람등사를 청구할 수 있는 시기에는 제한이 없으며 반드시 제1회 공판기일 전임을 요하지 않는다.

(나) 증거보전절차에서 작성된 조서의 증거능력

㉠ 증거보전절차에서 작성된 조서는 법원 또는 법관의 조서로서 당연히 증거능력이 인정된다(제311조, 절대적 증거능력). 검사·피고인 또는 변호인이 이를 증거로 이용하려면 수소법원에 증거신청을 하여야 한다. 당사자의 증거신청이 있으면 수소법원은 증거보전을 한 법원으로부터 기록을 송부 받아 증거조사를 하여야 한다.

㉡ 증거보전절차에서 피의자의 변호인에게 참여의 기회를 주지 않은 때에는 증인신문조서의 증거능력이 부정된다. 그러나 증인신문에 참여의 기회를 주지 않은 경우라 하더라도 피고인과 변호인이 증인신문조서를 증거로 할 수 있음에 동의하여 적법하게 증거조사를 거친 경우에는 그 증인신문조서의 증거능력을 인정함이 판례의 태도이다.

판례

① 제1회 공판기일 전에 형사소송법 제184조에 의한 증거보전절차에서 증인신문을 하면서, 위 증인신문의 일시와 장소를 피의자 및 변호인에게 미리 통지하지 아니하여 증인신문에 참여할 수 있는 기회를 주지 아니하였고, 또 변호인이 제1심 공판기일에 위 증인신문조서의 증거조사에 관하여 이의신청을 하였다면, 위 증인신문조서는 증거능력이 없다 할 것이고, 그 증인이 후에 법정에서 그 조서의 진정성립을 인정한다 하여 다시 그 증거능력을 취득한다고 볼 수도 없다(대판 1992.2.28, 91도2337).

② 판사가 형사소송법 제184조에 의한 증거보전절차로 증인신문을 하는 경우에는 동법 제221조의2에 의한 증인신문의 경우와는 달라 동법 제163조에 따라 검사, 피의자 또는 변호인에게 증인신문의 시일과 장소를 미리 통지하여 증인신문에 참여할 수 있는 기회를 주어야 하나 참여의 기회를 주지 아니한 경우라도 피고인과 변호인이 증인신문조서를 증거로 할 수 있음에 동의하여 별다른 이의없이 적법하게 증거조사를 거친 경우에는 위 증인신문조서는 증인신문절차가 위법하였는지의 여부에 관계없이 증거능력이 부여된다(대판 1988.11.8, 86도1646).

(다) 증거물의 보관

증거보전에 의하여 압수한 물건 또는 작성한 조서는 증거보전을 한 판사가 소속한 법원에서 보관한다.

(라) 제척 · 기피

이에 관해서는 ㉠ 실체재판의 내용형성에 관여했으므로 제척된다는 적극설, ㉡ 증거보전절차에 관여한 경우는 제척사유가 아니라는 소극설, ㉢ 증거보전절차에서 증거조사를 한 경우만 포함되므로 단지 압수수색영장의 발부에만 관여한 경우에는 부정된다는 절충설의 견해가 대립한다. 판례는 증거보전절차에서 증인신문한 판사가 제1심 재판에 관여한 때에는 제척사유에 해당하지 않는다고 판시하였다(대판 1971.7.6, 71도974).

판례 공소제기 전에 검사의 증거보전 청구에 의하여 증인신문을 한 법관은 형사소송법 제17조 제7호에 이른바 전심재판 또는 기초되는 조사, 심리에 관여한 법관이라고 할 수 없다(대판 1971.7.6, 71도974).

2. 증인신문의 청구

(1) 의의

(가) 개념

증인신문의 청구란 참고인이 출석 또는 진술을 거부하는 경우에 제1회 공판기일 전까지 검사의 청구에 의하여 판사가 그를 증인으로 신문하는 진술증거의 수집과 보전을 위한 대인적 강제처분을 말한다(제221조의2 제1항).

(나) 증거보전과 구별

증거의 수집과 보전을 목적으로 하는 판사에 의한 강제처분이라는 점에서 증거보전과 유사하나, 청구권자가 검사에 제한되어 있으며 청구의 요건과 내용에 있어서도 증거보전과는 구별된다.

(다) 취지와 성질

참고인조사는 임의수사이므로 참고인은 출석과 진술의 의무가 없으나 국가형벌권의 신속·적정한 실현과 실체진실의 발견을 위하여 어느 정도까지는 희생을 하는 것이 바람직하다. 따라서 일정한 범위에서 참고인의 수사기관에의 출석과 진술을 강제할 필요가 인정된다.

(2) 증인신문청구의 요건

(가) 증인신문의 필요성

범죄의 수사에 없어서는 아니될 사실을 안다고 명백히 인정되는 자가 수사기관의 출석요구에 대하여 출석을 거부하거나 출석하였으나 진술을 거부한 경우에 인정된다. 이 경우에 증명의 대상이 되는 범죄사실 내지 피의사실의 존재가 필요하다.

㉠ **범죄수사에 없어서는 아니 될 사실을 명백히 아는 자**

ⓐ 범죄수사에 없어서는 아니 될 사실이란 범죄의 증명에 없어서는 아니 될 개념보다는 넓은 개념으로 범죄 그 자체의 성립여부에 관한 사실 뿐만 아니라 정상, 양형, 기소·불기소처분에 중요한 영향을 미치는 사실도 포함한다.

ⓑ 범죄수사에 없어서는 아니 될 사실을 명백히 아는 자란 피의자의 소재를 알고 있는 참고인, 범행의 목격자 기타 범죄의 증명에 없어서는 안 될 지식을 가지고 있는 참고인의 소재를 알고 있는 자 등을 말하며 피의자는 여기에 해당하지 않는다. 또한 증인신문은 비대체적 지식이므로 감정인도 여기에 포함되지 않는다. 그러나 공범자나 공동피고인은 다른 피의자에 대한 관계에서는 증인이 될 수 있으므로 여기에 포함된다.

㉡ **출석 및 진술거부** : 범죄수사에 없어서는 아니 될 그 부분의 진술에 대하여 출석 및 진술을 거부한 경우를 말하므로 그 부분에 대하여 진술거부권을 행사한 경우도 포함된다. 진술거부가 ⓐ 정당한 이유가 있는 경우, ⓑ 진술의 일부의 거부, ⓒ 진술을 하였으나 진술조서에 서명·날인을 거부하는 경우에도 진술거부에 해당할 수 있다.

(나) 제1회 공판기일 전

증인신문의 청구도 증거보전의 경우와 동일하게 제1회 공판기일 전에 한하여 허용된다. 공소제기의 전후도 불문한다. 제1회 공판기일 전이란 모두절차가 끝난 때까지를 의미한다.

(3) 증인신문의 절차

(가) 증인신문의 청구

증인신문의 청구권자는 검사에 제한된다(제221조의2 제1항). 따라서 사법경찰관은 청구권이 없다. 증인신문의 청구를 함에는 서면으로 그 사유를 소명하여야 한다(동조 제3항). 증인신문청구서에는 다음 각호의 사항을 기재하여야 한다.

1. 증인의 성명, 주민등록번호(주민등록번호가 없거나 이를 알 수 없는 경우에는 생년월일), 직업 및 주거
2. 피의자 또는 피고인의 성명
3. 죄명 및 범죄사실의 요지
4. 증명할 사실
5. 신문사항
6. 증인신문청구의 요건이 되는 사실
7. 피의자 또는 피고인에게 변호인이 있는 때에는 그 성명

(나) 청구의 심사

판사는 증인신문의 청구가 적법하고 요건을 구비하고 있다고 인정할 때에는 증인신문을 하여야 한다. 청구가 부적법하거나 요건이 구비되지 않은 때에는 결정으로 기각하며 이에 대하여는 불복할 수 없다.

(다) 증인신문의 방법

㉠ 증인신문의 청구를 받은 판사는 증인신문에 관하여 법원 또는 재판장과 동일한 권한이 있으므로(제221조의2 제4항) 법원 또는 재판장이 하는 증인신문에 관한 규정이 준용된다.

㉡ 증인신문에는 원칙적으로 피고인·피의자 또는 변호인의 참여권이 인정된다(제221조의2 제5항). 판사는 특별히 수사에 지장이 있다고 인정하는 경우를 제외하고는 피고인, 피의자 또는 변호인을 의한 증인신문에 참여하게 하여야 한다(동조 제5항). 증인신문을 실시할 경우에는 피고인, 피의자 또는 변호인에게 신문기일과 장소 및 증인신문에 참여할 수 있다는 취지를 통지하여야 한다(규칙 제112조).

(4) 증인신문후의 조치

(가) 서류의 송부

증인신문을 한 때에는 판사는 지체없이 이에 관한 서류를 검사에게 송부하여야 한다(제221조의2 제6항). 증거보전을 한 판사가 소속한 법원에서 그 서류를 보관하는 증거보전과 다른 점이다. 또한 이 경우는 증거보전과 달리 피고인 등에게 서류의 열람·등사권도 인정되지 않는다.

(나) 조서의 증거능력

증인신문절차에서 작성한 조서는 법원 또는 법관의 조서로서 당연히 증거능력이 인정된다(제311조). 다만 이 경우에도 검사가 제출한 증거에 대한 증거조사는 당연히 필요하다. 그러나 피고인·피의자 또는 변호인에게 참여의 기회를 주지 않은 증인신문절차에서 작성된 증인신문조서는 증거능력이 부정된다.

(다) 제척·기피

증인신문을 한 판사는 당해 사건의 직무집행에서 제척된다.

증거보전과 증인신문의 비교

		증거보전(제184조)	증인신문(제221조의2)
1. 의 의		판사가 미리 증거조사를 하여 그 결과를 보전하는 절차	진술증거의 수집과 보전을 위한 대인적 강제처분
2. 취 지		주로 피고인·피의자의 이익을 위한 제도이다. 무기대등과 당사자주의 실현을 위한 제도	검사의 이익을 위한 제도이다. 진술강제를 통하여 실체진실 발견을 목적으로 한다.
3. 유사점	1) 신청기간	제1회 공판기일 전(법문상으로는 '제1회공판기일 전이라도')	제1회 공판기일 전
	2) 판사의 권한	수임판사로서 수소법원 또는 재판장과 동일한 권한을 가진다(제184조 제1항)	수임판사로서 수소법원 또는 재판장과 동일한 권한을 가진다(제221조의2 제4항)
	3) 증거능력	신문조서의 절대적 증거능력인정(제311조). 피의자 등의 참여기회 부여하지 않은 경우 증거능력 부정	좌측과 동일
	4) 절차참여권	해석상 검사 또는 피고인, 피의자의 참여권 인정(재판장과 동일한 권한 있고 압수·수색·검증·증인신문에 관한 규정 준용)	명문으로 인정(제221조의2 제5항)
4. 차이점	1) 요 건	증거의 사용이 곤란할 것(증거멸실, 증거가치변화 위험)	참고인의 수사기관에 출석거부, 진술거부
	2) 청구권자	검사·피고인·피의자·또는 변호인	검사에 제한
	3) 내 용	압수·수색·검증·증인신문·감정	증인신문
	4) 불복여부	청구를 기각한 결정에 대해 3일 이내에 항고(제184조 제4항)	청구를 기각한 결정에 대해 불복할 수 없다.
	5) 보관 및 열람등사권	증거보전을 한 판사가 속하는 법원에서 보관/ 검사·피고인·피의자·변호인은 판사의 허가를 얻어 그 서류와 증거물을 열람·등사 가능	검사가 보관(제221조의2 제6항)/따라서 피의자 등에 열람·등사 불허
	6) 제척·기피	학설은 대립하나 판례는 제17조 제7호에 해당하지 않는 것으로 보아 제척사유에 해당하지 않는 것으로 봄	학설은 제척사유로 봄이 일반적임

제4장 수사활동

제1절 초동수사

Ⅰ. 초동수사의 의의 및 목적

1. 의의 및 중요성

초동수사란 사건발생의 당초에 있어서 범인을 체포하고 증거를 확보하기 위한 긴급수사 활동을 말한다. 범죄가 발생한 후 시간이 지나면 지날수록 증거가 산일(散逸)하고 범인의 도주로 인하여 수사가 어렵게 되는 것은 당연하다 할 것이다. 범죄는 사회의 진보에 따라 광역화하고 기동화하고 교묘화하고 있다. 이 때문에 잠깐의 시간차에 의하여 범인으로 하여금 멀리 도주케 하고 혹은 물적 증거나 범인을 확보하기 곤란하게 되는 경우가 많고 이러한 경향은 금후 더욱 더 강해질 것이 예상된다. 이와 같이 범죄의 경향에 즉응하여 수사 활동도 또한 기동화하고 조직화되고 신속화 되지 않으면 안 될 것은 당연한 일이다. 사건발생의 당초에 있어서 취해야 할 수사체제, 즉 초동수사의 적부는 그 후의 수사에 결정적인 영향을 주는 일이 많다. 따라서 초동수사 체제를 확립하여 사건의 발생을 인지하면서 즉시 초동수사를 개시하여 가급적 현장에서 범인을 검거하는 동시에 물적 증거나 참고인을 조속히 확보하는 것이 중요하다.

2. 목적

초동수사의 목적은 범인을 현장에서 체포하고 현장에 있는 증거물 혹은 참고인의 증언 등 수사 자료를 확보하는 것에 있는 바, 그 구체적 내용은 다음과 같다.

(1) 범인의 체포

초동수사의 제1의 목적은 현장 또는 그 주변에서 범인을 체포하는 것이므로 현장에 도착하였을 때에 범인이 범행을 계속 중이면 즉시 그것을 진압·체포하고 범인 도주 후 일지라도 즉시 범인이 누구인가 어떠한 인상·특징을 가진 자인가를 조사하여 추적수사를 하여야 한다.

(2) 피해자 구호 및 피해자 안전 확보조치

현장에 부상자가 있으면 즉시 구호활동을 전개하고 피해자에게 초래될 수 있는 추가적 위험으로부터 안전을 확보해 주어야 한다.

(3) 수사긴급배치

초동수사에 있어서는 범죄발생의 인지(認知)와 동시에 신속히 긴급배치를 실시하여 범인의 도주경로를 차단하고 범인의 체포에 힘쓰지 않으면 안 된다.

(4) 참고인 및 그 진술의 확보

피해자·범행목격자·사건관계자 기타의 참고인을 확보하여 사건 직후에 있어서 그들의 진술을 청취해 두는 것이 필요하다. 그들의 진술은 사건직후에는 기억이 확실하며 다른 여러 가지 이해관계에서 그 진술이 왜곡될 우려가 없고 신용도가 높기 때문이다. 따라서 그 진술도 되도록 생생한 그대로를 녹음 등에 의해서 기록해 두는 것이 요망된다.

(5) 사건당초의 상황의 확보

화재의 연소상황이라든가, 범죄현장 주변의 상황, 현장의 집합인물 등 그 동태나 이동성이 있는 사건・사람・상황 등은 그것을 이동전에 사진촬영 해 두거나 녹화해 두거나, 관찰사실을 기록해 두거나 하여 후일의 수사자료 및 증거자료로 하지 않으면 안 된다.

3. 초동수사의 단계

(1) 신고 접수 단계

신고 접수 → 주무과 또는 상황실 즉보 → 신속한 현장출동

(2) 현장 도착 및 단계 조치

현장 상황파악 → 범죄제압・범인체포 → 부상자 구호・임상조사 → 목격자 등 참고인 확보 → 현장보존

(3) 보고 및 전파 단계

경찰서장・지방경찰청장에게 보고 → 긴급배치 실시(관계경찰관 비상소집, 수사관 현장 출동) → 인접서・인접지방청 공조수사 요청

(4) 현장수사 단계

현장 감식・탐문수사 등 수사자료 수집 → 용의자 특정 → 수배・추적 → 검거

4. 중요사건 현장 선착자(먼저 도착한 사람) 조치요령

(1) 현장상황 파악 보고

① 조치 내용

㉠ 도착시간을 확인하여 메모하고 장갑 착용 후 활동

㉡ 현장의 상황 파악과 보고를 위한 출입자는 선착자 2명 이내로 할 것

㉢ 상황은 본 대로 종합상황실과 주무과에 추가 보고

㉣ 긴급배치에 필요한 사항은 지속적으로 보고

② 주의 사항

㉠ 출입할 경우 범인의 출입통로라 생각되는 곳을 피할 것

㉡ 시체 흉기 현장의 물건에 손대지 말 것

㉢ 문을 함부로 여닫지 말 것

㉣ 종이조각, 모발, 담배꽁초, 셔츠단추 등을 현장에 떨어뜨리거나 가래침을 뱉지 말 것

㉤ 부주의로 족적을 남기거나 부득이 현장을 변경할 때에는 분필로 원위치를 표시하고 수사지휘자에게 그대로 보고

(2) 보존범위 결정 및 출입통제

① 조치 내용

㉠ 현장에 들어간 자는 철수시키고 가옥의 출입구에 police line을 설치 보존 범위를 표시

㉡ 가족은 사건에 관계없는 방이나 적당한 장소로 이동시킬 것

㉢ 보존범위 내에서 현장지휘자, 관할서장, 수사 형사과장 및 필요수사 요원 외에는 출입통제

㉣ 전항의 경우에도 긴급배치 여부 판단을 위하여 필요한 경우 외에는 현장상황에 따라 출입인원을 최소화

② 주의 사항

㉠ police line 출입금지 표시를 활용하고 현장출동자는 항상 police line을 지참

㉡ 선착자는 지구대 파출소요원 관할경찰서 수사지휘자 도착 시 필요한 보고를 한 후 보존 구역 경비

(3) 목격자 등 파악

① 조치 내용

㉠ 최초발견자 목격자 사건관계자로부터 그 내용 시간 등을 탐문하고 동시에 주소 직업 성명을 확인하여 가능한 한 신병을 확보

㉡ 최초발견자로부터 현장변경사항 조사

② 주의 사항

㉠ 시간이 경과함에 따라 목격자 발견 확인이 곤란하게 됨으로 조기에 파악하도록 노력한다.

㉡ 가족들로부터의 사건청취는 사건과 관계없는 장소에서 실시하는 것이 바람직하다.

(4) 증거자료 보존

① 조치 내용

㉠ 옥・내외의 혈흔, 족적, 흉기 기타 유류품 본존

㉡ 가능한 한 사진이나 VTR촬영

② 주의 사항

㉠ 현장에 있는 수사 자료는 수사 주무과 요원이나 과학수사요원이 도착하기까지는 채취하지 말 것

㉡ 우천시 혈흔, 족적 등은 신속하게 덮개, 빈상자 등으로 보존 조치

㉢ 족적이나 신발은 경찰견의 냄새 활용에 자료가 되므로 보존시 냄새가 없는 덮개나 상자를 이용할 것

(5) 출입금지 구역설정

① 조치 내용

㉠ 출입금지구역은 침입・도주경로 수색이 필요한 장소를 고려하여 가능한 한 광범위하게 설정

㉡ 과학수사요원 등 수사관계자 외에는 통제할 것

㉢ 보도관계자에 대해서도 양해를 구하고 별도 대기선을 설정하여 일반인과 구별하고 처우에 적정을 기할 것

② 주의 사항

㉠ 사건관계자의 출입에 대해서는 경계책임자 또는 현장지휘자의 지휘를 받을 것

㉡ 출입 금지구역 경계시에도 목격자 사건관계자 발견에 노력할 것

㉢ 교통이 혼잡할 경우 차량 통행을 고려하여 필요한 교통정리를 하여 혼잡을 최소화할 것

㉣ 배치경찰관은 의연한 자세로 근무할 것

(6) 부상자 구조

① 조치 내용

㉠ 119 등 의사 구급요원을 요청하여 구호조치

㉡ 체위, 옷의 흐트러짐, 혈액의 유출, 비산, 부착상황, 상처부위, 흉기 등의 위치확인, 기록 유지

㉢ 중상자도 가능한 한 범인인상, 특징, 흉기, 도주수단, 도주방향, 원인, 피해품, 관계자, 부근에 있던 자 등 초동수사와 긴급배치에 필요한 자료를 수집할 것

㉣ 의사, 구급요원의 참여로 인한 현장 변경을 최소화하기 위한 조치

㉤ 신체에 손을 대 보아서 아직 따뜻한 경우 중상자와 같이 구호조치

② 주의 사항

㉠ 현장 도착 경찰관이 소수일 때에는 가까이 있는 사람의 협력을 얻어 의사나 구급요원 요청

㉡ 현장상황을 메모하고, 체위 등을 분필로 표시

㉢ 중상자에게 수사 자료를 청취할 때에는 메모 외에 휴대용, 녹음기 등을 활용

㉣ 구호조치 중 현장이 변경되었을 때에는 변경된 현장은 현장 지휘자에게 설명 후 인계할 것

㉤ 구호조치를 위해 사용된 혈액이나 토사물 등을 싼 탈지면, 가재 등은 소재, 개소를 기록한 후 일정 장소에 모아 둘 것

㉥ 외견상으로 사망여부를 판단하지 말 것

㉦ 의사가 사망을 확인하였을 때에는 그대로 현장 보존하고 사망시각은 확실히 기록 유지할 것

5. 초동수사시 확인 · 조치사항

(1) 신고 · 발견상황 파악

① 신고일시 · 장소 · 방법, 신고인의 성명 · 연령 · 직업 · 연락처 · 전화번호 · 근무처 · 주거 · 사건과의 관계, 신고내용, 인적상황

② 발견일시 · 장소, 발견자의 성명 · 연령 · 주거 · 직업 · 연락처 · 전화번호, 사건과의 관계, 발견시 상황 · 경위, 발견자가 취한 조치

(2) 최초 현장 도착 경찰관 조치

① 현장 도착시간 기록, 부상자 구호, 현장보존, 출입통제

② 현장출입자 성명, 연령, 직업, 주거, 연락처, 전화번호, 출입이유, 사건 전후의 행동, 용의점 유무 파악

(3) 발생일시 확정 · 추정

TV · 라디오 방송프로그램, 주변 행사, 요일, 날씨 등으로 사건발생 일시 확정 또는 추정

(4) 발생장소 확인

① 발견 장소와 범행 장소의 동일 여부, 범행 장소를 확정 · 추정케 하는 자료와 이유

② 현장위치, 주변 人家, 교통편, 조명도, 침입구, 침입방법 · 도구, 침입 전 대기 장소, 현장의 배치구조, 현장 및 그 부근에 있는 물건과 상황, 물색방법, 언동, 피해상황, 도주로 · 방법 · 방향

(5) 위장 · 공작의 유무

진술의 신빙성, 행적, 상처정도 · 부위 등으로 위장 · 공장유무 추정 · 판단

(6) 피의자

① 피의자의 성명, 생년월일, 본적, 출생지, 주거, 직업, 근무처, 전과, 인상착의, 소지품, 차량이용 여부, 지리 감 · 연고 감(면식) 유무 등

② 용의자의 경우 주소, 성명, 연령, 피해자와의 관계, 용의자로 추정하게 된 이유, 사건전후 행동, 범행목적과 그것을 뒷받침하는 증언이나 자백의 신빙성 · 모순점, 범행가능성(동기, 알리바이 등)을 파악, 사진 열람, 몽타주 작성

(7) 피해자

① 성명, 생년월일, 본적, 주거, 직업 · 근무처, 학교명, 학년 · 반, 보호자의 성명 · 근무처 · 연령 · 관계

② 부상자와 임상질문

㉠ 부상자 구호일시, 구호 전 상황, 후송방법, 병원, 상처부위 · 정도 파악

㉡ 부상자에게 범인, 원인, 피해상황, 신상관계, 현장 또는 부근에 있었건 자 등에 대한 임상질문

※ 의사 협회, 테이프녹음, 조서작성, 사망시각 등 기록

③ 시체 관찰

㉠ 위치, 자세, 신원확인 단서가 될만한 자료, 인상착의 특징, 저항흔적, 신체의복 등의 부착물, 소지품

㉡ 시체의 외부소견, 상처의 부위 · 수 · 정도 · 상황, 사후경과시간, 살해방법, 사인의 추정, 혈흔의 상황, 흉기의 추정, 시체얼룩(시반) 색깔 · 발현부위 및 자세와의 관계, 시체로부터 지문채취

㉢ 피해자의 신원확인 및 수사사항

ⓐ 지문조회, 신체적 특징조회, 가출인 조회, 현장부근 탐문수사, 소지품 수사, 포스터 ·

전단 등에 의한 수배, 언론・방송 광고 등

ⓑ 조회일시, 조회사항, 회신연원일, 회신내용의 기록

ⓒ 가족, 경력, 학력, 성격, 소행, 수입, 채권채무관계, 생활정도, 친구, 이성관계, 평소 언행, 피해전후 언행, 출입자관계, 용의점 유무

ⓓ 시체인도 요청자 : 요청일시, 주소, 성명, 피해자와의 관계

(8) 동기

① 물욕, 원한, 치정, 우발적 사건 여부

② 범인과 피해자간의 말, 태도, 행동, 정신이상 여부 등 기타사항

③ 피해자 성행, 개인적 분쟁, 가정적 분쟁, 사회적 분쟁, 기타 추정되는 사정, 그 증거

(9) 범행수단 및 방법

① 시간적・장소적 관계, 침입 수단・방법, 폭행협박 수단・방법 등 상습성, 연속범 유무

② 범행의 수단 방법, 범행 전・범행 중・범행 후의 행동, 특이사항

③ 흉기의 종류・명칭・형상・크기・사용방법 등

④ 사용흉기의 현재위치, 유류 또는 가지고 갔는지 등

(10) 결과

① 사망일시 추정・확정 이유, 후송 장소, 담당의사, 수술입원이 필요한 지 여부와 기간

② 신체적 피해상황, 사인 추정・확정과 그 이유, 상처의 종류・부위・정도・형상・특징

③ 재산적 피해상황

㉠ 물품 : 명칭, 특징, 가격, 수량, 있었던 곳, 구입가격, 신・중고품 여부

㉡ 현금 : 종별, 수량, 내역, 금액합계

(11) 기타

① 유류품

㉠ 종류, 발견 장소, 상황, 특징, 발견자, 제조판매 관계

㉡ 사진, 측정, 지문채취 등 증거화

② 족적, 공구 흔, 타이어 흔 등 각종 흔적

③ 기타 증거품 : 종류, 상황, 부착물, 발견자, 발견 장소

④ 진술증거의 경우에는 진술인의 주거, 직업, 성명, 연령, 내용, 신빙정도, 반대자료 등 검토

Ⅱ. 초동수사의 성공적 수행을 위한 전제조건

1. 초동수사의 일반적 유의사항

① 긴급사건수배의 요령을 숙지할 것

② 현장으로 출발하기 전에 반드시 보고하고 출발할 것

③ 비상배치의 위치 및 연락방법에 대하여 평소 알아 둘 것

④ 구체적인 사건이 발생하였을 때 냉정·침착하며, 신속하고 효과적인 초동수사를 하기 위하여 평소 과거의 사례에 대한 연구해 둘 것

⑤ 사건 발생시 최단시간 내에 현장 또는 본서에 도착하는 방법을 알아 둘 것

⑥ 사진기, 휴대녹음기, 감식기재 등 수사 장비의 정비 및 사용법을 알아 둘 것

2. 초동수사체제의 정비확립

(1) 보고 연락의 신속 정확성

① 중요사건이 발생하였을 때에는 그 발생초기부터 경찰서 수사간부의 적절한 지휘명령에 의하여 유효적절한 초동수사를 실시해야 한다.

② 사건발생을 인지한 경찰관의 보고 연락이 신속히 행하여져야 하는 동시에 지휘관도 적절한 명령을 하여야 하고, 평소에 보고책임자, 보고연락의 요령을 훈련해 두어야 한다.

(2) 수사관의 근무체제의 확립

① 주요사건의 초동수사에는 많은 인원을 필요로 한다.

② 외근 근무 중인 수사관에 대하여 수시로 그 소재를 상사에게 보고하도록 하여 항상 그들의 소재를 분명히 해 두고, 수사력에 공백이 없도록 근무시간에 대한 세밀한 조정이 필요하다.

③ 중요사건은 수사관이 부족한 야간에 발생하는 일이 많으므로 수사관의 야간근무체제도 명확히 확립하여 두어야 한다.

④ 야간근무체제의 확립은 구두지시나 인쇄물의 교부 등을 통해 누구라도 이해할 수 있고, 언제라도 활용될 수 있도록 하여야 한다.

(3) 기동력의 확보

① 초동수사에 있어서 범인에게 뒤 떨어지지 않기 위해서는 기동력이 확보되어 있어야 한다.

② 순찰차에도 항상 조명용구, 확성기, 현장보존용구 등 초동수사의 초기에 필요한 기재를 적재해 두는 동시에 수사간부가 순찰차의 근무 직원을 지휘·명령할 수 있는 체제를 갖추어야 한다.

(4) 수사용 장비, 통신설비 기자재 등의 이용

① 수사용 장비

㉠ 수사관뿐만 아니라 모든 경찰관이 그 성능과 사용방법을 알아 두어야 한다. 또한 장비를 항상 점검, 정비해서 일정한 장소에 보관해 두어야 한다.

㉡ 다른 과, 계에서 보관·관리하는 기자재에 대해서도 필요시 이용할 수 있도록 협조해 두어야 한다.

② **통신시설 기자재** : 통신 기자재는 보고, 연락, 사건의 지휘 및 각종 수배 등을 위하여 없어서는 안 되는 것이므로 언제 어떠한 경우에도 최고의 기능을 발휘할 수 있도록 해두어야 한다.

(5) 수사긴급배치계획의 수립

① **개념** : 긴급배치라 함은 중요사건이 발생하였을 때, 적시성이 있다고 판단되는 경우 범인의 예상 도주로에 신속히 경찰관을 배치하여 검문검색을 실시하고 이를 통하여 범인을 체포하고 현장을 보존하는 등의 초동조치로 범죄수사 자료를 수집하는 활동을 말한다(수사긴급배치규칙 제2조).

② **법적 근거** : 이는 평상시의 근무체제를 일시적으로 변경하여 다수의 경찰관을 긴급히 조직적으로 집중 동원하여 검문, 검색, 장복감시, 미행 등의 방법에 의하여 행하는 초동수사를 말한다.

③ **구체적 내용**

㉠ 계획을 수립할 때에는 관내의 지형, 도로 등의 지리적 조건, 교통기관 등에 대해서도 미리 면밀히 확인하여야 함은 물론 과거의 사건에 있어서 범인의 도주상황 등도 참작하여 여러 가지 경우를 상정하여 배치하여야 할 구역, 경찰관의 수 등에 차등을 두고 발생상황에 따라 대처할 수 있는 두 가지 이상의 계획을 세우는 것이 필요하다.

㉡ 신고(즉보) 접수시의 현재의 인원으로 어떠한 필요 최소한의 배치를 하여야 할 것인가, 그 후에 증원되는 인원수는 어떻게 배치를 보충할 것인가에 관하여 될 수 있는 한 구체적으로 계획을 세워야 한다.

㉢ 계획을 세움에 있어서 반드시 인접경찰서, 기타 관계공무원 등과도 연락 협의하여 경계지점 부근에서 근무의 맹점이 생기거나 근무배치가 중복되는 일이 없도록 한다.

㉣ 수립한 계획은 그 후의 구체적 사건에 있어서의 초동수사 활동의 반성 · 검토 등에 의해서 끊임없이 보완해서 항상 합리적인 것으로 만들어 두어야 한다.

④ **긴급배치계획의 고려사항**

㉠ 중요사항 기타 긴급배치를 하여야 할 사건의 종별

㉡ 긴급배치의 종별

㉢ 발령 및 해제권자

㉣ 배치인원의 소집, 임무분담, 배치요령

㉤ 배치개소 및 배치방법

㉥ 보고, 연락방법

㉦ 인접 또는 타 시 · 도 경찰과의 공조체제 구축 효율적인 조직수사

(6) 기초자료의 수집정비

① **개념** : 수사에 제공하기 위하여 널리 범죄에 관련 있는 사회적 모든 사정 및 죄를 범할 우려가 있는 자 기타 수사상 주의를 요한다고 인정되는 자의 동향 등 수사에 필요한 기초자료를 항상 수집, 정비해 두기 위함이다.

② **필요성** : 초동수사를 효과적으로 추진하기 위해서는 평소에 그에 필요한 기초자료를 수집, 정비해 두어야 한다.

③ **초동수사에 필요한 기초자료**

㉠ 될 수 있는 한 면밀한 관내지도

㉡ 교통기관의 노선도, 발착시각 및 영업소 또는 역의 소재지, 전화번호

㉢ 정시운행의 화물자동차의 운행시각, 노선 및 영업소의 소재지, 전화번호

㉣ 화물취급소·물품 일시보관소의 영업자명, 소재지, 전화번호

㉤ 유흥음식점·유기장의 영업자명, 소재지, 전화번호

㉥ 여관·여인숙·하숙업의 경영자, 소재지, 전화번호

㉦ 전과자·보석자의 성명, 주거 및 그 동향

㉧ 폭력단체 등의 명부 및 그 동향

㉨ 공사자의 합숙소, 소재지, 책임자 명 등이다.

(7) 다른 기관 및 교통관계업자와의 협력체제의 확립

초동수사에 있어서 긴급히 범인의 도주로를 차단하고 또는 범인의 행동에 관한 정보를 긴급히 입수하기 위해서는 철도청 등의 다른 기관 또는 교통관계업자와의 사이에 협력 체제를 확립해 두는 것이 필요하다.

Ⅲ. 초동수사의 진행

1. 신고접수 및 현장출동

(1) 인지자의 조치

(가) 신고의 접수

A. 서설

중요사건의 신고는 112전화 기타의 방법에 의하여 경찰서 또는 지방경찰청에 직접 접수되는 경우가 많으므로 신고의 접수요령 및 보고요령에 관하여는 모든 경찰관이 알아두어야 한다.

B. 신고의 청취요령

① 신고를 접수할 때에는 주거, 직업, 성명, 연령 등 신고인의 신분을 확인하고 신고인이 직접 신고하는 것인지 아니면 가족친지 또는 피해자의 의뢰를 받아서 하는 것인지를 밝혀 두어야 한다. 또한 정확한 신고시간을 확인하고 사건의 내용을 들어서 긴급성의 여부를 즉시 파악하여야 한다.

② 신고 접수 중 청취하여야 할 사항으로는 사건명, 발생일시(언제), 발생장소(어디서), 범인(누가, 누구와 같이, 연령, 인상착의, 특징, 일견한 풍채 등), 피해자(누구에 대하여), 동기(왜), 피해품, 피해정도(무엇을), 방법(어떻게 하여), 행위(무엇을 하였다), 결과(어떻게 되었다), 범인의 도주방법(도보 또는 차량이용), 부근에 있었던 자 등이 있다.

C. 신고 수리시의 심적 대비

① 신고자는 사건의 중대성에 놀라 당황하는 것이 보통인데, 그에 쏠려서 냉정을 잃는 일이 없도록

주의하고, 허위신고 여부에도 유의하여야 한다.

② 사건 신고를 접수할 때에는 선입감을 가져서는 안 된다.

③ 친절・성실하게 관할구역을 따지지 말고 신속・정확하게 접수해야 한다.

(나) 즉보

① 중요사건의 신고가 있을 경우에는 우선 그것이 어떠한 사건인가를 확인하고 그 사건이 신빙성이 있다고 판단될 경우 그 상세한 것을 듣기 전에 "○○에서 ○○사건 발생" 제목 하에 "사건 청취 중" 이라는 제1보를 본서에 즉보하여야 한다.

② 제2보 이하의 즉보는 범인의 추적, 체포, 수배를 위하여 필요한 사항 및 피해자의 상황을 우선적으로 보고하는 것이 필요하다.

③ 서내 근무 중의 경찰관이 인지자로부터 직접 신고를 접수하거나 신고자로부터 전화에 의하여 접수한 경우에는 다른 경찰관 등에게 협력을 요구하여 다른 전화기로 동시에 즉보 하는 등수사간부에 대한 보고연락을 신속히 행하여 그 지시를 받아야 한다.

(다) 현장급행

① 현장에 급행함에 있어서 기동력을 활용하여 최단시간 내에 도착하도록 하고, 이 경우 현장으로 통신연락을 신속, 확실하게 하기 위하여 무전기의 활용 또는 통신기재의 휴대에 대하여 극히 유의할 것.

② 신고사건 내용에 따라 휴대품 외에 필요한 호신장구, 현장보존 또는 현장관찰의 기재를 휴대할 것

③ 가능하면 신고자 또는 현장에 대하여 연고감을 가진 자와 동행할 것

④ 현장에 급행하는 도중에 있어서도 범인으로 인정되는 자, 거동수상자에 대하여 불심검문을 하는 등 주의를 게을리 하지 말 것

⑤ 도착시간을 확인하여 메모해 둘 것

(라) 현장보존

범죄현장의 상태를 범죄발생 또는 발견 당시의 상태로 일정기간 보존하여 수사 자료의 증거를 보존하는 동시에 현장에 있어서의 수사가 원활하게 실시되도록 필요한 조치를 취하는 것이다.

(2) 현장지휘간부의 의무

① 임무분담 담당구역 등을 명확하게 지시 : 현장지휘자는 주요 수사 활동에 있어서 중복수사를 피하기 위하여 각 소속책임자와 협의하여 피해자・목격자・참고인의 확보, 조사, 현장부근의 검색・탐문, 현장관찰, 유류품 등 수사 자료의 발견 확보 및 피의자의 추적・체포・조사 등 각 소속요원의 특성에 따라 임무분담・담당구역 등을 명확하게 지시하여야 한다.

② 긴급배치에 필요한 사항의 수집 : 현장지휘자는 범인의 인상・특징 및 도주방향 등 긴급배치에 필요한 사항의 수집을 우선적으로 실시할 것.

③ 보고연락책임자 지정 : 현장지휘자는 관할경찰서의 임장요원 가운데 한 명을 보고・연락 책임자로 지정하여 보고 연락하게 한다.

④ 적절한 현장보존 : 현장지휘자는 경계책임자에 대하여 설정된 출입금지구역의 범위 및 주의하여야 할 증거가치, 흔적 등 경계상 필요한 지시를 하고 적절한 현장보존을 한다.

(3) 최초 임장자의 조치

① 범죄의 진압 범인의 체포

㉠ 범죄현장에서 아직 범행이 계속되고 있을 때에는 즉시 그것을 진압하여 현행범으로 체포하여야 한다.

㉡ 중요사건의 범인은 흉기를 휴대하고 있는 자가 적지 않으므로 범인 체포시에 의외의 저항을 받아 위해를 입는 일이 없도록 신중히 행동하여야 한다.

② 부상자 구호

㉠ 현장 임검에 있어서 부상자가 있을 때에는 지체 없이 구호조치를 하여야 한다.

㉡ 피해자를 이동시킬 경우에는 그 위치를 분필 등으로 표시하여 나중에 확인할 수 있는 조치를 강구해 두어야 한다.

③ 임상조사

㉠ 빈사상태의 중상자가 있을 때에는 응급 구호조치를 하는 동시에 피해자로부터 범인은 누구인가, 범행의 원인, 피해자의 주거, 성명, 연령, 피해상황, 부근에 있던 자, 근친자나 연고자, 기타사항을 청취하여 두어야 한다.

㉡ 병원으로 운반하는 도중 기타 적당한 기회를 가려서 수사상 필요한 최소한도의 것을 청취하여 녹음기가 있을 때에는 그 상황을 녹음하여 두어야 한다.

㉢ 그 가족의 심정을 충분히 살펴서 의사가 있을 경우에는 의사의 진단의견을 듣는 등 후일 문제가 생기지 않도록 하여야 하며 중상자가 사망하였을 때에는 그 시간을 확인하여 기록해 두어야 한다.

㉣ 사망여부에 대한 판단은 현장 임장자의 주관적 판단에 근거해서는 안 되며 의사가 사망을 확인한 경우에는 그대로 현장보존을 하여야 하며 사망시간을 기록해야 하나 사망여부에 대한 판단이 어려운 경우 신체에 손을 대어 보아서 아직 따뜻한 경우 빈사중상자와 같이 구호조치를 하여야 한다.

④ 신속보고

㉠ 이미 보고한 내용과 다른 사실

㉡ 범인의 인상, 특징, 도주방향 등 범인체포를 위하여 신속히 수배를 필요로 하는 사항

㉢ 범인이나 피해자에 관한 새로운 사실

㉣ 현장의 상황으로 보아 특히 필요하다고 생각되는 수사용 장비, 통신기계, 기타의 자재가 있거나 인원이 부족한 경우에는 지원이 필요한 내용 및 수량·인원수에 관한 것 들이다.

⑤ 피해자에 대한 정보제공

㉠ 초동수사를 함에 있어서는 범죄피해자에게 배상명령제도, 범죄피해자구조제도와 같은 범죄피

해보상을 위한 제도의 존재와 그 청구요건, 내용, 한계에 관해서 알려줄 필요가 있다.

㉡ 각종 법에서 규정하고 있는 피해자의 권리를 고지해 주고, 압수물에 대한 환부・가환부 신청권의 존재 등도 알려 주어야 한다.

(4) 본서의 조치

① **서설** : 본서에서 중요사건의 발생을 인지하거나 발생보고를 접수하였을 때에는 즉시 초동수사를 개시하여야 한다. 이 경우 직접 그 지휘를 하는 자(주간에는 수사간부, 야간에는 당직관)는 근무 중인 직원을 완전 장악하여 신속한 조치를 취하는 것이 필요하다.

② **보고 및 관계경찰관서에 대한 수배**

㉠ 우선 사건의 개요를 즉시 서장에게 보고하여 그 후의 수사에 관해서 지휘를 받아야 한다. 이 경우 자기가 행한 사건에 관한 지휘에 대해 보고하는 것을 잊어서는 안 된다.

㉡ 지방경찰청 주무과를 통해 지방경찰청장에게 보고하되 이 경우 다른 시・도 경찰관서에 수배할 필요가 있다고 인정될 때에는 그 취지를 아울러 보고하여 수배를 요청하여야 한다.

㉢ 인접경찰서 등에 대하여 긴급배치를 의뢰할 필요가 있는 경우에는 즉시 긴급사건수배의 조치를 하여야 한다.

③ **수사관의 현장 급파**

㉠ 중요사건의 경우 수사관을 현장에 파견하는 것이 급선무이다. 지휘자는 적당한 자를 지정하여 구체적인 지시를 한 후 현장에 급행하도록 하여야 한다.

㉡ 현장에 급파된 수사관은 현지 수사책임자의 통제 하에 부상자의 구호조치, 현장에서의 수사활동 등을 하게 된다.

④ **서원에 대한 지시 및 소집**

㉠ 사건의 발생을 인지하거나 그 보고를 접수한 경우에는 즉시 관내 각 순찰지구대 등에 대하여 긴급사건수배의 일제지시를 행하는 동시에 재서 직원에 대해서는 사건의 개요를 주지시켜 현장출동, 긴급배치 등의 초동수사 활동에 대비하여야 한다.

㉡ 긴급배치를 위하여 서원의 소집이 필요하면 즉시 그 절차를 취할 것이며 특히 야간의 경우에는 현재서원을 지휘하여 효율적인 소집을 행하여야 한다.

⑤ **긴급배치의 실시**

㉠ **법적 근거** : 긴급배치는 수사긴급배치규정에 따라서 행하되 형식적, 획일적으로 행하지 말고 사건의 내용을 잘 판단해서 특정구역에 중점을 두거나 검문에 주력하는 등 효과적인 방법에 의하여야 한다.

㉡ 긴급배치의 실시

ⓐ 긴급배치의 중점은 범인의 도주경로를 급속히 차단하여 범인을 체포하는데 있다.

ⓑ 배치구역을 결정할 때에는 사건발생으로 부터의 경과시간을 정확하게 파악하고 동시에 범인이 도주시 이용하는 교통기관의 상황, 지리적 상황 등을 감안하여 범인이 배치완료시에 어떤 지점까지 도주하고 있는가를 판단하는 것이 필요하다.

㉢ 긴급배치는 그 성질상 매우 신속을 필요로 하며 현재 운용 가용한 경력으로 어떻게 도주로를 유효하게 차단할 것인가가 중요한 문제로 된다.

㉣ 구체적으로 우선 도로의 중점 및 교통기관의 정류소 등 배치개소를 급속히 늘려서 검문, 잠복감시를 충실히 하는 것이 필요하다.

㉤ 넓은 지역을 단시간 내에 일제히 배치하는 것은 불가능하며 범인은 현재 도주하고 있으므로 출발장소로부터 멀수록 빨리 배치를 완료해야 한다.

㉥ 인접경찰서 기타 경찰서에 긴급배치를 의뢰할 경우에도 범인의 도주가 예상외로 빠른 경우를 대비하여 당초에는 되도록 광범위하게 수배하고 그 후 상황에 따라 범위를 축소하는 등의 배려가 필요하다.

㉦ 배치인원에 대한 추가 수배, 지휘명령 등은 유・무선 통신 기재를 이용하여 빠짐없이 신속히 하여야 한다.

㉧ 배치된 직원은 상대자의 반격을 받거나 범인이 도주하는 일이 없도록 세심한 주의를 기울여야 한다.

Ⅳ. 수사긴급배치

1. 수사긴급배치의 의의 및 중요성

① **의의** : 수사긴급배치라 함은 중요사건이 발생하였을 때, 적시성이 있다고 판단되는 경우 신속히 경찰력을 배치하여 범인의 도주로 차단, 검문검색을 통하여 범인을 체포하고 현장을 보존하는 등의 초동조치로 범죄 수사 자료를 수집하는 수사 활동을 말한다.

② **중요성** : 급고 등에 의하여 인지한 중요사건을 발생한 당초에 있어서 사건을 해결하는 것은 경찰의 신뢰를 높일 뿐만 아니라, 물적 증거나 증인의 확보, 피해품의 조기 회복상에 있어서도 매우 긴요한 일이다. 특히 주민에게 불안을 부르는 중요한 사건이 발생한 경우에는 범인이 현장부근에 잠복하고 있거나 도주하고 있는 사이에 다른 근무에 우선해서 경찰력을 긴급히 동원하여 교통의 요소 기타 중요지역에 있어서 검문검색, 은신파수(잠복감시), 미행 등의 방법에 의하여 신속히 범인을 체포하는 것이 필요하다. 특히 최근 교통기관의 발달에 따라 범죄자의 행동이 더욱 고속화, 광역화하여 사건 해결의 곤란성이 증가하고 있다. 따라서 신속한 수사긴급배치에 의해서 조기에 범인을 검거할 수 있다면 제2, 제3의 범행을 방지하는 것으로도 되며 이점에서도 매우 중요한 경찰활동인 것이다.

2. 수사긴급배치의 종별범위 및 발령권자

(1) 종별 및 범위

수사긴급배치는 여러 가지 경우를 규정하여 배치하여야할 구역, 경계원수 등에 의하여 몇 가지 종별이 정해져 있다. 수사긴급배치는 사건의 긴급성 및 중요도에 따라 갑호, 을호로 구분 운용한다.

(가) 갑호

① **살인사건** : 강간살인, 강도살인, 방화살인, 약취・유인살인, 2명 이상 집단 살인 및 연쇄살인

② **강도사건** : 인질강도, 해상강도, 금융기관 및 5천만원 이상 다액 강도, 총기 폭발물 소지강도 및 연쇄강도

③ **방화사건** : 관공서・산업시설・시장 등의 방화, 열차・항공기・대형선박 등의 방화 및 연쇄방화, 중요한 범죄은닉목적 방화, 보험금취득목적 계획적인 방화

④ **기타 중요사건** : 총기 대량의 탄약 및 폭발물 절도, 조직폭력사건, 약취유인, 수인 또는 구속피의자 도주

(나) 을호

① 살인, 강도, 방화, 중요 상해치사, 1억원 이상 다액 절도, 관공서 및 국가중요시설 절도, 국보급 문화재 절도 중 갑호 이외의 사건

② 기타 경찰관서장이 중요하다고 판단하여 긴급배치가 필요하다고 인정하는 사건

(2) 발령권자

① 긴급배치를 사건발생지 관할 경찰서 또는 인접경찰서에 시행할 경우는 발생지관할 경찰서장이 발령한다. 인접 경찰서가 타 시・도 지방경찰청 관할인 경우도 같다.

② 긴급배치를 사건발생지 지방경찰청의 전 경찰관서, 또는 인접 지방 경찰청 전역에 시행할 경우는 발생지 지방경찰청장이 발령한다.

③ 전국적인 긴급배치는 경찰청장이 발령한다. 위 발령권자는 긴급배치를 함에 있어, 사건의 종류, 규모, 태양, 범인의 도주로 및 차량 이용 등을 감안하여 "긴급배치 수배서"에 의해 신속히 긴급배치 수배를 하여야 한다. 2개 이상의 경찰서 또는 지방경찰청에 긴급배치를 발령할 경우, 발령권자는 긴급배치수배사항을 관련 경찰관서에 통보하여야 하며, 통보를 받은 해당 경찰관서장은 지체 없이 긴급배치를 하여야 한다.

(3) 긴급배치의 생략

① 사건발생 후 상당시간이 경과하여 범인을 체포할 수 없다고 인정될 때

② 사건내용이 일체불상이거나 애매하여 긴급배치에 필요한 자료를 얻지 못할 때

③ 범인의 성명, 주거, 연고선 등이 판명되어 조속히 체포할 수 있다고 판단된 때

④ 기타 사건의 성질상 긴급배치가 필요하지 않다고 인정될 때

(4) 긴급배치의 해제

① 범인을 체포하였을 때

② 허위신고 또는 중요사건에 해당되지 않음이 판단되었을 때

③ 긴급배치를 계속한다 하더라도 효과가 없다고 인정될 때

④ 경찰청장 또는 지방경찰청장은 긴급배치의 장기화로 인하여 당면 타 업무 추진에 지장을 가져온다고 인정될 때에는 긴급배치를 해제하고 필요한 최소한도의 경찰력만으로 경계 및 수사를 명할 수 있다(제13조).

(5) 교양훈련실시

① 경찰청장, 지방경찰청장, 경찰서장은 범인 필검 태세 확립 및 범죄현장 적응능력배양을 위하여 긴급배치 훈련을 실시해야 하며, 그 기준은 다음과 같다.

㉠ **경찰청** : 지방경찰청·서 대상 연 1회 이상

㉡ **지방경찰청** : 관할경찰서 대상 반기 1회 이상

㉢ **경찰서** : 자체계획에 의거 분기 1회 이상

② 서장은 제10조에 정한 기초계획에 의한 긴급배치활동을 신속, 정확하게 실시하기 위하여 경찰서 직원에 대하여 수시로 긴급배치에 필요한 실무교양 및 훈련을 실시하여야 한다.

③ 서장은 제2항에 의한 교양훈련을 실시할 때에는 사전에 지방경찰청장에게 보고하여야 한다.

(6) 경력동원 기준

① **갑호 배치** : 형사(수사)요원, 순찰지구대·순찰지구대·파출소·검문소 요원은 가용경력 100%

② **을호 배치** : 형사(수사)요원은 가용경력 100%, 순찰지구대·파출소, 검문소 요원은 가용경력 50%

3. 수사긴급배치의 실시

(1) 경찰서장의 기초계획

경찰서장은 다음 사항에 대하여 지역설정에 적합한 자체계획에 의한 지침을 수립, 지침서를 비치하여 긴급배치 시 활용토록 하여야 한다.

① 중요사건 신고에 대한 수리요령

② 신속한 초동수사태세의 확립에 필요한 보고전파 및 수배요령

③ 감독자 및 기능별 배치 근무자의 임무분담

④ 배치개소, 배치인원, 휴대장비 및 검문검색 실시 요령

⑤ 긴급배치 발령시의 외근 근무 자에 대한 연락 또는 배치근무자에 대한 추가수배, 해제의 전달방법

⑥ 현장에 있어서의 본서 및 지방경찰청과 연락 협조방법

⑦ 통신 및 차량의 효율적 운영방법

⑧ 관내 금융기관 약도, 연결도로망, 기타 취약개소 지역 등에 대한 현장도 및 예상 도주로

⑨ 인접서, 인접 지방경찰청과의 상호협조 방법

(2) 긴급배치 일람표 및 긴급배치 지휘도

서장은 긴급배치를 함에 있어 배치개소, 시간 등을 표시한 "긴급배치 일람표"와 다음사항이 기재된 "긴급배치 지휘도"를 작성 비치하여야 한다.

① 경찰서, 순찰지구대·파출소 및 출장소 등의 소재지

② 배치개소

③ 인접서와 경계지점과 취약지점

④ 역, 터미널, 버스정류장, 공항, 항만, 기타 선박기항지 등

⑤ 위 사항에 범인의 도주로, 잠복이 예상되는 장소

(3) 경계근무자의 심적 대응

긴급배치에 해당하는 경계근무자가 유의하여야 할 사항은 다음과 같다.

① 긴급배치의 발령이 되었을 때에는, 즉시 배치지점에 급행하여 소정의 경계에 당할 것, 또한 자기 시계를 확인하여, 배치시각을 수첩 등에 기록해 둘 것, 당해사건에 대하여 긴급한 조회·연락 등을 하였을 때에는 지체 없이 지정위치에 복귀할 것

② 배치장소에 급행하는 도중에 있어서도, 범인 및 용의차량의 발견에 힘쓸 것

③ 적극적인 불심검문에 실시하여, 예민한 관찰력과 주도면밀한 주의력에 의하여 범인의 검거 및 수사 자료의 수집에 노력할 것

④ 불심검문을 할 때에는, 친절을 다하는 반면, 상대자로부터 반격을 받거나 자살 또는 도주하는 일이 없도록 세심한 주의를 다할 것

⑤ 종합적인 경제력의 강화를 도모하기 위하여, 항상 통신기구의 활용에 유의할 것

⑥ 임장하였을 때에 단독수색에 몰두하지 말고, 필요한 보고·연락 등을 할 것

⑦ 수배에 의한 도주방향 등에 집착하는 일이 없도록 하고, 범인이 틀림없이 자기 담당구역 내에 배회하고 있다고 확신하고, 확실한 경계에 당할 것

⑧ 범인의 도주경로에 관한 정보 등에서 범인검거에 효과 있는 경계방법 또는 배치위치의 변경이 필요하다고 인정될 때에는, 적극적으로 그 사실을 보고하여, 감독자의 지시를 받아 필요한 경계에 당할 것

⑨ 검색·밀행·잠복 등 근무에 있어서는 범인에게 먼저 발견 당하지 않도록 위치의 선정 기타 경계상 동작에 대하여 세심한 주의를 할 것

⑩ 범인이 배회·잠복할 우려가 있는 장소에 대하여는 반복, 수색을 실시하여, 경계의 간격이 생기지 않도록 유의할 것

(4) 불심검문

(가) 의의

불심검문이라 함은 경찰관이 수상하다고 인정한 자를 그 장소에서 정지시켜 질문하는 것으로서 경찰관이 범죄의 수사, 범인의 체포 및 범죄예방 등 그 책무를 수행하기 위하여 필요한 수단으로 경찰관직무집행법에 의하여 주어진 권한이다. 불심검문은 범죄수사의 단서가 되며, 범죄예방의 지름길이라고 할 수 있다. 실제로 경찰임무를 수행하는데 있어서, 이것만큼 효과가 있는 수단은 없다고 하고 있다. 실제 불심검문에 의하여 중요범인을 검거하거나, 중요범죄의 단서를 잡거나, 또는 죄를 범하려고 하는 자를 미연에 발

견・방지한 예는 매우 많다. 이런 일은, 불심검문에 대한 적극성과 기술을 향상시킴에 따라서, 더욱 효과적인 경찰업무 수행을 기대할 수 있음을 말해주는 것이다. 또한 최근의 사회정세 하에 있어서는 보다 적극적으로 불심검문을 실시해서, 그 단서를 파악하여, 범죄를 예방하는 것이 경찰책무의 수행 상 가장 중요하다. 따라서 경찰관은 그 중요성을 충분히 인식하고 끊임없이 연구하여 불심검문의 기술이 몸에 배도록 노력하여야 한다.

(나) 범인 또는 불심자 식별방법

① 착의에서 발견하는 방법

㉠ 연령과 착의가 맞지 않는 자

㉡ 착의와 체격이 맞지 않는 자

㉢ 착의가 현저히 남루하거나 흐트러진 자

㉣ 착의의 상하가 맞지 않는 자 또는 신발과 맞지 않는 자

㉤ 직업과 복장이 맞지 않는 자

㉥ 착의에 찢어진 자국이 있는 자

㉦ 신체・착의・신발에 혈흔 등이 묻었거나 악취가 나는 자

② 언동에서 발견하는 방법

㉠ 위세 당당한 자

㉡ 질문에 반응이 없는 자

㉢ 질문도 하지 않았는데 「수상한 사람 아니오」라고 변명하는 자

㉣ 이미 다른 곳에서 검문을 받았다고 변명하는 자

㉤ 병문안이나 경조사가 있어서 가는 중이라고 하는 자

㉥ 시간상 출발지와 행선지가 불합리한 자

㉦ 질문과 다른 대답을 하는 자

③ 소지품에서 발견하는 방법

㉠ 본인과 어울리지 않는 자의 명함을 소지한 자

㉡ 신용카드・각종신분증・면허증・주민등록증이 본인과 일치하지 않은 자

㉢ 이름이 다른 도장을 가지고 있는 자

㉣ 중요사건 신문기사를 소지하고 있는 자

㉤ 색안경・마스크・장갑을 소지하고 있는 자

㉥ 노끈류・공업용 테이프를 소지하고 있는 자

4. 자동차 검문검색

(1) 자동차검문의 의의, 목적

자동차 검문은, 주행 중인 자동차의 정지를 요구하여, 그 안팎을 조사하고 수사상 필요한 사항에 관하여, 운전자 승객 등에게 질문하는 등으로 범인의 검거에 해당하는 활동을 말한다. 자동차의 보급은 일면

범죄의 고속화·광역화 현상으로 인하여, 범죄수사에 새로운 문제를 던져 주어, 범인의 검거를 더욱 더 곤란하게 하고 있다. 자동차 이용의 범죄는 도시·농촌을 불문하고 해마다 증가의 경향에 있어, 범죄의 예방과 검거를 도모하기 위한 방책으로서 자동차검문은 매우 중요하다.

(2) 자동차검문의 법적 근거

자동차검문의 법적 근거는 제각기 객관적으로 조건에 의하여 다르다. 교통검문의 법적 근거는 도로교통법 제47조의 일시정지권에 있다. 그러나 모든 차량의 검문을 내용으로 하는 경계검문과 긴급수배검문에 대한 직접적인 규정은 없다. 자동차 문명의 발달과 자동차를 이용한 범죄의 증거라는 현실에 비추어 자동차 검문이 위법하다고 단정 짓는 것은 타당하다고 할 수 없다. 따라서 경계검문은 경찰관직무집행법 제3조 제1항에 근거를 가지며 긴급수배검문은 동법과 형사소송법의 임의수사에 관한 규정에 근거를 가진다고 해석하는 것이 타당하다.

(3) 검문대상차량

① 수배 및 도난 차량

② 교통사고 및 법규위반 차량

③ 기타 범죄용의 차량

㉠ 검문을 피하여 우회하는 차량

㉡ 외부에 흙, 먼지 등이 많이 묻어 있거나 충돌흔적이 있는 차량

㉢ 위조번호판 의심차량

㉣ 다수 청·장년과 여자동승 차량

㉤ 노약자, 여성 승차자, 기타 가족단위 여행차량 과도검문 지양

㉥ 범죄 상황, 용의자 몽타쥬 등의 신속 전파로 검문대상 특정화

(4) 자동차 검문의 착안사항

① 운전자가 협박당하고 있지는 않은가

㉠ 경찰관의 면전에 차를 타고 도착하거나 정차하는 차량

㉡ 점멸식 방향지시기, 방범등을 점멸하거나 경음기를 울리는 등 부자연한 차량

㉢ 전조등을 점멸하는 차량

② 도난차량, 도난품이 적재되었거나, 범인이 도주 중이 아닌가

㉠ 경찰관을 보고 급정거하거나 방향전환을 도모하려는 차량

㉡ 일부러 속도를 올려서 통과하려고 하는 차량

㉢ 정차신호를 보고 다른 차량 옆으로 숨으려고 하는 차량

㉣ 지그재그 운전을 하는 등 부자연한 운전을 하고 있는 차량

㉤ 부자연한 적재를 하고 있는 차량

㉥ 차체에 손상이 있는 차량

㉦ 수배내용과 비슷하거나 번호판을 잘라 이음변개의 흔적이 있는 차량

③ 자동차를 훔쳐온 것은 아닌 가를 차량 중심으로 착안시

㉠ 자동차 열쇠는 구멍에 꽂혀 있는가

㉡ 자동차 열쇠는 정규의 것인가

㉢ 엔진 시동선은 직결되어 있지 않은가

㉣ 차대, 엔진번호는 변개되어 있지 않은가

④ 자동차를 훔쳐 온 것이 아닌가를 운전자 중심으로 착안시

㉠ 운전면허증을 가지고 있지 않은 자

㉡ 얼굴을 보이지 않으려고 하는 등 정차 후의 행동에 수상한 점이 보이는 자

㉢ 자동차검사증의 수납장소를 모르던가, 또한 내용이 변개되어 있지 않은가

㉣ 운전하고 있는 자동차에 대한 지식이 없는 자

㉤ 교통법규에 대하여 지식이 없는 자

㉥ 무면허 및 면허증을 휴대하지 않은 자에 대하여는 신원을 확인할 것

⑤ 승객 동승자가 범죄에 관계가 있는 것은 아닌지 여부 착안점

㉠ 행선지가 애매한 자

㉡ 정지의 순간 물건을 감추거나 안색이 변하는 자

㉢ 경찰관의 얼굴을 외면하는 자

㉣ 운전자의 진술과 모순이 있는 자

㉤ 이유도 없이 성 내거나 심한 말로 대드는 자, 일부러 몹시 취한 척 하는 자

㉥ 흉기류를 소지하고 있지 않은가

㉦ 장물의 의심이 있는 물건, 침입용구로 의심되는 물건은 없는가

㉧ 출발지 또는 행선지와 차량의 진행방향은 일치하는가

⑥ 차량 내부의 점검

㉠ 차량 내부의 내측, 하측에 무언가 숨겨 놓지 않았는가

㉡ 트렁크의 내부는 어떠한가

㉢ 좌석의 밑, 뒤 등에 범행용구나 열쇠 등을 숨겨놓지 않았는가

(5) 자동차검문 실시상 유의사항

① 일반적 유의사항

㉠ 자동차의 특성으로서의 속도에 대응할 수 있도록 신속한 검문체제를 취할 것

㉡ 자동차 교통량의 증가에 따른 교통에 미치는 영향을 고려하여 신속한 질문을 할 수 있도록 미리 어떠한 요령으로 할 것인가를 준비할 것

㉢ 되도록 각종 검문용 기재를 활용하여, 검문능률의 향상과 위험방지에 힘쓸 것

㉣ 주어진 임무분담에 따라 실시할 것

㉤ 교통위반의 단속을 목적으로 하는 검문은 아니므로 목표를 겨누어 현재 발생한 범죄와의 관계에 착안한 질문 · 검색을 할 것

ⓑ 정지신호는 수신호 또는 등화로써 정확하게 하여 정차표시에 따르지 않고 도주하는 차량에 대하여는 그 자동차의 종별, 번호, 도색 및 운전자의 인상·착의를 파악하여, 추적용 순찰차에 신호하고 또한 수배한다.

ⓢ 정차의 순간, 물건을 감추거나 안색이 변하는 자는 특히 주의할 것

ⓞ 경우에 따라서는 운전자와 승객을 따로 갈라놓고 질문을 행할 것

ⓙ 승차지점이 범죄현장 부근인 때에는 특히 주의할 것

ⓒ 불필요한 말을 걸어오는 자에 대하여 주의할 것

ⓚ 정지신호 전에 정차하거나 반전하는 차량에 대하여 특히 주의할 것

ⓣ 수상하다고 인정되는 경우에는 하차하게 한 다음, 좌석 및 하대·트렁크 속을 잘 수색하여 흉기·장물 및 범행용구의 유무를 확인할 것

② 위험방지상 유의사항

㉠ 차량검문중임을 명시하여 미리 통행차량을 서행시킬 것

㉡ 야간에는 반드시 조명구를 사용할 것

㉢ 경찰관이 위치하고 있는 장소를 되도록 밝게 할 것

㉣ 자동차에 대하여 정지를 명할 때에는 그 위치·방법 등을 충분히 고려할 것

㉤ 야간에 검문에는 되도록 반사성 백색의 혁대·모자 및 완장을 사용할 것

㉥ 자동차는 인도(우측)가까이 불러 세워놓고 검문경찰관은 되도록 차도로 나가지 말 것

㉦ 질문할 때에는 정차를 확인하고 나서 자동차에 접근할 것

㉧ 차량의 앞·뒤에 서거나 또는 승강구의 발판에 발을 걸치거나 창안에 머리를 넣고 질문하지 말 것

㉨ 차량 등을 검사할 때에는 반드시 엔진을 정지시키도록 할 것

㉩ 질문 중 도주하려고 하는 차에 손을 걸거나 혹은 뛰어 타거나 하는 행동은 절대로 하지 말 것

③ 대민처우상 유의사항

㉠ 검문대상 차의 대부분은 범죄에 관계가 없는 선량한 사람이므로 경례 또는 고개를 숙여 인사한 다음 검문을 실시하고 있는 목적을 명백히 하고 질문에 당할 것

㉡ 수상한 자가 아니라고 인정될 때에는 빨리 질문을 끝낼 것

㉢ 질문을 마쳤을 때에는 그 협력에 감사하여 "실례 했습니다", "안녕히 가십시오." 등의 사의를 표하고 경례 또는 고개를 숙여 인사하는 것을 잊지 말 것

㉣ 상황에 따라서는 용의차량의 특징을 전하여 발견시의 협력을 의뢰할 것

제2절 현장보존

Ⅰ. 현장보존의 중요성

현장보존이라 함은 범죄현장의 상태를 범죄발생 또는 범죄발견 당시의 상태로 일정기간 보존하여 수사자료의 증거를 보존하는 동시에 현장에 있어서의 수사가 원활하게 실시되도록 필요한 조치를 취하는 것이다. 현장에 남겨져 있는 많은 수사자료 중에는 사건의 경과에 따라서 변화하고 마모되는 것이 있을 뿐만 아니라, 제3자의 출입에 의하여 짓밟히거나, 파괴되거나 하여 중요한 부분에 변경이 가해져 버린다. 따라서 맨 처음에 현장에 도착한 경찰관은 신속히 현장보존 조치를 취하여 인위적, 자연적으로도 수사자료가 산일(散逸)·멸실 또는 파괴되지 않도록 최선을 다하여야 한다.

Ⅱ. 현장보존

1. 현장보존 전 조치

① **현장 도착까지의 현장보존 조치의뢰** : 사건발생 신고를 접수하였을 때에는 피해자, 신고인 등 관계자에게 현장을 파괴하는 일이 없도록 전화, 기타 방법으로는 현장 보존에 필요한 사항을 의뢰한다.

※ **현장보존의뢰의 사유** : 도난사건 등에서는 피해자가 경찰서, 순찰지구대, 파출소 등에 신고한 후에 물건을 찾으려고 현장을 훼손하는 경우가 많다.

② **현장보존 기구 등의 휴대 확인** : 현장 임장 시에는 현장보존에 필요한 장갑, 구두커버, 조명기구, 로프, 출입금지 표찰 등의 현장보존용 기구, 채증 기구의 휴대를 확인한 뒤 임장한다.

③ **장갑, 구두커버의 착용** : 현장에 도착한 현장 임장 자는 자신의 지문, 발자국을 남기지 않도록 장갑 및 구두커버 등 필요한 장구를 확실히 착용한다.

④ **현장 통행판의 활용** : 현장에서는 가급적 투명한 재질의 현장 통행판을 제작하여 활용하도록 한다.

2. 현장보존

① **현장 도착 시각 및 현장보존 개시시각의 기록** : 현장에 도착한 시각, 현장보존 개시의 시각은 그 후의 수사에 필요하게 되는 경우가 있으므로 기록해 두어야 한다.

② **현장보존의 범위** : 현장보존의 범위는 사건의 종류에 따라 다른 것이며, 현장 중심에서 몇 미터 이내라고 함과 같이 획일적으로 명시할 수 없지만, 될 수 있는 대로 광범위하게 보존하는 것이 필요하다. 수사 자료가 수집되는 것은 범죄가 행하여진 지점뿐만 아니라, 범행 현장으로부터 상당히 떨어진 장소에서 족적·유류품 기타 범인에 관한 유력한 자료가 발견되는 일이 적지 않다. 현장보존의 범위가 너무 좁았기 때문에 수사 자료를 발견·수집할 수 없게 되거나, 채증이 늦어지거나 하는 일이 없도록 하여야 한다. 현장보존에는 실패가 허용되지 않는다. 현장보존 범위 설정 시 고려사항으로는,

㉠ 범죄 및 현장의 모양

㉡ 피해가옥의 구조, 부근의 도로, 지형의 상황

㉢ 범인의 침입, 도주의 경로

㉣ 범행 전에 기다리고 있었던 장소

㉤ 옥외 사건이면 현장에 이르는 도로 등

③ **현장보존의 표시 및 출입제한** : 보존하여야 할 현장의 범위를 정하였을 때에는 즉시 보존용 줄을 치거나 푯말을 세우거나, 기타 "출입금지" 표기 등 적절한 조치를 취하여 함부로 출입하는 자가 없도록 하여야 한다.

㉠ **출입제한** : 현장보존이 잘못된 경우는 대부분 출입제한 조치가 소홀했기 때문이다. 피해자 및 그 가족이라 할지라도 부득이한 경우 외에는 출입을 제한하고 출입을 하는 경우라도 현장에 있는 물건의 위치나 형상을 변경하거나 함부로 손을 대는 일이 없도록 사전에 주의를 환기시켜 두어야 한다. 아울러, 경찰관 자신의 부주의로 현장을 변경·파괴하여 사건의 판단을 잘못하게 되는 경우도 가끔 생기므로 주의를 해야 한다. 또한 출입제한은 사람뿐만 아니라 옥내·외를 막론하고 개, 고양이, 닭, 소, 등 가축은 물론 가능하면 쥐의 왕래까지도 막아야 한다.

㉡ **출입제한을 위한 조치**

ⓐ 보존용 줄을 쳐서 통행을 차단

ⓑ 보존용 줄에 "출입금지" 표찰이나 적색등을 단다.

ⓒ "손대지마시오", "주의" 등의 표찰을 비치

ⓓ 정복 경찰관의 배치

ⓔ 현장 보존용구는 파출소, 형사기동차량 등에 항상 비치하고 손질을 하여 필요시 언제든지 사용할 수 있도록 준비해야 한다.

㉢ **현장보존 중 현장출입** : 출입제한 조치가 완전하게 이루어진다면 현장의 변경, 파괴를 막을 수 있다. 수사상 필요에 의해 부득이 현장을 출입할 때에는 경찰관 자신이 족적을 무의식중에 남기거나, 범인의 족적을 밟거나 범인의 지문을 멸실하는 경우가 생기지 않도록 동작에 세심한 주의를 해야 한다.

㉣ **현장에 있었던 자 및 출입자의 조사** : 현장 또는 그 근처에 있는 자가 있을 때에는, 그 자의 주거·성명을 조사하여, 필요할 때에는 언제든지 당시의 상황을 물어볼 수 있도록 해 놓아야 한다. 또한, 임장 후의 출입자는 물론, 임장 전의 출입자에 대하여도 조사하여, 그 자의 주거·성명, 들어간 시간·장소·이유 및 행동, 피해자와의 관계 등을 명확하게 해두는 것이 필요하다. 조사한 결과를 현장책임자가 도착한 후 즉시 보고하여야 한다.

④ **피해자의 구호조치**

㉠ **피해자의 사망 여부 확인** : 현장에 제일 먼저 도착한 경찰관은 우선 인명피해 상황을 확인하고 구호를 요하는 피해자가 있으면 신속히 구호조치를 해야 하고, 피해자가 이미 사망하였으면 그대로 현장보존을 하여 정확한 현장 감식 및 관찰을 할 수 있도록 한다.

㉡ **현장상황의 확인** : 피해자를 옮기거나 의사로 하여금 진료하게 할 때에는 현장에 변경되기 때문에 원상태를 확실히 해 둘 필요가 있다.

ⓐ 변경 전의 상태와 변경 후의 상태를 사진 촬영한다.

ⓑ 현장에 필요한 부분에 표시를 한다.

ⓒ 도면을 작성한다.

ⓓ 필요한 사항을 자세히 기록한다.

㉢ 피해자 등으로부터 필요한 사항청취 : 피해자가 말을 할 수 있고, 들을 수 있는 경우에는 가능한 한 신속히 제3자를 참여시키고 범인, 범행원인, 피해자의 주소, 성명, 보호자나 목격자 등을 확인, 기록해 둔다.

⑤ **원상태로의 보존** : 현장보존에 있어서는 산란(散亂)상태, 시체의 상태, 가구의 위치, 창문의 개폐 등 될 수 있는 한 범행당시의 상황 그대로 보존하여 현장수사가 정확하게 행하여지도록 노력해야 한다.

⑥ **자료의 변질, 파괴의 방지조치** : 현장에 존재하는 혈흔, 토사물, 배설물, 족적, 차륜적 등은 사람이 손을 대거나 밟지 않도록 하는 것만으로는 부족하고 이런 것들은 광선, 열, 강설, 우수, 바람 등에 의해서 변질, 변형 또는 멸실될 우려가 있기 때문에 세숫대야, 그릇, 텐트 우산 등 적당한 덮개로 덮어두어 잘 보존해야 한다.

⑦ **사건 관련자의 파악** : 범죄현장 또는 그 근처에 있었거나 배회하는 사람과 임장 전과 임장 후에 걸쳐 현장에 출입한 자, 시체를 이동하였거나 접촉한 자 등을 조사하여 그들의 인적 사항과 이유, 피해자와의 관계 등을 명확히 해두어 참고인으로서 또는 공판의 증인으로 활용한다. 또한, 사건 관련자중 가장 중요한 사람은, 사건의 최초 발견자와 범행 또는 범인을 목격한 자이다.

⑧ **비밀의 유지** : 현장보존 중에 알게 된 범죄와 관련된 사실들은 수사상 비밀일 뿐 아니라 피해자와 관련자의 인권에도 관련되므로 비밀을 유지해야 한다.

⑨ **시민에 대한 자세** : 오늘날의 수사는 시민의 협조가 없으면 매우 어려운 상황에 처하는 경우가 있다. 현장보존 임무에 당하는 경찰관은 과도한 통제로 시민과 불편한 관계를 스스로 자초하지 말고, 현장 책임간부에게 상황을 보고하여 적절한 조치를 취함으로써 시민들로부터 적극적인 수사협조를 얻은 방안을 모색해야 한다.

⑩ **현장보존시 유의사항**

ⓐ 현장 도착 시간과 현장보존 임무를 마친 시간, 현장 감식 시간과 관찰을 마친 시간을 기록

ⓑ 불필요한 대화금지

ⓒ 불을 피우거나 담배를 피우지 말 것

ⓓ 현장에 있는 물건의 위치 또는 형상을 변경하지 말 것

ⓔ 함부로 물건을 버리거나 줍지 말 것

ⓕ 출입문 · 창문 등을 개폐하지 말 것

ⓖ 더렵혀졌다고 하여 현장을 비로 쓸거나, 걸레로 닦지 말 것 등의 주의를 주어, 그 설명을 기록해 두어야 한다.

ⓗ 가래침을 뱉거나 휴지, 담배꽁초를 버리지 말 것
ⓘ 현장의 전화기는 사용하지 말 것
ⓙ 화장실은 채증이 완료될 때까지 사용하지 말 것
ⓚ 주방 등 물이 나오는 장소는 사용하지 말 것
ⓛ 현장의 전화기는 사용하지 말 것
ⓜ 현장에서 음식을 먹거나 마시지 말 것
ⓝ 중상자를 병원에 이송 중 사망하면 시각을 기록하고, 시체는 부득이한 경우 홑이불이나 광목 등으로 덮을 것
ⓞ 현장보존 직원의 교체나 관찰직원의 교체 시는 견문한 내용, 관찰기록, 주의사항, 진행정도 등을 인수인계하고, 이미 보고 된 내용과 다른 사항을 인지하면 즉시 추가 보고할 것

제3절 변사사건의 처리

Ⅰ. 변사체의 개념

1. 변사자

노쇠사・병사 등의 자연사가 아니고 부자연한 사망을 하여 그 사망원인이 명확하지 않아 범죄에 기인한 것이 아닌가라는 의심이 있는 시체를 말한다(법의학적 개념).

2. 변사의 의심이 있는 시체

그 죽음이 자연사인지 부자연사인지가 판명되지 않은 것으로서 혹시 범죄에 기인한 것이 아닌가라는 의심이 있는 시체를 말한다(판례에서의 개념). 예컨대 일견 병사와 같으나 사망 전에 누군가로부터 폭행을 당한 사실이 있는 경우 등을 말한다.

3. 경찰실무상 변사체의 개념

변사자와 변사의 의심이 있는 시체를 따로 구분하지 않고 양자를 포함하는 개념으로 사용되고 있으며 명백한 자연사 이외의 모든 시체를 변사체로 본다.

Ⅱ. 변사사건 처리의 목적

① 변사자의 사인을 규명하여 자・타살 여부를 명확히 하고
② 신원불상 변사자의 신원을 파악함으로서 범죄수사에 활용하고
③ 사체를 유가족에게 인도함을 목적으로 한다.

Ⅲ. 처리의 방침

① 변사체의 사인을 규명하여 자・타살 여부를 명확히 한다.

② 신원불상 변사자의 수배는 긴급사건수배에 준하여 십지지문을 채취 신원을 파악하고 신원이 파악되지 않을 경우는 변사자 수배카드를 작성 수사에 임한다. 타 시・도 연고지 경찰서에 수배가 필요한 때에는 카드의 필요매수를 작성하여 연고지 지방경찰청에 한하여 수배한다.

③ 범죄와 관련이 없음이 명백한 사건 등 행정검시요건에 부합하는 경우에는 행정검시로 완결한다.

④ 변사사건 지연처리로 국민의 선량한 풍속 감정을 해치거나 유족의 원성을 사는 일이 없도록 신속한 처리와 예우를 갖춘다.

Ⅳ. 법적 근거 및 처벌 규정

1. 법적 근거

① 형사소송법 제222조 변사자의 검시

② 검사와 사법경찰관의 상호협력과 일반적 수사준칙에 관한 규정

제17조(변사자의 검시 등) ① 사법경찰관은 변사자 또는 변사한 것으로 의심되는 사체가 있으면 변사사건 발생사실을 검사에게 통보해야 한다.

② 검사는 법 제222조 제1항에 따라 검시를 했을 경우에는 검시조서를, 검증영장이나 같은 조 제2항에 따라 검증을 했을 경우에는 검증조서를 각각 작성하여 사법경찰관에게 송부해야 한다.

③ 사법경찰관은 법 제222조 제1항 및 제3항에 따라 검시를 했을 경우에는 검시조서를, 검증영장이나 같은 조 제2항 및 제3항에 따라 검증을 했을 경우에는 검증조서를 각각 작성하여 검사에게 송부해야 한다.

④ 검사와 사법경찰관은 법 제222조에 따라 변사자의 검시를 한 사건에 대해 사건 종결 전에 수사할 사항 등에 관하여 상호 의견을 제시・교환해야 한다.

③ 범죄수사규칙

제56조(변사사건 발생보고) 경찰관은 변사자 또는 변사로 의심되는 시체를 발견하거나 시체가 있다는 신고를 받았을 때에는 즉시 소속 경찰관서장에게 보고하여야 한다.

제57조(변사자의 검시) ① 「경찰수사규칙」 제27조 제1항에 따라 검시에 참여한 검시조사관은 별지 제15호서식의 변사자조사결과보고서를 작성하여야 한다.

② 경찰관은 「형사소송법」 제222조 제1항 및 제3항에 따라 검시를 한 때에는 의사의 검안서, 촬영한 사진 등을 검시조서에 첨부하여야 하며, 변사자의 가족, 친족, 이웃사람, 관계자 등의 진술조서를 작성한 때에는 그 조서도 첨부하여야 한다.

③ 경찰관은 검시를 한 경우에 범죄로 인한 사망이라 인식한 때에는 신속하게 수사를 개시하고 소속 경찰관서장에게 보고하여야 한다.

제58조(검시의 요령과 주의사항 등) ① 경찰관은 검시할 때에는 다음 각 호의 사항을 면밀히 조사하여야 한다.

1. 변사자의 등록기준지 또는 국적, 주거, 직업, 성명, 연령과 성별
2. 변사장소 주위의 지형과 사물의 상황

3. 변사체의 위치, 자세, 인상, 치아, 전신의 형상, 상처, 문신 그 밖의 특징
4. 사망의 추정연월일
5. 사인(특히 범죄행위에 기인 여부)
6. 흉기 그 밖의 범죄행위에 사용되었다고 의심되는 물건
7. 발견일시와 발견자
8. 의사의 검안과 관계인의 진술
9. 소지금품 및 유류품
10. 착의 및 휴대품
11. 참여인
12. 중독사의 의심이 있을 때에는 증상, 독물의 종류와 중독에 이른 경우

② 경찰관은 변사자에 관하여 검시, 검증, 해부, 조사 등을 하였을 때에는 특히 인상·전신의 형상·착의 그 밖의 특징있는 소지품의 촬영, 지문의 채취 등을 하여 향후의 수사 또는 신원조사에 지장을 초래하지 않도록 하여야 한다.

2. 처벌규정

① 형법 제163조 변사자 검시방해죄

② 경범죄처벌법 제3조 5호, 6호 시체현장변경, 시체신고불이행

Ⅴ. 용어의 정의

1. 검시(檢視)와 검시(檢屍)

(1) 정 의

① **검시(檢視)** : 변사체를 오관의 작용을 통해 검사하여 범죄로 인한 사망인지의 여부를 조사하는 처분으로서 변사체가 발견된 소재지 관할 지방경찰청 검사(대행검시의 경우 사법경찰관)가 범죄발견과 증거보전 위해 범죄로 인한 사망인지 여부를 판단하는 처분을 말하는 것으로 이를 실무상으로는 사법검시라 한다.

② **검시(檢屍)** : 의사가 변사체의 죽음에 관하여 의학적인 판단을 하기 위해 그 시체에 대하여 행하는 것으로 검안(檢案)과 부검(剖檢)이 있다. 검안은 의사가 사망을 확인하기 위하여 시체를 손괴하지 않고 검사하는 것이고, 부검은 의사가 시체를 내부 장기별 조직별로 절개하여 사망의 원인을 밝히는 것으로 부검을 함에는 법관의 검증영장이 필요하다

(2) 비교개념

① **검증(檢證)** : 검증이란 사람, 장소, 물건의 성질·형상을 오관(五官)의 작용에 의하여 인식하는 강제처분을 말하는 것으로 반드시 영장을 필요(긴급을 요할 때에는 사후영장 가능)로 한다. 변사사건 처리에 있어서는 일반적으로 시체의 부검행위가 검증에 해당된다.

② **검안(檢案)** : 사망을 확인하고 개인 식별을 위해 시행되는 시체검사로 시체를 손괴(損壞)함이 없이 시행되는 것이 보통이다.

③ **부검(剖檢)** : 사망의 종류 및 사인을 알아내기 위해 시체를 해부하여 해부학적 검사가 가능한 검시를 말하는 것으로서 장기조직의 절개·채취가 가능하며, 부검의 종류는 다음과 같다.

㉠ **사법해부** : 범죄와 관련되었거나, 관련되었을 가능성이 있는 변사체에 대한 부검으로 법의부검(法醫剖檢)이 이에 해당한다.

㉡ **행정해부** : 행정법규(시체해부 및 부검에 관한 법률)에 의해 시행되는 부검으로 범죄와 관련되지 않은 것이 확실한 변사체로서 특히 행려사망, 전염병, 재해로 인한 사망 등의 경우 그 사인을 알아내기 위해 시행되는 부검이다.

㉢ **병리해부** : 질병에 의한 사망의 경우 그 사인을 명확히 하기 위해 시행되는 부검으로 검시(檢視)의 대상이 아니다

2. 사망진단서 · 사체검안서

(1) 사망진단서(死亡診斷書)

사람의 죽음을 증명하기 위한 증명서로서 의사자신이 진료 중이던 환자가 최종진료사실이 있은 지 48시간 이내에 자신이 진단한 병명으로 사망하여 세계보건기구에서 정한 병명으로 그 원인을 설명할 수 있을 때에 검시를 행하지 않고 발행할 수 있다.

(2) 사체검안서(死體檢案書)

의사자신이 진료하던 환자의 경과가 좋지 않다는 것을 예측하였으나 최종 진료 후 48시간이 경과한 후 사망하거나 자신이 주치의로서 직접 관찰하고 있지 않았던 시체 또는 타 의사가 진료하던 시체에 대한 의학적 판단을 증명하는 서류로서 사망 후 48시간이 경과한 모든 시체는 사체 검안서를 작성하여야 한다.

3. 시체얼룩 · 피부밑 출혈

(1) 시체얼룩

사람이 살아 있을 때에는 혈액 중의 적혈구가 혈류(血流)를 따라 순환하나 사망 후에는 혈액순환이 정지됨에 따라 적혈구도 정지하게 된다. 따라서 사후에 일정한 자세를 계속 유지하게 되면 적혈구도 중력에 의해 혈관을 따라 점차 낮은 곳으로 흘러내려 시체 아래쪽의 모세혈관에 모이게 되는 데 이러한 현상을 혈액의 침하(沈下)라고 한다. 혈액침하는 시체의 외표(外表)와 내장에 모두 일어나게 되는 바 외표에서 보이는 것을 시체얼룩이라 한다. 이때 육안으로 시체의 외부를 관찰하면 피부 밑 출혈과 구분하기 어려우므로 의사의 조언을 구하여야 한다.

(2) 피부밑 출혈

사람의 내부에 둔탁한 물체가 타격을 가했을 때에 피하의 모세혈관이 파열되어 피하조직 내에 출혈하여 응고한 상태를 말하는 것으로 속칭 피멍 또는 타박상이라 한다. 이러한 피부 밑 출혈은 대표적인 생활반응(生活反應)으로서 사후(死後)에는 생기지 않는다. 따라서 시체에서 피부 밑 출혈이 발견될 때에는 살아 있을 때 둔탁한 물체가 어떤 형태로든지 작용했다는 것을 시사하는 것이므로 이에 따른 조사가 이

루어져야 한다.

(3) 시체얼룩과 피부밑 출혈의 구별방법

① 시체얼룩

㉠ 출현부위 - 반드시 시체의 아랫부분에 형성

㉡ 이동 - 유동성 시체얼룩은 전위가능하나(사망 초기), 침윤성은 전위 안 됨(일정 시간 경과 후).

㉢ 지압 - 초기에는 손으로 누르면 퇴색

㉣ 절개 - 시체얼룩 부분을 칼로 자르면 유동혈이라 흘러내림

㉤ 혈구 - 모세혈관이 파괴되지 않아 혈구의 파괴물이 없다.

② 피부 밑 출혈(멍 든 상처)

㉠ 출현부위 - 어느 부위에나 형성 가능

㉡ 이동 - 이동하지 않는다.

㉢ 지압 - 손으로 눌러도 퇴색하지 않는다.

㉣ 절개 - 피부 밑 출혈부분(멍든 부분)을 칼로 절개해도 응혈되어 있어 흘러내리지 않는다.

㉤ 혈구 - 혈구의 파괴물이 있다.

Ⅵ. 사법검시

1. 사법검시의 개념

사법검시는 법률상 용어가 아닌 실무상 개념으로 변사자의 사망원인에 대하여 오관의 작용에 의하여 시체의 상황을 검사함으로써 그 사인이 범죄에 기인한 것인가의 여부를 판단하는 처분이다. 검시는 범죄의 혐의를 전제로 하는 것이 아니라 그 혐의 유무를 발견하기 위한 것으로 수사의 단서가 되며, 수사의 절차 면에서는 수사개시전의 처분에 불과하므로 변사자 검시의 결과 범죄의 혐의가 있다고 인정될 때 비로소 수사가 개시된다. 실무상 사법검시에는 대상에 따라 사법검시 Ⅰ과 사법검시 Ⅱ로 나눌 수 있다.

2. 사법검시의 종류

(1) 사법검시 Ⅰ

① 대상

㉠ 익사, 소사, 감전사, 추락사, 약물 또는 가스중독사, 산업재해사, 교통사고 시체 ※ 다만 도주차량에 의한 시체, 표류익사체, 암장시체 제외

㉡ 원거리, 도서지역 등 검사의 직접 검시로 시간이 현저하게 지연되는 지역의 모든 변사 사건

② 요건

㉠ 의사의 소견, 유족, 발견자, 목격자 등의 진술 및 현장조사결과 범죄에 기인하지 않은 사실이 분명한 시체

㉡ 범죄사실이 특정되고 고의 또는 과실에 기인한 변사체로서 부검의 필요가 없거나 유족이 사인을 다투지 않는 변사사건

(2) 사법검시 Ⅱ

① 대상

㉠ 살인강도 등 중요 강력사건에 기인한 변사사건

㉡ 범죄 기인 여부 또는 사인이 불명하여 부검을 요하는 변사사건

㉢ 유족이 사인을 다투는 사건

㉣ 사회이목이 집중된 변사사건 또는 중요 인사에 대한 변사사건

② 요건 : 사법검시의 대상 중 사법검시 Ⅰ의 요건에 해당되지 않는 변사체

3. 처리절차

(1) 신고의 접수

① 순찰지구대·파출소 직원의 조치

㉠ 접수시간 기록(사건발생 신고의 접수시간은 추후에 중요한 수사 자료가 될 수 있다)

㉡ 신고자에게 경찰관의 현장 도착 시까지 필요한 조치 의뢰

ⓐ 부근에 있었던 자가 누구인지 파악 그 신원을 기록해 주도록 부탁

ⓑ 수상한 행동을 하는 자가 있었다면 인상착의와 이동방향은?

ⓒ 긴급구호 등 필요한 경우가 아니면 시체주변에 접근치 못하도록 하는 등 현장을 훼손하지 말도록 신고인에게 협조를 요청하고 경찰관이 도착할 때까지 현장보존을 부탁하여 둔다.

② 순찰지구대·파출소장의 조치

㉠ 경찰서장에게 지휘보고 및 주무과장에게 참모보고, 야간에는 상황실장에게 보고

㉡ 형사(수사)과 형사 당직에 보고

㉢ 현장출동 하여 현장보존범위를 설정하는 등, 본서 형사간부가 현장 도착 시까지 현장 지휘 및 기타 필요한 조치

③ 경찰서 당직형사의 조치

㉠ 당직팀장(수사간부)에게 보고 후 즉시 현장출동

㉡ 평소 출동 준비태세 확립 : 경찰서 과학수사팀에 비치된 현장종합감식세트 등 장비의 정비, 점검을 철저히 하여 언제라도 휴대할 수 있도록 한다.

④ 112지령실 신고

㉠ 관할 112순찰차 현장출동 지시

㉡ 상황에 따라 인접 112순찰차 현장출동 지시 및 순찰지구대·파출소직원 출동 지시

㉢ 형사당직팀 현장출동 지시

⑤ 신고 접수시 유의사항

㉠ **친절하게 대하라** : 신고인은 처참한 시체를 봄으로써 몹시 흥분, 당황한 상태이거나 변사자가 신고인의 가족일 경우 가족의 죽음을 목격하고 깊은 슬픔에 빠져 있다는 것을 생각하라.

㉡ **성실하고 공평하게 대하라** : 신고 접수 시 신고자의 더듬거리거나 어눌한 말투를 책망하거나 차림새 또는 면식여부 등에서 차별을 보여서는 안 되다.

㉢ **침착한 마음가짐으로 신속 · 정확하게 하라** : 접수 경찰관이 덩달아 당황하면 시간만 지체될 뿐이다. 따라서 우선 신고인 마음을 안도시키고 필요한 내용을 간결하고 정확하게 청취한다.

㉣ **선입관을 갖지 말라** : 접수자의 주관적인 판단이 개입되어서는 안 되며 객관적 입장에서 청취하여야 한다.

㉤ **관할 구역을 따지지 말라** : 관할 여부를 따지지 말고 우선 접수하고 즉각 출동함과 동시에 관할관서로 통보(근무일지에 수화자 기록)하고 현장에 먼저 도착하였을 때는 초동조치 후 취급사항을 관할 관서에 인계토록 한다.

(2) 보고 및 현장 출동

① 순찰지구대 · 파출소장 및 본서에 발생보고와 동시 현장출동

㉠ 일시 및 장소와 간단한 사건개요를 유 · 무선으로 보고

㉡ 필요한 현장보존 장비를 휴대하고 신속히 현장에 출동

㉢ 필요한 경우 인접 순찰지구대 · 파출소 등 유관기관에 신속 통보로 공조체제 구축

㉣ 현장과 유무선 통신망 유지에 만전을 기하여 범죄에 신속 대응 조치

② 휴대장비의 점검

㉠ 순찰지구대 · 파출소용 현장 감식 세트의 내용물 점검 : 내용물(시체지문채취용 장비, 로프 등 현장보존용 장비, 카메라 등 채증장비 등)은 평상시 수시로 점검하되 자연 소모되는 배터리 등은 여분의 것을 준비해두어야 한다.

㉡ 신발싸개(덧신)는 항상 충분하게 제작하여 두거나 대용품(비닐봉지 등)을 준비하여야 하며 신발싸개의 바닥 면이 헝겊(천)으로 된 것을 착용하게 되면 족적 등을 지우게 되므로 사용하지 않아야 한다.

㉢ 현장에서는 반드시 투명한 아크릴판으로 현장통행판을 제작하여 설치하여 두고 그 곳만을 밟을 수 있도록 하여야 한다.

(3) 현장보존 및 초동조치

① 현장도착시간의 기록

㉠ 도착시간은 추후 변사체가 타살체임이 밝혀져 수사에 착수할 개에 중요한 수사 자료가 되기도 하므로 반드시 기록했다가 형사 간부에게 인계하도록 한다.

㉡ 도착시간은 혼자만 알고 있기보다는 신고인 또는 변사자의 가족에게도 알게 하는 것이 좋다.

② 현장 도착 후 현장상황 보고 : 현장에 도착 즉시 현장상황을 본서에 보고함으로써 전담요원이 필요한 준비를 할 수 있도록 한다.

③ 현장보존 조치

㉠ 변사사건 현장은 강력(살인)사건의 현장보존에 준하여 행한다.

㉡ 신속하게 현장보존 구역의 범위를 설정한다.

㉢ 현장보존 구역을 설정할 때에는 가능한 넓게 하고, 상가건물의 경우에는 공동화장실을 포함시키고, 농촌주택의 경우 주변의 텃밭이나 화단도 포함시키는 것이 좋다.

(4) 출입제한을 위한 조치

① 현장보존용 줄을 쳐서 일체의 통행을 차단하고 보존용 줄에 "수사중 출입금지" 등의 표찰을 달고 야간에는 적색등을 달아서 출입을 통제한다.

② 변사자의 가족이라 할지라도 이해를 시켜 함부로 출입하지 않도록 하고 부득이하게 출입을 할 필요가 있을 때는 현장이 훼손되지 않도록 주의를 환기 시켜야 한다.

③ 현장에 임장한 경찰관 스스로가 부주의로 현장을 함부로 훼손하는 일이 없도록 장갑과 신발싸개를 착용하여야 하며 모자를 착용함으로써 현장에 경찰관의 모발이 남겨지는 일이 없도록 한다.

④ 사람뿐만 아니라 옥내·외를 막론하고 개, 고양이, 닭 등 가축은 물론 쥐 등 작은 동물도 시체의 훼손 또는 중요한 증거물을 멸실시키는 경우가 있으므로 출입할 수 없도록 조치하여야 한다.

※ 피해자가 사망하기 전 구토한 토사물은 사망원인을 가리거나 사망 전 행적을 추정하는데 도움을 받을 수 있는데도 짐승의 출입통제를 소홀히 하여 닭과 개가 이를 먹어버려 수사가 장기화 된 사례가 있음을 유의할 것

(5) 현장에 있었던 자 및 출입자의 조사

① 현장 및 주변에 배회하는 자가 있을 때는 인적사항을 조사하여 필요할 때 당시의 상황을 물어볼 수 있도록 해둔다.

② 경찰관이 현장에 도착하기 전에 현장에 출입한 자가 있는지 여부를 조사하여 그 자의 인적사항 및 들어간 시간과 장소, 들어간 이유와 들어가서 한 행동, 접촉한 물건 등을 조사하여야 한다.

③ 추후 현장 책임자가 도착한 즉시 이를 보고하여 참고로 할 수 있도록 한다.

(6) 경찰서 형사 및 과학수사요원의 현장출동 시 조치요령

① **순찰지구대·파출소 직원으로부터 현장관련 정보 입수** : 신고인, 현장 배회자, 현장 보존전의 상황 등 전반에 걸쳐서 사소한 것이라도 중요한 수사 자료가 될 수 있으므로 낱낱이 인수를 받아야 한다.

② **현장사진의 촬영** : 현장은 반드시 관찰 전에 사진을 촬영하고 필요한 경우 도면을 그리도록 한다. 현장사진의 촬영요령은 다음과 같다.

㉠ 임장(臨場) 당시의 상황이 그대로 표현되도록

㉡ 상호간 연관성이 되게

㉢ 현장관찰과 병행하여 외부에서 중심부를 향하여 순차적으로

㉣ 임장자, 감식기구 등 불필요한 것이 사진에 포함되지 않도록

㉤ 인가, 도로 등 표식물이 정확히 표현되도록

㉥ 넓은 장소는 파노라마식으로(여러 장의 사진을 촬영하여 이어 붙일 수 있도록 높이를 일정하게)

㉦ 침입 구, 도주로 등은 반드시 실·내외 양면에서 촬영

㉧ 전신 또는 부분촬영 할 때에는 시체가 변형, 절단되지 않도록

㉨ 그림자 및 반사가 생기지 않게 하고, 자(尺)를 대고 그 크기를 나타낼 수 있도록

㉩ 촬영하고자 하는 목표물체는 렌즈와 수직이 되도록

㉪ 창상 등을 촬영할 때에는 자(尺)의 눈금이 창상 쪽으로 향하도록 하고 위쪽에서 아래쪽으로 수직이 되도록

③ 현장사진의 촬영대상

㉠ 침입구, 유리창 등 잠기거나 열린 상태와 파괴된 상태

㉡ 현관 및 대문 내에 배달된 물품

㉢ 시체를 중심으로 한 주변의 상황

㉣ 혈흔이 비산된 상태

㉤ 시체의 정면과 배면

㉥ 목에 끈이 감기거나 묶여 있는 상태 또는 부착물이 있거나 목이 졸린 흔적 등

㉦ 흉기가 유류되어 있을 때는 그 모양과 장소

㉧ 시체에 창상이 있을 때는 그 모양

㉨ 유류물의 장소적 상황과 유류상태

㉩ 시체가 치워진 경우 원래 시체가 놓여있던 장소

㉪ 침입로 또는 도주로로 판단되는 장소

㉫ 혈흔, 섬유, 담배꽁초, 정액 등 미세한 증거들의 위치와 확대사진

㉬ 지문, 증거물, 유류물 등은 사진촬영 후 수집

④ 범죄현장 도면 작성요령

㉠ 현장을 간단하게 그린다.(전체약도, 현장 세부약도)

㉡ 크기와 거리를 표시한다.

㉢ 도면 작성자의 인적사항을 기록한다.

㉣ 도면을 작성한 날짜와 시간을 기록한다.

㉤ 방위를 표시한다.(북쪽이 도면의 상단을 향하도록)

⑤ 현장관찰의 실시 : 비록 자살의 가능성이 높아 보인다 할지라도 타살의 가능성을 배제하지 말고 살인사건의 현장관찰에 준해서 면밀하게 검토하여야 한다.

(7) 검사에게의 발생보고 및 지휘건의

현장에 출동하여 현장 조사 후 그 결과와 의사의 소견 및 관계인(목격자·유족 등)의 진술을 청취한 후 변사사건 발생보고 및 지휘건의서를 작성하여 관할 지방검찰청(또는 지청)의 강력담당검사(야간 : 영장담당검사)에게 보고

① 사법검시 Ⅰ의 경우 : 발생보고 및 지휘건의는 전통(電通)수단을 활용하여 검사지휘 역시 전통수단으로 행하여진다.

② 사법검시 Ⅱ의 경우 : 발생보고 및 지휘건의는 서면으로 행한다.

③ 검사의 지휘 : 보고를 받은 검사는 검사의 직접검시 실시 여부 또는 사법경찰관의 대행검시 여부를 지휘하게 된다.

④ 발생보고에 포함 사항

㉠ 발견일시 및 장소와 발견자의 주거 · 직업 · 성명 · 연령

㉡ 발견경위

㉢ 발견자의 신고일시(신고접수 일시)

㉣ 변사자의 주거 · 직업 · 성명 · 연령과 성별 : 신원을 알 수 없을 때는 인상 · 체격 · 추정연령 · 특징 · 착의 등

㉤ 사망의 추정 연월일

㉥ 사인(특히 범죄행위에 기인 여부)

㉦ 시체의 상황

㉧ 소지금품

㉨ 경찰의견

(8) 검시(檢視)

① **검시의 대행** : 실무상 대부분 검시는 사법경찰관에게 대행검시 하도록 지휘하는바, 사법경찰관은 대행검시를 할 수 있다.

② **참여인** : 검시를 행할 때에는 사법경찰리와 의사 외에 검시에 방해가 되는 등 특별한 사정이 없는 한 변사자의 가족, 친지, 친구, 이웃사람, 공무원(구 · 시 · 군 · 읍 · 면 · 동) 등 기타 필요하다고 인정되는 자를 참여시켜야 한다.

③ **검시(檢視)할 때의 주의사항**

㉠ 검시에 착수하기 전 변사자의 위치 · 상태 등이 변하지 않도록 유의

㉡ 변자사의 소지금품이나 기타 유류한 물품으로 수사에 필요하다고 인정될 때에는 이를 보존하는데 유의

㉢ 의사의 시체 검안 시 혹시 있을지 모르는 잠재지문이 훼손되지 않도록 당부

㉣ 자살자나 자살의 의심이 있는 시체를 검시할 때는 교사 또는 방조행위가 있었는지 여부를 조사하고 이를 발견 시에는 즉시 수사에 착수

㉤ 검시 결과 그 죽음이 범죄에 기인한 것으로 인정될 때에는 즉시경찰서장과 당해 검시를 지휘한 검사에게 그 취지를 보고하고 수사에 착수

④ **검시할 때의 조사 사항**

㉠ 변사자의 본적, 주거, 직업, 성명, 연령, 성별

㉡ 변사 장소의 지형과 사물의 상황

㉢ 변사자의 위치, 자세, 인상, 치아, 전신의 형상, 상흔, 문신 등의 특징

㉣ 사망 추정 연월 일시

㉤ 사인, 특히 범죄행위에 기인 여부

㉥ 발견일시와 발견자

㉦ 소지품, 유류물품, 착의 휴대품

㉧ 참여인

⑤ **부검 등 필요한 조치** : 의사의 시체검시(檢屍) 결과 그 사인을 밝힐 수 없거나 애매할 때에는 검증영장을 발부 받아 국립과학수사연구소(지방은 해당 분소)에 부검을 의뢰한다.

(9) 결과보고 및 지휘건의

① 사법경찰관은 검시조서를 작성하여 당해 사건을 지휘한 검사에게 결과보고와 함께 지휘를 건의하여야 한다.

② 시체를 부검하였을 때에는 부검의에게 감정서를 작성케 하고 사법경찰관은 검증조서를 작성하여야 하며 이때에는 검시조서의 작성을 생략할 수 있다(범죄수사규칙 제36조). 검증조서를 작성하였기 때문에 그것보다 중요성이 조금 낮은 검시조서 작성을 생략할 수 있다는 것이다.

(10) 시체인도 및 종결

① 검시가 끝난 변사체는 소지금품과 함께 그 유족에게 인도하여야 하며 이때에는 「시체 및 소지금품 인수서」를 유족으로부터 받아서 기록에 첨부하여야 한다.

② 변사자의 신원을 알 수 없거나 시체를 인수할 자가 없을 때에는 시체의 현존지의 구청장·시·읍·면장에게 인도하여야 한다.

③ 변사체는 후일을 위하여 반드시 매장(가매장)함을 원칙으로 한다.

	사법검시 I	사법검시 II
목적	① 변사체의 사인규명, 신원불상 변사체의 신원파악 및 유족에게 인도하는 등 그 처리에 신속·적정을 기하기 위함 ② 일반적으로 수사상 검시라 함은 사법검시를 의미한다.	
주체	① 변사체의 검시는 관할지방검찰청 검사가 하도록 되어 있다(형사소송법 제222조 제1항). ② 사법경찰관은 동법 제222조 제3항의 규정에 의해 검사의 지휘를 받아 검시를 대행할 수 있을 뿐이다. 그러나 실무상 검시는 거의 사법경찰관이 주체적으로 대행하고 있다.	
처리방침	① 변사자의 사인을 규명하여 자·타살 여부에 대한 명확한 판단을 한다. ② 자연재해사, 행려병사로 인한 시체 등 범죄와 관련이 희박한 사건은 사법검시 대상에서 제외하여 행정검시로 완결한다. ③ 신원불상 변사체는 긴급사건 수배에 준하여 수배하고, 지문 및 수사자료표 등에 관한 규칙 제8조에 따라 십지지문을 채취·경찰청 과학수사센터에 조회하여 신속히 신원을 파악하며, 신원이 판명되지 않는 경우 변사자 수배카드를 작성한다.	

④ 변사사건 수배의 경우 타 시·도 연고지 경찰서에 수배가 필요한 때에는 카드의 필요매수를 작성하여 연고지 지방경찰청에 한하여 수배한다.
⑤ 변사사건의 처리지연으로 국민의 선량한 풍속감정을 해치거나 유족의 원성을 사는 일이 없도록 신속한 변사사건의 처리 및 사체를 유가족에게 인도
⑥ 부검여부는 유족의 의사와 상관없이 범죄혐의가 있다고 판단되면 수사기관이 독자적으로 판단하여 시행한다.

<table>
<tr><td>사망통보
(가족관계의 등록 등에 관한 법률 제90조)</td><td>• 등록불명자 등의 사망
① 사망자에 대하여 등록이 되어 있는지 여부가 분명하지 아니하거나 사망자를 인식할 수 없는 때에는 국가경찰공무원은 검시조서를 작성·첨부하여 지체 없이 사망지의 시·읍·면의 장에게 사망의 통보를 하여야 한다.
② 사망자가 등록이 되어 있음이 판명되었거나 사망자의 신원을 알 수 있게 된 때에는 경찰공무원은 지체 없이 사망지의 시·읍·면의 장에게 그 취지를 통보하여야 한다.
③ 제1항의 통보가 있은 후에 제85조(동거하는 친족·동거자 또는 사망장소를 관리하는 사람, 사망장소의 동장 또는 통·이장) 에서 정한 사람이 사망자의 신원을 안 때에는 그 날부터 10일 이내에 사망의 신고를 하여야 한다.</td></tr>
<tr><td>사체의 인도
(범죄수사규칙 제59조)</td><td>① 사법경찰관은 변사체를 검시한 결과 그 사망이 범죄에 기인하지 아니한 것으로 명백히 인정되었을 때에는(사법검시 I) 검사의 지휘를 받아 소지품 등과 같이 사체를 신속히 유족 등에게 인도하여야 한다(부검을 한 경우는 부검 후).
② 다만, 사체를 인수할 사람이 없거나 변사자의 신원이 판명되지 않은 경우에는 사체가 현존하는 지역의 특별자치시장·특별자치도지사·시장·군수 또는 자치구의 구청장에게 인도해야 한다.
③ 사법경찰관은 제1항에 따라 사체를 인도한 경우에는 인수자로부터 별지 제19호서식의 사체 및 소지품 인수서를 받아야 한다.</td></tr>
</table>

<table>
<tr><td>대상</td><td>① 익사, 소사, 감전사, 추락사 또는 가스 중독사, 산업재해사, 교통사고 시체(다만 도주차량에 의한 시체, 표류익사체, 암장사체는 제외)
② 원거리, 도서지역 등 검사의 직접 검시로 시간이 현저하게 지연되는 지역의 모든 변사사건</td><td rowspan="2">① 살인·강도 등 중요강력 사건에 기인한 변사사건
② 범죄기인 여부 또는 사인이 불명하여 부검을 요하는 변사사건
③ 유족이 사인을 다투는 사건
④ 사회의 이목이 집중된 변사사건 또는 중요인사에 대한 변사사건
⑤ 도주차량에 의한 시체
⑥ 표류익사체
⑦ 암장사체</td></tr>
<tr><td>요건</td><td>① 의사의 소견, 유족, 발견자, 목격자 등의 진술 및 현장조사결과 범죄에 기인하지 않은 사실이 분명하거나,
② 범죄사실이 특정되어 고의 또는 과실에 기인한 변사체로서 부검의 필요가 없거나, 유족이 사인을 다투지 않는 변사사건에 한함.</td></tr>
</table>

<table>
<tr>
<td>절차(순서)</td>
<td>① 발생보고 및 지휘건의 ➪ ② 검사지휘 ➪ ③ 검시 · 검안 · 수사 ➪ ④ 유족에게 시체 인도 ➪ ⑤ 종결</td>
<td>① 발생보고 및 지휘건의 ➪ ② 검사지휘 ➪ ③ 압수수색검증영장 ➪ ④ 부검 ➪ ⑤ 시체인도 ➪ ⑥ 수사 ➪ ⑦ 보고 ➪ ⑧ 범인검거 또는 내사종결</td>
</tr>
<tr>
<td rowspan="3">검시 · 부검</td>
<td colspan="2">• 검시의 대행(범죄수사규칙 제32조) 형사소송법 제222조 제3항의 규정에 의한 검사의 지휘를 받았을 때에는 사법경찰관이 검시를 행하여야 한다.</td>
</tr>
<tr>
<td>① 검시와 참여
• 사법경찰관은 의사의 참여를 요구하여 검시를 행한다.
• 사법경찰관리와 의사를 참여하게 하는 외에 검시에 특별한 지장이 없다고 인정할 때에는 변사자의 가족, 친족, 이웃사람, 구 시 군 읍 면의 공무원 등 필요하다고 인정하는 자를 참여하게 하여야 한다.
② 검시조서 작성 : 사법경찰관은 검시를 행하고 즉시 그 결과를 경찰서장과 검사에게 보고하는 동시에 검시조서를 작성하여야 한다.
③ 관계자 진술조서 : 검시를 함에 있어 관계자 등의 진술조서를 작성하였을 때에는 의사의 사체검안서와 촬영한 사진 등과 같이 이를 검시조서에 첨부하여야 한다.</td>
<td>• 검시에 연속된 수사(범죄수사규칙 제36조)
① 보고 및 수사개시 : 사법경찰관이 검시를 한 경우에 사망이 범죄에 기인한 것으로 인정될 때에는 즉시 경찰서장과 당해 검시를 지휘한 검사에게 보고하는 동시에 수사를 개시하여야 한다.
② 검증 : 수사에 필요한 때에는 압수수색 검증 영장을 받아 검증을 하되 의사 기타 적당한 감정인에게 사체의 해부를 위촉하여야 한다. 다만, 긴급을 요할 때에는 영장없이 검증을 할 수 있으나(형소법 제222조 제2항), 이 경우에는 사후에 지체없이 영장의 발부를 받아야 한다.
③ 검증조서 및 감정서 작성 : 검증조서와 감정서만을 작성하고 검거 조서의 작성을 생략할 수 있다.
④ 범행장소에서의 압수 · 수색 · 검증 : 범행중 또는 범행직후의 범죄장소에서 긴급을 요하는 영장을 발부받을 수 없을 때에는 영장없이 압수 · 수색 또는 검증을 행하고 사후에 지체없이 영장을 받아야 한다.</td>
</tr>
<tr>
<td colspan="2">• 검시시의 주의사항(범죄수사규칙 제58조 제1항)
① 변사자의 등록기준지 또는 국적, 주거, 직업, 성명, 연령과 성별
② 변사장소 주위의 지형과 사물의 상황
③ 변사체의 위치, 자세, 인상, 치아, 전신의 형상, 상처, 문신 그 밖의 특징
④ 사망의 추정년월일
⑤ 사인(특히, 범죄행위에 기인 여부)
⑥ 흉기 그 밖의 범죄행위에 사용되었다고 의심되는 물건
⑦ 발견일시와 발견자
⑧ 의사의 검안과 관계인의 진술</td>
</tr>
</table>

⑨ **변사자**의 소지금품 및 유류품
⑩ 착의 및 휴대품,
⑪ 참여인
⑫ 중독자의 의심이 있을 때에는 증상, 독물의 종류와 중독에 이른 경우

- **검시시의 주의사항(경찰수사규칙 제29조)**
  1. 검시에 착수하기 전에 변사자의 위치, 상태 등이 변하지 않도록 현장을 보존하고, 변사자 발견 당시 변사자의 주변 환경을 조사할 것
  2. 변사자의 소지품이나 그 밖에 변사자가 남겨 놓은 물건이 수사에 필요하다고 인정되는 경우에는 이를 보존하는 데 유의할 것
  3. 검시하는 경우에는 잠재지문 및 변사자의 지문 채취에 유의할 것
  4. 자살자나 자살로 의심되는 사체를 검시하는 경우에는 교사자(教唆者) 또는 방조자의 유무와 유서가 있는 경우 그 진위를 조사할 것
  5. 등록된 지문이 확인되지 않거나 부패 등으로 신원확인이 곤란한 경우에는 디엔에이(DNA) 감정을 의뢰하고, 입양자로 확인된 경우에는 입양기관 탐문 등 신원확인을 위한 보강 조사를 할 것
  6. 신속하게 절차를 진행하여 유족의 장례 절차에 불필요하게 지장을 초래하지 않도록 할 것

Ⅷ. 일반적인 자 · 타살 구별요령

1. 자살

① 근친자의 기일을 택하는 경우가 있다.

② 누구라도 수긍이 되는 장소를 고른다. 제단이나 부모 등 묘 앞에서 자살하는 경우가 많다.

③ 자살자가 좋아하던 장소, 관광지, 명소, 고적지 등을 선택하는 경우가 있다.

④ 시정(문을 잠근다)이 되는 집에서의 자살은 시정 장치를 하고 발견을 지연시키는 경우도 많다.

⑤ 내의를 갈아입기도 하고 깨끗한 옷으로 갈아입든지 몸단장이나 화장을 하는 경우가 많고 목욕도 한다.

⑥ 자살의 경우 의류를 입고 있는 경우가 많다.

⑦ 착의를 정돈하고 침착하고 평화스럽게 죽어져 있다. 그러나 목을 매어 질식사한 경우에는 옷매무새가 흩으려져 있는 것이 보통이다.

⑧ 병중인 경우를 제외하고는 잠옷 바람의 자살은 거의 없다.

⑨ 창상이 있는 부위의 착의는 벌려져 있다.

⑩ 신발 소지품 일용품이 현장에 잘 정돈 되어 있는 경우가 많다.

⑪ 착의나 소지품에 대하여 불합리한 점이 없다.

⑫ 제단에 분향, 꽃 등을 차려 놓고 최후의 참배를 드린 흔적이 있다.

⑬ 현장, 침실, 신변을 정돈하고 있는 것이 보통이다.

⑭ 근친자, 친구 등에게 슬며시 이별을 고하는 경우가 있다.

⑮ 본인의 유서, 일지, 편지 등에 사정을 부탁하던지 사죄하는 경우가 많다.

⑯ 생전의 동향으로 수긍되는 점이 있다.

⑰ 자살의 방법은 자신이 할 수 있는 것이 아니면 안 된다. 자살가능성의 검토가 필요하다.

⑱ 흉기는 반드시 몸 주변에 있다.

⑲ 유아는 자살하지 않는다.

2. 타살

① 근친자의 기일 등 일시와 관계가 없다. 가해자가 있기 때문이다.

② 장소와 관계가 없다.

③ 시정된 경우에 있어서는 자물쇠가 내부에는 없고 외부로부터 시정되어 있는 일이 있다. 그러므로 현장 위장여부에 유의하여야 한다.

④ 옷을 갈아입던지 몸단장을 한 것이 아니라 대개 있는 그대로의 상태인 경우가 많다.

⑤ 착의가 심하게 흩으러져 있고 여성의 경우 치맛자락이 흩으러져 있을 경우가 많다.

⑥ 착의의 겉에 흠이 있으면 거의 타살이고 착의의 파손 및 타개져 있는 경우가 많다.

⑦ 창상이 있는 부위에 착의가 벌려져 있지 않고 착의를 통과한 경우가 많다.

⑧ 당연히 소지해야할 것을 소지하지 않고, 착용해야할 것을 착용하고 있지 않는 경우, 또는 반대로 소지하고 있지 않아야 될 것을 고의로 소지하고 있는 경우는 타살에서 많다.

⑨ 본인의 유서, 일지, 편지 등이 없는 것이 보통이나 이러한 것이 있다면 위장의 가능성이 있다.

⑩ 흉기는 반드시 부근에 없다. 있다면 예외이다.

⑪ 유아의 변사체는 과실사 또는 타살에 의한 것이 대부분이다.

⑫ 면식자가 범인인 때에는 이불이나 모포로 피해자의 얼굴이나 시체를 덮어 놓는 경우가 있다.

제4절 현장관찰

Ⅰ. 개설

1. 의의

현장관찰이라 함은 범행의 현장에서 범행에 직접, 간접으로 결부되어 있는 유형·무형의 자료를 수집하기 위하여 현장의 물체의 존재 및 상태를 관찰하는 것을 말한다.

2. 현장관찰의 중요성

① 현장관찰은 수사의 제1보에 있어서의 활동이 되므로 그 후의 수사에 미치는 영향이 크고

② 범죄현장은 두 번 다시 동일한 상태로 관찰할 수는 없는 것이므로 그 실패는 이전의 원형을 다시 되찾기 어렵게 만든다.

3. 현장관찰의 목적

① **범죄사실의 확인** : 현장의 모양, 피해상태 등에 의하여 범죄가 저질러진 사실 및 그것이 자연현상이나 불가항력에 기인하는 것이 아니고 사람이 저지른 행위란 것을 확인하기 위해서 행해진다. 즉, 범죄의 존부와 어떠한 범죄를 누가 행하였는가를 확인하는 것이다.

② **수사 자료의 수집** : 현장에 유류된 범행흔적이나 범행 또는 범인과 어떠한 인과관계가 있는 사물의 상태 및 관계를 발견하는 것이 현장관찰의 큰 목적이며, 모두 수사 자료로 수집해야 하는 것이다.

③ **범행현장의 보존** : 범행현장을 관찰하면서 범행현장의 상황을 기록하거나, 사진촬영 기타 방법으로 후일을 위해서 보전하는 것도 현장관찰의 목적이다.

Ⅱ. 현장관찰의 일반적 유의사항

① **현장은 증거의 보고라는 신념을 가질 것** : 현장은 증거의 보고(寶庫)라고 말하는 바와 같이 범죄현장에는 많은 유형·무형의 수사 자료가 존재하고 있으므로, 현장에는 사건해결의 열쇠가 될 자료가 반드시 있다는 신념으로 의욕을 가지고 관찰에 당하는 것이 중요하다.

② **냉정·침착하게 관찰할 것** : 현장에 도착하면 부질없이 공명심에 치우치지 말고, 범죄의 규모 방법 기타 제반 상황을 냉정·치밀히 판단하여 착실하게 관찰하여, 누락하거나 잘못보거나, 현장의 파괴 등이 없도록 신중하게 행동하여야 한다.

③ **선입감을 피하여 객관적으로 관찰할 것** : 관찰을 잘못하는 가장 큰 원인은 자신이 피해자, 기타 관계자의 신고 혹은 자기의 과거의 경험 등에서 선입감을 가지고 있어 선입감에 사로 잡혀서 현장을 관찰하면 자기 생각에 맞는 자료만 눈에 띄고, 자기 생각에 부합되지 않는 자료나 현상에 대하여는 간과해 버리는 일이 많다. 그 결과 돌이킬 수 없는 커다란 오인이나 판단의 잘못을 저지르게 되므로, 범행현장은 어디까지나 백지의 처지에서 객관적·합리적으로 관찰하여야 한다.

④ **질서 있는 관찰을 할 것** : 현장에 임할 경우 각자가 무질서하게 관찰하면 모처럼의 자료를 빠트리거나 현장을 파괴할 뿐만 아니라 현장의 종합적인 관찰을 할 수 없어서 판단의 잘못을 범하는 결과가 된다. 그러므로 함부로 여기저기를 관찰할 것이 아니라, 질서정연하게 원칙적으로 외부로부터 시작하여 점차 중심부로 관찰을 진행하며, 모든 상황을 결코 누락되는 일이 없도록 할 것이다.

⑤ **되도록 광범위하게 관찰할 것** : 유류품 기타 현장자료는 범죄가 행하여진 장소에만 있다고 생각해서는 안 된다. 오히려 현장에서 상당히 떨어진 곳에서는 범인이 마음을 놓고 무의식중에서 유류한 유력한 수사 자료를 발견하는 일이 자주 있다. 그러므로 현장관찰은 될 수 있는 데로 넓은 범위에서 실시하여 현장주변에 존재하는 자료는 남김없이 관찰 · 수집하여야 한다.

⑥ **치밀한 관찰의 반복** : 현장관찰에 있어서 빠짐없이 하기 위해서는 치밀하게 구석구석까지 반복 관찰함은 물론, 1회 관찰 시에는 특이자료를 발견하지 못했으나, 2회 내지 3회 계속 관찰 실시 결과 유력한 자료를 발견하게 된 경우가 많다. 특히 충분한 자료를 발견할 수가 없었다든가 또는 명확한 판단을 얻지 못한 경우에는 반복하는 것이 절대로 필요하다.

⑦ **모든 관찰수단을 활용할 것** : 관찰은 자연적인 관찰(보조수단을 쓰지 않는 경우)보다 완전한 관찰(망원경, 현미경 등 보조수단을 쓸 경우)이 더 정확하다. 완전한 관찰을 행하려면 5관의 작용만으로는 불가능한 경우가 많다. 그러므로 관찰에 필요한 각종 기재를 활용하는 것이 중요하다. 현장에는 육안으로 용이하게 발견할 수 없는 미세한 자료가 있어 이들은 어두운 곳에서는 못보고 지나칠 염려가 있다. 이러한 경우에는 확대경이나 손전등, 자외선투광기 등의 기재를 활용하여야 한다.

⑧ **모순 · 불합리의 발견에 힘쓸 것** : 현장의 범인이 위장하거나 또는 피해자 등의 부주의로 변경되거나, 파괴되거나 하는 일이 있다. 따라서 피해자 등 관계인의 진술을 충분히 듣거나 하여 모순이나 불합리한 점의 발견에 힘서야 한다.

⑨ **현장관찰은 수사지휘관의 통제하에 움직일 것** : 현장관찰을 할 경우에 각자가 자기 마음대로 행동을 하면 질서 있는 관찰이 될 수 없을 뿐만 아니라 증거물이 있어도 그것이 조서에 기재되지 못하여 증거력을 잃거나 혹은 수사에 이용되지 못하는 일이 생긴다. 그러므로 현장관찰 시에는 수사지휘관의 통제 하에 질서 있게 조직적으로 관찰하고, 그 기록을 유지하여 현장관찰에 의하여 발견된 사물이 모두 수사지휘관에게 보고되어 항상 전체를 파악할 수 있도록 하지 않으면 안 된다.

⑩ **범죄시와 동일한 조건하에서 관찰할 것** : 현장 주변의 탐문수사 등에 있어서는 범죄가 발생한 시간대에 실시함으로서 그 시간대에 주로 통행한 사람으로부터 범죄를 직접 목격하거나 이상한 사람이 이동한 사실을 목격하였을 가능이 높으므로 같은 시간대, 같은 조건하에서 실시하는 것이 바람직하다.

Ⅲ. 참여인

현장검증은 검증 또는 실황조서가 포함되는 것이므로 법률절차에 따라 거주자 · 관리자, 기타 관계자(주거자 · 간수자, 기타 이에 준하는 자) 등의 참여를 얻어서 행하여야 한다. 참여인을 두는 것은 처분을 받는 자의 재산의 보호와 수사가 공정하게 행하여졌다는 것을 제3자(검사 · 판사 등)에게 인식시키기 위한 것이다.

Ⅳ. 관찰기록 작성요령

관찰기록에 있어 가장 주의하지 않으면 안 될 것은 그때그때 기록한다는 것이다. 현장에 있어서의 관찰 결과는 관찰노트 · 방안기록지 · 카메라 등을 활용하여 기록하도록 하여야 한다. 관찰노트는, 사전에 다음과 같은 사항을 기입해 놓고 그에 따라 관찰하며 누락하는 일이 없이 하는 것이 효율적이다.

① 사건명

② 종사자와 임무분담

③ 관찰의 장소

④ 관찰의 개시 및 종료의 시각

⑤ **관찰요점** : 관찰요점은 범죄수사규칙 "현장에 있어서의 수사요점" 및 "현장관찰의 착안점" 등을 참고로 하여 자기가 쓰기 쉬운 것을 만들어 두면 좋다. 기술하는 방법 및 주의사항은 다음과 같다.

㉠ 자기가 취한 행동을 관찰 · 조사한 시간적 순서에 따라 기록해나가는 것이 가장 좋은 방법이다.

㉡ 기록의 대상이 되는 사물에 대하여는 먼저 기초가 되는 것을 골라 그 위치부터 정확하게 측정하여 대상의 위치를 명백히 해 둘 것. 이러한 경우 부동의 고정물 2개 이상을 선정해서 거기서부터 정확하게 측정하며, 대상의 위치를 확정해 둔다.

㉢ 명칭을 알 수 없는 물건이 있을 때에는 그 자리에서 참여인 · 가족 등에게 물어 명백히 해 둔다.

㉣ 물건의 크기와 거리 등 상태는 반드시 정확하게 실측하고, 만약 실측 못할 시에는 목측(目測)임을 분명히 할 것이며, 사진 촬영 시에는 반드시 자(尺) 및 참여인의 서명 등을 넣고 촬영할 것

㉤ 관찰한 결과 범죄의 흔적이 없는 경우에도 "침입구로 인정되는 곳에 족적 발견치 못함"이라든가 또는 "재떨이에는 담배꽁초가 없었다.", "뒷방은 물색한 상황이 없었다."라고 하는 소극적인 것도 잊지 않고 기록해 둔다.

Ⅴ. 현장관찰의 일반적 순서

① 현장관찰은 다음과 같은 일정한 순서로 행하여야 한다.

㉠ 전체로부터 부분으로

㉡ 외부로부터 내부로

㉢ 좌(우)로부터 우(좌)로

㉣ 위로부터 아래로의 원칙에 따라 면밀하게 관찰을 진행해 나가야 한다.

② 그러므로 이것을 실지의 범죄현장의 관찰에 맞추어 살펴보면 대략 다음과 같은 순서로 된다.

㉠ **현장의 위치 및 부근상황의 관찰** : 현장에 도착하면 범행현장의 세부를 관찰하기 전에 먼저 현장의 위치, 주요 목표와 거리관계, 현장주변의 지형, 교통상황, 도로상황, 가옥의 소밀상황, 명암의 상황 등 현장부근의 총체적인 상황을 잘 알아 두어야 한다.

㉡ **가옥주변의 관찰** : 범행의 현장이 옥내인 경우에는 가옥의 주변을 좌(우)회하여 상세히 관찰한다. 담장이 있는 가옥이면 될 수 있는 한 담 밖을 광범위하게 관찰하며 그 다음 안으로 들어가 정원, 실내 순으로 관찰한다. 이 경우 담장에 대해서는 범인의 침입, 도주의 흔적유무를 신중히 살펴야 한다.

㉢ **가옥의 외주** : 외벽인 담장 밖의 관찰이 끝났다고 해서 즉시 실내로 들어가지 말고, 가옥의 외주 즉, 가옥의 바깥부분에 대하여 담장 안쪽을 잘 관찰하여 침입, 도주의 흔적 등 범죄와 관계있는 자료의 발견에 힘써야 할 것이다.

㉣ **현장내부의 관찰**

ⓐ 옥내로 들어가려면 될 수 있는 한 침입개소로 추정되는 곳으로부터 그 부근을 잘 관찰하면서 들어가야 한다.

ⓑ 옥내의 관찰은 먼저 가옥의 구조 각 실의 칸막이 등 총체적인 상황을 잘 알아두어 될 수 있는 한 침입구로 인정되는 곳으로부터 시작하여 순차적으로 범행현장 중심부에 향하여 면밀히 관찰할 것

ⓒ 옥내현장의 구체적 관찰순서는 대개 다음과 같다.

(i) 입구를 기점으로 하여 안으로 향해서, 좌(우)로부터 순차적으로 우(좌)로 관찰한다. 이 경우에 먼저 방실의 크기·형·구조·기타의 특징을 관찰하고 나서, 세부상태의 관찰로 옮아간다.

(ii) 입구로부터 왼쪽 구석에 이르기까지의 벽, 그리하여 오른쪽 구석으로부터 입구의 벽이라고 함과 같이 일순(一巡)하여 그 방의 내부의 가구의 배치, 문단속의 상황, 시정의 위치·방법 등을 관찰한다.

(iii) 그 방의 천정의 상황, 거기에 설비된 조명등 및 그 전체상황을 보고 이어서 방바닥의 상태를 관찰한다.

(iv) 다음에 증거로 될 물건이라든가, 흔적의 상황에 대하여 그 위치·형상·색채·분량·성질 등을 상세히 관찰한다.

Ⅵ. 현장관찰의 착안점과 관찰실시

관찰의 착안은 범죄의 종류, 현장의 모양 기타에 의해서 구체적인 사건의 경우는 각자 다를 것이나 현장관찰이 수사 활동의 일부분인 이상 이에 의해서 발견·관찰하는 것도 수사목적에 따른 것이 못되면 안 된다는 것은 당연한 이치라 하겠다. 현장관찰의 착안점은 범인에 관련된 사항, 범행일시에 관련된 사항, 범죄 장소에 관련된 사항, 범행동기에 관련된 사항, 범행의 방법(수법)에 관련된 사항 등으로 크게 나눌 수가 있다.

1. 범인에 관한 사항

(1) 범인에 관한 사항

① **지문·장문·족문** : 지문은 만인부동(萬人不同), 종생불변(終生不變)이라고 말하고 있어 개인 식별의 방법으로는 절대적인 것이다. 또 장문·족문은 지문과 같지는 못하나 그와 가깝다 할 것이다. 범죄현장에 지문이 남겨져 있으며 "그 지문의 장본인이 현장에 있었다." 하는 사실은 부동한 것이며, 그 자가 어떻게 현장에 있었던가에 대하여서는 정당한 이유가 없는 한 그 범인으로 인정하게 된다. 현장지문은 침입구의 부근, 혹은 물색한 개소 등과 같이 범인이 당연히 손을 댄 것으로 생각되는 곳에 남겨진 것이 많다. 그러나 최근에는 범행수법이 교묘화하여 범죄현장에서는 범인이 약간 방심한데서 유류된 것으로 발견되는 것이 많으며, 현장에서 상당히 떨어진 장소에서도 얼른 보아 아무런 관계도 없는 곳으로 생각되는 곳에서 검출되는 것도 많은 것이다. 따라서 범인의 행동경로에 대하여 광범위하게 면밀히 검토하여 유류개소 발견에 노력하는 동시에 각종의 검출법을 연구하는 등 모든 관찰수법을 활용하여 지문의 발견채취에 노력하여야 할 것이다.

② **혈액형** : 혈액과 타액·정액·질액·구토물·대소변 등의 인체의 분비물, 배설물은 그것을 검사하는 데서 혈액형을 알 수 있다. 이러한 것들은 의식적·무의식적으로 유류되어 일시의 경과에 따라 변색·건조·멸실하는 등 변화가 심하며 더욱이 미량의 경우가 많아 방심하면 놓쳐버리기 쉬우므로 특히 면밀한 관찰이 필요하다. 이것들도 지문과 같이 현장에만 있는 것이 아니며 현장에서 상당히 떨어져있는 곳, 범행시간을 기다렸을 장소 등에서 발견되는 예가 많으므로 광범위하게 관찰하여야 한다.

③ **질병의 유무** : 사람에게 질병이 있을 경우 그 병균 또는 병적 변화를 표시하는 것이 대소변·정액·타액 등에 함유되어 배설되거나 임균이 오줌에 섞여서 배설되는 것 등이다. 현장에서 유류된 이러한 것들로부터 특정의 질병의 사실이 알려진다면 범인은 그 병을 가진 자라 할 것이므로 수사범위를 축소할 수 있을 뿐만 아니라 유력한 증거로 되는 것이다. 그러므로 이런 것들을 발견한 때에는 혈액형뿐만 아니라 병균 혹은 병적 변화를 표시하는 것이 함유되어 있는가 하는 점에서도 검사를 해둘 필요가 있는 것이다.

④ **신장·체격** : 족적의 보폭·족장·족 폭에서 신장이 추정된다. 일반적으로 말하면 보통사람보다 보폭이 넓다든가 족장이 긴 경우에는 신장은 큰 것으로 되며 반대의 경우에는 작다. 또한 족장·족 폭에서 추정신장을 산출하는 것이 가능함을 말하고 있다.

⑤ **기타** : 현장에서 모발이 발견된 경우에는 그것을 정밀히 검사함으로써 남녀별 발생부위, 두발이면, 조발후의 경과일수 등을 알 수 있다. 또 그것이 다량이면 형상 기타에서 개인 식별이 어느 정도 가능하며 경우에 따라서는 혈액형도 알 수 있게 되는 것이다. 다음에 범행의 현장에 먹다 버린 과물(果物) 등이 유류되어 있으면 그것으로 치아흔적이 채취되어 후일 용의자가 나타난 경우에는 그것이 유력한 범인인지 아닌 지의 결정적인 역할을 하게 된다. 또한 피해자가 범인을 물었거나 반대로 범인이 피해자에게 달려들어 물었다고 하는 경우에는 치아흔적은 범행상황의 추측에 도움이 되는 동시에 범인임을 증명하는 데에도 도움이 되는 것이다.

(2) 범인의 착의, 소지품, 휴대품

범인은 범죄행위라는 이상한 행동에서 오는 정신적인 동요와 흥분 혹은 피해자의 저항 등에서 무의식 중 착의, 소지품, 휴대품을 유류하거나 은닉하기도 한다. 무의식적으로 유류하는 장소로는 범행 전 시간을 기다렸던 장소, 침입 구 부근, 범행 장소, 도주 구 부근, 도주경로의 주변 등을 경험상 들 수 있으며, 또 범인이 의식적으로 물건을 방치하거나 은닉하는 장소는 범행현장과 그 주위와 구별해서 생각할 수 있는데 범행장소에 휴지통, 사진틀 뒤쪽, 장롱, 기타 가구의 뒤쪽, 의류, 침구 속, 문빗장, 선반 뒤, 천정, 마루 밑, 변소 안 등이며 현장주변에서는 쓰레기통, 하수구, 민가의 담 안쪽 지붕 위, 방화용수의 수중, 공지, 풀 속, 공원, 공중변소 안, 빈집, 헛간 등이다. 그러므로 이와 같은 장소에 대해서는 특히 세밀한 관찰 또는 검색이 필요하며 그러한 것들은 발견한 경우의 취급에 대해서도 신중을 기해서 수사에 지장을 초래하지 않도록 주의해야 한다.

① **착의 또는 그의 일부** : 현장에 유류된 착의 또는 그의 일부로서는 와이셔츠, 모자, 장갑, 손수건 타월, 단추, 의류의 떨어진 것, 섬유, 헝겊 등이다. 이들 물건이 범인의 유류품으로 인정될 때에는 그의 품질, 형태, 치수, 사용오염의 정도 및 파손・수리의 상황 등을 면밀히 관찰해서 범인의 성별, 연령, 직업, 신장, 체격 등을 추정해야 되며, 이에 소유자의 성명, 제조처 또는 판매점의 마크, 세탁소명 등이 들어 있으면 유력한 수사의 단서가 된다. 또한 착의, 기타의 물건에는 땀, 때, 모발 등을 부착하고 있는 것이 많으니 그것을 검사함으로서 범인의 혈액형이 판명될 수도 있다.

② **휴대품 또는 그의 일부** : 예컨대 흉기, 범행용구, 안경, 지편(紙片), 성냥, 담배꽁초, 마스크, 보자기 등을 생각할 수 있으나 그러한 것들도 착의 등과 같이 품질, 형상, 특징을 잘 관찰해서 제조업, 판매업자, 수리 가공업자들로부터 소유자를 가려내고 소유자에게서 입수처, 입수 년 월일, 방법, 가격수량, 도난・유실・대여 등의 사실을 수사함으로써 범인 검거에 도달할 수가 있는 것이다.

(3) 범인의 지식과 기능

① **교육정도** : 현장에 유류된 편지, 협박문서, 낙서 혹은 범행 시 범인의 악담・설교 등에서 범인의 지식, 교양정도, 연령층 등이 추정되어 사건해결을 위해 유력한 단서나 확인을 얻을 수 있는 것이다. 그러나 범죄자의 심리로서 수사의 방향을 틀리게 하기 위해서 일부러 철자법을 틀리게 쓰거나 앞뒤 뜻이 맞지 않는 글을 쓰거나 왼손으로 쓰는 일이 있으므로 충분히 주의하여 관찰하지 않으면 안 된다.

② **연고감(緣故鑑)・지리감(地理鑑)・전기지식 등의 특수지식** : 범죄자는 범행에 기회가 좋은 일시 장소, 목적한 사물이 존재하여 반항 없이 도주에 용이한 장소를 선택해서 범행을 하는 것이다. 그러기 위해서는 자기의 알고 있는 집, 지리적 조건, 물건을 선택하는 것을 당연하며 이런 것은 현장의 상황을 면밀히 관찰함으로써 추정할 수 있으므로 그것으로 수사범위가 한정되며 축소되는 것이다. 또한 범행의 수단방법에 대하여 특수한 전문적 지식이 없으면 할 수 없는 일이 있다면 범인은 그 지식 기능을 가진 자라 할 수 있다. 현장의 상황을 관찰해서 감(鑑)이 있다고 인정되는 자료에 관해서는 살펴보면 다음과 같은 것이 있다.

㉠ 시한적 장치에 의한 방화 폭발

㉡ 극약물, 의약품을 사용한 살상사건

㉢ 보통 사람으로서는 위험으로 생각되는 장소에서의 범행

㉣ 산소용접 기를 사용하여 절단하는 등 특수한 기구를 사용한 범행

㉤ 흉기를 사용한 범행

㉥ 고압선을 절취하는 전선절도범

㉦ 자동차 및 선박을 이용한 범행

㉧ 화약류, 화학약품류를 사용한 범행

㉨ 지폐, 화폐, 유가증권, 명부의 위조, 변조

㉩ 특수한 살인방법에 의한 범행

(4) 범인의 수, 공범의 유무

① 족적, 흉기, 유류품의 종별과 수

㉠ **족적** : 현장에 종류가 다른 둘 이상의 족적이 있으면 위장이 아닌 한 2인 이상의 범인에 의한 범행으로 판단하여도 좋다. 그러나 실제문제로서 그것이 과연 범인이 유류한 족적인지 어떤지는 신중히 검토해야 한다. 범행전야에 범인 이외의 자가 현장을 걸어 다닌 경우에도 족적이 남아 있는 경우가 있고 또 먼저 임장한 경찰관이 부주의로 인상한 족적을 범인의 것으로 잘못 보는 일도 있으므로 주의하지 않으면 안 된다. 또한 범인에 따라서는 현장에 고의로 족적을 남겨서 공범이 있는 것 같이 보이게 하여 수사를 그르치게 하는 자도 있으므로 현장의 위장이란 점도 충분히 주의하여 검토해야 되는 것이다.

㉡ **흉기** : 현장에서 수 종류 또는 수 개의 흉기가 유류되어 있는 경우 타에 단독 범인을 표시하는 상황이 없는 한 2인 이상의 범행으로 인정할 수가 있다. 그러나 피해자 측의 물건을 사용한 경우나 살상의 수단방법이 복잡한 경우 등에는 잘못 판단하기 쉬우므로 신중한 검토가 필요하다.

㉢ **유류품** : 현장에 신발이 두 켤레 유류되어 있다든지, 탈분이 2개소에 있다든가 시간을 기다렸던 장소에 두 종류의 담배꽁초가 있는 경우 등은 범인이 2인으로 추정된다.

② 현장상황이 범인 한 사람으로서는 불가능하다고 인정될 경우

㉠ **침입방법** : 현장을 관찰한 결과 사다리, 발판을 사용한 흔적이 없는 데도 높은 담 벽을 뛰어넘었거나 혹은 높은 창문으로부터 침입한 경우에는 누군가가 어깨를 빌려주거나 기타의 방법으로 침입을 도운 것도 생각할 수가 있는 것이다.

㉡ 가구의 이동, 장물의 운반 등 1인으로는 이동함이 불가능하다고 생각되는 가구나 기물을 이동했거나 또는 중량이 있는 장물을 운반한 것 같은 2인 이상의 협력을 필요로 하는 상황일 경우 범인은 복수로 추정할 수 있다.

(5) 범인의 직업 또는 생활환경

① 유류품의 취기, 오염상황, 부착물 등에서 범인의 직업이 추정되는 경우가 있다. 예컨대,

㉠ 짠 냄새, 고기냄새(어부, 어물상)

㉡ 기름 냄새(기계공)

㉢ 목재냄새(제재공)

㉣ "페인트", "락카"에 의한 오염(도장공)

㉤ 산소용접의 불꽃 흔(용접공)

㉥ 옷감 속에 파묻힌 미세한 쇠 부스러기(선반공) 등이다.

② 유류품의 품질 사용법 등에서 범인의 생활수준, 직업 등을 판단할 수가 있다.

③ 범행에 사용된 흉기 또는 침입용구는 일반적으로 범인이 사용하는 용구로 이용되고 있다. 따라서 현장의 상황에서 그것의 종류가 특정될 경우에는 범인의 직업이 추정될 수 없는가를 검토하여야 한다.

(6) 전과 또는 상습성의 유무

① **범행수법 교묘화** : 범행 수법 중에서 범인의 전과 또는 상습성이 가장 잘 나타나는 것은 침입의 수단・방법 다음에 물색의 방법이라 말하고 있다. 예컨대 물수건을 사용해서 유리를 깨는 방법의 교묘한 점, 자물쇠를 외부에서 여는 방법의 교묘한 점 등은 전과 또는 상습성이 있음을 명백히 표시하는 것이다.

② **목적물의 선정방법** : 범인이 전과를 거듭하여 상습화하면 범행방법이 교묘화 함은 물론 이런 경향은 목적물의 선정에 대해서도 나타나는 것이다. 예컨대 부피 있는 의복보다 간편하고 값진 귀금속 등 고유한 특징이 있어 발목이 잡히는 물건보다 특징이 없는 안전한 것과 같이 그 목적에 대해서도 변화를 볼 수 있는 것이 지금까지의 예일 것이다. 그러나 최근에는 물품은 단서가 잡히기 쉬워 현금을 목적으로 하는 자가 많아지고 있으므로 목적물에서 전과 또는 상습성의 유무를 판단하는 것은 다른 상황과 함께 신중히 검토하지 않으면 안 된다.

③ **물색 기타의 행동** : 상당히 광범위하게 현장을 면밀히 철저하게 물색한 것을 알 수 없도록 현장을 꾸며 놓았거나 혹은 장롱의 서랍을 아래로부터 순차로 열어서 물색하는 것 등에서 전과자, 상습성의 범행임을 판단할 수 있는 경우도 있다.

2. 범행일시에 관한 사항

현장관찰에 있어서 범행일시의 추정에 도움이 될 자료를 될 수 있는 한 많이 발견하지 않으면 안 된다. 이것은 사실의 신중성 확보를 위해 필요할 뿐만 아니라 수사상의 필요성, 예컨대 어떠한 자가 용의자로서 떠오를 경우 그 자에 대한 소재수사 및 "알리바이수사"를 해서 확정짓기 위해서도 요구된다. 범행일시는 피해자나 목격자의 진술로서 명백해지는 것이다. 이 경우에도 수사과정에서 이 자들이 진술하는 일시에 맞지 않은 경우가 있고 또 가족부재중의 사건이나 목격자가 없는 혹은 상당한 일수를 경과해서 발견되는 사건 등도 실제로 상당히 많다. 그러므로 범행현장에 존재하는 모든 물건 및 그 상태 나아가서는 기타의 현상에 대하여도 면밀하게 관찰해서 범행일시의 추정에 도움이 되는 자료는 모두 발견되도록 노력하여야 한다.

(1) 범행일시

① **시계의 정지 상태** : 범죄현장에서는 피해자의 손목시계, 탁상시계 혹은 괘종시계가 정지되어 있을 때가 있다. 이 경우 현장 기타 상황에서 범행 시에 정지되었다는 것이 추정되면 정지한 시계에 표시된 시간은 범행시간으로 볼 수 있으므로 매우 정확한 시간으로 인정될 수가 있다. 그러나 이때 주의할 것은 그 시계의 정지 원인이 타인에 의한 것이 아닌가를 명확히 해두어야 하며 그 정지 상태를 사진에 촬영해 두는 등 입증상의 배려도 잊어서는 안 된다.

② **일력, 일기, 메모, 금전출납부 등의 기재** : 이것은 보통 사건에서는 별로 문제되지 않으나 상당한 일수를 경과해서 발견된 살인사건의 경우에는 시체의 외부소견이나 범의학적 방법에 있어서도 정확한 사망 시기(범행일시)의 추정이 곤란하다. 그러므로 이와 같은 경우 생전의 피해자, 기재한 일기, 가계부, 메모, 금전출납부, 일력 등의 상대나 기재내용이 범행일시, 추정에 유력한 자료가 된다.

③ **신문, 우편물의 투입상태** : 신문, 우편물의 투입상황에서도 범행일시를 추정할 수 있는 경우도 있다. 예컨대 살인사건의 피해자가 독신중이라든가 가족이 장기간 부재중 집을 지키는 자가 살해된 경우 피해자가의 현관입구 내에 신문이 투입되어 포개져 있다면 제일 밑에 놓인 신문의 일자를 보아 범행 일을 추정할 수가 있다. 그러나 이와 같은 상황을 관찰할 경우 그것이 원상인가 피해자 기타의 자가 손을 대었던 상황인가에 관하여 면밀히 주의해야 할 것이다.

④ **천후, 월령** : 범행 장소의 옥외에 인상된 범인의 족적이 비에 젖어진 상황이 있는가 없는가, 적설의 상황은 어떤 가 혹은 옥내의 족적이 젖어 있는 사실 등에서 강우 전(후)의 범행인가, 강설 중(전・후)의 범행인가 등이 추정될 경우가 있다. 또한 범행 후 상당한 일수를 경과해서 발견된 사건에 대하여 목격자 기타 관계자가 일시에 대하여 기억이 희미한 경우에는 그 사건 등에 대하여 목격 혹은 피해당시의 천후(天候), 월령 등을 상기시킴으로써 특정 지울 수가 있다.

⑤ **기타** : 범행일시를 추정할 수 있는 상황으로서는 부근 가게 등에 주문자의 방문행적, 청소, 세탁, 기타 피해자의 생활 활동, 주전자, 목욕탕 등의 물의온도, TV・라디오 등의 상황

(2) 침입시간의 상황

범행 현장을 관찰하면 피해자의 생전 행동이나 범인의 족적 기타의 유류물의 상태가 침입시간을 알리고 있는 경우가 있는 바 그 상태를 표시하는 것으로는 다음과 같은 것이 있다.

① **취침 기상의 상태** : 취침중의 피해인가 기상후의 피해인가? 또는 이불 속 온도의 정도, 피해자의 착의 종류 등의 상태를 면밀히 관찰해서 그것과 피해자 본인의 일상취침, 기상의 시간을 조사해서 비교, 검토하면 범행시간을 추정할 수 있는 경우도 있다.

② **식사상태** : 식사상태는 식탁에 널려진 상태나 부식물의 관계에서 아침・점심・저녁의 구별을 할 수가 있다. 또한, 그 과정상황 등에 의해서 식사 전인지 어느 정도의 시간을 추정할 수가 있으므로 현장에 남겨진 음식물에 대하여 상세하게 관찰해 두지 않으면 안 된다.

③ **족적, 혈흔 등의 상태** : 족적, 흔적 등 온습의 상태와 그 당시의 천후를 검토하면 침입시간을 추정할 수가 있는 것이다. 또 혈흔의 경우도 그 변색상황, 응고의 상황에서 어느 정도의 경과시간을 추정할

수가 있다.

④ 기타 : 피해자·참고인의 진술, 피해자의 외출시각, 기차·전동차 등의 통과시각 기타 정기적으로 발생하는 음행, 개의 울음소리, 기적 소리에 의하여도 시각이 추정된다. 이와 같은 것은 현장의 상황에서 직접 추정되는 것이 아니며 주로 현장부근의 탐문으로 밝혀지는 것이다.

(3) 도주시의 상황

도주시간을 표시하는 상황은 침입시간을 표시한 상황에서 기술한 족적, 흔적, 혈흔 등에서 같은 요령에 의하여 추정된다. 그것이 침입시간을 표시하는 것인지는 일견에서 불분명한 경우도 있으므로 다른 현장의 상황과 병행해서 종합적으로 판단해야 될 것이다.

(4) 범행 소요시간의 추정

범행의 소요시간은 침입의 수단·방법, 실내물색상황, 피해품의 반출상황 등 그 범행의 전 과정을 통하여 상세히 검토하면 대게 추정할 수가 있다. 또한 범행중의 개짓는 소리라든가 침입 시와 도주 시에 있어서 범인사용의 자동차소리에서도 범행소요시간이 추정될 수 있다.

(5) 범행시를 선택한 이유가 될 만한 상황

범행의 일시는 사실성 확보를 위해 필요한 뿐만 아니라 범행일 혹은 범행시를 택한 의미를 해명함으로써 범인의 유력한 단서를 얻을 수도 있는 것이며, 범인의 시간적 수법을 알아낼 수도 있는 것이다. 그러므로 현장관찰에 임하여서는 범인은 왜 범행일자, 시간을 선정했는가를 검토하지 않으면 안 된다. 범행시를 선정한 이유가 되는 상황으로서는 다음과 같은 예를 들 수가 있다.

① 축제일, 불공일, 급료일, 현금수납 일 등을 호기로 하여 범행을 하는 자가 있는데 그것은 범인이 지리감에 정통하고 있다 든 가는 피해자와의 사정을 알고 있음을 표시하는 것이므로 수사상 유력한 단서가 되는 것이다.

② 열차·전동차의 통과음, 공장의 작업음의 상황 등을 이용하는 경우가 있고 기타 취침이 늦은 가족의 새벽 시간을 노려 침입하거나 가족이 한방에 모여 있는 틈 혹은 가족이 적은 시간을 노리는 일이 자주 있다. 그러므로 이와 같은 시간적 지역사정도 염두에 두고 관찰하여야 하며, 그 결과 범행수법을 알 수 있게 되면 그로써 상습성을 판단할 수도 있는 것이다.

3. 범행 장소에 관한 사항

범행 장소에 대하여 수사를 필요로 하는 이유로서 다음 두 가지를 생각할 수 있다.

첫째, "그 범죄가 어디서 저지르게 된 것인가" 즉, 범행 장소를 확정하는 것은 범행일시의 확정과 같이 범죄사실의 명확한 것이 없어서는 안 되는 것이다.

둘째, "왜 그 장소에서 범죄가 저질러진 것인가"를 밝히는 것은 범행수법의 특징, 연고감 및 지리감 유무의 추정 등 수사상 결할 수가 없는 것이다. 침입강도 등과 같이 범죄 장소가 명백한 경우는 왜 그 장소에서 범죄가 발생하였는가 하는데 관찰의 주안이 집중되겠지만 살인사건의 경우 시체가 있는 장소가 범죄 장소인지 아닌지 확실하지 못한 경우에는 범죄 장소를 밝히는 것이 매우 중요한 문제로 된다. 그러므로 범죄 장소의 관찰은 특히 면밀하게 하여 범죄 확정의 자료 및 범인추정의 자료발견에 힘쓰지 않으면 안 된다.

(1) 현장의 위치 및 주위의 모양

현장의 위치 및 주위 상황의 관찰에 있어서는 현장의 위치, 주요목표와의 거리 관계, 현장주변의 지형, 인가의 소밀상황, 도로의 상황, 교통기관의 상황 등을 면밀히 관찰·검토하여 범행 장소의 확정 및 범인 추정 등의 자료를 얻도록 노력하여야 한다. 특히 현장 주변의 관찰은 자칫하면 소홀하기 쉬우나 족적 기타 유류품 등 유력한 자료가 발견된 일이 많으므로 형식에 그치지 말고 철저한 관찰을 하여야 한다.

(2) 피해자를 지목하게 된 이유가 될 만한 상황

① **도주에 편리한가?** : 관찰의 결과 그 현장부근에는 좁은 골목이 들어있음에도 불구하고 범행 후 그와 같은 미로를 교묘히 이용해서 단시간에 도주했다고 생각할 수 있는 상황 하에 있을 때에는 먼저 지리감이 있는 자의 범행으로 추정할 수 있다. 그 외 현장의 지리적 상황, 교통기관의 상황을 면밀하게 관찰하면 기타의 현장상황과 종합해서 어째서 범인이 피해자를 노렸던 것인지 그 이유가 자연히 추정되는 것이다.

② 현장부근일대를 봐서 일견 부유하게 보이는 경우에는 범인도 같이 부유하게 보고 노린 것으로 추정해도 좋을 것이다. 그러나 누가 봐도 그 집이 부근일대의 집과 비교해서 별로 부유하게 보이지 않는데 그 집에 침입해서 다액의 현금을 절취하였거나 다액의 현금을 요구한다든가 하는 등 그 집에 돈이 얼마만큼 있는가를 미리 알고 있는 상황도 있는데 이와 같은 경우에는 일단 연고감이 있는 자의 범행으로 추정한다.

③ **명암의 상황** : 조명기구를 사용하지 않으면 현장에 가는 것이 곤란하다고 인정되는 장소를 조명을 사용한 흔적이나 통행에 지장을 받은 흔적 없이 현장에 도달한 경우에는 지리 상황을 상세히 알고 있는 자의 범행으로 추정된다. 또한 피해자가 야간에 어둡고 한적한 장소에 유인되어 살해된 경우 피해자가 자발적으로 간다는 것은 생각할 수 없으므로 범인으로 연고감이 농후한 자임을 추정할 수 있다. 더욱이 현장부근의 명암상황은 범행시각으로 추정되는 시각에 재차 임하여 관찰함이 필요하다.

(3) 실내의 구조와 피해품이 소재한 장소

범행현장이 옥내인 경우 범행의 장소뿐만 아니라 그 옥내의 구조상황과 통로에 대하여 관찰을 함에 있어 대문·방문과 문을 잠금 상황 및 피해품의 소재장소에 대하여 상세히 관찰해야 하는바 구체적인 관찰의 착안점을 보면

① 보통사람으로는 도저히 알아차리지 못하는 곳으로부터 침입하고 있지 않는가?

② 시정이나 특수한 장치가 비치된 창고문 등의 여는 방법을 알고 있었다는 상황은 없는가?

③ 침입 후 직접 목적한 방실로 간 것 등 옥내 위치를 잘 알고 있음을 인정할 수 있는 점은 없는가?

④ 쉽게 발견할 수 없는 곳에 있는 물건을 간단하게 찾아낸 것 같은 상황은 없는가 등을 고려하여야 한다.

4. 범죄동기에 관한 사항

범죄는 사람이 의식적으로 범하는 행위이므로 그 죄종(罪種)에 관계없이 반드시 동기가 있는 것이다. 범죄의 동기를 해명하는 것은 범행일시나 장소 등과 함께 수사상 빼놓을 수 없는 요건이다. 특히 살인사건이나 방화사건 등의 경우는 범행의 동기를 알 수 없으면 수사방침을 수립할 수가 없는 것이 보통이다. 그러므로 현장관찰에 임하여 현장의 모양·범행의 수단·방법, 피해상황, 흉기의 종별, 피해자의 평소행동, 현장의 범행전후 상황 등에 대하여 모든 점에서 상세히 관찰, 검토하여 범행동기 추정에 힘쓰지 않으면 안 된다.

(1) 피해품 유무

범행동기 추정에 있어서 특히 중요한 것은 피해품 유무의 확정이다. 피해금품 유무의 확인은 장물수사를 위한 것에만 필요한 것이 아니고 범행동기를 추정할 수 있어 수사상 유력한 자료가 된다. 예컨대 살인사건의 현장의 피해품이 없을 때에는 원한 또는 치정으로 볼 수 있으며, 피해금품 확인에 있어 유의할 것은 피해품의 종류별, 품질, 형상, 수량, 특징, 가격 등을 하나하나 명확히 하여야 한다. 또 그 피해품이 증서 또는 권리 등 특수한 것이라면 피해관계의 의한 동기가 추정되며 그 피해품이 일반적으로는 무가치하나 피해자로서는 중요한 것이라면 그 동기는 원한으로 추정되는 경우가 많으므로 피해품 유무에 대하여서만 검토할 것이 아니고 그 피해품 하나하나에 대해서도 면밀하게 검토하여야 한다.

(2) 신체적 피해상황

살상사건에는 피해자의 사인, 흉기의 종별, 공격의 부위, 회수, 정도, 피해자의 저항유무 등 면밀히 관찰함은 당연하나 그 결과와 동기추정에 중요한 수사 자료가 된다. 예컨대, 안면, 두부 등이 무수히 난타되었거나 칼 같은 것에 의한 창상수가 많으면 원한에 의한 살인의 특정이라고 볼 것이며 또 피해자가 나체, 음부의 손상, 기타 치정의 형적이 있을 때에는 치정의 동기가 추정되며, 드물게 신체의 내장을 빼 놓았다면 미신에 의한 범행 동기가 추정되나 이러한 동기에 의한 범행결과가 꼭 일정하다고는 볼 수 없다.

(3) 우발적인가 계획적인가

범행이 우발적인가 계획적인가의 판단에 의하여 동기추정을 할 수 있다. 범행이 계획적이라고 하여서 그 동기를 추정할 수 있는 것은 아니다. 범행이 계획적인 때에는 대체로 범인은 유감자임이 통례이고 유감자가 절도를 함에 있어서는 처음부터 피해자를 살해하고 목적물을 입수하려는 계획은 하지 않는다고 생각하여 범행이 계획적이라고 판단될 때에는 일단 재물 이외의 동기라고 추정할 수 있다.

범행이 계획적인가 아닌가는 현장의 상황, 특히 범행수단 방법에 대하여 상세히 관찰함에 따라 추정할 수 있다. 즉 흉기를 주의하고 그 흉기는 범인이 사전에 준비한 것인가 혹은 피해자의 것인가 그 소유자를 명백히 할 것이고 또는 피해자의 것이면 어디에 보관하여 있었던 것인가. 보관 장소의 상황으로 누구나 용이하게 발견할 수 있는 상태였는가 등을 상세히 관찰함에 따라서 그 범행이 사전에 계획되어 행하였는가 혹은 우발적인 범행인가를 추정할 수 있다.

5. 범행방법에 관한 사항

범행방법은 그 범행사실의 핵심이 되는 중요한 부분인 것이다. 범행방법을 명확히 하면 범죄수법 자료의 이용에 의하여 직접 범인에게 도달할 수 있는 가능성과 또는 범인을 검거 조사할 때 진실한 진술을 들을 수가 있다. 범행방법을 추정할 자료를 발견하기 위하여서는 현장에 잔재한 현상을 상세히 관찰하여 범인이 어떠한 행동을 하면 그러한 현상이 생길 것인가를 합리적으로 추리·판단함으로써 범행의 순서, 범인의 행동동작으로 정확히 파악할 수 있게 되는 것이다.

(1) 침입구 특이성

입구의 시설을 파괴하였든가, 문단속이 안 된 곳을 노려 침입 하였든가, 유리 창문을 깨고 안 고리를 벗겼다던가, 유리 창문을 "드라이버"로 비틀었다던가, 돌로 깨는 등 침입수단방법은 천태만상이나 그러한 침입 장소에는 귀중한 수사 자료가 허다히 남겨지므로 특히 면밀한 관찰이 필요하다. 또한 침입흔적이 일견 볼 수 있는 장소에 있는 것은 문제가 없으나 용이하게 침입구가 판명되지 않는 장소 혹은 범인, 제3자에 의하여 현장이 변경되었을 때는 침입구를 착각할 수도 있다. 이러한 때 침입구라고 인정되는 장소 및 그 부근을 면밀히 반복 관찰하고 현장 그 밖의 상황을 종합하여 범인의 합리적 행동을 추리·판단함이 필요하다. 언제나 침입구 및 그 부근에는 침입방법을 표시한 흔적이 반드시 남아 있는 것이므로 그것을 절대적으로 간과해서는 안 된다. 또한 침입구의 특이성은

① 수단방법이 교묘한 것은 상습성 전과자의 범행으로 추정되고

② 침입구의 상황, 장소관계에 의하여 연고감·지리감을 추정하고

③ 침입구 또는 그 시설의 파괴방법으로 범인에 대한 직업을 추정할 수 있다.

④ 침입구 불명 또는 전혀 발견할 수가 없을 때에는 내부적 범행이나 혹은 내통한 범행으로 추정된다.

(2) 범행용구의 흔적 및 사용상황

침입구 또는 침입하려면 장소 등에 남아 있는 그 외 상황으로 범인이 사용한 용구가 무엇인가 또는 그것을 어떠한 방법으로 사용하였는가도 추정할 수 있다. 유리 뚫기, 창살 뚫기 등의 수법에는 "드라이버", "빠루", "나이프" 등이 많이 사용되고 있다. 뚫어진 부분을 면밀히 관찰하면 반드시 사용한 도구에 의해서 남겨진 흔적이 존재한다. 이러한 흔적의 위치, 형상, 크기 및 관계 등에 대하여 상세히 관찰하면 침입용구를 추정할 수가 있다. 이와 같이 관찰한 결과 침입용구, 종별, 형식, 특징 등이 판명되면 그것은 유력한 단서가 될 뿐만 아니라 범인을 검거해서 조사할 때 그 진술의 진실성을 뒷받침할 자료가 된다. 또한 흔적은 그 상황을 사진에 촬영해서 길이, 폭, 깊이에 대하여서는 반드시 실측한 후 그것을 채취해 두어야 할 것이다. 이와 같이 하면 피의자 또는 용의자가 소지한 기구와 대조함으로써 형상 기타 특징의 일치를 입증할 수가 있는 것이다. 이러한 것은 연속 발생한 범행이 동일범행인가 아닌가를 확보하는 자료가 되므로 이 점을 염두에 두고 세심한 주의를 할 필요가 있다. 족적, 흔적 등의 위치·형상을 면밀히 관찰하면 경험법칙에 따라 범인의 신장, 체격, 힘의 강약, 직업 등이 추정되는 경우가 있으며 나아가서는 용기의 사용상황에서 범인이 왼손잡이인지 아닌지의 신체적 특징도 판명된다. 다음으로 침입구가 불명한

경우는 수사관의 주관으로 무리하게 판단하지 말고 불명은 불명으로 해두는 것이 입증사의 배려로서 필요한 것이다.

(3) 목적물의 특이성

목적물의 특이성으로서는 먼저 상습절도범인은 현금을 주로 노린 다는 것을 들 수가 있다. 현금이 없을 경우 환금이 용이한 소형의 고가물건을 노릴 것이다. 그러므로 장롱 등을 물색하고서도 의류에는 눈을 돌리지 않고 또 눈이 닿는 곳에 있는 "시계", "카메라"에도 손을 대지 않는 경우는 현금 전문의 상습자와 전과자의 범행으로 추정해도 좋다. 또한 상습자, 전과자 가운데는 귀금속 시계류를 전문적으로 절취하는 자도 있다. 이 자들은 대개의 경우 장물아비와 짜고 있어 대량절도에도 환금이 어렵지 않다. 그러므로 귀금속 시계류가 대량으로 절취될 경우 그들 상습 범인에 의한 범행으로 추정해서 수법 대조를 할 필요가 있는 것이다. 단지 이러한 경우에 있어서도 현금이 가까운 곳에 있을 때 당연히 그것을 물색해서 절취할 것이므로 이처럼 피해금품이 수종 있는 경우에는 특히 물색의 상황 및 피해금품의 수량 등을 상세히 관찰 검토해서 범인이 주로 노렸던 것이 무엇인가에 대하여 신중히 판단해야 한다.

(4) 특수한 행동유무

범행의 현장 또는 그 주변에서 범인이 의식적 또는 무의식적으로 범행한 특수한 행동에서 범인을 어느 정도 특정 지울 수 있는데 도움이 될 자료가 발견되는 때도 있다.

① 돌을 던져 가족의 부재를 확인한다.
② 범행현장에서 흡연・음주한다.
③ 방문에 구멍을 뚫어 안을 들여다본다.
④ 침입구 부근에서 시간을 기다린다.
⑤ 대변을 보거나 옥내에서 방뇨한다.
⑥ 전화선을 절단하는 등이 있다.

이와 같은 특수한 행동은 대개 전과자, 상습자의 행위로 판단해도 좋을 것이다. 특수한 행동을 발견 파악할 수 있는 관찰요령으로서는 범행단계 즉 침입수단, 방법, 물색수단, 폭력수단, 도주수단 등 순차적으로 각 단계에 따라 관찰 검토함이 필요하다.

(5) 옥내행동의 순서 경로

옥내관찰에 임하여 범인이 옥내에 침입해서 어떤 순서로 옥내를 행동하였는가를 밝혀야 한다. 이렇게 하기 위해서는 침입 구에서 도주 구에 달한 족적, 문의 개폐상태, 장롱 밑바닥 등의 수색상황 등을 여러 각도에서 관찰하여 특히 그 변화상황, 흔적유무에 대해서 신중하게 관찰・검토해서 추리하여야 한다. 예컨대, 금품물색상황에 대하여 그 순서경로를 관찰・판단할 경우 산란된 물건, 끌어낸 물건의 상태 및 그것의 상하관계와 이동상황 등을 세밀히 관찰함으로써 범인이 옥내에서의 대체적으로 물색한 순서나 경로가 추정되는 것이다.

(6) 피해품의 반출상황

피해품 등의 반출상황은 범행방법을 관찰하는데 없어서는 안 된다. 피해품의 반출상황은 피해품의 종별, 형상, 수량 등에 의하여 다르다는 것을 고려하여 현장주변에 있는 용구흔적, 차량흔적 등을 면밀히 관찰함으로서 추정할 수 있다. 차량을 이용하여 피해품을 반출하는 경우 현장부근에는 반드시 차량흔적이 남아 있으므로 그것을 면밀히 관찰함으로써 그 차의 차종, 형식, 연대 등이 밝혀져 그것이 유력한 수사자료가 되는 것이며 또한 용적이 있는 물건이 차량을 이용하지 않고 운반되어 있는 상황 등에서 공범의 유무가 확정되는 경우도 있다.

(7) 도주로의 상황

도주로는 침입구와 동일 장소인 경우가 많으나 범인에 따라서는 침입하여 범행에 착수하기 전 미리 도주로를 만들어 놓은 자, 범행 중 발견되어 시정한 문을 파괴하고 도주하는 자, 도주하는데 있어서 문을 원상태 닫아 두고 밖으로 시정해 두는 자 등 특이한 자도 있다. 상습성 또는 전과자의 대부분은 침입 후에 반드시 도주로를 준비하여 두고 행동하기 시작한다. 침입구와 도주로가 동일 장소로 판단되는 경우에는 문제가 되지 않으나 침입구 이외의 장소로 도주하였을 경우에는 도주로를 미리 준비하였는지의 여부를 반드시 검토해 보아야 한다. 또한 도주로 부근에는 유류물 흔적 등을 남기는 경우가 허다함으로 신중한 관찰로서 이러한 것을 발견하는데 노력하여야 한다.

Ⅶ. 증거자료의 수집 · 보전

1. 증거자료의 수집 · 보전의 목적

현장관찰에 의하여 발견된 지문, 족흔적 기타의 유형 자료는 이것을 채취하여 과학적 검사를 하고, 또한 조직적으로 수집된 기초자료 등과 비교 · 대조함에 의해서 범죄사실의 존부의 확인, 범인의 추정 및 이것과 범인과의 결부 등 사안의 진상을 명백히 하기 위한 증거로 되는 것이다. 이들의 자료는 수사에 이용된 후에도 공판에 활용되는 중요한 자료이므로 범죄현장에서 수집한 그대로의 상태로 보전하도록 하여야 한다. 따라서 수사 자료의 증거로서의 증명력과 증거가치를 유지하면서 이것을 적절히 채취하여 관리하는 것은 매우 중요한 일이라고 하지 않으면 안 된다.

2. 증거자료의 수집 · 보전의 일반적 유의사항

① **참여인을 둘 것** : 발견한 자료에 대하여는 참여인에게 잘 확인시켜 둔다.

② **사진촬영을 해 둘 것** : 참여인 자신 또는 참여인의 서명 등을 표시한 지편(紙片) 등을 넣어서 촬영한다.

③ **관계기록에 명백히 해 둘 것** : 자료의 존재 상태를 실황조사서 · 검증조서 채취보고서 등에 기록해 둔다.

제5절 기초수사

Ⅰ. 의의

기초수사란 초동수사 이후의 수사사항의 결정, 수사방침의 수립을 위한 수사자료 수집활동이다. 따라서 수사방침 수립이나 수집된 자료의 판단은 기초수사가 아니다. 수사의 방향에는 종적수사와 횡적수사가 있는데 어느 수사를 하더라도 반드시 기초수사를 하여야 한다.

Ⅱ. 필요성

① 범인상 및 범인의 조건을 명확히 한다.
② 현장자료를 면밀히 검토하여 효과적인 수사방침을 수립할 수 있게 한다.
③ 사건 판단 및 범행의 목표·장소를 확인한다.

Ⅲ. 기초수사의 내용

1. 현장중심수사

범죄현장에서 수사 자료를 수집하는 활동으로, 유류물 유류품의 수집, 범행일시의 확정, 범인의 현장 출입관계, 범행시각에 현장을 통행한 참고인의 확보 등이 현장 중심수사이다.

2. 피해자 중심수사

피해자 및 그 가족의 생활상태, 교우관계, 고용관계, 가정 내부사정 등 피해자를 중심으로 한 수사로 이를 수사하면 범인은 연고감이 있는지, 범행의 동기는 무엇인지 추정할 수 있다.

3. 피해품 중심수사

피해품이 판명되면 장물수배서의 발행, 대상 업소에 대한 임검 등으로 피해품을 찾는 것이고 증거 수사 면에서 피해품 수사는 중요하다.

제6절 탐문수사

Ⅰ. 탐문수사의 의의와 중요성

1. 탐문수사의 의의

탐문수사는 수사관이 범죄를 탐지하거나 또는 범죄수사를 행함에 있어서 범인 이외의 제3자로부터 범죄에 대하여 견문 또는 직접 체험한 사실을 탐지하기 위하여 행하는 수사 활동이다.

2. 탐문수사의 중요성

① 범죄는 하나의 사회현상으로서 범행을 중심으로 사회적으로 많은 파문을 남기게 된다. 그와 같은 파문은 다수인에게 직접 또는 간접으로 사건에 대한 지식이나 경험을 남겨주게 된다. 따라서 만약 그들의 지식이나 체험한 사실이 정보로서 신속하고, 정확하게 그리고 가감 없이 수사관에게 제공되게 한다면 대부분의 사건이 해결되고 말 것이다.

② 탐문수사란 이러한 일반인의 체험이나 지식 등의 제 정보를 탐지하기 위한 면접활동이라고 볼 수 있다. 수사 자료의 채집에 있어서 탐문수사는 가장 전형적인 방법이고, 가장 중요한 수사 활동이다.

③ 범죄수사는 사실을 명확히 하고 문제를 해결하고자 하는 한 과정이다. 수사의 시초에 있어서 "범인은 누구인가", "사건은 어떠한 형태인가" 등과 같은 의문을 풀어나가는 과정에 불과한 것이다. 따라서 보다 많은 사실을 알고 있으면 그만큼 그에 대한 문제를 보다 명확하게 그리고 구체적으로 해명할 수 있다.

④ 대개의 경우 수사의 기초에 있어서는 범인은 수사선상에 나타나지 않는 것이 보통이다. 이에 도달하기 위해서는 범인이 사회에 있어서 행동한 실태와 범죄의 원인, 동기, 정황 등을 명확하게 파악하지 않으면 안 된다. "수사는 탐문에서부터 시작하여 결국 탐문으로 끝난다"라고 말할 수 있는 것과 같이 범죄의 동기, 피해자의 선정 범죄용구의 입수 등 범행착수 전의 상황으로부터 장물환전의 처분 등 범행후의 동정에 이르기까지의 거의가 탐문의 대상이 되는 것이다.

⑤ 탐문수사 활동으로 얻어지는 자료는 사실상 수사관 자신이 체험한 것으로서 얻어지는 자료보다 비교할 수 없는 만큼 많은 것이다. 그러므로 탐문수사의 공헌은 사건의 해결에 큰 영향을 주는 것이다. 즉 탐문수사의 성공은 사건해결에 직결되는 때가 많고 탐문수사의 실패는 수사실패의 큰 원인이 될 때도 많은 것이다.

⑥ 수사관이 얼마나 많은 범죄관계의 자료를 채집할 수 있는가, 바꿔 말하면 수사관이 어느 정도 탐문기술에 숙달되고 있는가가 수사의 성패에 중요한 관건이 되는 것이다. 또한 사건이 검거되는 단서 중에서는 범죄의 기초에 의한 것과 이 같은 탐문수사에 의한 것이 대부분을 점하고 있는 사실로 보아서도 탐문수사가 얼마나 중요한 비중을 차지하고 있는가를 짐작할 수가 있는 것이다.

II. 탐문의 태양과 수사자료

탐문은 범죄의 탐지를 위한 탐문과 범죄발각 후 탐문으로 구분되고 후자에 대해서는 다시 피의자 특정을 위한 탐문과 피의자 특정 후에 피의자 검거를 위해 탐문하는 것으로 나누어 고찰할 수 있다.

1. 범죄탐지를 위한 탐문

이것은 범죄가 표면화되지 않았을 때 수사의 단서를 얻기 위하여 행하여지는 것이다. 근래에는 흔히 정보화 시대라는 말을 쓰고 정보가 인간사회의 모든 문제를 해결하는 필수전제요건으로 되었는데 탐문도 범죄에 대한 정보를 입수하는 활동이다. 선거법위반사건, 독직사건, 수뢰사건, 폭력범죄 등 잠재범(潛在犯)이라 불리는 범죄의 거의가 이와 같은 탐문에 의하여 단서를 입수하게 되고 비로소 수사 활동이 개시된다.

2. 범죄 발각 후 탐문

범죄가 발견된 후에 있어서 범인의 행적을 찾고 증거를 발견해서 범인을 색출, 검거하는 등 수사의 진전을 위하여 행하여지는 것인데 대부분의 강력범 사건과 일부의 지능범 사건이 이의 대상이 된다. 이 경우에도 채집해야 할 정보의 내용이나 탐문대상은 범죄의 형태에 따라 천태만별이나, 일반적으로 다음과 같은 것을 생각할 수 있다.

① **피해자의 성행, 경력 교우관계, 생활상태, 재산상태, 원한관계, 치정관계 등** : 범죄의 동기를 피해자 측으로부터 밝혀내고자 하는 것이다. 이와 같은 정보는 그의 가족, 친족, 동거인, 지인 거래관계자, 피해자, 기타 관련 유흥장소 등으로부터 얻을 수 있다.

② **범인의 행적** : 범행전후의 범인의 행적을 추적하여 피의자를 색출할 목적으로 행하여지는 것이다. 이에 관한 정보는 피해자의 가족, 현장부근 거주자, 택시・버스 등 교통기관의 종사원, 전보배달원, 기타 부근 정기통행자 등으로부터 얻어질 때가 많으며 범행이 야간에 행하여졌을 때에는 신문・우편배달인, 심야 조기의 통근 통학자, 시장출입상인 등을 대상으로 할 수 있다.

③ **유류품 관계** : 유류품을 추적함으로써 피의자를 색출하고자 하는 탐문이다. 이 정보는 피해자의 가족, 동거인, 현장부근 거주자, 제조업자, 소매업자, 수선업자, 세탁소 등으로부터 얻을 수가 있다.

④ **장물관계** : 장물의 소지자, 처분자 및 장물을 처분해서 얻은 현금의 소비상황 등으로부터 피의자를 색출할 목적으로 행하여지는 탐문이다. 이와 같은 정보는 전당포, 고물상, 고철업자, 화물취급자, 여관, 음식점, 빠, 카바레, 유흥장소 등에서 얻어진다.

⑤ **용의자의 성행, 경력, 교우관계, 생활상태 등** : 용의자가 부각되었을 경우 범인의 적격성 유무를 판단할 수 있는 자료로서 그의 성행, 경력, 교우관계 등의 제 자료를 얻을 목적으로 행하여진다. 이와 같은 정보는 용의자의 가족, 친족, 동거인, 인근 거주자, 직장관계, 우인관계, 유흥시설의 관계자 등으로부터 얻어질 때가 많다.

⑥ **용의자의 범행전후의 언동** : 범행전후의 불심(不審)한 언동이 용의자 검거의 단서가 된 사례가 많다. 이와 같은 정보는 전항 대상자로부터 얻을 수가 있다.

⑦ **알리바이 관계** : 용의자가 부각된 경우 그 용의자의 범행전후의 행동에 관한 정보를 입수해서 범인으로서 적격성의 유무 판단자료로 하는 것이다. 이런 정보도 전항 대상자 등으로부터 얻을 수 있다.

⑧ **기타** : 그밖에 범인이 부상당하였을 것으로 예상되는 사건은 병원, 약국 등에서 그에 관한 정보를 얻어 범인을 색출 할 때도 있다. 범인의 신체를 현저한 특징이 있을 때에는 목욕탕 또는 사창가 등에서의 탐문으로 용의자 색출, 검거할 수도 있다. 또한 범죄현장의 관찰에서 뜨내기 범행이라고 추정될 때에는 탐문의 대상으로서 숙박시설, 교통관계종사원을 빼놓을 수 없는 것이다.

이상은 일반적인 경우이고 사건에 따라서는 전술한 탐문대상 외에서 결정할 수도 있다. 사건의 내용, 성격 등을 검토하여 탐문대상이나 채집하여야 할 자료의 내용을 결정한다는 것이 중요하다. 또한 탐문에 의하여 탐지한 사실은 필요에 따라 이것을 자료화 해놓지 않으면 안 된다. 탐문은 오로지 제3자의 지각에 의존하는 것이나 대개의 경우 제3자가 알고 있는 내용이란 것은 범죄에 대한 일부분을 알고 있음에 불과한 것이며, 잘못 생각하거나, 그 자의 입장에 따라서는 이것을 액면 그대로 받아들일 수 없는 때도 있는 것이다. 자료화에 있어서는 이와 같은 점을 염두에 두고 적절히 행할 수 있도록 배려가 필요하다.

한편 자료의 형태로서는 수사보고서, 비디오녹화, 사진, 진술조서, 녹음, 물건의 압수 등 방법이 있다. 다만 제 탐문에 있어서는 앞서 탐문자료를 의식하지 말고 무지상태에서 실시하고 그 결과를 비교 검토하여 진실을 찾아내 하나의 완전한 지식으로 만들어야 한다.

Ⅲ. 탐문의 준비

1. 평소의 준비

① 평소에 탐문대상 등의 기초자료를 준비할 것 : 탐문수사는 평소에 탐문의 대상이 될 만한 사람이나 장소, 대상업자 등의 기초자료를 조사 정비 해 두고, 사건이 발생했을 때 신속히 그리고 누락함이 없이 탐문을 행할 수 있도록 해 두어야 한다.

② 평소에 협력자를 확보해 둘 것 : 탐문수사는 대상자의 협력에 의하여 비로소 목적을 달성할 수 있는 수사방법이다. 따라서 수사관과 탐문대상자와의 인간관계가 크게 그 효과를 좌우하는 것이므로 평소에 타인과 인간관계를 잘 유지할 수 있도록 배려해 두어야 한다. 협력자 확보시 유의점으로는, ㉠ 교제할 수 있는 인물을 확보할 것. ㉡ 피의자의 처우에도 배려할 것. ㉢ 비밀을 엄수할 것. ㉣병고나 재해나, 범죄의 피해 등을 입었을 때 또는 그 가족의 불행 등에 대하여는 가능한 친절을 베풀어서 친숙해 지도록 할 것이다.

2. 목적 확정

탐문에 있어서는 사건의 개요라든가 이미 명백히 된 사항 등을 정리하고 어떠한 목적으로 탐문할 것인가 연구하는 것이 중요하다. 그리고 그 목적을 달성하기 위하여는 자기가 생각하고 있는 방법이 가장 좋은 방법인가 어떠한가를 검토를 하지 않으면 안 된다.

3. 상대방 선정과 분석

① **상대자의 선정** : 누구하고 면접을 할 것인가에 대하여 특히 신중을 기하지 않으면 안 된다. 가장 중요한 것은 반드시 직접 체험하고 관찰한 사람일 것이다. 아이들이 본 것을 그의 부모를 통하여 듣는다는 것은 착오의 원인이 된다.

② **탐문순서를 정할 것** : 탐문은 가장 공평한 위치에 있는 사람과의 면접을 선순위에 둘 필요가 있다. 대체로 사람은 자기가 최초에 면접한 사람이 말한 사실을 믿으려고 하는 경향이 있는 것으로 수사관도 이런 경향을 피하기가 매우 어려기 때문이다.

③ **상대자를 이해할 것** : 탐문준비에 있어서 무엇보다도 중요한 것은 상대자에 대한 깊은 이해일 것이다. 상대자의 연령, 성별, 교육정도, 소속집단, 사회적 지위 등 될 수 있는 한 상대자의 환경과 또한 상대자의 처지, 기분, 흥미, 요구 등에 대하여도 많이 알아 두어야 한다.

4. 계획의 수립

① **요점을 정한다** : 언제(면접일시), 어디서(면접의 장소 및 환경의 선정), 왜(목적의 의식), 어떻게(면접의 진행 방법, 회화의 내용골자, 예상되는 상대자의 질문에 대한 태도 등)

② **탐문시간을 선정할 것** : 탐문의 효과를 거두기 위해서는 시간이 중요하다. 일반적으로 효과적인 시간은 사건 직후, 상대자에게 편리한 시간 등이므로 이러한 점을 고려해야 할 것이다.

③ **탐문장소 및 환경의 선정** : 상대자를 경찰서 또는 특정의 장소에 임의 출석하는 것이 좋은가, 상대자의 자택을 방문하는 것이 좋은가, 혹은 근무처가 좋은가 등 탐문의 목적을 달성함에 있어서 가장 효과적인 장소는 어딘가 사전에 검토한다는 것은 매우 중요한 일이다. 한편 환경의 선정은 되도록 상대자에게 편리한 장소 또는 정숙한 분위기를 가진 장소라야 한다.

④ **탐문의 방법을 검토할 것** : 탐문의 방법을 어떻게 할 것인가 등에 대하여도 검토하는 것이 좋다. 즉 직접 탐문대상과 면접할 것인가 또는 제3자를 통하여 정보를 얻는 것이 이상적일까 한편 경찰관이란 신분을 밝힐 것인가, 신분을 비닉하고 상대하는 것이 좋을까 등을 연구하여야 한다.

Ⅳ. 탐문의 요령

1. 일반적 유의점

① **관찰력과 판단력을 함양할 것**

㉠ **상대방의 안색, 마음의 동요 등을 간파할 수 있도록 세심한 주의를 할 것** : 상대자가 이야기할 때에는 그 표정 관찰을 정확히 행하여 내용의 진위, 마음의 동요 등을 간파할 수 있는 판단력이 있어야 한다.

㉡ **상대자의 표정 등을 관찰하는 훈련을 태만히 하지 말 것** : 평상시 영화, 강연, 가무, 연극, 무용, 텔레비전 등 출연자의 표정과 감정 등을 예의 관찰하는 훈련도 필요하다.

② **정보원 확인** : 탐문은 항상 그 근원을 명확하게 하여야 한다. 탐문에 의하여 얻어지는 정보는 간접적인 경우가 많아서 정보의 와전이 예상되므로 될 수 있는 한 직접 경험한 자를 찾아서 확인하도록 하여야 한다. 매우 중요한 정보로 생각되었던 것이 그 근원을 확인하면 근거도 없는 한 소문으로 그칠 때가 많다는 것을 경험을 통하여 알 수 있다.

③ **연속적 실시** : 하나의 사실이 탐문에 의하여 얻어졌을 때에 그에 관련된 모든 사실에 대해서 신속히 탐문활동을 행하여 수사의 선을 확대한다. 거동수상자를 본 사람이 있다면 즉시 그 자의 행적을 탐문하고, 유류품을 습득한 자를 알면 즉시 그 출처추궁의 탐문으로 이행하는 등 시기를 놓치는 일이 없도록 연속적으로 탐문활동을 행하여야 한다.

④ **상대자의 사정을 이용** : 탐문의 상대자와 용의자 또는 그 관계자와의 사이에 내재하는 이해관계, 감정대립을 이용하는 것은 탐문수사에 있어서 매우 중요한 것이다. 상업의 경쟁, 조직폭력단 상호간의 내분 등과 같은 경우 상대자의 심리를 이용한다는 것은 탐문수사에 있어 매우 효과적이다. 그러나 이 경우 역이용할 경우도 있으므로 정보의 신용성에 대하여 특히 유의하지 않으면 안 된다.

⑤ **탐문내용의 가치판단과 요소채집** : 탐문에 의하여 얻어진 정보는 상대자가 선의의 진술을 했고 또한 직접 체험한 사실이라고 하여도 오류가 있을 수 있고, 사람에 따라서 명확하지 않은 것을 보충해 가면서 진술하고자 하는 심리작용이 있다는 사실에 주의하여야 한다. 또한 악의에 차 있는 자가 자기의 경쟁상대를 실각시키고자 고의로 허위의 정보를 제공하는 사례도 허다한 것이다. 따라서 탐문에 의해서 얻어진 정보는 모두 상대자의 성격, 관계 등에 따라 다각적으로 검토하고 그 정확도를 검증해서 적절한 판단을 하여야 한다.

⑥ **책임을 자각** : 평상시에 있어서의 탐문은 개개의 수사관이 개척해 놓은 정보원 또는 담당구역을 중심으로 해서 행하여진다. 그러나 중요사건이 발생하였을 때 즉 수사본부가 설치되는 경우에는 자기의 담당구역이나 임무에 대하여 책임을 지고 철저한 탐문을 행하지 않으면 안 된다. 어떤 대상자는 절대관계가 없을 것이라 단정하고 제외시키거나, 유력한 정보가 있다고 한곳으로 쏠려 다른 것을 소홀히 하는 일이 있어서는 안 되고, 수사간부는 부하직원들의 특기를 고려하여 적재적소에 배치하여야 한다.

2. 탐문방법

(1) 직접탐문

① **신분명시** : 사실이 명백하고 탐문의 상대가 통모하거나 증거인멸을 할 염려가 없을 때, 즉 수사관의 신분을 명시하고 탐문을 행하여도 사후의 수사에 영향이 없을 것이라고 인정될 때에는 신분을 명시하고 사정을 고지한 다음 협력을 구하는 것이 효과적이다 또는 사건의 성격이나 상대자의 환경에 따라서는 수사관이 탐문을 행하는 경우보다 오히려 지역담당 정복경찰관이 탐문을 행하는 것이 효과적일 때도 있다. 이 경우 수사간부가 사전에 구체적으로 그 방법 등에 대하여 교양을 하여야 한다.

② **신분비닉** : 수사관이 그 신분을 비닉(非匿)하고 탐문은 행하는 것은 상대자가 경찰관이라는 것을 알게 되면 경계를 하고 사실대로 말을 하지 않을 염려가 있다든가, 공범과 통모될 위험이 있는 경우 등이다.

㉠ 신분비닉이 탐문에 유리한 경우

ⓐ 피의자의 가족, 친족 또는 사건에 대하여 이해관계가 있는 자

ⓑ 피의자의 정부(情婦, 情夫)에 대한 탐문

ⓒ 우범지역, 장물취득자 또는 그들의 집합장소

ⓓ 독직범죄, 선거사범 등에 관한 탐문

㉡ 신분비닉하고 탐문시 주의사항

ⓐ 신분비닉이 그 전제가 되는 것이므로 그 언동, 복장 등에 세심한 주의를 기울여 절대로 상대자에게 신분이 발각되지 않도록 하여야 한다.

ⓑ 신분비닉은 경찰관이라는 신분을 감추고 다른 직업인으로 위장하는 것이므로 그 직업에 대한 지식과 관명사칭이 되지 않도록 한다.

ⓒ 신분 위장 시에는 반드시 수사간부의 지휘를 받아 행하도록 한다.

(2) 간접탐문

간접탐문이란 범죄 또는 피의자를 탐지하기 위하여 꼭 필요한 정보를 얻고자 하나 경찰관이 그 상대자에게 직접탐문을 하기가 어렵고 또한 그 효과를 거두기 어려울 때 제3자의 협력을 얻어서 간접적으로 탐문을 행하고자 하는 방법이다. 이 경우 협력자의 선정을 잘못하면 범인 측에 통모되므로, 협력자 선정에 있어서는 그 사건의 성격, 상대자와의 관계 등을 충분히 검토하여 의뢰하는 것이 중요하고 반드시 수사간부의 지휘를 받아서 행하여야 한다.

3. 면접의 요령

(1) 상대자의 긴장감을 풀게 할 것

일반적으로 수사관에게 접근하게 되면 누구나 긴장감을 가지게 되고 마음의 융합이 잘 안되기 쉬운 것이다. 따라서 상대자에게 관심이 있는 문제로부터 시작하여 자연스럽게 화제를 이끌어 나감으로서 긴장을 풀게 하고 공감과 친근감을 갖도록 하는 것이 매우 중요하다.

(2) 상대자의 자존심을 존중할 것

탐문은 자발적으로 경험한 사실을 이야기하도록 하는 것이 제일 효과적인데, 상대자의 자존심을 존중하여 시종 자연스러운 분위기를 유지하여 자기 의사로서 이야기 할 수 있도록 하는 것이 중요하다.

(3) 상대자의 신뢰를 얻을 것

① **첫인상에 주의할 것** : 첫 인상은 사람의 신뢰감에 크게 영향을 주는 것이므로 용모, 태도, 예의 또는 그 지방의 언어 풍습 등에 항상 주의하여 좋은 인상을 줄 수 있도록 노력해야 한다.

② **상대자에게 호의를 베풀 것** : 면접에 있어서 상대자의 호의를 기대하려면 자신도 상대자에게 호의를 가지고 대하여야 한다. 호의라고해서 큰 것만을 뜻하는 것은 아니고 사소한 호의로도 족한 것이다. 상대자를 대할 때 최대한 친절을 베풀고 부드러운 분위기를 조성하고 시종 웃는 낯으로 대하면 이 또한 호의인 것이다.

③ **약속을 이행할 것** : 면접 중 약속을 하였다면 반드시 그것을 이행한다는 책임감을 가져야 한다. 약속을 하였다가 그것을 이행하지 않거나 기대에 어긋나게 되면 지금까지의 신뢰도 극도의 불신이나 반감으로 변하는 것은 당연한 것이다. 면접자는 상대자에 대하여 경솔한 약속 특히 기대하기 어려운 약속은 아예 하지 않는 것이 신뢰를 받을 수가 있는 것이다.

④ 상대자의 주의를 환기시키도록 노력할 것

㉠ 추상적인 것보다 구체적인 실제의 이야기를 한다.

㉡ 거리감 있는 이야기 보다는 피부로 느낄 수 있는 이야기

㉢ 생활에 관계가 깊은 문제 등 친근감을 느낄 수 있는 이야기

㉣ 유머로 상대자를 웃김으로서 마음이 상통하게 된다.

㉤ 생명, 재산에 관한 이야기를 함으로서 무관심하게 듣지 않는다.

4. 듣는 방식

(1) 목적을 설명한다.

(2) 질문의 용어는 상대자에게 상응한 말씨를 사용하도록 하여야 한다.

(3) 질문이 암시유도가 되지 않도록 한다.

(4) 질문의 방식

① 전체법과 일문일답법

㉠ **전체법** : 전체법이란 막연하게 "무언가 수상한 점이 없습니까?" 라든가 "무엇을 했습니까?" 등과 같이 묻는 방법이고 상대자는 이에 대하여 자유롭게 대답하는 것이다. 이 경우에는 질문자의 암시 유도의 염려가 수반되지 않으므로 바른 대답을 얻을 수 있으나 답변의 정리가 어려운 결점이 있다.

㉡ **일문일답법** : 일문일답법은 질문자가 듣고 싶은 점을 하나하나 묻는 것이므로 문제점을 명확히 할 수 있다. 그러나 질문이외의 정보를 얻기가 어렵고 질문여하에 따라서 암시, 유도의 염려가 있다.

② 자유응답법과 선택응답법

㉠ **자유응답법** : 자유응답법은 질문에 대하여 자유로이 대답하게 하는 방법으로, 그 질문이 "무엇을 보았습니까?" "어디 가는 전차였습니까?" 등과 같이 무엇, 어디, 언제 등과 같이 의문사를 수반하는 질문으로 시작되고 이 같은 질문은 암시 유도의 염려가 적어서 좋은 질문방법이 될 수 있다.

㉡ **선택응답법** : 선택응답법은 질문자가 미리 준비한 몇 개의 답변 중에서 하나를 선택해서 답변하게 하는 방법으로, 다지선택법 이라고도 하는 것으로 "그 버스는 대전행이었습니까?" 혹은 "광주행이었습니까?" "춘천행이었습니까?" 등과 같은 질문으로 이 방법은 선택된 답 이외의 것은 얻기가 어렵고 암시 유도의 염려가 있는 것이다.

③ 부정문과 긍정문

㉠ **부정문** : "갑은 아니겠지요?" 등과 같이 부정어를 가지고 질문하는 것을 부정문이라고 한다.

㉡ **긍정문** : "그는 갑이지요?" 등과 같이 확인하는 방향의 질문을 긍정문이라고 한다.

(5) 거동수상자, 목격자에 대한 탐문상의 주의

범인이라고 해서 전부가 일반인의 눈에 수상하게 보인다고 할 수 없으며 오히려 그들은 자연적인 것으로 위장하고 다니는 것이 보통이다. 따라서 "수상한 사람 보지 못했습니까?" 라고 묻기 보다는 "처음 보는 사람이 이 길로 가는 것을 보았습니까?" 라고 묻는 것이 좋다. 수상하다, 수상하지 않다는 것은 오로지 수사관 자신이 판단할 문제이지 일반인에게 물어 본다는 것은 무리이다. 즉, 그가 통과한 시간, 착의, 휴대품, 동작 등을 질문해서 사실을 명확히 하도록 하여야 한다.

(6) 상대자가 알고 있는 사실의 전부를 물을 것

훌륭한 면접자는 결국 상대자의 말을 잘 듣는다는 것과 상통한다. 특히 상대자로부터 새로운 사실을 탐문하고자 함에는 성급한 질문을 연발하거나 자기의 의견이나 체험을 첨가하는 등의 방법은 삼가야 한다. 마음이 서로 융합되면 자연히 그의 전부를 털어 놓게 되는 것이다. 수사관은 그의 말을 받아 이야기를 촉진시킬 정도로만 하고, 중요한 것은 그의 이야기를 전부 끝까지 듣는다는 태도를 취하여야 한다.

(7) 질문의 시기

① **상대자의 이야기가 불충분할 때** : "그것은 어떤 뜻 입니까?" "그 점을 좀 더 상세히 말씀해 주십시오." 등으로 질문한다.

② 대화 중 모호한 점을 추궁할 때도 이상과 같은 요령으로 질문한다.

③ 상대자가 표현에 고심할 때 이런 때에는 예시 "그 먼저는", "그래서" 등으로 촉진해서 말을 쉽게 표현하도록 한다.

④ 상대자가 이야기 중 공포심이나 불안감이 엿보일 때는 그 원인을 빨리 파악하고 불안감이 해소되도록 유의한다.

⑤ 중요한 점을 확인한 경우에 가능한 한 상대방이 눈치 채지 못하도록 하면서 "그 점을 다시 한번" 등으로 확인한다.

⑥ 면접 목적에서 빗나갈 때에는 시간을 봐서 듣고 싶은 점을 적절한 용어로써 질문한다.

(8) 수집된 자료를 상대자에게 알리지 말 것

수집된 자료를 상대자에게 알린다는 것은 새로운 사실을 듣는데 있어서 가장 좋지 못한 것이며, 더구나 상대가 범인과 통모 될 가능성이 있는 자일 때에는 오히려 역이용 당할 수 있다.

(9) 대화 도중 비평 등을 피할 것

상대자의 이야기에 대하여 비평, 비난을 가하거나 논쟁을 피하도록 한다.

(10) 대화에서 얻은 자료는 종합 기억할 것

① 이야기의 대강을 파악한다.

② 이야기의 중요부분과 중요하지 않은 부분을 선별한다.

③ 전체 이야기의 줄거리를 이해하면서 세부적인 관계를 파악한다.

5. 탐문의 종결

① 탐문이 종결되면 상대자에게 감사하다는 태도를 잊어서는 안 된다. 탐문에 의하여 상대자에게 정신적 부담은 물론, 작업 중지 등에 따른 경제적 부담 등 상당한 폐를 끼치게 된다. 그러므로 탐문의 성부에 관계없이 감사의 뜻을 표시하여야 한다.

② 탐문의 목적을 충분히 달성하지 못하고 후일 연속해서 탐문을 행할 필요가 있을 때에는 재회의 장소, 시간 등에 대하여 약속을 해둘 필요가 있고, 탐문에서 얻은 내용은 될 수 있는 한 서로 비밀을 지킬 수 있도록 하여야 한다.

Ⅵ. 탐문 후의 조치

1. 탐문내용 보고

탐문을 행한 수사관 각자에 있어서는 그렇게 중요하다고 생각되지 않는 것도 다른 자료와 정보를 종합해서 검토하게 되면 이것이 의외에도 중요한 자료가 될 때가 있다. 조직수사의 묘미는 여기에도 있는 것이다. 따라서 수사관 각자의 독단적인 판단으로 정보를 함부로 매장시키는 일이 있다고 하면 조직수사의 존재 의의마저 상실되는 것이라고 할 수밖에 없다. 따라서 탐문에 의하여 얻어진 정보는 대소를 막론하고 수사 간부에게 보고하지 않으면 안 된다.

2. 진술의 확보

탐문의 결과 얻어진 정보나 수사 자료를 수사진행에 또는 공판에 있어서 증거로 하기 위해서는 이것을 기록화 해 두지 않으면 안 된다. 특히 참고인의 기억이 새로울 때에 참고인 진술서를 작성해 둠은 물론, 목격한 장소, 물건의 상태, 명암의 상황 등은 필요한 때에 검증(실황조사)을 하여 조서화해 두도록 하여야 한다. 또한 탐문의 상대자가 여행자 등으로서 주거가 원거리에 있거나 병자, 해외 여행할 자 등일 때에는 신속히 조서를 작성하고 수사간부의 점검을 받아 불충분한 점이 있으면 즉시 보충조서를 작성, 확보해 두어야 한다.

3. 정보제공자 보호

탐문의 상대자는 범죄에 대한 정보를 제공해준 협력자이다. 이들에게 어떤 손해를 끼치거나 생각지 않은 곤욕을 당하게 해서는 절대 안 된다. 탐문에서 단서가 되는 정보는 제공하지만 이름만은 비밀로 해줄 것을 부탁하는 사람이 있다는 것은 일반적으로 경험하는 일이다. 특히 조직폭력범죄 등에 대해서는 피해자나 관계자의 보호에 유의하고 협력자를 절대로 보호하도록 각별히 유의하여야 한다.

정보제공자에 대하여는 법의 한도 내에서 최대한의 보상을 해주어야 한다. 즉 중요범죄 검거에 결정적 제보자에 대한 포상을 확행하고, 공개할 사항에 대하여 충분한 PR을 해주어야 한다. 즉 상금지급, 용감한 시민상 수여, 협력 장 및 감사장 수여 등 인색하지 말아야 한다.

Ⅶ. 선면수사

1. 의의

피의자의 인상을 알고 있는 피해자나 참고인의 협력을 얻거나 또는 이미 파악된 범인의 사진 등과 대조함으로서 불특정 다수의 사람들 중에서 범인을 특정, 발견하게 하거나 변사체의 사진 등에 의하여 그 신원을 발견 확인하는 수사방법을 말한다.

2. 선면수사의 방법

(1) 범인의 특징 발견

① **실물에 의한 선면** : 피해자등에게 검거한 용의자를 직접 보여 주어 범인 여부를 확인하는 방법

② **사진 등에 의한 선면** : 피해자등에게 용의자의 사진을 보여주거나 다수의 사진 중에서 용의자를 선정하는 방법이다.

③ **사진 등에 의한 식별** : 범인의 사진, 몽타주, 화상 등으로 경찰관이 불특정 다수인 중에서 용의자를 식별하는 것으로 미행이나 잠복감시에 많이 이용된다.

④ **인상서에 의한 선면** : 용의자의 얼굴 등 인상의 특징을 탐문하여 글로써 표현하는 것을 이용하는 것이다.

(2) 변사체의 신원확인

① **사진 촬영에 의한 선면** : 신원을 알 수없는 변사체의 안면사진을 촬영하여 연고자등에게 관찰하게 하는 것으로 혈흔 등이 묻은 경우에는 깨끗이 닦아 가능한 한 생전모습과 비슷하게 촬영하여야 한다.

② 백골사체의 경우는 복안법(superimpose)에 의해 작성된 일종의 몽타쥬 사진을 통해 신원을 확인하는 방법이다.

(3) Line-up(복수면접)과 Show-up(단독면접)

① Line-up : 범죄피해자 또는 목격자에게 피의자를 포함한 여러 사람을 보여주는 방법이다.

② Show-up : 범죄피해자 또는 목격자에게 피의자의 체포 직후에 피의자를 보여주는 방법이다.

3. 선면수사시 유의사항

① 실물에 의한 선면의 경우는 목격당시와 동일한 조건하에서 관찰하게 하여야 한다.

② 기억의 불완전성을 고려 기타 증거자료를 수집하여 진술의 진위를 확인하여야 한다.

③ 피선면자와 단독으로 선면하게 하면 선면자는 용의자를 범인으로 보려는 경향이 있으므로 여러 명의 피선면자를 선면하게 하고, 선면자의 보호를 위하여 피선면자 모르게 선면 한다.

제7절 감별수사

Ⅰ. 의의

① 감별수사란 범인과 피해자 혹은 범인과 범행지 및 그 주변의 지역 간에 존재하는 각종 사정관계 등에 근거를 두고 수사하는 방법을 말한다. 그 중에서 범인과 피해자, 그 가족, 피해가옥과의 관계를 연고감이라 하고, 범인과 범행 지 및 그 주변지역과의 관계를 지리감이라 한다.

② 그리고 그 관계가 밀접한 것을 농감이라 하고, 그 관계가 희박한 것을 박감이라 한다. 또한 범인과의 직접적인 관련성이 있는 것을 직접감이라 하고 간접적인 관련성이 있는 것을 간접감이라 한다.

Ⅱ. 원리

① 범죄를 실행할 때 범인이 피해자 또는 범행지에 관한 지식이 있을 경우에는 보통 그 지식을 이용하는 것이다. 그래서 그것이 범행방법이나 범행전후의 행동에 표현되어 수사 자료로 남겨지는 것이다.

② 감별수사는 임장수사 기타의 방법으로 그것을 자료로 수집하여 추리·검토함으로서 피해자나 범행지에 관한 범인의 지식 유무를 판단하고 그것을 기초로 하여 수사를 진전시킴으로서 범인에게 도달하는 수사방법인 것이다.

③ 감별수사는 이와 같이 범인의 심리적인 행동의 원리를 응용한 것이다. 범행의 심리라는 것은 범죄에는 원인과 동기가 있어서 그 범행을 의도하고 계획하는 경우의 심리를 말하는 것이다. 즉, 범행에 있어서 범행에 적합한 장소, 범행에 적합한 시간, 목적물이 존재할 것, 저항이 없어야 할 것, 도주가 가능할 것 등을 미리 연구하는 것이다. 이 심리를 분석하여 본다면 용이(容易), 안전(安全), 완전(完全)이라고 말할 수 있어 될 수 있는 데로 쉽고 안전하게 그리고 완전히 해치워 버리려고 하는 것이다.

④ 감별수사에 있어서는 범행상황 기타로 보아 그중에 범인이 피해자나 피해가옥에 대해서 어느 정도의 지식이 있는가를 검토하여 수사를 추진시켜 가는 것이다.

Ⅲ. 감별수사의 가치

1. 수사방침의 기초

감별수사는 기초수사의 일환으로서 밀접불가분의 관계에 있다. 따라서 처음부터 “이 사건에는 감이 있다.” 라고 하는 것과 같이 기초수사에 선행하여 감의 존부를 정하고 마는 식의 편중수사는 그다지 환영할 수 없다. 그러나 기초수사를 철저히 하고 범행상황 범행 전후의 범인의 행동 기타 기초적인 사실에 근거를 두고 연고감 혹은 지리감이 있다고 정확하게 판단하였을 경우에는 그 수사방침은 구체적으로 되어 수사의 범위는 축소되는 것이다. 만일 이러한 판단이 되지 않을 경우, 즉 “뜨네기” 여행성 범죄의 경우에는 별 수 없이 수사범위는 확대되고 수사는 막연하게 되는 것이다.

2. 용의자에 대한 결정적인 판단자료

감은 용의자가 떠올랐을 때에 그 용의자가 진범인인가 아닌가를 결정하는데도 필요한 것이다. 예컨대 절도당한 현금을 보통 다른 사람들은 잘 알 수없는 곳에 감추어 두었다고 하면 범인은 연고감이 있는 것으로 판단되는 것이다. 따라서 용의자로 떠오른 자에게 연고감이 없다면 우연히 그 현금을 둔 곳을 보았을 것이라는 특별한 사정이 없는 한 범인이 아니라는 판단을 할 수 밖에 없는 것이다. 이와 같이 감은 용의자가 진범인가 아닌가 결정적인 판단을 내릴 때 매우 중요한 자료가 된다.

3. 유력한 정황증거

감이 용의자의 결정적인 판단점이 된다는 것은 입증 상에도 유력한 정황증거가 된다는 것을 의미한다. 입증상에는 감이라는 용어를 사용하고 있지 않지만 가치 있는 정황증거의 하나인 것이다. 예컨대 어떤 다른 자료가 있다 하여도 범인이 현금을 둔 곳을 알지 못한다고 하면 범인이라 할 수 없는 것으로 그것을 알았는가 몰랐는가 즉 연고감의 존부는 입증상 중요한 정황증거인 것이다. 이와 같이 감은 수사상 매우 중요한 가치를 지니고 있으므로 사건에 당면하였을 때에는 감의 존부에 대해서 정당한 판단을 하지 않으면 안 된다.

Ⅳ. 감별수사의 방법

1. 일반적 유의사항

(1) 사실에 의거한 정확한 판단

영감이라고 말하면 자칫 잘못하면 직감적인 어떤 영감 종류로 해석하기 쉬우나 그것과는 전혀 의미가 다르다. 이런바 영감이라고 하는 것은 직감적 판단이라고도 하는데, 예컨대 절도피해신고를 받고 현장으로 향하기 전에 현장관찰도 하지 않고 무언가 머릿속에 떠오르는 것이 있다. "범인은 전과자일 것이다"라고 생각하는 경우로서 그것은 아무런 이유도 근거도 없는 것이다. 그러나 감은 현장관찰을 한 결과 도난당한 현금을 두었던 장소를 다른 사람으로서는 잘 알 수 없는 장소였을 경우 그 사실로서 "범인은 피해자의 집 사정을 잘 아는 자다" 즉, 연고감이 있는 것으로 판단하는 경우로서 이것은 근거에 의한 추리의 판단인 것이다.

(2) 감 존부의 판단자료 평가

일견하여 농감인 듯하나 수사의 결과로 "뜨네기"였다는 경우가 있다. 그것은 농감과 뜨네기와의 양 판단자료가 혼동된 경우와 농감의 상황이 현저하면서도 뜨네기의 경우와의 두 가지로 보이는 경우가 있다. 그러므로 일견 농감으로 보이는 경우에도 경솔한 판단을 하여 과오 수사를 하기 쉬우므로 판단자료에 대해서 하나하나 잘 검토 평가하여 신중한 판단을 하지 않으면 안 된다.

(3) 판단자료의 검토

감에 관한 자료가 아무리 풍부하다고 하여도 그것에만 의존하지 말고, 수법, 장물, 유류물품, 기타 수사자료와의 관계를 반드시 검토하여 상호 모순점은 없는가 또는 범인의 위장공작 유무를 반드시 검토하지 않으면 안 된다.

(4) 감별수사와 다른 수사와의 병행실시

아무리 농감으로 확인된 사건이라도 감별수사만이 선행된다든지, 수사방침이 감별수사만으로 국한된다든지 하여 극단으로 수사가 기울어 져서는 안 된다. "수사는 할 수 있는 것은 모조리 수사하라"고 하는 말과 같이 유류물이나 장물이 있을 경우에는 물론 그 외의 수사로서 할 수 있는 것은 빠짐없이 행하여야 한다.

(5) 감별수사의 순서

감별수사는 현장 활동 등으로 범인이 연고감이나 지리감이 있는가의 「감유무수사」를 한 후에 감이 있다고 판단되면 「감적격자에 관한 자료수집」을 하고 수사대상자를 상대로 「감적격자 수사」 순으로 수사를 하게 된다.

2. 연고감 수사

(1) 연고감 유무 수사

① **연고감 유무의 판단자료 수집** : 주도면밀한 현장관찰, 현장감식과 확실한 기초수사 등에 의하여 연고감 유무에 대한 모든 판단자료의 발견 수집에 힘쓰고 그에 대한 검토·추리로 범인이 피해자나 피해가옥 등에 대하여 상세한 지식을 가지고 있는가 어떤가를 판단하여 수사를 범인에 도달 할 수 있는 궤도위에 올려놓아야 한다. 약간의 판단자료가 수집되었다고 하여 다른 면의 수사를 등한히 해서는 안 된다. 수사상 어쩌다가 우연의 일치가 되어 거기에 치우쳐 속단한 결과 수사가 아주 궤도에서 벗어나 어려움을 겪은 경험으로도 이해할 수가 있을 것이다. 폭 넓게 연고감유무의 판단자료가 수집되면 될수록 확신을 가지고 감별수사를 전개할 수 있을 것이다. 또한 피해자로부터 연고감 존부의 판단자료를 캐낼 경우 혹은 범행시의 범인의 언동(예, 누구에게 뇌물 받은 돈은 어디 감췄나 등), 상태(범인이 복면을 하고 말을 하지 않고 흉기로만 위협하는 경우 등, 말을 하게 되면 음성에 의하여 신분이 노출될 수 있다) 등으로 연고감 존부를 추정할 경우에도, 피해자의 신상관계, 가정사정, 교우관계, 출입자관계, 거래대차관계, 피해전후의 동정, 피해동기 등에 대하여 알아둘 것이 전제조건이 된다.

② **연고감 유무의 수사 방법**

㉠ **범행 장소(옥외) 검토** : 옥외 살인사건에 있어서 그 장소를 지리적 환경적 견지에서, 예컨대 보통 때에는 아무도 통행하지 않는 한적한 장소와 같이 아무래도 피해자의 동의나 이해 없이는 갈 수 없을 만한 장소에서 살해 되었을 경우가 있다. 그런데 이러한 경우라도 피해자를 속이든지 협박으로 데리고 가든지 혹은 다른 장소에서 살해하고 사체를 운반하는 일도 있으므로 이러한 점에 대해서 검토하여 그러한 상황이 없을 경우에는 우선 면식자의 범행으로 판단하더라도 무방할 것이다.

㉡ 피해가옥 검토

ⓐ **일견 돈이 없어 보이는 집에 현금을 목적으로 하고 침입하였을 경우** : 피해자의 집이 부근의 다른 집에 비교하여 아무리 보아도 현금이 있어 보이지도 않는데 다른 집에는 하등의 침입 흔적이 없고 피해자만이 범행의 목표로 선정된 경우이다. 즉 피해자가 겉으로 보기보다 부자로서 범인은 확실히 현금을 목표로 한 것이 옥내의 물색방법으로 확인되고 또한 그 피해가옥의 침입방법이 일견 근처의 다른 부자 집으로 보이는 집에 들어가는 것보다 어려운 경우에는 한층 더 연고감이 농후하다고 판단하더라도 무방하다할 것이다.

ⓑ **미리 피해자의 집을 목표로 한 범행으로 보일 경우** : 피해자 집 부근에 같은 미수사건이나 침입구를 찾은 흔적이나 또는 동일인으로 보이는 자가 방황한 상황이 있으면 대개 뜨네기로 볼 수 있으나 그러한 상황이 없고 그 밖의 자료로서 피해자 집을 목표로 한 범행이라고 인정되면 대체로 범인은 연고감이 있다고 인정하여 무방할 것이다.

㉢ 특수사정의 유무

ⓐ **사전에 가족 수, 수입상황 등을 알고 있는 경우** : 침입강도의 경우 협박하는 말투나 공범자간의 하는 말로 보아 사전에 가족의 수나 셋방 사람이 있는 것 또는 수입상황의 개략을 알고 있는 것으로 추정될 경우가 있다.

ⓑ **임시수입을 노렸을 경우** : 동산이나 부동산의 매도나 불시의 임시수입으로 현금이 들어왔던 날 침입이 있는 경우이다. 경우에 따라서는 우연의 일치도 있으나 범인의 언동상태로 보아 그것을 알았을 것으로 추정될 경우에는 연고감이 있다고 보아도 무방할 것이다.

ⓒ **가옥 내부구조를 잘 알고 있을 경우** : 침입강도의 경우 흔히 볼 수 있는 상황인데 범인의 말투로 사전에 가옥의 구조 등을 잘 알고 있는 것으로 판단될 경우 등이 연고감 있다고 보아도 무방할 것이다.

ⓓ **가족들의 외출 시간, 기타 습관을 잘 알고 있는 경우** : 피해자 가족들의 외출상황, 시간, 기타 습관 등을 구체적으로 알고 있는 경우 연고감이 있는 것으로 판단할 수 있다.

㉣ 침입구·침입방법 검토

ⓐ **침입구 도주로가 보통 사람으로는 알 수 없는 경우** : 옥내 사건으로 침입구 도주로를 검토해 보면 처음 들어온 자나 뜨네기로서는 잘 알 수 없는 장소로 침입한 경우가 상당히 많다. 이러한 경우 연고감이 있다고 보아야 할 것이다.

ⓑ **특수시건장치를 열었을 경우** : 특수시정인 경우 예컨대 문자 부호 번호 등을 조합하여 시정문을 열고 침입하였을 경우 우선 연고감이 있을 것으로 추정될 것이다.

ⓒ **침입할 수 있는 상황을 알고 침입 구를 찾은 흔적이 없는 경우** : 피해가옥의 주변을 면밀히 조사해 보면 족적의 상태나 창문벽 등에 손을 댄 흔적 또는 기타 상태로 타인이 침입구를 물색했는지 안했는지 알 수 있다. 여기 저기 침입구를 물색한 경우는 뜨네기의 범행이 많고 이것이 발견되지 않을 경우에는 연고감이 있는 경우가 많다.

ⓓ **난폭한 방법으로 침입한 경우** : 강도 범인이 노인이나 여자만의 피해자 집에 침입하는데 빠루 같은 연장을 사용하여 문호를 파괴하였을 경우이다. 집안사람들이 잠이 깨어 일어날 것을 당연히 예상하면서도 난폭한 침입방법으로 인정되는 경우에는 피해자의 내부사정을 잘 알고 있는 자, 즉 연고감이 있는 것으로 보아도 무방할 것이다.

ⓔ 절도의 경우는 개개의 사건에 대하여 감의 존부를 간파하는 동시에 우발사건에 대해서는 전체적인 공통점을 명확히 하여 감의 존부를 간파하지 않으면 안 된다.

㉤ 접대상태, 숙박상태의 유무 검토

ⓐ **접대상태가 있는 경우** : 사건현장에 방석이 놓여있고 커피 잔이 있고 손님을 접대한 흔적이 있다면 커피 잔의 수와 같거나 하나 적은 수의 방문객이 있었다고 여겨지며 방문객은 피해자와 상당히 친밀한 사이라고 용이하게 추정되어 농감이라고 여겨진다. 이러한 경우 피해자는 손님의 접대준비를 위하여 시장을 보거나 이웃 간에 손님이 누가 왔다고 말하기도 함으로 이러한 사람으로부터 피해자의 피해 직전의 동태를 들음으로서 연고감의 유력한 자료를 얻을 수가 있다.

ⓑ **숙박상태가 있을 경우** : 침실이나 침대 기타의 사정으로 보아 범인이 피해자 집에 자고 간 것이 인정된다면 피해자와 범인은 농후한 면식관계가 있는 것으로 판단된다.

㉥ **협박·폭행수단 검토** : 집안사람들에게 얼굴을 보이지 않으려고 하거나 말소리를 들리지 않게 하기 위하여 복면, 무언, 소등 등을 한 경우 강도 범인이 복면을 하여 얼굴이 보이지 않게 하고 흉기를 들이대며 무언으로 협박하는 경우 또는 범인의 한사람은 가족을 협박하며 금품을 강요하고 있는데, 다른 하나는 도무지 가족들 있는 곳에 들어오지 않으려고 하는 경우 대개 연고감이 있는 것이다.

㉦ 물색방법 검토

ⓐ **목적물이 있는 곳으로 바로 직행하고 다른 것은 물색하지 않는 경우** : 현금이 있는 금고를 둔 방으로 직행하고 기타 장소는 돌아보지도 않는 경우 연고감이 있다.

ⓑ **피해자만이 가질 수 있는 특수물품을 노린 경우** : 증서, 권리증서, 서화, 골동품 기타 피해자만이 가질 수 있는 것을 노린 범행으로 보일 경우, 즉 그 물품은 피해자가 아니면 가질 수 없는 것을 아는 자의 범행으로 추정되어 연고감이 있다.

㉧ 위장공작의 유무

ⓐ **위장이 되어 있을 경우** : 범행 후 침입구 및 도주로를 위장하였을 경우 범인은 내부자나 혹은 극히 농감인 자로 판단되거나 그렇지 않으면 허위신고로 판단된다.

ⓑ **범죄발각을 방지하는 공작을 하였을 경우** : 가장 전형적인 것은 고용자들의 범행으로 일견해서 물품이 없어진 것을 알 수 없게 공작한 경우는 내부자이거나 농감인 경우로 연속적으로 범행을 하는 예가 많다.

㉨ 사체조치에 대한 검토

ⓐ 근친자에 의한 범행의 경우 사체취급에 있어서 어딘지 모르게 정중하게 다룬 데가 있고, 그다지 친하지 않는 사이라 하더라도 면식자를 살해하였을 경우에는 그 죽은 얼굴을 보는 것이 참을 수 없는 심적 고통이 되는 것이 보통이다. 이러한 범인의 심

리현상으로 (i) 부부간이나 부모 자식 간에는 얼굴을 깨끗이 씻어놓는 경우가 있고, (ii) 착의를 잘 고쳐 놓고, (iii) 수건으로 얼굴을 덮거나, (iv) 머리맡에 꽃을 두는 수도 있다.

ⓑ 반대로 면식범이 생환하면 범인이 누구인지 알 수 있다는 불안감 또는 원한이 있는 경우에 참혹한 방법을 취하는 경우도 있다. (i) 목을 조른 끈을 풀 수 없게 꼭 매어 놓는 경우 (ii) 칼로 찌른다든지 완전히 절명되도록 하거나 사체를 함몰시켜 발견을 곤란하게 하는 경우 (iii) 사체를 분산시키는 경우 등은 연고감이 농후한 자의 범행으로 추정된다.

(2) 연고감 적격자 수사

① **연고감적격자에 관한 자료수집** : 연고감 수사는 먼저 연고감 유무의 판단자료를 검토한 결과 연고감이 있다고 확인되면 그 사건범인의 적격조건에 합치하는 이른바 연고감적격자에 관한 자료를 수집하고, 즉 감 범위에 관한 자료로서 개개의 사건에 있어서의 구체적 수사대상자의 발견 자료를 빠짐없이 수집하지 않으면 안 된다. 이러한 자료 중에는 살해된 피해자의 일기, 메모 등과 같이 때로는 중요한 수사대상이 실려 있는 경우도 있다. 이러한 자료는 빨리 손을 쓰지 않으면 안 된다. 또한 연고감 수사자료 중에는 그 자료에서 직접적으로 범인에게 결부되는 이른바 직접자료와 그 자료에서 판명한 제3자의 경험지식으로 범인에게 도달하는 이른바 간접자료가 있다.

② **연고감 수사 대상자** : 일반적으로 연고감수사의 대상으로 되는 자는 보통 피해자와 다음과 같은 관계에 있는 자를 들 수 있다.

㉠ 가족, 친지, 동거인, 고용인, 우인, 지인, 전 동거인 등
㉡ 본적지, 출생지, 전 거주지 등으로 내왕이 있는 자.
㉢ 직장관계로 출입한 자
㉣ 외판원, 전기・수도 등의 각종 수금원, 신문・우유 등의 각종 배달인, 청소부, 행상인등으로 내왕이 있는 자
㉤ 거래・대차관계로 출입한자
㉥ 가옥의 신축・수리공사 등에 종사했던 목수, 미장공, 기타 종사원
㉦ 피해자의 일기, 우편물, 명함, 거래장부, 주소록, 영수증 등에 의하여 파악된 자.
㉧ 이상의 자들과 면식자 또는 간접관계자

③ **연고감 적격자 수사방법** : 전술한 연고감 수사의 대상으로 되는 자를 중심으로 하여 범행의 동기를 가진 자, 범행의 기회를 가진 자를 연고감 적격자로 색출하는 수사를 진행하여야 하는데 이 경우 다음의 사항에 유의해야 한다.

㉠ **탐문대상자의 설득** : 피해자 또는 그 가족 등의 신변관계 등에 대한 조사에 있어서는 연고감 관계를 빈틈없이 해명되어야 비로소 수사가 추진되는 것이다. 그러므로 피해자 등에 대하여는 차마 말하기 곤란한 것까지도 물어보지 않으면 안 될 경우가 많다. 이런 경우에는 우선 피해자들이 충분히 이해하고 협력하도록 설득하지 않으면 안 된다.

㉡ **비밀의 엄수와 신중한 언동** : 연고감 수사에는 피해자의 체면에 관계되는 일이 많아 누설되어서는 안 될 경우가 많다. 때로는 자살을 하고 또 사업에 실패하는 일도 있는 것이다. 그럴 경우 그 이후에는 수사에 아무런 협력도 바랄 수 없게 될 것은 당연하다. 한편 부주의한 언동으로 수사에 관한 비밀이 누설되어 범인이 도주하거나 증거를 인멸하는 일이 없도록 언동에 신중을 기해야 한다.다. 호기심에 의한 추궁 불가

㉢ 연고감 수사에서는 피해자 측의 개인적인 문제가 많은 것은 어쩔 수 없으나, 그렇다고 해서 수사에 아무 필요도 없는 사사로운 개인문제를 흥미나 호기심으로 꼬치꼬치 묻는 것은 좋지 못하다. 만약 그러한 태도를 보인다면 필연적으로 신뢰를 받지 못하게 되어 버리고 마는 것이다.

㉣ **진실 발견에 노력**

ⓐ 면식의 유무 또는 출입관계자를 조사하는 경우에 피해자가 "본 일이 있는 자 같다"든가 "말소리가 듣던 말소리 같다"고 착각하여 진술하는 경우가 있다. 이런 경우에 수사관이 사건 해결에 초조한 나머지 그것을 그대로 받아 들여 객관적인 판단을 하지 않고 무턱대고 피해자에게 해당자의 기억 환기만을 촉구한다면 결국 피해자로 하여금 착각을 확정적으로 인식을 굳히게 하여 수사에 중대한 장해를 가져온다.

ⓑ 근친자가 범인이면 곤란하다든가 잘못하여 남에게 괴로움을 끼쳐서는 안 된다는 기분으로 소극적인 피해자가 있는데 이런 경우에도 수사에 대하여 이해하고 협력하도록 설득하는 동시에 피해자의 내정에 정통한 자를 탐문하는 등 진실을 듣도록 노력해야 한다.

ⓒ 상대자에 대하여는 사실에 대한 진술을 하도록 하고 용의점의 유무는 수사관 자신이 판단해야 하는데 "누군가 용의자는 없습니까?" 등으로 처음부터 상대방의 판단을 요구한다는 것은 상대자의 선입감이 바로 수사관의 선입감의 되어 버릴 것이므로 주의해야 한다.

3. 지리감 수사

(1) 지리감 유무 수사

① **지리감 유무의 판단자료 수집** : 지리감 유무의 판단자료는 주로 피해자 참고인의 진술, 범죄현장과 그 주변의 지리적, 환경적 상황 관찰로 얻어진다. 지리감은 범인과 범죄현장 주변과의 관련성이므로 피해자와 관계되는 연고감에 비하면 수사대상도 많고 수사범위도 넓게 되며 지리감이 있다고 인정되면 연고감이 있고, 그 범위는 상당히 넓다고 해도 결국 그 범위는 한정되는 것이다. 연고감이 있는 사건은 대개 지리감이 있는 경우가 많다. 특히 침입절도는 연고감이 있는 경우에는 거의 지리감이 있는 것으로 추정할 수 있다.

② **지리감 유무의 판단방법** : 지리감 유무의 판단 방법으로는 대개 아래와 같은 것이 있으나 뜨내기의 범행인 경우에는 사전답사 등으로 계획적인 범행을 하는 경우는 지리감이 있는 것과 구별하기 어려운 때가 있으니 다른 상황도 고려하여 신중히 판단하지 않으면 안 된다.

㉠ **범행 장소의 검토** : 범행이 어떠한 장소에서 이루어졌는가? 그 지리적 조건으로 그 장소에 정통한 자가 아니면 안 될 장소라고 하면 지리감이 있는 것으로 판단된다. 예컨대 교외에서 발생한 강간사건의 현장으로 통하는 도로는 좁은 농로 하나뿐이며 그 도로는 그 지방 사람만이 다니는 도로였는데 수사한 결과 범인은 약 1개월 전까지 부근 공사장에서 일하던 인부로 밝혀진 경우가 있다.

㉡ **범행전후의 행동 검토** : 범인은 어디서 어디로 도망하였는가? 혹은 은신 휴게한 장소는 어디인가 등등에 대해서 검토하여 다음과 같은 사실이 있는 경우에는 지리감이 있는 것으로 판단된다.

ⓐ 범인의 행동경로가 보통 사람으로서는 다니지 않는 특별히 빠지는 길이라든지 뒷길, 논둑길 같은 데를 이용한 경우

ⓑ 다른데서 온 사람으로서는 알 수 없는 곳에 있는 가건물, 소옥, 동굴 같은데 은신 휴게한 것으로 보이는 경우

ⓒ 미리 범행 현장 부근의 사람들의 동태를 알고서 안전한 방법을 취하여 현장에 들어갔다가 범행 후 도주하였을 경우

㉢ **교통기관 이용 상황의 검토** : 어떠한 교통기관을 이용하였는가? 그 교통기관을 교묘히 이용하였는가 여부를 검토함으로서 범인이 그 지방의 교통기관의 발착시간 운행계통 등을 사전에 알고 그것을 교묘히 이용하였다고 하면 지리감이 있는 것으로 판단된다.

㉣ **범행시간 검토** : 자가용이 아닌 대중교통을 이용한 경우에 범행시간에 대해서 교통기관의 운행상황으로 보아 먼데서 올수 있는가? 어느 범위의 지역에서 올 수 있는가? 심야인 경우에 교통기관은 일체 정지되었는데 각 요소마다 비상배치를 해도 체포되지 않는다고 하면 범인은 현장부근에 거주하는 자로 추정되어 지리감이 있다고 판단할 수 있다.

㉤ 장물 운반상황, 은닉장소 검토

ⓐ 용적, 중량 또는 그 운반 방법 등으로 지리감이 판단되는 경우가 있다. 예컨대 중량이 있는 물건 또는 다량의 물건을 절취하여 그 운반에는 당연히 자동차가 필요하다고 생각되는 경우에 있어서 이용한 흔적(형적)이 보이지 않는다면 범인은 근처에 있는 자라고 생각할 수 있다.

ⓑ 장물의 은닉장소가 외지에서 온 자로서는 알 수 없는 가건물, 소옥, 동굴 등에 장물을 은닉하였던지 휴식하였다면 지리감이 있는 것으로 추정된다.

㉥ **피해자 선택상황 검토** : 피해자의 선택에 대해서, 통상 피해자와 범인의 관계는 연고감에 속하나 정기적인 통행자를 노렸다는 경우에는 지리감이 있는 것으로 추정된다.

㉦ **범인의 언어 검토** : 범인의 언어는 연고감과 지리감에 공통된다. 범인들이 범행 중 범죄 장소의 지리적 조건, 지명, 인명, 도로, 건물, 축제일 등의 상황 기타 그 지방에 익숙한 자가 아니면 알 수 없는 것을 말하였다고 하면 지리감이 있는 것으로 추정된다.

㉧ 그런데 사업자의 집에서 폭행 · 협박하는 과정에 세금포탈 운운한다든가, 공무원에게 뇌물운운하면 연고감이 있는 것으로 추정된다.

(2) 지리감적격자 수사

① **지리감적격자에 대한 자료수집** : 지리감의 판단자료를 검토한 결과 지리감이 있는 것으로 확인되었을 경우에는 그 사건 범인의 적격성에 합치하는 이른바 지리감적격자에 관한 자료를 수집하게 된다. 즉, 감의 범위에 대한 자료로서 개개의 사건에 있어서의 구체적 수사대상자 발견 자료를 빠짐없이 수집・확보하지 않으면 안 된다.

② **지리감수사 대상자** : 지리감이 있는 자의 범행이라고 판단이 되었다면, 일반적으로 지리감 수사의 대상으로 되는 다음과 같다.

㉠ 범행지 부근에 거주하는 자 또는 거주하였던 자

㉡ 범행지 부근에 통근 통학하는 자 또는 통근 통학 하였던 자

㉢ 범행지 부근에 친족 지인이 있어 자주 내왕한 일이 있는 자

㉣ 전에 범행지 부근 공사장에 일한 자

㉤ 범행지 부근에서 행상, 수금, 운동, 배달, 운송 등으로 내왕한 일이 있는 자

㉥ 범행지 부근에서 범죄의 전력이 있는 자

③ **지리감적격자 수사방법** : 지리감수사 대상자가 사건당시 범행지 부근을 배회한 사실의 유무에 관한 탐문수사, 행적수사를 충분히 행하여 확인하지 않으면 안 된다.

④ 지리감수사 대상은 그 범위가 매우 넓으므로 수사누락이 없도록 하기 위하여는 수사담당구역을 정하여 책임 있는 수사를 해야 한다. 그리고 지리감수사를 효율적으로 추진하기 위하여는 평소부터 관내의 전력자, 소행불량자, 거동수상자의 전입 등의 실태를 파악해 둘 것과 광범위하게 수사에 대한 협력자를 확보해 두는 것이 필요하다.

제8절 수법수사

Ⅰ. 수법수사의 의의 및 중요성

1. 수법수사의 의의

① 범죄수법이란 범행당시 장소 및 범죄행위에 표현된 수단, 방법, 습벽 등에 의하여 범인을 식별하려는 기준 또는 정형을 말하는 것이다.

② 대부분의 상습범은 범죄를 자행함에 있어서 습성으로서의 동일한 수단, 방법을 반복하는 경우가 많아 그러한 범죄방법은 유사한 형이나 동일한 형으로 범죄현장에 남게 되는 것이다. 이 범죄수법의 반복성은 심리적으로는 인간행위의 관습성에서 입증되며 사실적으로는 범죄현장에 있어서의 수법의 필존성에서 입증이 된다.

2. 수법수사의 중요성

최근의 범죄는 그 수법이 교묘화하여 현장에 유형 자료를 남기지 않는 경우가 증가하고 있으나, 일종의 무형자료인 범죄수법에 의하여 수사를 진행함은 매우 중요한 수사방법이 되고 있는 것이다. 범행의 수법을 기록화·조직화하여 노련한 수사관의 퇴직 등에 대비하는 의미도 있는바 수법수사는 종합적 수사에 이용된다.

Ⅱ. 범죄수법의 특성

상습범의 범죄행위를 예시하면 수법은 일정한 형으로 고정되는 경향이 있고 용이하게 변경되지를 않으며, 반복하며, 개인적인 습벽을 가진다는 특성(수법의 관행성, 반복성)과 범죄수법은 반드시 현장에 잔류하기 마련이다. 따라서 완전범죄는 없다(수법의 필존성)이 있는바, 이를 심리적으로 고찰하면 용이한 방법, 안전성을 원하는 것이 그 요인이 되고 있다.

Ⅲ. 근거규정

범죄수법공조자료관리규칙

Ⅳ. 범죄수법의 효용

1. 무형의 유류물로서 지능적 범죄에 대처한다.

상습범은 날로 지능화하여 범인은 의식적으로 범죄현장에 지문, 족적 등 일체의 유형 자료를 유류하지 않는다. 그러나 필존성을 가진 범죄수법만은 무형적 유류품으로서 반드시 현장에 남아 있다. 이런 경우에 범죄수법은 유일한 수사 자료가 되는 것이다.

2. 공조제보로서 조직수사의 원활을 기한다.

범행 후 도주, 장물의 운반 등이 광역화 기동화한 까닭에 수사 또한 이에 대처하여 경찰서, 지방경찰청 상호간에 공조제보제도를 조직적으로 신속히 운영함으로서 여죄, 범인, 장물의 발견 및 범인검거에 서로 협력한다.

3. 범죄수법 외에 기타 다각적인 수사효과를 얻는다.

수법원지의 기재내용은 범죄수법 외에 다각적인 수사 자료로서 이용된다.

① 성명, 이명 등에 의하여 범인을 발견한다.

② 범죄수법에 의하여 범인을 발견할 수 있다.

③ 범죄수법에 의하여 여죄를 발견한다.

④ 범죄수법을 기초로 한 지문 장문 필적 인상 습성 등에 의하여 범인을 발견할 수 있다.

⑤ 신체특징을 확인하였을 때 그 특징을 조회함으로서 범인을 색출할 수 있다.

⑥ 지명수배자(지명통보자)를 발견할 수 있다.

⑦ 장물 또는 피해품을 발견할 수 있다.

⑧ 수법원지의 기재사항을 이용함으로서 수사의 효과를 거둘 수 있다.

4. 수사의 계속성 및 수사 자료의 열람의 신속성을 보장한다.

수법 자료를 보관함으로서 폐기될 때까지는 언제나 계속적인 자료가 될 뿐 아니라 분류번호에 따라 신속한 열람과 대조가 가능하다.

5. 범죄수법의 경향 및 범죄 진로를 파악 봉쇄할 수 있다

합리적인 참고통보 이동통보로서 범행수법의 경향과 추세를 적시에 파악할 수 있고 동일범행자 조사표로서 범행진로를 파악 봉쇄할 수 있다.

Ⅴ. 범죄수법자료가 적용되는 범죄

수법범죄로 수법원지 작성 대상 범죄는 범죄 중 특히 반복성이 강한 것에 한정하는바 강도, 절도, 사기, 위조・변조사범(통화, 유가증권, 우표, 인지, 인장, 문서), 강간, 방화, 약취유인, 공갈(피해자의 비행묵인 구실 갈취) 장물, 기타 경찰청장 및 지방경찰청장이 지정하는 범죄이다.

Ⅵ. 범죄수법자료

1. 수법원지

(1) 의의

범인의 인적사항, 인상특징, 수법내용, 범죄사실, 직업, 사진, 지문, 필적 등을 수록한 기록지를 말한다.

(2) 작성대상

① 수법범죄의 범인을 검거한 경우에 작성한다. 공범 중 일부라도 검거하면 작성한다.

② 수법범죄의 구속피의자는 모두 작성한다.

③ 불구속피의자중 재범의 우려가 있는 자는 작성하고, 재범의 우려가 없다고 인정되는 자는 작성하지 않을 수 있다.

(3) 작성자 및 시기

사건을 검찰에 송치할 때 피의자를 조사한 경찰관이 1매 작성하여 지방경찰청을 경유하여 경찰청에 송부한다.

(4) 작성책임 및 감독자

수사(형사)과장은 작성대상 선정, 기재내용, 여죄조회 등의 적부 및 작성누락 여부를 확인하고 책임자란에 직접 날인하여야 한다.

(5) 폐기사유-재범의 우려가 없을 때

① 피작성자가 사망하였을 때

② 피작성자가 80세 이상 되었을 때

③ 원지 작성 후 10년이 경과되었을 때(단, 전산자료는 삭제 않는다)

④ 동일한 원지가 2매 이상 중복될 경우 1매를 제외한 나머지

(6) 작성시 유의사항

① 범죄수법이 구체적으로 나타나도록 기재할 것.

② 인상과 신체적 특징을 정확히 기재할 것.

③ 자필란은 반드시 피의자가 기재할 것.

④ 사진은 규격에 맞고, 인상 및 신체적 특징이 부각되도록 촬영할 것.

⑤ 범행 장소를 정확히 기재할 것.

⑥ 공범관계는 미검자까지 기재하고 연고선, 배회처, 친인척 등 많은 자료를 기재할 것.

⑦ 범행사실란은 범행수법, 범행수단, 목적물의 처분지 등이 부각되도록 기재할 것

⑧ 범인의 진술에만 의존하지 말고 주민등록증의 사진이나 지문대조할 것.

⑨ 수사자료표의 지문번호를 기입할 것.

(7) 수법원지의 효용

① 동일수법 또는 유사수법의 용의자를 알 수 있다.

② 범인이 도망하였을 때 배회처를 알 수 있다.

③ 범인의 습벽을 알 수 있다.

④ 범인의 직장경력을 알 수 있다.

⑤ 범인이 여행성 범인인가를 알 수 있다.

⑥ 범인의 필적을 감정 할 수 있다.

⑦ 범인의 장물처분방법 및 처분처를 알 수 있다.

⑧ 범인의 친족, 지인 등 연고관계를 알 수 있다.

⑨ 현장지문을 채취하여 지문대조를 할 수 있다.

⑩ 범인의 인상, 신체적 특징을 알 수 있다.

2. 피해통보표

(1) 의의

수법범죄가 발생하였으나 그 범인이 누구인지 판명되지 아니한 경우에 당해사건의 피해자, 범인의 인상, 신체적 특징, 범행수법, 피해사실, 용의자의 인적사항, 피해품, 유류품 등 수사 자료가 될 수 있는 내용을 수록한 기록지이다. 따라서 피의자의 정확한 신원이 판명된 경우에는 검거하지 못하더라도 작성하지 않는다.

(2) 작성자 · 시기 요령

현장임장자가 수법범죄 발생 즉시 1매 작성하여 즉시 전산입력하고 작성대장에 등재하여 수법, 소분류, 작성 일자 순으로 정리 보관한다.

(3) 폐기사유

① 피의자가 검거 되었을 때

② 피의자가 사망하였을 때

③ 피해통보표 전산입력 후 10년 경과하였을 때

(4) 작성시 주의사항

① 상세한 메모를 할 것

② 현장에 표현되지 않은 수법의 위장부분 등 실제 수법을 간파할 것.

③ 범죄수법의 불합리한 점을 확인할 것

④ 미수 개소에 대한 관찰을 철저히 할 것

⑤ 범죄수법이 불분명한 개소는 무리하게 추정하지 말고 나타난 그대로만 기재 할 것.

⑥ 피해자의 진술을 맹신하지 말 것.

(5) 효용

① 피해사건의 수법내용을 알 수 있다.

② 피해자의 주소, 성명을 알 수 있다.

③ 범죄수법으로 여죄를 알 수 있다.

④ 피해품을 일괄 파악 할 수 있다.

⑤ 연속 범죄의 경우 수사방침 수립의 자료를 얻을 수 있다.

⑥ 범인의 추적수사가 가능하다.

3. 공조제보

(1) 의의

① 공조제보라 함은 경찰관서 상호간에 범인, 여죄, 장물을 발견하고 범인을 검거하기 위하여 각기 보관중인 수사 자료를 서면, 지문전송사진기, 영상 또는 문자식 전산기, 전신으로 하는 수배·통보·조회하는 것을 말한다.

② 공조제보에는 여죄조회, 사건수배, 장물수배, 장물조회, 지명수배, 지명통보, 해제통보, 참고통보, 이동통보의 9종이 있다.

(2) 효용

① 다른 시·도의 여죄를 알 수 있다.
② 다른 시·도의 범죄발생 실태를 파악할 수 있다.
③ 다른 시·도의 수사 자료를 얻을 수 있다.
④ 다른 시·도의 피해품 발견 및 확인을 할 수 있다.
⑤ 연속 발생사건 및 특이수법을 알 수 있다.
⑥ 여행성 범죄의 범인 및 여죄를 발견할 수 있다.
⑦ 지명수배(통보)자를 발견할 수 있다.

Ⅶ. 수법조회

1. 의의

수법조회란 수법범죄 현장에 남겨진 인적 특징 기타 습벽 등을 토대로 범인을 조회하거나 검거한 수법범인의 인적 특징을 토대로 범인의 여죄를 조회하는 것으로 전자를 범인조회라 하고 후자를 여죄조회라 한다.

2. 수법조회의 종류

(1) 범인조회

수법범죄가 발생하였으나 범인을 검거하지 못한 경우에 수법범죄 현장에 남겨진 인적특징 기타 습벽 등을 토대로 하여 범인을 조회하는 것으로 현장에 임장한 경찰관이 그 수법을 검토하여 이미 작성된 수법원지와 동일한 수법범인을 찾아내는 것이다.

(2) 여죄조회

여죄조회는 검거한 수법범인의 인적 특징을 토대로 범인의 여죄를 조회하는 것으로 범인을 조사하는 경찰관이 피해통보표 가운데 검거한 범인의 수법과 일치하는 것이 있는지 여부를 확인하는 것이다.

3. 수법조회의 방법

① 범인조회는 수사종합검색시스템조회에 의함을 원칙으로 한다.

② 여죄조회는 범죄정보관리시스템(CIMS)을 활용한다.

4. 수사종합검색시스템

(1) 의의

수사종합검색시스템은 개별적으로 운영되던 수법범죄, 마약사범, 변사관리, 조직폭력 영상시스템을 통합하고, 운전면허사진, 수형자료, 차적 조회, 수배여부조회, 가출인, AFIS(자동지문검색기) 등 경찰의 모든 조회 시스템과 연계하여 한 컴퓨터시스템에서 간단한 조작으로 다양한 수사 자료를 검색할 수 있는 종합시스템이다.

(2) 입력방법

사건담당자가 수법원지와 사진 등을 작성하여 지방청에 송부하면 경찰청에서 취합하여 경찰청 전산실에서 입력한다.

(3) 특징

① 범죄자들의 인적・물적 특징을 수록한 수법원지를 신속히 입력한다.

② 입력된 원지를 영상 자료화하여 전 경찰서에 신속히 제공한다.

③ 용의자 색출을 위한 영상다중열람 및 지문대조가 가능하다.

(4) 자료 활용

① 수법범죄 발생시 목격자 피해자를 상대로 동일 수법자 사진을 열람시켜 용의자를 색출할 수 있다.

② CCTV, 몽타주 등과 동일 인상착의의 사진대조가 가능하다.

③ 수표의 배서 및 협박편지 등의 필적을 대조하여 범인을 색출 할 수 있다.

④ 동일수법내용에 따라 용의자를 검색하여 수사 자료로 활용할 수 있다.

⑤ 성명, 별명, 이명에 대한 조회 및 문신 등 신체적 특징에 의한 검색이 가능하다.

⑥ 작성관서 작성일자에 의한 검색이 가능하다.

⑦ 본적, 주소, 출생지에 따른 검색 및 주소지 등의 변경일자 등을 검색할 수 있다.

⑧ 공범관계를 조회할 수 있다.

⑨ 연고선, 배회처, 친인척 관계를 검색할 수 있다.

⑩ 교통면허사진, AFIS(지문검색), 수용자 검색 등을 연계할 수 있다.

(5) 조회의 종류

① **범죄수사자료조회규칙상의 조회**

㉠ **범죄경력조회**(부호 : 1) : 범죄를 범하여 형사 입건되어 벌금이상의 형을 선고 받은 사실이 있는가를 지문 또는 컴퓨터로 조회하는 것이다.

㉡ **지명수배(통보)조회**(부호 : 2) : 피의자를 체포, 구속하거나 피의자의 성명, 이명, 별명 등에 의하여 본명이 판명되거나 기타 불심검문 등 수사상 필요한 때에 지명수배 또는 지명통보 중인지의 여부를 조회하는 것이다.

㉢ **장물조회**(부호 : 3) : 검거한 피의자, 불심검문대상자, 신원조회대상자 등이 소지한 수상한 물품 및 고물상, 사회에 유통되는 출처 불명의 물품 등에 대하여 장물조회를 실시하고 범죄정보시스템을 활용하여 피해통보표의 피해품, 고유번호, 품명, 재료 등을 조회하는 것이다.

㉣ **신원확인조회**(부호 : 4) : 경찰관서의 장이 검거한 피의자, 불심검문대상자, 신원조사대상자, 신원불상자, 변사자, 범죄수사상 필요하다고 인정되는 자의 신원을 확인하는 것이다.

㉤ **수법 조회**(부호 : 5), 여죄조회(부호 : 6) : 수사종합검색시스템과 CIMS를 활용하여 발생한 수법범죄사건 및 검거한 수법범죄의 피의자의 수법 및 여죄를 조회하는 것으로 범죄수법, 신체특징, 피의자, 피해자의 성명, 이명을 조회한다.

㉥ **수배차량조회**(부호 : 7) : 도난차량, 무적차량, 번호판 도난. 분실, 범죄차량 등 수배차량 여부를 조회하는 것이다.

㉦ **긴급사실 조회** : 수사상 필요한 대상인물의 신상과 행적을 알고 싶을 때 행하는 조회이다.(조회종류에는 포함되나, 부호지정은 없음)

② 지문규칙상의 조회

㉠ 범죄경력조회

㉡ 신원조회 : 범죄경력조회, 주민조회, 수사경력 조회로 실시한다.

㉢ 현장지문조회

③ 범죄수법공조자료 관리규칙상의 조회

㉠ 공조제보의 실시

㉡ 수법 및 여죄

제9절 유류품 수사

Ⅰ. 의의

범죄 현장이나 그 부근에 남겨져 있는 흉기, 옷, 휴지 등 범인의 유류품을 수집하여 검토함으로서 그 출처를 추적하여 범인의 윤곽이나 범행상황 등을 추정하여 수사하는 방법이다.

Ⅱ. 종류

1. 유류품

좁은 의미로는 범인이 소지 또는 휴대하고 있었던 흉기, 의류, 휴지 등 범죄 현장 및 그 부근에 유류한 물건을 말한다. 통상 유류품에 유류물은 포함되지 않으나, 넓은 의미의 유류품에는 유류물도 포함하는 개념이다. 유류품을 수집할 때 착안하여야 할 것은 다음과 같다.

① 범행에 사용된 것인가

② 유류된 상태는 위장되지 않고 자연스러운가

③ 범인의 연령, 직업, 성별을 나타내는 특징은 있는가

④ 지문을 채취할 수 있는 물건인가

2. 유류물

지문, 장문, 족문, 정액 타액 등의 신체적 소산물을 유류물이라고 한다. 유류물 수집시 착안하여야 할 것은 다음과 같다.

① 지문이나 족・흔적(족적과 흔적)이 범인의 것이 분명한가

② 피해자가 반항을 하면서 손톱으로 얼굴을 할퀴거나 머리털을 잡는 경우가 있는데 손톱 밑에 범인의 살점, 혈액, 모발 등이 묻어 있지 않은가

③ 범인의 혈액형을 검출할 수 있는 담배꽁초 혈액 가래침 체액, 강간시 정액 등의 자료는 확보하였는지 등에 착안하여야 한다.

Ⅲ. 특성

범인이 현장 기타 장소에 유류한 것은 그것에 의하여 직접 범인을 추정할 수 있으며 범인의 속성을 정할 수 있을 때가 많다 그리고 범죄사실이나 범인의 행동을 추정할 수 있기 때문에 수사상 매우 귀중한 가치를 가진다.

1. 직접 범인을 추정한다.

① 범죄현장에서 발견한 유류품에 범인의 성명이 기입되어 있거나 그 물건이 범인 상대의 서신일 경

우에 직접 범인을 추정할 수 있다. 또한 범인의 가족 및 친구 등의 성명이 기입되어 있는 유류품을 발견하였을 때에도 그 출처를 확인함으로서 범인을 추정 할 수 있다.

② 유류품에 지문이 남아 있을 때에는 지문대조에 의해 용이하게 범인을 색출 할 수가 있다. 그러나 유류품에 지문이 있는 것만으로는 곧 범인이라고 단정할 수는 없다. 피해자 등의 관계자가 유류품에 손을 댔을 때가 있기 때문에 이러한 경우 범인이 유류한 것이라는 점을 명확히 하지 않으면 안 된다.

2. 범인의 속성 추정

① 유류된 담배꽁초에 묻은 타액을 법의학적 검사에 의해 범인이 어떠한 혈액형인가 알 수 있다.

② 유류품의 마멸상태 등에서 범인의 기물 사용 버릇이나 직업적 특성을 발견할 수 있다.

③ 의류 신발 등에서 연령 신장 체격 등을 추정 할 수 있다.

④ 유류품의 부착물에서 예로, 짧은 머리카락은 이발사, 쇠가루는 철물관련 종사자 등 범인의 직업 및 행동범위를 추정할 수 있다.

⑤ 족적에서 신장, 성별 등을 알 수 있는 때가 있고, 족적의 문양으로 신발의 종류, 제조회사 등을 알 수 있고 이들을 통해서 신발의 유통구조를 알고 신발판매점을 상대로 구입자를 탐문수사 할 수 있다.

⑥ 고무신 운동화 구두 등의 물흔 에서 범인의 직업 신분 등을 추정할 수가 있다.

⑦ 먹다 남은 음식물에 치흔이 명료할 때에는 그 형상, 특징, 입의 대소 등을 추정할 수 있으며, 과실 등의 기호, 생활정도, 껍질 벗기는 특징 등이 추정된다.

3. 범인의 행동 추정

범인이 현장 및 그 부근에서 어떠한 행동을 하였는가 또는 할 수 있을 것인가 하는 것을 추정할 때가 있다. 예컨대 유류품에서 그때의 자세나 행동이 추정되며, 족적의 상황에서 범인의 침입 및 도주의 방향이 판단된다. 범인 등의 족적은 건물에 접근함에 따라 조심스럽게 되며 발끝으로 걸으며 보폭도 일정치 않다. 절취한 물품이 무겁다든가 하면 족적에 깊은 인상을 주며 또한 물품을 왼손으로 들면 왼발에 힘이 가해지고 왼발은 약간 외측을 향하고 발을 넓게 벌려 보폭은 단축된다. 또한 어떠한 장소에서 담배꽁초, 휴지 등이 많이 유류되어 있다면 그 장소에서 범인이 대기하였다는 행동 등을 추정할 수 있다.

4. 범행상황 등의 추정

① 족적의 위치에서 물색상황을 안다.

② 흉기가 유류된 상황에서 범행의 방법을 추정한다.

③ 여러 종류의 족적에서 범인의 수를 추정한다. 그러나 현장 부근에서 신을 바꾸어 신는다든가 하기 때문에 위장이 되는 점을 고려하여야 한다.

④ 차량적에서 2륜 차, 3륜 차, 4륜 차 등의 차륜이 추정된다. 이 타이어 흔은 문양 등에 의해서 차의 종류와 형식을 판단 할 수 있다.

⑤ 편지류의 내용에 의하여 단서를 얻을 수 있으며 지능의 정도를 추정한다.

Ⅳ. 유류품 수사의 방법

1. 유류품 수사의 순서

유류품 수사는 먼저 유류품을 확정하고, 유류품을 소지했던 자를 찾아내는 수사실행의 순서로 이어 진다

2. 유류품의 확정

유류품은 범인과 범죄를 결부시키는 중요한 증거인 것이다. 따라서 그것을 발견하였을 경우 그것이 범인이 유류한 것인가 또는 그렇지 않은 것인가 하는 것을 명백히 한다는 것은 대단히 중요하다

① **시간적 관계에서 보는 경우** : 범죄가 깊은 밤에 발생하였을 때에는 범인은 범행 전에 시간을 기다릴 경우가 많다. 따라서 범행시간을 추정하고 범행 현장부근의 시간을 기다리던 장소로 인정될 만한 곳에서 발견된 것은 범인의 유류품인 경우가 많다. 그 장소에서는 담배꽁초, 성냥, 회중전등의 전지, 신문, 잡지, 휴지 등이 많이 발견된다.

② **장소적 관계에서 보는 경우** : 범행 장소 및 부근에는 유류품이 남아 있는 경우가 많다. 범인이 침입시 또는 도주시에 특이한 심리상태에서 무의식중에 휴대품을 떨어뜨리게 된다. 따라서 그 장소에서 발견된 것 특히, 비닐, 의류, 모자, 수건 등에 관하여는 유류품인가 아닌가에 대하여 충분히 검토하여야 한다. 특히 유류품이 발견되기 쉬운 장소로는 범죄현장의 신발장, 변소 등이다. 현장 부근으로서는 하수구, 쓰레기통, 방화용수, 빈터, 풀밭, 공원, 공중변소 빈방 등이므로 이와 같은 장소는 세밀히 수사할 필요가 있다.

③ **범인의 행동에서 보는 경우** : 범인이 피해자에게 발각되거나 경찰관에게 추적당하였을 때 추적경로 부근에 소지품 등을 유기 또는 유류하는 경우가 많다. 그와 같은 장소에서 발견된 것에 관하여는 세밀히 검토할 필요가 있다. 절도범이 다른 곳에서 절취한 물건을 유류할 때가 있으므로 그들 유류품에 의하여 직접 범인을 추정하면 수사를 그르치게 될 때가 있으니 주의하지 않으면 안 된다.

④ **감정결과에서 보는 경우** : 범행현장 및 부근에서 발견된 것이 유류품인가 아닌가 확정되지 않은 경우에는 감식시설을 이용하여 감정을 실시함으로서 유류품을 확정하여야 한다.

3. 유류품 확정수사의 착안점

범죄현장에서 발견된 유류품에 의하여 범인이 누구인가 또는 범인이 어떠한 행동을 하였는가를 추정할 수 있다. 그런데 유류품은 그자체가 범인이 유류한 것이라는 것을 증명해 주지 않는다. 그러나 유류품은 실지 범죄에 관한 여러 가지 내용을 언제든지 말하고 있는 것이다. 거기서 유류품이 무엇을 말하고 있는가? 사실내용은 무엇인가를 잘 검토하여 그것에 관한 자료를 수집하고 그 내용을 명확하게 입증하여 가는 것이 대단히 중요하다.

(1) 동일성의 검토 - 범행과 유류품의 관계

범죄현장 및 그 부근에서 발견된 유류품이 흉기등과 같이 범행에 사용되었을 때에는 그것과 범행의

관계를 명확히 하여야 한다. 예컨대 범인이 피해자에 대하여 단도로 찔렀다는 사건에서는 피해자의 상처 부위와 그 단도가 합치하는가 어떤가를 감정 등으로 명확히 하여야 한다.

① 물건의 존재의 경과를 명확히 할 것

② 물건의 특징이 합치되어 있을 것

③ 유류상황과 진술이 합치되어 있을 것

④ 흉기 등의 경우 상해의 부위와 합치되어 있을 것 등을 목격자의 증언 또는 감정 등에 의해 명확히 함으로서 동일성을 확정 시켜 놓아야 한다.

(2) 관련성의 검토 - 범인과 유류품의 관계

현장에서 발견된 유류품이 범인이 소유 또는 휴대하고 있었을 경우에는 범인과 물건의 연관을 입증할 필요가 있다. 범인과 물건의 관련이 명확하지 않을 경우에는,

① 범인이 유류품 및 그의 일부라고 인정할 만한 것과 동종의 물건을 소유하거나 휴대하고 있었다는 사실

② 유류품에 부착된 물건과 그것에 상응한 물건을 소유하거나 휴대하고 있다는 사실

③ 유류품에 존재하는 사용버릇을 가진 인물일 것.

④ 범인이 범행시각에 접근한 현장 및 그 부근에 있었다는 사실 등을 명확히 하여 범인과 유류품의 관련성을 입증하여야 한다.

(3) 기회성의 검토 - 현장과 유류품의 관계

범행현장에 유류된 물건이 범인이 유류한 것이라면 범인이 현장에 갈 수 있었다는 것 또한 유류의 기회가 있었음을 정황자료에 의하여 증명해 두지 않으면 안 된다. 예컨대 성명이 적혀진 수건이 범죄 현장에 있다 하여도 그 기명된 자가 반드시 범인이라고 단정할 수는 없다. 이와 같이 유류품의 수사에 있어서는 물건의 출처, 추구 외에 범인과 유류품의 관계에 있어서 범인이 범행일시에 그 장소에서 범행을 하고 그때 소유하거나 휴대하였던 것을 유류 할 기회가 있었음을 증명해 두지 않으면 안 된다. 이를 위해서는, ① 범죄현장에 있었던 족적 또는 차륜적 등으로 명확히 할 것 ② 범행 전후에 범인이 범죄현장 및 부근에 나타났음을 목격자에 의하여 명확히 할 것 ③ 범인이 유류품 또는 동종의 물건을 소유하거나 휴대하고 있었음을 탐문 등으로 명확히 할 것 등이 중요하다.

(4) 완전성(보전성)의 검토 - 범행시와의 관계

① 유류품을 발견하고 수집한 경우 그의 취급을 잘못하여 물건의 증거가치를 상실시키는 수가 있다. 현장에 흉기라고 인정되는 칼이 유류되어 있어서 그것을 채취하여 증거품으로 송치하였으나 재판에 있어서 이 칼이 어디서 어떠한 상태로 존재하고 있었는가, 누구의 손에 의하여 수집되었는지가 명확하지 못하므로 과연 그 칼이 범행에 사용된 것이지 알 수 없다고 논쟁된 사실이 있다. 유류품이 범행 시와 동일한 상태로 잘 보전되어야 한다.

② 또한 보관 방법이 나빠서 멸실되어 증거로서 제출되지 못할 때도 있다. 따라서 유류품에 대해서는 과연 그것이 범행 시와 같은 성질을 보유하고 있는가, 같은 상태에 있는가 등을 세밀히 검토하지 않으면 안 된다. 따라서 유류품을 확보하고 보전하기 위해서는 현장검증 등에 의하여 채증의 상황을 명확하게 할 것은 물론 인계 등 과정에 대해서도 명확히 해 두어야 한다.

4. 수사의 실행

① **의의** : 유류품 수사는 우선 그 물건의 출처를 찾아 그것이 어떠한 자에게 인도되었는가를 수사하여 그 중에서 범인을 추정해 가는 방법이다. 다음은 일반적으로 탐문 수사를 실시하여 용의자를 색출하고 그 자가 유류품을 소지하고 있었던 적이 있었는가를 확인하는 것으로 범인과 결부시켜 확정 짓는 방법이 있으며 그 요점은 다음과 같다.

② **유류품의 출처 추궁** : 유류품은 범행현장에 연결되는 물적 자료이기 때문에 그 출처를 추구하여 가면 틀림없이 범인에 도달 할 수 있다.

③ **피의자와의 결부를 명확히 할 것** : 현장주변에 있어서는 범인의 행적 등으로 탐문수사를 하여 범인이라고 생각되는 자를 발견하는데 노력하며 그들에 대해서 내사하여 유류품과 결부시켜서 명확하게 함으로서 범인을 검거하는 것이다.

④ **유류품을 소지, 휴대하고 있었던 자의 탐문 수사** : 유류품 또는 그의 사진을 가지고 수사에 착수하는 것이 필요하다. 이때 주의할 것은 용의점이 농후한 자에 대하여 제시하면 증거를 멸실할 우려가 있다. 따라서 제시는 상대자의 성품 및 제시방법에 대해서 잘 검토하고 신중을 기하여야 한다.

⑤ **유류품의 일부로 인정되는 것, 유류품과 동종품의 소유 유무, 존재하는 흔적, 부착물에 상응하는 재료, 기구의 소지자 유무 수사** : 예컨대 현장에서 페인트가 묻은 테이프 같은 것을 발견하였다고 하면 도장 관계 직공들 중 특히 기구에 테이프를 감아서 쓰는 자의 발견에 노력하여야한다.

⑥ **유류품에 존재하는 사용 벽을 가진 자 수사** : 사용버릇이 일치하였다고 즉시 범인이라 판정하는 것은 위험천만이다. 예컨대 절도사건에 있어서 다리 불구자가 사용하였다고 인정되는 특이한 것이 묻은 구두가 현장에서 발견되었다 할 경우 탐문 수사로 현장부근에 불구자 A가 거주하고 있고 거동이 수상해서 A를 체포하였다. 그러나 A는 알리바이가 성립되고 결국 친구 B가 그의 구두를 훔쳐 고의로 현장에 버린 것을 알고 B를 진범으로 결정된 사례가 있다.

⑦ **유류품인가 장물인가를 명확히 할 것** : 발견된 유류품 중에는 범인의 소지품 외에 말하자면 본건 범행을 위하여 사용한 범행용구 또는 그 외의 장물의 의심이 있는 물건이 있기 때문에 유류품인가 아닌가를 수사할 필요가 있다. 이 경우에는 동일 수법사건에 대한 피해품의 탐문 철저 및 장물조회 등에 의하여 확인할 필요가 있다.

⑧ **유류품 발견자 수사** : 범인의 유류품을 일반인이 습득하는 경우가 있으므로 현장 및 그 부근을 통행한 자에 대하여 탐문 수사를 하여 확인하도록 노력하여야 한다.

⑨ **유류품 수배** : 유류품의 출처를 철저히 추구하기 위하여 필요한 것은 관계경찰 및 대상업자 등에 대하여 수배할 것

5. 유류품 수사상의 유의사항

① 유류품의 입수경로는 합리적인 것이어야 한다. 그런데 피의자는 물론 참고인의 진술이 모호하여 과연 그것이 유류품인가 의심스러운 경우가 있으므로 이런 때에는 진술에 대한 이면수사를 철저히 하여야 한다.

② 유류품의 출처, 이동경로의 수사는 광범위하고 장기간에 걸친 때가 많기 때문에 수사를 능률적으로 실행할 것을 배려할 것.

③ 유류된 물품에 대해서는 전문적 지식을 가진 자로부터 제조공장, 물건의 특징, 판로, 판매수 등을 청취하여 계속적으로 중점적 탐문 수사를 실시할 것.

④ 탐문대상이 회사, 단체등인 경우에는 사전에 그 기구 사무계통 등에 주의할 것.

⑤ 대상자등에 대하여 장부 서류에 의하여 물품의 판매처 등을 조사할 경우에는 그들의 적극적인 협조를 얻을 수 있도록 배려하여 이중장부까지도 볼 수 있도록 수사를 철저히 할 것.

⑥ 현장에서 발견된 유류품의 옷소매 같은 일부분인 경우가 있는데 이런 때에는 광범위하게 수색하여 다른 부분의 발견에 노력함과 동시에 그의 출처를 추구할 것.

⑦ 대상업자에 대해서는 영업별로 특히 지식을 가진 업자를 선정해서 장부를 작성하여 탐문수사를 능률적으로 실시할 것.

제10절 장물수사

Ⅰ. 장물수사의 의의 및 중요성

1. 장물수사의 의의

장물수사라 함은 피해품인 장물의 이동경로를 따라서 범인에 도달하는 수사를 말한다. 범죄의 피해품에 관하여 그 종류·수량·형상·특징 등을 명백히 함과 아울러 그 이동경로에 따라 장물수배, 장물수배서의 발부, 임검 조사, 불심검문 등을 행하여 피해품을 발견하고 피의자와의 결부를 조사하여 범인을 발견하여 가는 수사인 바 도범수사에 있어서는 기본적인 수사방법인 것이다.

2. 장물수사의 중요성

(1) 합리적인 수사의 추진

장물은 범인 검거에 단서가 될 뿐만 아니라 범죄와 범인과의 결부된 관계를 증명하는 증거로 사용할 수 있는 결정적 가치를 가지고 있다. 장물의 종류·특징을 명백히 하고 이동경로를 수사해서 그 소재를 파악하고 소지자, 처분자를 추구(찾게 되면)하게 되면 범인에 도달할 수가 있는 것이다. 또한 피의자의 자백에 의하여 절취된 장물이 발견되면, 범죄사실을 인정할 수 있는 증거로도 충분한 것이다. 따라서 장물수사는 증거가 되는 장물을 확보하고 이에 따라서 범인을 특정 한다는 이른바 합리수사의 기본적 태양으로서 강력히 추진할 필요가 있는 것이다.

(2) 피해회복의 추진

수사 활동은 범인을 검거하는 이외에도 피해자를 보호한다는 임무가 포함되어 있는 것인 바 피해신고를 받고 신속한 초동수사를 하여 범인을 검거해도 피해품을 회복하지 못한다면 피해자에게 만족감을 주지 못할 것이다. 따라서 장물수사에 의한 피해품의 발견, 회복은 범인발견·검거의 단서로 되는 동시에 피해자의 만족감을 충족시켜줌으로써 경찰의 범죄수사에 대한 신뢰를 높이는데 있어서도 중요한 것이다

3. 평소의 준비

(1) 관계법령 등의 연구

(2) 제 자료의 정비

(3) 각종 물품에 대한 식별지식의 습득

장물수사는 물건을 실마리로 해서 범인을 추적해 나가는 수사이므로 물품에 대한 지식이 없으면 효과적인 수사를 추진하기 어렵다. 다수의 물품이 혼합된 시장에서 피해 해당품을 식별하고 발견하기 위하여 경찰관 자신들이 각종 물품에 대하여 상당한 식별지식을 가져야 하는 것이 필요불가결의 조건이다. 물품의 종류는 천태만상이므로 평소에 장물도감 등을 기초로 물품에 대한 지식을 쌓도록 노력하여야 한다.

(4) 장물의 유동 실태 파악

장물수사의 효과적인 수행을 위하여 장물의 일반적인 유동실태를 파악하고 이에 따라 중점적인 수사를 하는 것이 중요하다.

① **장물유출 경로**

㉠ **정상 루트**

ⓐ **매각** : 고물상, 행상, 고물시장, 노점상, 장물아비

ⓑ **담보** : 전당포, 금융업자(사금융)

㉡ **비정상 루트**

ⓐ **소비** : 자기소지, 숙식, 유흥비, 도박밑천

ⓑ **증여** : 가족, 애인, 친지 등

㉢ **기타** : 유실, 폐기, 채무변제

② **장물의 원거리 반출경로** : 지능적인 도범 등은 장물의 수사망을 교묘하게 회피하기 위하여 장물을 원거리로 반출하는 경우가 많으므로 이에 대비하기 위하여 각 서별로 역, 운송점, 버스영업소, 시외버스, 고속터미널, 정기화물 운송영업소 등의 수송기관이나 수화물보관소, 하치장 등의 분포상황을 완전히 파악하여 항상 수사망을 펴 놓도록 해야 한다.

③ **장물의 변개** : 지능적인 절도범 또는 장물범죄자들은 장물의 원형을 교묘히 변개하거나 도장하여 장물수사를 곤란하게 하는 경우가 많으므로 주의하지 않으면 안 된다. 장물의 원형을 변개하는 방법으로서 부속품을 바꾸거나 해체하거나 상표번호를 고치거나, 금, 은, 동, 연 등은 즉시 용해시켜 버린다. 그러므로 관련업체를 파악하여 그들의 동태에 대해 첩보를 입수하고 수사에 당하여야 한다.

④ **장물아비의 실태파악** : 장물을 발견한 경우에는 절도본범의 수사만으로 끝내지 말고 장물죄 피의자의 수사도 철저히 하는 것이 필요하다. 이와 같은 수사를 통하여 장물취득 상습자의 실태 파악이 가능하며 이것을 자료화하여 장래에 있어서의 장물수사를 효율적으로 행할 수 있게 될 것이다.

Ⅱ. 장물수사의 방법

1. 장물수사의 기초

장물수사는 피해품을 발견하고 그것을 자료로 하여 범인을 검거하고자 하는 것이다. 따라서 피해 발생시에 있어서 피해금품을 확인하고 그 특징을 명백히 파악하는 것이 장물수사의 첫걸음이며 장물수사의 성공여부는 이것이 정확하게 행하여지느냐에 달려 있는 것이다.

(1) 피해품의 확인

피해품의 확인에는 피해자로부터 그 물품의 입수경로 또는 피해품이 있었던 관계를 아는 자의 인적사항 등을 상세히 파악하여야 한다. 피해발견자 등으로부터 피해 직후의 상태를 물어서 피해품 확인에 노력해야 되는데 피해자나 피해 장소를 일반 가정인 경우와 사무소 사업장 등의 경우로 나누어 살펴볼 필요가 있다.

① **피해자가 일반 가정인 경우** : 피해자가 일반 가정인 경우에는 조사대상을 광범위하게 선정하여야 한다. 피해자는 갑자기 피해를 당하여 놀라고 당황하게 되는 것이 보통이므로 피해금품에 대하여 알고도 정확한 진술을 못하는 것이 일반적인 현상이다. 그러므로 피해자 외에도 그 가족, 동거인, 고용인 등을 참여하게 하고 조사해야 하며 그 집에 내왕이 잦은 이웃, 사람, 친족 등도 조사대상으로 선정하여 세밀히 파악하도록 노력하여야 한다.

② **피해자가 사무소 사업장인 경우** : 피해자가 사무소 사업장인 경우에는 피해자들이 사실이상으로 나열하거나 또는 피해금품의 일부만을 진술하여 장물수사에 혼란을 가져오는 사례가 적지 않다. 특히 관계장부, 사업대장, 물품대장 등의 기본대장을 제출시켜서 확인하고 피해자뿐만 아니라 대표자로부터 시환에 이르기까지 조사대상으로 하여 피해금품을 확인하도록 유의하여야 한다.

(2) 특징의 파악

피해금품의 특징을 파악하는 것은 장물 수상에 있어서 가장 중요한 것이다. 피해품의 특징을 파악함에 있어서는 피해자 또는 소유자로부터 다른 동종의 물품과 식별할 수 있는 점을 상세히 청취하여야 한다. 그러나 물품에 따라서는 피해자가 그 특징을 모르거나 설령 알고 있어도 그것을 표현하지 못하는 예도 있다. 이러한 때에는 다음과 같은 방법으로 될 수 있는 한 정확하게 특징을 파악할 수 있도록 하여야 한다.

① 의복의 무늬, 장신구의 형상 등에 대하여는 카탈로그를 통하여 확인한다.

② 귀금속, 장식품에 대하여서는 구입처, 제조처, 수선소 등이나 카탈로그 등을 통하여 특징을 알아낸다.

③ 시계, 카메라, 전자제품 같은 것도 카탈로그를 통하여 동형품을 확인하고, 유사품을 보이고 다른 점을 설명한다.

④ 그 물건을 포장한 상자 등을 알아서 그 특징이 무엇인가 알아낸다.

2. 장물수배서

(1) 의의

경찰서장이 범죄수사상 필요하다고 인정할 때 장물의 신속한 발견을 위하여 장물수배서를 발부할 수 있으며, 전당포주 등에게 해당 장물의 소유 또는 소지하고 있거나 받았을 때에는 즉시 경찰관에게 신고할 것을 의뢰하는 피해품의 통지서를 말한다.

(2) 종류

① **특별중요장물수배서** : 수사본부를 설치하고 수사 중인 중요사건에 관해 발부하는 것으로 홍색용지를 사용한다.

② **중요장물수배서** : 수사본부를 설치하고 있는 사건 이외의 중요범죄사건에 관하여 발부하는 것으로 청색 용지를 사용한다. 중요장물수배서가 발부되는 피해품은

㉠ 중요문화재 기타 이에 준하는 피해품

㉡ 외교사절 등에 관련된 사건의 피해품, 기타 사회적 영향이 큰 사건의 피해품

㉢ 살인, 강도 등 중요사건에 관한 피해품

㉣ 다액절도 또는 특이한 수법이나 상습범이라고 인정되는 침입절도사건의 피해품

㉤ 기타 중요 또는 특이사건의 피해품

③ **보통장물수배서** : 기타 보통사건의 수사를 위하여 발부하는 것으로 백색용지를 사용한다.

(3) 발부요령

장물수배서를 작성할 때에는 현품과 대조하여 일견해서 해당품을 용이하게 식별할 수 있도록 발견해야 할 장물의 명칭, 품종, 특징 등을 명백히 해야 한다. 그리고 장물수배서 원부에 그 상황을 명확히 기재해 두어야 한다.

(4) 배부요령

장물수배서를 배부함에 있어서는 형식적인 배부에 그치거나 상대 업자에게 의무를 지운다거나 하는 태도를 취하지 말고 장물의 종별, 특징 등을 잘 설명하여 협력을 의뢰하는 동시에 해당 장물을 발견하였을 때의 신고, 연락방법 등을 친절히 잘 지도하여 어디까지나 수사에 대한 업자의 적극적인 협력을 의뢰하도록 다루어야 하며, 따라서 업자의 조합이나 협회 등 단체에 일괄 교부하여 그 단체원끼리 적당히 배부시키는 방법을 취하는 것은 삼가야 할 것이다.

(5) 장물수배서의 가제 정정

장물수배서를 발부한 후 필요성이 없게 되거나 등재사실을 가제(加除 : 더하거나 빼는 것) 또는 정정할 필요가 생긴 경우에는 전화, 서면 기타의 방법에 의하여 신속 정확하게 그 취지를 통지하는 친절을 베풀어 주어야 한다.

(6) 장물수배서 해당품 발견시 조치

장물수배서 해당품을 발견 또는 신고를 받았을 때에는 임의 제출시켜 적절한 조치를 취하고 신속히 수사본부 또는 해당 경찰서에 통보하여야 한다.

3. 장물수배상 유의사항

(1) 신속한 수배

장물수배는 사건발생 직후 신속히 행하는 것이 필요하다. 또한 관내의 대상 업자에 대하여는 신속히 임검조사하고 장물의 종별, 특징, 수량 등을 수배하여 발견 즉시 연락할 수 있도록 방법을 지도해둔다.

(2) 외근경찰관 등에 대한 수배

관내의 지구대, 파출소, 치안센타, 순찰차 승무원 등에 대하여도 신속히 피해품의 종별, 특징, 수량 등을 수배해서 불심검문을 하도록 한다.

(3) 유동실태에 따른 중점적 수배

지능적 도범들은 수사망을 피하기 위하여 장물을 원거리나 다른 경찰서 관내로 유출하는 경향이 많으므로 장물의 일반적 유동경향을 파악하여 이에 따라 중점적으로 수배를 함과 아울러 그에 대응하기 위하여 각 경찰서별로 역, 운송점, 버스영업소, 정기화물 수송업자 등 운송기관이나 수화물 보관소, 하치장 등의 분포상황을 완전히 파악하여 항상 수사망을 펴 놓도록 해야 한다.

(4) 품종, 수량에 의한 중점적 수배

장물의 품종, 수량에 의하여 당연히 수배처도 달라진다. 품종 재료에 의하여 그 취급업자를 선별하여 수배하지 않으면 안 되며, 또한 수량이 특히 많은 경우에는 소규모의 영업자를 상대로 처분하거나 환금하는 일이 드물고, 자동차를 이용하여 원거리로 운반되는 경우가 많다는 점 등에 유의하여 중점적으로 수배하는 것이 필요하다.

4. 장물조회

(1) 의의

장물조회라 함은 장물로 인정되는 물건을 발견하고 그 피해자의 발견을 의뢰하는 것으로, 장물로 의심되는 물건을 발견하였을 때 지방경찰청 수사과 수법 주무계에 조회하여 장물 여부의 확인과 피해자 발견을 의뢰하는 것이다.

(2) 장물조회의 방법

① 장물조회가 이루어지기 위해서는 피해통보표의 작성이 선행되어야 한다.

② 범죄정보관리시스템을 활용하고, 피해통보표의 피해품, 고유번호, 품명, 재료 등으로 조회한다.

③ 긴급을 요하여 문서로서 행할 수 없을 때에는 경비전화로 조회할 수 있다.

④ 피해통보표는 전산입력 후 10년 경과시 폐기한다.

Ⅲ. 장물수사의 실행

장물수사의 실행에는 피의자 또는 장물을 특정하지 않고 장물수사 대상 업자 또는 대상자 등에 대하여 수사를 하고 장물을 발견하여 그것을 단서로 범인을 검거하려고 하는 “일반적 수사”와 특정 장물의 발견을 목적으로 하거나 혹은 특정범인에 관한 장물의 발견을 목적으로 하는 이른바 “특별수사” 등의 두 가지가 있다.

1. 일반수사

(1) 의의

피의자 또는 장물을 특정하지 않고 장물수사 대상업자 등에 대하여 수사를 하고 장물을 발견하여 그것을 단서로 범인을 검거하는 수사를 말한다.

(2) 내용

① **고물상, 전당포 등에 대한 수사** : 종전에는 전당포영업법, 고물상영업법에 의하여 경찰관이 영업시간 중 전당포주의 영업소 보관 장소, 고물상의 보관 장소에 들어가 전당물, 고물을 검사하거나 관계자에게 질문을 하는 등 하였으나 현재는 전당포업 등이 쇠퇴하고 해당법이 폐지되었으나, 임검이나 장부검사 등으로 장물 발견시 수사하여야 한다.

② **기타 업자에 대한 수사** : 전당포나 고물상으로만 장물이 유통되는 것이 아니라 일반 업자로서 장물을 취급할 우려가 있다고 인정되는 업소로 귀금속업자, 카메라수리공, 금은세공가공업자 등에 대하여도 항상 실태를 파악하여 수상한 물품의 매각사실의 파악과 장물의 유동에 관한 정보를 입수하는데 힘쓰는 것이 필요하다.

③ **장물아비에 대한 수사** : 장물취득상습자에 대하여는 평소부터 그 실태를 파악하여 항상 동향을 주의하고 관계자에 대한 탐문수사 등에 의하여 장물의 매입, 매각사실 등을 탐지하는 것이 중요하다.

④ **피해자의 확인** : 장물로 인정되는 물품을 발견하여 피해자가 판명된 경우에는 일련의 기호, 번호 등에 의하여 특정할 수 있는 경우에는 별 문제로 하고, 의류, 보석, 시계 따위와 같이 동종의 물건이 많이 있는 것에 대하여는 틀리기 쉬우므로 반드시 피해자로 하여금 현물을 확인하게 하는 것이 필요하다. 이때 바로 물품을 제시하면 아주 닮은 것에 대하여는 피해자가 잘못 확인하는 수사 있는 것이니 미리 그 물품의 모양, 특징, 중량 등을 물어 어느 정도 이동(異同)을 확인한 뒤에 물품을 제시해야 한다.

2. 특별수사

(1) 의의

특정 장물의 발견을 목적으로 하거나 또는 특정 범인에 관한 장물의 발견을 목적으로 하는 수사를 말한다.

(2) 종류

① **범인상대 장물수사** : 검거한 피의자에게 상당한 범죄가 있을 것으로 추측되는 경우에 자백진술을 받을 수 없을 때에는 피의자의 거주지 이외에 관계 거소 등의 수사를 하여 장물을 발견하는 것은 물론이고 행동범위, 생활범위 등을 수사하고 혹은 전력 수법자료 등에서 장물의 처분처 등을 수사하는 등 등 철저한 장물수사를 하여 피해품의 발견에 힘쓰는 것이 중요하다. 이 경우 중요한 수사항목으로서는 소지물품의 수사, 거소, 주택, 숙박업소 등과 교우관계 등으로부터 탐문하거나 장물관계자에 대한 임검 조사 등으로 장물을 발견하는 수사이다.

② **특정 장물수사** : 특징이 있는 특정 장물의 발견을 목적으로 하는 수사로 특별중요장물수배서나 중요장물수배서가 발부되거나 기타 다액절도사건 등의 경우에 행하여지는 수사이다.

㉠ **장물의 특징파악** : 그 장물의 특징을 충분히 파악함과 동시에 다시 동일물품의 카탈로그, 장물수배서 등을 휴대하고 수상한 물품의 확인과 수배의 철저에 힘써야 한다.

㉡ **중점적 수사** : 그 장물과 동종의 물품의 유동경향과 경로를 파악하고 이에 의하여 중점적으로 수사해 나간다. 많은 경찰력을 동원하여 하는 일제수사의 경우에 분담구역을 정하고 한군데도

빠짐이 없도록 철저히 수사하고, 장물의 탐문을 함에 있어서는 특정장물과 동종의 물품은 전부 자기 눈으로 확인하도록 하고 각 대상업자에 대하여 이후의 수사에 협조를 해주도록 의뢰해 두는 것이 필요하다.

Ⅳ. 장물발견 후의 수사

1. 장물발견 후의 조치

장물수사담당자가 장물을 발견한 경우에는 압수에 필요한 조치를 강구하고 우선 다음의 관계서류를 작성하여 지체 없이 경찰서장에게 보고한다.

① 장물발견수사보고서

② 피해확인서

③ 전당잡게 된 자술서 또는 매입자술서

④ 압수조서

⑤ 관계자의 진술서 또는 자술서

⑥ 기타 참고사항

2. 장물소지(취득)자에 대한 수사

장물을 발견한 경우에는 절도본범의 수사만으로 끝내지 말고 그 소지자 또는 소유자가 장물이라는 정을 알고 샀는지의 여부를 수사하여 장물죄의 피의자로 검거한다는 배려가 필요하다. 장물죄의 피의자는 대부분 그 정을 모르고 샀다고 변명하여 범의를 부인하는 경우가 많으므로 다음 사항에 유의하여 수사를 철저히 함으로서 장물의 정을 입증하는데 힘쓰지 않으면 안 된다.

(1) 장물취득 등 피의자가 장물이라는 정을 알았다고 인정할 수 있는 장물성의 인식유무를 정황증거자료에 의하여 증명하도록 힘써야 한다.

① 가격이 일반 시중가격보다도 싸다는 점

② 물품의 종류가 보통 보기 어려운 것이라는 점

③ 물품을 처분하려고 가지고 온 자의 인상, 풍채, 연령 등에 이상한 점이 있었다는 점

④ 물품을 처분하려고 가지고 온 자가 범죄경력이 있거나 전과가 있었다는 점

⑤ 취급한 시기가 아침 일찍 또는 심야로서 부자연스러웠다는 점

⑥ 취급한 장소가 뒷골목 등으로서 부자연스러웠다는 점

⑦ 물품이 장물수배서 해당품이거나 또는 신품으로서 수상했다는 점

⑧ 당시 그 부근에서 동종의 물품을 도난당한 사실이 있었다는 점

(2) 절도본범 진술에 의하여 장물의 정 인정과 자료를 얻어서 증명하도록 한다.

① 본범과 장물취득자 등과의 종래의 관계, 즉 면식을 갖게 된 사정, 교제의 정도 등을 명백히 할 것

② 장물매각의뢰의 이유를 명확히 할 것

③ 장물매각의 방법, 태양과 장물취득자가 장물이라는 정을 알았다고 인정할만한 사항을 명백히 할 것

④ 장물임을 암시 또는 명시한 점, 장물성에 대하여 증거인멸의 모의를 한 점 등을 명백히 할 것

3. 장물처분자 등에 대한 수사

장물을 발견한 경우에 그 처분자가 반드시 범인이라고 단정할 수는 없는 것이다. 타인으로부터 처분을 의뢰받았거나 혹은 습득 횡령하는 경우도 있으므로 다음 사항에 유의하여 처분자 등에 대하여 충분한 수사를 하여야 한다.

① 장물처분자의 신분관계, 재산, 생활상태, 성행, 경력, 근무처의 근무상황, 수입상황 평소의 행동과 장물의 운반상황 등을 내사하고 장물과 관련된 점을 수사한다.

② 장물처분자 등이 절도 범인으로부터 의뢰받은 경위 등을 세밀히 수사한다.

③ 절도범이 절취한 신분증을 제시하고 처분하는 경우가 있으므로 그 명의인이 처분한 것인지 어떤지 명의인의 동향을 내사하여 확인할 필요가 있다.

제11절 알리바이 수사

Ⅰ. 알리바이 수사의 의의 및 중요성

1. 알리바이의 의의

알리바이는 범죄의 혐의자가 범죄가 행하여진 시간에 범죄현장 이외의 장소에 있었다는 사실이 명확하여 범죄현장에 있지 않았다는 현장부재증명인 것이다. 이 현장부재증명이 진실이라면 물리적으로 한 사람이 같은 시각에 2개의 장소에 있을 수 없다는 결론이 나오므로 혐의자가 범죄를 행하지 않았다는 것은 결정적인 것이다. 알리바이는 피의자 단독으로는 그 존재를 입증할 수 없고 제3자의 도움이 있어야 한다.

2. 알리바이 수사의 중요성

(1) 결정적 반증

거증책임자가 제출하는 증거를 본증이라 하고 반대 당사자가 제출하는 증거를 반증이라 한다. 수집된 증거가 아무리 많다고 하더라도 혐의자가 범행당시에 범죄현장에 있지 않았다는 현장부재증명이 성립된다면 그 많은 정황증거는 근본적으로 허물어지고, 특히 정황증거밖에 없는 수사에 있어서는 반증의 존재가 매우 중요하고 그 반증 중에서도 알리바이가 가장 절대적인 힘을 가지고 있어 정황증거는 물론 경우에 따라서는 직접증거도 허물어뜨린다.

(2) 수사착수 여부 결정

① 사건발생시 몇 개의 수사선이 있으면 그것을 하나하나 수사하게 되는데 그 경우 한 사람 한 사람의 알리바이 존재를 탐구하여 수사를 진행시켜야 한다.

② 만약 그 인물에 대하여 알리바이가 존재한다면 그 선을 쫓는 것은 무용한 것이다. 그 의미에서 알리바이수사는 모든 수사를 검토해 보는 수사로서도 가장 긴요한 수사수단인 것이다.

Ⅱ. 알리바이의 종류

1. 절대적 알리바이

범죄가 행하여진 그 시각에는 혐의자가 범죄현장 이외의 다른 장소에 있었다는 사실이 명확하게 입증되는 경우이다.

2. 상대적 알리바이

① 혐의자가 범죄 발생 전 최후에 범죄 장소 이외의 어떤 다른 장소를 출발한 것이 몇 시 몇 분 이니까 그 시간까지는 도저히 범죄현장에는 도달하지 못할 것 이라고 하는 경우.

② 혐의자가 범죄 발생 후 최초에 범죄 장소 이외의 어떤 곳에 나타난 것이 몇 시 몇 분이니까 범죄현장에서 범행을 하고서는 그 시각에 그 장소 까지는 도저히 도달하지 못했을 것이라고 하는 경우.

3. 위장 알리바이

사전에 계획적으로 자기의 존재를 확실히 인상 깊게 해놓고 그 사이에 극히 단시간 내에 범죄를 감행하는 것이다.

4. 청탁 알리바이

범죄 실행 후 자기의 존재를 은폐하기 위하여 가족, 동료, 친지에게 시간과 장소를 약속 혹은 청탁해놓는 것이다.

Ⅲ. 알리바이 수사의 문제점

1. 기억의 문제

알리바이 수사는 무엇보다도 사람의 기억의 확실 불확실이 문제되는 것이다. 또 기억이 틀리지 않는다고 하더라도 사실의 이면이 있다는 것을 생각하지 못하는 경우가 있다. 이러한 경우 그 이면 사실을 그대로 간과하여 사건을 미해결로 몰아넣고 마는 위험이 있으므로 주의하지 않으면 안 된다.

2. 기회의 문제

알리바이는 그 사람이 범행 시에 현장에 존재할 가능성이 적으면 적을수록 그 자가 문제의 행위를 했다고 하는 개연성은 적어지며, 현장실재의 가능성이 전무하다는 것이 확정되면 그 자는 그 행위를 하지 않았다는 것이 증명된다. 알리바이는 그 자가 범인이 아니라는 결정적인 효과를 가지고 있으므로 아리바이의 주장이 있을 때에는 그것을 간과하지 말고 완전히 해 두지 않으면 사건은 항상 번복될 위험성을 내포하고 있다. 이와 같이 알리바이는 기회가 중요한 것이다.

3. 시간과 장소의 문제

범행현장과 피의자의 소재장소가 원거리에 있어서 그 사이의 소요시간이 많을 때에는 알리바이가 유력해 지는 것이다. 그러나 현장과 용의자의 소재가 근거리여서 시간적으로 단시간 내 왕복이 가능할 경우 알리바이는 약해져서 용의점을 가지게 된다.

Ⅳ. 알리바이 수사요령

1. 범행일시의 확정

우선 범죄가 실행된 시각을 정확하게 파악하는 것이 중요하다. 알리바이가 성립하느냐 않느냐 하는 문제는 범죄 실행의 시간과 대비 고찰하게 되는 것이므로 범행시간의 확정은 알리바이 수사의 출발점인 것이다. 범행일시의 확정은 피해자나 목격자의 증언이 중심 되는 것인데 진술이 항상 정확한 것이라 단정할 수는 없으므로 진술자의 일시의 기억을 확인하려면 당시의 천후관계, 요일, 축제일, 운동경기행사 등을 연상하게 하여 탐문하는 것이 좋다.

2. 체류 · 출현장소와 시간의 확인

범행실행 전에 나타난 장소와 시간 또는 범행실행 후에 혐의자가 최초로 나타난 시간과 장소를 정확히 파악하여야 한다. 알리바이의 성질상 이러한 시점을 정확하게 파악하여 확정하는 것이 절대로 필요한 것이다. 그러나 이것을 검토 해명하여 확정한다는 것은 결코 용이한 문제가 아니다. 장소를 조사하는 것은 용이하다 하더라도 시간을 확인하기 위하여는 결국 제3자로부터 탐문하는 수밖에는 다른 방도가 없으므로 탐문수사요령에 의하여 기술적으로 하지 않으면 안 된다.

3. 이동시간의 정확한 측정

혐의자가 범죄 실행시간 전에 있었다는 장소 또는 범죄 실행시간 후에 있었다는 장소와 범죄현장간의 거리관계, 이동하는데 소요되는 시간을 정확하게 측정해야 한다. 이 이동시간 측정이 알리바이 수사에서는 항상 문제가 되는 것이다. 상대적 알리바이 수사시 더욱 주의해야 한다.

4. 범죄의 태양 고찰

① 알리바이 수사에 있어서 범죄의 태양을 고찰한다는 것은 가장 중요한 것으로 우발적인 범죄냐 계획적인 범죄냐 하는 것을 결정하는 것은 곧 알리바이를 해결하는 관건이 된다고 할 수 있다.

② 특히 청탁 알리바이나 위장 알리바이의 경우는 알리바이 공작을 진실인 것 같이 하기 위하여 교묘한 행위가 가해지면 가해질수록 진실의 발견은 더욱 용이한 것이다. 알리바이를 입증하는 제3자가 한 사람이 아니고 수인으로서 용의주도하게 협의했다고 하면 그럴수록 조그마한 점에 어긋나는 일이 더 생겨도 무너뜨리기가 쉬워, 공작이 간파되기 더 쉬운 것이다.

5. 알리바이 공작 유무의 검토

알리바이 공작을 한 사실이 판명되면 용의점이 더욱 농후해 진다는 것은 말할 것도 없으며 하나의 사실을 정탐하는데 있어서도 여러 사람을 상대로 탐문하여 여러 각도로 검토하는 것이 필요하다. 제3자 및 참고인을 상대로 탐문 조사함에 유의할 사항으로,

① 관계있는 인물을 될 수 있는 한 널리 찾을 것
② 참고인에게 선입감을 가지지 않도록 주의할 것
③ 탐문의 기술을 최고도로 발휘하여 많은 사실을 탐문 할 것
④ 참고인의 정확한 기억을 환기 하도록 노력할 것
⑤ 라디오 텔레비전프로그램 기타 특이한 행사와 연결하여 정확한 기억의 보충을 시사할 것
⑥ 혐의자와의 관계를 고려하여 그 진술의 신빙성을 판단할 것

6. 알리바이의 파괴

알리바이가 주장되었을 경우에 그것을 파괴하자면 그것이 위장이라는 것이 입증되지 않으면 안 된다. 즉 범인이 범죄현장 이외의 장소에 존재하였다는 적극적인 입증을 할 사람이 있어야 한다. 그리고 그 주장사실이 모순 불합리한 점이 있을 때에는 그를 참고인으로부터 각종 증거를 수집하여 파괴하여야 한다.

제12절 미행 · 잠복감시

Ⅰ. 미행, 잠복감시의 의의, 목적 및 중요성

1. 의의

① 미행이라 함은 범죄증거 및 수사 자료의 수집 또는 범인의 체포와 발견을 위하여 범인 용의자, 또는 죄를 범할 우려가 있는 자 또는 그 관계자를 상대자로부터 감지당하지 않도록 추적 감시하는 방법을 말한다.

② 잠복감시란 범죄증거와 수사 자료의 수집, 범인의 발견, 검거 또는 소재 확인, 용의자 등의 발견을 위해 배회처, 일정한 장소 또는 특정지역에서 계속적으로 은신하여 비밀리에 감시하는 방법을 말한다.

2. 목적

수사 자료와 범죄증거의 수집, 범인의 체포, 용의자의 발견 등 여러 가지가 있으나 그것을 구체적으로 설명하면 대체로 다음과 같이 구별할 수 있다.

① 범인을 체포하기 위한 것
② 용의자를 발견하기 위한 것
③ 용의자의 언동과 동정을 파악하기 위한 것
④ 그에 따르는 물품 등의 이동사실을 확인하기 위한 것
⑤ 공범자를 파악하기 위한 것
⑥ 현행범 검거를 위한 것
⑦ 정보의 신빙도를 내사 또는 확인하기 위한 것 등으로 구별할 수 있다.

3. 중요성

사회의 발전에 따라 각종 범죄의 양상도 그 수법이 지능화하고 교묘화하여 조직적인 범죄가 격증할 뿐만 아니라 흉악범 중에는 완전범죄를 기도하는 현실인바, 이에 대비하기 위하여 무엇보다도 많은 증거와 각종 수사자료 수집이 필수적 요건임은 수사의 기초적 문제임에도 불구하고 이를 등한시하고 우선 연행 조사하여 자백만으로 사건을 해결하려고 하는 사고방식은 시급히 지양해야 할 것이다. 미행, 잠복감시 등에 의한 범인 체포와 증거 수집은 가장 합리적이고 신빙성 있는 것이며 특히 중요사건 수사에 있어서의 범인체포는 거의 미행, 잠복감시 등의 수단에 의하여 해결한다고 하여도 과언이 아닐 것이다. 따라서 미행, 잠복감시는 범죄수사의 기본이 아닐 수 없으며 이를 적극적으로 활용한다면 많은 성과를 거둘 수 있을 것이다.

Ⅱ. 미행, 잠복감시의 종류

1. 미행의 태양

미행은 대상자의 행동에 대응하여 행하지 않으면 안 되는 것이다. 대상자에 대응하여 도보로 하는 도보미행과 차량을 이용하여 행하는 자동차 미행으로 구별하고, 미행원의 수에 의하여 단독미행과 2명이상의 복수로 하는 공동미행이 있다.

2. 잠복감시의 종류

① **외부잠복** : 대상자가 배회할 염려가 있는 가옥 또는 시설에 대하여 그 외부 또는 주변에 잠복감시 하는 경우를 말하며 먼 곳에서 감시하는 경우를 원거리 잠복감시, 가까운 곳에서 감시하는 경우를 근거리 잠복감시라고 한다. 또한 외부 잠복은 건물이나 지형을 이용하여 고정된 장소에 잠복 감시하는 고정 잠복과 도로 등을 유동하여 행하는 유동잠복으로 구별할 수 있다.

② **내부잠복** : 대상자가 배회할 염려가 있는 가옥 또는 시설의 내부에 직접 들어가서 잠복한 상태로 감시하는 경우를 말하며, 예외적으로 실시하며 이 경우 외부 잠복 감시를 병행하는 것이 효과적이다.

③ **유인잠복** : 범인을 체포하는 경우 등에 가족이나 개인 등의 협력을 얻어서 어떤 용무를 핑계로 범인을 유인잠복 장소로 꾀어내는 방법을 말한다.

④ 잠복감시는 외부잠복이 원칙이고, 내부 잠복이나 유인잠복은 예외적으로 활용된다.

Ⅲ. 미행, 잠복감시의 준비

1. 미행, 잠복감시의 심적 대비

① **어떠한 정신적 육체적 고통에도 인내하여 직책을 완수하겠다는 기질을 가질 것** : 이러한 기질은 누구에게나 어떤 일이나 다 같이 필요한 것이지만 미행, 잠복감시 근무는 정신적·육체적 고통은 말로서 형용할 수 없는 것이므로 그것이 절대적 요건이라 하겠다.

② **필요한 적성의 함양에 노력할 것** : 일반적으로 우수한 관찰력 총명한 기억력, 정확한 사고력, 판단력, 세심한 주의력, 침착 기민한 행동력, 강한 인내력, 임기응변의 융통성, 조직의 일원으로서 협조성 등이 요구되는 바 이와 같은 적성 함양에 노력해야 한다.

③ **미행, 잠복감시 기술의 향상에 힘쓸 것** : 미행, 잠복감시의 기술은 매우 어려운 것이다. 그러므로 수사관은 평소에 번화가, 광장, 역, 정류장, 도선장 등 사람이 많은 곳에서 사람의 움직임, 특징, 착의, 휴대품, 행동 등을 주의하고 그 장소의 환경 등에 적합한 자연스러운 상태 하에서 수사관이 필요로 하는 행동이 되도록 항상 연구적인 태도로 관찰하여 실제의 경우에 원활한 활동이 되도록 평소에 대비해야 한다.

2. 대상의 조사

① **대상인물의 조사** : 대상인물의 성명, 연령, 거주, 근무처, 경력, 소속 단체, 교우관계, 배회처, 인상착의, 특징 등 외에 용의사실, 수집해야 할 정보 및 증거 등에 대하여 조사해 두는 것이 필요하다. 특히 대상인물 특징을 확실히 파악하는데 유의하고 그 사진을 입수해 두면 미행, 잠복감시에 매우 편리하다.

② **대상가옥의 조사** : 대상가옥에 대하여는 그 가옥의 소유자 주요한 출입자등 방실의 배치, 출입구

의 상황 등에 대하여 조사하는 것이 필요하다. 특히 출입구의 상황은 잠복감시 장소의 선정에 관련되는 것이므로 은밀히 실지 답사하여 정확하게 파악해 두어야 한다.

3. 복장 변장상의 주의사항

미행, 잠복감시는 대상자에게 감지 당하지 않도록 몰래 감시 또는 추적하는 것이므로 복장 변장에 대하여 충분한 주의를 하여야 한다.

① 복장은 될 수 있는 한 가벼운 옷차림이고 눈에 띄지 않는 것으로 할 것

② 관급품, 대여품은 일견하여 경찰관인 것을 알게 되므로 착용하지 말 것

③ 변장은 그곳에 조화된 것이 아니면 부자연하여 눈에 띄기 쉬우므로 주의하여야 한다.

④ 변장 그 자체가 부자연하지 않은가 주의 할 것

⑤ 상의, 넥타이, 모자, 오버의 탈착 혹은 안경 마스크의 이용 등 조그마한 변장으로도 상당히 효과가 있으니 잘 연구하여 활용하여야 한다.

⑥ 변장에 알맞은 언어와 동작을 하여야 한다.

4. 필요한 기재의 준비

미행, 잠복감시 등을 효과적으로 하기 위해서는 수사용 장비의 활용이 필요하다. 어떠한 기재가 필요한가는 사건의 내용, 성격, 대상인물, 가옥 등에 따라 다르나 일반적인 것은 다음과 같다.

① 호신용구 수갑

② 손전등, 망원경, 카메라, 휴대용 소형 녹음기

③ 통신기류(휴대용 소형 무전기 수신기)

④ 무전자동차 등

5. 수사비의 준비

미행, 잠복감시를 실시함에는 여비, 식사비, 기타 잡비 등을 사전에 준비하는 것이 필요하다. 또한 공중전화이용, 택시요금, 식사대금의 지급에 있어서 거스름 돈 때문에 시간이 걸리지 않도록 잔돈을 준비할 필요가 있다.

6. 메모 용지의 준비

미행, 잠복감시에 종사하였을 때에는 도착일시, 장소, 대상자의 행동 기타 참고가 될 만한 사항을 될 수 있는 데로 자세히 관찰 기록하고 사정이 허락하는 한 메모해 두지 않으면 안 된다.

7. 대상자에게 감지 당했을 때의 대비

미행, 잠복감시를 대상자에게 감지 당해서는 안 되나, 사소한 행동의 부자연스러움으로 대상자에게 감지당하여 질문을 받을 수도 있고, 때에 따라서는 이상한 점이 있으면 수사관이 아닌가를 확인하기 위해 접촉하는 자도 있다. 그러므로 대상자로부터 불의의 질문을 당할 것을 예상하고 자기의 신분, 성명, 직업, 용무 등의 구실을 미리 생각 해 두었다가 자연스러운 태도로 응답할 수 있도록 평상시에 연구해야 한다.

Ⅳ. 미행, 잠복감시의 방법

1. 일반적 유의사항

① 사전에 용변을 마칠 것

② 미행 중에는 끊임없이 대상자를 시선 내에 둘 것

③ 미행은 세심한 주의가 필요하나 경우에 따라서는 대담한 행동을 할 것

④ 미행 중 체포할 때를 제외하고는 될 수 있는 한 뛰지 말 것

⑤ 신경과민으로 대상자의 동정에 지나친 태도를 취하지 말 것

⑥ 주위환경에 따라 자연스러운 행동을 하고 대상자에게 감지 당하지 않도록 충분히 주의 할 것

⑦ 대상자가 감지한 것 같은 태도를 취하더라도 즉시 감지되었다고 속단하지 말고 신중, 침착하게 판단하여 행동할 것

⑧ 공동미행 시에는 미행원들이 너무 접근하거나 잡담하는 사례가 없도록 충분히 주의하고 미행원간의 연락은 미리 정한 암호에 따라 행할 것

⑨ 야간에 있어서의 미행은 될 수 있는 데로 밝은 곳을 피할 것

⑩ 대상자의 보행 중 버릇, 예컨대, 교차로나 모퉁이를 돌때에는 반드시 주위를 둘러본다든가 뒤를 돌아보는 등의 버릇을 빨리 파악하여 그 버릇에 대응한 신중한 행동을 취하도록 할 것

2. 도보미행의 방법

(1) 기본적 방법

미행은 대상자의 성질, 도로의 교통량, 미행원의 수, 미행의 구체적 목적 등에 의하여 그 방법도 달라지는 것인데 기본적인 방법으로서 단독미행과 공동미행의 두 가지가 있다.

① **단독미행** : 단독미행은 적당한 거리를 유지하면서 대상자를 감시하면서 그 뒤를 쫓아 따라가는 것인데 대상자에게 눈에 띄지 않게 하기 위해서 도로의 상황에 따라 맞은편 쪽의 보도를 걷는 등 미행위치의 변화를 갖게 하는 것이 필요하다.

② **공동미행** : 1명은 대상자에게 미행을 감지 당하지 않도록 길모퉁이 등을 이용하고 1명은 맞은편 쪽의 보도를 걷는 등 적의하게 미행위치를 교대하는 것이 필요하다. 미행과 잠복 감시는 상호 독립적이 아니라 상호 전환적이라 할 수 있다.

(2) 적당한 거리

도보 미행할 경우의 대상자와의 거리는 일반적으로 20미터 내지 50미터 가량의 후방이 좋다고 하고 있다. 그러나 이 거리도 교통량, 투시, 명암의 상황 등에 따라 자연히 달라진다. 따라서 미행을 함에 있어서는 그 장소의 상황에 대응하여 대상자를 놓치지 않을 정도의 거리를 유지하는 것이 필요하다.

(3) 보행속도

보행속도는 대상자와 같은 속도가 좋다. 그러나 대상자와 전적으로 동일보조로 돼 버리면 대상자에게 미행을 감지당하기 쉬울 뿐만 아니라 주위의 제3자가 보아도 부자연스럽다. 또한 미행 중 대상자가 미행의 유무를 확인하기 위하여 갑자기 정지하는 일도 있는데 그에 끌려서 같이 정지하지 않도록 주의하지 않으면 안 된다. 이 같은 경우 그대로의 동일 보조로 대상자를 앞질러 가고 그의 거동에 주의하면서 구두끈을 맨다든지 상점에 들어가서 상품을 보는 등 자연스러운 동작으로 대상자를 앞으로 보내고 미행을 계속해야 한다.

(4) 시선의 방향

미행 중에는 대상자와 시선이 마주치지 않도록 주의하는 것이 필요하다. 따라서 미행 중 대상자가 갑자기 뒤를 돌아보더라도 시선이 마주 치지 않도록 대상자의 눈의 위치보다 낮은 곳에 시선을 두도록 유의해야 한다. 미행 중에는 대상자를 추수할(따라갈) 뿐만 아니라 대상자를 앞지르거나 앞으로 보내거나 하는 경우도 있으므로 어쩌다가 대상자와 시선이 마주치는 수도 있는데 이 경우 당황하여 시선을 부자연스럽게 돌리거나 해서는 안 된다.

(5) 지형지물의 이용

대상자와의 사이에 있는 입간판, 전주 등을 이용하여 자연스런 방법으로 자신의 신체를 숨기거나 혹은 거울, 유리창의 유리의 반사를 이용하여 대상자의 행동을 감시하는 따위이다. 그러나 지형지물을 이용해도 일부러 은신한다는 것은 부자연스러우므로 특별한 경우를 제외하고는 피해야 할 것이다.

(6) 건물의 모퉁이 길을 돌 경우

대상자가 건물의 모퉁이 길을 돌아간 때에는 보폭을 넓혀서 접근하여 돌아간 모퉁이에 대상자가 숨어 있을 것도 고려하여 신중히 행동하지 않으면 안 된다. 대상자와의 거리가 멀면 멀수록 대상자를 놓쳐서는 안 되겠다는 기분으로 급히 뛰어 가거나 하기 쉬운데 이것은 가장 위험한 방법이다. 급히 뛰어가는 것은 부자연스러울 뿐만 아니라 대상자에 따라서는 이상하다고 생각 될 때에는 미행의 유무를 확인하기 위하여 모퉁이 길의 교차점에서 뒤 돌아보고 또한 모퉁이 길을 돌아간 것 같이 가장하여 잠시 정지하고 있거나 되돌아오면서 확인하는 경우도 있다.

(7) 열차, 버스 등을 이용할 경우

① 행선지를 탐지할 것.
② 대상자 보다 먼저 승차하지 말 것.
③ 승차시간에 늦지 않도록 유의 할 것.
④ 승차 후에는 차내에서 주의 깊게 살피지 말 것.
⑤ 승차 중에는 끊임없이 대상자를 감시할 것.
⑥ 대상자 보다 먼저 하차 하지 말 것.

(8) 택시 등을 이용할 경우

대상자가 택시 기타 자동차를 이용할 경우에는 미행원도 택시 기타 자동차를 이용하여 미행하지 않으면 안 된다. 이 경우에 택시운전사에게 사정을 알릴 필요가 있다. 그러나 무리한 운전으로 교통위반 또는 교통사고를 일으키는 일이 없도록 충분히 주의 하지 않으면 안 된다.

(9) 엘리베이터를 이용할 경우

① 대상자가 엘리베이터를 이용하려고 대기 중에 있을 때에는 대상자의 후 측에 끼어 있는 것도 좋으나 다른 대기자가 없을 때에는 가까운 곳에서 물건을 구경하는 척하며 감시하고 엘리베이터를 탔을 때에는 실내가 좁기 때문에 감지당하기 쉬우므로 충분히 주의하지 않으면 안 된다.

② 특히 뛰어 타는 것은 절대로 피하고 대상자가 운전원에게 층수를 말해도 미행원은 아무 말 없이 가만히 있다가 내릴 때 뒤따라 내리면 된다. 내왕인이 적은 곳에서는 대상자의 기억에 남기기 쉬우므로 때에 따라서는 엘리베이터를 타지 않고도 목적을 달성할 수 있는 경우에는 그에 의함이 현명하다.

③ 또한 공동 미행의 경우에는 전원 엘리베이터를 타면 감지당할 염려가 있으므로 상황에 따라 교대로 단독 미행하는 것도 좋은 방법이다.

(10) 극장에 입장 할 경우

입장함에 있어서 대상자 보다 한발 앞서서 입장하여 내부의 적당한 위치에서 감시하면서 그들을 대기하든지 아니면 적당한 간격을 두고 입장하는 방법으로 대상자를 놓치지 않도록 감시하고 좌석을 대상자의 후 측이나 옆쪽 등 감시하기 쉬운 자리를 택하는 것이 좋다. 구경이 끝난 뒤에는 혼잡하므로 근접 미행으로 놓치는 일이 없도록 유의하여야한다.

(11) 상점 등에 들어갔을 때

대상자가 음식점, 백화점 등 사람이 혼잡한 곳에 들어갔을 때에는 미행원도 같이 들어가야 하며 접근하여 미행하지 않으면 대상자를 놓칠 염려가 있으므로 상항에 따라서는 대담하게 행동할 필요가 있다. 대상자가 음식점에서 음식을 주문하면 미행자도 음식을 주문하여 취식하여야 한다.

(12) 타인과 대화할 때

미행 중 대상자가 타인과 대화할 때에는 그 대화내용을 확인하도록 노력하여야 한다. 단독 미행일 때에는 보행인으로 가장하여 주위를 천천히 지나가면서 그 대화를 주의하여 살피면 그 전부는 아니더라도 어느 정도 파악 할 수 있을 것이다. 공동미행일 경우 대상자의 상대자를 멀리 까지 미행하여 불심검문하면 내용을 확인할 수 있으므로 주거, 성명, 직업 등 또는 대상자와의 관계를 검토 판단하여 수사자료 수집에 힘써야 한다.

(13) 휴지를 버렸을 경우

대상자가 휴지 기타 물건을 버렸을 경우에는 일반 재산적 가치가 있는 지갑 등을 줍는 것은 좋지만, 휴지를 줍는 것은 부자연스럽고 오히려 대상자에게 감지당하기 쉽다. 대상자가 자신이 미행당하고 있는지의 여부를 확인하는 수단으로 일부러 이러한 연극을 하는 경우도 있으므로 주의해야 할 점이다. 그러나 반드시 이 같은 연극을 한다고 단언할 수는 없고 경우에 따라서 중요한 단서의 자료가 되는 것이 많으므로 대상자에게 감지 당하지 않는 방법으로 수집할 필요가 있다. 단독미행 시에는 수집이 불가능할 때가 많으나 공동미행의 경우에는 뒤따르는 미행원에게 적당한 방법으로 암시하여 수집해야 한다.

(14) 일정한 지역을 배회할 경우

대상자가 역구내, 공원광장 등 사람을 기다리기 위해 배회할 때는 단독 미행은 대상자에게 이상한 느낌을 갖게 하기 쉬우므로 될 수 있는 한 많은 미행원이 적당한 방법으로 감시해야 한다. 이런 경우 장소의 상황에 따라 미행보다는 잠복감시로서 대상자의 행동을 감시하는 방법이 더욱 자연스럽고 효과적인 때도 있으므로 미행만 고집하지 말고 임기응변의 조치를 취해야 한다.

(15) 대상자가 시비를 걸어올 경우

대상자가 시비를 걸어온 경우는 분명히 감지한 것이므로 적당한 방법으로 응대하고 동일 미행원은 미행을 중지시킨다. 공동미행의 경우 1명이 이 같은 질문을 받아도 다른 미행원이 접근해서는 아니 되며 다른 미행원은 계속 미행한다.

(16) 전화, 전보발신을 할 경우

① 대상자가 전화를 걸때는 주의 깊게 접근하여 전화번호를 확인하거나 대화내용을 살필 필요가 있다.

② 대상자가 전보발신을 의뢰하기 위해 우체국에 들어갈 때에는 미행원도 같이 들어가서 전보내용을 확인하는데 힘써야 한다.

(17) 대상자를 놓쳐버린 경우

① 대상자의 행선지를 추정할 수 있는 때에는 신속히 그곳에 가서 잠복 감시를 실시한다.

② 놓쳐버린 부근에서 잠복 감시하여 다시 나타나기를 기다린다.

③ 대상자가 이용한 교통기관의 하차역이나 승차 역에 잠복 감시한다.

④ 대상자의 주소, 배회처에 잠복 감시한다.

⑤ 대상자를 놓쳐버렸을 때에는 구체적 상황으로 판단하여 가장 적절하다고 생각되는 방법을 취하는 것이 필요하다. 이러한 경우 지휘관에게 보고 연락하여 그 지시를 받는 것을 잊어서는 안 된다.

(18) 대상자가 자신에 대한 미행여부를 확인하는 방법과 그에 대한 대책

대상자는 항상 자신에 대한 미행여부를 확인하기 위해 변칙적인 행동을 함으로 수사관은 이런 것들을 평소에 연구하여 이에 대한 구체적인 조치를 취해야 한다. 대상자가 미행을 감지했다고 속단해서는 안되며 그런 경우일수록 대상자의 거동 등을 더욱 냉정하게 판단하는 것이 필요하고 그 결과 확실히 미행을 감지했다고 판단되면 긴급한 경우를 제외하고는 일단 미행을 중지하고 대책을 재검토하여 다음 기회를 기다려야 한다. 대상자가 수사관의 미행 유무를 확인하는 방법으로서,

① 건물의 모퉁이 길을 돌아가는 척하고 숨거나 또는 역행한다.

② 발차하는 차에 올랐다 내렸다 한다.

③ 휴지를 버린 후 이를 줍는 자의 유무를 망본다.

④ 미행원으로 보이는 사람에게 시비를 건다.

⑤ 대상자는 자신에 대한 미행의 유무를 확인하기 위해 미행원의 후방에 그의 일행을 감시역으로 뒤따라 역미행하는 경우도 있다. 그러므로 미행 개시 전 또는 미행초기에 있어서 대상자의 주위와 그 후방의 인물을 주의 깊게 관찰하여 미행에 대한 감시역의 유무를 확인하고 후방으로부터 역 미행당하는 일이 없도록 해야 한다.

⑥ 대상자가 곧게 가는 척 하다가 급히 반전하여 역행한다. 대상자의 이 같은 행동에 대하여 미행원은 대략 다음과 같은 대책을 생각할 수 있다.

㉠ 대상자가 언제 반전하더라도 시선을 마주치지 않도록 항상 대상자의 눈보다 낮은 위치에 시선을 둘 것

㉡ 대상자가 이와 같은 행동을 하면 공동미행을 할 경우에는 각 미행원의 위치 특히 대상자의 바로 뒤에 위치한 미행원을 교대시키고 그 장소의 상황에 따라 되도록 대상자로부터 떨어져서 미행할 것

㉢ 대상자가 이와 같은 행동을 하면 단독미행인 경우에는 넥타이, 상의, 모자, 안경, 휴대품 등을 이용하여 변장하는 것도 좋은 방법이다.

3. 자동차 미행의 방법

(1) 일반적인 방법

자동차 미행은 무전기를 장비한 2대 이상의 자동차로 하고 서로 연락을 취하면서 도중에 적의하게 미행위치를 교대하여 미행을 하면 상당히 효과가 있는 것이다. 그 일반적인 방법은 다음과 같다.

① **교통량이 적은 경우** : 교외나 시골 같은 교통량이 적은 곳에서는 대상자의 자동차에 너무 접근하여 미행하면 미행을 감지 당하기 쉬우므로 될 수 있는 한 충분한 거리를 유지하고 경우에 따라서는 제3자의 자동차를 사이에 넣어서 차폐하는 것도 좋으나 미행 중 급히 옆길로 들어가 버렸을 때 놓치는 일이 없도록 시가지에 접근하거나 커브의 지점에서는 될 수 있는 한 거리를 좁혀서 미행하는 등 세심한 주의를 하여야 한다. 또한 직선도로인 때에는 대상 자동차의 전방으로 나아가 백미러로 감시 하는 것도 한 방법인데 이 방법을 동일한 대상 차에 몇 회씩 반복하면 부자연하게 되어 감지 당하게 되므로 세심한 배려가 필요하다.

② **교통량이 많은 경우** : 도심지와 같은 교통량이 많은 경우에는 교차점 신호기가 있는 장소나 횡단보도가 있는 곳에서는 정지신호나 횡단 보행자 때문에 미행 중 진행을 저지당해 대상자를 놓쳐 버리는 예가 많으므로 충분히 주의하여 될 수 있는 한 접근하여 미행하여야 한다.

(2) 유의사항

① 미행 차에는 휘발유를 충분히 넣고 필요한 때에는 보조 탱크에도 넣어서 미행 중 휘발유의 부족

으로 실기하지 않도록 할 것.

② 미행원수는 미행 차 1대에 3명(1명은 운전자, 2명은 감시자 역할)으로 하고 전원이 운전면허를 가지고 있으면 더욱 좋다.

③ 운전자는 경험이 많고 기술이 우수한자를 선정할 것

④ 교통사고가 발생하지 않도록 하고 특별한 경우를 제외하고는 교통위반도 하지 않도록 할 것.

⑤ 미행하기 전에 대상 자동차의 종류, 연대, 형, 차량번호, 기타 특징을 파악해 둘 것

⑥ 대상 자동차만 추수(따라가지)하지 말고 차안에 있는 대상자의 거동도 항상 감시해야 한다.

⑦ 대상자의 행선지를 알고 있는 경우에는 대상자동차에 선행하여 백미러를 이용 감시하는 방법도 착안해 볼 필요가 있다.

⑧ 대상 자동차에 대한 미행유무를 확인하기 위하여 대상자 일파가 미행차를 미행하는 경우가 있으니 백미러를 이용하여 역 미행당하지 않도록 유의할 것.

⑨ 미행 중에 일어난 일은 그때 메모하는 동시에 다른 미행 차에도 연락할 것.

(3) 속력가감이 심한 경우

대상자동차 중에는 고갯길이나 커브에서 갑자기 속력을 높여 초스피드로 질주하다가 다시 속력을 늦추거나 정지하는 경우가 있다. 이 같은 수단은 후속차량의 반응을 관찰하여 미행의 유무를 확인하고자 하는 것이다. 이 같은 행동을 하더라도 그에 끌리지 말고 되도록 같은 속도로 미행을 계속해야 한다.

(4) U자형으로 회전하는 경우

미행 중 대상자동차가 U자형으로 회전하는 경우에 미행차는 그와 같이 회전해서는 안 된다. 이 같은 경우에는 그대로 진행하여 대상자동차를 바로 따르지 말고 적당한 장소에서 회전한다. 2대로 미행할 경우에는 1대는 적당한 방법으로 대상자에게 감지당하지 않도록 방향을 돌려 미행하고 다른 1대는 무전기나 휴대폰 문자메세지 등으로 연락 다른 도로를 이용 대상자동차에 접근 교대 미행한다.

(5) 주차 또는 정차하였을 경우

대상자동차가 주차하였을 때에는 약간 떨어진 위치에서 주・정차하고 그 행동을 감시해야한다. 2대로 미행하면 도로의 양쪽에 각기 주・정차하여 감시하고 일부 하차하면 그에 상응하게 일부 하차 도보 미행을 해야 한다.

4. 잠복감시의 방법

(1) 잠복감시 대상의 선정

잠복감시의 대상은 범인 또는 용의자 기타 사건에 관계가 있다고 생각되는 배회처이다. 이 대상 선정의 양부(良否)는 잠복 감시의 효과에 큰 영향을 미치는 것이므로 신중히 선정하지 않으면 안 된다. 특정 범인의 배회처로 인정되는 장소는 다음과 같은 점을 고려하여 대상을 선정할 수 있다.

① 가족, 친척, 집에 숙박 또는 여비 조달을 위하여

② 정부의 집에 숙박, 장물의 증여 또는 변장을 하기 위하여

③ 공범자 또는 친지 등의 집에 선후책을 상의하기 위하여

④ 수화물 보관소 또는 수송기관등에 장물을 보관시키거나 수송위탁을 위하여

⑤ 전당포, 고물상, 사금융업자 등에게 장물을 처분하기 위하여

⑥ 은행, 우체국에서 예금하거나 수표를 환금하기 위해서 등등

(2) 외부잠복의 방법

① **장소의 선정** : 대상가옥에 출입구가 수개 있을 때에는 각 출입구 마다 잠복하는 것이 원칙이다. 외부잠복장소를 선정하는 기준은 다음과 같다.

㉠ 대상자에게 감지 당하지 않을 장소라야 한다.

㉡ 대상자나 관계자의 출입상황과 그 행동을 잘 감시할 수 있는 장소라야 한다.

㉢ 대상자가 통과할 만한 길목에 있어야 한다.

㉣ 즉각 추적하기에 편리한 장소여야 한다.

㉤ 대상자의 도주로를 차단하기 편리한 장소라야 한다.

㉥ 잠복감시에 용이한 장소라야 한다.

㉦ 보고 연락하기 쉬운 장소라야 한다.

② **위장 변장상의 주의사항**

㉠ 권총 기타 호신장구는 눈치 채지 않게 소지 착용할 것

㉡ 카메라, 망원경, 특수망원경, 무전기 등의 기재는 외부에 감지되지 않도록 위장할 것.

㉢ 잠복감시는 장시간 일정한 장소에 머무르는 일이 많으므로 변장을 할 뿐만 아니라 행동 위장에도 유의할 것

㉣ 적당한 잠복 장소가 없을 때에는 그 지역에 알맞은 직업인, 즉 시・읍・면 공무원, 회사원, 수금원, 노무자 등으로 위장하고 잠복을 할 것

㉤ 신문, 잡지를 읽는 척 하며 감시하는 것도 좋은 방법이다.

③ **감시에 간격이 생기지 않도록 할 것** : 잠복감시는 부득이한 경우를 제외하고는 반드시 1개소에 2명 이상의 잠복원을 배치해야 한다. 그것은 연락 또는 불의의 범인의 공격에 대비할 뿐만 아니라 감시에 간격이 생기지 않도록 하기 위해 필요한 것이다.

④ **야간 잠복감시상의 주의사항** : 야간의 잠복감시는 주간과 달라서 어두운 곳을 이용할 수 있는 반면에 어두운 곳에서는 대상자의 행동을 감시하기 어려운 불리한 점도 있다. 야간 잠복을 함에 있어서 주의할 점은 다음과 같다.

㉠ 흰색 셔츠 등 눈에 띄기 쉬운 밝은 복장은 피해야 한다.

㉡ 단화보다는 흑색 운동화 또는 농구화 등이 간편하다

㉢ 하천, 도랑, 쓰레기 통, 조건이 나쁜 장소를 이용해서라도 목적을 달성해야 한다는 적극적인 의욕이 필요하다.

㉣ 상황에 따라서는 주차 중인 자동차 밑에 은신하는 것도 필요하다.

㉤ 필요하지도 않은데 손전등, 조명기구를 점멸하거나 흡연해서는 안 된다.

ⓑ 수상한 태도를 취하거나 동료와 잡담을 해서는 안 된다.

ⓢ 대상자를 발견하여 검문할 때에는 1명은 대면하고 1명은 배후에서 도주나 반격에 대비한다.

ⓞ 자동차나 자전거를 사용했을 때에는 부근의 잘 안 보이는 장소에 두되 즉시 이용할 수 있도록 해야 한다.

ⓩ 인근지점에서 파수하는 직원과 상호 연락방법 등을 사전에 협의해 두어야 한다.

⑤ **기타 유의사항**

㉠ 민가의 방을 빌려 잠복 감시하는 경우에 외부에서 알지 못하게 실내를 어둡게 하고 유리창을 통하여 감시하거나 문틈, 문구멍 등으로 감시하는 것도 좋다.

㉡ 무전기, 망원경, 특수망원경 등 수사 장비를 이용하여야 한다.

㉢ 외부잠복 감시에는 대상자의 거동에만 주의하여야 하며 필요 시 미행도 해야 한다.

㉣ 외부잠복 감시는 그 장소에 적응할 뿐만 아니라 자연성을 잃지 않도록 하고, 특히 잠복선 밖에서 들어오는 대상자에게 발견되지 않도록 주의해야 한다. 예컨대 역 대합실에서 장시간 잠복감시를 하는 경우에 잠복원을 교대시킬 때에는 열차의 발착시간에 맞춰 행하는 것이 자연스러울 것이다.

㉤ 잠복원이 대상자에게 감지 당하지 않았나 하고 망설여 머뭇거리는 행동은 오히려 부자연스러우므로 조심해야 한다.

㉥ 잠복장소에서의 책임분담 연락을 위한 신호 등은 미리 계획을 세워야 한다. 특히 미성년자 유인 유괴사건 등의 경우에는 범인과 접촉하는 피해자의 가족 등과 사전에 구체적으로 상의해 놓아야 한다.

㉦ 철수할 때에는 파수장소에 휴지, 담배꽁초 등 파수했던 사실을 일견하여 알 수 있는 물건은 절대로 남기지 않도록 주의해야 한다.

(3) 내부 잠복의 방법

내부 잠복은 그 성질상 피의자 등과 간접으로 관계있는 자의 가옥 등에 들어가서 행하는 경우가 많으므로 신중히 행하지 않으면 안 된다. 내부 잠복시 주의할 점은 다음과 같다.

① 범인과 관계있는 거택 등에서 잠복감시 하는 경우에는 그 적당 여부를 신중히 판단해야 한다.

② 내부 잠복을 실시할 때에는 가족의 수, 그 상황, 가옥의 구조(특히 방실의 배치와 출입구) 부근의 지리적 상황 등을 충분히 조사하여 그 실태를 파악하고 불의의 사태에 순간적으로 취해야 할 행동까지도 미리 생각해 두어야 한다.

③ 가족, 그 가옥의 소유자, 관리자 등이 이해하여 진심으로 협력하도록 설득해야 한다.

④ 잠복감시하고 있는 것을 대상자가 감지하지 않도록 한다.

⑤ 내부 잠복 중에 사담, 잡담 등 쓸데없는 이야기를 하여 가족에게 이쪽의 마음속을 들여다보게 하는 일이 없도록 충분히 주의해야 한다.

⑥ 가족의 거동, 외출, 내방자, 전화 등에도 충분히 주의하여 통모되지 않도록 해야 한다.

제13절 조회제도

Ⅰ. 조회의 의의

1. 조회의 개념

조회란 범죄수사의 목적을 달성하기 위하여 미확인된 범죄의 의심이 있는 사실을 발견한 후에 평소에 수집 분석하여 놓은 자료와 대조 확인함으로서 범죄사실 등을 확실히 하는 것이다.

2. 수배와의 구별

수배란 범죄가 발생하였을 때 용의자, 수사 자료의 발견 기타 필요한 조치를 타 경찰관서에 의뢰하는 것이나, 조회는 불심검문 등으로 용의자 또는 수사 자료를 먼저 확보한 후에 구체적으로 용의자 또는 수사자료가 범죄사실과 관계있는가를 확인하는 것이다.

Ⅱ. 근거법규

① 범죄수법공조자료관리규칙(경찰청훈령 제573호)

② 범죄수사자료조회규칙(경찰청예규 제348호)

③ 지명수배규칙(경찰청훈령 제83호)

④ 범죄수사규칙, 지문규칙, 경찰컴퓨터온라인운영규칙(경찰청예규 제184호)

⑤ 형의실효등에관한법률(제5조)

Ⅲ. 조회시 유의사항

① **성실한 기초자료의 작성** : 수범범죄가 발생하였을 때, 범인을 검거하지 못했을 때는 피해통보표를, 검거하였을 때는 수법원지를 작성하여야 한다.

② **신속 정확한 조회** : 조회를 할 때에는 조회를 할 사항을 명백히 하고, 특징이 있는 것을 조회할 때는 그 특징을 정확히 하여야 한다.

③ **신속한 대조 및 결과 통보** : 조회를 받은 직원은 신속히 자료를 빠짐없이 종합 분석 대조하여 그 결과를 통보하여야 한다.

Ⅳ. 범죄수사자료 조회규칙상 조회내용

1. 목적

범죄수사자료 조회규칙은 각 경찰관서(수사기관 포함) 상호간에 범죄수사와 관련하여 신원확인, 범인·

여죄발견, 범죄경력, 지명수배·지명통보, 도난·무적·범죄차량, 장물여부 등을 효율적으로 조회하는데 필요한 사항을 규정함을 목적으로 한다.

2. 부호의 지정

"1" : 범죄경력조회

"2" : 지명수배, 지명통보조회

"3" : 장물조회

"4" : 신원확인조회

"5" : 수법조회

"6" : 여죄조회

"7" : 수배차량조회

3. 범죄수사자료 조회대상 → 조회내용

① 검거한 피의자, 불심검문대상자, 신원조사대상자 → 신원확인조회, 범죄경력조회, 지명수배, 지명통보조회

② 검거한 피의자, 불심검문검색대상자, 신원조사대상자 등이 소지한 수상한 물품 및 고물상 전당포입전물품, 사회에 유통되고 있는 출처 불명의 물품들 → 장물조회

③ 신원불상 자, 변사자 기타 신원을 알 수 없는 인물 → 신원확인조회

④ 발생한 수법범죄사건과 검거한 수범범죄 피의자 → 각 수법조회와 여죄조회

⑤ 도난차량, 무적차량, 번호판 도난, 분실·범죄차량여부 → 수배차량조회

⑥ 수사상 필요한 대상 인물의 신상과 행적을 알고 싶을 때 → 전화로 긴급 사실조회

4. 조회처

① 범죄수사자료 조회는 전국 경찰관서의 각종 수사조회 시스템을 이용한다.

② 긴급사실조회는 관계 경찰서간 직접 경찰전화 전신 등으로 한다.

5. 범죄수사자료 조회방법

① 범죄수사자료 조회는 조회대상별로 구성된 각 수사조회시스템을 활용 다음사항을 입력 대조한다. 조회대상 → 조회방법

㉠ 범죄경력, 지명수배·통보조회와 신원확인조회 중 주민등록증 소지자 → 대상자의 성별, 성명, 생년월일(주민등록번호), 본적, 주소 등 인적사항으로 조회하여 지문번호 등을 대조 확인.

㉡ 장물조회 → CIMS(범죄정보관리시스템)을 활용하여 피해통보표의 피해품(목적물), 고유번호, 품명, 재료 등.

㉢ 수법·여죄조회 → 수사종합검색시스템과 CIMS(범죄정보관리시스템)을 활용, 발생사건 및 검거피의자의 범죄수법, 신체특징, 피의자·피해자의 성명, 이명으로 조회한다.

㉣ 수배차량조회 → 온라인조회단말기를 활용, 대상차량의 차종, 차량번호, 차대번호, 지역, 용도 등을 조회한다.

② 신원확인조회 중 신원불상 변사자, 동일인 여부, 인적사항 불확실한 자 등의 신원확인은 지문규칙에 따라 십지지문 채취하여 경찰청에 조회 또는 각 경찰관서의 지문자동검색시스템 단말기(AFIS)를 활용한다.

③ 긴급사실조회는 경찰전화로 직접 실시함을 원칙으로 한다.

Ⅴ. 전산자료의 수사 목적 외 사용금지

① 경찰이 관리하는 전산자료는 수사목적 이외에는 사용 할 수 없다.

② 관련 자료를 누설하는 경우 다음 법률에 의거 처벌한다.

㉠ 수사 자료에 의한 개인범죄경력조회 누설 - 형의실효등에관한법률 및 시행령

㉡ 주민등록지, 주민번호 등 직무상 알게 된 개인비밀누설 - 공공기관개인정보보호에관한법률

㉢ 전산망에 보관된 타인의 정보누설 - 전산망이용촉진과보급확장에관한법률

제14절 공조수사

Ⅰ. 공조수사의 의의

공조수사란 경찰관서 상호간 자료를 수집하고 수배, 조회, 통보, 촉탁 또는 합동수사를 함으로서 범인 여죄, 장물, 범죄경력, 신원불상자의 신원을 확인하며 범인을 검거하고 범죄를 구증하기 위한 과학적, 종합적, 입체적, 조직적 수사 활동을 말한다.

Ⅱ. 공조수사의 당사자

공조수사의 당사자는 경찰관서이다. 대내적으로는 경찰청과 지방경찰청만을 의미할 것이나 실무상의 편의를 위하여 경찰서 파출소 상호간 내지 각 관서내의 부서 상호간 까지 포함시킬 수 있으며, 대외적으로는 각 부처 또는 유관기관단체와 개인과의 협조 내지 국제협정에 의한 국제형사기구까지 포함한다.

Ⅲ. 공조수사의 수단, 효과, 성질

1. 공조수사의 수단

① 수배

② 통보

③ 조회

④ 촉탁

⑤ 합동수사

⑥ 긴급사실조회

⑦ 수사비상배치

⑧ 수사본부설치운영

2. 공조수사의 효과

① **범인식별** : 유류물품의 인적 · 물적 특정자료에 의거 범인의 인상 파악을 한 후 수사범위를 축소하고 용의자군을 추출하여 범인을 식별할 수 있다.

② **여죄색출** : 검거 피의자의 인적 · 물적 특징을 파악하고 기 수집 보관중인 미검사건 범인의 유류된 인적 · 물적 특징과 대조하여 동일 유사기록을 색출하고 추궁 · 대질 등을 실시하여 여죄를 확인한다.

③ **장물발견** : 피해통보표, 장물수배서를 작성하여 유통과정에서 발견된 출처불명품을 기 수집 보관중인 비대칭성 피해품 자료와 대조하여 장물여부를 확인한 후 발견된 장물의 유통선을 역추적하여 원초적 처분자인 범인에 도달할 수 있다.

④ **특정인의 범죄경력 확인** : 십지지문으로 범죄수사, 재판 기타 필요한 특정인의 범죄경력을 확인할 수 있으며 범죄경력 발견효과는 누범가중, 상습범가중 기타 공사생활상의 결격사유가 된다.

⑤ **신원불상자의 신원확인** : 17세 이상자의 인적사항과 십지지문을 기록한 주민등록자료를 수집하여 신원불상자나 변사체의 십지지문을 조회함으로서 신원파악을 할 수 있다.

⑥ **지명수배자, 지명통보자 검거** : 컴퓨터에 입력된 자료를 근거로 불심검문 등 의심스러운 자에 대한 조회로 지명수배 통보된 자를 검거할 수 있다.

3. 공조수사의 성질

공조수사는 과학적 수사이고, 모든 정보 자료를 종합하여 판단하는 동시에 모든 지식과 기술을 활용하는 종합적 수사이자, 체계 있는 조직에 의한 조직적 수사이며, 입체적으로 행하는 입체적 수사이다.

Ⅳ. 공조수사의 종류

1. 종적공조와 횡적공조

(1) 종적공조

① 종적공조는 상·하급 관서내의 상·하급 부서 내지 상·하급자 상호간의 공조를 말한다. 이들의 관계는 상명하복관계에 있는 것이나 공조수사의 개념으로 승화시켜 나가야 할 것이다.

② '수사관 회의에서 가급적 많은 인원을 참석시켜라.', '가장 신참인 형사의 말도 존중하라'는 격언은 전체의 의사를 규합하고 상하간의 거리를 좁혀주는 공조수사의 좌우명이다.

(2) 횡적공조

① 대내적으로는 지방경찰청, 경찰서, 지구대 상호간은 물론 관서내의 각부서 상호간 내지 횡적 동료 상호간 수사공조를 의미한다.

② 대외적으로는 특별사법경찰관리, 경찰유관기관·단체, 개인과의 수사협조, 나아가서 국제형사기구와의 형사공조 등이 있다.

2. 평상공조와 비상공조

(1) 평상공조

특별한 사유 없이 평소에 상호간에 도움을 주는 것으로 수배, 통보, 조회, 촉탁 등을 말한다.

(2) 비상공조

특이사건 발생 등 특수한 경우의 공조로서 수사비상배치, 수사본부설치운영, 특별사법경찰관리 등과의 합동수사를 말한다.

3. 자료공조와 활동공조

(1) 자료공조

① 필요한 모든 수사정보를 자료화하여 모든 경찰이 자기 수사에 활용할 수 있도록 할 뿐만 아니라 그 자료를 장기간 보존하여 후에 경찰이 이를 계속적으로 활용할 수 있도록 하는 것으로 자료의 수집과 조회제도이다.

② 자료공조가 모든 공조의 기본이며 이상향이라 할 수 있다.

(2) 활동공조

현재 제기된 당면 문제에 대한 공조수사 활동으로서 수사비상배치, 불심검문, 미행, 잠복감시, 현장긴급출동 등이 있다.

Ⅴ. 공조수사의 유형

1. 통계자료

발생통계원표, 검거통계원표, 피의자통계원표

2. 구증자료

현장사진기록 등

3. 개인 식별자료

지문자료, 수배자료, 장물수사자료, 수법자료.

4. 수사교훈참고자료

중요사건발생검거카드, 우범자카드 등

제15절 수배수사

Ⅰ. 수배수사의 의의 및 중요성

1. 의의

수배수사라 함은 피의자 및 수사 자료를 발견, 확보하기 위하여 다른 경찰관서에 대해서 수사상 필요한 조치를 의뢰하여 경찰의 조직력을 활용함으로서 행하는 수사 활동을 말한다.

2. 수배수사의 중요성

최근에 있어서 교통기관의 발달은 범인들의 행동을 더욱 광역화하고 스피드화하고 있는데 "범죄에 경계 없다"라는 말이 이런 현실을 더 한층 실감나게 하고 있다. 관할구역에 의하여 한정된 예산과 인원으로 범죄수사를 하는 경찰이 범인들에 대처하기 위하여는 전국에 뻗어 있는 경찰조직의 유기적 연대를 도모하고 관계경찰의 적극적인 공조에 의하여 수배수사를 한층 더 강력히 추진하는 길 뿐이라 하겠다.

3. 수배시의 유의사항

① 사건의 경중을 불문하고 수배할 수 있다.

② 수사긴급배치의 범위는 넓게 하나 수배의 범위는 적정히 제한한다.

③ 수배의 방법에는 아무런 제한이 없다. 따라서 모사전송, 무선 등 적당한 방법으로 한다.

Ⅱ. 각종 수배제도의 개요

1. 사건수배

사건수배라 함은 발생한 사건에 관하여 긴급배치 기타의 수사를 의뢰하는 수배로서 이에는 긴급사건수배, 사건수배의 2종이 있다.

2. 지명수배

지명수배는 이미 특정한 피의자에 대하여 그의 체포, 인도를 요구하고 또는 그 피의자와 사건처리를 의뢰하는 수배로서 지명수배, 지명통보의 2종이 있다. 또한 지명수배에 있어서는 흉악, 중요한 지명피의자에 대한 조직적 수사의 철저를 도모하는 특별한 필요에 의하여 중요지명피의자종합수배제도가 마련되고 있다.

3. 장물수배

장물수배는 다른 경찰관서에 대하여 장물의 발견을 요구하는 수배이다. 그리고 장물발견을 위한 방법으로는 이러한 것 외에 전당포업자 등에 대하여 장물의 발견신고를 요청하기 위하여 배부하는 장물수배서의 제도가 있다.

Ⅲ. 수배수사의 실시

1. 수배수사에 대한 기본적 태도

(1) 신의 · 성실의 원칙

수배제도를 원활히 운용하기 위하여는 관계경찰이 서로 협력하여 나라의 치안을 유지하고 있다는 연대의식하에 서로 상대편을 신뢰하고, 또한 항상 그 신뢰에 응답하는 성실감을 발휘하여야 한다.

지명수배 피의자가 체포될 경우에 있어서 피의자를 데리고 있는 경찰에 그 사건의 처리를 위촉하더라도 철저하게 추궁해 줄는지 어떨지는 알 수가 없다는 불신감이 있다면 수배제도의 제도적 가치는 기능을 발휘하기 힘들게 된다. 그리하여 상대편이 신뢰하고 의뢰해 온 일에 대해서는 신의 있고 성실로서 응대한다는 것이 무엇보다 필요하다.

(2) 수배의 적정화

① 수사 등의 의뢰 또는 촉탁을 할 때에는 그 취지, 내용 기타 수사 등을 위하여 필요한 사항을 정확히 하는 등 의뢰 또는 촉탁을 받은 경찰관서에 폐를 끼치지 않도록 하여야 한다.

② 각종 수배 중 소정의 서식에 의하여 행하여지는 것에 대하여는 그 요건이 구비되어 있는 한 별문제가 없을 것 같으나 예컨대, 사건수배의 경우 그 취지가 애매하고 내용도 불편한 수배가 행하여진다면 의뢰를 받은 경찰에서는 어떠한 수사조치를 요구하고 있는가를 파악하기 곤란하여 수사의 목적을 달성하기 어렵게 되며, 상대편 경찰에 불필요한 부담을 주게 되는 것이다. 이러한 과오가 생기지 않도록 적정을 기할 것이 요청된다.

2. 긴급수배

(1) 긴급사건수배

① 긴급사건수배는 범죄수사에 있어서 다른 경찰관서에 대하여 긴급조치를 의뢰할 필요가 있을 때에 지체 없이 긴급사건수배서에 의한 긴급수배, 긴급수사 기타 필요한 조치를 요구하는 수배이다.

② 긴급사건 수배를 함에 있어서는 긴급사건 수배에 의하여 긴급배치, 긴급수사 기타의 긴급조치를 의뢰하고 전화, 무전 등 기타 편리한 방법에 의하여 신속히 수배할 것이며, 다른 경찰서에 대하여 긴급사건 수배를 할 경우에는 원칙적으로 미리 지방경찰청장에게 보고한 후 직접 수배하거나 또는 지방경찰청을 통하여 다른 지방경찰청으로 또는 관내 각 경찰서 일제수배 등의 방법에 의하여 행한다. 수배를 접수한 경찰은 신속하게 수배에 응하는 수사조치를 취하지 않으면 안 된다. 긴급배치는 미리 정해져 있는 수사긴급배치계획에 의하여 행하여진다. 긴급조치를 함에 있어서는 사건의 규모 · 태양, 범인의 인상착의, 흉기휴대의 유무, 사용차량, 교통사정 등 제반의 사정을 검토하여 그 상황에 적합한 중점적이고도 종합적인 배치를 하도록 고려하여야 한다.

㉠ 긴급배치 해제사유

ⓐ 범인을 체포하였을 때

ⓑ 긴급배치를 계속하더라도 효과가 없다고 인정할 때

ⓒ 허위신고 또는 중요사건에 해당하지 않음이 판명되었을 때

㉡ 긴급배치 생략사유

ⓐ 범죄발생 후 상당기간이 경과하여 범인을 체포할 수 없다고 인정될 때

ⓑ 범인의 인상착의가 확인되지 아니하여 긴급배치에 필요한 자료를 얻지 못할 때

ⓒ 범인의 성명, 주거, 연고선이 판명되어 조속히 체포할 수 있다고 판단된 때

ⓓ 사건의 성질상 긴급배치가 필요하지 않다고 인정될 때

㉢ 수사긴급배치의 종별 및 범위

구분	갑호 배치	을호 배치
사건범위 (사건종별)	(ⅰ) 살인사건 : 강도·강간·유괴·방화 살인, 2명이상 집단 살인 및 연쇄살인 (ⅱ) 강도사건 : 인질강도, 해상강도, 금융기관 및 5천만원이상 다액 강도, 총기 폭발물 소지 강도 및 연쇄강도 (ⅲ) 방화사건 : 관공서·산업시설·시장 등의 방화, 열차·항공기·대형선박 등의 방화 및 연쇄방화, 중요한 범죄은닉목적 방화, 보험금취득목적 계획적인 방화 (ⅳ) 기타 중요사건 : 총기·대량의 탄약 및 폭발물 절도, 조직폭력사건, 약취·유인, 수인 또는 구속피의자 도주	다음 사건 중 갑호 이외의 사건으로 (ⅰ) 살인, (ⅱ) 강도, (ⅲ) 방화, (ⅳ) 중요상해치사, (ⅴ) 1억원이상 다액절도 (ⅵ) 관공서 및 국가중요시설 절도, (ⅶ) 국보급문화재 절도, (ⅷ) 기타 경찰관서장이 중요하다고 판단하여 긴급배치가 필요하다고 인정하는 사건
경력동원	형사(수사)요원, 지구대, 검문소요원 가동경력 100%	형사(수사)요원 가동경력 100%, 지구대, 검문소 가동경력 50%

(2) 사건수배

① 사건수배라 함은 사건의 용의자와 수사자료 기타 참고사항에 관하여 통보를 요구하는 수배이다.

② 사건수배는 수사 중인 사건에 관하여 수사 자료를 널리 수집하기 위하여 당해 사건의 수사상 참고가 될 만한 사항의 통보를 얻을 목적으로 하는 것이다. 사건수배는 당해 사건의 개요와 통보를 요구할 사항을 정하여 신속 정확히 행하지 않으면 안 된다.

③ **사건수배에 대한 특별조치** : 수배를 접수한 경찰에 있어서는 통보를 요구한 사항을 정하여 신속히 필요한 조치를 취하고 필요에 따라 그 결과를 통보한다. 수법범죄에 대하여 공조 제보에 의한 사건수배의 송부를 받은 시·도 지방경찰청에 있어서는 이미 보관 중에 있는 동종별 수법원지와 대조하여 동일 수법의 용의자를 발견하였을 때에는 동용의자 수사에 필요한 사항을 회보하고 동 사실을 수법원지의 여죄 란에 기록한다.

(3) 참고통보

① 참고통보는 수사 등의 의뢰가 아니라 다른 경찰관서에 대하여 편의를 제공하고 협조하기 위한 통보이다. 경찰서장은 다른 경찰관서에 관련된 범죄사건에 관하여 그 피의자, 증거물 기타 수사상 참고가 될 만한 사항을 발견하였을 때에는 지체 없이 적당한 조치를 취하는 동시에 그 취지를 당해 경찰관서에 통보해야 한다.

② 수배를 받은 사건의 피의자를 체포하고 또는 증거물 등을 발견하였을 때에는 즉시 그 취지를 당해 수배를 한 경찰관서에 통보해야 함은 물론이고 수배를 받지 아니한 경우라도 다른 경찰관서의 사건에 관련된 피의자, 증거물 감식에 의한 수사자료 기타 참고가 될 사항을 발견하였을 때에는 동일한 조치를 취하여야 한다. 또한 경찰서장은 전술한 통보이외에 중요사건, 타에 파급할 염려가 있는 사건 기타 범죄의 수사나 예방에 참고가 될 사건에 관하여는 그 사건의 내용 수사의 경과 기타 참고사항을 통보하여야 할 필요가 있기 때문이다. 이와 같이 상호간의 협력체재가 사건의 발생 또는 그 가능성을 중심으로 하여 이루어져 있어야 한다.

(4) 유의사항

① **신속한 수배** : 사건수배 특히 긴급사건수배는 신속히 하지 않으면 안 된다. 범죄수사에 있어서는 범행현장 또는 그 근처에서 범인을 검거하는 것이 가장 이상적이므로 수배를 신속히 함으로써 초동수사에 완벽을 기할 수 있도록 하여야 할 것이다.

② **수배내용의 검토** : 수배를 함에 있어서는 내용을 검토해서 의뢰의 취지 기타 수사를 위하여 필요한 사항을 정확히 하여 수배를 받은 경찰관서에 폐를 끼치지 않도록 하여야 한다. 긴급사건수배에 관하여는 ⓐ 범행일시 및 장소 ⓑ 피의자의 성명・연령・인상・체격・특징・착의・휴대폰・무기의 휴대 ⓒ 범죄사실의 개요 ⓓ 도주경로 및 방법 ⓔ 피의자 승용차의 종별 및 번호 등에 대하여 신속히 그 전부를 파악하여 수배하여야 하지만 실무상 그 전부에 대하여 파악하기 곤란한 때도 있으므로 이러한 경우에는 우선 판명된 사항만을 신속히 수배하여야 하고 그 후의 사항은 추가로 수배하여야 할 것이다.

③ **수배의 범위, 방법 등의 검토** : 수배를 실무적으로 처리하되 실질적으로 수배제도의 목적을 달성할 수 있도록 하여야 한다.

④ **남용의 금지** : 오늘날의 범죄 특히 절도・강도 등의 수법범죄는 아주 교묘해져서 범죄현장에 증거자료를 남기는 것은 오히려 드물게 되었다. 수법범죄에 대해서의 사건수배는 피의자를 특정 한다고 하는 본래의 목적 외에 피의자에 대한 이른바 공격적 수사를 하기 위한 자료로써도 활용되고 있으므로 금후에 더욱 적극적으로 운영할 것이 요청된다. 그러나 일반적으로 말하면 수배제도는 상호의 신뢰와 협력 위에 성립하는 것이므로 그 실효를 거두기 위해서는 그 필요상 범죄의 종별, 경중, 완급의 정도 등에 따라서 수배의 범위 및 방법을 합리적으로 정하여 적정한 운용을 해야 할 것이다.

⑤ **접수경찰의 신속 적절한 조치** : 수배를 받은 경찰은 상호의 협력에 의하여 치안을 유지하고 있다는 의식을 가지고 수배내용에 응하여 신속히 수배의뢰경찰의 기대에 응하는 적절한 수사조치를 강구하여야 한다.

3. 지명수배 · 지명통보

특정한 피의자에 대하여 그의 체포를 의뢰하는 제도로서 특히 기소중지 의견으로 사건을 송치할 때에는 지명수배, 지명통보를 해야 한다.

(1) 지명수배

(가) 대상

① 법정형이 사형, 무기 또는 3년 이상의 징역이나 금고에 해당하는 죄를 범하였다고 의심할 만한 상당한 이유가 있어 체포영장 또는 구속영장이 발부된 자(다만, 수사상 필요한 경우에는 체포영장 또는 구속영장을 발부받지 아니한 자를 포함)

② 지명통보 대상인자로 지명수배의 필요가 있어 체포 또는 구속영장이 발부된 자.

③ 긴급사건 수배에 있어서 피의자의 성명 등을 명백히 하여 그 체포를 의뢰한 피의자

(나) 지명수배자 소재 발견시의 조치사항

① 지명수배된 자의 소재를 발견하였을 때에는 피의자에게 체포영장 또는 구속영장을 제시하고 범죄사실의 요지, 체포 또는 구속의 이유, 변호인 선임권, 변명의 기회를 준 후 체포 또는 구속하고 확인서를 받아 지명수배한 경찰관서에 인계하여야 한다.

② 체포 또는 구속영장을 소지하고 있지 아니한 경우라도 급속을 요하는 때에는 피의자에게 범죄사실의 요지와 체포영장 또는 구속영장이 발부되었음을 고지하고 체포 또는 구속할 수 있다. 이 경우 사후에 신속히 체포영장 또는 구속영장 원본을 제시하여야 한다.

③ 체포영장 또는 구속영장을 발부받지 않고 지명수배한 경우에는 피의자에게 긴급체포한다는 사실을 고지하고, 범죄사실의 요지, 체포의 이유와 변호인선임권, 변명의 기회를 준 후 긴급체포하여 확인서를 받고 긴급체포서를 작성한다.

④ 지명수배자를 검거한 자는 구속영장 청구에 대비하여 피의자가 도망 또는 증거를 인멸할 염려가 농후하다는 점을 부각시키기 위하여 필요한 경우 체포과정의 상황 등을 자세히 기재한 지명수배자체포보고서를 작성하고 이를 수배관서에 인계하여 수사기록에 편철하여야 한다.

⑤ 도서(섬)지역에서 지명수배자가 발견된 경우에는 지명수배자의 소재를 계속 확인하고, 수배관서와 협조하여 검거시기를 정함으로서 검거 후 구속영장청구시한(체포한 때로부터 48시간 이내)이 경과하지 아니하도록 하여야 한다.

(다) 검거된 지명수배자의 호송

① 경찰관서장은 검거된 지명수배자의 신속한 호송을 위하여 미리 호송요원 및 호송차량을 지정한 자체호송계획을 수립하여야 한다.

② 수배관서는 아래에 해당하는 경우를 제외하고는 지명수배자를 검거한 관서로부터 인수하여야 한다. 다만, 해당관서가 서로 합의한 때에는 그에 따른다.

㉠ 검거한 관서의 관할구역 안에서 수배를 받은 범죄의 죄종 및 죄질이 동등 또는 그 이상의 다른 범죄를 범한 경우

㉡ 검거관서에서 지명수배자와 관련된 범죄로 이미 정범이나 공동정범인 피의자의 일부를 검거하고 있는 때

③ 검거한 지명수배자에 대하여 지명수배가 수건인 경우에는 아래의 수배관서의 순위에 따라 검거된 지명수배자를 인계 받아 조사하여야 한다.

㉠ 공소시효 만료 3개월 이내이거나 공범에 대한 수사 또는 재판이 진행 중인 수배관서

㉡ 법정형이 중한 죄명으로 지명수배한 관서

㉢ 검거관서와 동일한 경찰관서의 관할구역에 수배관서

㉣ 검거관서와 거리 또는 교통상 가장 인접한 관서

㉤ 검거관서와 수배관서는 지명수배자를 검거한 때로부터 구속영장청구시한(체포한 때로부터 48시간 이내)을 경과하지 않도록 서로 협조하여야 한다.

(라) 수배관서의 조치

① **긴급체포 승인건의** : 신병을 인수한 수배관서는 긴급체포시로부터 12시간 이내에 긴급체포승인건의를 하여야 한다. 단, 기소중지된 피의자를 당해 수사관서가 위치한 특별시·광역시·도 이외의 지역에서 긴급체포한 경우에는 24시간 이내에 긴급체포승인건의를 해야 한다.

② **체포 및 구속의 통지** : 지명수배자를 인수한 수배관서의 사법경찰관은 체포한 때로부터 24시간 이내에 서면으로 체포 또는 구속의 통지를 하여야 한다. 다만, 지명수배자를 수배관서가 위치한 특별시·광역시·도 이외의 지역에서 검거한 경우에는 검거관서에서 통지하여야 한다.

③ **피의자 조사**

④ **기소중지소재발견보고** : 검찰청에 기소중지의견으로 송치된 원기록을 재기하기 위하여 작성하는 양식이다.

⑤ **신병지휘건의** : 지명수배자를 검거한 때에는 수배관서의 사법경찰관은 즉시 관할 지방검찰청에 전화 또는 모사전송기, 기타 적당한 방법으로 검거보고를 하고 피의자를 조사한 다음 검거한 때로부터 36시간 이내에 검사의 지휘를 받아야 한다.

⑥ **지명수배의 해제** : 지명수배자가 검거되면 수배관서의 사법경찰관은 즉시 수배를 해제하여야 한다.

(마) 재지명수배의 제한

긴급체포한 지명수배자를 석방한 경우에는 영장을 발부 받지 아니하고는 동일한 범죄사실에 관하여 다시 지명수배하지 못한다.

(2) 지명통보

지명통보라 함은 피의자를 발견한 경우에 피의자의 인도를 요구하지 아니하고 그 피의자에 대한 출석

요구를 의뢰하거나, 그 사건의 처리를 당해 경찰관서에 위임하는 취지의 수배를 말한다(수사규칙 제30조). 지명 통보된 사건을 검거 처리함에 있어서는 미리 통보를 발한 경찰관서에 구속영장의 유무, 피의사실의 내용, 관계서류 기타 수사자료의 유무 등을 조회하여 처리하여야 하고 지명통보한 피의자에 관하여는 사건처리에 필요한 증거자료, 관계서류 등을 완전히 정비해 두고 피의자를 발견한 경찰관서로부터 요구가 있을 때에는 지체 없이 사건인계서와 증거자료, 관계서류 등을 그 경찰관서에 송부하여야 한다.

(가) 대상

① 법정형이 장기 3년 미만의 징역, 금고 또는 벌금에 해당하는 죄를 범하였다고 의심할 만한 상당한 이유가 있고 수사기관의 출석 요구에 응하지 아니하고 소재수사 결과 소재 불명인 자.

② 법정형이 장기 3년 이상의 징역 또는 금고에 해당하는 죄를 범하였다고 의심되더라도 사안이 경미하거나 기록상 혐의를 인정키 어려운 자로서 출석요구에 불응하고 소재가 불명인 자

③ 사기·횡령·배임죄 및 부정수표단속법 제2조에 정한 죄(장물 X)의 혐의를 받는 자로서 초범이고 그 피해액이 500만원 이하에 해당하는 자

④ 구속영장을 청구하지 않거나 발부 받지 못하여 긴급체포 되었다가 석방된 지명수배자.

(나) 지명통보자 소재발견시 조치사항

① 지명 통보된 사실과 범죄사실, 지명통보한 관서 등을 고지하고 발견일자로부터 1개월 이내에 통보관서에 출석하거나 사건이송을 신청하겠다는 내용이 기재된 지명통보자소재발견보고서를 3부 작성하여, 1부는 피의자에게 교부하고, 1부는 발견관서에 보관하며, 1부는 통보관서에 송부한다.

② 지명통보가 수건인 경우는 각 사건마다 지명통보자소재발견보고서를 작성하여야 한다.

③ 지명통보자소재발견보고서를 송부받은 통보관서의 사건담당자는 즉시 지명통보된 피의자에게 출석하기로 확인한 일자에 출석하거나 사건이송서를 제출할 수 있다는 취지의 출석요구서를 발송하여야 한다.

④ **지명수배** : 지명통보자가 정당한 이유 없이 확인한 일자에 출석도, 사건이송신청도 아니한 때에는, 정당한 이유 없이 출석도, 사건이송신청도 아니하였다는 취지의 소명자료를 첨부하여 체포영장을 발부 받아 지명수배 한다.

(다) 지명통보 해제

지명통보피의자가 출석하여 조사에 응한 때에는 조사한 사법경찰관은 즉시 지명통보를 해제하여야 한다.

(3) 중요지명피의자 종합수배

(가) 개념

중요지명피의자 종합수배는 지명수배 피의자 중 전국적으로 강력한 조직적 수사를 행할 필요가 있다고 인정되는 흉악 중요범죄의 지명수배 피의자에 대하여 경찰청의 주요지명피의자 종합수배(서)에 등재하여 행하는 수배

(나) 수배요령

① 지방경찰청은 지명수배・통보를 한 후, 6월이 경과하여도 검거하지 못한 강력범, 중요폭력 및 도범, 기타 중요한 범죄에 해당하는 중요지명피의자의 최근 촬영한 사진을 수집하여 매년 5월 20일과 11월 20일 연 2회에 걸쳐 경찰청장에 별지 제3호 서식에 의한 중요지명피의자 종합수배를 요청하여야 한다.

② 경찰청장이 지방경찰청장으로부터 종합수배 요청을 받았을 때에는 수배를 요하는 피의자를 선정하여 6월과 12월 연2회에 걸쳐 별지 제4호 서식에 의한 중요지명피의자 종합수배 전단지를 작성하여 전국에 공개수배한다.

③ 종합수배서에는 1회에 20명을 넘지 않는 한도로 공개 수배한다.

④ 중요 지명피의자종합수배서는 외근경찰관 기타 외부기관에도 배부한다.

(4) 유의사항

(가) 배회예상처 등의 수사

특정배회처 등의 수사는 신속 철저하게 행하여야 한다. 사건의 성질, 피의자와 특정배회처와의 관계를 정확히 파악하여 수사방법을 검토, 반복하여 주도면밀한 수사를 하도록 노력하여야 한다.

(나) 불심검문의 확행

한편 모든 기회를 포착하여 불심검문을 적극적으로 행하여 수배피의자의 포착에 노력하여야 할 것이다.

(다) 지명수배 유무의 조회

지명수배 유무의 조회, 범죄경력조회 등의 제도는 수배피의자 발견에 유효한 수단이므로 불심검문, 조사 기타 모든 기회에 적극적인 조회를 함으로써 수사에 철저를 기해야 한다. 중요지명피의자 종합수배에 의하여 체포된 피의자 중에는 가명을 사용하고 있었던 예가 많으므로 범죄경력조회(전과조회)를 행할 필요가 있다.

제16절 수색 및 체포

Ⅰ. 수색의 의의 및 중요성

1. 수색의 의의

수색이라 함은 범인을 발견하기 위하여 범인이 잠복하고 있을 것으로 생각되는 장소를 찾고 유류품 등 범죄흔적을 탐색하는 것을 말한다.

2. 수색의 중요성

수색을 철저히 하여 범죄에 관한 물적 증거를 획득함으로써 실체적 진실의 발견을 위해서 뿐만 아니라 진정한 범인관계를 수사함으로써 용의자 등의 인권보장을 위해서도 중대한 수사방법이 되고 있다. 아무리 범행의 혐의가 간단하여도 물적 증거를 찾아내기 위하여 수색을 하여야 하는 것이다.

Ⅱ. 수색의 구체적 실시

1. 일반적 유의사항

① **임의의 가택수색의 금지** : 형사소송법상 대상자의 승낙이 있으면 가택에 대해 임의수색을 할 수 있으나 가택수사에 대하여는 후일에 불미스러운 이해관계 또는 감정관계가 남게 되므로 합법적으로 영장에 의해야 할 필요가 있다.

② **참고인의 확보** : 필요하면 참고인을 미리 선정해 둘 것이 요청되며 형사소송법상 책임자의 참여규정 및 피의자를 수색에 참여시킬 수 있는 경우가 있고 여자의 신체수색에는 반드시 성년의 여자를 참여시켜야 한다.

③ **출입금지의 조치** : 수색을 실시하는 동안은 누구라도 허가 없이 출입하는 것을 금지한다.

④ **기타** : 그밖에 질서 있는 수색을 해야 하며 관계자들의 언동에 조심해야 하며 비밀보장에 유의해야 한다.

2. 수색시 유의사항 및 착안점

① **이상하고 부자연한 점의 발견에 노력** : 예컨대 다른데 비하여 벽이 새롭게 단장되었거나 장판이 이상한 경우, 기타 색채의 변화관계가 이상한 경우 등에는 용의점을 해결할 만한 자료가 있는 예가 많다.

② **투기(投棄) 등의 염려 있는 장소에 주의** : 피의자가 증거 등을 버리는 일이 많으므로 그 의심이 있는 가옥주변의 화장실 등에 대해서도 수색을 할 필요가 있다.

③ **관계 자료의 발견에 노력** : 통신서류 등 목적물의 소재를 간접적으로 나타내는 물건의 발견에 노력하며 영수증 · 일기장 · 포장지 등의 수색에도 유의

④ **비밀보안에 유의** : 사건에 관하여 어떤 물건이 주요한 증거라는 것을 수사관이 피의자에게 말했기 때문에 수사가 지연된 예가 많다.

⑤ **수색 종료 후에는 원상회복** : 수색을 실시하는 과정에서뿐만 아니라 그 종료 후에도 원상회복을 해주는 등 관계자에게 예의를 지켜야 한다.

⑥ **기타** : 가족 등 관계자의 언동에 주의해야 한다.

Ⅲ. 체포

1. 의의

체포란 범죄수사를 함에 있어서 피의자의 신체의 자유를 구속하는 형사소송법상의 강제처분이다. 사람이 신체의 자유를 갖는 권리를 기본적 인권 중에서도 가장 중요한 권리로서 이는 헌법상 보장되어 있다(헌법 제12조). 따라서 설사 수사를 위해서라 하더라도 될 수 있으면 사람의 체포라는 강제수단에 의하지 않고 수사의 목적을 달성하도록 하여야 한다(형사소송법 제199조 제1항). 이와 같이 수사는 되도록 임의수사에 의하는 것이 바람직하나 피의자가 도망하거나, 증거를 인멸할 염려가 있는 경우에는 피의자를 체포하는 것도 부득이한 일이다. 그 때문에 형사소송법은 수사기관에 대하여 일정한 조건 하에 피의자를 체포할 권한을 준 것이다. 피의자의 체포를 함에 있어서는 범죄구성요건의 충족, 기타의 체포의 이유, 체포의 필요성, 이에 관한 소명자료의 유무 등을 충분히 검토하여 신중 적절하게 체포권을 운용하는 동시에, 피의자의 도망・증거・인멸・통모・자살 등이 없도록 세심한 주의를 가지고 이에 대처해야 한다.

2. 체포의 요령 및 유의사항

(1) 체포의 요령

(가) 기본적 요령

① **체포술 등의 기술을 충분히 활용할 것** : 체포를 할 때에는 왕성한 기백을 가지고 이에 임하는 동시에, 체포술 등의 기술을 충분히 활용하여 확실히 그 목적을 달성하도록 하여야 한다. 따라서 우리들의 평상시에 체포술 등의 기술을 반복 훈련하여 상대자를 제압할 만한 체력과 기술을 단련해 둘 필요가 있다.

② **상대자의 약점을 찌를 것** : 피의자의 위치・자세 등을 참작하여 약점을 찔러야 한다. 예컨대, 다중범죄 등의 현행범인 체포의 경우에는 정면을 향하는 것을 피하여 배후・측면으로부터 재빨리 오른팔을 억제하여 체포하는 일이 효과적이다.

③ **기선을 제압할 것** : 피의자는 체포당할 것을 알았을 경우에는 도주하는 것이 상례이다. 따라서 상대자가 알기 전에 기선을 제압하여 기민한 활동을 하는 것이 필요하다.

④ **체포할 때에는 기지를 발휘하는 것도 필요** : 예컨대, 혼자서 체포하러 갔는데, 피의자가 저항하려고 하자 "점잖게 하라, 경찰관이 포위하고 있단 말이야(포위하고 있는 줄 모르는가?)"라고 큰소리로 고하여 그 저항을 체념하게 하여 피의자의 체포를 용이하게 한 사례도 있다.

(나) 건물 내에서 체포하는 경우의 요령

① **출입구 등에 잠복감시 할 것** : 피의자는 체포당할 것을 예상하고, 항상 도주로를 생각하고 있는 것이므로 체포함에 있어서는 출입문·창문 등에 은신파수(잠복감시)를 행하여 체포에 만전을 기하여야 한다. 특히 2층 이상의 건물에 대하여는 지붕에서 지붕으로 옮겨가거나, 비상계단 등을 이용하여 도주하는 것도 생각해 두는 것이 필요하다.

② **건물 내에 뛰어 들어갈 때에는 원칙적으로 동시에 둘 이상의 입구로부터 들어가지 말 것** : 피의자 체포를 위하여 동시에 둘 이상의 입구로부터 들어가면 혼란을 초래하거나, 도주할 곳을 잃은 피의자의 맹렬한 저항을 받는 일도 있다. 특히 야간에 있어서는 혼란이 생기기 쉬우므로 주의하여야 한다.

③ **건물 내에 뛰어 들어갈 때에는 직접 입구에 접근하지 말 것** : 세심한 주의를 기울여 벽·담·울타리·건물 등에 은신하여 목표의 건물 또는 방실에 접근해서 문짝 뒤를 확인하여 실내의 상태를 재빨리 확인하는 것이 필요하다.

(다) 가두에서 체포하는 경우의 요령

① **체포 장소의 선정을 그르치지 말 것** : 가두에서 체포하는 경우에는 되도록 혼란한 장소를 피해 사람의 눈을 띠지 않도록 체포하는 것이 필요하다. 교통이 빈번한 가로나 십자로, 절벽, 강변 등 위험한 장소에서의 체포는 부득이한 경우를 제외하고는 피하여야 할 것이다.

② **통행인 등에 위해가 미치지 않도록 배려할 것** : 통행인이 많은 장소·인가가 밀접한 장소 등에서 체포당하는 경우에는 되도록 응원을 요구하여 절대 우월한 인원으로 확실히 체포하여 일반인에 대하여 위험을 미치지 않도록 주의하는 것이 필요하다.

③ **자동차·오토바이 등에 승차하고 있는 피의자를 체포하는 경우에는 특히 사고방지에 주의할 것** : 자동차·오토바이 등에 승차하고 도주 중인 피의자를 추적하여 체포하거나, 혹은 검문 중 용의차량을 발견하여 불심검문한 후 체포하는 경우에는 상대자가 확실히 정차한 다음에 접근하여 엔진을 정지시켜 하차를 요구하는 등 특히 사고방지에 배려하여 체포에 당하여야 한다. 완전히 정지하지 않은 차량 앞에 뛰어가거나, 정차한 자동차의 창으로 머리나 손을 넣거나, 승강구의 발판에 발을 걸치거나 하는 것은 가장 위험하다.

(라) 자동차 안에서 체포하는 경우의 요령

① **체포시의 사고방지에 배려할 것** : 피의자가 그 자동차에서 뛰어 내리거나 또는 격투할 때에 전락하는 등의 사고가 일어나기 쉬우므로 되도록 여유 있는 인원으로, 그리고 충분히 피의자에게 접근한 다음에 재빨리 체포하도록 하여야 한다. 또한 다른 승객에게 위해가 미치지 않도록 충분히 주의한다.

② **승무원과 연락하여 그 협력을 확보할 것** : 차장 기타 승무원에게 되도록 사전에 연락하여 그 협력을 얻는 것이 필요하다.

③ **참고인의 확보에 배려할 것** : 소매치기·들치기·날치기·폭행·상해 등의 현행범인을 승용물 안에서 체포하는 경우에는 피해자는 물론 범행 목격자 등 참고인의 확보에 배려하는 것이 필요하다.

(마) 다중범죄 현장에서 체포하는 경우의 요령

① **현장지휘자의 통제에 따를 것** : 다중범죄의 현장에서 피의자를 체포하는 경우에는 체포의 시기·방법과 범위를 그르치는 일이 없도록 현장지휘관의 통제에 따라야 한다(범죄수사규칙 제248조).

② **체포시의 상황 등을 확실히 기억해 둘 것** : 자기가 체포한 피의자에 대하여는 그 인상·체격·기타의 특징·범죄사실의 개요, 체포시의 장소와 상황 등을 명백히 기록해 두어, 사후의 조사에 지장이 생기지 않도록 해 두어야 한다(범죄수사규칙 제250조 제1항).

(2) 체포시의 유의사항

(가) 체포시의 사고방지

① 흉기를 소지하고 있는 피의자를 체포함에 있어서, 필요하다고 인정 할 때에는 권총을 사용할 수 있으나 그 사용은 필요한 최소한도에 그치도록 하는 동시에, 부근의 제3자에게 위해가 미치지 않도록 충분히 주의하여야 한다.

② 체포한 피의자가 도주하거나, 자살하거나 또는 반격하는 등의 염려가 있는 경우에 있어서는 확실히 수갑 또는 포승을 사용하여야 한다. 이 경우에는 가혹하게 하지 않도록 주의하는 동시에, 되도록 사람의 눈에 띄지 않도록 하여야 한다. 특히 다수의 피의자가 있는 경우나 혼란한 사건의 현장 등에서 체포한 피의자를 탈취당하지 않도록 배려할 필요가 있다

(나) 체포절차를 확실히 행할 것

① 체포를 함에 있어서는 상대자에게 자기신분을 명백히 하여야 한다.

② 현행범인 체포에 대하여는 범죄사실의 요지를 고지하여야 한다.

③ 구속영장에 의하여 피의자를 체포함에는 구속영장을 피의자에게 제시하여야 한다(형사소송법 제85조 제1항).

④ 긴급체포함에는 범죄사실의 요지와 긴급을 요하여 지방법원에 판사의 구속영장을 받을 수 없다는 사유를 피의자에게 고지하여야 한다(형사소송법 제200조의3 제1항). 이 경우에, 미리 검사의 지휘를 받아야 한다. 다만, 특히 급속을 요하여 미리 지휘를 받을 수 없는 사유가 있을 때에는 사후에 즉시 승인을 받아야 한다(동조 제2항).

⑤ 지명수배중인 피의자에 대하여는 반드시 구속(체포)전에 관계 지방경찰청 형사과 수배 주무계에 조회하여 구속영장의 유효기간을 확인하여 불법구속의 방지에 노력하여야 한다.

(다) 신체의 수색

① 피의자를 체포한 경우에는 신체를 수색하여 흉기의 소지여부를 조사할 수 있다(경찰관직무집행법 제3조 제3항).

② 피의자 체포후의 피의자 상해사고의 대부분은 이 신체수색을 게을리 하거나 혹은 철저치 않은 것이 원인으로 되어 있다. 신체수색은 체포 후 기민하게, 철저하게, 확실하게 행할 수 있도록 습득·훈련하

여 습관적으로 행하여지도록 해두어야 한다. 수색순서는 다음과 같다.

㉠ 체포술의 “손들어”, “벽에 손을 대고 엎드려” 등을 활용하여 상대자로부터 공격을 받지 않을 만한 위치 · 자세를 취하게 한다.

㉡ 흉기의 소지여부에 대하여, 신체의 상부로부터 하부로 향하여 순서 있게, 신속히 조사하는 것이 필요하다. 흉기가 반드시 숨겨져 있을 것이라는 예상 하에 두발 · 모자 · 옷깃부분 복부 · 구두창 등에도 주의를 게을리 해서는 안 된다. 만약 단단한 것이 손에 닿은 경우에는 반드시 확인해 보는 것이 필요하다.

㉢ 발견한 흉기 외에 자살에 쓰일 염려가 있는 약품 등에 대하여는 절대로 이것을 피의자의 손에 닿지 않도록 하여야 한다.

(라) 체포상황 등의 기록

체포의 장소, 시간, 저항의 유무, 체포시의 상황 등을 잘 기록하여 체포보고서에 상세히 기록하여, 그 적법성, 타당성을 증명해 두어야 한다.

(마) 기타 유의사항

① **거친 행위를 하지 말 것** : 체포는 상대자의 반항의 정도 기타와 비례하여 그 실력행사의 정도로 달라져야 할 것이며, 경찰비례의 원칙에 의하여야 한다.

② **체포한 피의자와 필요 없는 말을 하지 말 것** : 필요한 것을 간단명료하게 말하며, 필요 없는 말을 하지 않도록 주의하여야 한다.

③ **연소자, 연로자, 병자 등의 체포는 신중히 행할 것** : 수갑의 사용 · 연행의 방법 등에 대하여 타당성을 결하여 나중에 비난 · 항의를 받는 일이 없도록 주의하여야 한다.

④ **항상 돌발적 사고에 대처할 수 있도록 배려해 둘 것** : 피의자가 반격해 왔을 때, 도주를 기도하였을 때, 기타 뜻밖의 사고에 대처할 수 있도록 배려해 두는 것이 필요하다.

3. 체포현장에 압수 · 수색 · 검증

① 피의자를 체포하는 경우에 필요한 때에는 체포현장에서 압수 · 수색 · 검증 영장 없이 압수 · 수색 또는 검증을 할 수 있다(형사소송법 제316조 제1항). 따라서 피의자의 체포에 이어서, 그 현장에서 필요한 때에는 즉시 압수 · 수색 · 검증을 행하여 수사 자료를 발견 · 압수하도록 노력하여야 한다.

② 체포현장에서는 그 옥내 · 옥외를 불문하고, 피의자가 활동한 현장전반을 걸쳐서 수색하여 증거물의 은닉 · 투기 · 소각 · 파기 등을 하지 않았는가 어떤가를 확인하여 증거물의 발견에 노력하여야 한다.

③ 수색 등에 의하여 압수한 물건에 대하여는 피의자에게 이를 확인하게 한 다음, 인치 후 즉시 압수에 관한 절차를 취하여야 한다.

4. 연행

피의자의 체포는 단순히 그 장소에서 신체를 구속하는 것만이 아니고, 확실히 경찰서 등의 소정의 장소까지 연행함에 의하여 끝나는 것이다. 그리고 연행할 때에는 피의자가 도망하거나, 죄증을 인멸하거나,

자살하거나, 피습 또는 탈취 당하는 일이 없도록 주의하여야 한다.

(1) 연행요령

① 즉시 간부에게 보고하여 무선자동차 등 경찰차량의 지원을 받아 확실히 연행하도록 노력한다. 경우에 따라 다른 차량을 이용한다.

② 피의자의 명예를 존중하여 수갑 위에 "손수건", "타올" 등을 걸어 되도록 눈에 띄지 않도록 하는 동시에, 연행 도중에 있어서는 수갑이 확실히 잠겨있는가 점검할 것.

③ 피의자에게 증거물 · 흉기 등을 절대로 들게 하지 말 것.

④ 상대자보다 앞서가지 말고, 상대자의 잘 듣는 쪽의 팔(오른팔)을 생각하여, 그 오른쪽 뒤 또는 왼쪽 뒤에서 감시하여, 돌발적인 도주 또는 반격행위의 경우에 즉시 대응할 수 있는 태세를 유지할 것.

⑤ 쓸데없는 대화를 삼가고, 상대방의 화술에 속지 않도록 하는 동시에, 도중의 용변은 되도록 피할 것.

⑥ 차량의 직전 · 직후의 횡단은 절대로 하지 말 것. 또한 사람이 붐비는 곳, 어두운 곳 등은 되도록 피할 것.

⑦ 경찰서 등에 도착하기 직전에 도주를 시도하는 일이 많으므로 그 입구 부근에서는 특히 주의할 것.

(2) 인계요령

① 간부에의 보고, 서류작성 등에 정신이 팔려서 피의자의 감시가 소홀해지기 쉬우므로 경찰서 등에 도착하면 먼저 피의자를 확실히 인계할 것

② 증거물건은 범죄에 성립여부에 영향이 있으므로, 흉기 기타의 증거품인계를 확실히 할 것.

제17절 기소중지자 검거

Ⅰ. 기소중지자의 의의

1. 기소중지의 개념

기소중지란 검사가 수사를 종결함에 있어 범죄피의자, 공범자 또는 동일범죄에 대한 피해자, 참고인 등의 소재가 불명하거나 증거의 불충분 등과 같이 일정한 사유가 있어 범죄의 객관적 혐의 또는 소추의 가치 판단을 할 수 없으나 장차 피의자, 공범자 또는 참고인 등을 통해 증거의 발견이 가능한 경우 일시 수사를 중지하는 검사의 불기소처분을 말하며, 일반적으로 이를 사건 기소중지라고 한다.

2. 기소중지자의 개념

경찰실무상 통칭되는 기소중지자는 사건 기소중지된 자를 말하는 것이 아니라 지명수배자 및 지명통보자를 말하는 것으로 지명수배자란 긴급사건 수배 피의자와 지명피의자(성명 등이 명확하고 범죄 사실이 확실한 피의자)로서 구속영장을 발부받은 피의자이며, 지명통보자란 특정한 피의자를 발견하는 경우 그 피의자에 대한 출석요구를 의뢰하는 제도로서 법정형이 장기 3년 미만의 징역, 금고 또는 벌금에 해당하는 죄를 범하였다고 의심할 만한 상당한 이유가 있고 수사기관의 출석요구에 응하지 아니하고 소재 수사 결과 소재가 불명 된 자를 의미한다.

3. 기소중지자의 검거의 중요성

기소중지자의 신속한 검거는 범행 후 도피 중 자행할 수 있는 기소중지자의 또 다른 범죄를 봉쇄하고, 범법자는 꼭 잡히고 만다는 사회분위기를 조성함으로써 범죄에 대한 불안감과 피해를 극소화하여 국민생활의 법적 안정과 수사경찰의 신뢰를 쌓아 나가는 매우 중요한 일이다.

Ⅱ. 검거방침

① 기소중지사건에 대하여는 수사를 중단하는 폐습을 일소하고 피의자 검거 또는 공소권 소멸시 까지 끊임없이 계속 수사를 확행한다.

② 기소중지자 일제 검거기간을 년 1회 이상 설정한다.

Ⅲ. 근 거

① 형사소송법

② 범죄수사규칙

③ 경찰업무편람

Ⅳ. 검거대상 기소중지자

① 긴급사건 수배 피의자

② 구속영장이 발부된 지명피의자

③ 소재불명 기소중지의견 송치사건 피의자

Ⅴ. 기소중지자 검거

1. 기소중지자 수사방법

(1) 연고지 수사

기소중지자의 연고지 관할관서 및 순찰지구대·파출소에서는 발생한 범죄의 해결과 재범을 차단하여 피해를 복구하고 민생치안을 확립한다는 소명의식을 가지고 적극적으로 수사에 당하여야 한다.

① 연고지에 대한 반복적 수사실시로 자가 은신 및 친·인척 가 은신여부 탐문

② 추석, 설 등 명절 전후 귀향여부 파악

③ 생일, 관혼상제 시 서신 및 내왕사실 탐문

④ 군 입대, 예비군훈련 등 관련사실 사전 입수, 수사에 활용

⑤ 전출입, 주민등록 정비, 인감 제신고 등 공부상 변동사항 점검 철저

(2) 은신 및 도피용의 처 수사

기소중지자의 은신 및 도피 장소로 쉽게 이용되고, 도피자금의 조달이 용이한 각종장소 등에 대하여 수사 활동을 전개한다.

① 흥행장, 접객업소의 종업원으로 은신, 도피 가능한 곳

② 숙박업소, 사찰, 암자 등에 장기투숙, 요양, 공부한다는 이유로 은신할 가능성이 있는 곳

③ 공사장, 노점 등에 노동자 또는 행상인으로 은신 도피생활 할 가능성아 있는 곳

(3) 전산수배조회(B조회)수사

각 경찰관서 컴퓨터를 적극 활용하여 기소중지자 여부조회를 필수적으로 실시한다.

① 검거된 피의자(즉심 회부자 포함)

② 경찰단속 제 사범

③ 불심검문 대상자

④ 신원조사 대상자

⑤ 주민등록증 발급, 재등록 대상자

⑥ 운전면허시험 응시자 및 적성검사 대상자

⑦ 각종 인·허가원 및 신고서 제출자

2. 구체적 수사

(1) 연고지 수사요령

① 형식적 소재수사를 탈피하고 연고지, 지역별 또는 사범별 담당자를 지정하는 등으로 검거책임제를 실시한다.

② 중요사범에 대하여는 외근형사를 보강 합동수사를 하는 등 적극적인 수사를 실시한다.

③ 연고지 주민에 대하여 홍보활동을 전개하여 수사에 대한 호응 분위기를 조성하는 등으로 주민 협조 망을 운용한다.

④ 행정기관과 협조하여 공부상 기록의 열람을 통하여 이주, 군입대, 예비군 훈련, 해외취업, 이민 세무관계 등을 추적 수사한다.

⑤ 가족, 연고지 등에 대한 이해, 설득을 통하여 기소중지자의 자수를 유도한다.

(2) 은신 및 도피용의 처 수사요령

① 은신 및 도피 용이한 영업장소에 대하여 수시 또는 산발적 검문검색 실시

② 종업원, 장기 투숙자, 요양자, 노동자, 행상인 등 명단 입수 기소중지자 여부 확인

③ 주민등록증 소지여부 및 거주지와 주소지가 상이하거나 주민등록증 위・변조여부사실을 확인한다.

④ 중요사건 범법자가 경미사건으로 구속을 가장 구치소 등에 은신하는 것에 대비 입건 및 단속 제사범에 대하여 여죄 및 정확한 신원을 파악, 수배자 여부를 확인한다.

⑤ 차량을 이용하여 숙식 및 도피처와 재범의 용구로 삼는 등 범법자들의 필수장비로 되어 있는 거수차량에 대하여 철저한 검문검색

(3) 전산수배 대조요령

(가) 인적사항 대조

① 기소중지자 여부를 대조할 필요성이 있는 각종 대상자의 인적사항(성명, 생년월일 또는 주민등록번호)으로 컴퓨터단말기에 의한 수배조회를 실시하여 수배자 인적사항과 대조한다.

② 수배조회결과 수배사실이 발견되지 않는 경우에도 의심스러울 때는 인적사항의 기재(압수된 명단, 제출된 기록 증명 등) 및 진술의 허위 또는 오류를 확인하는 의미에서 재차 주민조회를 실시하여 정확한 인적사항과 주민조회 불능자는 그 내용을 확인한다.

(나) 장물 및 차적 대조

거동수상자가 소지한 물건, 거동수상 차량에 대하여는 기소중지자 여부를 불문하고 장물조회, 차적조회, 운전면허조회, 도난차량 여부조회 대조로 긴급사건 수배자 등을 발견한다.

(다) 지문분류번호 대조

① 거동수상자에 대한 불심검문시 기소중지자 여부를 확인하기 위하여서는 거수자가 제시한 주민등록증의 우수무지와 거수자의 실제 우수무지의 동일 지문여부를 확인한다.

② 거수자가 구술하거나 제시한 지문 압날이 없는 신분증의 인적사항으로 주민 조회하여 컴퓨터에 나타난 지문분류번호와 거수자의 실제지문과 동일 지문여부를 확인한다.

③ 지문대조로 밝혀진 타인 인적사항 도용, 행사한 자 및 위・변조 신분증 사용자에 대하여는 기소중지자 여부수사와 위・변조행위를 의법 조치 한다(공문서부정사용죄, 위조 또는 변조공문서행사죄 등).

(라) 전산입력 시차 최소화

기소중지자로 되어 전산수배입력 대기상태에 있어 조회당시에 발견될 수 없는 경우가 있어, 기소중지자에 대한 전산수배 입력의 시차 상 발생할 수 있는 문제점을 최소화하기 위하여 수사기관, 신원조사기간, 인・허가 신고의 발급, 통보기관의 최종일에 기소중지자 여부 조회를 재 실시한다.

Ⅵ. 검거 후 조치

① **기소중지자 여부 및 수배사실 확인절차** : 동명이인, 신분증 도난, 분실로 범법자에 도용된 자 여부 유의

② 기소중지자에 대하여는 수배관서에 사실 확인 및 발견 통보조치를 신속히 한다.

③ 신병 인수인계의 적정, 신속화로 장기대기 등 엄금, 인권보장 철저

④ 영장유효기간 및 사후영장주의 엄수 등 적법절차 확립

⑤ **구속, 불구속 불문 전산수배 해제 및 연고지 수배해제의 우선조치** : 검거되어 사건해결된 자의 재연행으로 인한 인권침해와 검거된 피의자의 계속 소재수사로 인한 수사력 낭비 등 폐해 방지

⑥ 기소중지의견 송치 해당사건 등을 반드시 제기 처리하여 수사를 종결토록 하여야 한다.

제5장 과학수사

제1절 과학수사 일반론

1. 과학수사의 의의

(1) 개념

과학수사란 범인을 발견하고 증거를 수집하여 사안의 진상을 밝히는 수사 활동에 과학적 지식·기술과 감식시설·장비·기자재 등을 최대한으로 활용하는 수사를 말한다.

범인의 자백만으로 유죄판결이 가능하였던 옛날에는 고문 등 조사기술만으로 가능했으나 인권사상이 발달한 오늘날에는 증거능력을 엄격히 제한하고 자백에 보강증거를 요하고 또한 경제성장과 도시화 경향으로 주민의 연대의식이 희박해져 증인확보와 수사 자료 수집이 점차 어려워지고 있으므로, 범인을 발견하고 증거를 수집하여 사안의 진상을 밝히는 수사 활동에 과학적 지식·기술과 감식시설·장비·기자재 등을 체계적이고 합리적으로 활용하는 과학수사가 필연적으로 발전하고 있다.

(2) 구별개념(감식수사)

① **감식수사** : 현장 감식에 의해 수사 자료를 발견하고 수집된 수사 자료를 과학적으로 분석하여 행하는 수사를 말한다.

② **현장 감식** : 범죄 장소에 임하여 범행현장, 시체의 상황, 유류품 등 제 자료를 관찰, 수집하여 사건의 진상을 확인하고 범죄를 증명함에 충분한 증거자료로서 활용할 수 있도록 하는 것이다.

2. 법 과학

(1) 의의

① 법 과학이란 과학적인 관찰과 실험을 통하여 수사 또는 재판에 필요한 지식이나 자료를 제공하는 기술과학을 말한다.

② 유럽에서는 과학수사를 뒷받침하는 모든 분야의 학문을 통틀어 법 과학이라는 용어를 사용하고 있다.

제2절 범죄감식

Ⅰ. 의의 및 중요성

1. 의의

범죄감식이란 과학적 지식 및 기술을 이용하고 조직적인 자료와 시설을 활용하여 범인을 발견하며 범죄를 입증하는 활동이다.

2. 중요성

① 광역화, 기동화, 교묘화 되어 가는 범죄에 능률적으로 대처한다.

② 경제성장과 도시화 경향에 따라 주민의 연대의식이 희박해져 증인확보와 탐문에 의한 수사 자료의 수집이 점차 어려워진다.

③ 시민 등의 인권옹호의식의 향상 등으로 증거수집 등이 어려운 실정이다.

④ 조사기술만으로 사건해결이 불가능하고, 범인자백이 있더라도 보강증거가 없다면 유죄를 인정할 수 없다.

⑤ 과학수사의 중심이 되는 것은 감식수사다.

Ⅱ. 범죄감식의 분류

1. 자료감식

평소에 수집한 자료로 범인추정 등을 행하는 것으로 지문 자료에 의한 신원, 범죄경력확인, 피의자사진 자료에 의한 범인추정, 수법원지에 의한 감식, 족흔적 자료에 의한 용의자 추정 등이 있다.

2. 기술감식

특정사건이 발생한 경우 현장에서 수집한 자료를 감식하는 것으로 잠재지문, 족흔적, 혈흔, 모발 등의 채취와 검사 및 감정과 화재감식, 필적감정, 사진촬영, 거짓말탐지기(Poly Graph) 검사 등이다. 통상의 감식은 기술 감식을 말한다.

제3절 현장감식 · 사진촬영

Ⅰ. 현장감식

1. 의의

범행 장소에 임하여 범행현장, 시체의 상황, 유류품 등 제 자료를 관찰 수집하여 사건의 진상을 확인하고 범죄를 증명함에 충분한 증거자료로서 활용할 수 있도록 하는 것이다.

2. 현장감식시 주의사항

① 광범위하게 관찰 한다

② 일정한 순서에 따라 감식한다.

③ 예감, 선입감을 배제하고 치밀하고 객관적으로 행한다.

④ 현장 출입 시에는 장갑, 모자, 통행 판 등을 착용한다.

⑤ 모순, 불합리한 점의 발견에 유의한다.

⑥ 발견 채취한 자료는 신속히 활용한다.

⑦ 확실하게 채취하여 증거자료로 활용한다.

3. 현장감식 작업순서

현장출입통제 → 간부의 시찰 → 사진촬영 → 채증감식 → 범죄수법검토

① **현장출입통제** : 초동수사에 있어서 현장이 잘 보존되어야 감식도 성공할 수 있어 현장보존을 포함하는 개념으로 보아야 한다.

② **간부의 시찰** : 간부가 임장해서 사건개요의 파악, 현장수사의 목표달성, 수사방침을 수립하기 위하여 간부가 현장을 관찰한다.

③ **사진촬영** : 다른 감식 업무에 앞서 현장상황을 그대로 촬영하여 재생시킨다.

④ **채증감식** : 멸실의 우려가 있는 증거물을 채취하기 위해서는 감식을 우선 실시하나 채증과 병행하여 실시한다.

⑤ **범죄수법 검토** : 유형적인 자료뿐만 아니라 무형의 자료인 수법의 채취도 염두에 두고 실시한다.

4. 수사간부의 현장 감식활동 준비

① **임장지휘** : 현장감식반은 감식장비를 휴대하여 즉시 임장한다. 현장 출입 시에는 장갑, 모자 등을 착용하고 통행 판을 사용한다. 감식요원은 감식복장을 착용하고, 최초 사건 현장에 출동한 경찰관은 감식요원에게 인계시까지 현장보존을 철저히 하고, 현장에 선행한 수사반과 긴밀한 협조로 범행 발생 후의 현장상황 등을 청취한 후 임장 지휘한다.

② **현장 감식 활동지휘** : 현장을 직접 점검하고 최초 임장 요원에게 보존범위, 보존방법, 출입제한조치 등 구체적 지시 등을 지휘한다.

5. 현장자료 취급시 일반적 유의사항

① 자료의 파멸이 없도록 주의

② 자료별로 파악・채취하여 관계사건명, 물품명, 채취일시, 장소, 수량, 채취자, 참여자를 기입한다.

③ 채취할 자료에 땀 먼지 등이 부착되지 않도록 직접 손을 대지 않는다.

④ 용기는 잘 건조된 유리병이나 비닐제 용기 및 봉투를 사용하여 일점씩 따로 보관 한다.

⑤ 비교대조 등 필요로 하는 것은 반드시 대조물을 채취한다.

⑥ 검은 것은 백지에, 흰 것은 흑색지에 포장하고 변질, 휘발우려가 없도록 차광성 용기에 넣어 밀봉한다.

⑦ 과일 등 치흔의 형태가 남아 있는 때에는 탈지면으로 타액을 흡입 시키고, 실리콘러버로서 치흔을 채취한다.

⑧ 핀셋을 사용하여 채취할 때에는 자료의 손상에 주의하고 채취시 인위적으로 가하여진 변화에 대해서는 상세히 기록한다.

6. 현장자료 보존 요령

증명력의 확보	① 현장자료를 채취할 때에는 반드시 제3자 참여시켜 자료의 위치, 존부상태 등을 확인시킨 다음 채취해야 한다. ② 채취 전 반드시 사진촬영하여야 하며, 원상태로 보존할 수 없는 자료도 사진 및 동영상 촬영을 해 두어야 한다. ③ 검증조서, 실황조사서, 채취보고서 등에 채취경위를 기록해 두어야 한다.
증거가치의 확보	① 채취하기 전에 반드시 현장책임자 또는 지휘자에게 보고・지휘를 받아 채취하여야 한다. ② 자료의 종별, 성질, 형태, 유류상태 등을 면밀히 관찰하여 기록하고, 가장 적절한 채취방법을 택하여야 한다. ③ 자료가 파괴될 염려가 있을 때에는 미리 자료의 치수, 형상, 특징 등을 기록하고 사진촬영해 두어야 한다. ④ 채취한 자료는 필요한 검사, 대조, 감식 등을 하도록 신속히 감식의뢰 부서에 송부하여야 한다.

Ⅱ. 사진촬영

1. 사진감식의 종류

(1) 현장사진

① 수사대상물 또는 사건을 기록하기 위하여 범죄와 관련된 장소, 물건, 사람의 상황을 촬영하여 그것을 수사자료 또는 증거로서 이용하는 것이다.

② 일반사진은 미적효과가 중요하지만 현장사진은 미적 효과를 배제한다.

③ 필름을 수정해서는 안 되며, 임장 당시의 상황을 재현하여 촬영하는 것은 금한다.

(2) 피의자 사진

피의자의 얼굴이나 인상의 특징을 정확하게 촬영한 사진

(3) 감정사진(특수사진)

① **자외선 또는 적외선 사진** : 자외선 또는 적외선을 이용하여 촬영한 사진으로서 문서감정에 주로 이용된다. 말소하거나 변개한 문서의 검출에 효과적이다.

② **현미경 사진** : 물질의 조성이나 구조, 미세한 특징을 촬영하는 사진으로 탄환, 인영, 통화 등의 이동식별에 이용된다.

2. 촬영 전 검토사항

① 촬영자는 사건의 개요를 파악하고 있어야 한다.

② 유류품 등의 소재를 확인하여야 한다,

③ 현장이 변경되었는지 유무를 확인하여야 한다.

3. 현장사진 촬영의 효과

① **현장보존 효과** : 현장사진은 발견 당시의 범죄현장의 상황을 객관적으로 보존하는 효과를 나타낸다.

② **수사자료로서의 효과** : 현장사진은 임장시 발견하지 못한 미세한 자료 및 상황 등을 후일에도 파악할 수 있게 하고 당시의 기억을 환기시키며, 현장을 보지 않은 제3자에게도 현장상황을 파악하게 하는 수사 자료가 된다.

③ **증거자료로서의 효과** : 현장사진은 범죄사실을 입증하는 증거자료로서의 효과를 나타낸다.

4. 현장사진의 촬영

(1) 사진촬영순서

① 사진촬영은 범죄수사의 다른 어떠한 절차보다도 앞서 진행되어야 한다.

② 현장사진의 촬영은 현장관찰과 병행하여 순차적으로 **외부에서부터 중심부로 향하여 진행하는 것이 원칙**이다.

③ 촬영시 범죄현장 주위로부터 주변건물 및 도로 등을 포함하여 한눈에 볼 수 있도록 해야 한다.

④ 좌(우)측에서 우(좌)측으로 진행하며 중복해서 촬영하고 현장의 전・후면 및 양측면을 촬영해야 한다.

⑤ 현장상황을 상세하게 전체적인 것부터 부분적인 것으로 촬영해야 한다.

⑥ 촬영방향은 시계방향으로 순차적으로 촬영하며 중요부분은 근접하여 촬영해야 한다.

(2) 사진촬영시 유의사항

① 대상 물체는 모든 각도에서 촬영이 끝난 후 옮기거나 세밀한 검사가 이루어져야 한다.

② 사진기와 비디오카메라를 이용하여 병행 촬영하는 것이 효과적이다.

③ 촬영 전 촬영구도를 미리 구상하고 객관성 있게, 전체적으로 촬영해야 한다.

④ 적시성이 있고 증거능력이 인정되도록 촬영해야 하며 물건의 크기나 길이 등을 참작할 수 있도록 측정용 자, 줄자, 담배갑 등을 대비하여 촬영하는 것이 좋다.

⑤ 수평방향에 넓은 장소가 한 장의 화면에 나올 수 없는 경우 그 대상범위를 분할해 촬영하여 이것을 이어 합치거나 넓은 수평면을 한번에 찍을 수 있는 특수 카메라로 촬영하고, **전체의 상황을 한눈에 볼 수 있는 파노라마식으로 하며, 부분적으로 잘리지 않도록 중복해서 촬영**해야 한다.

⑥ 촬영일지를 작성하여 촬영대상, 일시, 장소 등을 기재하며 사진촬영지점은 현장 도면을 이용하여 위치를 표시하는 것이 좋다.

⑦ 증거물 촬영시 그 소재와 상태가 명백히 나타나도록 하며, 필요한 경우 참관인이 서명한 용지 등을 넣어 촬영해야 한다.

(3) (일반적) 현장사진 촬영요령

① 현장사진 촬영시 사전검토사항으로 사건개요확인, 유류품의 소재확인, 현장변경 유무의 확인 등이 있다.

② **도착했을 때의 상태 그대로 촬영한 후** 현장검증에 의하여 분명하게 된 세부사항을 촬영한다.

③ 사진촬영은 **1회의 촬영으로 목적**을 달성할 수 있어야 한다.

④ 촬영자는 수사간부로부터 지시받은 촬영의 목표와 범위 · 각도 등에 따른다.

⑤ 부주의로 임장자 또는 감식 기자재 등 범행과 관계없는 것을 넣고 촬영하는 일이 없도록 한다.

⑥ 증거물 등의 촬영에 있어서는 **입회인이 서명한 표찰을 함께 넣고 촬영**한다.

⑦ 참여인 명찰은 반드시 참여인이 서명하도록 한다.

⑧ 흉기, 창상, 족흔적 등의 증거물은 ㎜까지 표시된 자를 놓고 촬영한다.

⑨ 사진이 법정에 제출되기 위해서는 가장자리에 공간이 만들어짐이 없이 밀착인화 되어야 한다.

⑩ 메모에는 사진촬영시간, 초점에서의 거리, 촬영높이, 각도, 렌즈 및 필름의 종류 등에 관해 상세히 기록해 두어야 한다.

⑪ **화재사건의 경우 구경꾼들에 대한 사진촬영을 반드시 해둔다.**

⑫ 물색하지 않은 실내에서도 그 상황을 촬영할 필요가 있으며, 침입로 및 도주로 경로를 따라 순서적으로 촬영을 해야 한다.

⑬ 루미놀반응 검사시에는 발광상황의 촬영이 어려우므로 혈흔의 위치를 확인하여 참고인을 입회시키고 혈흔반응검사를 한다.

⑭ 물건의 크기 등을 참작할 수 있도록 도구(담뱃갑) 등을 함께 놓고 대비하여 촬영한다.

⑮ **복도**는 각 실내의 출입구를 알 수 있도록 **양쪽**에서 촬영한다.

⑯ **계단**은 필요에 따라 **상하**에서 촬영한다.

(4) 시체에 대한 현장사진 촬영요령

① 끈졸림사에 있어서는 특히 목 부분의 상태가 명확히 표현되도록 근접 촬영을 한다.

② 손졸림사에 있어서는 손톱 등의 흔적에 주의하여 채광과 조사각도를 변경시켜 가면서 촬영한다.

③ 끈에 묶여진 시체에 대하여는 그 상태 및 묶여진 방법, 매듭 등 전체를 촬영한다.

④ 옷이 흐트러진 상황, 특히 여자의 하의 상황은 주의하여 촬영한다.

⑤ 신원불상의 변사자 수배용 사진을 촬영함에 있어서는 가능한 한 생전상태에 가깝게 얼굴을 닦고 두발을 정리한 다음 필요한 경우 개안기로 눈을 뜨게 하여 상반신을 일으키는 방법 등을 강구한다.

(5) 현장자료 사진촬영요령

① 유지문(油指紋) 현출개소, 즉 전면이 기름으로 되어 있는 경우에는 형광사진 촬영법이 효과적이다.

② 오목이 명료한 유지문, 먼지지문의 경우에는 사광선을 이용하여 촬영하는 것이 효과적이다.

③ 유류물은 그 상태, 특징 등이 정확히 표현되도록 근접 촬영한다.

④ 타이어 흔의 경우, 윤거, 축거 흔의 길이를 알 수 있도록 줄자 등으로 명확히 할 수 있는 재료를 사용하여야 한다.

⑤ 젤라틴으로 채취가 곤란한 인상, 족적 등에 있어서는 그의 사진을 감정에 이용하는 것이기 때문에 특히 정확한 L 정규자 및 줄자를 인상면과 동일면상에 놓고 촬영해야 한다.

5. 칼라사진 촬영대상

① 혈흔이 부착되어 있는 사람, 물건, 장소

② 시체의 시체얼룩, 끈고랑, 점출형

③ 해부 시체의 장기손상 및 점출혈, 혈액의 변색

④ 중요하다고 인정되는 피해품, 유류품

⑤ 색칠이 떨어진 조각의 색채 및 색층, 기타 입증 상 중요하다고 인정되는 녹슬은 부분의 발생상황

⑥ 범죄시 피해자의 저항에 의해 생긴 개갠 상처 등 신체에 나타나 있는 상흔

⑦ 상해 등의 사건으로 피해자가 입은 타박상, 개갠 상처, 피부 밑 출혈 등의 상황

⑧ 기타 색채의 사진을 요하는 경우

Ⅲ. 현장스케치 요령

① 시체 등 중요한 것은 상세히 그리고, 그 외의 것은 간략하게 알아보기 쉽게 그린다.

② 스케치한 것을 컴퓨터그래픽으로 옮겨 그렸더라도 원판은 반드시 보관해 둔다.

③ 방위표시를 하고 중요한 증거물에 등에 대해서는 거리표시를 해 둔다.

④ 시체의 모양을 정확하게 그려 넣는다.

Ⅳ. 몽타주 작성

1. 의의

범죄수사에서 범인을 목격한 피해자나 목격자 등의 진술을 근거로 범인의 모습과 비슷한 눈, 코, 입 등 얼굴의 부분별 자료를 합성하여, 범인의 모습과 유사하게 그 특징을 잡아서 그린 얼굴 사진을 말하는 것으로 조립한다는 뜻의 프랑스어에서 유래한다.

2. 몽타주 활용의 효과

① 공개수사시 사건 및 범인에 관한 국민의 관심도를 고양시키고 제보에 의한 범인검거효과가 있다.

② 사건현장주변 탐문수사 및 공조수사에 활용된다.

③ 범인의 행동제약이나 심리적 압박을 유발시켜 자수유도 및 재범방지에 효과적이다.

④ 사건현장 거주 주민, 출입자들을 상대로 사건예방 홍보자료로 활용한다.

⑤ 지명수배, 유류품, 피해품 수사에 주로 이용된다.

3. 목격자의 선정기준

목격자가 다수일 경우 용의자의 정면을 목격한 사람, 밝은 장소나 낮에 목격한 사람이 선정되는 것이 이상적이다. 용의자 옆모습 고개 숙인 모습 먼 거리에서 달려가는 모습, 뒷모습 등을 목격한 정도로는 얼굴의 모습을 표현하기 어렵다.

4. 몽타주 작성시 유의사항

① 사건발생 후 피해자나 목격자의 기억이 생생할 때 빠른 시간 내에 의뢰하여야 한다.

② 목격자의 상태가 어느 정도인지 면담을 통하여 점검한 뒤에 목격자를 선정하는 것이 바람직하다.

③ 수사종합검색시스템상의 수법영상 및 주민사진 등을 미리 목격자에게 열람시키면 범인의 인상과 혼동하게 됨으로 반드시 사진 등을 열람하기 전에 의뢰하여야 한다.

④ 몽타주 작성 장소에 목격자를 대동하는 것을 원칙으로 하며 작성이 끝날 때까지 사건담당자가 참여하여야 한다.

Ⅴ. 법 최면수사

1. 의의

피해자 또는 목격자의 기억회상을 고양하기 위하여 신문시 최면기법을 적용하는 것이다.

2. 대상

① 범죄사건을 분명하게 인지한 피해자 및 목격자에 한한다.

② 법 최면검사에 동의한 자만 실시할 수 있다.

3. 주의사항

① 대상자에게 사건과 관련된 정확하지 않은 정보를 접할 기회를 제공하지 않아야 한다.

② 따라서 용의자의 사진 등을 보여주어서는 안 된다.

③ 검사의뢰 시에는 사건개요와 대상자의 진술조서를 반드시 첨부하여야 한다.

제4절 법의학

Ⅰ. 사망

1. 사망의 개념

생리적으로 호흡과 심장의 고동이 영구적으로 정지하는 일, 법률적으로는 생활기능이 절대적, 영구적으로 정지함으로서 권리능력이 상실되는 일을 말한다.

2. 사망의 종류

① **내인사**(자연사) : 내적 원인에 의한 죽음을 말한다. 내적원인이란 질병에 의한 경우가 대다수이므로 병사라고도 한다.

② **외인사** : 죽임이 외적 단독 원인에 의하여 일어나거나 또는 기존 질병이 있는 상태에서 외적 요인이 가해져 죽음이 앞당겨진 것을 말한다. 자살, 타살, 사고사, 재해사 등이 있다.

③ **변사** : 변사란 병사, 자연사, 노쇠사 이외의 죽음을 통틀어 일컬으며, 부자연스러운 사망을 하여 그 사망원인이 명확하지 않아 범죄에 기인한 것인가 아닌가 의심이 있는 시체를 말한다. 타살, 과실사, 재해사, 중독사 등이 있다.

3. 사망증명서류

① **사망진단서** : 사망 48시간 전에 진료한 사실이 있고 또 사인을 명확히 알 수 있는 경우에 발부되며 반드시 사인 란에는 세계보건기구(WHO)에 규정된 병명을 기록하도록 되어 있다.

② **사체검안서** : 사망진단서를 발부할 수 없는 조건하에서 죽음을 증명하기 위한 의사의 문서이다.

③ **사산증명서** : 사산에 입회한 의사 또는 조산원에 의해 발행되며, 산전관리 또는 진료 중이던 임부가 4개월 이상 된 태아를 사산하였을 때에 발부하는 서류이다.

④ **사태증명서** : 산전관리 또는 진료한 사실이 없는 임부가 사산한 경우 태아의 죽음을 증명하는 문서이다.

4. 활력반응

(1) 의의

생전에 신체의 내부 또는 외부로부터 가해진 자극에 대하여 생체로서 반응하여 생긴 현상을 말한다.

(2) 활력반응의 특징

① 사망 후에도 사망 전에 가하여진 외인은 소실되지 않고 반드시 남아 있다.

② 사후에 가하여진 외인자에 대해서는 그 반응이 나타나지 않는다.

③ 시체에서 활력반응을 볼 수 있다면 그 소견은 생전에 이루어졌다는 것을 말한다.

(3) 활력반응의 예

① 활력반응에는 출혈, 굳은 피, 상처구멍의 벌어짐, 상처가장자리의 부풀어 오름, 치유기전 및 감염 등이 있다.

② 화재사의 경우에 기도 내에 그을음 부착이 있으며, 익사체의 기도 등 각 장기 내에 프랑크톤이 분포한다.

③ 동맥이 절단되어 혈액의 체외유출로 빈혈이 일어난다.

Ⅱ. 사체현상

1. 의의

사체현상이란 사람이 죽으면 생전의 생리작용이 사라지고 사체에만 나타나는 변화 혹은 현상이 나타나는데 이를 사체현상이라고 하며, 초기현상과 후기현상으로 구분된다.

2. 사체의 초기현상

사체냉각 → 사체건조 → 각막혼탁 → 시체얼룩 → 시체 굳음

(1) 체온의 하강

① 체온이 점점 떨어져 약 24시간이 지나면 주위온도와 같아지거나 수분이 증발하면서 주위의 기온보다 더 낮아진다.

② 체온은 항문에 검온기를 삽입하여 곧 창자 내 온도(사후 16~17시간 내)를 측정한다.

③ 체온하강은 습도가 낮을수록, 통풍이 좋을수록, 수분이 빨리 증발되므로 하강속도가 빠르다.

④ 어린이나 노인이 청장년보다, 남자가 여자보다, 마른 사람이 비만한 사람보다 체온의 하강속도가 빠르다.

⑤ 사체의 하강속도는 대체적으로 사후 10시간 이내에는 시간당 1도씩, 그 후에는 시간당 0.5~0.25도 정도씩 하강한다.

모리츠 공식

$$\text{사후시간 경과} = \left(\frac{37℃ - \text{직장온도}}{0.83}\right) \times \text{상수(겨울0.7/여름1.4/봄, 가을1.0)}$$

(2) 사체건조

① 피부에 대한 수분 보충이 정지되어 몸의 표면은 습윤성을 잃고 건조해지는 현상을 말한다.

② 화상, 외상이 있었던 부분의 피부는 건조가 빠르다.

③ 입술, 항문 등 외부에 노출된 부분의 피혁상(皮革狀)이 생긴다.

(3) 각막혼탁

① 각막은 사후 12시간 전후가 되면 안개가 낀 것처럼 흐려지기 시작한다.

② 약 24시간이 지나면 현저히 흐려지고 동공도 흐려진다(입, 코, 눈에 구더기도 생김).

③ 약 48시간이 지나면 각막이 불투명하게 된다.

(4) 사체얼룩

① **의의** : 사망으로 혈액순환이 정지되면 혈액속의 적혈구가 자체무게 때문에 사체 아래쪽으로 가라앉게 되어(중력, 혈액침하 현상) 이 부분의 피부가 암적색으로 변하여 생기는 것이다.

② **시간경과에 따른 변화**

㉠ 사후 30분에서 1시간 후부터 나타나기 시작한다.

㉡ 사후 2~3시간 후에는 현저히 나타난다.

㉢ 사후 4~5시간 후에는 사체의 위치를 바꾸어 놓으면 새로이 아래쪽 부분에 생기고 손으로 누르면 일시적으로 없어진다(유동성).

㉣ 사후 12시간 전후에는 사체의 위치를 바꾸어 놓더라도 이미 형성된 시체얼룩은 사라지지 않는다(침윤성).

③ **주위의 온도와의 관계** : 시체얼룩은 주위의 온도가 높을수록 빨리 생긴다.

④ **발현부위** : 압박되지 않은 사체의 저부위에 생긴다. 압박된 부위에는 혈관이 압박되어 수축된 상태이므로 찾아볼 수 없다.

⑤ **사람에 따른 차이**

㉠ 급사나 질식사의 경우 흐르는 피가 많아 적혈구의 이동성이 크기 때문에 시체얼룩은 빠르고 강하게 나타난다.

㉡ 병적으로 빈혈이 있는 경우에는 흐르는 피가 없어 약하거나 나타나지 않는 경우도 있다.

⑥ **시체얼룩의 색깔**

㉠ 암적색 - 정상적인 사망, 질식사에 현저함

㉡ 선홍색(붉은색) - 차가운 곳에서 사망한 경우, 저체온사, 익사, 일산화탄소, 청산가리 중독으로 사망한 경우

㉢ 갈색(암갈색, 황갈색) - 염소산칼륨, 아질산소다 등의 중독인 경우

㉣ 녹갈색 - 황화수소가스 중독의 경우

(5) 시체 굳음

① 사람이 사망하게 되면 시체는 근육이 일시 이완되었다가 시간이 경과하면서 점차 경직된다.

② 이는 근육의 수축작용으로 발생하는 것이므로 근육이 잘 발달한 사람에게서 현저하며, 노인이나 유아의 경우 약하게 나타나고 속히 이완된다. 급사체는 시체 굳음의 지속시간이 길다.

③ 사후 2~4시간 후 턱관절 - 어깨 - 발목 - 손발가락(12시간 정도) 순으로 진행된다.

④ 전신에 미치는 시간은 12시간 정도 걸리나 주위의 온도가 높을수록 빠르게 진행된다.

3. 시체의 후기현상 : 자가 융해 → 부패 → 미라화 → 시체밀랍 → 백골화

(1) 자가 융해

사후에는 미생물의 관여 없이도 세포 가운데 있는 자가 효소에 의하여 분해가 일어나 세포구성성분은 분해되어 변성되고 세포간 결합의 붕괴로 조직은 연화된다.

(2) 부패

① **의의** : 부패균(세균)의 산화와 환원 작용에 의하여 일어나는 현상이다.

② **부패의 3대조건** - 공기, 습도, 온도

㉠ 공기의 유통 - 부패는 공기의 유통이 좋을수록 빨리 생긴다. 공기 중 1주일, 물속 2주일, 땅속 8주일 경과한 것과 같다. 1: 2: 8=공기: 물속: 땅속 - Casper법칙

㉡ 온도 - 20~30℃ 일 때가 가장 빠르다.

㉢ 습도 - 60~66%일 때 가장 잘 진행된다.

③ **냄새** : 부패시체에서는 황화수소와 암모니아가스 등의 부패로 말미암아 특유한 냄새를 발산한다.

④ **사천왕 현상** : 사후 3~5일 경과하면 얼굴의 안구, 눈꺼풀, 입술 등이 부풀어 올라 이른바 사천왕 현상으로 보이게 된다.

⑤ 부패는 습도가 높을수록 빨리 진행되나, 수중과 같이 습도가 너무 높으면 오히려 부패가 느리게 진행된다.

(3) 미이라

고온 건조지대에서 시체의 부패, 분해보다 건조가 빠를 때 생기는 현상이다.

(4) 시체밀랍

화학적 분해에 의해 고체형태의 지방산 혹은 그 화합물로 변화한 상태의 비정형적 부패로 수중 또는 수분이 많은 땅속에서 발생한다.

(5) 백골화

부패가 진행되어 뼈만 남은 상태로 소아는 4~5년, 성인은 7~10년 후에 백골화 된다.

4. 사후경과시간의 추정

(1) 시체변화를 통한 추정

① 1시간 내외 - 시체얼룩은 약간 나타나 있지만 시체 굳음이 아직 나타나지 않았을 경우

② 2~3시간 내외 - 시체얼룩은 경미하고 시체 굳음이 악관절과 경추 관절에만 존재할 때

③ 4~5시가 내외 - 시체얼룩이 전위되고, 시체 굳음이 상지관절에 나타나면 인공적으로 시체 굳음을 소실시켰을 때 재경직이 일어나는 경우

④ 7~8시간 내외 - 시체얼룩 및 시체 굳음이 강하다.

⑤ 10~12시간 내외 - 시체얼룩 및 시체 굳음이 현저하고 손가락 관절에도 경직이 나타나며, 각막이 안개처럼 혼탁 되었을 때

⑥ 24시간 내외 - 각막은 혼탁 되고, 눈, 코, 입 등에 파리 및 구더기가 생겼을 때

⑦ 30시간 내외 - 악관절의 경직이 풀어지기 시작할 때

⑧ 36시간 내외 - 상지의 경직이 풀어지기 시작할 때

⑨ 48시간 내외 - 각막이 불투명하고 하지의 경직이 풀어지기 시작할 때

⑩ 2~3일 내외 - 배꼽 주위 및 사타구니의 피부가 부패로 변색되고 여러 곳에 부패수포가 생겼을 때

⑪ 8일 내외 - 구더기가 번데기로 되었을 때

(2) 위장 내용물의 상태와 사망시간의 추정

① 식사 직후 사망 - 위 내에 음식물이 충만 되어 전혀 소화되지 않은 상태

② 식후 약 2~3시간 후 사망 - 위 및 십이지장에 음식물이 남아 있고 소화가 어느 정도 진행된 상태

③ 식후 약 4~5시간 후 사망 - 위는 비어 있고 십이지장에서 식물의 고형잔사가 남아 있는 상태

④ 식후 6시간 이상 후 사망 - 위 및 십이지장이 모두 비어 있는 상태

Ⅲ. 손상의 종류

1. 손상의 의의

(1) 손상의 개념

① **광의의 손상**(의학적 손상) : 그 원인이 무엇이든 조직의 정상적인 구조가 형태학적으로 파괴되는 것을 말하며 상처 그 자체를 뜻한다.

② **협의의 손상**(법의학적 손상) : 물리력에 의한 형태학적 파괴만을 손상이라 하며 외상과 동의어이다.

(2) 창상

① **닫힌 손상** : 피부의 연속성이 유지되는 경우로 상(傷)이라고 한다.

② **열린 손상** : 피부의 연속성이 유지되지 않는 경우로 창(創)이라고 한다.

2. 손상의 종류

(1) 둔기에 의한 손상

(가) 의의

둔기란 첨예한 첨단 등이 없는 둔원, 둔직한 고체로서 사람의 주먹, 곤봉, 석괴, 병과 같은 것을 말한다. 이러한 물체에 의한 손상을 둔기에 의한 손상이라 한다.

(나) 종류

① **피부 까짐**(찰과상) : 피부의 맨 바깥층인 표피만 벗겨져 나가 진피가 노출되는 손상

② **피부 밑 출혈**(멍, 타박상)

㉠ 피부 밑의 모세혈관이 파괴되어 출혈로 인한 응고상태로, 좌상, 타박상, 멍이라고도 한다.

㉡ 피부 밑 출혈은 일반적으로 외력이 가해진 부위에 발생하나 때로는 그 부위의 주변이나 멀리 떨어진 곳에서도 형성될 수 있다.

㉢ 1~2일 후에는 암홍색이나 갈색, 5~6일 후에는 황록색, 7~8일 후에는 황색, 약 2주일 후에는 소멸한다.

③ **찢긴 상처** : 둔체가 신체를 강타하여 그 부위의 피부가 극도로 긴장되어 탄력성의 한계를 넘어 피부가 파열된 손상이다. 멍과 피부 까짐을 동반한다.

④ **찧은 상처** : 견고한 둔체에 강하게 부딪혀 손상을 형성한 것으로 차량에 받치거나 구타당했을 때 생성된 손상

⑤ **물린 손상**(교합손상) : 치아의 교합에 의하여 일러나는 손상으로 하나하나의 치아 또는 위턱 및 아래턱의 치열군과 일치한다.

(2) 예기에 의한 손상

(가) 의의

예리한 칼, 송곳 등 예리한 흉기에 의한 손상을 말한다.

(나) 종류

① **벤 상처** : 면도칼, 나이프, 도자기 유리면의 파편 등의 날이 있는 흉기에 의해 조직의 연결이 끊어진 손상

② **찔린 상처** : 송곳, 단도 등 끝이 예리하고 가늘고 긴 흉기에 찔려서 생긴 손상

③ **큰칼 상처** : 도끼, 낫, 식도 등 중량이 있고 날이 있는 흉기로 내리쳤을 때 생기는 손상으로 할창이라고도 한다.

(3) 총기로 인한 손상

(가) 의의

총기에서 발사된 탄환에 의해 생긴 손상을 말하는 것으로, 탄환이 피부를 뚫고 들어간 부위를 총알 입구, 나온 부위를 사출구, 체내로 들어간 길을 사창관이라 한다.

(나) 총알상처의 종류

① **관통총상** : 총알입구(사입구), 총알출구(사출구), 사창관(총알이 지나간 통로)이 모두 있는 경우

② **맹관총상** : 사입구와 사창관만 있고 사출구가 없는 경우로 총알이 체내에 있는 경우

③ **찰과총상** : 탄두가 체표만 스쳐지나간 경우

④ **반도총상** : 탄환의 속도가 떨어져 피부를 뚫지 못하고 피부까짐이나 피부 밑 출혈만 형성하였을 경우

⑤ **회선총상** : 탄환이 골격에 맞았으나 천공시키지 못하고 뼈와 연부조직 사이로 우회하였을 경우

(다) 총알상처와 발사거리

① 접사

㉠ 총구가 피부에 밀착된 상태에서 발사된 것이다.

㉡ 사입구 내에까지 화약잔사분말이 침입되어 있다.

② 근접사

㉠ 피부에 밀착되지 않고 약 0.5~1.0㎝ 이내의 거리에서 발사된 것이다.

㉡ 상처구멍의 크기가 탄환의 직경보다도 일반적으로 작다.

③ 근사

㉠ 권총은 약 30~45㎝, 장총은 1~2㎝의 거리에서 발사된 것이다.

㉡ 그을음 부착의 형태는 거리가 멀어질수록 직경이 커지고 밀집도는 감소한다.

④ 원사

㉠ 근사 이상의 거리에서 발사된 것이다.

㉡ 상처 가장자리에 오물고리와 까진 고리(탄환자체에 의한 변화)만 보인다.

(4) 교통사고로 인한 손상

(가) 손상의 종류

① **채찍질손상** : 차량을 갑자기 감속 또는 가속하여 운전자의 두부가 과도하게 전후로 움직여 목부위에 손상이 발생하는 경우

② **떼인상처** : 자동차의 바퀴가 역과할 때 주로 형성되며 회전하는 둔력에 의해 피부와 피하조직이 하방의 근막과 박리되는 현상

③ **1차 충격손상** : 차체의 외부구조에 처음으로 충격되어 생긴 손상

④ **2차 충격손상** : 제1차 충격 후 신체가 차의 외부 구조에 재차 부딪혀 생기는 손상

⑤ **3차 충격손상** : 1차 및 2차 충격에 의하여 쓰러지거나 공중에 떴다가 떨어지면서 지면이나 지상 구조물에 부딪혀 생기는 손상

(나) 교통사고로 인한 시체의 손상으로 알 수 있는 내용

차종, 차량의 속도, 충격 상황, 충격방향 등을 추정할 수 있다.(운전자의 운전 상태는 알 수 없다)

Ⅳ. 자 · 타살 구별

1. 자살 · 타살의 일반적인 구별방법

(1) 자살인 경우

① 현장의 주변이 깨끗이 정돈되어 있다.

② 자물쇠는 내부로 시정되어 있다.

③ 사망자의 유서에 자신의 사후를 가족에게 부탁한 내용이 있다.

④ 시체 가까이에 흉기가 놓여 있다.

⑤ 변사현장이 사망자 부모의 묘소 부근이다.

(2) 타살인 경우

① 시체위에 이불이 덮여 있다.

② 사망자가 유아인 경우 대부분 타살이다.

2. 손상시에 있어서 자살 · 타살 감별

(1) 자살

① **사용흉기** : 자살에 쓰인 흉기는 거의 1개이고 몸 가까이에서 발견된다.

② **손상의 부위** : 자신의 행동으로 가능한 경우로 주로 목, 가슴, 명치부위 등 급소에 있는 것이 보통이며, 늘 쓰는 손의 반대 측에 손상이 있다.

③ **손상의 수** : 손상의 수는 적으며 특히 치명상의 경우는 1~2개에 불과하다.

④ **손상의 방향** : 손상이 비교적 집중되어 있으며 상호 평행한 방향을 취한다.

⑤ **손상의 형태** : 날이 있는 도구를 사용하기 때문에 벤 상처, 찔린 상처가 많다.

⑥ **주저흔** : 잘 쓰이는 손에 혈액이 부착되어 있고, 창상 주변에 주저흔이 있다.

⑦ **착의와의 관계** : 옷을 걷어 올리고 직접 피부에 상해를 하므로 옷에는 손상의 흔적이 거의 없다.

(2) 타살

① **사용흉기** : 2개 이상의 흉기에 의한 벤 상처가 발견되고 흉기가 시체에서 멀리 떨어져 있는 경우가 많다.

② **손상부위** : 신체의 어느 부위에도 가능하며 특히 목덜미, 뒷머리, 등 등에 손상이 많다.

③ **손상의 수** : 중 · 치명상이 여러 개인 경우가 많다.

④ **손상의 방향** : 손상의 방향이 불규칙하고 여러 방향을 이루는 경우가 많다.

⑤ **손상의 형태** : 벤 상처, 찔린 상처, 타박상, 찢긴 상처, 큰칼상처 등 다양하다.

⑥ **방어흔** : 손, 손가락, 팔뚝에 방어 창상이 여러 개 있다.

⑦ **착의와의 관계** : 옷을 입은 채로 상해를 입게 되므로 옷에도 손상이 있다.

3. 총기의 의한 사망에서 자살 · 타살의 감별

(1) 자살

① 총기는 사자의 손 또는 주변에 있다.

② 총알상처는 대개 급소부에 있다.

③ 접사가 보통이다.

④ 사자의 손, 소매에 화약의 잔재가 묻어 있다.

(2) 타살

① 사용된 총기의 위치는 일정치 않다.

② 창상은 급소에 한하지 않는다.

③ 근사, 원사인 것이 많다.

④ 사자 이외의 물체에도 탄흔이 있다.

Ⅴ. 사망원인별 사체의 특징

1. 질식사

(1) 의의

① 질식이란 호흡에 의한 생리적 가스교환이 중단되는 상태를 말하며 이로 인한 생명의 영구적 중단을 질식사라고 한다.

② 질식사는 무증상기 → 호흡곤란기 → 경련기 → 무호흡기 → 종말호흡기의 단계를 거친다.

(2) 질식사의 3대 징후

① **점출혈의 발생** : 피부, 결막, 점막 밑, 장막 밑 등에서 점출혈이 생긴다.

② **혈액의 암적색 유동성** : 혈액이 응고되지 않으면서 색깔이 암적색(검붉은색)을 띤다.

③ **내장의 울혈** : 뇌, 폐, 간, 신장 등의 혈관 내에 많은 피를 함유하고 있다.

④ **기타 징후** : 현저한 시체얼룩, 혀의 돌출, 대소변의 누출, 정액의 누출, 안면의 울혈, 기도 내 포말형성

(3) 질식사의 종류

(가) 목맴사

A. 정의

줄이나 끈을 목 주위에 두르고 줄이나 끈의 양쪽 또는 한쪽 끝을 매단점에 고정시켜 자기의 체중으로 목을 졸라 사망하는 것이다.

B. 종류

① 전형적인 목맴사

㉠ 시체의 전부가 공중에 떠 있는 상태에서 이루어진 목맴사로 이때는 체중 전체가 끈에 졸려 목을 압박한다.

㉡ 전형적인 목맴사가 되기 위해서는 매단점이 목의 위치보다 높은 곳에 있어야 한다.

② 비전형적 목맴사

㉠ 신체의 일부 또는 대부분이 바닥 등에 지지된 상태에서 이루어진 목맴사로 체중의 일부만 끈에 걸려 목을 압박한다.

㉡ 매단점이 목 부분보다 아래에 있는 경우가 많다.

C. 목맴사의 소견

① **끈자국**

㉠ 끈자국은 끈과 일치하여 V자의 모양을 한다.

㉡ 제일 아래쪽이 제일 깊고 위로 올라갈수록 얕아진다.

㉢ 끈자국은 끈이 단단하고 폭이 좁을수록 깊이가 깊고 명료하며, 끈이 부드럽고 폭이 넓을수록 얕고 경계가 불분명해진다.

② **끈자국 주변의 손상** : 반사적으로 끈을 제거하려고 할 때가 있으므로 자기 손톱에 의한 손톱자국이 목 부분에 형성될 수도 있다.

③ **시체얼룩** : 시체얼룩은 시체의 하부인 손, 발 끝에 집중된다. 따라서 수족에 피하출혈이 있어도 관찰하기 어렵다.

④ **안면부**(전형적인 목맴사)

㉠ 안면은 창백하다. 모든 동맥, 정맥이 일시에 차단된다.

㉡ 결막에서 점출혈을 보지 못한다. 설사 본다고 하더라도 그 수는 극히 적다.

⑤ **안면부**(비전형적인 목맴사)

㉠ 목으로 가는 동맥 정맥의 폐쇄가 불완전하다.

㉡ 안면에서 청색증과 점출혈을 볼 수 있다.

D. 목맴에서 자살 · 타살 구별

① **자살**

㉠ 매단점이 목 부분보다 높은 위치에 있는 것이 일반적이다.

㉡ 매단점에서 섬유질이나 매단점에서 묻을 수 있는 물질이 끈에서 발견되고, 다른 물질은 없다.

㉢ 끈자국은 목 앞부분에서 현저하고 뒷면에는 없으며, 방패연골의 위쪽 혹은 그 부분 기관에 골절이 있다.

㉣ 눈꺼풀 결막에 점출혈이 적고, 얼굴은 창백하며 발등은 암적색을 띤다.

㉤ 시체얼룩이 시체의 아래쪽인 손, 발의 끝부분에 있다.

㉥ 배설물이나 혈액이 시체의 하반부에 있다.

㉦ 목을 매달 때 받은 손상 이외에 신체에 다른 손상은 없다.

② **타살**

㉠ 끈과 일치되지 않는 또 다른 끈 자국이 있거나 같은 종류의 또는 다른 종류의 이중 끈 자국이 있다.

㉡ 매단점이 목 부분보다 낮은 경우가 많다.

㉢ 현장을 과도하게 꾸민 경우가 많다.

㉣ 끈의 길이가 너무 짧거나 길다.

㉤ 끈으로 목을 한번 감으며 여러 번 감는 경우는 드물다.

㉥ 매듭, 올가미의 형태가 특수하다.

㉦ 끈졸림사의 경우 목 뒷부분에 끈 자국이 있는 특징이 있다.

(나) 끈졸림사

① 목에 감겨진 줄이나 끈에 자신의 체중 이외의 힘에 졸려서 질식 사망하는 것이다.

② 목에 끈 자국이 있으나 목맴보다 낮은 지점에 있고 평행하다.

③ 끈이 목 부위를 수평으로 일주하며 끈 자국이 목 부위와 뒤 목 부위에 비슷하게 생기나 목 부위가 보다 뚜렷하게 나타난다.

④ 끈 자국의 주행이 단절되고 여기에 피부 까짐을 본다면 이는 끈의 매듭위치를 말해준다.

⑤ 끈졸림사는 자·타살 모두 가능하나 타살이 대부분이다.

(다) 손졸림사

① 목을 손이나 팔로 압박하여 사망하게 하는 것으로 대부분이 타살이다.

② 목을 조를 때 손톱, 손가락, 손바닥의 압력에 의하여 목 부위 손상 및 누른 흔적이 광범위하고 뚜렷하게 나타난다.

③ 손끝자국은 손톱자국과 동반되거나 손톱자국이 없더라도 목 부위 및 코 주위에 손가락에 의하여 원형의 피부 밑 출혈이 나타난다.

④ 손톱자국은 불규칙하게 나타나는 경우가 있다.

(라) 익사

① 의의 : 액체를 기도에 흡입하는 것은 물론, 흡입하지 않고 익수와의 접촉만으로 사망하는 경우도 포함한다. 거의 자살이거나 과실사이다.

② 익사의 특징

㉠ 눈꺼풀 결막에 점출혈이 있으며 시체얼룩이 약하거나 없다.

㉡ 아피(鵝皮: 닭살)가 형성된다.

㉢ 손이나 발에 주위의 물체를 잡고 있다.

㉣ 기도 내 또는 위장 내에 개울물의 프랑크톤, 부유생물 등이 발견된다.

㉤ 체온의 냉각속도가 지상보다 빠르다. 흐르는 물에서는 더욱 빠르다.

㉥ 사람에 따라 다르나 익사가 일어나기까지의 시간은 5~8분으로 보고 있다.

③ 익사의 소견

㉠ 판단의 어려움 : 익사여부를 판단하는 데는 단정적인 소견이나 검사법으로는 부족하여 논란이 많다.

㉡ **백색거품** : 기도를 개방하여 미세한 포말로 구성된 백색의 거품이 코와 입에서 마치 버섯모양으로 유출되며 닦아내면 또 나타날 수 있다. 이러한 거품덩이가 나타나면 의심할 여지없이 생전에 물이 들어갔다는 가장 확실한 근거가 된다.

④ **익사사건에서의 프랑크톤 검사**

㉠ 익사하여 프랑크톤을 함유한 익수가 폐를 통하여 혈액내로 들어오게 되면 혈류를 타고 전신 각 기관에 퍼지게 된다.

㉡ 사후투수일 경우에도 폐와 위장관에 물이 들어갈 수 있으며 위장 내에는 음식물 중에 함유되어 있던 프랑크톤이 검출될 수 있기 때문에 폐와 위장 내에 프랑크톤이 있더라도 이를 자살로 추정할 수 없다.

㉢ 사람이 물에 뛰어들 때 인위적인 노력 없이 물속으로 빠질 수 있는 깊이는 355㎝ 이하다.

㉣ 따라서 입수장소의 추정을 위한 플랑크톤 검사시 수표 층을 비롯한 355㎝ 이내의 것을 대조하는 물로 채취해야 한다.

(마) 기도 막힘 질식사

기도 내의 막힘 또는 좁아짐으로 인해 호흡을 못하여 사망하는 것이다.

(바) 몸 눌림 질식사

기도는 열려 있는 상태에서 흉부에 강력한 외력에 의해 압박되어 호흡운동이 장애되어 사망하는 것이다.

2. 중독사

(1) 무기산

① 무기산은 황산, 염산, 질산이 대표적이다.

② 강한 부식성을 갖고 있기 때문에 마시면 거의 즉시 입안, 식도 및 위의 점막이 부식되어 격심한 통증이 일어난다.

③ 염산은 백색을 띠는데 마실 때 흘리거나 구토로 인하여 주로 입술이나 턱을 비롯한 안면부에 화상이 발생한다.

④ 대부분 공업용으로 사용되지만 집에서는 화장실 소독용으로 사용된다.

(2) 유기산

① 초산

㉠ 특유한 냄새가 나는 무색의 액체이다.

㉡ 농도가 높을수록 부식성이 강하다.

㉢ 격렬한 통증, 혈성구토와 설사가 나며 용혈로 인하여 혈뇨가 생긴다.

㉣ 구강 식도 및 위 점막은 부식으로 백색의 가피현상이 있다.

② 수산

㉠ 접촉시 국소적 부식에 의한 자극 증상이 생긴다.

㉡ 식도와 위의 점막은 부식되어 박리되며 흑갈색의 가피가 형성된다.

③ 석탄산

㉠ 구강, 인두의 작열 및 복통이 생김

㉡ 구토는 드물다.

④ 알칼리

㉠ 수산화칼륨, 수산화나트륨, 암모니아수 등이 대표적이다.

㉡ 흑갈색의 구토가 난다.

㉢ 극심한 혈성 설사가 생긴다.

㉣ 입, 혀, 인후부에서 점막의 괴사가 생긴다.

⑤ 청산가리 청산소오다 등의 사이안산

㉠ 청산가리는 구하기가 쉬워 자살용으로 많이 사용된다.

㉡ 호흡곤란과 경련으로 의식이 소실되고 대부분 10분 이내에 사망한다.

㉢ 코와 입에서 특유의 복숭아 냄새가 난다.

㉣ 시체얼룩은 선홍색이다.

(3) 가스 및 휘발성 독물

① 일산화가스(연탄가스, 도시가스 등)

㉠ 무색, 무미, 무취의 비자극성 기체로 공기보다 약간 가볍고 물에 불용성이다.

㉡ 연탄가스에는 40%, 도시가스에는 4~6%의 일산화탄소를 함유한다.

㉢ 시체얼룩은 선홍색이 나타난다.

㉣ 일산화탄소 중독시 가장 좋은 시료는 혈액이다.

② 탄화수소류(공업용 본드 등)

㉠ 중추신경 마취작용으로 인해 급사한다.

㉡ 급사 이외에 특이한 소견은 없다.

㉢ 청소년들이 환각작용을 얻기 위해 남용한다.

㉣ 환각효과를 높이기 위하여 머리를 비닐에 넣고 흡입하기 때문에 산소 결핍에 의한 질식이 병합될 수도 있다.

③ 액화석유가스(LPG, 부탄가스)

㉠ LPG는 고농도 폭로시 기능장애(마취성)가 있으며, 산소 분압이 낮아져 질식성 장애를 일으킨다.

㉡ LPG는 질식 이외에는 특이 소견이 없다.

㉢ LPG를 액상에 접촉시 화상 또는 동상의 위험이 있다.

④ 암모니아

㉠ 공기 중에 특유의 냄새가 남아 있다.

㉡ 사체에서도 특유의 냄새를 맡을 수 있다.

⑤ **황화수소**

㉠ 썩은 계란 냄새가 나며 하수로 분뇨탱크에서 작업하던 사람이 중독 및 사망하는 경우의 원인이 된다.

㉡ 사체는 급사의 일반적 소견을 보인다.

㉢ 기관, 폐, 근육 등에서 특유의 냄새가 난다.

(4) 메틸, 에틸 알코올 음독사

① 메틸알코올 : 시력장애 및 실명하게 되고 혈중농도가 짙어지면 사망하게 된다.

② 에틸알코올 : 치사량은 0.5%이며 호흡억제로 사망한다.

3. 저체온사

① 대개 심부체온이 30℃ 이하가 되면 사망한다.

② 혈중의 산화헤모글로빈이 잘 해리되지 않아 시체얼룩은 선홍색을 띤다.

③ 호흡기능의 마비로 인하여 종말성 환각 또는 열감 때문에 스스로 옷을 벗으며 때로는 나체가 된다. 여성인 경우 강간당한 것처럼 보일 수 있으므로 주의를 요한다.

4. 화상사

(1) 의의

① 화상이란 고열이 피부에 작용하여 일어나는 국소적 및 정신적 장애를 말한다.

② 화상사는 대부분 사고성으로 화재에 의한 화염 또는 뜨거운 물에 데어 일어난다.

③ 손바닥은 얼굴, 복부 및 외음부 보다 열에 대하여 훨씬 저항이 강하다.

④ 어린이를 뜨거운 물에 집어넣는 경우와 같이 타살을 전혀 배제해서는 안 된다.

(2) 화상의 4단계

① **1도 화상** : 물집은 형성되지 않았으나 표피가 벗겨질 수 있으며, 표피에 홍반을 보이기 때문에 홍반성 화상이라고도 한다.

② **2도 화상** : 표피와 함께 진피까지 침범되는 정도로 수포가 형성되며 수포성 화상이라고 부른다.

③ **3도 화상** : 조직이 응고성 괴사에 빠지며 외견상 건조하고 회백색을 띠며 수포를 형성하지 않는다. 전신의 1/3 정도에 화상을 입으면 약 50%가 사망하는 것으로 되어 있다.

④ **4도 화상** : 피부 및 그 하방의 조직이 탄화되는 것으로, 뜨거운 액체로 인한 화상의 경우에는 나타나지 않는다.

5. 소사체

① 소사체란 탄 시체를 말하는 것으로 사인이 소사인 것을 비롯하여 다른 원인으로 사망한 후 탄 시체를 포함한다.

② 소사체에 있어서는 사후에 열이 계속적으로 가해져서 근육이 응고되어 수축되면 열, 경직이 강하게 일어나 사지의 관절은 반쯤 굴곡된 채 고정된다. 이러한 자세가 권투하려는 자세와 비슷하다 하여 권투가 자세 또는 투사형 자세라 한다. 투사형 자세는 생활반응이 아니므로 이러한 자세를 취한다 하여 반드시 화재사로 사망하였다고 단정할 수 는 없다.

③ 피부와 피하조직이 균열 또는 파열되어 벤 상처 또는 찢긴 상처와 유사한 소견을 보인다.

6. 성과 관련한 사망

(1) 강간, 강제추행 등 성범죄로 인한 손상

① 성기, 유방 등에 가해자에 의한 물린 손상(교합손상)

② 등 부위, 넓적다리의 개갠 상처와 같은 저항 손상

③ 윤간사건에 있어서의 손・발 등에 볼 수 있는 억압손상

④ 후면에는 개갠 상처, 타박상 등의 저항손상

(2) 홀로 색 밝힘 사망(Autoerotic death)

① 의의 : 자기색정사란 기구나 장치를 이용하여 스스로 성적 쾌감을 즐기다가 일어나는 사고사를 말한다.

② 특징

㉠ 대체로 나체로 발견되며 시체 주변에 도색 사진 또는 포르노테이프 등이 발견되기도 한다.

㉡ 거의 대부분이 남자이나 근래에는 가끔씩 여자들도 볼 수 있다.

㉢ 목맴, 끈졸림사의 방법 또는 비닐주머니를 뒤집어 쓴 경우도 있다.

제5절 지문감식

Ⅰ. 지문의 개념

1. 지문의 정의(지문 및 수사자료표 등에 관한 규칙 제2조 제1호)

「지문」이라 함은 손가락 끝마디의 안쪽에 피부가 융기(隆起)한 선 또는 점(이하 「융선」이라 한다)으로서 형성된 각종 문형 및 그의 인상(印象)을 말한다.

2. 지문이 형성된 피부구조도

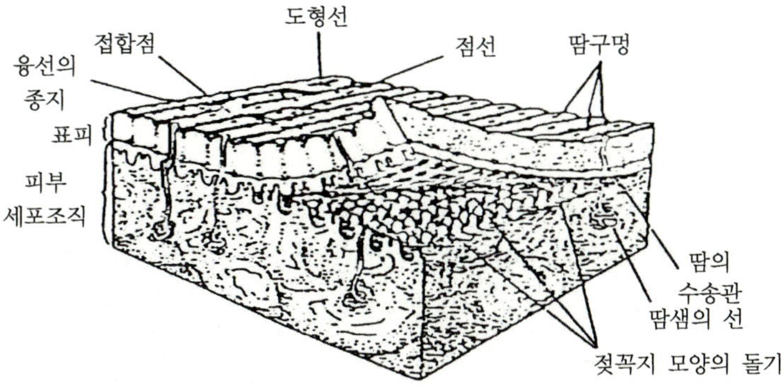

3. 손가락 및 마디의 명칭

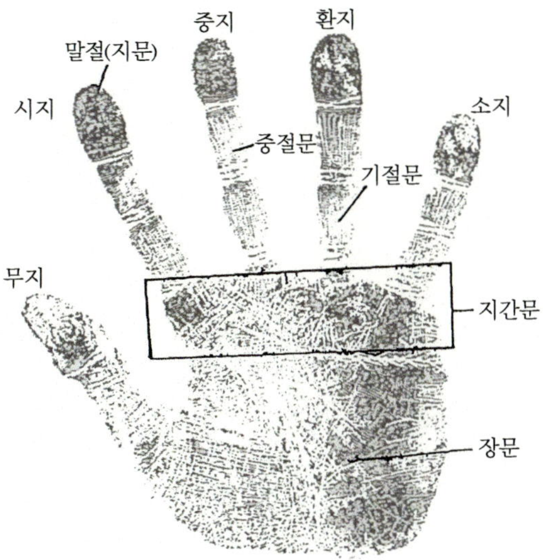

Ⅱ. 지문의 특징

① 만인부동(萬人不同) : 사람마다 모두 다른 모양의 지문을 가지고 있는 것을 말하며, 부모형제간의 지문도 모두 다른 모양을 가지고 있다.

② 종생불변(終生不變) : 사람이 태어날 때 형성된 지문의 모양(융선)이 사망 전까지는 표피가 벗겨져 지문모양이 없어졌다가 새로 표피가 생겨 지문모양이 소생되어도 역시 전과 똑같은 모양으로 재생되는 것을 말한다.

Ⅲ. 지문의 효용

만인부동하고 종생불변한 지문의 2대 특성 대문에 지문감식이 세계적으로 개인 식별 및 범인신원판명 등을 하는데 많이 활용되고 있다.

1. 피의자의 신원 및 범죄경력의 확인

입건된 피의자들이 다른 사람의 인적사항을 도용하더라도 지문에 의해 신원이 밝혀지고, 재범자가 누범가중 요건에 해당되어 범죄경력을 은폐하려고 허위의 범죄경력을 진술할 때도 지문에 의해 범죄경력이 밝혀지게 된다.

2. 지명수배자의 발견

대부분의 지명수배 또는 지명 통보된 자들은 타인의 인적사항을 여러 개 외우고 다니면서 경찰의 불심검문을 교묘히 피하고 있는 바, 불심검문대상자들이 다른 사람의 인적사항을 도용하고 있는 것 같은 의심이 조금이라도 있는 경우는 필히 주민등록증대조와 컴퓨터 단말기를 이용 지문번호를 대조하여 지명수배자 검거에 활용하게 된다.

3. 변사자의 신원확인

신원불상의 변사자가 발견되었을 경우 변사자의 지두가 완전히 부패하지 않았을 때는 십지지문을 채취하여 주민등록 발급신청서의 지문 또는 전과원지 지문과 대조하여 신원이 밝혀진다(주민등록증 미발급자라도 전과가 있는 경우 신원확인 가능).

4. 범죄현장지문에 의한 범인의 신원판명

범죄현장 또는 범인의 침입로, 도주로, 범행의 예비음모지에서 채취한 지문을 현장지문이라 하며, 채취된 유류지문과 주민지문자료 또는 용의자 지문과 대조하여 범인의 신원이 판명된다.

Ⅳ. 지문분류제도

1. 함부르그식

독일 Hamburg경찰청에 근무하던 Rosher가 창안한 것으로 우리나라의 지문분류체계는 이 방식을 우리 실정에 맞게 수정・보완하여 사용하고 있다.

2. 헨리식

1901년 영국인 Henry가 창안한 것으로 영미에서는 이 분류방식을 택하고 있으며 세계적으로 가장 널리 사용되고 있다.

Ⅴ. 지문제도

지문을 효과적으로 활용하기 위하여 지문 자료의 수집, 분류, 정리, 보관 및 이용을 일정한 방식에 의하여 조직적으로 행할 수 있도록 한 것이 지문제도이며, 이에는 일지지문, 십지지문제도가 있다.

Ⅵ. 십지지문 채취

신원확인대상자, 신원불상피의자, 신원불상변사자, 행려병사자, 익사자, 교통사고 사망자, 타살혐의 변사자 등에 대해 지문으로 신원확인을 하기 위하여 지문을 채취한다. 우리나라 사람들의 지문 분포율을 많은 순으로 보면, 제상문 → 와상문 → 궁상문 → 기타지문 순으로 되어 있다.

1. 지문채취 법적근거

① 형의 실효 등에 관한 법률 제5조 1항(수사자료표)

② 형의 실효 등에 관한 법률 시행령 제2조 1, 2항(수사자료표)

③ 지문 및 수사자료표 등에 관한 규칙 제4조, 제18조(수사자료표 작성대상, 지문을 직접 채취할 피의자의 범위)

④ 지문을 채취할 형사피의자의 범위에 관한규칙 제2조(지문을 채취할 피의자의 범위)

⑤ 범죄수사규칙 제35조(사진의 촬영과 지문의 채취)

⑥ 지문채취 불응시 처벌 법적 근거 : 경범죄처벌법 제3조 제34호

2. 지문채취의 중요성

(1) 모든 지문대조 감식의 기본요건

① 대체적으로 일반인뿐만 아니라 경찰관들까지도 지문의 채취 상태와 찍힌 상태를 고려치 않고 지문 융선이 조금이라도 있으면 모두 식별이 가능한 것으로 오해하는 경우가 많이 있다.

② 그러나 찾고자하는 범죄현장의 지문과 신원확인을 하고자 하는 변사자의 분류 및 대조하고자 하는 피의자의 채취된 지문은 융선의 특징을 식별할 수 있도록 채취와 날인이 되어야만 지문대조감식이 가능하다.

③ 아무리 첨단의 감식장비와 지문대조감식에 숙달된 직원이라 하더라도 대조하고자 하는 지문의 형태가 "지문의 특징"을 식별할 수 없다면 대조가 불가능하다.

(2) 지문감식시 주의

요즘 지문감식기관의 감식기술은 과거에 비해 상당히 발전된 것은 사실이지만 한계가 있다. 손가락의

끝마디 부분만 살짝 찍는 경우 등은 지문의 특징이 충분히 나타나지 않아 식별하기에 상당히 어렵다. 따라서 수사기관에 종사하는 사람들 뿐만 아니라 일반인들도 지문을 찍는 경우는 상당히 주의를 하여 찍고 상대방에게도 주의를 시켜야 한다.

(3) 진실입증의 절대적 필요

지문은 만인부동, 종생불변이라는 특성을 가지고 있어 범인들의 범행을 입증하여 중요한 증거자료로 쓰이기도 하고, 타인 인적사항을 도용한 사람의 지문에 대해 동일지문 여부를 식별하여 동일인 여부를 밝혀내기도 하고, 계약서 등 문서를 작성할 경우 본인이 작성하였다는 것을 확인해 주는 등 각종 사건과 관련된 지문의 대조감식으로 실체적 진실을 밝혀주는데 있어 지문의 채취 상태는 매우 중요하다.

VII. 지문의 분류

1. 지문의 종류

지문의 종류	설 명	형 태
궁상문 (弓狀紋)	❑ 궁상문의 정의 활(弓)모양의 궁상선으로 형성된 지문을 말한다.	궁 상 선 
	❑ 궁상문의 종류 ① 보통궁상문 : 평탄하게 흐른 활모양의 궁상선으로 형성된 지문을 말한다. ② 돌기궁상문 : 돌기한 활모양의 궁상선으로 형성된 지문을 말한다.	보통궁상문  돌기궁상 문 

<table>
<tr>
<td rowspan="2">제상문
(蹄狀紋)</td>
<td>❑ 제상문의 정의
말(馬)발굽(蹄)모양의 제상선으로 형성되고 융선이 흐르는 반대측에 삼각도가 1개 있는 지문을 말한다.</td>
<td>제상선
</td>
</tr>
<tr>
<td>❑ 제상문의 종류

① 갑종제상문 : 좌수의 지문을 찍었을 때 삼각도가 좌측에 형성되어 있거나 우수의 지문을 찍었을 때 삼각도가 우측에 형성되어 있는 지문을 말한다.

② 을종제상문 : 좌수의 지문을 찍었을 때 삼각도가 우측에 형성되어 있거나 우수의 지문을 찍었을 때 삼각도가 좌측에 형성되어 있는 지문을 말한다.</td>
<td>갑종제상문

좌수 우수

을종제상문

좌수 우수</td>
</tr>
</table>

지문의 종류	설 명	형 태
와상문 (渦狀紋)	❑ 와상문의 정의 와상선, 환상선, 이중제상선, 제상선 기타 융선이 독립 또는 혼재되어 있는 2개 이상의 삼각도가 있는 지문을 말한다. 단, 유태제형(有胎蹄形)와상문은 삼각도가 1개이다.	
	❑ 와상문의 종류 ① 순와상문 : 와상문의 중심부융선이 와상선으로 형성된 지문을 말한다. ② 환상문 : 와상문의 중심부융선이 환상선으로 형성된 지문을 말한다. ③ 이중제형 와상문 : 와상문의 중심부를 형성한 1개 또는 2개의 융선이 이중으로 제상선을 형성한 지문을 말한다. ④ 유태제형(有胎蹄形) 와상문 : 제상문중심부에 거꾸로 형성된 제상선이 있거나 거꾸로 형성된 호상선이 2개이상 있는 지문을 말한다. ⑤ 혼합문 : 2개이상의 문형이 혼합하여 1개의 문형을 형성한 지문을 말한다.	순와상문  환상문  이중제형와상문  유태제형와상문  혼합문 
변태문 (變態紋)	변태문이란 궁상문, 제상문, 와상문에 속하지 않아 정상적으로 분류번호를 부여할 수 없는 지문을 말한다.	변태문 

2. 지문융선의 종류

융선의 종류	설명	형태
궁상선 (弓狀線)	① 활(弓)모양의 곡선으로 이뤄진 지문을 말하며 삼각도는 형성되지 않는다. ② 완만한 경사를 이루며 흐르는 선을 보통궁상선이라 하고 급격한 경사를 이루며 흐르는 선을 돌기궁상선이라 한다.	
제상선 (蹄狀線)	좌측 또는 우측으로부터 흐르기 시작하여 말발굽형태를 이루면서 시작한 방향으로 되돌아가는 융선을 말한다.	
중핵제상선 (中核 蹄狀線)	① 여러 개의 제상선중에서 가장 중심부에 있는 제상선을 말하며 제상선의 가상반원에 다른 융선이 교차하거나 외측으로부터 접촉되어 있을 때는 그 다음 제상선이 중핵제상선이 된다. ② 중핵제상선의 가상반원내에 2개 이상의 융선이 동일한 모양으로 같이 있을 때에는 내단 지정의 예에 따른다.	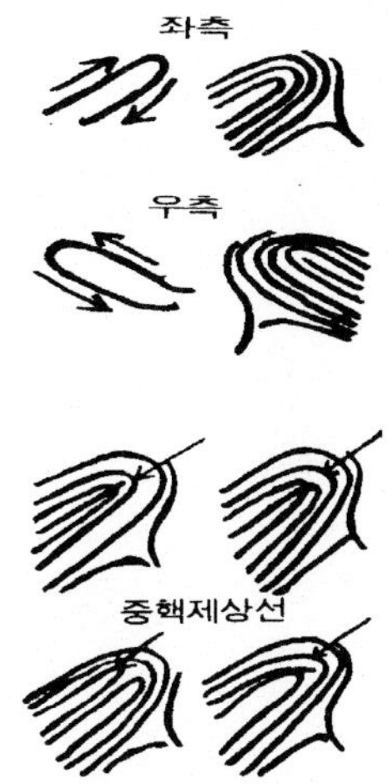
가상반원 (假想半圓)과 가상반원선 (假想半圓線)	제상선의 상부에 가상원을 그린 후 그 원을 2등분하는 직선을 그었을 때 상부를 가상반원이라 하고 그 선을 가상반원선이라 한다. 단 가상반원선에 이르지 못한 제상선은 제상선으로 볼 수 없다.	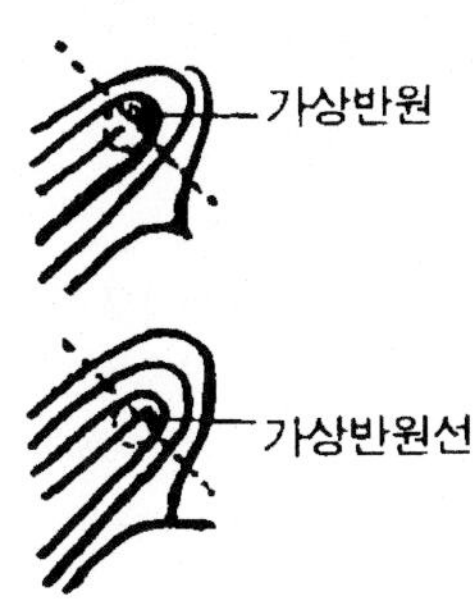

융선의 종류	설　　명	형　태
가상정점 (假想頂點)	삼각도 또는 기준각을 형성한 2개의 융선이 접합할 때는 접합점, 병행할 때는 가상의 삼각도 꼭지점을 말한다.	
가상직선과 가상수직선	제상문의 내단과 외단간의 융선수 또는 와상문의 추적선 종점과 우측표준점간의 융선수를 계산하기 위하여 임시로 그은 선을 말한다.	
와상선 (渦狀線)	와상문의 중심부 융선이 좌측 또는 우측으로 흐르기 시작하여 1회 이상 회전, 원 또는 타원형을 이루는 선을 말한다.	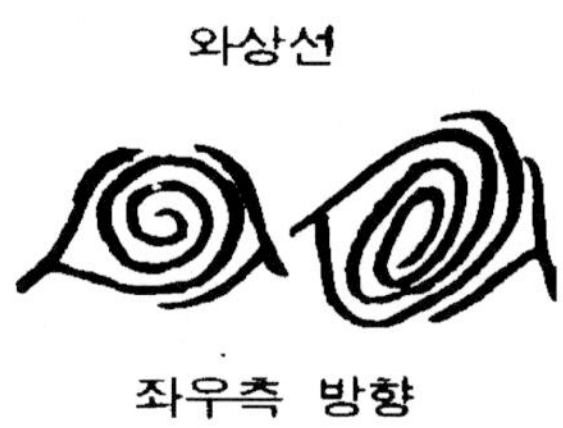
환상선 (環狀線)	와상문의 중심부 융선이 원 또는 타원형을 이룬 선을 말한다.	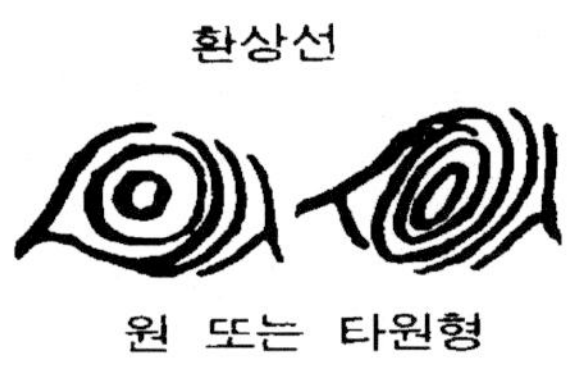
이중제상선 (二重蹄狀線)	와상문 중심부의 융선 1개 또는 2개가 이중으로 제상선을 형성하고 융선이 흐르기 시작한 원기점 방향으로 되돌아가거나 반대 방향으로 흐르는 융선을 말한다.	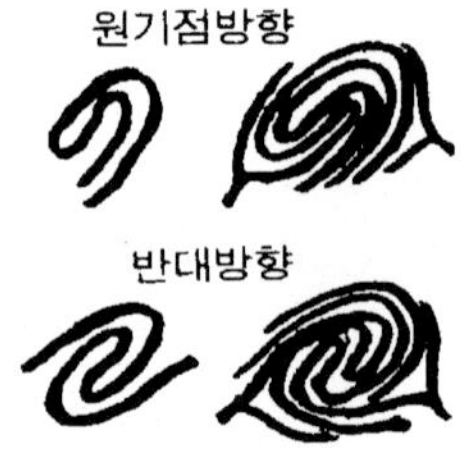

융선의 종류	설　　명	형　태
삼각도 (三角島)	2개의 융선이 외측에서 접합하거나 병행하면서 형성된 삼각형 모양을 말한다. ① 제상문은 융선이 흐르는 반대측 (좌측 또는 우측)에 1개 형성된다. ② 와상문은 중심부 좌우측에 2개이상 형성되어 있다. 단, 유태제형와상문은 1개이다.	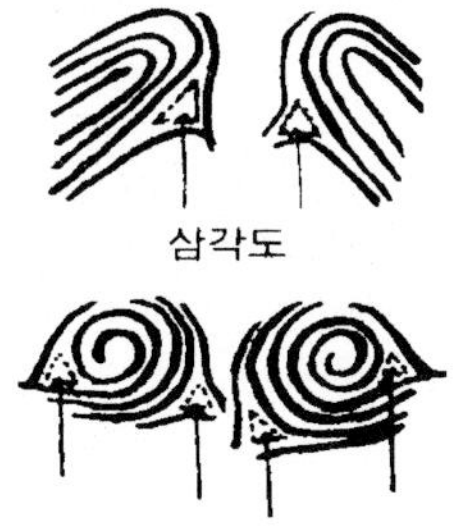
접합선 (接合線)	2개이상의 융선이 어느 1점에서 만나 1개의 선으로 된 것을 말한다.	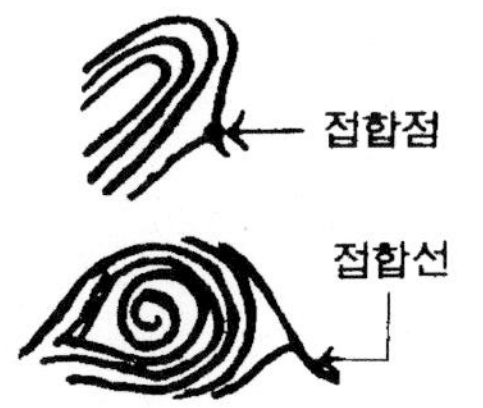
병행선 (竝行線)과 개재선 (介在線)	다른 2개의 융선이 삼각형 모양을 형성하면서 접합하지 않고 병행되는 선을 병행선이라 하고 가상정점 부근의 병행선 사이에 있는 융선을 개재선이라 한다.	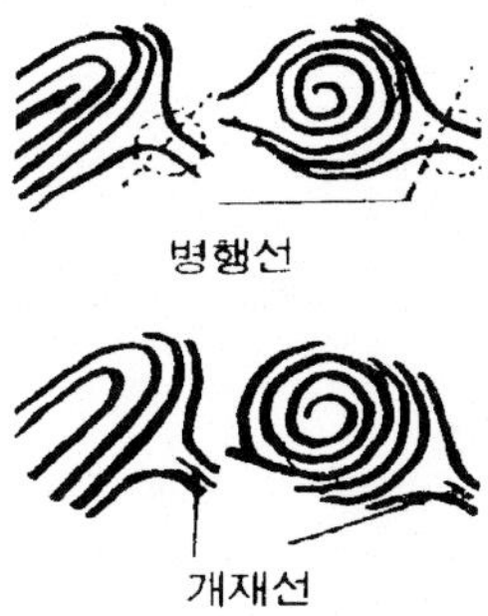
분기선 (分岐線)	1개의 융선이 2개이상의 융선으로 분기된 선을 말한다.	
간선(幹線)과 지선(支線)	분기선 중 굵은 선을 간선이라 하고 가는 선을 지선이라 하며 와상문을 분류할 때 추적선의 종점을 지정하게 되는 선이다.	

융선의 종류	설 명	형 태
추적선 (追跡線)	좌측기준각 하변을 형성한 융선이 우측기준각의 내측 또는 외측에 이르기까지 추적되는 선을 말한다. ① 추적선이 중단되었을 때는 아래 융선을 추적한다. ② 추적선이 분기되었을 때는 간선을 추적하고 간선과 지선이 불분명할 때는 아래 융선을 추적한다. ③ 추적선의 융선 굵기만큼 단절된 것은 그대로 추적한다.	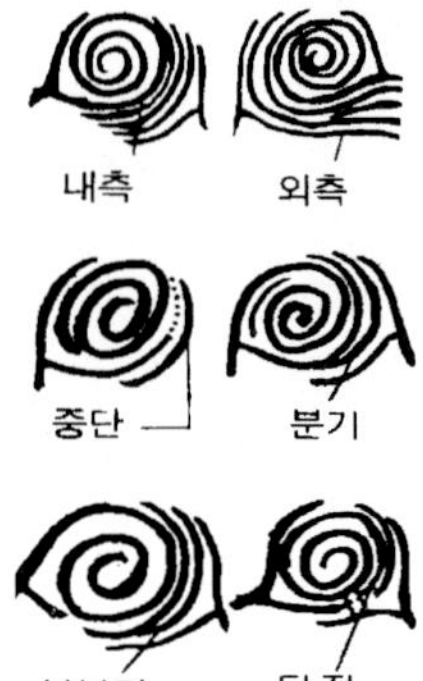
기준각 (基準角)	2개이상의 삼각도를 가진 와상문에서 중앙으로부터 가장 먼 곳에 있는 좌우측의 삼각도를 말한다.	
봉상선 (棒狀線)	봉(棒)의 모양으로 형성된 융선을 말하며 일반적으로 중핵제상선의 가상반원선내에 형성된 경우를 지칭한다.	
도형선 (島形線)	1개의 융선이 분기되었다가 다시 접합되어 원 또는 타원형의 섬 모양을 이룬 융선을 말한다.	
점(點)과 단선(短線)	폭과 길이가 동일한 융선을 점이라 하며 일반적으로 길이가 2㎜정도의 짧은 융선을 단선이라 한다.	
호상선 (弧狀線)과 조상선 (釣狀線)	반원에 미치지 못하는 짧은 곡선을 이룬 융선을 호상선이라 하고 봉상선의 끝이 낚시 모양인 융선을 조상선이라 한다. 일반적으로 중핵제상선의 가상반원선내에 형성된 경우를 말한다.	

3. 제상문 분류법상의 기준점

제상문을 분류할 때, 융선수를 계산하기 위한 기준점으로 내단과 외단을 정한다.

(1) 내단(內端)

종 류	설 명	형 태
정의	중핵제상선의 가상반원선내에 있는 융선을 말하며 을종제상문 분류상 필요한 기준점을 말한다.	
	❑ 내단 지정의 "예" ① 내단이 되는 점, 단선, 호상선, 조상선, 봉상선등의 융선이 중핵제상선의 가상반원선에 도달하거나 가상반원선안에 2개이상 있을 때에는 가장 높은 것으로 하고	 가장높은것
	② 높이가 같은 융선이 2개일 때에는 외단에서 먼 것으로 하며	 외단에서 먼것
	③ 3개 이상일 때에는 홀수인 경우는 중앙의 것으로, 짝수인 경우는 중앙의 2개중 외단에서 먼 것을 내단으로 정한다.	 중앙의 것 중앙의것중 외단에서 먼것
	❑ 내단이 되는 융선의 모양이 각기 다르거나 같은 모양의 융선들이 혼재되어 있는 경우에도 위의 예에 준한다.	
제상내단	중핵제상선의 가상반원내에 내단이 되는 다른 융선이 없을 때에는 외단에서 먼 가상반원선의 교차점을 내단으로 정한다.	 제상내단

종 류	설 명	형 태
봉상 내단	중핵제상선의 가상반원선내에 도달한 봉상선이 있는 경우, 그 봉상선의 끝부분을 내단으로 정한다.	
점 내단	중핵제상선의 가상반원선내에 점이 있는 경우, 그 점을 내단으로 정한다.	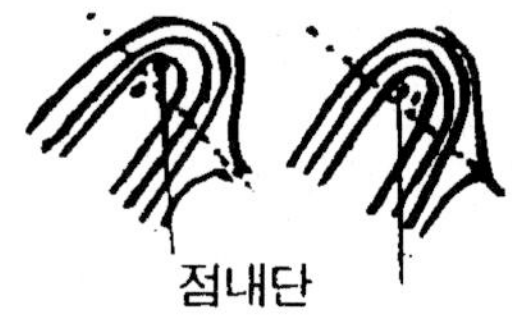
단선 내단	중핵제상선의 가상반원선내에 단선이 있는 경우, 그 단선의 외단에서 먼 쪽이나 높은 쪽의 끝부분을 내단으로 정한다.	
호상 내단	중핵제상선의 가상반원선내에 호상선이 있는 경우, 외단에서 먼 쪽의 끝부분을 내단으로 정한다.	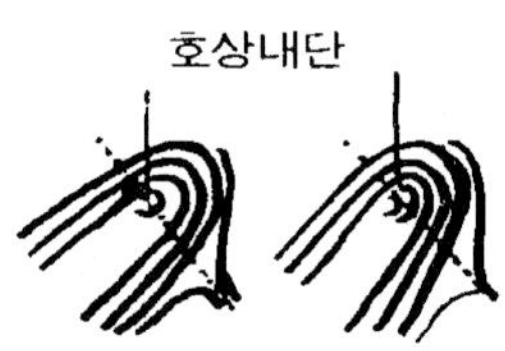
조상 내단	중핵제상선의 가상반원선내에 조상선이 있는 경우, 그 조상선의 끝부분을 내단으로 정한다.	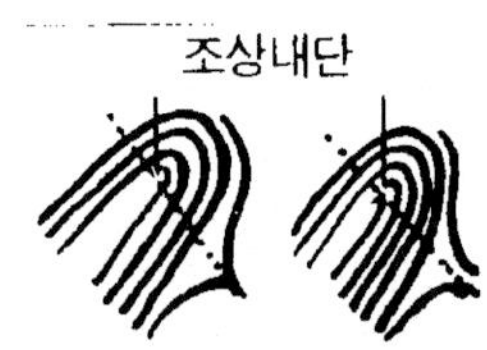
교차 내단	중핵제상선의 가상반원선내에서 2개 이상의 제상선이 교차하였을 때 교차점을 내단으로 하고 수개의 교차점이 존재할 경우에는 봉상내단의 예에 따른다.	

종 류	설 명	형 태
복합내단	중핵제상선의 가상반원선내에 모양이 같거나 다른 2개 이상의 내단이 될 수 있는 융선이 있을 경우에는 내단 지정의 "예"에 따른다.	

(2) 외단(外端)

제상선이 흐르는 반대측에 형성된 삼각도의 모양에 따라 을종제상문의 분류상 필요한 기준점을 말한다.

종 류	설 명	형 태
접합 외단	삼각도의 외측을 흐르는 2개의 융선이 접합하였을 때 그 접합점을 외단으로 한다.	
병행 외단	삼각도의 외측을 흐르는 2개의 융선이 병행선을 이룬 경우 가상정점으로부터 내단을 향하여 가상직선을 그어 처음 만나는 교차점을 외단으로 한다.	
개재 외단	병행외단의 병행선사이에 개재선이 있을 때에는 가상 정점으로부터 병행선과 가상직선을 그었을 경우 개재선과의 교차점을 외단으로 한다.	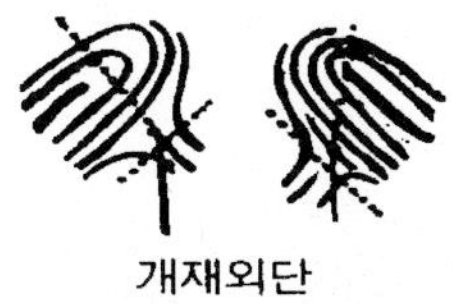

4. 와상문 분류법상의 기준점

(1) 추적선의 종점(終點)

종 류	설 명	형 태
정의	❑ 추적선의 기점 ① 좌측기준각(삼각도)에서 추적선이 시작되는 점을 기점이라 한다. ② 좌측기준각이 접합시는 접합점을 기점으로 하고 병행할 때는 병행되기 시작한 하변의 1점을 추적선의 기점으로 한다. ❑ 추적선의 종점 우측기준각(삼각도)에서 추적선을 향하여 가상의 직선 또는 수직선을 그었을 때 그 선과 추적선이 교차되는 점을 추적선의 종점이라고 한다.	 추적선의 기점
추적선이 우측기준각에 닿았을 경우	추적선이 우측기준각(삼각도)에 닿았을 때는 그 기준점을 종점으로 정한다.	 추적선의 종점
추적선이 우측기준각의 내측으로 흐른 경우	추적선이 우측기준각의 내측으로 흐를 때에는 우측기준각을 2등분하는 가상의 직선을 그어 추적선과 교차되는 점을 종점으로 정한다.	 추적선의 종점 (내측)
추적선이 우측기준각의 외측으로 흐른 경우	추적선이 우측기준각의 외측으로 흐를 때에는 우측 기준각의 접합점 또는 가상의 정점으로부터 추적선을 향하여 수직선을 그어 추적선과 교차되는 점을 종점으로 정한다.	 추적선의 종점 (외측)

(2) 기준점

와상문의 분류상 필요한 기준이 되는 점을 말하며 우측기준각(삼각도)에서 기준점을 정한다.

종 류	설 명	형 태
접합기준점	우측삼각도를 형성하는 2개의 융선이 접합하였을 때는 그 접합점을 접합기준점으로 한다.	 접합기준점
병행기준점	우측삼각도를 형성하는 2개의 융선이 병행할 때에는 가상정점에서 추적선을 향하여 우측기준각을 2등분한 가상의 직선 또는 수직선을 그어 최초로 교차되는 점을 병행기준점으로 한다.	 병행기준점
개재기준점	① 병행선사이에 개재선이 있을 때에는 가상정점에서 추적선을 향하여 가상의 직선 또는 수직선을 그어 개재선과 교차되는 점을 기준점으로 정한다. ② 홀수일 때에는 중앙의 개재선으로, 짝수일 때는 중앙 2개의 개재선사이에 가상의 직선 또는 수직선을 그어 최초로 교차되는 점을 기준점으로 한다.	 개재기준점

5. 지문의 분류번호 및 융선수 계산방법

종 류	설 명	형 태
궁상문	보통궁상문과 돌기궁상분의 분류번호는 “1”로 부여한다.	“1”  (문형의 모양만으로 분류)
제상문	❑ 갑종제상문의 분류 갑종제상문은 삼각도가 좌수는 좌측에, 우수는 우측에 형성되어 있는 지문을 말하며 분류번호는 “2”로 부여한다.	“2”  (좌 · 우수의 삼각도 위치만으로 분류)
	❑ 을종제상문의 분류 을종제상문은 갑종제상문의 반대측에 삼각도가 형성된 지문을 말하며 내단과 외단 사이의 가상직선에 닿는 융선수를 계산하여 분류한다. 내단과 외단은 융선수 계산에서 제외하고 내단과 외단사이의 융선수가 다음으로 분류번호를 부여한다. ▸ 7개이하 ……………… “3” ▸ 8～11개 ……………… “4” ▸ 12～14개……………… “5” ▸ 15개이상 ……………… “6”	“3”  “4” 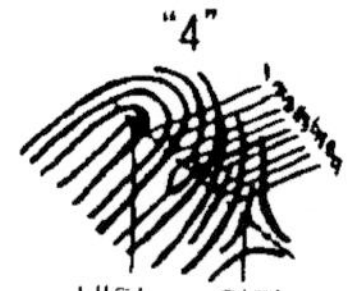 “5” 

종 류	설 명	형 태
와 상 문	와상문은 우측기준점과 추적선의 종점간의 가상의 직선 또는 수직선에 닿는 융선수를 계산하여 분류하되 우측기준점과 추적선의 종점은 융선수에서 제외한다. ❑ 추적선의 종점과 기준점사이의 융선수가 ① 추적선이 우측기준각의 내측으로 흐르고 4개 이상 … “7” ② 추적선이 우측기준각의 내측 또는 외측으로 흐르고 3개이하 …“8” ③ 추적선이 우측기준각의 외측으로 흐르고 4개 이상 …“9”	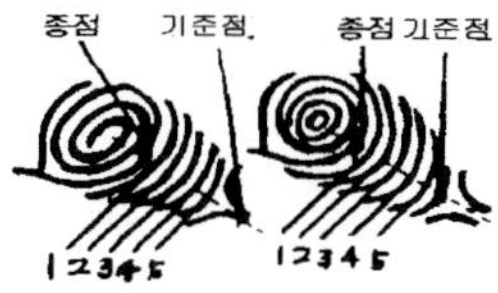 “7” 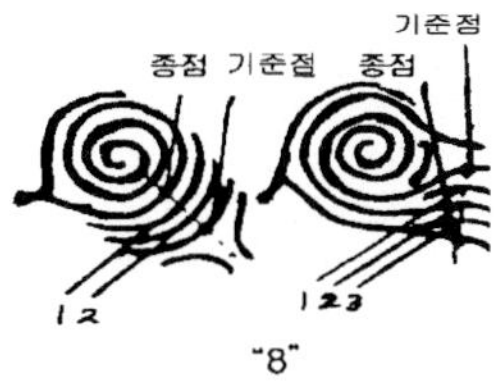 “8” 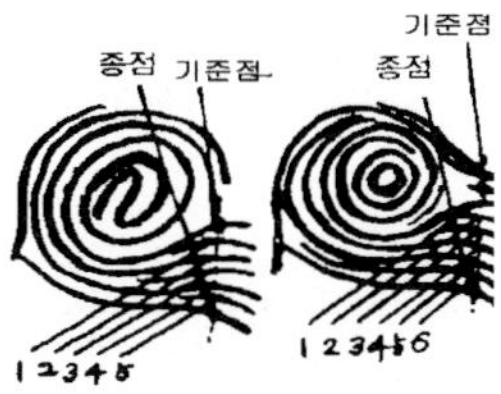 “9”
변 태 문	어느 문형에도 속하지 않아 정상적으로 분류할 수 없는 지문으로서 분류번호는 9에다 ·을 찍어 “**9**”로 부여한다.	
기 타	① 손가락 끝마디 절단시 분류 : 손가락 끝마디가 절단되어 지문을 채취할 수 없는 경우를 말하며 분류번호는 “0”으로 부여한다.	
	② 손상지문의 분류 : 지문이 손상되어 궁상문, 제상문, 와상문으로 분류를 할 수 없을 때는 0에다 ·을 찍어 “Θ”로 부여한다.	
	③ 육손가락인 경우의 분류 : 간지(幹指)로 분류하고 간지로 분류할 수 없을 때에는 지지(支指)로 분류하되 지지도 분류할 수 없을 때는 변태문으로 분류한다.	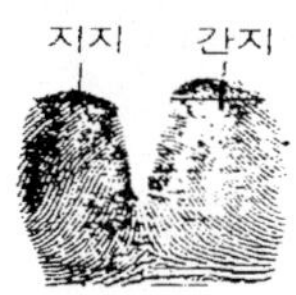
	④ 제상문의 외단 또는 와상문의 기준각이 불분명할 때는 추정하여 분류번호를 부여한다.	 분류번호 추정

6. 지문의 문형 및 기준점, 내 · 외단 지정 예시

(1) 궁상문 지정의 예

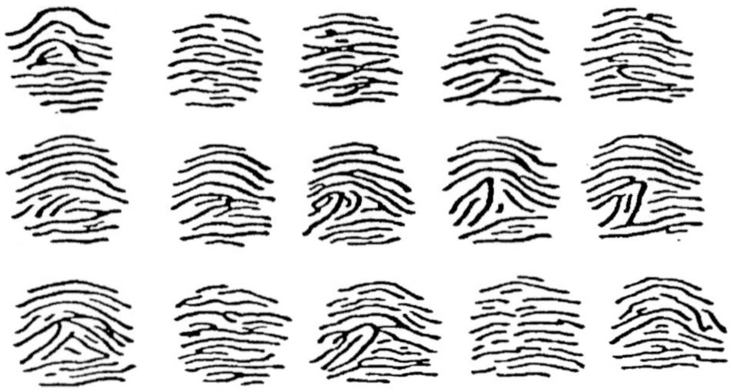

(2) 제상문 지정의 예

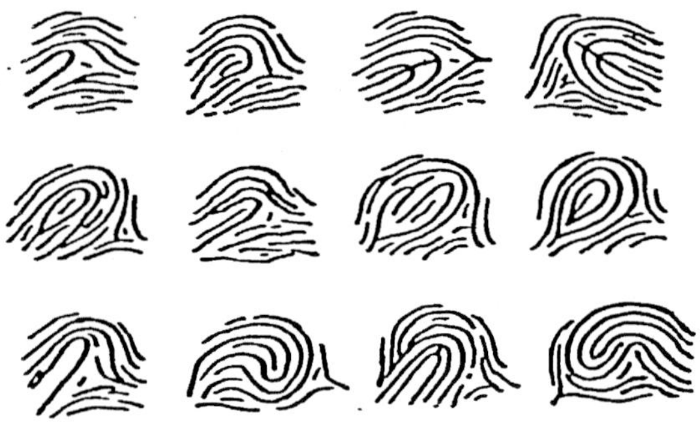

(3) 와상문 지정의 예

(4) 변태문 지정의 예

(5) 내단(제상문 분류기준점)

(가) 제상(蹄狀) 내단

(나) 점 내단

(다) 단선(短線) 내단

(라) 호상(弧狀) 내단

(마) 조상(釣狀) 내단

(바) 봉상(棒狀) 내단

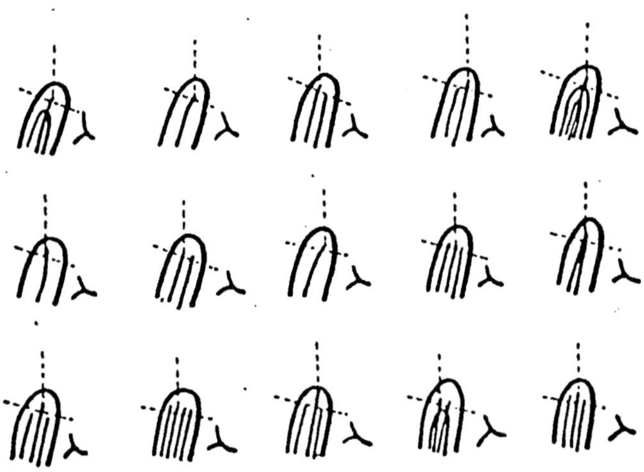

(사) 교차(交叉) 내단

(6) 외단 (제상문 분류기준점)

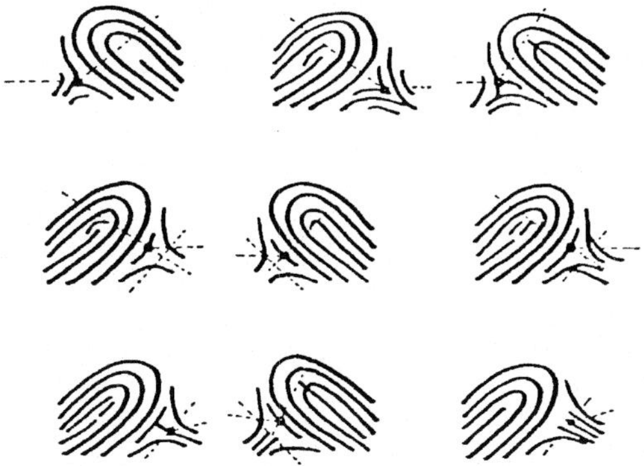

(7) 종점 (와상문　분류기준점)

(8) 우측기준점(와상문 분류기준점)

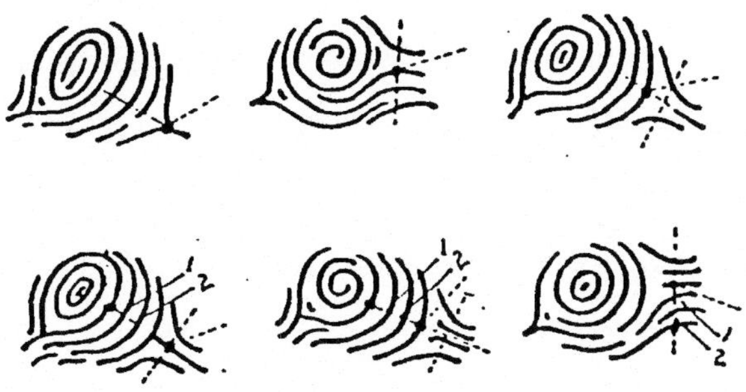

Ⅷ. 지문의 채소장소에 의한 분류

지문은 채소장소에 의한 분류로는 현장지문과 준현장지문, 인상상태에 의한 분류에는 현재지문(현재지문에는 정상지문과 역지문)과 잠재지문으로, 범인 가능성에 의한 분류로 관계자지문과 유류지문으로 나뉜다.

1. 현장지문

현장지문이란 범죄현장에서 채취한 지문을 말한다. 즉, 범죄현장의 여러 가지 물건에 인상된 잠재(육안으로 보이지 않는 것) 또는 현재(육안으로 보이는 것)의 지문을 그대로 또는 화학약품으로 가공, 검출시켜 채취한 모든 지문을 말한다.

2. 준현장지문

범죄현장은 아니더라도 범죄현장과 관련이 있는 범인의 침입경로, 도주경로 및 예비장소 등에서 발견된 지문 혹은 전당포, 고물상 등에 비치된 거래대장에 압날된 지문 등 피의자 발견을 위하여 범죄현장 이외의 장소에서 채취한 지문을 말한다.

3. 현장지문의 보존

범죄현장은 「증거의 보고」 라고 하듯이 주도면밀한 계획으로 행하여진 범죄라 할지라도 범행사실을 입증할 수 있는 증거자료가 존재한다. 현장보존 또는 현장관찰, 현장채증활동에 있어서는 이러한 자료가 파괴 또는 멸실되지 않도록 주의하여야 하며 특히 현장지문에 있어서는 다음사항에 각별히 유의하여야 한다.

(1) 현장지문의 파괴방지

① 지문은 다른 현장자료에 비해서 쉽게 눈에 띄지 않으며 손이 닿기 쉬우므로 파괴 또는 멸실되기 쉽다.

② 임장자는 책임자의 통제에 따라 행동하여야 하며 현장의 물체에 함부로 손을 대서는 안 된다.

③ 임장자가 장갑을 낀 경우라도 현장지문 보존에 각별한 주의가 필요하다(유류되어 있는 지문을 지워버릴 수 있음).

(2) 임장자 자신의 지문 유류방지

① 범죄현장에서 채취한 지문이 임장자의 지문과 일치하는 경우가 많아 수사상 차질이 발생한다.

② 자신의 지문을 유류했다고 생각되는 경우에는 필히 임장 책임자에게 보고하여야 한다.

(3) 기타 현장자료와의 관계

① 범죄현장에서 발견되는 흉기나 기타의 물건 등 증거자료 수집은 지문채취 후 행한다.

② 혈액형을 감정한다고 해서 지문채취는 생각지 않고 함부로 취급해서는 안 된다.

4. 현장지문 보존 성공 및 실패사례

(1) 보존 성공 사례

① 납치 후 협박전화를 건 공중전화기를 전화국 협조로 즉시 발견, 보존, 지문채취하여 범인 신원확인

② 강도강간한 범인이 침입당시 열었던 유리 창문을 보존, 지문채취하여 범인 신원확인

③ 강도강간 후 승용차로 도주하면서 지문을 남기지 않기 위해 비닐봉지를 싸서 기어 변속을 한 후 놓고 간 비밀봉지에서 범인 신원확인

④ 소리 지르지 못하도록 피해자의 입을 파스로 붙였던 바, 그 파스봉지에서 지문채취

⑤ 호텔사장을 납치, 살인하기 위해 신문으로 얼굴을 가리고 기다리다 버린 신문지에서 지문채취하여 범인 신원확인

(2) 보존 실패 사례

① 범인이 작성한 예금청구서를 보존치 않고 필적 대조한다며 팩스를 주고받는 바람에 지문이 발견된 경우(복사의 경우도 마찬가지임)

② 범인이 남겨놓은 메모지를 지문채취하지 않고 계속 가지고 다닌 경우

③ 범인이 만진 숙박부를 지문채취도 않고 내용만 복사한 경우

④ 침입시 절단한 철문을 강력주임이 장갑을 안끼고 만져 혼란 초래

⑤ 피해자의 입을 막았던 접착테이프를 구겨버려 지문이 훼손

5. 현장지문의 유류형태와 부착의 원리

(1) 현장지문의 형태

현장지문은 그 유류형태에 따라 현재지문과 잠재지문의 2종류가 있다.

(가) 현재지문

현재지문이란 하등의 가공을 하지 아니하고 그대로의 상태를 현장에서 육안으로 식별할 수 있는 지문을 말한다. 현재지문은 다시 정상지문과 역 지문으로 구분된다.

① **정상지문** : 혈액, 잉크, 분말류, 먼지, 진흙 기타 유색물체 등이 손가락에 부착되어 그 손가락에 의하여 피사체에 인상된 지문을 말한다. 착색된 부분이 융선인 것이 보통이다.

② **역 지문**(현상지문) : 먼지가 쌓인 물체, 연하고 끈끈한 흙, 녹은 초, 새로 칠한 도장면 등에 손가락을 접촉하게 되면 지문의 융선 부분이 지문으로 남는다. 이 경우에 융선의 고랑과 이랑이 반대로 현출되므로 역 지문 또는 현상지문이라 한다. 융선 사이의 고랑부분이 착색되고 융선부분은 착색되지 않은 지문이다.

(나) 잠재지문

잠재지문이란 지두의 분비물에 의해서 인상되며 인상된 그대로의 상태로는 육안으로 분간할 수 없으나 이화학의 힘을 빌려 가공하여 가시상태가 되는 지문을 말한다.

(2) 잠재지문 부착의 원리

사람의 손가락이 물체에 닿을 때 잠재지문이 인상되는 것은 손 내측의 피부에 있는 융선의 한공에서 무색투명한 분비물이 나와서 이 분비물이 손가락이 닿는 물체에 부착됨으로써 잠재지문이 부착된다.

(3) 잠재지문이 인상(印象)되기 쉬운 물체

지문의 융선은 성질상 다음에 열거하는 물체에 많다.

① **광물성의 물체** : 도자기류, 유리제품, 금속류, 플라스틱제품, 백벽 기타 광물성의 물체

② **식물성의 물체** : 옷감류, 경대, 건구, 백묵제품, 지류, 기타 식물성의 물체

③ **동물성의 물체** : 가방, 구두, 혁대, 기타 피혁제품

6. 현장지문의 발견방법과 증거력의 보전

(1) 현장지문의 발견방법

현장지문을 채취기 위하여는 현장지문이 어느 장소에 인상되어 있는가를 검색하여야 한다. 검색에 대하여서는 다음과 같은 점에 유의하여야 한다.

① 유류지문을 반드시 발견하고야 말겠다는 강한 신념을 가지고 검색을 행할 것

② 신고인의 설명 또는 안이한 판단에 사로잡히지 말 것

③ 침입구, 물색장소, 도주로 뿐만 아니라 범인의 행동을 추정하여 그에 대응한 면밀하고도 철저한 검색을 행한다.

④ 장갑을 끼고 있으면 범행이 부자연스러운 까닭에 무의식중에 장갑을 벗는 경우도 있으므로 설령 장갑흔이 검출된다 하더라도 검색을 체념치 말 것

⑤ 육안으로 식별할 수 없는 잠재지문이라도 회중전등 거울 같은 것을 이용하여 사광선, 반사광선을 비추어 봄으로서 육안으로도 지문의 존재가 식별되는 것이 있다.

(2) 증거보전 조치

현장지문은 그 채취장소 및 채취물과의 관련성을 명확하게 해 두지 않으면 증거자료로서의 가치가 없게 된다. 그러므로 현장지문채취 시에는 그 지문이 범죄현장에서 채취한 것임을 명확히 하기 위하여 다음과 같은 조치를 해 두어야 한다.

① **참여인에 의한 확인** : 현장지문을 발견한 때에는 채취하기 전에 그 지문을 참여인(입회인)에게 확인시켜 두어야 한다.

② **사진촬영** : 현장지문을 발견한 때는 인상개소를 명확히 해 두기 위하여 채취에 앞서 사진을 촬영하여야 한다. 사진촬영 시는 현장지문을 검출한 물건에 사건명, 사건발생 연월일, 피해자, 채취 연월일, 입회인 성명, 채취자 성명을 기재한 표찰을 첨부하여야 하며, 동일한 물건, 장소에서 수개의 지문을 검출하였을 때에는 지문에 번호를 매긴 후에 촬영하도록 한다.

③ **지문채취시의 조치** : 전사판에 현장지문을 채취할 경우 지문주위에 검체의 특징이 현출되었을 때에는 그것도 전사판으로 전사해 둠으로써 채취한 현장지문과 검체의 연결이 이루어지게 하여 증거력 보전에 기여토록 한다. 전사지 뒷면 또는 지문채취 카드에 사건명, 채취 연월일시, 장소, 참여인의 성명, 채취자의 소속 성명 등을 기입해 두어야 한다.

④ **채취보고서의 작성** : 현장지문을 채취하였으면 채취보고서를 작성한다. 채취한 현장지문과 사건 및 채취장소와의 관련을 명확하게 함을 목적으로 한 것이다. 이러한 것은 지문에만 한하는 것이 아니고 현장자료를 채취한 경우에는 전부 필요한 것인 바, 지문 자료에 대해서는 특히 다음 사항에 유의하여 보고서를 작성하여야 한다.

㉠ 채취한 현장지문에 대해서 전부 일련번호를 매긴 다음 현장 채취도를 첨부하여 여기에 번호를 기입해서 어떤 지문이 어떤 개소에서 채취되었는가를 명확히 해둘 것.

㉡ 사진촬영을 하지 않고 채취한 것은 채취물건, 장소를 입체적인 도표로 작성하여 지문의 인상 위치, 지두의 방향(상태)에 대해서도 명확히 해둘 것.

7. 현장지문의 채취방법

(1) 현재지문의 채취법

① 먼지지문의 채취법

㉠ 사진촬영에 의한 방법

㉡ 전사판(젤라틴 용지)에 의한 채취방법

㉢ 실리콘러버에 의한 채취방법

② 혈액으로 인상된 지문의 채취

㉠ 사진촬영에 의한 방법

㉡ 전사판에 의한 채취방법

(2) 잠재지문의 채취법

잠재지문을 채취할 때에는 먼저 그것을 육안으로 식별할 수 있도록 한 다음에 사진촬영 또는 전사판에 전사채취하는 것으로서, 채취에 있어서는 먼저 지문이 인상되어 있는 물체의 성질과 채취시의 상태를 고려하여 어떠한 방법에 의하여 채취하는 것이 가장 확실하겠는가를 검토한 후 착수할 필요가 있다. 잠재지문의 검출방법으로는 고체법, 액체법, 기체법, 강력순간접착제법, 오스믹산(酸) 용액법 등이 있다. 잠재지문을 발견하기 위하여 자외선을 사용하는 경우 단파의 자외선은 눈과 피부에 해롭기 때문에 장파의 자외선을 이용한다.

(가) 고체법

고체 법은 분말법이라고도 하며 미세한 분말을 지문이 인상되었다고 생각되는 물체에 도포해서 분비물에 부착시켜서 잠재지문을 검출하는 방법으로 주로 표면이 비교적 평편하고 매끄러우며 경질의 물체 상에 유류된 잠재지문을 채취하는데 가장 적당한 방법이다.

① **분말의 종류와 적응물체** : 분말의 종류는 다양하지만 일반적으로 사용하는 것으로서 은색분말(알미늄 분말), 흑색분말, 적색분말이 있는데, 분말은 검체(지문이 부착된 검사 대상 물체)의 색깔과 반대되는 분말을 사용해야 잠재지문이 더욱더 선명하게 보인다.

㉠ **은색분말** : 유리, 도자기, 가구류(니스 칠, 락카 칠), 플라스틱류, 금속류, 초자류 등 대체로 경질의 것, 어두운 색조의 검체

㉡ **흑색분말** : 유리, 도자기, 가구류(니스칠, 락카칠), 프라스틱류, 금속류, 초자류 등 종류로 밝은 색조의 검체

㉢ **적색분말** : 유리, 도자기, 가구류(니스칠, 락카칠), 프라스틱류, 금속류, 초자류 등 종류로 황・청색의 검체

② **분말을 부착시키는 방법** : 분말을 적당한 용기에 덜은 후 분말을 모필 끝에 묻혀 한두 번 가볍게 털어 여분의 분말을 떨구고 검체의 한쪽으로부터 주의 깊게 가볍게 쓸면서 잠재지문을 검출한다. 지문이 검출되면 지문 융선의 흐르는 방향에 따라서 모필을 움직일 것이며 융선과 융선 사이에 묻어 있는 여분의 분말을 다른 솔로 털어버린다. 한 번에 많은 양의 분말을 도포하여 선명히 검출할 수 있는 지문을 분말과다로 인한 불선명한 지문이 되지 않도록 주의한다.

㉠ **쇄모법** : 일반적 사용, 붓을 이용하여 분말을 물체위에 바르는 방법

㉡ **롤법** : 물체위에 분말을 뿌린 후 물체를 기울이거나 돌리거나 하는 방법으로 분말을 물체 전면에 닿게 하는 방법

㉢ **분사법** : 분말용 분무기를 사용하여 분말을 뿜는 방법

③ **전사방법**(전사판 및 실리콘러버) : 검출된 지문은 전사판 또는 실리콘러버로 전사채취 하되, 전사 전에 필히 사진촬영 하도록 한다.

㉠ **전사판(젤라틴지)에 의한 전사방법**

ⓐ 전사판은 평면체로부터 검출된 지문채취에 사용한다.

ⓑ 전사판의 대지를 베낀 다음 접착 면을 지문이 검출된 부분에 기포가 들어가지 않도록 한쪽 끝에서부터 가만히 덮은 후

ⓒ 지문이 확실히 전사되도록 밀리지 않게 여러 번 문지른 다음 전사판을 한쪽으로부터 벗겨내고

ⓓ 전사판은 인상방향을 판단할 수 있도록 오른쪽 윗부분 모서리를 가위로 자른다.

ⓔ 전사 후 전사판의 뒷면에는 각 장마다 일련번호 등을 기입하고, 전술한 바와 같이 채취장소 등을 명백히 하여 입증조치를 강구해 두어야 한다.

㉡ **실리콘러버에 의한 전사방법** : 실리콘러버는 검체가 구면체 또는 요철함체일 때에 사용되며 주로 부패한 변사체 지문채취 및 공구흔채취에 사용된다. (실리콘러버 세트 : 실리콘러버, 경화제, 플라스틱판, 대가지 주걱)

ⓐ 우선 실리콘러버에 경화제(가다리스트)를 혼합해서 덩어리가 지지 않도록 잘 휘저어서

ⓑ 검체가 철면체인 경우에는 기포가 들어가지 않도록 붓고

ⓒ 검체가 철면체 또는 구면체인 경우에는 적당한 종이에 주걱으로 눌러서 검체의 한쪽으로부터 기포가 들어가지 않도록 가만히 눌러 붙여 실리콘러버가 굳어진 후에 가만히 떼어낸다.

ⓓ 실리콘러버는 흑색과 백색의 두 종류가 있으나 주로 흑색을 사용하고 있으며 실리콘러버에 경화제를 혼합한 후 10분 정도면 굳는다.

ⓔ 변사지문을 채취한 실리콘러버에 합성수지 피막제액을 도포한 다음 굳은 후에 떼어내서 지문잉크를 바른 후 지문을 채취한다.

④ **채취상 유의사항**

㉠ 사용하는 분말은 그 종류를 불문하고 굳어서 덩어리가 지지 않도록 완전한 분말상태로 보존할 것

㉡ 검체가 열이 있거나 습기가 있는 경우에는 열을 식히거나 건조시킨 후 지문을 검출할 것(습기가 있는 경우 직접 불 또는 햇볕에 쬐이지 말고 음지나 헤어드라이어로 건조시킨 후 검출할 것)

㉢ 분말은 검체의 색과 반대되는 색을 사용하고, 전사판도 흑백 2종 중에서 사용한 분말의 색과 가급적 반대되는 색을 선정하여 사용할 것

㉣ 많은 분말을 일시에 도포하면 검체의 면이 오염되어 선명한 지문을 채취하기 곤란하므로 모필(붓)에 분말을 묻힐 때에는 소량의 분말을 묻히도록 할 것.

㉤ 전사판 접착 면에 손을 대면 지문이 인상되므로 주의할 것.

㉥ 전사판에 햇볕이나 열을 가하면 젤라틴이 녹는 경우가 있으므로 취급 및 보관에 주의할 것.

㉦ 모필에 심한 압력을 가하면 잠재지문이 손상되기 쉬워서 변형의 우려가 있고, 분말이 많이 몰려 묻어서 실패의 원인이 되니 주의할 것

⑤ **지문채취후의 조치**(환원방법)

㉠ 검체 및 물체에 부착된 분말 등 약품을 제거하여 소유자에 대한 예의를 갖춘다.

㉡ 분말을 사용한 검체는 중성 비눗물 또는 비눗물을 스폰지에 묻혀 닦으면 잘 지워진다.

(나) 액체법

액체법은 지두의 분비물중의 염분, 단백질 등에 화학적 반응을 일으켜서 지문을 검출하는 방법으로 닌히드린용액법과 초산은용액법이 있다.

① **닌히드린용액법** : 땀 속에 함유되어 있는 아미노산에 닌히드린을 작용시켜 자청색의 발색반응을 시키는 방법이다. 필요한 기재는 닌히드린용액, 스테인리스 용기, 전기다리미, 핀셋, 깔대기 등이다.

㉠ 적응물체 지류, 백색나무류

㉡ 시약의 작성 (닌히드린 0.5g을 100cc 아세톤에 용해시켜 아세톤 용액을 만든다)

㉢ 닌히드린용액을 스텐레스 용기에 부은 다음 잠재지문을 검출할 증거물(지류)을 적신 후 약 2분 경과되면 용액이 증발한다.

㉣ 닌히드린용액이 증발된 후 전기다리미로 약 2분간 가열하면 잠재지문이 검출된다.(검체를 태우지 않도록 주의할 것)

㉤ 지문이 검출되면 사진을 촬영한다.(전사채취방법이 없음)

㉥ 인화성이 강한 약품이므로 화기에 조심하여야 하며 닌히드린용액을 묻힌 다음 그 부분에 함부로 손을 대서는 안 된다.

㉦ 닌히드린용액을 차단된 병에 넣어 냉암소에 보관한다.

㉧ 볼펜, 매직잉크를 사용한 것에 닌히드린용액을 묻히면 글자가 흐려지므로 필적감정을 필요로 하는 것은 사진촬영을 함과 더불어 관계직원과 연락을 취해서 처리한다.

② **초산은용액법** : 초산은용액법은 손가락 끝에서 분비되는 염분과 작용시켜 태양광선에 쬐이므로 해서 자색으로 지문을 검출하는 방법이다. 필요한 기재는 초산은용액, 스테인레스용기, 핀셋, 깔대기 등이다.

㉠ **적응물체** : 지류, 백색나무류(협박서신 및 불온유인물의 잠재지문 검출에 많이 사용된다)

㉡ 시약의 작성 5g의 초산은을 100cc의 증류수에 용해시켜서 만든다.(동절기에는 초산은을 8g정도 사용)

㉢ 초산은용액을 스텐레스 용기에 부은 다음 잠재지문을 검출한 증거물(지류)을 적신 후 약 5~10분 경과되면 액체의 물방울이 건조된다.

㉣ 액체의 물방울이 건조되면 햇볕에 쪼인다. 쪼이는 시간은 일정치 않으나 약 3~4분 경과되면 지문이 현출된다. 육안에 의하여 지문현출이 식별되면 햇볕에 쪼이는 것을 중지하여야 한다.(용액이 묻은 부분에 함부로 손대지 말 것)

㉤ 지문이 검출되면 사진을 촬영한다.(전사채취방법이 없음)

㉥ 초산은용액이 피부나 의류에 묻지 않도록 주의하여야 한다.

㉦ 기재는 사용 후 물로 씻을 것이며 다른 약액을 사용하지 않는다.

㉧ 초산은은 일광에 약하므로 갈색 병에 넣어 냉암소에 보관한다.

③ **벤지딘 용액법** : 혈액으로 인상된 지문은 사진촬영, 특히 칼라 사진촬영에 의하는 것이 적당하며, (남)청색의 지문이 검출되면 이것을 사진 촬영한다.

④ **치오시안산용액법** : 치오시안산용액을 토사, 진흙, 먼지에 찍힌 불선명한 잠재지문의 검체에 분무하면 그곳에 있는 철분과 반응하여 적갈색으로 검출되며, 이 때 사진촬영을 한다.

(다) 기체법

① **옥도 가스에 의한 잠재지문 검출** : 기체법이란 옥도 가스를 사용하여 잠재지문(분비물)의 지방분에 작용시켜 다갈색으로 착색되어 지문을 검출하는 방법이다. 사용되는 기재는 옥도결정, 염화석탄(염화칼슘), 석면, 초자관(호발기) 등이다.

㉠ **적응물체** : 지류, 목류, 초자, 도자기류, 백벽 등

㉡ **사용방법** : 초자관(호발기) 안에 옥도결정과 염화석탄(염화칼슘)을 넣어 입으로 가볍게 입김을 불어서 옥도를 증발시켜 검체에 뿜으면 다갈색으로 착색되어 지문이 검출된다.

ⓐ 기체 법으로 검출된 지문은 옥도의 승화에 따라 퇴색되므로 신속히 사진 촬영한다(전사채취 방법이 없음).

ⓑ 만약 퇴색 소멸된 경우 옥도 가스를 뿜으면 몇 번이라도 검출할 수 있다.

ⓒ 지문이 검출되지 않더라도 다른 방법으로 지문 검출하는데 영향을 미치지 않는 것이 특징이다

ⓓ 옥도 가스는 눈, 코, 목구멍 등을 자극하므로 통풍에 주의할 것이며 입김을 불 때 호흡하는 일이 없도록 주의할 것

ⓔ 은색분말(알루미늄 분말)과 동일한 장소에 보관치 말 것.(진동에 의하여 옥도와 알루미늄 분말이 혼합되면 열이 발생할 위험이 있음)

(라) 강력순간접착제법

강력순간접착제법은 본드의 증기에 의한 화학적 반응을 일으켜서 잠재지문을 검출하는 방법이다. 필요한 기재는 유리시험관(뚜껑 있는 것), 강력순간접착제(일명 강력본드), 철사옷걸이, 은박지, 철사, 신분증 패용집게 등이다.

① **잠재지문검출** : 유리시험관 바닥에 은박지를 깔고 강력순간접착제를 약 2g정도 떨어뜨린 다음 검체를 시험관에 매달고 밀봉하여두면 증기가 발생하여 지문(분비물)속에 함유되어 있는 염분, 지방분, 단백질 등과 화학반응을 일으키면서 백색으로 지문이 검출 된다.

② **잠재지문채취 대상물체**

㉠ 목재류 : 티크합판, 나무 류

㉡ 지류 : 명함, 우유 통, 티슈, 화장지, 종이컵, 담배 갑, 메모지, 셀로판지

㉢ 철제류 : 스텐리스 그릇, 총기

㉣ 초자류 : 유리, 사이다병, 맥주병, 백미러, 약병

㉤ 피혁류 : 흑색 가죽

㉥ 플라스틱류 : 전화기, 유산균 음료수통, 우유통, 플라스틱 컵

㉦ 비닐류 : 청색, 흑색, 녹색, 백색 및 투명비닐

㉧ 알루미늄류 : 쥬스캔, 청량음료캔 등

㉨ 기타 : 스티로폼, 은박지, 사과, 감, 나뭇잎

③ **채취방법**

㉠ 유리시험관 양쪽에 옷걸이를 붙인 다음 철사로 검체를 걸어놓을 수 있는 받침대를 만들어 걸어 놓는다.

㉡ 유리시험관 바닥에 알루미늄 은박지를 깔고 잠재지문을 현출할 검체량에 따라 작은 유리병은 강력순간접착제 8~10방울, 큰 유리병은 30~40방울(2~3g)을 골고루 떨어뜨린다.

㉢ 다음에 잠재지문이 있을 것이라고 생각되는 증거물을 유리병 안 받침대 철사에 매단 다음 유리병 덮개를 닫고 공기가 차단되도록 밀봉을 한다.(밀봉은 스카치테이프로 붙이면 된다.)

㉣ 검체를 빽빽하게 넣거나 서로 닿게 넣으면 안 되고 또 유리병에 접촉되지 않게 떼어놓아야 한다.

㉤ 잠재지문 현출에는 검체에 따라 차이가 있으나 2시간에서 수일 걸리는 것이 있으므로 시간마다 정기적으로 점검하여야 한다.

㉥ 잠재지문의 융선은 백색으로 현출되며 육안식별도 가능할 뿐 아니라 검체가 구면체로서 지문의 사진촬영이 곤란할 시에는 분말을 도포하여 전사판으로도 선명한 잠재지문을 채취할 수 있다.

㉦ 여러 번 사용하면 유리병 안에 하얀 꺼풀(박막)이 붙어 이를 닦지 않으면 두꺼워지고 "김 쐬는" 효력이 감소되므로 아세톤이나 더운물로 수세미질하면 잘 닦인다.

④ 속성채취방법

㉠ 물 1ℓ에 가성소다 30g을 용해한 액에 탈지면을 포화상태로 적신 후 완전히 말린다.

㉡ 유리병 안 바닥에 철사로 된 받침 망(약솜이 바닥으로부터 1/2인치 받쳐져 있게 하는 5×2인치 크기의 철사 망을 만든다)위에 전시 가성소다 처리를 한 탈지면 한 장(5×2인치 크기의 정도)을 올려놓고, 잠재지문이 있을 것이라고 생각되는 증거물을 유리병 안, 받침대 철사에 매단 다음 약 2~3g의 강력순간접착제를 탈지면에 골고루 떨어뜨린다.

㉢ 다음에 곧바로 유리병 덮개를 닫고 공기가 차단되도록 밀봉을 한다.(밀봉은 스카치테이프로 붙이면 된다)

㉣ 이때부터 흰 연기가 탈지면에서 일기 시작하여 1분 내지 1분 30초간 계속 연기가 유리병에 차는 것을 볼 수 있다. 잠재지문이 현출되는 소요시간은 연기의 농도에 따라 다르지만 빠른 것은 1시간 후면 발견할 수 있다.

㉤ 강력순간접착제의 훈증을 쏘여 나타나는 지문 융선은 백색으로서 아주 선명하게 나타나며 육안식별도 가능하다.

(마) 오스믹산 용액법

오스믹산 용액법은 오스믹토의 증기에 의한 화학적 반응을 일으켜서 잠재지문을 검출하는 방법이다. 필요한 기재는 유리시험관(뚜껑이 있는 것), 오스믹산 1g(OSMIN ACID)는 캡슐에 1g이 들어있는 것으로서 화공약품상에서 구입), 염화탄소, 증류수, 뚜껑 있는 컵(사용하지 않을 때 보관용), 철사옷걸이, 철사, 신분증 패용집게 등이다.

① **오스믹산 용액의 제조** : 오스믹산 1g과 사염화탄소 40cc, 증류수 100cc를 몇 분간 혼합하여 오스믹산 용액을 만든 후 컵에 옮긴다.(보관에 용이하도록 뚜껑 있는 컵을 사용한다.)

② **잠재지문검출 및 재취방법**

㉠ 유리시험관 바닥에 오스믹산 용액이 든 컵을 넣은 다음 잠재지문이 있을 것이라고 생각되는 증거물들을 시험병 안 받침대 철사에 매단 다음 시험 병 덮개를 닫고 공기가 차단되도록 밀봉을 한다. (밀봉은 스카치테이프로 붙이면 된다.)

㉡ 잠재지문이 현출되는 시간은 물체에 따라 차이가 있으나 보통 2시간에서 24시간 전후 또는 수일이 걸리는 것이 있으므로 시간마다 정기적으로 점검하여야 한다.

㉢ 오스믹산 용액 법은 강력순간접착제법과는 반대로 지문 융선이 흑색으로 나타난다. 이 방법에서도 검체가 구면체로서 지문의 사진촬영이 곤란할 시에는 분말을 도포하여 전사판으로 선명한 잠재지문을 채취할 수 있다.

(4) 강력순간접착제 및 오스믹산용액법의 장 · 단점

(가) 장 점

고체법(분말법), 액체법 및 기체법으로 지문현출이 불가능한 다음 물체에서 지문현출이 가능하며, 일단 현출된 지문은 장기간 소멸되지 않는다.

① 습기 있는 지류
② 장기간 경과된 지문
③ 화장지류, 과실류, 각종 테이프류
④ 피혁류, 스치로폴류, 나뭇잎 등

(나) 단 점

유리시험관에 넣을 수 없는 대형 물체에 부착된 지문은 본 방법으로 지문 현출 불가.

Ⅸ. 기타 잠재지문 채취방법

1. 진공금속지문채취법

(1) 의의

진공금속지문채취기(VMD)를 이용하여 증거물을 장비의 진공 통에 넣고 진공상태에서 금과 아연을 증발시켜 증거물에 입힘으로 지문을 검출하는 것이다. 강력접착제보다 효과가 크고 오래된 지문도 현출이 가능하다.

(2) 물체

매끈하고 흡수성이 없는 표면, 폴리에스테르 재질의 플라스틱류, 카메라 필름이나 사진, 매끈한 천, 가죽, 비닐, 고무 등

2. 화염법

(1) 의의

연소에 의해 생긴 그을음을 잠재지문에 부착시켜 검출하고 사진촬영 또는 전사하여 채취하는 것이다.

(2) 물체

금속 등 타지 않는 물체의 잠재지문 채취에 효과적이다.

3. 실리콘러버법

(1) 의의

검체가 구면체 또는 요철면일 때 적당한 방법으로 실리콘러버를 눌러 붙여서 굳으면 떼어내 지문잉크를 바른 후 전사법으로 지문을 채취하는 것이다.

(2) 물체

부패한 변사체의 지문, 공구흔, 치흔의 채취에 사용된다.

(3) 사용방법

① 실리콘러버에 경화제인 가다리스트를 혼합해서 잘 저어서 기포가 생기지 않도록 한다.

② 검체가 구면체인 경우 주걱으로 눌러서 검체의 한쪽으로부터 기포가 생기지 않도록 눌러 붙인다.

③ 실리콘러버가 적당히 굳으면 가만히 떼어낸다.

④ 실리콘러버법만으로 완전히 지문이 끝난 것이 아니고 굳은 정상지문으로 환원하여(떼어낸 실리콘러버는 역지문임) 지문잉크를 바른 후 압날 한다.

4. 사진촬영에 의한 방법

(1) 의의

현재지문 및 선명하게 보이게 된 잠재지문의 채취에 사용된다. 육안으로 식별되지 않더라도 회중전등 등의 사광선을 비춰봄으로서 관찰할 수 있다.

(2) 종류

① **형광촬영법** : 유지나 형광제가 묻은 손에 의하여 인상된 잠재지문은 형광 촬영한다. 단, 오목이 명료한 유지문, 먼지지문의 경우는 사광선을 이용하여 촬영하면 효과적이다.

② **자외선촬영법** : 유지(油脂)에 의해 인상된 지문 촬영시 사용된다.

③ **적외선촬영법** : 먼지가 조금 묻은 손에 의해 찍힌 지문은 적외선 필름 및 필터를 사용하여 촬영한다.

(3) SL-350

육안으로 식별하기 힘든 지문을 보다 선명하고 뚜렷하게 채취하기 위한 장비로 가변광선을 이용하여 현장에서 쉽게 지문을 채취할 수 있게 하는 휴대가 간편한 장비이다.

Ⅹ. 복식검출법

1. 의의

복식검출법은 2가지 이상의 채취방법을 혼합하여 채취하는 방법으로 검체에 대한 지문의 손상이 적은 방법부터 먼저 사용한다.

2. 순서

광선이용법 → 기체법 → 고체법 → 닌히드린용액법 → 초산은용액법

Ⅺ. 지문의 채취요령

1. 피의자 등 생체지문 채취 방법

① 지문을 찍기 전에 먼저 비눗물로 깨끗이 닦아서 지문융선 고랑사이의 땀, 먼지, 불순물 등을 제거한 후 손에 습기가 남아있지 않도록 마른 수건으로 닦음

② 각 손가락 지문에 지문잉크를 적당히 칠하여 선명하게 채취하여야 한다. (※지문잉크를 과도하게 칠하면 지문융선이 불선명하여 융선 수와 특징모양에 착오)

③ 각 손가락을 180도 이상 회전하여 양쪽 각이 모두 나타나도록 채취한다. (※제상문・와상문 모두 분류기준으로 사용되므로)

④ 회전채취를 하면서 지두에 너무 힘을 주어 누르면, 융선 수, 특징모양이 달라지므로 힘주지 말고 자연스럽게 찍는다.

⑤ 회전지문을 채취한 다음 평면채취를 하며, 이때 재차 손가락에 지문잉크를 적당히 칠하여 회전하지 않고 채취한다.

⑥ 수사자료 표나 신원조회용지 위 칸에는 왼손 둘째손가락・셋째손가락・넷째 손가락・다섯째손가락・첫째손가락 순서로 찍고 아래 칸에는 오른손 둘째손가락・셋째손가락・넷째손가락・다섯째손가락・첫째손가락 순서대로 찍는다.

⑦ 각 손가락 지문의 찍는 순서를 바꾸면 전과가 10범인 사람도 발견되지 않을 뿐 아니라 신원확인도 불가능하다.

⑧ 손가락 끝마디 절단, 손상 등 사유로 지문채취가 불가능 할 때에는 해당란에 그 사유를 기재한다.

2. 타살체 등 시체지문 채취 방법

① 신원불상 변사자(행려병사자, 익사자, 교통사고사망자, 자・타살 혐의 변사자 등)의 지문은 사람이 죽은 뒤 신체의 생리활동 중단으로 지문융선 고랑 사이의 불순물 등이 굳어져 있어 물로 닦은 경우 잘 닦아지지 않으므로 알코올 등을 이용하여 불순물을 제거한 후 채취한다.

② 변사자의 손가락이 오래되어 건조 또는 부패되었거나 화상으로 오므라들었을 경우는 실리콘과 피부형성제를 이용하여 변사자의 지문을 채취하면 효과적이며 그 외 지문별 배열순서 등은 생체지문 채취법과 동일하다.

(1) 지문잉크 이용 채취법

① 사후 얼마 안 된 시체에 대하여는 손가락을 알코올로 닦아낸 뒤 롤러로 지문잉크를 골고루 바르거나 스탬프 지문잉크 또는 유리판 위에 지문잉크를 골고루 묻혀 이를 시체 손가락에 묻힌다.

② 부패된 시체의 표피에 의한 채취시

㉠ 습기 또는 건조로 인하여 부패된 손가락(표피 또는 속살지문)을 에틸알코올 등의 약품에 담가 불린 다음 화장지로 습기를 제거하고

㉡ 표피를 엄지손가락에 끼고 스폰지를 이용하여 부패된 표피가 뭉그러지지 않도록 살살 눌러가며 조심스럽게 지문잉크를 묻힌 뒤

㉢ 얇은 습자지를 손바닥 또는 약솜 등 푹신한 곳에 대고 2~3회 찍은 뒤 채취가 잘된 지문을 골라 신원 조회용지에 지별 순서대로 오려 붙인다.

(2) 실리콘러버 이용 채취법

① 시체의 손가락을 알코올 등으로 닦아낸 뒤 실리콘러버에 5~10%의 경화제를 덩어리가 지지 않도록 30초 정도 골고루 섞는다.

② 시체의 손가락에 기포가 들어가지 않도록 잘 섞어진 실리콘을 가만히 눌러붙여 약 5분 정도 굳어진 후에 새겨진 지문융선 모양이 변하지 않도록 조심스럽게 떼어낸다.

③ 실리콘러버는 흑색과 백색의 두 종류가 있으나 흑색을 사용하는 것이 채취된 실리콘지문을 사진 촬영하게 되면 지문융선 및 특징이 잘 보인다.

④ 벗긴 실리콘 피막에 지문잉크를 발라 채취하거나 또는 지문이 새겨진 실리콘 위에 탈크분을 엷게 발라 지문신원조회 용지에 지별 순서대로 배열 의뢰하면 접사 링을 이용, 사진 촬영하여 대조하게 된다.

(3) 피부형성제 이용 채취법

① 시체의 손가락은 시일이 경과하면 탈수되어 탄력이 없고 쭈글쭈글 하게 된다. 이러한 시체의 지문을 채취코자 할 때 그대로 손가락에 지문잉크를 칠하여 채취하면 잉크자체가 고루 묻지 않아 선명한 지문을 채취할 수 없다.

② 손가락이나 발가락의 융선이 선명히 나타나게 채취하려면 융선이 있는 표피를 마치 살아있는 사람의 손가락 같이 그대로 펴서 채취하여야 되는데 이때 사용되는 약품이 피부형성제이다. 피부형성제는 시체의 손가락이 너무 부패하였거나 지나치게 탈수해서 건조되어 있는 손가락에는 사용해도 별 효과가 없다.

③ 채취방법은 주사기를 이용하여 피부형성제를 각 손가락의 피하에 주사한다. 이 용액은 주사 후 습기와 접촉 고형질인 섬유물질을 형성하여 건조된 피부를 평평해지게 한다.

④ 평평해진 손가락 피하에 주사하기 전에 우선 알코올 등으로 시체의 손가락을 깨끗이 닦아 융선 고랑 사이의 이물질을 제거한 뒤 지문잉크를 고루 발라 채취한다.

⑤ 손가락 피하에 주사바늘을 찌를 때에는 손가락의 첫 관절 마디 밑이나 손가락 끝에다 서서히 주사한다. 즉 손가락의 불룩한 부위를 피해서 주사하면 형성제 투입시 용액이 흐르는 것을 방지할 수 있다.

XII. 지문채취용 시약

1. 접착면에 유류된 지문을 채취하는 시약

① 스티키 사이드 파우더(Stiky-side Power)

② 어드헤시브 사이더 파우더(Adhesive-side Power)

③ 테입글루(Tape-glow)

④ 크리스탈 바이올렛(Crystal Violet0

⑤ 젠티안 바이올렛(Gentian Violet)

⑥ 에멀젼 블랙(Emulsion)

2. 육안관찰이 안 되는 혈흔 오염 지문 채취

아미도 블랙(Amido Black)

3. 감열지, 감압지, 은행번호표, FAX 용지

① 자석분말법

② 아이오딘 기체법

③ 오스믹산용액법

④ 초산은용액법

4. 비닐류의 지문 채취용 시약

① CA법(강력순간접착제법)

② 베이직 옐로(Basic Yellow

③ SPR(Small Particle Reagent) - 습기 있는 유리 컵, 차량 표면에 효과적이다.

5. 젖은 지류에 유류된 지문 채취용 시약

피지컬 디벨로퍼(Physical Developer)

6. 물에 젖은 유리컵에 대한 지문채취법

① 말린 후 강력순간접착제법을 실시하고 흑색분말로 채취한다.

② SPR을 사용하여 지문을 채취한다.(물기를 말리지 않아도 된다.)

※ Un-du는 지문채취용 시약은 아니나, 접착면을 종이 등 흡수성 물질로부터 분리하는 시약이다.

XIII. 수사자료표 작성

1. 수사자료표의 의의

수사자료표라 함은 수사기관이 피의자의 지문을 채취하고 필요한 사항(피의자의 인적사항, 죄명, 입건관서, 입건일자, 처분・선고결과 등)을 기재한 표로서 경찰청에서 관리하는 것을 말하며, 컴퓨터 조회상으로는 범죄경력조회와 수사자료조회로 구분 표시되고 있다.

2. 법적 근거

① 형의실효등에관한법률 제5조(수사자료표)

② 형의실효등에관한법률 시행령 제2조(수사자료표)・제6조(수사자료표를 작성할 사법경찰관)

③ 지문을채취할형사피의자의범위에관한규칙(법무부령) 제2조(지문을 채취할 피의자의 범위)

④ 지문및수사자료표등에관한규칙(경찰청 훈령) 제4조(수사자료표의 작성대상)

3. 수사자료표 작성 대상

다음 기재 대상자를 제외한 모든 입건피의자에 대하여 작성함을 원칙으로 한다.

① 즉결심판대상자 및 즉결심판에 불복 정식 재판한 피고인

② 고소·고발 사건 중 불기소처분(혐의 없음, 공소권 없음, 죄안됨, 각하, 참고인중지) 사유에 해당하는 사건의 피의자 ※ 경찰 불기소 의견으로 검찰 송치 후 '기소'피의자는 검찰에서 작성한다.

③ 단순 물적 피해 사고로 피해자와 합의하였거나 공제조합 또는 종합보험에 가입된 자로서 공소권 없음으로 처리할 사건의 피의자

④ 형사미성년자인 피의자

4. 작성시 유의사항

① 수사자료표는 입건피의자에 대하여 빠짐없이 사건취급 사법경찰관리가 직접 작성한다.

㉠ 피의자가 주민등록증을 소지한 경우 : 주민등록증의 사진과 주민등록증 후면의 지문을 대조 본인여부를 철저히 확인 후 별지 제1호 서식에 의해 주민등록증에 기재된 인적사항을 기재한다.

㉡ 피의자가 주민등록 미발급자(미소지 포함)·외국인등 신원이 확인되지 않는 경우와 컴퓨터 주민조회 시 지문가치번호가 ○○○○○-○○○○○번인 경우에는 반드시 별지 제2호 서식에 의거 수사자료표를 작성하고 반드시 십지지문원지를 작성한다. ※ 수사자료표의 우수무지만으로는 신원확인 불가

㉢ 주민등록증 이외 다른 증명서는 본인여부 확인 자료가 되지 않는다. ex) 호적, 주민등록등(초)본, 운전면허증, 기타 지문이 없는 신분증

② 수사자료표상 인적사항 기재시 피의자가 불러주는 대로 기재하는 일이 없도록 하여야 한다.

③ 피의자 상호간(예 : 공범피의자 등) 지문을 바꾸어 채취하는 예가 없도록 해야 한다.

④ 수사자료표를 이중 작성하는 사례가 없도록 하여야 한다. ※ 관할기관 수사이첩시 작성유무 확인통보 및 이첩사건 작성시 전과조회 확인

⑤ 기소중지 재기사건 수사시 수사자료표 작성 유무를 필히 확인, 미작성 또는 이중 작성 사례 없도록 해야 한다.

6. 지문을 직접 채취할 대상 및 채취 요령(지문을 채취할 형사피의자의범위에 관한 규칙)

(1) 수사자료표 우수무지란에 피의자의 지문을 직접 채취 대상

① 형법 외 41개 법률위반 피의자는 피의자로부터 직접 지문을 채취한다.

• 영해및접속수역법	• 국민투표법
• 공직선거및선거부정방지법	• 변호사법
• 출입국관리법	• 여권법
• 집회및시위에관한법률	• 총포·도검·화약류등단속법
• 밀항단속법	• 항공기운항안전법
• 국가보안법	• 반국가행위자의처벌에관한특별조치법
• 국내재산도피방지법	• 사회보호법
• 보안관찰법	• 보건범죄단속에관한특별조치법
• 폭력행위등처벌에관한법률	• 특정범죄가중처벌등에관한법률

- 특정경제범죄가중처벌등에관한법률
- 방위사업법
- 해군기지법
- 군용항공기지법
- 군사기밀보호법
- 군형법
- 문화재보호법
- 약사법
- 향정신성의약품관리법
- 산림법
- 전파법
- 관세법
- 외국환거래법
- 군사시설보호법
- 방어해면법
- 군용전기통신법
- 군용물등범죄에관한특별조치법
- 계엄법
- 의료법
- 마약법
- 대마관리법
- 노동조합및노동관계조정법
- 조세범처벌법

② 형법 외 41개 법률위반 이외의 법률위반 피의자로서 직접 지문채취 대상이 아닌 피의자라도 다음의 경우에는 피의자로부터 직접 지문을 채취한다.

㉠ 피의자가 그 신원을 증명하는 자료를 제시하지 아니하거나 제시하지 못하는 때

※ 신원을 증명하는 자료라 함은 "주민등록증"을 말하고, 그 이외의 증명(예 : 운전면허증, 지문이 없는 주민등록 등·초본)은 신원을 증명하는 자료가 되지 아니한다.

㉡ 피의자가 제시한 자료에 의하여 피의자의 신원을 확인하기 어려운 때

※ 피의자의 신원을 확인하기 어려운 때라 함은 피의자가 주민등록증을 제시한 경우라도 주민등록증 후면 지문의 융선이나 양각이 현출되지 않아 지문에 의한 신원확인이 불가능 한 때를 말한다.

㉢ 피의자를 구속하는 때

㉣ 수사상 특히 필요하다고 인정하여 피의자의 동의를 얻은 때

(2) 수사자료표에 우수무지를 직접 지문채취를 하지 않고, 피의자가 제시하는 주민등록증 후면의 지문을 복사하는 경우

지문채취대상법률과 형법 등 42개 법률위반 이외의 법률위반 피의자로서 주민등록증을 소지하고 위 ② 가, 나, 다, 라의 각호에 해당하지 않는 자는 피의자가 제시하는 주민등록증 후면의 지문을 복사하여 수사자료표의 우수무지란에 붙인다. 단, 복사한 주민등록증 후면의 지문이 상태 불량하여 지문대조가 불가능한 경우 직접 채취

(3) 지문 채취 순위

① 오른손 첫째손가락 채취를 원칙으로 하되, 오른손 첫째 손가락이 절단되었을 경우는 다른 손가락 중 융선이 가장 선명한 손가락의 지문을 채취하고 수사자료표 상단에 기재된 "오른쪽 첫째손가락"에 두 줄로 그어 삭제한 후 실제 채취한 해당 손가락의 명칭을 기재한다.

② 십지지문 채취 시 손가락 절단 등으로 채취할 수 없는 때에는 미채취(절단, 부상 등) 사유와 절단 등의 시기를 기재한다.

(4) 지문채취 요령

① 지문채취 전 조치 사항

㉠ 손을 깨끗이 닦는다.

㉡ 수분(땀)을 완전히 제거

㉢ 무좀이나 기타 피부질환으로 허물이나 물집이 생겼을 때에는 핀셋트 등으로 꺼풀을 완전히 제거하여 융선을 현출시킨다.

② 지문채취시 유의사항

㉠ 지문잉크를 고르게 칠한다.

㉡ 잉크를 칠한 부분에 먼지 등 오물이 부착하지 않았는가를 확인한다.

㉢ 압날 하기 전에 지문의 문양, 각의 위치 등을 확인하고 양각이 현출되도록 회전 압날한다.

㉣ 지두에 힘을 주지 않도록 하며 자연스러운 상태로 채취한다(너무 힘을 가하면 융선의 특징과 거리가 멀어진다).

㉤ 평면 압날 시는 가급적(손가락 전체가) 현출되도록 채취한다.

㉥ 지문채취 순서는 수사자료 표 서식 제2호 양식에 있는 순서대로 왼손가락회전지문 - 둘째, 셋째, 넷째, 다섯째, 첫째(엄지)손가락 채취한 다음 오른손손가락회전지문 - 둘째, 셋째, 넷째, 다섯째, 첫째(엄지)손가락 채취한다. (손가락 채취 순서가 바뀌면 신원확인 불가능)

㉦ 지두절단 및 손상 또는 기타의 사유로 지문채취가 불가능한 때는 해당란에 그 사유(절단, 부상 등)와 절단 등의 시기를 기재해야 한다.

제6절 족흔적의 감식

Ⅰ. 족흔적의 개관

1. 족흔적 감식의 의의

(1) 개념

수사상 족흔적이라고 말하는 것은 범인이 범죄현장에 남겨 놓고 간 보행흔적은 물론 기타 광범위하게 범인이 사용했던 자동차, 자전거 등의 차윤적 및 공구흔적 등 까지 포함시키는 것으로, 족흔적이란 범죄현장, 범인의 대기 장소, 기타의 장소에서 피의자가 유류한 것으로 추정되는 족적, 타이어흔, 공구흔, 기타 흔적 등을 포함하는 넓은 의미로 사용된다.

(2) 중요성

족흔적은 형, 모양 등이 같아 보이는 것이라도 상세히 검사하면 전부 동일하지 않기 때문에 족흔적의 형상, 마멸 결손의 상태 등의 특징이 각각 다르고, 이동의 식별이 되는 것이므로 범인을 색출하는 자료로 하고 있으며 또한 피의자와 범죄현장을 결부시키는 증거로 해서 범죄수사상 매우 중요하게 다루어지고 있는 것이다.

(3) Locard의 원리

프랑스의 법의학자 로카르드 교수의 Locard원리는 모든 사물은 접촉할 때 반드시 흔적을 남긴다는 원리로서 수사에 많이 활용되고 있다. 그러나 족흔적만으로 범인을 특정할 수는 없다.

Ⅱ. 족흔적의 종류

1. 인상물체에 의한 분류

(1) 족 적

족문, 맨발 및 신발(양말포함), 구두흔 등이 있는데 보행에 의해서 인상된 흔적이다.

(2) 타이어 흔

자동차, 자전거, 오토바이 등 “타이어”에 의해서 인상된 흔적이다. 타이어의 모양이나 윤간거리 축간거리 등의 조사로 차의 진행방향, 차종, 대략적 사고 경위 등을 추정할 수 있다

(3) 공구 흔

빠루, 벤치, 드라이버, 도검류 기타 공구에 의해서 인상된 흔적이다.

(4) 기타 흔적

치아, 장갑 등에 의해서 인상된 흔적 및 자동차 등의 접촉에 의해서 인상된 찰과 흔적이나, 유리. 고무. 나무 기타 물건의 절단시 절단면에 생기는 줄흔, 우마의 족흔 등.

2. 인상상태에 의한 분류

족흔적은 인상형태에 의해서 다음과 같이 구분된다.

(1) 입체 족흔적

토사, 적설 등에 입체적으로 인상된 족흔적이다.

(2) 평면 족흔적

종이, 포목, 판자, "아스팔트" 등의 평면에 인상된 족흔적이다. 또한 평면 족흔적은 그 인상상태에 의해서 다음의 둘로 구분된다.

3. 인상형태에 의한 분류

(1) 현재 족흔적

육안으로 용이하게 알아볼 수 있는 족흔적이며, 혈액, 기름, 흙이나 모래 등에 의해서 인상된 것이다.

(2) 잠재 족흔적

통상의 상태로는 육안으로 알아 볼 수 없는 족흔적이다.

4. 족흔적에 속하지 않는 것

이에는 지문, 탄흔, 인영, 필적이 있다.

Ⅲ. 족흔적의 검색 및 보존방법

1. 검색시 착안점

① 범행현장의 출입구, 물색장소, 도주로의 바깥, 집주위 등

② 금고, 창틀, 출입문 가구 등에서 공구흔, 장갑흔을 검색한다.

③ 족흔적이 보이지 않더라도 사광선을 이용하여 발견에 노력하여야 한다.

2. 검색방법

① **사광선 이용** : 사광선이란 빛을 비스듬히 비춰보는 것으로 토사, 먼지 등의 미세한 융기부분에 유류된 족흔적을 발견하는데 효과적이다.

② **정전기발생장치의 이용** : 방바닥, 마루바닥, 방석, 의자커버, 이불 위, 융단 등에 인상된 잠재족적을 정전기 발생장치를 이용하여 검색하는 것이다.

Ⅳ. 족흔적의 채취방법

1. 사진촬영법

① 입체흔, 평면흔 등 모든 흔적은 우선 사진촬영 후 다른 방법을 병행하는 것이 원칙이다.

② 자나 담배갑을 놓고 아주 가까이에서 정밀하게 미세한 부분까지 촬영하여야 한다.

③ 사진촬영은 구역을 촬영한 후 근접촬영하고, 자외선이나 적외선을 이용한 촬영을 하기도 한다.

2. 석고 채취법

(1) 채취장소

모래, 진흙, 연토, 눈, 등에 입체 상태로 인상된 족흔적을 채취할 때 사용한다.

(2) 석고채취 순서

① 석고채취 틀을 족적 주위에 놓는다.

② 물 약900cc를 먼저 붓고 다음에 석고 1kg을 혼합하여 막대기로 젓는다. 젓는 중에 석고나 물을 추가로 넣어서는 안 된다. 눈 위에 족적 채취시 눈을 넣어도 괜찮다.

③ 석고액을 주입구를 통하여 주입한다. 경사진 곳에서는 주입구를 낮은 곳에서 만들어 석고가 낮은 곳에서 높은 곳으로 서서히 유입되도록 한다.

④ 보강재를 석고 액 중간에 넣는다.

⑤ 완전히 굳기 전에 석고액 배면에 사건명, 채취장소, 연월일시를 기재한다.

⑥ 떼어낸 후 건조시킨다.

⑦ 석고에 묻은 흙을 살짝 제거한다.

※ 경화촉진방법 : 혼화량을 적게, 교반시간을 길게, 수온을 높일수록, 약품, 식염, 유산가리 등을 석고량의 2% 정도 첨가

※ 경화지연방법 : 혼화량을 많게, 교반시간을 짧게, 수온을 낮출수록, 약품; 붕사 1%

3. 젤라틴전사법 - 평면 족흔적

① 나무판, 유리, 비닐장판, 마루바닥, 아스팔트, 콘크리트상의 평면 족흔적을 채취할 때 쓰이는 방법이다.

② 현재족흔적은 사진촬영 후 전사함이 원칙이다.

4. 실리콘러버법

① 실리콘에 촉매(경화제)를 혼합하여 가볍게 발라주어 구면체나 요철이 있는 검체에서 채취하는 방법이다.

② 도구흔, 치흔, 변사체의 지문을 채취할 때 많이 사용한다.

③ 기포가 생기지 않도록 한다.

5. 정전기채취법

① 이불 위, 돗자리, 담요, 방석, 의자커버 등 섬유류 위에 먼지로 인해 인상된 족흔적을 채취하는 것으로 정전기족흔적채취기를 이용한다.

② 채취기가 없을 때에는 셀룰로이드판, 젤라틴의 대지 등을 이용해 채취할 수 있다.

6. 진공압흔채취법

범죄현장 바닥에서 수집한 종이류 위에 족흔적 또는 사건관련 압필흔을 진공상태에서 정전기 현상을 이용해 채취하는 방법이다.

7. 희미한 혈흔족적 검출법

① 눈으로 잘 볼 수 없는 희미한 혈흔족적, 지문 등을 각종 시약을 사용하여 선명하게 발색시켜 채취하는 방법이다.

② 벤지딘시약, 무색 마라카이트 그린 시약, 오쏘톨리딘용액, 페놀프탈렌용액을 사용한다.

③ 벤지딘법을 이용하면 남청색으로 선명하게 현출된다.

8. 희미한 흙먼지흔 검출법

① 토사, 진흙 등의 철분이 함유되어 있는 물체에 의해 종이, 헝겊, 나무판 또는 장판 위에 희미하게 유류된 족흔적을 치오시안산염으로 발색시켜 채취하는 방법이다.

② 치오시안산염을 족흔적 인상면에 살포하면 적갈색으로 현출된다.

③ 치오시안산염은 철분과 민감한 반응을 일으키므로 혼합용기는 철제가 아닌 유리 제품 또는 폴리에틸렌제를 사용한다.

9. 수중의 족흔적 채취방법

수면보다 높은 틀을 이용하여 수면 위에서 석고분말을 떨어뜨리고 약 2%정도의 소금을 섞어서 경화를 촉진시켜 채취한다.

Ⅴ. 대조자료 채취방법

① 현장에서 채취한 감정 자료가 입체 족흔적이면 대조자료도 입체 족흔적을 채취하고, 평면 족흔적이면 평면 족흔적으로 채취한다.

② 현장에서 맨발흔을 채취하였을 경우, 용의자의 대조자료 맨발족적의 채취는 서 있는 상태, 걸어가는 상태, 발바닥 안쪽을 힘을 주는 상태, 바깥쪽을 힘주는 상태 등 최소한 네 가지 이상의 대조자료를 채취해야 한다. 범인이 어떠한 상태에서 유류한 족적인지 정확히 모르기 때문이다.

③ **족흔적의 이용** : 범죄현장에서 피의자의 족흔적이 발견되면, 그 인상개소, 종류, 형, 인상상태 등에서 피의자의 수, 침입구, 침입방법, 물색개소, 도주로, 도주경로 등 범행상황을 알 수 있는 이외에 피의자의 신장, 신체특징 등이 추정된다. 또한 신발의 기초자료와 대조함에 의하여 신발의 종류, 명칭, 메이커

등을 알 수 있다.

④ **타이어흔의 이용** : 타이어흔의 축간거리, 폭, 모양을 자동차의 제원표와 대조함에 의하여 차종, 형식, 메이커 등을 추정할 수 있다.

⑤ **공구흔 및 기타 흔적의 이용** : 동일규격의 공구 등에 의해서 인상된 흔적이라도 이것을 확대해서 관찰하면 무수의 조흔(줄을 친 자국) 등이 인정되어, 이들 조흔의 수, 폭, 간격, 형 등은 전부 다르기 때문에, 피의자의 공구 등과 비교 대조함에 의하여 이동의 식별이 된다. 또한 공구흔의 형상에서 범행에 사용된 공구 등의 종류, 명칭, 크기 등을 추정할 수 있다.

⑥ **증거보전의 조치** : 현장족흔적의 증거보전조치에 관하여는 전술한 현장지문의 증거보전조치 요령으로 행한다. 다만, 사진촬영은 족흔적의 증거가치를 해치지 않을 위치에 스케일(미리 미터 단위의 것)을 첨부하여, 족흔적에 사진기를 증대시켜서 행하여야 한다.

Ⅵ. 족흔적의 채취

현장족흔적은 피의자, 통행인, 임장경찰관 등에 의하여 파괴되기 쉬우므로 발견된 족흔적은 그 개소에 표시를 하는 등 파괴의 방지에 유의하여 적절하게 보존해서 채취하여야 한다.

1. 입체족적의 채취방법

입체족적은 석고를 사용하여 채취한다. 이 방법은 다음의 요령으로 행한다.

① 족적의 주위에 틀을 만들어 놓는다.

② 무너지기 쉬운 족적에는 합성세제, “파라핀”, “에어로졸” 등을 분무기로 엷고 균일하게 살포한다.

③ 1개의 족적을 채취함에는 통상 1kg 정도의 석고를 사용하는데 이 경우 혼수 량은 석고양의 6~7할 정도가 적당하여(계절 날씨에 의해 혼수 양 변화) 충분히 섞어서 석고 액이 접착력이 생겨 “크림” 상태가 됐을 때 족적의 인상 면에 부어 넣는다.

④ 석고액을 부어 넣을 때에는 족적의 마멸, 결손 등의 특징이 적은 부분으로 흘려 넣거나, 또는 지면의 고저가 있을 때에는 저위로부터 부어서 석고액이 올라가도록 한다. 석고액을 족적의 인상 면에 부어 넣으면 족적의 특징이 파괴되므로 손이 족적에 접촉하지 않도록 주의하고, 손바닥을 위로 향하게 하여 가급적 족적에 접근된 손바닥에 석고 액을 부어서 손가락 사이를 통해서 석고 액이 가만히 흘러내리도록 한다.

⑤ 석고액이 완전히 굳기 전에 채형면의 반대 측에 사건명, 채취 년 월 일시, 장소, 참여인의 서명, 채취자의 성명 등을 기입한다.

⑥ 석고액이 완전히 굳으면 채형면을 파괴하지 않도록 주의하여 두 손으로 가만히 떼어서 자연 건조시킨다.

⑦ 채형면에 부착되어 있는 토사가 적을 때에는 그대로 두고, 많을 때에는 토사가 떨어질 정도의 수세처리로 그치어야 하며, 무리하게 솔이나 손으로 문질러 제거하지 않도록 한다.

⑧ 설중족적은 미리 알미늄 분말 또는 탈콤분말을 엷고 균일하게 살포한 후, 석고 액의 경화시간을 촉진하고, 그 경화 시 생기는 반응열로 설중족적이 녹으므로 식염, 유안(황산암모늄), 초안(초산암모늄), 에테르, 초산가리 등을 석고 액의 2%정도(약 1주먹)혼입한 설수로 석고 액을 만들어 채취한다.

⑨ 수중 족적은 석고 분말을 그냥 위에서 부터 침전시켜 취한다. 이것은 푸석푸석해서 깨어지기 쉬우니까 1시간 후 석고형을 꺼내고 다시 2~3시간 건조한다. 주의를 요하는 것은 물에 흙의 앙금이 가라앉았을 때만 가능하고, 소금을 첨가한다.

2. 평면족적의 채취방법

(1) 현재 평면족적의 채취방법

① **전사판(젤라틴)에 의한 전사방법** : 방바닥, 마루, 현관 등에 인상된 족적을 채취할 경우에 사용하는 채취방법이다. 이 방법은 족적용 전사판을 대지에서 벗겨 접착면을 전사하고자 하는 족적을 향하여 한쪽 부분을 고정하고, 고정한 쪽으로부터 순차로 강하게 눌러 붙여서 전사한 후 벗겨 기포가 들어가지 않도록 주의하여 대지를 한쪽으로부터 붙인다.(현장지문 젤라틴지에 의한 전사방법 참조)

② **정전기법** : 돗자리, 주단, 섬유류(포) 등에 인상된 먼지 족적을 정전기와 흡인력을 이용하여 채취하는 방법이다. 이 방법은 족적용 전사판을 대지에서 벗겨, 대지를 라사(나연), 모 또는 화학섬유의 포로 수회 강하게 마찰해서 정전기를 일으켜, 그 대지를 족적위에 밀착해서 족적을 흡착시켜 전사판에 맞추어 붙인다. 그리고 정전기 발생 장치로 정전기를 일으켜 족적의 검색 및 채취를 동시에 행하는 방법도 있다.

(2) 잠재 평면족적의 채취방법

인체의 분비물에 의해서 인상된 맨발 및 양말흔의 채취방법은 잠재지문의 채취방법과 같은 방법으로 채취한다. 그리고 먼지, 토사에 의해서 인상된 맨발 및 신발흔은 사광선으로 검색하는 동시에 정전기법, 석고법 등으로 채취한다.

3. 타이어흔의 측정과 채취방법

(1) 바퀴자국의 측정방법

자동차의 바퀴자국(타이어흔의 폭)은 다음에 표시한 방법으로 측정한다.

① 좌우양륜의 타이어 중심점에서 중심점까지의 거리를 측정한다.

② 복륜의 경우는 좌우복수의 중심점에서 중심점까지의 거리를 측정한다.

(2) 입체 타이어흔의 채취방법

석고법으로 채취한다.

(3) 현재평면 타이어흔의 채취방법

석고법 또는 전사판에 의한 전사방법으로 채취한다.

(4) 잠재평면 타이어흔의 채취방법

정전기법, 석고법, 전사판에 의한 전사방법 등으로 채취한다.

4. 공구흔 및 기타흔적의 채취방법

① 공구흔, 긁힌 흔적, 절손 흔 등은 실리콘러버에 의한 전사방법 또는 합성수지 등을 사용하여 채취한다.

② 치아 흔 등은 석분법, 실리콘러버법 등으로 채취하고 금고, 장롱 등에 인상되어 있는 장갑 흔 등은 잠재지문의 채취방법과 같은 요령으로 채취한다.

5. 기타 사진촬영 등에 의한 채취방법

젤라틴전사판, 석(石), 정전기 등을 이용한 채취방법 외에 사진을 이용한 족 흔적 및 타이어 흔 채취방법을 빼놓을 수 없다. 일반적으로 젤라틴전사판 등을 이용 할 경우, 족흔적의 손상이 불가피하다고 인정될 경우에는 사진으로 촬영해 두어야 한다. 이때 유의할 점은 족흔적이나 타이어흔 옆에 반드시 줄자 등을 두어서 그 크기를 명확히 할 것이며 사광선 등을 이용한 족적이나 타이어흔이 선명하게 포착될 수 있도록 세심한 주의를 하지 않으면 안 된다.

제7절 법의혈청학

Ⅰ. 의의

① 법의 혈청학이란 법의학의 검사 대상 중 인체에서 유래되는 각종의 증거물을 혈청학적인 실험방법에 의해 감정 및 연구하는 학문이다.

② 혈청학이란 항원과 항체의 특이한 반응을 기본원리로 하는 학문이다.

Ⅱ. 대상이 되는 증거물

1. 서설

법의 혈청학적 증거물의 대상은 인체에서 유래된 각종의 물체 즉, 혈액(혈흔), 타액(타액반), 정액(정액반), 모발, 땀, 소변, 기타 인체배설물, 골편, 치아 장기의 일부 등이다.

2. 혈액

(1) 혈액형의 종류

혈액형은 ABO식 혈액형, MN식, Rh식 등이 있다.

(2) 혈흔 검사

혈흔예비시험 → 혈흔확인시험 → 인혈증명시험 → 혈액형 검사 순

(가) 혈흔 예비시험

① 의의 : 혈흔이 검출되는지를 예비단계에서 실험하는 것이다.

② 종류 : 루미놀시험, 무색마라카이트그린 시험, 벤지딘 시험이 있다.

③ 루미놀시험

㉠ 육안으로 발견이 어려운 혈흔은 루미놀 시험을 한다.

㉡ 루미놀시험은 빛이 차단된 장소에서 루미놀시약을 분무하면 청색의 형광 빛을 발한다.

㉢ 혈액이 1~2만배 희석되어도 검출이 가능하다.

㉣ 루미놀은 혈흔이 아닌 동판, 놋그릇, 무・마・고구마의 즙, 우유, 커피 등에도 형광반응을 한다. 따라서 형광 빛을 발한다고 하여 혈흔이 유류된 것이라고 단정할 수 없다.

㉤ 루미놀시약 제조시 무수탄산나트륨에 증류수를 조금씩 붓는 것이 아니라 역으로 증류수에 무수탄산나트륨을 조금씩 붓는 순서로 교반하여야 한다.

㉥ 루미놀 시약 제조 후 시약이 끓어오르는 것을 어느 정도 안정화시킨 후 사용하여야 한다.

㉦ 제조된 시약은 4℃ 냉장보관하면 5일 정도 사용할 수 있다.

㉧ 루미놀 시약 대신 헤마글로 시약을 사용할 수 있다. 루미놀과 동일하게 형광 빛반응을 보인다.

④ **무색마라카이트그린 시험**

㉠ 증거물에 시약을 떨구면 혈흔의 혈색소가 과산화수소에 의해 산화되어 초록색을 띤다.

㉡ 기재로는 LNG, 빙초산, 증류수, 3%의 과산화수소가 필요하다.

㉢ 혈액이 약 1만배 정도 희석되어도 검출이 가능하다.

⑤ **벤지딘 시험** : 벤지딘 시험의 특이성은 다른 방법보다 그 효과가 훨씬 떨어지나 장시일이 경과된 혈흔일 경우 유용하게 활용할 수 있다. (남)청색 반응을 보인다.

(나) 혈흔 확인시험

① 루미놀시험에서 발색반응이 나왔다고 해서 모두 혈흔이 아니다. 혈흔이 아닌 적혈구 등이 부착되어도 형광 또는 초록반응이 나오기도 하기 때문이다.

② 혈흔예비시험에서 양성반응을 나타낸 부위에 대한 헤모크로겐 결정체 시험을 실시하여 혈흔을 확인하는 시험이다. 혈흔인 경우 붉은색의 국화꽃술모양의 결정체가 현미경으로 관찰된다.

③ 혈액이 200배 이상 희석되면 검출이 곤란하다.

(다) 인혈 증명시험

사람 혈액을 토끼에 면역주사해서 만든 항사람면역혈청을 이용하여 사람혈흔인지를 확인하는 시험이다. 혈흔으로 보이는 것이 확실해도 인혈증명시험을 거쳐 혈액형검사를 실시해야 한다.

(라) 혈액형 검사

인혈로 확인되면 ABO식 혈액형 검사를 실시하고 누구의 혈액인지 구별되지 않을 때는 MN식, Rh식 검사를 추가로 실시한다. 0.5㎎이상이라야 혈액형 판별이 가능하다.

(3) 혈액의 수집 채취요령

① **유동혈액** - 깨끗하고 건조한 유리병에 담아 외부로 노출되지 않도록 밀봉하여야 한다.

② **침윤혈액** - 혈액이 침투된 부분의 흙을, 묻지 않은 흙과 분리하여 그늘에서 건조시킨 다음 포장한다.

③ 부착혈흔

㉠ **의복, 천** : 부착된 부위를 백묵 등으로 동그랗게 원을 그려 표시한 다음 파손되지 않도록 포장하여야 한다.

㉡ **흉기 등** : 부착부위를 건조시킨 다음 깨끗한 비닐로 포장한다.

㉢ **피해자 손톱 밑에 혈흔** : 가급적 전량을 깨끗한 비닐과 파라핀지에 싸서 포장하여야 한다. 피해자의 혈흔이 묻어 나오지 않게 적당히 자른다.

㉣ **아스팔트** : 거즈에 생리식염수를 묻혀 전사하여 그늘에서 건조한다.

(4) 혈액형 감정이 가능한 최소량

혈흔 0.5㎎ 이상이므로 가능한 많은 량을 수집한다.

(5) 혈액감정으로 알 수 있는 내용

DNA구조, 혈액형 등의 분석이 가능하다.

3. 정액

(1) 가검물

피해자의 팬티, 질액, 손수건, 현장 주위의 흙, 하의 치마, 이불, 요, 베개 등이며 왕왕 피해자의 음부 주위에 부착되거나, 목을 눌러 죽인 경우 목 주위에 혈흔과 함께 남아 있는 때도 있다.

(2) 수집 채취요령

① **부착정액** : 정액이 묻었다고 생각되는 의류, 포편(천 조각), 수건 등 그것이 표면에 있는 반점 부분이 가급적 마찰 또는 접히지 않도록 그 포장에 특히 유의하여야 한다.

② **유동성 정액** : 깨끗한 유리병에 넣어 낮은 온도, 즉 얼음상자로 운반하면 부패가 방지된다.

③ **질액과 혼합된 정액** : 질액과 혼합되어 있는 정액의 혈액형만 선택적으로 판정하기는 어렵다. 따라서 반드시 여자(피해자)의 혈액에 항응혈제를 가한 것을 약간(1㎖이상) 동봉하여야 한다.

④ **기타** : 혈액 또는 혈흔 수집・채취요령에 준하여 채취・수집한다.

(3) 정자의 생존기간

① 여성의 질 내에서는 보통 72시간까지 생존하나, 때로는 3주간 이상 생존하는 때도 있다.

② 시체에서는 보존 상태에 따라 1~2주 후에도 검출될 수 있으나 시체가 부패되면 정자도 같이 소실된다.

(4) 정액반 검사

① **검사의 순서** : 정액반 유무증명 → 사람정액증명시험 → 혈액형검사

② **정액의 유무증명**

㉠ 정액반이 육안으로 관찰되지 않을 때는 암실에서 자외선으로 조사(照射)하게 되면 정액반 부위에서 형광을 발하게 된다.

㉡ 정액반은 육안으로 황희백색의 색깔을 나타낸다.

③ **사람정액 증명** : 사람정액을 토끼에게 면역 주사하여 사람정액에만 선택적으로 반응하는 항사람면역혈청을 만들어 실시한다.

④ **혈액형검사** : 정액반에서의 혈액형 검사는 ABO식 및 Lewis식 혈액형 검사가 가능하다.

4. 타액

(1) 의의

① 타액이란 타액선으로부터 구강내로 분비되는 유동액으로서 색, 냄새, 맛이 없다.

② 타액에는 전분을 소화시키는 효소인 아밀라아제가 함유되어 있다.

③ 타액을 이용하여 혈액형, 남녀의 성별 등을 확인할 수 있다.

(2) 가검물

피해자의 의류, 담배꽁초, 술병, 유리잔, 주전자 꼭지, 현장에 버려진 음식물 등이다.

(3) 수집 및 채취요령

① **부착타액** : 종이 또는 표면 등에 부착된 타액은 그늘에서 건조시킨 후 포장하여야 한다.

② **유동성 타액** : 깨끗한 유리병에 넣어 낮은 온도 즉 얼음상자로 운반하면 부패가 방지된다.

③ **기타** : 전기한 혈액 또는 혈흔 수집・채취요령에 준하여 수집・채취한다.

(4) 타액반 감정순서

① **감정순서** : 자외선 검사 → 전분소화효소실험 → 사람타액증명시험 → 혈액형검사

② **자외선 검사**

㉠ 타액이 육안으로 식별되지 않을 때에는 암실에서 자외선 조사법으로 형광을 발하는 부위를 확인한다.

㉡ 자외선조사법으로 형광을 발하는 물질은 정액, 질액, 접착용으로 쓰이는 풀 등이 있다.

③ **전분소화효소시험**(타액존재 증명시험) : 자외선조사법으로 형광을 발하는 부위에 대하여 다시 전분소화효소의 검출시험을 실시하여 타액의 존재를 증명한다.

④ **사람타액 증명시험** : 사람의 타액인지 여부를 검사한다.

⑤ **혈액형 검사** : A, B, O식, 루이스(Lewis)식 검사, 분비형과 비분비형 검사, 최종적으로 개인 식별 등으로 구분한다.

5. 모발

(1) 가검물

현장에서 채취한 두모, 체모, 음모 등이다.

(2) 수집 채취요령

① **두모, 음모, 기타 체모 채취시**

㉠ 손을 대지 말고 핀셋 등으로 채취하며, 인체에서 직접 채취할 때에는 모발 뿌리까지 채취하도록 한다.

㉡ 모발과 섬유류는 오염되기 쉬우므로 철저히 보존하고 가능한 한 많은 량을 수집하는 것이 바람직하다.

② **강간피해자의 음모 채취시** : 흰 종이를 깔고 빗으로 자연히 떨어지는 음모를 채취하여 포장한다.

(3) 모발검사로 알 수 있는 내용

① 사람과 동물 털의 구별, 발생부위, 연령, 성별, 모발의 손상여부, 염색여부, 혈액형, 뽑은 모발과 자연탈락모발의 구별, 이발 후의 경과일수 등

② 젊은층 모발이 노인이나 어린이의 모발보다 수질이 많다.

③ 음모, 흉모, 수염 등은 두모에 비하여 광택이 불량하다.

④ 멜라닌 색소의 양이 많으면 흑갈색, 적으면 갈색, 색소가 없으면 흰색의 모발로 관찰된다.

6. 소변

(1) 소변의 특징

① 소변의 색깔은 담황색 또는 황갈색을 띠며, 공기 중에 방치되면 색소가 산화되어 색깔이 짙어진다.

② 대체로 성인의 1일 배출량은 1,000~1,600㎖ 정도이다.

③ 소변으로 마약의 투약 여부, 혈액형 감별, 범인에게 어떤 종류의 질병이 있는지 등을 알 수 있다.

④ 소변에서 독물, 약물의 대사 산출물을 검출함으로서 사건의 종류 및 상황을 추정할 수 있다.

(2) 채취요령

① 의복류에 부착된 소변의 반흔(흔적)은 절단하여 그늘에서 말려 보존한다.

② 소변의 반흔이 운반할 수 없는 물체에 부착되었을 때는 반흔 부위를 절단하여 보관하고, 절단이 불가능한 물체에 소변의 반흔이 부착된 경우에는 거즈에 생리 식염수를 묻혀 닦아서 그늘에서 말려 보존한다.

③ 소변이 흙 또는 눈에 배설되었을 때에는 그 부분의 흙 또는 눈을 채취하여 청결한 병에 담아 냉장고에 보존한다.

7. 대변

(1) 감정 목적에 따라

① **형액형 감별** : 대변의 표면을 채취한다.

② **섭취한 음식물의 종류 감별** : 대변의 내부를 채취한다.

③ **기생충 감별** : 대변의 각 부분을 조금씩 채취한다.

(2) 보관방법

① 채취된 감정물은 청결한 병 또는 목함이나 지함 등 상자에 담아서 부패되지 않도록 밀봉하여 포장한다.

② 부득이한 경우에는 2개의 유리병에 담아 1개는 10%의 포르말린 용액을 가하여 방부처리하고, 1개는 원형 그대로 포장하여 송부하여야 한다.

③ 감정을 의뢰할 때는 가급적 채취 후 24시간 이내에 하여야 한다.

8. 치아

(1) 법치과학

치아를 연구하고 검사하여 범죄수사에 도움을 주는 학문을 법치과학이라고 한다.

(2) 연령의 추정

① 유치는 모태에 있을 때부터 발생하기 시작하나 생후 6~8개월부터 맹출 되기 시작하며 영구치는 생후 5-6년경에 맹출 되면서 유치의 탈락이 시작된다.

② 유치와 영구치의 출현형태, 치근석회화의 진행과정, 치아의 소모 상태 등을 검사하여 연령을 추정할 수 있다.

③ 기타 머리뼈, 홍채, 모발 등을 통한 대략적인 연령추정도 가능하나, 치아검사가 가장 정확하다.

④ 일반적으로 남성의 치아는 여성의 치아에 비하여 크고 길다.

(3) 개인 식별

만일 생전의 X선 사진이 있으면 사체의 X선 사진을 찍어 이와 대조함으로서 쉽게 개인 식별을 할 수 있다.

제8절 유전자 지문

Ⅰ. 유전자와 DNA, DNA지문

1. 유전자

① 생물개체의 특징이 자식에게 전해지는 것을 유전이라 하고 이와 같은 일을 맡아 하는 것을 유전자라 한다. 또한 유전자의 본체, 즉 유전적 성질을 지배하는 물질을 핵산의 일종인 디옥시리보핵산이다.

② DNA는 염색체 위에 존재하는 유전정보를 책임 맡은 유전물질로서 세포에서 세포로 옮겨지고 부모에게서 자식에게 전해진다.

2. DNA지문

① DNA지문이란 DNA의 단편인 미니새터라이트 DNA라고 부르는 부위의 수십 수백 염기쌍이 수만회 또는 그 이상 같은 방향으로 반복된 구조의 차이를 나타내는 것으로 이 부위는 극도로 개인차가 심하여 모든 개체에서 검출된 패턴이 완전히 다르며 다만 일란성 쌍둥이만이 동일하다.

② 이와 같이 DNA의 미니새터라이트부위의 패턴은 개체에 따라 고도의 특이성을 나타내어 마치 손가락의 지문과도 같이 천차만별이기 때문에 DNA지문이라는 용어를 사용하게 되었으며, 이 DNA지문의 분석기술은 범죄수사 및 친생자 감별에 획기적이며 새로운 감정법으로 그 중요성이 강조되고 있는 것은 최근 전 세계적 흐름이다.

Ⅱ. DNA지문의 범죄수사에의 이용

① 예를 들어 종래 강간사건의 경우 정액감별법으로는 질액과 정액이 혼합되어 그 혈액형이 정액에서 유래된 것인지 아니면 질액에서 유래된 것인지를 판별하기 어려웠으나 DNA지문법을 이용하여 강간피해자의 질액에서 정자의 DNA지문을 분석하여 용의자의 DNA지문의 패턴과 비교해 봄으로써 범인확증에 탁월한 방법임이 증명되었다.

② 현재 개발되어 사용 중인 8종류의 혈액검사법을 동시에 사용하여 검사했을 때 두 사람이 똑같은 가능성을 보일 확률은 0.014(약 7,000분의 1)이라고 한다. 하지만 DNA지문이 동일할 확률은 1개의 DNA 미니새터라이트 시료를 사용했을 경우 약 3,000억분의 1이하이며 2개의 검출용 시료를 사용하였을 때는 5×10^{19} 이하의 확률을 나타낸다고 한다.

Ⅲ. DNA지문 분석을 위한 증거물의 채취, 수집 및 운반

1. DNA지문 분석을 필요로 하는 사건

DNA지문 분석법은 완벽한 개인식별이 가능하며 범죄사건 해결에 강력한 법적수단이 되고 있다. 그러나 고도의 기술을 필요로 하며, 또한 시약 등 비용이 고가이므로 반드시 다음과 같은 경우에 한하여 DNA지문 분석을 의뢰해야 한다.

① 어떤 사건에서 혈액이 동일한 피해자와 피의자가 모두 피를 흘려 흉기 또는 의복에 묻은 혈흔이 과연 누구의 피 인지를 반드시 식별할 필요가 있는 경우

② 강간 피해자인 여성과 피의자의 혈액형이 동일하면서 현장에서 검출된 정액이 과연 위 피의자의 정액인지 증명을 필요로 할 때

③ 혈액형 검사로는 친생자 유무가 증명되지 않았을 때

④ 토막 난 시체 유기사건에서 토막 난 변사자 조직으로부터 DNA분석을 실시하여 동일인의 조직인지를 식별할 필요가 있을 때

2. DNA지문 분석이 가능한 시료 및 보존조건

① DNA분석이 가능한 시료는 사람혈흔, 혈액(심장 혈 포함), 정액 및 정액 반, 모발(모발 뿌리세포가 있어야 함), 기타 장기, 뼈, 치아, 손톱, 등 조직편이다.

② 혈흔과 정액 반은 건조 상태에서 냉장고에 보존했을 경우 1년 내지 2년 경과 후에도 DNA 분석이 가능하다.

③ 응혈된 혈액, 부패, 희석 그리고 오염된 혈흔, 혈액, 정액 및 오래 방치된 장기 조직편 등에서는 DNA 분석이 불가능 할 때가 많다.

④ DNA 분석에 필요한 시료의 양은 신선혈흔, 정액반의 경우 1㎝×1㎝ 크기, 모근세포 최소한 3개 이상, 혈액2㎖ 이상, 인체조직의 경우 중량 5g이상이어야 한다.

3. DNA 분석을 위한 증거물의 채취 및 보관요령

① 유동혈액은 항응고제인 EDTA가 들어 있는 시험관에 채혈하여 서늘한 곳에 보존하면서 운반해야 한다.

② 여름철의 경우 부패되기 쉬운 혈액 및 정액은 빠른 시간 내에 면천조각(또는 거즈)에 전사하여 그늘에서 완전히 건조시킨 다음 종이봉투에 넣어 운반한다.

③ 모발은 특히 뿌리 세포가 다치지 않도록 주의를 기울여 채취, 운반해야 한다.

④ 혈흔이나 정액반은 증류수를 깨끗한 거즈에 소량 적신 다음 채취, 그늘에서 건조시켜서 통풍이 잘 되는 규격봉투에 넣어서 신속히 송부한다.

⑤ 혈흔이 부패하거나 높은 열에 노출되지 않도록 각별히 주의하여야 한다.

⑥ 혈흔 예비시험시에 사용되는 루미놀 시약을 너무 많이 분무하면 유전자형 분석에 장애가 되므로 루미놀 시약은 최소한으로 분무하는 것이 바람직하다.

⑦ 정액반 여부를 검사하는 예비시약인 SM테스트 시약은 최소량으로 사용하는 것이 바람직하다.

⑧ 모발의 경우 모근세포가 가장 중요하므로 모근부위를 스카치테이프로 부착하여서는 아니 된다.

⑨ 혈흔과 정액반은 건조된 상태에서 냉장고에 보관했을 경우는 1~2년이 경과해도 DNA분석이 가능하다.

제9절 거짓말탐지기(Polygraph) 수사

Ⅰ. 정의

거짓말탐지기라 함은, 사람이 의식적으로 거짓말을 할 경우 자율신경계의 활동으로 심장의 움직임, 혈압, 맥박의 변화 및 피부분비물에 이상반응이 나오는데, 이러한 변화를 도표에 기록하여 진술의 진위를 판단하는 수사를 말한다.

Ⅱ. 검사대상

피의자, 피내사자, 참고인 기타 수사사항에 관하여 알고 있거나 관련이 있다고 믿을 만한 상당한 이유가 있는 모든 자가 대상이 된다.

Ⅲ. 기본원칙(거짓말탐지기 운영규칙)

① 검사는 특정 사건의 수사 또는 내사(이하 수사라 한다)와 관련한 사항에 한하여 행할 수 있고, 특정인의 사상 신념의 탐지 목적이나 수사와 직접 관계없는 사항에 관하여는 검사를 하지 못한다.

② 검사는 검사 받을 자가 사전에 임의 동의한 경우에만 행할 수 있다.

③ 검사를 거부하는 경우 이를 이유로 불이익한 추정을 하거나 불이익한 결과를 초래할 조치를 할 수 없다.

④ 검사를 행한 경우 그 검사결과만을 유일한 기초로 하여 다른 증거 없이 피검사자에 대하여 범죄사실의 자백을 강요하거나 피의자로 단정하여 사건을 송치하는 등 인권에 반하는 행위를 하여서는 아니된다.

Ⅳ. 검사결과의 증거능력

1. 대법원 판례상 증거능력 인정을 위한 전제조건

① 피검사자의 동의를 받을 것

② 검사기계의 성능이 우수할 것

③ 피검사자의 검사 당시의 의식이 명료하고 그 심신이 건전한 상태에 있을 것

④ 질문표의 작성과 질문 방법이 합리적 일 것

⑤ 검사관이 특정의 전문지식과 훈련을 받은 자일 것

⑥ 질문자극 이외의 자극, 영향이 없는 장소에서 검사가 행해질 것

⑦ 그 검사결과가 전문가에 의하여 정확하게 판정 될 것

2. 증거의 가치

대법원은 거짓말탐지기의 증거능력을 절대적으로 부정하는 것은 아니나, 인정요건을 엄격히 제한하고 있으며, 증거능력이 인정된다고 하더라도 공소사실의 존부에 대한 지접증거가 아니라 진술의 진위를 판단하는 간접증거에 불과하다고 한다.

Ⅴ. 거짓말탐지기 검사의 효용

① **진술의 진위판단** : 대상자의 진술이 진실인지 거짓인지를 확인할 수 있다.

② **수사의 방향설정** : 많은 용의자 중에서 과연 누구를 범인으로 추정하여 수사를 집중할 것인가를 판단할 수 있다.

③ **용의자의 범위 축소** : 용의자들의 진술의 진위를 확인하여 거짓진술을 한 용의자를 중심으로 수사할 수 있다.

④ **상반되는 진술의 비교확인** : 상호간의 진술이 일치하지 않을 경우 누구의 진술이 진실인지를 확인할 수 있다.

⑤ **증거 및 단서 수집** : 사건에 관련된 사건해결의 결정적인 증거물을 은닉시킨 장소를 알아내어 증거를 수집할 수 있다.

⑥ **기타** : 자백의 기회부여 및 수사의 방향전환, 용의자들의 심문자료, 구속영장신청자료, 가까운 친인척의 사건관련 진위의 규명 등이 효용이 있다.

Ⅵ. 거짓말탐지기 검사의 종류

1. 일반검사

피검사자가 부인하는 진술의 진위를 자료 없이 반복 확인하는 검사이다.(3회)

2. 자료검사

① **유형의 자료검사** : 범행에 사용된 흉기, 피해품의 종류 등, 범행현장에 유류된 물건 등을 나열하여 검사하는 것이다.

② **무형의 자료검사** : 별도의 준비자료 없이 단어를 열거하여 검사하는 방법이다.

Ⅶ. 거짓말탐지기 수사시의 유의사항

1. 거짓말탐지기 수사는 수사의 초기단계에서 하여야 한다.

2. 거짓말탐지기에 의한 검사시 검사에 의한 성과를 거두기 어려운 경우

① 피검사자가 장기 수사로 체념 상태에 있거나 노이로제 상태에 있는 자

② 피검사자가 정신적, 육체적으로 비정상적인 자

③ 검사자가 신경과민상태에 있는 자

④ 피검사자가 정신병, 기타 건강상태가 비정상인 자

⑤ 24시간 전에 향정신성의약품 등을 복용한 자

⑥ 심장병질환이 있는 자

3. 검사장소

① 외부의 소음 기타 자극이나 영향이 없는 장소를 선택하여 실시하여야 한다.

② 검사실은 방음, 환기장치 등 시설을 하고, 녹음장치, 입체 VTR시스템 시설을 하고 별도로 검사관실, 면접실, 관찰실을 설치하여야 한다.

4. 거짓말탐지기에 의한 검사

① 24시간 전부터 피검사자의 음약(飮藥) 관계를 검사하고 검사 성과를 거둘 수 없는 조건을 제거한다.

② 자료가 없는 무형의 검사와 자료가 있는 유형의 검사가 있는데, 자료검사는 진품과 유사품을 5-6개를 미리 준비하여 검사자료에 쓰일 수 있도록 준비한다.

③ 검사에 이용되는 자료는 피검사자가 확실하게 기억하고 있는 사항이어야 한다.

④ 피검사자에게 공개된 자료는 검사자료로 적당하지 못함으로 검사에 쓰일 자료는 발견자 이외의 다른 사람이 알지 못하도록 비밀을 유지하여야 한다.

⑤ 피검사자에게 제시되는 질문은 무관한 자에게는 막연한 것이지만 관련자는 그 내용을 알고 있어야 한다.

⑥ 물건의 종류, 수량, 색깔, 모양, 크기, 기타 특징 등이 질문 자료가 된다.

⑦ 검사관은 건장을 유지하여야 하며, 가정 및 주위환경에 잡념이 없어야 하므로 공휴일 및 일과시간 후에 검사하게 되어서는 결과를 신빙할 수 없다.

Ⅷ. 검사의 절차

1. 검사준비

검사를 하기 전에 기기점검, 질문서 작성, 피검사자의 건강·병력·동의서 등을 확인·검토하여 정확한 검사가 이루어지도록 해야 하고 임의성을 확보해야 한다.

2. 검사전 면담

본 검사에 들어가기 전 30~40분에 걸쳐 면담을 하게 되는데 면담의 목적은 진실한 피검사자에게는 불안감을 제거하여 안정시키고, 거짓말을 하는 피검사자에게는 검사를 받게 되면 거짓반응이 강하게 나타나도록 하는데 있다(CARD 테스트 등).

3. 본 검사

검사의 타당도와 신뢰도를 위하여 동일한 질문내용을 3회 이상 질문하여야 한다. 1회를 실시하고는 10~20분 정도 휴식을 한 후 다시 질문을 한다.

4. 챠트 해석

호흡의 변화, 맥박(혈압)의 상승변화, 피부 전기반사 등 거짓반응형태를 분석・판독하게 된다.

5. 결과통보

① 검사결과는 의뢰관서에 진실반응, 거짓반응, 판독불능 등의 여부를 통보해야 한다.

② 피검사자에게는 그 결과를 알려주면 수사방해가 될 수가 있어 알려주면 아니 된다.

제10절 영상분석기법

Ⅰ. 의의

일반사진, 비디오카메라, CCTV, 필름 등의 경우 촬영자의 조작미숙이나 기계성능의 열악으로 인하여 용의자의 얼굴이나 수사단서가 되는 차량번호를 식별할 수 없는 경우가 많다. 이러한 문제점을 개선하기 위하여 이미지 복원이나 이미지 향상을 과정을 통하여 보다 나은 화질을 얻을 수 있도록 하여, 녹화된 비디오테이프 등을 정밀 검색·분석하고 사진으로 편집·출력하여 수사에 활용하는 시스템을 말한다.

Ⅱ. 감정의뢰 가능분야

① **동일인물 여부 감정** : 사진, 필름, 비디오테이프 등의 영상물에 촬영된 인물, 차량 등과 실제 인물의 동일성 여부 감정 및 차량번호 판독 소유자, 소지자, 운전자 파악

② **사진합성 여부의 감정** : 사진이나 필름의 조작이나 합성여부 감정

③ **비디오테이프 편집여부의 감정** : 비디오테이프의 조작 및 편집여부 감정

④ **화상복원 및 판독** : 사진, 디지털영상, 마이크로필름, CCTV 등의 인물·차량·물체·기호·숫자·문자 판독

Ⅲ. 감정의뢰시 유의점

① 복사본 테이프는 원본에 비해 화질이 떨어지므로 모든 영상증거물을 원본으로 의뢰하여야 한다.

② 재생을 많이 할수록 화질이 저하되며 특히 테이프를 정지시켜서 정지영상을 보는 것은 화질저하의 가장 주된 원인이 되므로 수사를 위하여 테이프를 보고자 할 때에는 복사하여 복사본으로 보고 원본은 그대로 보관하였다가 감정의뢰 하여야 한다.

③ 사진의뢰 시에는 원본(필름이 있는 경우에는 필름 포함)을 의뢰하여야 하며 사진을 복사기로 복사한 경우 동일인 감정이 불가능하다.

Ⅳ. 판독절차

녹화테이프 회수 → 용의자 인상착의 파악 → 테이프 재생 → 용의자 행동 검색·분석 → 사진화 → 수사 활용 순

제11절 법화학

Ⅰ. 화학적 감정

1. 화학적 감정의 의의

감정대상물에 대하여 화학적 특성, 구성성분 및 합성경로의 특징적인 불순물 등을 분석하여 범죄사건의 수사에 도움을 주는 과학적인 수사의 한 분야이다. 각종의 테러사건, 협박사건, 가스중독사건, 본드류 흡입사건, 폭발물사건 등 다양한 범죄사건의 발생시 수사 및 증거를 제시하여 공정한 해결을 위한 과학적 지식의 일부인 화학적 판단을 응용하는 수사방법이다.

2. 화학적 감정의 대상

(1) 유해화학물질

(가) 화학적 감정의 대상인 유해화학물질의 종류

① 유해화학물질이란 유해화학물질관리법에 규정되어 있는 것을 말한다. 단, 방사성물질, 의약품, 의학부외품, 화장품, 마약, 향정신성의약품, 농약, 비료는 제외한다.

② 알코올류, 청산류, 살서제류, 유해성금속류, 연료용가스류, 일산화탄소, 유화수소 등이 있다.

(나) 유해화학물질 중독증상

① **에칠알코올** : 치사량은 혈중알코올농도 0.5%이며 호흡억제로 사망한다.

② **메틸알코올** : 생체 내에서 산화되어 독성이 강한 개미산 등으로 변하여 시력 장애 및 실명이 되게 한다. 치사량은 30~100㎖다.

③ **청산류** : 세포내 산화환원기능에 장애를 가져와 호흡마비로 사망하게 된다. 청산칼륨의 치사량은 0.2~0.3g이다.

④ **일산화탄소** : 혈액 중의 헤모글로빈과 결합하는 힘이 산소보다 아주 강하므로 미량에도 헤모글로빈과 결합하여 혈액의 산소운동능력을 저하시켜 조직 내 산소결핍을 초래한다.

⑤ **프로판가스**(액화석유가스: LPG) : 순수한 엘피지는 무색무취이나, 가정용 연료는 메카탄을 첨가하여 마늘냄새가 난다. 공기보다 1.5~2배 정도 비중이 높아 대기에서 아래쪽으로 가라앉는 성질이 있다. 액상에 접촉시 화상 또는 동상의 위험이 있으며 고농도 유출시 질식성 장애를 일으킨다.

(2) 폭발성 물질

고성능 폭약류, 저성능 폭약류, 산업용 폭약류, 뇌관화약류, 화학가스 등이 있다.

(3) 환경오염물질

각종 폐수, 폐기물에 의한 농작물 및 양어장의 피해여부나 상수도원의 오염여부 및 폐기물의 종류, 성분 등이 감정의 주 대상이다.

Ⅱ. 약독물 감정

1. 약품의 종류 및 사용량

① **상용량** : 치료의 목적으로 사용하는 보통량으로 일반적으로 극량의 1/3정도이다.

② **극량** : 위험성 없이 사용할 수 있는 최대치이다

③ **중독량** : 중독증상을 일으킬 수 있는 최소량이다.

④ **치사량** : 사망에 이르게 하는 최소치

⑤ **독약** : 보건복지부령에 지정된 의약품을 독약이라 하며 취급에 주의

⑥ **극약** : 극약의 독성은 독약의 약 1/10이다.

2. 독물의 중독 작용별 분류

(1) 부식독

① **증상** : 조직에 접촉하면 단백질을 괴사시켜 국소적인 부식을 초래하는 독물이다.

② **독물** : 황산, 염산, 질산, 초산, 알카리, 암모니아

(2) 실질독

① **증상** : 체내에 흡수된 다음에 간 등과 같은 세포원형질을 침해하고 조직실질의 변성을 일으킨다. 따라서 신진대사에 장애를 일으키게 되어 온몸쇠약, 맥박의 이상, 구토, 설사, 의식불명을 일으키고 허열 상태에 빠져 사망한다.

② **독물** : 수은, 승홍, 아비산, 황인

(3) 효소독

① **증상** : 효소계에 특이하게 작용하는 독물이다.

② **독물** : 유기인제류, 황화수소 등

(4) 혈액독

① **증상** : 체내에 흡수되어 혈액 중 헤모글로빈과 결합하므로 두통, 현기증, 구토, 안면홍조, 호흡곤란, 체온강화, 경련, 의식불명 등의 증상을 거쳐 내부 질식으로 사망하는 독물이다.

② **독물** : 청산, 청산가리, 청산소다, 유화수소, 일산화탄소

(5) 신경독

① **증상** : 신경계, 특히 중추신경계의 기능 장애를 일으키는 독물이다.

② **독물** : 알코올, 클로르포름, 복어독, 알칼로이드류, 수면제

3. 식중독의 원인

(1) 자연독에 의한 경우 : 복어독

(2) 세균에 의한 경우

① **장염비브리오** : 전갱이, 오징어, 낙지 등에서 볼 수 있는 세균이다.

② **살모넬라** : 쥐, 애완동물 등에서 볼 수 있는 세균이다.

③ **캄필로박터** : 닭, 소 등에서 볼 수 있는 세균이다.

4. 약독물감정의 대상

(1) 의약품 종류

① 드링크제나 오렌지 쥬스 등에 수면제나 신경안정제 같은 약물을 타서 피해자에게 마시게 하여 정신을 잃게 한 후 범죄를 일으키는 경우가 있다.

② 로라제팜, 디아제팜 등의 신경안정제는 향정신성의약품으로 지정되어 있으며 다량 복용하면 위험하다. 또한 독실아민은 수면제로 쉽게 구할 수 있으며 이로 인해 사망하는 경우가 많다.

(2) 마취제류(에테르, 클로로포름)

① 에텔르, 클로르포름 등과 같은 마취제류는 휘발성이 매우 강함으로 이들이 묻어 있는 탈지면, 수건 또는 기타 용기류 등은 반드시 밀폐용기에 넣고 포장하여야 한다.

② 마취범죄와 관련된 쥬스켄, 요구르트 병, 빨대 등은 적은 양이라도 소실되거나 오염되지 않도록 포장하여 송부한다.

(3) 농약류, 독성한약

농작물에 대한 잔류 농약 감정을 위해서는 약 500g 이상을 채취하여 변질방지를 위해 신속히 송부한다. 한약재에 중독된 경우 치료에 사용된 한약재, 사용용기, 한약 등을 채취하고 한약재와 처방전도 함께 송부한다.

(4) 한약제류, 주류, 천연식품의 진위여부 등

웅담, 우황, 사향, 녹용 등의 고가 한약제나 벌꿀, 참기름, 고춧가루 등의 천연식품의 진위여부를 감정할 때에는 충분한 분량의 시료(약 200g)와 진품을 함께 송부하여야 한다.

5. 약독물 감정물 채취요령

① 건현장에서는 음독약물이나 음식물의 잔여품, 용기, 약포장지 등 독물이 함유 또는 부착되었을 것으로 사료되는 모든 물건을 채취한다.

② 사체부검결과 중독사의 혐의가 있을 경우 어떠한 물질도 첨가해서는 안 된다.

③ 매장되었던 사체를 채취할 경우 관의 내부에 칠한 페인트류, 관의 외측 외, 아래의 흙 등도 대조시험용으로 채취한다.

④ 피해자의 중독증상을 목격한 사람의 증언, 부검소견 등을 감정인에게 알려 준다.

⑤ 부검결과 중독사 혐의시 ㉠ 위 내용물, 뇨는 전량 ㉡ 혈액은 100g 이상 ㉢ 간, 뇌, 신장 각 100g 이상 ㉣ 십이지장, 소장, 비장, 심장의 일부를 채취하여 감정 의뢰한다.

제12절 법물리학

Ⅰ. 의의

물체의 물리학적 감정이란 물리학의 기초이론과 경험을 바탕으로 물체나 물질의 외관 및 물리적 성질을 이용하여 물체가 무엇인지, 두 물체가 동일한지, 변형되었다면 변형된 원인이 무엇인지, 흔적이 어떻게 형성된 것인지, 두 흔적이 동일한 등을 감정하는 것이다.

Ⅱ. 물리학적 감정의 주요대상

① **물체의 동일성 여부 감정** : 외관, 규격의 비교, 구성성분의 비교 및 물리적 성질과 함께 흔적을 비교하게 된다.

② **화재사고의 감정** : 최초 연소 부위에서 발화와 관련이 있을 만한 감정물이 수거되고 수거된 감정물에서 과연 발화되었는지, 발화되었다면 어떤 원인에 의한 것인지가 감정의뢰에 대상이 된다.

③ **기타** : 폭발사고의 원인감정, 기계구조물 파괴사고, 감전사고 원인감정, 금속물에 각인된 말소문자 현출, 흔적의 감정 등

Ⅲ. 대상 및 채취요령

1. 토양

① 범죄현장의 토양과 용의자 또는 피해자의 의복이나 신발에 부착된 토양과 동일성 여부를 알고자 할 경우에는 범죄현장의 정확한 부위의 토양을 채취하여야 한다.

② 용의지점의 토질이 각각 다른 경우에는 각각 다른 토양을 모두 채취하여야 한다.

③ 용의자 및 피해자의 의류 및 신발의 토양을 채취할 때에는 외관상 색상이 상이한 토양은 각각 별도로 채취하여야 한다.

2. 페인트류

① 교통사고의 경우 사고현장에 유류된 유리, 플라스틱류 등은 미세한 것이라도 세심하게 채취하여야 한다.

② 접착성 물질로 페인트를 채취할 경우 연하되는 경우가 있으므로 증거물의 페인트 부착부위를 절단하여 채취한다.

3. 섬유

① 증거물이 미량인 경우에는 특히 오염에 유의하여 송부하고, 의류와 비교하여 동일 여부를 감정할 때에는 의류 자체를 송부하여야 한다.

② 현장에서 발견된 장갑, 끈 등이 용의자의 소지품과 동일한 종류라는 사실만으로는 결정적 증거가 될 수 없다.

4. 공구흔, 충격흔, 접촉흔

(1) 의의

공구의 고유흔 식별이나 충격 및 접촉여부를 감정하고자 하는 증거물은 원형을 변형시키거나 오염시키지 말고 부착물을 세제 등으로 제거하지 말 것이며, 원형대로 송부해야 한다. 감정하고자 하는 물체가 너무 커서 운반하기 곤란한 경우에는 실리콘러버로 모형을 떠서 의뢰하면 된다.

(2) 흔적 감정의 종류

(가) 동적 흔적

① **개념** : 두 가지 이상의 물체의 상호작용에 의하여 형태가 결정되는 것을 말한다. 따라서 형태만으로는 정확히 감정할 수 없고, 형태와 상호접촉에 의하여 부착될 수 있는 물질 또는 접촉된 물체를 상호 비교 해야 정확히 감정할 수 있는 것이다.

② **종류** : 필적, 공구흔, 흉기흔적, 충격흔 등을 말한다.

(나) 정적 흔적

① **개념** : 한 물체의 모양이 형태를 결정하는 것을 말한다. 따라서 형태만의 비교로 감정이 가능하다.

② **종류** : 인영, 윤적, 지문, 초기발사흔, 족적, 치흔 등을 말한다.

5. 부정유류

① 유사 휘발유란 별도 취급하는 저장탱크가 있으므로 각 쥬유기에 각각 유류를 채취하여야 한다.

② 부정유류 감정채취량은 주유기 마다 2ℓ 정도 채취해야 한다.

③ 감정용 유류는 유리병 또는 철제용기에 담아야 하며, 플라스틱 계통의 용기를 사용해서는 안 된다.

④ 인화성이 강한 내용물이 흘러나오지 않도록 세심하게 코르크마개로 밀봉하고 충격에 의해 파손되지 않도록 포장하여야 한다.

6. 인화물질

① 인화물질에 의해 화재경향이 농후할 때에는 인하물질이 놓였다고 추정되는 장소 또는 발화지점의 잔여물을 가급적 신속히 비닐주머니에 밀봉하여 수집하여야 한다.

② 석유류 제품 및 유기 용해 취향이 심한 곳을 선택하여 종이, 면, 솜, 나무 등 흡수력이 큰 물질부터 수집하여야 한다.

③ 채집용기는 유리병 또는 비닐로 포장하여 인화물질이 휘발되지 않도록 밀봉하여야 한다.

④ 발화지점 근처에서 탄화상태가 심하지 않은 부위에서 우선적으로 채취하여야 한다.

7. 기타

① **휘발성물질 흡입사건**

㉠ 사용된 각종 본드류, 구두약, 비닐용기 등의 유류품 및 뇨, 혈액(섭씨4도 이하에서 보존된 혈액 5㎖ 이상), 뇌조직 등을 채취하여야 한다.

㉡ 반드시 비닐 등 밀폐용기에 담아 송부한다..

② **교통사고** : 혈중알코올농도의 측정을 위하여 부패 및 응고방지 처리하여 송부하여야 한다. 그러나 알코올을 첨부하여서는 아니 된다.

③ **폭발사고** : 폭발생성물, 잔사, 폭심부근의 토양, 파편 표면의 잔사 및 미세한 흔적물 등 여러 가지를 채취한다.

④ **환경오염사고** : 폐기물의 잔여량, 주변의 토양, 물 및 농작물 등을 송부한다. 폐수의 경우에는 세척된 용기에 4ℓ 정도를 송부한다.

⑤ **중금속오염사고** : 비소, 수은 등의 중금속 오염사건은 모발과 손톱이 가장 적당하다.

제13절 총기 · 폭발물 감정

Ⅰ. 총기감정

1. 총기감정의 의의

총기사건은 현장보존을 철저히 하여 감정 담당자가 직접 현장에서 증거물을 수집 또는 총기의 발사방향 등을 확인하여 현장감식과 실험을 병행하여야 감정이 정확히 이루어질 수 있다. 우리나라의 경우 총기소지가 제한되어 있어 총기사건은 흔하게 있는 사건이 아니므로 처음 담당하는 직원들은 초동수사과정에서 실수를 범하는 경우가 있으므로 사전에 준비가 더욱 요망되는 분야이다.

2. 총기사고시 증거물 수집방법

① 사진이나 약도로 총기나 모든 증거물의 위치를 기록한다.

② 총기의 표면, 탄창, 손잡이 부분에서 지문을 채취할 수 있도록 면밀히 관찰한다.

③ 연필, 막대 등으로 총신의 흙을 털어 낸다든가 집어넣는 행위를 금한다.

④ 자동권총의 실탄을 제거할 때에는 새로운 실탄이 약실에 들어갈 수 없도록 손잡이 속의 탄창을 내릴 것

⑤ 탄환, 탄피의 발사흔을 손상치 않도록 주의하고, 몸속에 박혔을 경우 해부 후에 탄환을 수집하고 집도의사에게 발사흔이 손상되지 않도록 주의를 당부하고, 절대로 닦지 말고 송부시 주의를 하여야 한다.

⑥ 탄환발사시 용의자의 손, 옷 등에 납, 안티몬 등 입자가 분포함으로, 용의자 손바닥을 질산으로 닦아 송부하고, 발사시 착용한 의복도 감정의뢰

⑦ 탄환 탄피가 절대 손상되지 않도록 솜으로 포장하고, 거듭 헝겊으로 재포장, 총기는 감정 전에 손질하거나 발사금지

⑧ 교환이 용이한 부속은 표시를 하고 약실에서 필히 실탄을 제거한다.

⑨ 방화살인시 소사체를 발견하여 X-ray 촬영하여 총기사건과의 연관성을 확인한다.

⑩ 총알입구와 사출구, 약지 유무를 정확히 확인한다. 통상 사출구가 탄환이 몸속에서 회전하며 진행하기 때문에 탄환의 입구보다 크다.

⑪ 맹관된 탄환을 부검시 채취할 경우 탄환에 핀셋 등을 절대로 사용하지 말고 채취하여야 한다.

⑫ 자동권총의 경우 손잡이를 잡고 권총을 집어 올리고, 현장은 되도록 소수의 인원이 침착하게 감식한다.

⑬ 용의자 또는 피해자의 손에 묻은 화약잔사물은 면봉에 질산을 묻힌 후 왼손 및 오른손, 손바닥, 손 등으로 구분하여 잘 닦아내어 시험관에 각 분리하여 감정을 의뢰한다.

3. 발사총기 식별방법

① 범죄현장에서 수집된 탄피 또는 탄환에서 생성되는 총기의 발사흔은 발사된 총기를 확인하는데 중요한 단서가 된다.

② 탄피는 총기발사 후 발사위치의 2~3m 반경 내에 탄피가 남아 있게 되는데 탄피의 밑 부분을 보면 제조회사, 제조년도, 제조 월 또는 구경이 양각된 문자를 확인할 수 있다.

③ 탄환의 경우에도 총열의 강선을 통과하면서 강선흔이 남게 되며, 이 강선흔은 발사되는 총기마다 특성이 있어서 용이하게 발사총기를 식별할 수 있다.

II. 폭발물 사고시 증거물 채취요령

① 폭발현장은 원형 그대로 보존한다.

② 누두공 표면의 잔사, 도화선, 전기 뇌관의 각선, 파편, 기타 단서가 될 수 있는 유류품을 채취한다. 이중에서 감정물로 가장 좋은 것은 누두공의 잔사이다.

③ 누두공 표면의 잔사를 200~300g 채취하여 비닐봉지에 밀봉한다.

④ 잔사가 없을 경우 그을음을 에테르, 아세톤, 증류수를 묻힌 면포로 잘 닦아서 시험관에 각각 밀봉한다.

제14절 문서 · 사진감정

Ⅰ. 문서감정

1. 문서감정의 의의

(1) 문서의 의의

문서란 문자 또는 이에 대신할 부호를 사용하여 영속할 수 있는 상태에서 어떤 물체 위에 기재한 의사표시이다.

(2) 문서감정의 의의

문서감정이란 범죄의 수단 등에 사용된 문서의 진위 또는 이동을 식별하는 것을 말한다. 문서의 손상 여부는 감정 대상이 아니다.

2. 문서감정의 목적

① 수사방향의 설정을 목적으로 하는 감정
② 수사절차를 위한 감정
③ 사실입증을 위한 감정

3. 문서감정의 대상

(1) 문서감정이 가능한 경우

필적, 인장, 인영, 필흔재생, 유가증권, 탄화문자, 불명문자, 필기구 색소, 묵문자의 기재시기, 인영 및 지문의 날인 전후 기재감정

(2) 문서감정이 가능하지 않은 경우

① 부자연한 상태에서 쓰여 진 필적에 대한 감정
② 필기자세의 추정
③ 필기시 육체적 조건의 추정
④ 필자의 연령, 성별, 직업, 학력 등에 관한 감정
⑤ 잉크의 기재시기에 관한 감정
⑥ 워드프로세스 문자감정
⑦ 위조인쇄물의 위조 방법에 관한 감정
⑧ 인쇄기기 또는 인쇄공정에 관한 감정
⑨ 불명문자를 기재한 기재용구 또는 잉크의 종류 감정
⑩ 인영의 날인시기

Ⅱ. 필적감정

1. 필적감정의 의의

필적은 개인에 따라 항상성과 희소성이 존재하며 이를 전제로 필적감정이 행해진다. 즉, 협박편지 등의 필적이 누구의 필적인지 감정하는 것이다. 필적감정을 위해서는 감정 자료와 이와 대조할 수 있는 대조자료를 수집해야 한다.

2. 자료수집 요령

(1) 감정자료의 수집요령

감정자료란 누구의 필적인지 밝히기 위한 필적을 말하는 것으로 원본을 수집해야 한다.

(2) 대조자료의 수집요령

감정자료의 필적이 누구의 필적인지 비교하기 위한 필적을 말한다. 대조자료는 시필보다 자연스럽게 작성한 평소필적이 좋다. 대조자료에는 용의자의 평소의 필적인 기본자료와 수사관이 용의자에게 직접 쓰게 한 필적인 시필(試筆)의 두 가지가 있다.

(가) 평소필적의 수집요령

① 피의자나 용의자가 기재한 것이 분명하여야 한다.

② 감정자료 작성시기와 비슷한 시기에 작성한 것이 좋다.

③ 감정자료에 쓰여진 문자와 동일한 자체가 많은 것이 좋다.

④ 감정자료와 동일 또는 유사한 용지, 필기구, 횡서·종서 크기의 글씨체를 수집하여야 한다.

(나) 시필의 수집요령

① 시필은 감정자료와 동일한 필기구, 용지, 서체로 작성하게 한다.

② 받아 적을 내용을 수사관이 직접 낭독하여 주고 그 내용을 복창하면서 기재토록 하여야 한다.

③ 기재 조건을 서서, 앉아서, 엎드려서, 누워서 등 다양한 자세로 작성하게 해야 한다.

④ 연월일, 주소, 성명, 금액 등은 기재하는 위치, 고저 등을 지시하지 말아야 하고, 그 외에 오자나 오용도 정정하지 말아야 한다.

⑤ 필기는 일면으로 그치고 필기시 문장 및 문자는 사전, 사후를 막론하고 보여주지 말아야 한다.

⑥ 10통 이상의 범위에서 작성하게 하고 시필 말미부분에 작성일자와 서명을 하도록 하여야 한다.

Ⅲ. 인영감정

1. 인영감정의 의의

인영이란 특정인의 인격을 상징하며 그 동일성을 증명하기 위해서 사용되는 일정한 형상을 의미하며 보통문서, 유가증권 등과 결합하여 그 신용성을 높이는데 중요한 의미를 가지게 된다.

2. 인영감정의 대상

① 2개 이상의 인영의 이동식별

② 2매 이상의 용지에 간인된 인영

③ 인영 문자의 판독

④ 위조 인영의 식별

3. 자료수집 요령

① 자료는 반드시 원본을 수집하여야 한다. 인감류의 경우에는 동사무소 등에 등록된 인영을 수집하여야 한다.

② 증거물과 함께 가급적 실인도 동시에 송부하여야 한다.

③ 부득이 하게 인영만 송부할 경우

㉠ 증거물과 동질의 용지에 지면조건을 달리하여 30회 이상 압날하여 송부하여야 한다.

㉡ 실인을 날인할 때에는 인장을 현 상태로 날인한 후 다시 손질하여 날인한다.

㉢ 압날된 인영 위에 어떤 표시를 하거나 인영부위가 접히게 해서는 안 된다.

Ⅳ. 기타 문자 감정

① 위・변조문자 : 위・변조되었거나 말소된 문서는 반드시 원본을 수집하여 감정의뢰하고 감정대상 부분을 명확히 지적해 주어야 한다.

② 탄화문자 : 증거물이 불에 의해 문서에서 탄화된 문자를 확인하려면 증거물이 파손되지 않도록 조심하여 견고하게 포장하여 송부하여야 한다.

③ 필흔재생문자 : 필흔재생문자란 연필이나 볼펜의 압력에 의하여 생긴 흔적을 재생시키는 것이므로 증거물이 접히지 않도록 하여야 한다.

④ 묵문자(墨文字) : 작성연도 추정에 대한 감정의뢰 시에는 동일시기, 동일지질, 동일조건에서 보관되었던 대조물을 첨부하여야 한다.

⑤ 타자문자 : 용의 타자기로 같은 시기에 친 같은 내용의 자료를 충분히 수집하고 타자기의 수리기록 등을 명기하여야 한다.

⑥ 불명문자 감정시 증거물 채취요령 : 불명문자란 고의 또는 자연현상 등으로 육안으로 읽을 수 없는 상태로 된 문자로서, ㉠ 방화나 증거인멸 등에서 발생한 소실문자는 파손되기 쉬우므로 원형그대로 상자 등에 채취하여 조심스럽게 취급해야 한다. ㉡ 공문자나 요철문자는 습기와 압력에 따라 변형하는 일이 있으므로 취급에 특히 주의하여야 한다. ㉢ 카본 복사나 연필문자는 마멸에 의해서도 소실되므로 다른 것과 접촉하지 않도록 주의하여야 한다. ㉣ 불명문자의 검출의 경우에는 자료를 오손해도 좋은지 아닌지를 명확하게 기록하여야 한다. ㉤ 유가증권 및 문서의 위변조에 대한 감정의뢰 시에는 반드시 원본을 수집하여야 하고 감정 대상 부분을 명확하게 지적해 주어야 한다.

제15절 성문감정

Ⅰ. 성문감정의 개념

성문(Voice Print)이란 목소리 지문이라는 뜻으로 성대의 진동이 목과 구강을 거쳐 입술 밖으로 나오는 소리를 음성분석 장치를 이용하여 분석한 후 특수한 그래프 형태의 무늬가 나타나게 하는 것이다. 성문은 개인마다 특성이 있어 충분한 양의 음성만 확보하면 교묘하게 남의 목소리를 흉내 내더라도 본래의 목소리의 기본적인 특징을 찾아 낼 수 있다.

구 분	내 용
음성정보채취 기록장치	수사를 목적으로 특수 제작된 전화음성 녹음장치로 송수화기를 들면 자동적으로 녹음되기도 하고 통화도중에 수동적으로 녹음하는 것도 가능하다.
로젯트 방법	전화선에서 직접 녹음하는 것으로 가장 음질이 좋으나 설치에 어려움이 있어 고정적으로 설해놓을 때에 효과적이다.
커플러 녹음법	전화기의 수화기에 커플러를 부착하여 전자기적인 방법으로 녹음하는 것으로 가장 쉽고 정확히 음성을 채취할 수 있어 외국 수사기관에서 많이 이용되고 있다.
픽업 방법	전화픽업을 전화기에 부착하여 녹음하는 방법이나 녹음상태가 불량할 가능성이 있으므로 사전에 예비실험을 하여야 한다.

Ⅱ. 용의자의 음성녹음시 주의사항

① 소음을 막기 위한 커텐 등 방음장치를 하여야 한다.

② 커플로나 픽업코일은 자기의 영향을 받으므로 스피커, 컴퓨터 등 모터가 있는 자기는 멀리 두어야 한다.

③ 녹음방법이 결정되면 작동의 상태와 녹음상태의 양호 여부를 점검한다.

④ 전지약은 건전지보다 아답터를 이용하는 편이 장기간 계속 사용하고 녹음 중 작동이 중지하는 것을 예방할 수 있다.

⑤ 전화벨이 울리면 녹음을 시작하고 전화벨이 1~2회 더 울리고 난 후 수화기를 들어야 한다. 처음부터 녹음되었다는 것을 입증하기 위한 것이다.

⑥ 통화시 중요한 내용이나 발음상 특징이 있다고 생각될 때에는 반복해서 말하게 유도한다.

⑦ 통화가 끝나면 송수화기를 즉시 내려놓지 말고 5초 정도 더 있다 내려놓는다. 통화가 끝났음을 입증하기 위한 것이다.

Ⅲ. 감정의뢰시 주의사항

① 반드시 원본을 감정의뢰 한다.

② 고속복사는 테이프의 변형을 가져오므로 피하는 것이 좋다.

③ 수사상 필요한 경우는 복사본을 이용하여 복사한다.

④ 녹음에 사용된 기기 및 녹음방법을 명시하고, 녹음내용을 기록한 녹취서를 동봉한다.

⑤ 소음이나 주변음이 녹음되었다고 인정되면 이러한 사항도 알려준다.

Ⅳ. 성문감정의 대상

1. 성문감정이 가능한 경우

① 목소리를 가성으로 위장한 경우

② 음성이 누구의 음성인지 여부

2. 성문감정이 가능하지 않은 경우

① 여러 사람이 동시에 녹음한 경우

② 녹음속도가 변한 경우

③ 음성이 약하게 녹음된 경우

④ 여러 음성이 몇 사람의 음성인지 여부

⑤ 녹음테이프의 인위적인 편집 여부

제16절 기타 감정

Ⅰ. 슈퍼임포즈법(Superimposition Method)

1. 의의

물건 위에 물건을 올려놓는다는 사진 상의 용어로 이중으로 겹치는 방법을 말한다.

2. 원리

백골화된 사체 또는 부패된 사체에 특정 개인, 추정되는 사람의 생전의 사진을 확대 또는 축소하여 음성원판을 만들고 이것과 사체의 두개골을 슈퍼임포즈기기로 촬영하고 원판음성을 작성하여 2개의 원판을 시찰대에 올려놓고 특징점을 비교 · 검토한다.

3. 활용분야

열차사고, 항공기 추락사고, 대형화재사고, 부패로 백골화된 사체 등의 신원을 확인하는데 이용된다.

Ⅱ. 토양검사법

1. 의의

살해장소를 제1현장이라 하고, 사체를 유기한 장소를 제2현장이라고 한다. 사체의 신발, 피복 기타에 부착된 미량의 토양과 사고지점의 토양을 비교 · 검사함으로서 동일지점의 토양여부를 감정하여 제1현장인지, 제2현장인지 감별한다.

2. 감정방법

① 토양의 감정방법으로는 중액법, 미생물에 의한 감정, 침강법, 편광현미경에 의한 검사, ph측정법, 양이온 및 음이온 정성시험, 정색반응 등이 있다.

② 토양의 동일 여부 감별법은 토양의 부착상태 및 사건현장을 고려하여 감정방법을 선택하여야 하며, 특히 물리적 및 화학적 검사의 결과를 종합하여 판정하여야 한다.

Ⅲ. 고무감식법

고무감식법은 교통량의 급격한 증가로 인하여 발생하는 각종 사고 현장에서 타이어 성분의 동일성 여부를 감정하기 위하여 사용된다. 급제동으로 인하여 노면에 부착된 고무 또는 피해자 의복에 부착된 고무와 용의차량 타이어 고무와의 동일성에 대한 감정에 주로 사용된다.

Ⅳ. 중성자방사화 분석법

1. 의의

방사화분석이란 시료에 중성자 및 양성자, 입자 등을 조사하여 시료 중의 원소를 전부 방사화하고 그 방사화 동위원소들이 방사하는 방사능을 검출하여 특정의 방사성 동위원소의 양을 분석하고 방사화 전의 원소를 정량하는 방법이다.

2. 활용

① 독성물질의 검출
② 모발의 개인 식별
③ 총기사건의 경우 사수의 감별
④ 가공품의 동일성 감정
⑤ 토양의 감별 등에 이용

3. 장점

방사화분석은 감도가 좋기 때문에 극미량 원소들의 분석이 가능하며 많은 원소들을 동시에 분석할 수 있고 또한 비파괴분석이 가능하여 분석 후 시료를 그대로 보존할 수 있는 장점이 있다.

V. 특수적외선 사진촬영장비

스탬프로 찍힌 이름을 숨기기 위하여 이름 위에 싸인펜으로 덧칠한 경우 이름을 알아내기 위하여 필요한 장비이다.

VI. 유류감정법

유사휘발유를 감정하여 동일성 여부를 판단하는 방법이다. 플라스틱 계통의 용기 중에는 석유류에 용해되는 제품이 있으므로 유리병이나 규격화된 철제용기를 사용하여 2ℓ 이상 채취해야 하며, 인화성이 강한 내용물이 흘러나오지 않도록 세심하게 코르크 마개로 밀봉하고 충격에 의하여 파손되지 않도록 포장하여야 한다.

VII. 수사식물학

범죄현장 주변의 흙 또는 범죄자의 옷, 구두, 자동차 흙받이 등에서 검출되는 식물 잎의 조각, 사체부검에 의해 위 내용물에서 검출되는 섭취 음식물 중 잔여 식물조각 등에 대한 종류의 식별로 식물의 명칭 및 그 식물의 분포지역, 식물의 생육시기 등을 추정함으로서 범인색출에 단서를 마련함은 물론 수사시간의 단축 등 사건해결에 큰 역할을 하고 있다.

제17절 감정물의 취급

Ⅰ. 감정물의 의의 및 중요성

1. 감정물의 의의

감정물이란 범죄현장에서 취득되는 일체의 인적·물적 자료로서 범죄의 내용을 밝혀내고 범인을 특정하고 형사소송법상 증거로써 활용하기 위하여 과학적 방법에 의하여 감식·감정하는데 사용되는 것을 의미한다.

2. 감정물 취급의 중요성

① 오늘날 물질문명은 놀랍도록 발달하여 가는 반면 사회의 곳곳에서 일어나는 각종 범죄가 지능화되어 가고 있음에 따라 범죄수사에 과학적인 증거력의 확보가 요구되고 있으며, 이에 따라 우리의 감정요소도 날로 증가되고 있어 이에 대한 경찰 대응능력을 제고·강화하는 것이 매우 중요하다.

② 현행 형사소송법상 사실의 인정은 증거에 의하여야 하기 때문에 범죄현장의 감정물의 중요성이 증가되고 있으며 감정물의 정확한 채취·취급이 요청된다.

Ⅱ. 감정물의 수사상 일반적 취급

1. 감식의 심적 대비

① 감식은 예단을 따르거나 선입감에 영향을 받음이 없이 객관적으로 사실을 명확히 할 것을 목적으로 하여야 한다.

② 감식을 함에는 주도면밀함을 본지로 하여 미세한 점에 이르기까지 간과하는 일이 없도록 유의하는 동시에 감식의 대상이 된 수사자료가 공판심리에 있어서 증명력을 보전할 수 있도록 조치해 두어야 한다.

2. 감식 기초자료의 수집

수사자료에 대한 신속 정확한 감식을 할 수 있도록 하기 위하여 미리 포편, 지편, 유리 용기, 차량의 타이어 기타 품질 향상상표 등에 의하여 분류할 수 있는 물건으로써 필요한 것을 수집하여 감식 기초자료로써 분류·보전하도록 노력하여야 한다.

3. 감식자료 송부(규칙 제163조)

① 감식을 하기 위하여 수사자료를 송부함에 있어서 변형, 변질, 오손, 침습, 멸실, 산일, 혼합 등의 사례가 없도록 주의하는 동시에 우송의 경우에는 그 포장용기 등에 대하여 세심 유의하여야 한다. 특히 필요한 때에는 직접 지참하는 등의 방법을 취하여야 한다.

② 주요한 감식자료의 인수인계는 상호간에 자료의 명칭, 개수, 인수인계 월일과 인수인계인의 성명을

명확히 해두어야 한다.

3. 재감식을 위한 고려(규칙 제164조)

혈액, 정액, 타액, 대소변, 장기, 모발, 약품, 음식물, 폭발물, 기타 분말 액체 등을 감식함에 있어서는 되도록 그 전부를 사용하지 말고 일부를 가지고 행하여 잔량을 잘 보존하여 두는 등 재감식을 위한 배려를 하여야 한다.

4. 감정의 의뢰(규칙 제167조)

수사를 하기 위하여 시체해부, 지문, 필적, 총기, 기타의 감별 등 전문적 지식을 요하는 감정을 국립과학수사연구소 기타의 감정기관이나 적당한 학식 경험이 있는 자에게 의뢰 또는 위촉함에 있어서는 소속 경찰관서장에게 보고하여 지휘를 받아야 한다.

5. 감정의뢰서(규칙 제167조)

① 국립과학수사연구소 등에 감정 의뢰함에 있어서는 감정의뢰서에 의하여 이를 행하여야 한다.

② 제1항 이외의 감정기관이나 적당한 학식·경험이 있는 자에게 감정 위촉을 하는 경우에는 감정 위촉서에 의하되 감정인에게 예단이나 편견을 생기게 할 말한 사항을 기재하여서는 아니 된다.

③ 사법경찰관은 형사소송법 제221조의 규정에 의하여 감정을 위촉하는 경우에 동 법 제172조 제3항의 유치처분이 필요한 때에는 '감정 유치신청서'를 검사에게 제출하여 검사의 요구로 관할 법원판사의 감정유치장을 받아야 한다.

④ 사법경찰관이 감정을 의뢰하거나 위촉하는 경우에 감정에 관하여 타인의 주거, 간수자 있는 가옥, 건조물, 항공기, 선박 내에 들어가야 하거나 신체의 검사, 시체의 해부, 분묘의 발굴, 물건의 파괴를 필요로 할 때에는 감정처분허가 신청서를 검사에게 제출하여 검사의 요구로 관할법원 판사의 감정처분허가장을 받아 감정인에게 교부하여야 한다.

6. 감정서(규칙 제168조)

① 감정을 위촉하는 경우에는 감정인에게 감정의 일시, 장소, 경과의 결과를 관계자가 용이하게 이해할 수 있도록 간단명료하게 기재한 감정서를 제출하도록 요구하여야 한다. 다만 감정의 경과와 결과가 간단한 때에는 감정인으로부터 구술의 보고를 요구할 수 있다. 이 경우에는 진술조서를 작성해 두어야 한다.

② 감정인이 여러 사람이 있을 때에는 공동의 감정서를 제출하도록 요구할 수 있다.

③ 감정서의 기재에 불명 또는 불비한 점이 있을 때에는 이를 보충하는 서면의 제출을 요구하여 감정서에 첨부하여야 한다.

Ⅲ. 감정물의 일반 준수사항

1. 충분한 시료의 채취

모든 감정물은 현장의 사정이 허용되는 한 가급적 전량을 수집 또는 채취하는 것이 바람직하며 감정물이 충분해야 이를 시료를 삼아 정확한 감정을 할 수 있으며 감정물의 필요한 절대량은 다음과 같다.

① 혈액 : 0.5㎖ 이상

② 위내용물, 뇨, 담즙 : 채취될 수 있는 양 전부

③ 뇌 : 500㎜ 이상 반구 전체

④ 심장 : 심장전체

⑤ 간 : 500g 이상

⑥ 폐 : 좌우측 폐장 각 50g 이상씩 한쪽 폐장 전체

⑦ 신 : 좌우측 신장 각 50g 이상

⑧ 근육 : 지방 200g 이상, 손톱은 10g 이상

⑨ 정액 : 최소 3mg 이상(미달일 때 혈액형 감정불능)

⑩ 모발 : 최소길이 6cm 이상을 3가닥 이상

2. 증거물의 표기

수집 채취된 감정용 증거물은 증거물마다 다음 사항을 명기하여야 한다.

① 감정물의 종류 품명

② 채취 연월일시, 장소

③ 피의자의 성명, 연령, 직업

④ 채취방법

⑤ 관련사건명

⑥ 사건개요

⑦ 감정물 구분번호

⑧ 사건 취급자의 계급, 성명, 관서 명

3. 변질방지

수집・채취한 감정용 증거물 특히 혈액, 정액, 조직, 시체, 내용물 등은 다음 사항에 세심한 유의를 하여 그 변질을 방지하여야 한다.

① 일광의 직사를 피하여야 한다.

② 습기가 차지 않도록 건조한 곳에서 두어야 한다.

③ 손을 대거나 더럽혀지지 않도록 하여야 한다.

④ 계절에 따라 부패 또는 변질되기 쉬우므로 보관 시에는 반드시 냉장 보관하여야 하며, 조직일 경우에는 10% 포르말린 용액 또는 알코올에 보관하여야 한다.

⑤ 독물분석용 시료 또는 혈중알코올 측정용에는 방부제인 포르말린 용액이나 알코올을 첨가하여서는 절대 안 된다.

4. 증거물의 밀봉

감정용 증거물은 용기에 담았거나 넣었을 때에는 다음 요령에 따라 밀봉하여야 한다.

① 유리병 또는 플라스틱 병을 사용시는 물로 깨끗이 세척하여 사용하여야 하며, 깨끗한 솜이나 알코올로 소독한 코르크로 마개를 하여야 한다.

② 독물성분 시료에는 알코올을 사용하여서는 안 된다.

③ 용기를 밀봉하면 즉시 취급자 또는 책임자가 밀봉한 개소마다 날인할 것

5. 증거물의 포장

감정용 증거물은 변질 파손 또는 오손되지 않도록 견고하게 포장하여야 하며 특히 다음사항에 유의하여야 한다.

① 감정용 증거물은 한가지마다 개별 포장을 하여 파손・마멸을 방지하여야 한다.

② 개별 포장된 것을 종합하여 다시 포장할 경우 용기와 용기 증거물과 증거물의 마찰을 피하고 가급적 포장된 내부에서 증거물이 따로 놀지 않도록 솜 등을 끼워야 한다.

③ 우송 시에는 포장 후 책임자가 반드시 완전히 포장하였는지의 여부를 확인하여야 한다.

6. 증거물의 송부

수집・채취된 증거물은 지체 없이 최단시간 내에 접수하여 감정 처리할 수 있도록 신속히 송부하여야 한다. 이렇게 함으로써 변질, 파손, 오손, 마멸을 방지할 수 있다. 아울러 다음 사항도 유의하여야 한다.

① 부패 변질이 우려되는 감정 물은 견고히 포장하여 인편으로 신속히 송부한다.

② 특히 여름철에는 인편으로 신속히 송부하여야 한다.

③ 부득이 우송하게 될 경우에는 포장 물 표면에 "지급"이라고 기재하고 그 포장을 철저히 하여야 한다.

Police Professor Investigative Practice

제2편 | 수사각론

제1장 대인범죄수사

제1절 살인사건 수사

Ⅰ. 개 설

1. 살인사건의 특징

살인죄라 함은 고의로 타인의 생명을 빼앗는 것을 내용으로 하는 범죄이다. 살인죄는 형법상 각 범죄 중 극단적으로 법질서를 파괴하고, 개개의 피해자 가족, 현장 부근 주민들에게 직접적인 충격을 주고 나아가 일반 사회에까지 생활의 안전을 위협하여 생존불안의 심리를 유발 국가안녕에 중대한 영향을 야기하고 날로 수법이 교묘해져가고 있다. 살인범죄는 범죄현장에서 단서를 얻는 것이 보통이다. 특히 살인현장에는 피해자의 시체는 있으나 때로는 신원이 불명한 경우가 있으므로 이런 때에는 피해자 신원판명이 범죄원인과 사건해결에 실마리가 된다. 또한 살인범죄는 대부분 '동기와 목적'이 있기 마련이며 이에 대한 규명이 선행되어야 한다. 그러므로 수사관은 이와 같은 점에 과학적인 수사기법과 풍부한 경험을 살려 계획수사와 공조수사체제로 착실히 사건 수사를 진행시켜야 한다.

2. 살인사건의 유형

① 보통살인
② 존속살인
③ 영아살인
④ 촉탁 · 승낙에 의한 살인
⑤ 자살교사 및 방조
⑥ 위계 · 위력에 의한 살인

Ⅱ. 살인사건 수사의 일반적 진행과정

1. 초동조치

(1) 순찰지구대 · 파출소에서의 조치

신고를 받은 순찰지구대 · 파출소에서는 즉시 종합상황실을 경유하여 본서에 보고하여야 하며 보고 시에는 긴급배치가 필요한 경우 그 일시 및 장소, 범인의 인상착의, 특징, 소지품, 도주방향 등을 동시에 보고하여야 한다. 보고와 동시에 순찰 등 외근근무 중인 직원에게 연락하여 현장에 즉시 임장토록 조치하고 임장하는 경찰관은 도중에 수상한 자가 있는지를 살피면서 현장으로 급행한다.

(2) 경찰서의 조치

순찰지구대·파출소의 보고를 받은 본서의 간부는 긴급배치의 여부, 배치의 범위 및 수사 활동의 중점 사항을 판단하고 필요시에는 지방경찰청 관계 각과에 즉시 보고한다. 또는 각 순찰지구대·파출소에 대하여 일제수배를 실시하고 긴급배치 필요시에는 즉시 직원을 소집하여 긴급배치를 실시한다.

(3) 현장 도착 후의 조치

현장에 도착한 경우 도착시간을 확인하고 생존한 피해자가 있으면 즉시 구호조치와 동시에 피해자로부터 수사자료(범인, 피해상황, 피해자의 신원, 현장 또는 부근에 있었던 사람 등)를 청취한다. 이 경우에는 녹음기 또는 녹화기를 사용하는 것이 좋다. 먼저 도착한 순찰지구대·파출소장 등 외근 간부는 출입금지 구역을 설정하여 출입을 통제하고 즉시 추가 수배에 필요한 사항을 파악하여 본서에 보고하고 범죄현장 부근을 수색하여 범인이 은신해 있는 경우 체포활동을 한다. 아울러 책임간부와 임장자는 현장보존에 유의하여 초동수사 활동을 전개한다.

2. 현장관찰 및 유의사항

① **범인의 출입관계** : 침입지역, 개소, 침입방법, 도주로 및 도주방법 등

② **시체의 관찰** : 시체의 위치, 자세, 창상의 부위와 그 수(數), 창상의 상황, 사후경과시간의 추정, 살해방법, 착의상황, 혈흔의 상황, 수상(受傷)당시의 자세, 시체로부터 지문채취, 흉기의 추정

③ **동기(動機)의 판단** : 강도 등 재물이 목적인지 또는 원한이나 치정인지의 여부 판단

④ **감별(鑑別)수사** : 지리감 또는 연고감이 있는 자의 범행인지 여부

⑤ **공범유무의 수사** : 범행현장의 족적과 흉기의 종류 및 수(數) 등을 통하여 공범유무파악

⑥ **유류품의 발견 채취** : 유류품의 종류, 유류상황의 확인, 유류품에서의 지문채취 등

⑦ **기 타** : 피해자의 신원확인 및 저항흔적의 유무, 신체, 의복의 부착물 및 부착상황, 피해자의 소지 휴대폰 등에 대하여도 확인

3. 수사방침의 결정

현장관찰 및 현장자료수집의 결과를 토대로 수사회의를 개최하여 수사방침을 결정한다. 수사방침을 결정한 후에는 수사요원을 확보하고 각 요원별 임무를 분담하고 수사용 기자재를 확보하여 수사의 진행에 차질이 없도록 하여야 한다.

4. 수사활동

살인사건 수사의 경우 여러 가지 수사실행의 방법이 필요하다. 즉 참고인 및 목격자를 상대로 한 탐문수사, 현장을 중심으로 한 수사, 범인의 인상·특징에 의한 수사, 감별수사, 유류품수사, 감식수사, 용의자 내사 및 추적수사의 과정을 거쳐 범인의 검거에 이르게 한다.

Ⅲ. 범인체포 전의 수사

1. 검거단서

① **직접적인 물적 단서** : 현장유류품, 지문, 족적, 윤적(輪跡), 혈흔, 장물(강도 살인인 경우) 등

② **간접적인 물적 단서** : 법의학적 감정결과 등 과학기술방법에 의한 판단결과

③ **인적 · 무형적 단서** : 수사관의 수사경험을 통한 판단이나 추리와 이를 토대로 한 직무질문, 전과자, 불량배에 대한 착안 등

④ **수동적 단서** : 피해신고, 밀고, 자수 등

2. 초동수사 및 현장관찰

모든 범죄는 단서를 남기게 마련이며 비록 완전범죄를 시도하였다 하더라도 그 나름대로의 단서가 남게 된다. 범인불명의 살인사건 검거는 결국 위와 같은 단서 포착 여하에 달려있으며 특히 직접 또는 간접적인 물적 단서의 포착이 가장 확실하고 바람직하며 그러기 위해서는 초동수사단계에서의 범죄현장수사가 무엇보다도 중요하다.

3. 사인(死因)규명

살인범죄 수사는 먼저 그 사인이 명확하게 규명되어야 한다.

(1) 살해행위별 유형

살해유형에 따라 현장의 상황과 창상의 모양을 세밀하게 검사함으로써 사망원인의 판별이 가능하다.

① **교살(絞殺)** : 끈(허리띠, 수건, 넥타이, 노끈 기타 이에 준하는 물건 등)으로 목을 졸라매어 질식하게 하여 죽음에 이르게 하는 행위이다. 피해자의 목 부분(경부)을 검사함으로서 알 수 있으며 대개 끈은 현장에 남아 있는 경우가 많다.

② **액살(扼殺)** : 액살이란 손으로 목을 눌러 압박함으로써 질식하게 하여 죽음에 이르게 하는 것이다. 액살의 흔적으로 손톱자국(爪痕)이 남아 있으므로 이 흔적에 대한 사진을 촬영하여 증거로 보존하여야 한다.

③ **절자살(切刺殺)** : 예리한 단도나 식도, 기타 뾰족한 것으로 찌르거나 베어서 다른 부위에 치명상을 주거나 다량의 출혈로 인하여 죽음에 이르게 하는 행위이다. 창상은 창구(創口)가 대개 정연(整然)함이 보통이다.

④ **총살(銃殺)** : 권총 등 총기를 이용하여 신체의 치명적 부위에 발사시켜 살해하는 행위를 말하는 것이다. 탄피가 현장에 남아 있는 경우가 많고, 총탄이 관통되지 않은 것은 체내에 남아 있으며 관통된 것이라도 현장에 떨어져 있는 경우가 있으므로 이것을 잘 수집하여 이화학적 검사를 하면 총기의 종별과 개별성을 식별할 수 있다.

⑤ **박살(撲殺) · 타살(打殺)** : 이것은 돌덩어리, 곤봉, 철봉, 기타 둔기(鈍器)로 때려서 죽이는 것을 말하는 것이다. 창상은 그 부위가 부정연(不整然)하다.

⑥ **독살**(毒殺) : 독약이나 독극물을 복용케 하여 살해하는 것이다. 법의해부(法醫解剖)를 하여 위액을 채취 검사하면 판별된다.

⑦ **소살**(燒殺) : 휘발유, 시너, 석유 기타 강력한 인화물질을 사용하여 불에 태워서 살해하는 행위인데 방화사건에 있어서 살해수단을 병행하는 예가 있다. 죄증(罪證)을 인멸하기 위하여 살해 후에 태워 없애는 경우도 있다.

⑧ **폭살**(爆殺) : 폭발성 화약이나 화공약품 등을 폭발시켜 살해하는 행위인데 이것은 정치적 테러 기타 암살수단으로 많이 사용되나 종종 일반적인 살인의 수단으로 사용되는 경우도 있다.

⑨ **기타 방법으로의 살해행위** : 부양의무자가 피부양자에게 음식물을 제공하지 않아 아사(餓死)하게 하거나 유아에게 젖을 주지 않아서 죽음에 이르게 하는 부작위에 의한 살해행위가 있고, 또는 절벽이나 강변에 떠밀어 살해하고 실족사(失足死)로 가장하는 경우도 있다. 이외에도 교묘한 방법으로 살해하는 경우도 있으므로 주의하여 살펴야 한다.

(2) 사인규명(死因糾明)과 부검(剖檢)

범인불명의 살인사건수사는 발견된 변사체에 대한 사인규명으로부터 시작된다. 먼저 시체의 외부를 검안하여 사망의 원인을 명백히 알 수 있을 때에는 그 이상의 검토는 필요로 하지 않겠으나 조금이라도 의문점이 있는 경우에는 시체를 부검하여야 한다.

4. 사망의 일시와 장소확정

(1) 일반적인 사망시간 확정방법

① 피해자 자신의 습관 또는 업무관행을 기초로 하여 산출하는 방법

② 피해자 이외에 일정한 시각에 현장 또는 부근을 통과하는 자의 통과시각을 기초로 산출하는 방법

③ 기상에 의하여 산출하는 방법

④ 시체에 시계가 있을 경우 범인과 격투 또는 폭행을 당할 때 시계가 외부적인 충격으로 인하여 정지된 경우 시계가 표시하는 시각에 의하여 추정할 수 있다.

(2) 법의학적(法醫學的) 사망시간 추정방법

① **체온의 냉각(저하)** : 체온은 사망시각부터 냉각하기 시작한다. 건강체의 경우 일반적으로 사후 24시간 정도에서 주위의 온도와 같게 된다.

② **각막의 혼탁**(混濁) : 사망 직후부터 흐려지기 시작하여 24시간이 되면 동공을 보기 어려울 정도가 된다. 각막의 혼탁이란 안구의 까만 곳이 하얗게 흐려지는 것을 말한다.

③ **시체얼룩**(屍班) : 사후 1시간 경과 후에 저위에서부터 적자색으로 나타나고, 2~3시간 후에는 비교적 현저히, 그리고 12~14시간 후에는 더욱 뚜렷이 나타난다. 사후 3~5시간 후에 체위를 바꾸면 새로이 아래쪽으로 놓여 진 부위에 생기고 먼저 생긴 곳은 사라지나, 사후 10시간 이상 되면 전위에 의하며 시체얼룩의 위치가 바뀌지 않는다.

④ **시체굳음**(死後强直) : 성인은 사후 2~4시간에 턱, 목 등 상부관절에서부터 발현하여 15시간 정

도 되면 전 관절에 미쳤다가 3~4일 후에 이완된다. 그 속도는 주위의 온도가 높을수록 빠르다. Nysten 법칙에 따른 시체굳음 순서는 턱관절 → 어깨관절 → 발목 → 손가락, 발가락 순이다

⑤ **부패현상(腐敗現象)** : 일반적으로 강직이 풀릴 때부터 시작한다. 그 진행 정도는 온도, 공기의 유통에 따라 다른데 공기 중의 1주간은 수중의 2주간, 지중의 8주간에 해당한다고 한다. Casper법칙 - 공기 : 물 : 흙 = 1 : 2 : 8

⑥ **위장의 내용물** : 음식물의 위장체류시간은 보통 3~5시간이라고 한다. 따라서 장내 내용물 및 소화의 정도는 사망 전 최종 식사시간부터 사망까지의 시간을 추정하는 자료가 된다. 또한 음식물의 종류를 감별함으로서 의외의 단서가 나타나기도 한다.

(3) 사망장소

일반적으로 살해착수의 장소가 바로 결과발생의 장소가 되지만, 원거리 사격에 의한 총상 또는 독살의 경우 또는 총상자가 어느 정도 몸을 이끌면서 간 경우 등은 사망의 원인 제공 장소와 사망한 장소가 다르다. 또한 시체가 다른 곳으로 운반되거나 수중(水中)에 투기되는 경우가 많으므로 시체는 살해현장 이외의 곳에서 발견되는 경우가 많으므로 주의해야 한다.

5. 살인범죄의 동기(動機)파악

살인범 수사는 그 동기가 무엇인가에 따라 수사방향이 달라진다. 그러므로 수사 시작 시에 동기가 무엇인가가 규명되어야 한다. 살인의 일반적인 동기를 살펴보면 재물, 원한, 치정, 분노, 범죄은폐, 미신, 정신이상 등을 들 수 있다.

(1) 재물(財物)탈취 목적의 살인

재물을 동기로 하는 것은 강도 살인이 대부분이다. 생활난, 주색, 방탕에 대한 자금조달, 사업자금 조달 등으로 살해행위는 처음부터 계획된 경우는 없다. 강·절도를 목적으로 하다가 범행 중 신분노출, 발각, 피해자 반항 등으로 살해한다. 금품이 목적이기 때문에 벽장, 금품이 들어있을 만한 개소를 수색한 흔적이 있고, 일반인이 잘 모르는 곳을 수색했다면 연고감이 있을 수도 있다. 다른 사람이 알 수 없는 통로로 침입하거나 도주하였다면 원한에 의한 것은 아닌지 검토할 필요가 있다.

(2) 원한(怨恨)관계에 의한 살인

① **남녀관계** : 동거생활을 하던 부부가 어떤 원인으로 이별 후 남편으로부터 재동거의 요청을 받았으나 이미 정부가 생겨 거절당할 때, 원한을 품고 情夫와 부인을 살해하는 경우

② **경제(금전)관계** : 동종 영업의 성황에 앙심을 품거나 생활이 궁하여 친구에게 돈을 빌려 달라고 하였으나 냉담하게 거절당한 경우 원한을 품고 살해

③ **고용관계** : 해고로 인하여 실직되어 생활난에 허덕일 때 원한으로 고용주를 살해하는 경우

④ **모욕·치욕관계** : 심한 모욕을 당하여 치욕적 반응을 일으켜서 그 상대자를 살해하는 경우

⑤ **복수관계** : 불타는 복수심에서 원한을 품고 합리적인 복수행위를 발견하지 못하였을 때 상대자를 살해

(3) 치정(癡情)에 의한 살인

자기가 혼자 짝사랑을 하다가 연정을 고백했으나 냉담하게 거절당하였다거나, 정부가 변심을 하였다던가, 의처증이 강한 부부간에 어떤 오해로서 살해행위로 나오는 수가 있다. 이러한 범죄의 특징은 수단·방법이 원한의 동기와 같은 잔혹성이 있고, 간음, 기타 사체에 성적 흔적이 남게 된다. 동거중인 자 중에는 살인을 하고 그 흔적을 없애기 위하여 자살을 가장하거나 살해 후 방화하여 마치 화재로 소사한 것처럼 위장하는 예가 있다.

(4) 분노(憤怒)에 의한 살인

분노에는 공적인 분노와 사적인 분노가 있다.

① 공적 분노에 의한 살인은 특정인의 언동이 국가의 이익을 해친다거나 국정이나 국정을 문란케 하는 정치성을 띤 분노심으로서 위정자 또는 저명인사를 살해하는 경우인데, 대개 이러한 범인은 타인으로부터 선동 받거나, 교사·언론계의 비판에 자극되거나 정치적 신조를 확신하는 과격성인 인물이 많다. 이런 인물은 세속에 물들지 않은 청년층이 많으며 범인을 누구인가를 추정하기는 쉬우나 그 배후 인물을 추궁하기는 어려우므로 명백히 할 필요가 있다.

② 사적 분노에 의한 살해행위는 그 발단원인이 대단하지도 않은 것에서 생기는 수가 있다. 과격성인자, 충동성인자는 여러 사람 앞에서 모욕을 당하거나 부녀자 앞에서 무시를 당한 사소한 치욕적 원인으로 분개하여 언쟁하다가 돌이나 몽둥이로 살해하는 수가 있다. 대부분의 범인은 일시적 충동으로 살해행위를 하였으나 범행 직후 후회하고 자수하거나 자살하는 경우가 있다.

(5) 범죄은폐를 위한 살인

중대한 다른 범죄를 감행한 것을 알고 있는 자를 생존시켜 두면 언젠가는 그 범죄가 발각될지 몰라 살해하거나 타인에게 범죄행위를 목격 당하여 목격자를 살해하여 사체를 현장에 방치하거나, 강물, 하천, 땅속, 불태우는 경우도 있다.

(6) 미신(迷信)에 의한 살인

인체의 특정부위(간, 두개골 등)가 불치병의 특효약이라는 그릇된 믿음에서 비롯되는 경우 또는 사이비 종교의 잘못된 교리를 맹신함으로써 발생하기도 한다.

(7) 정신이상 살인

정신병자가 사람을 살해하는 경우가 있다. 때로는 몽상적(夢想的)이고 망상적(妄想的)인 정신이상에서 어떤 사람이 자기를 살해하려고 한다고 착각하고 급작스럽게 범행을 저지르거나, 심한 정신분열 또는 피해망상에 의해 살해하는 경우가 있다. 정상적인 사람이 살해하고 정신이상으로 자기 죄를 모면하려는 경우도 있다.

Ⅳ. 범인체포 후의 수사

1. 피의자 수사

6하 또는 8하 원칙에 따라 신문하여야 하며, 특히 다음과 같은 사항에 관하여 상세히 신문하여야 한다.

① 범인의 경력

② 피해자와의 관계

③ 살해의 동기

④ 결의(決意)의 일시

⑤ 흉기입수의 경로

⑥ 범행일시 장소와 살해의 방법 등

⑦ 범행 후의 상황(흉기 기타 범행에 사용한 물건 및 장물의 처분경로와 시체 기타 증거를 인멸한 상황)

⑧ 공범의 유무

⑨ 범행을 부인할 경우 범행시의 언동, 흉기의 종류, 창상의 부위 및 그 정도

⑩ 술에 취해 기억이 나지 않는다고 변명할 경우 평소의 주량, 당일의 음주량, 범행에 전후하여 일어난 다른 사실의 기억여부(특히 피의자에게 유리한 사실)를 신문

⑪ 정당방위라고 변명할 경우 현장의 상황과 비교하여 모순점 유무를 판별하고 모순된 부분에 대하여 재조사

2. 방증자료 수집결과의 재검토

① 피의자의 진술내용과 피해상황 등 : 현장의 상황과 비교하여 모순점 유무를 파악한다(범행현장에서 범행을 재연시켜 보고 모순점이 발견되면 이에 대하여 확인)

② 흉기, 독약 기타 범행에 사용한 물건의 입수처를 확인

③ 피해자의 관계, 범행의 동기 등을 뒷받침할 수 있는 자료를 조사

④ 현장상황 및 참고인, 목격자의 진술결과와 피의자의 진술내용을 비교하여 의문점이 있으면 다시 추궁

⑤ 흉기 기타 범행에 사용된 물건을 버린 곳을 수색하여 이를 발견 압수하고 장물처분 경위를 조사

⑥ 현장부재증명을 제시할 경우 그 진위를 조사하는 한편 범행의 일시, 장소 등을 단정하게 된 자료(사망추정시각에 관한 참고인의 진술내용, 기타 현장조사결과 등)들을 다시 검토

3. 참고인 조사

① **목격자 재수사** : 이미 수사한 목격자라도 피의자와 다시 대질

② **관련사항 조사** : 피의자의 진술 중에서 주요 조사사항에 관련된 참고인을 조사

③ **피해자 유족조사** : 처벌 희망 여부를 확인

Ⅰ. 강도죄의 의의

강도죄는 폭행 또는 협박으로 타인의 재물을 강취하거나 재산상의 이익을 취득 또는 제3자로 하여금 취득케 함으로써 성립하는 범죄로써 그 보호법익은 재산권과 자유권이며 보호의 정도는 침해범이다. 강도죄는 재물을 절취한다는 점에서는 절도와 유사하나 사람에 대하여 폭행·협박 등의 유형력을 행사한다는 점과 강도의 실행 중 더욱 중대한 범죄(살인, 강간 등)로 이어지는 경우가 많아 사회적으로 미치는 파장은 절도죄와 비교할 때 훨씬 크다 할 것이다. 우리 형법상 강도죄의 기본적 구성요건으로는 다음과 같은 것들이 있다. 강도죄, 준강도죄, 인질강도죄, 특수강도죄, 강도상해치사죄, 강도살인치사죄, 강도강간죄, 해상강도죄, 상습강도죄 등이 있다.

Ⅱ. 강도죄의 수법

강도는 일반적으로 범행시 일정한 수법을 필요로 하는 범죄로써 다음과 같은 수법이 있다.

① **침입강도** : 사람의 주거나 영업장소, 차량, 선박, 항공기 등에 침입하여 재물을 강취하는 수법으로 일반적 강도의 수법이다.

② **인질강도** : 사람을 납치 또는 감금하여 인질로 잡고 그 석방의 대가로 금품을 강취하는 방법이다.

③ **노상강도** : 어두운 골목길에서 행인을 흉기로 폭행 또는 협박하여 소지품을 강취하는 것이다. 소위 퍽치기 수법 등이 이에 해당한다.

④ **준강도** : 절도가 재물의 탈환을 항거 또는 체포를 면탈하거나 죄증을 인멸할 목적으로 폭행 또는 협박을 하는 경우

Ⅲ. 수사방법

① **초동수사** : 초동수사요령은 살인사건수사와 동일하다.

② **수사긴급 배치** : 강도죄에 있어서 수사긴급배치는 무엇보다 중요하다. 일반적으로 피해자가 포박되어 있는 경우를 제외하고는 피해 즉시 신고 되는 경우가 많아 신속하고 적정한 긴급배치는 현장부근에서 범인 검거의 가능성을 높여준다. 그러므로 현장에 최초로 임장한 순찰지구대·파출소 경찰관은 피해자 등 사건관련자들은 신속히 확보하여 범인에 관련된 사항을 신속히 파악하여 긴급배치에 투입된 근무자들에게 전파함으로써 수사긴급배치의 효과를 높이도록 하여야 한다.

③ **피해자 조사** : 피해자에게는 피해품의 종류, 품목, 수량, 가액, 피해품 소지의 상황, 피해를 당하게 된 경위와 범인의 인상착의 등을 확인하여야 한다. 폭행·협박이 반항을 억압할 정도인지 명백히 한다.

④ **목격자 등 참고인의 확보** : 사건현장을 중심으로 하여 광범위하게 범행목격자, 또는 범행 후 도주

하는 범인을 목격한 자가 있는지 등에 대하여 탐문을 실시하고 이와 같은 참고인을 확보하면 가급적 빠른 시간 내에 그 진술을 확보해 두어야 한다. 예 주변 주차한 차주, 우유 · 신문 · 음식점 배달원 등 상대 탐문

⑤ **흉기 등의 발견** : 강도의 경우에는 대부분 범행에 흉기를 사용하게 되고 범행 후 도주할 때에는 검문에 걸릴 것을 대비하여 현장부근의 눈에 띄지 않는 곳에 흉기를 버리는 경우가 많으므로 현장부근을 철저히 수색하는 등 범행에 사용한 도구의 발견에 노력하여야 한다.

⑥ **수법수사** : 수범범죄인 강도는 아무리 주의를 기울여 범행을 한다 해도 반드시 현장에는 그 무형적 수법이 남아있기 마련이므로 세밀한 현장관찰을 통하여 이를 발견하여 「범죄수법영상시스템」을 활용하여 동일 수법 전과자 등의 수사를 통하여 범인검거에 노력하여야 한다.

⑦ **장물수사** : 장물은 재물범죄의 가장 중요한 단서로서 장물유입경로의 추적은 범인특정과 체포의 지름길이 되기 때문에 피해품이 확인되면 즉시 장물수사에 착수하여야 한다.

⑧ 강도유형별 중점 수사사항

㉠ **인질강도** : 인질강도의 경우에는 피해자의 신변보호가 무엇보다 중요하다. 유괴범 수사요령 참조

㉡ **강도상해** : 폭행과 상해와의 인과관계를 확인하여야 하며 피해자에 대한 응급조치가 선행되어야 한다.

㉢ **강도살인** : 초동수사과정에서는 단순히 살인인지 강도살인인지의 여부가 불명확하기 때문에 살인죄 수사요령에 따른다.

㉣ **총기휴대강도** : 주요 도주 예상길목에 무장경찰 배치가 효과적이다

㉤ **차량이용강도** : 다른 범죄보다 현장보존의 실효성이 적다.

㉥ **택시강도** : 평소 관할 모범운전자와 협조하고, 광역배치 공조수사체제 유지하여 승차지점과 범행차량 발견시 해당서에 통보하고 현장보존 한다. 다시 접근시 검거에 대비하고, 즉시 감식하거나 피해자에게 환부하지 않도록 유의한다. 택시 비상등 점멸시 검문요령 준수.

Ⅰ. 성범죄 개관

성범죄에 있어서 성폭력개념은 성기 중심적이고 물리적인 강제행위에 초점을 맞추어온 종전의 개념에 반하여 성을 매개로 여성에게 가해지는 일련의 강제 및 통제행위로서의 신체적, 정신적, 언어적 폭력을 포괄하는 개념의 정립을 필요로 한다. 다양한 종류의 강간, 어린이 성추행을 포함한 각종 성폭행, 성적 학대와 성적희롱, 성기노출, 음란전화 등이 모두 해당된다고 할 수 있다.

강제행위는 물리적인 것뿐만 아니라 다양한 형태의 협박, 위계나 속임수, 위력행사에 의해 강제성이 부과되는 경우 또는 강제행위에 대해 직접적인 거부를 하지 못할 만큼 피해자를 무력하게 만든 상태에서 행위가 이루어지는 경우를 모두 포함한다.

1. 성범죄의 유형

(1) 형법

① **풍속을 해하는 죄** : 음행매개(제242조), 음화 등의 반포 등(제243조), 음화제조 등(제244조) 및 공연음란의 죄(제245조)

② **약취와 유인의 죄** : 추행 또는 간음을 목적으로 하거나 추업에 사용할 목적으로 범한 영리 등을 위한 약취・유인・매매의 죄(제288조) 및 그 수수・은닉의 죄(제292조) 등

③ **강간과 추행의 죄** : 강간(제297조), 강제추행(제298조), 준강간, 준강제추행(제299조), 미수범(제300조), 강간 등 상해치상(제301조), 강간등 살인치사(제301조의2), 미성년자등에 대한 간음(제302조), 업무상위력등에 의한 간음(제303조) 및 미성년자에 대한 간음, 추행(제305조), 피구금부녀 간음(제303조 제2항)

(2) 성폭력범죄의처벌등에관한특례법

① **특수강도강간 등**(제3조)

㉠ 주거침입, 야간주거침입절도・특수절도의 죄를 범한 자가 강간, 유사강간, 강제추행, 준강간, 준간제추행의 죄를 범한 경우

㉡ 특수강도의 죄를 범한 자가 강간, 유사강간, 강제추행, 준강간, 준강제추행의 죄를 범한 경우

② **특수강간 등**(제4조) : 흉기 기타 위험한 물건을 휴대하거나 2인 이상이 합동하여 강간, 강제추행, 준강간, 준강제추행의 죄를 범한 경우

③ **친족관계에 의한 강간죄**(제5조) : 존속 등 연장의 친족(법률적・사실상의 친족은 4촌 이내의 혈족 또는 인척을 말함)이 강간, 강제추행의 죄를 범한 경우

④ **장애인에 대한 강간・강제추행 등**(제6조)

㉠ 신체장애・정신장애로 인하여 항거불능인 사람을 간음・추행한 경우(단, 강간행위는 강간죄로 처벌)

㉡ 장애인의 보호·교육 등을 목적으로 하는 시설의 장 또는 종사자가 보호·감독의 대상이 되는 장애인에 대하여 간음·추행하는 경우

⑤ **13세 미만의 미성년자에 대한 강간, 강제추행 등**(제7조)

㉠ 13세 미만의 사람에 대하여 강간의 죄를 범한 자, 폭행 또는 협박으로 구강·항문 등 신체(성기를 제외한다)의 내부에 성기를 삽입하는 행위, 성기나 항문에 손가락 등 신체(성기를 제외한다)의 일부나 도구를 삽입하는 행위에 해당하는 행위를 하는 경우

㉡ 위계 또는 위력으로써 13세 미만의 사람에 대하여 간음·추행을 하는 경우

⑥ **강간 등 상해·치상죄**(제8조) : 강간 등(미수범포함)의 죄를 범한 자가 사람을 상해하거나 상해에 이르게 한 경우

⑦ **강간 등 살인·치사죄**(제9조)

㉠ 형법상 강간, 강제추행, 준강간, 준강제추행의 죄를 범한 자가 피해자를 살해한 경우

㉡ 특수강간의 죄를 범한 자, 또는 친족관계에 의한 강간, 13세 미만의 미성년자 강간, 장애인에 대한 강간등의 죄를 범한 자가 피해자를 사망에 이르게 한 경우

⑧ **업무상 위력 등에 의한 추행죄(미수범×)**(제10조)

㉠ 업무·고용 기타 관계로 인하여 자기의 보호 또는 감독을 받는 사람에 대하여 위계 또는 위력으로써 추행한 경우(2년 이하 - 긴급체포대상×)

㉡ 법률에 의하여 구금된 사람을 감호하는 자가 그 사람을 추행한 경우

⑨ **공중밀집장소에서의 추행죄**(1년 이하 - 긴급체포대상×, 미수범×)(제11조) : 대중교통수단, 공연·집회장소 기타 공공이 밀접한 장소에서 사람을 추행한 경우

⑩ 성적 목적을 위한 공공장소 침입(1년 이하-긴급체포대상×, 미수범×)(제12조) : 자기의 성적욕망을 만족시킬 목적으로 공중화장실에 관한법률에 따른 공중화장실 등 및 공중위생관리법에 따른 목욕장의 목욕장 등 대통령령으로 정하는 공공장소에 침입하거나 같은 장소에서 퇴거를 요구받고 응하지 아니하는 경우

⑪ **통신매체이용음란죄**(2년 이하 - 긴급체포대상×, 미수범×)(제13조) : 성적 욕망을 유발하거나 만족시킬 목적으로 전화·우편·컴퓨터 기타 통신매체를 이용하여 성적 수치심이나 혐오감을 일으키는 말이나 음향, 글이나 도화, 영상 또는 물건을 상대방에게 도달케 하는 경우

⑫ **카메라 등 이용촬영**(5년 이하 - 긴급체포대상)(제14조)

㉠ 카메라 기타 이와 유사한 기능을 갖춘 기계장치를 이용하여 성적 욕망 또는 수치심을 유발할 수 있는 타인의 신체를 그 의사에 반하여 촬영하거나 그 촬영물을 반포·판매·임대 또는 공연히 전시·상영하는 경우

㉡ 영리목적으로 촬영물을 정보통신망 이용촉진 및 정보보호 등에 관한 법률의 정보통신망을 이용하여 유포하는 경우

(3) 아동 · 청소년의 성보호에 관한 법률

(가) 정의

① **아동 · 청소년** : 19세 미만의 자를 말한다. 다만, 19세에 도달하는 해의 1월 1일을 맞이한 자는 제외한다.

② **아동 · 청소년 대상 성범죄**

㉠ 아동 · 청소년에 대한 강간, 강제추행 등(7조), 아동 · 청소년이용음란물 제작, 배포 등(11조) 단, 아동 · 청소년이용음란물을 소지한 자는 제외, 아동 · 청소년 매매행위(12조), 아동 · 청소년의 성을 사는 행위(13조), 아동 · 청소년에 대한 강요행위 등(14조), 알선영업행위 등(15조).

㉡ 아동 · 청소년에 대한 특수강도강간등(성폭력처벌및피해자보호에관한법률 제3조), 특수강간등(제4조), 친족관계에의한 강간등(제5조), 장애인에 대한 간음 등(제6조, 신체장애 또는 정신장애로 항거불능상태에 있음을 이용), 13세미만의 미성년자에 대한 강간, 강제추행 등(제7조), 강간 등 상해 치상(제8조), 강간 등 살인, 치사(제9조), 업무상위력등에 의한 추행(제10조), 제3조부터 제9조까지의 미수범은 처벌한다(제15조).

㉢ 아동 · 청소년에 대한 강간(형법 제297조), 강제추행(298조), 준강간, 준강제추행(299조), 미수범(300조), 강간 등 상해, 치상(301조)강간 등 살인 치사(301조의 2), 미성년자등에 대한 간음(제302조),업무상위력등에의한 간음(제303조), 미성년자에 대한 간음 추행

③ **아동 · 청소년 대상 성폭력범죄** : 아동 · 청소년대상 성범죄에서 제11조부터 제15조까지의 죄를 제외한 범죄를 말한다.

④ **아동 · 청소년의 성을 사는 행위** : 아동 청소년, 이동 청소년의 성을 사는 행위를 알선한 자 또는 아동 청소년을 실질적으로 보호 감독하는 자 등에게 금품이나 그 밖의 재산상의 이익, 직무 편의제공 등 대가를 제공하거나 약속하고 다음의 행위를 아동 청소년을 대상으로 하거나 아동 청소년으로 하여금 하게 하는 것을 말한다.

㉠ 성교행위

㉡ 구강, 항문 등 신체의 일부나 도구를 이용한 유사 성교행위

㉢ 신체의 전부 또는 일부를 접촉 노출하는 행위로서 일반인의 성적 수치심이나 혐오감을 일으키는 행위

㉣ 자위행위

⑤ **아동 · 청소년 이용음란물** : 아동 · 청소년 또는 아동 · 청소년으로 명백하게 인식될 수 있는 사람이나 표현물이 등장하는 것으로 한정한다(제2조 제5호).

⑥ **대상 아동 청소년** : 아동 · 청소년의 성을 사는 행위를 한 자 또는 아동 · 청소년의 성을 사기 위하여 아동 청소년을 유인하거나 성을 팔도록 권유한 자의 상대방이 된 아동 청소년을 말한다.

2. 성범죄의 특성

(1) 일반적 특성

강간 등 성범죄의 경우 범죄발생 후 기일이 경과한 뒤에 신고 되는 경우가 많아 입증 및 증거수집이 곤란하고, 자백 등에 의존하여 범죄사실을 입증하여야 하는 경우가 많다. 또한 신고 후 상당수의 사건이 사후 합의가 이루어져 친고죄에 해당하는 성범죄의 경우 공소권이 없어 수사가 중단됨에 따라 조사관의 의지가 당초부터 박약하다는 문제점이 있다.

(2) 피해자의 특성

① **낮은 신고율** : 성범죄는 피해자의 수치심과 명예의 문제로 인하여 타 범죄에 비하여 암수범죄의 비율이 높다.

㉠ 신고를 하면 자신만이 알고 있던 부끄러운 일을 타인에게 알린다는 수치심

㉡ 조사시에 잊고 싶었던 피해사실을 다시 한 번 상기하여야 한다는 부담감

㉢ 성폭력이 미성년자에 대하여 친족 간이나 사제 간 또는 면식 있는 자에 의하여 이루어지는 경우 신고하기가 그리 쉽지 않고,

㉣ 피해자의 적극적인 반항이 있었으면 성폭력은 면할 수 있었던 것이 아닌가? 하는 식의 주변의 피해자 책임론적인 부정적 시각에 의하여 신고를 기피하게 된다.

㉤ 남자 경찰관이 조사할 경우의 부담감(여성조사관이 조사함)

② **증거제출 등에 소극적** : 신고를 하더라도 찢어진 옷, 정액이 묻은 속옷 등을 버리거나 세탁한 후인 경우가 많고 기일의 경과로 성범죄로 인하여 입게 된 상처가 치유된 후인 경우가 많다. 또한 범죄 피해시 당황하여 범죄사실을 자세히 기억하기 어렵고 또한 피해경위를 다시 기억하기 싫어하는 잠재의식으로 인하여 당시 정황을 상세히 알기 어렵다.

(3) 가해자의 특성

① 가해자의 경우 직접적인 물증이 없을 때는 부인으로 일관하는 경우가 많고,

② 피해자가 가해자에게 먼저 항의한 후 고소하는 경우가 많아 가해자가 조사 전에 답변자료 준비, 증거인멸 등의 시간적인 여유를 가짐으로 인하여 조사상의 어려움이 있다.

(4) 입증상의 특징

피해증거가 소멸하는 경우가 많아 피의자의 자백이나 정황증거에 의존하는 경우가 많기 때문에 피의자가 부인으로 일관하거나 묵비권 행사시에는 범죄사실의 증명이 곤란하다.

(5) 형사절차상의 특성

① 성폭력범죄에 대하여는 자기 또는 배우자의 직계존속도 고소할 수 있다.

② 성폭력범죄의 피해자의 신원과 사생활비밀누설금지(성폭력특별법 제21조) 등의 특례와 제한이 있다.

③ 성폭력 피해를 당한 16세 미만 미성년자나 장애인에 대하여는 진술내용과 조사과정을 비디오녹화기 등 영상물 녹화장치에 의하여 촬영·보존해야 한다. 다만, 피해자 또는 법정대리인이 이를 원하지 않는 의사를 표시한 때에는 촬영을 하여서는 아니 된다.

④ 녹화진술은 조사과정에 동석하였던 신뢰관계에 있는 자의 진술에 의하여 그 성립의 진정함이 인정된 때 증거능력 인정된다.

⑤ 성폭력 피해를 당한 16세 미만 미성년자 또는 장애인 조사시 재판이나 수사에 지장을 초래할 우려가 있는 등 부득이한 경우가 아닌 한 피해자와 신뢰관계에 있는 자를 동석하게 하여야 한다.

⑥ 기타 성폭력 피해자 조사시 피해자 또는 법정대리인의 신청에 의하여 피해자가 지정하는 자를 동석하게 할 수 있음.

⑦ 성폭력 피해자가 16세 미만 미성년자나 장애인일 경우 공판기일에 출석·증언에 현저히 곤란한 사정이 있을 때 별도의 소명 없이 증거보존 청구 가능

⑧ 아동·청소년에 대한 강간·강제추행 등의 죄의 법정형을 5년 이상의 유기징역에서 무기 또는 5년 이상의 유기징역으로 상향조정되었다(제7조).

⑨ 아동·청소년이용음란물임을 알면서 이를 소지한 자는 1년 이하의 징역 또는 2천만원 이하의 벌금에 처하도록 하였다(제11조 제5항).

⑩ 음주 또는 약물로 인한 감경 배제 규정의 적용 대상을 확대하였다(제19조).

⑪ 공소시효의 적용 배제 대상을 확대하였다(제20조).

⑫ 법원은 성폭력범죄를 범한 피고인에게 보호관찰, 사회봉사 또는 수강명령 등을 부과하기 위하여 필요한 경우 보호관찰소의 장에게 신체적·심리적 특성 및 상태, 정신성적 발달과정 등 피고인에 관한 사항의 조사를 요구할 수 있도록 하였다(제22조).

⑬ 신상정보 공개정보의 범위에 「도로명주소법」에 따른 도로명과 건물번호, 성폭력범죄 전과사실, 전자장치 부착 여부 등을 추가하였다(제49조).

⑭ 등록대상자의 신상정보 공개대상을 고지대상자가 거주하는 읍·면·동의 아동·청소년의 친권자 또는 법정대리인이 있는 가구, 어린이집의 원장, 유치원의 장, 학교의 장, 읍·면사무소와 동 주민자치센터의 장, 학교교과교습학원의 장과 지역아동센터 및 청소년수련시설의 장으로 하였다(제50조).

⑮ 성범죄자 취업제한 대상 기관을 인터넷컴퓨터게임시설제공업, 청소년활동기획업소, 대중문화예술기획업소 등으로 확대하였다(제56조).

II. 성범죄수사 진행절차(강간을 중심으로)

1. 초동수사단계

① **피해자의 구조** : 피해자가 입은 신체적인 피해는 즉각적인 치료를 요하는 경우가 많으며 심리적인 충격 또한 정신과적인 치료를 요하는 경우가 많다. 강간사건의 신고를 받고 출동한 경찰관은 피해자

의 심리적인 충격을 항상 고려하여야 하며 이러한 정신적 충격을 덜어 주도록 노력하여야 한다.

② 피해자에 대한 의학적 치료와 더불어 의사의 진단은 사건기록에 첨부된다. 통상적으로 의사의 진단에 포함되어야 하는 요소로서는, ㉠ 피해자의 신체적인 외상, ㉡ 강제적인 성교가 이루어졌다는 것을 증명하는 사실(보통 피해자의 진술에 의하면…), ㉢ 기수, 미수를 가리기 위해 성기 삽입의 유무, ㉣ 피의자를 특정할 수 있는 증거 등이다.

③ 피해 당시의 상황이나 범인에 대한 조사가 이루어 져야 한다. 피해자가 심한 충격을 받은 경우이거나 병원치료 중이라면 이러한 조사는 간단하고 핵심적인 부분 즉 수배를 위한 피의자의 인상착의 정도로 그쳐야 한다.

④ 최초로 현장에 임장한 경찰관은 현장보존에 유의하고 강간행위가 발생한 장소 주변에서 목격자확보에 주력해야 한다. 피해자나 목격자의 진술로 강간 피의자가 명확해진 경우는 검거에 주력하면 사건이 해결되나 만약 피의자가 불명한 경우에는 여러 가지 단서에 의해서 피의자를 특정해야 한다.

⑤ 피의자 특정에 이용될 수 있는 단서로는, ㉠ 피해자의 배경, ㉡ 피해자가 접촉한 사람이나 피해자가 강간피해를 당한 시간대에 피해자를 방문한 사람, ㉢ 현장에서 발견된 흉기, ㉣ 지리감 또는 연고감을 가지고 있거나 범행의 기회를 가질 수 있는 자, 즉 범죄현장과 피해자에게 접근할 수 있는 사람이나 실제로 강간이 발생한 시간에 범죄현장 주변에 있었던 사람, ㉤ 피해자의 심한 반항이나 반격에 의하여 상처를 입은 사람, ㉥ 주변에서 발생한 유사한 강간사건의 피의자 등을 대상으로 한다.

2. 추가적인 피해자 조사

① **용의자가 검거된 경우** : 검거된 용의자가 사건의 진범인지를 밝히는데 초점을 맞추어야 한다.

② **추가적인 조사를 실시하기 전까지도 범인이 특정되지 않은 경우**

㉠ 피해자의 기억을 환기시켜 범인을 특정 하는데 주력해야 한다. 범인이 범행당시에 입었던 옷의 색깔, 범인의 생김새, 특징적인 말씨나 행동 등 피의자의 특징적인 부분을 기억할 수 있도록 질문하여야 한다.

㉡ 피의자의 몽타주 작성 검토

㉢ 신원불상의 범인에 대한 용의자 수사시 용의자가 피해자에게 접근한 방법에 대해서도 상세히 조사되어야 한다. 다정하게 접근했는지, 처음부터 폭력적인 방법을 사용했는지, 강간피해를 당하기 직전에 피해자는 무엇을 하고 있었는지, 어디에 있었는지, 처음 용의자가 피해자에게 접근할 때 목격자는 없었는지 등의 행동적 특성에 따른 용의자의 특정을 위한 것 들이다. 물리력의 행사와 그 정도는 강간범의 행동적인 특징을 결정하는데 아주 중요하다. 물리력 행사에 대한 상세한 진술, 즉 사소한 위협이었는지, 아니면 폭력을 행사하였는지 또는 그 이상의 물리력을 행사하였는지 여부를 상세히 조사하여야 한다. 또 피해자의 반항에 대한 강간범의 태도이다. 이러한 조사에는 피해자에게 거부감을 불러일으킬 수 있으므로 조사관은 이러한 조사는 범인 검거에 꼭 필요하다는 것을 피해자에게 잘 인식시켜야 한다.

3. 목격자 조사

① 최초로 강간사건을 신고 받은 경찰관은 신고자가 목격자인 경우 목격자의 신원을 확인해 두어야 하며 강간사건이 특정한 시간, 장소에서 이루어진 경우 주변의 목격자를 확보하여 조사하여야 한다.

② 피해자가 최초로 도움을 청한 사람이 있다면 그 사람은 피해상황과 피해자의 피해 직후의 상태를 알고 있는 중요한 목격자가 되며 강간사건이 발생하기 직전에 피해자를 목격한 사람도 조사를 실시하여야 한다.

③ 통상적으로 강간범은 자신의 범죄행위가 목격되지 않을 장소에서 범행을 저지르는 경우가 많아 범죄행위를 직접 목격한 목격자를 찾는다는 것은 사실상 어려운 경우가 많아서 범죄행위의 직전과 직후의 목격자를 확보하는데도 많은 노력을 기울여야 한다.

4. 범인의 체포

① 범인이 범행을 저지른 후 얼마 되지 않아 체포된 경우에는 먼저 범인의 신체에 대한 검색과 검사를 실시하여야 한다. 범인의 신체에 긁히거나 물리거나 멍든 자국 등이 없는지를 확인하고 피해자가 묘사한 범인의 신체적 특징, 즉 상처자국, 문신 등을 확인.

② 유전자 감식을 위하여 용의자의 혈액, 오줌, 모발을 채취하여야 한다.

③ 피해자의 착의에서 강간사건과 관련된 물적 증거(정액 등)가 있는 경우 즉시 이를 압수하여 감정을 의뢰하여야 한다.

④ 체포 시에는 관련된 다른 증거(흉기 등)들을 수색하여 압수하여야 한다.

Ⅲ. 성범죄 수사시 주의사항

1. 여성심리의 고려

① 여성은 남성에 비하여 감성적이고 강간피해상황은 여성으로서 가장 심각한 문제이므로 진술 또는 답변 내용이 수치심 기타 여성 특유의 자존심과 결부 되었을 때에는 고의로 거짓말 하게 되는 수가 많다.

② 그러므로 진술 내용을 맹신하여서는 안 되며 진술을 청취할 때에도 은밀히 하고, 과격하거나 직설적인 표현은 삼가는 등 성적 수치심을 자극시키지 않도록 하는 세심한 주의가 필요하다.

2. 최대한 물증포착

① **범인 불명의 경우** : 현장에서 개인 식별 자료를 철저히 수색하고, 체포 즉시 그 가택을 수색하여 범죄의 흔적을 발견하는데 주력하여야 한다.

② **면식이 있는 경우** : 현장의 상황을 세밀히 조사하고 피해자로부터 피해사실을 인정할 수 있는 자료를 수집하는데 주력하여야 한다.

3. 화간 여부의 신중한 판단

강간사건에서는 피의자로부터 소위 화간이라는 주장이 제기되는 일이 많을 뿐 아니라, 범행 장소가 여관, 호텔인 경우 등 화간 여부를 의심케 할 사건이 때때로 있다. 화간이라는 주장이 제기될 때에는 피해자와의 면식 정도 및 관계, 범행현장의 모양과 그 주변의 정황, 범행 장소에 이르게 된 경로, 범행방법, 반항한 흔적, 범행일과 고소일과의 간격 등을 세밀히 검토하여하여야 한다.

4. 고소권 및 고소경위 확인

① **법정대리인이 고소하는 경우** : 고소권을 증명할 수 있는 자료(호적등본)를 제출 받아야한다.

② 고소기간 내의 고소인지의 여부에 유의하여야 한다. 법정대리인의 고소권은 독자적으로 진행한다.

③ 범행일로부터 상당기간이 경과한 후에 고소 또는 신고가 된 경우에는 그 사유를 상세히 규명하여야 한다.

5. 피해자의 신원과 사생활비밀 침해금지(성폭력범죄의 처벌 등에 관한 특례법 제24조)

① 성폭력범죄의 수사 또는 재판을 담당하거나 이에 관여하는 공무원 또는 그 직에 있었던 사람은 피해자의 주소, 성명, 나이, 직업, 학교, 용모, 그 밖에 피해자를 특정하여 파악할 수 있게 하는 인적사항과 사진 등 또는 그 피해자의 사생활에 관한 비밀을 공개하거나 다른 사람에게 누설하여서는 아니 된다.

② 누구든지 제1항에 따른 피해자의 주소, 성명, 나이, 직업, 학교, 용모, 그 밖에 피해자를 특정하여 파악할 수 있는 인적사항이나 사진 등을 피해자의 동의를 받지 아니하고 신문 등 인쇄물에 싣거나 「방송법」 제2조제1호에 따른 방송 또는 정보통신망을 통하여 공개하여서는 아니 된다.

6. 성폭력피해자 진술과 비디오 녹화(성폭력범죄의 처벌 등에 관한 특례법 제30조)

성폭력범죄의 피해자가 19세 미만이거나(16세 미만 ×), 신체적인 또는 정신적인 장애로 사물을 변별하거나 의사를 결정할 능력이 미약한 경우에는 피해자의 진술 내용과 조사 과정을 비디오녹화기 등 영상물 녹화장치로 촬영・보존하여야 한다.

제4절 폭력사건 수사

Ⅰ. 단순폭력, 집단폭력 범죄

1. 개 설

폭력이란 사람의 신체에 대한 직접적·간접적 유형력의 행사를 말하는 것으로 행위태양에 따라 단순폭력, 집단·조직폭력, 가정폭력, 학교폭력으로 구분할 수 있다.

① 단순폭력이란 실무상 개념으로 형법 제260조 제1항에 정한 단순폭행죄를 말한다. 이러한 폭력이 자기 또는 배우자의 존속에 대하여 행하여지는 경우는 동법 제260조 제2항의 존속폭행 또는 특수폭행을 하는 경우에는 형법 제261조의 가중된 형으로 처벌한다.

② 집단폭력이란 2인 이상이 공동하여 형법 제260조 제1항에 규정된 폭력을 행사하여 단체나 다중의 위력으로서 또는 단체나 집단을 가장하여 위력을 보임으로서 폭력을 행사하는 경우로서 폭력행위등처벌에관한법률 제3조에 의하여 처벌받는 행위를 말한다.

2. 폭력범죄의 특징

① 단속대상이 사전에 파악된다. 주로 시장, 유흥가, 사창가 등을 무대로 활동

② 범인은 상습자이고 단체의 구성원

③ 범행지역이 어느 정도 특정됨.

④ 극히 잠재성이 강함.

⑤ 거의 면식범, 상습범.

⑥ 피해자층이 어느 정도 한정됨.

3. 단순폭력, 집단폭력발생시 수사사항

① **일시 및 장소의 확정** : 폭력사건의 경우 야간에 이루어진 경우에는 폭력행위등처벌에관한법률로 의율하므로 시간(일몰기준)을 정확히 확정하여야 한다. 야간이라도 반의사불벌죄에 해당(2001.12.29개정)

② **범죄의 동기 및 원인** : 범행의 계획성 여부 또는 피해자가 폭행을 유발하는 원인을 제공하였는지의 여부를 조사하여야 한다.

③ **폭행의 방법** : 흉기 기타 위험한 물건을 휴대하고 폭행하였는지 여부 및 그 입수경위를 조사하여야 한다.

④ **공범의 유무 및 집단적인지의 여부 확인** : 공범 유무는 물론 2인 이상이 공동으로 범했는지 여부와 집단범인지의 여부를 확인하여야 한다.

⑤ **처벌의사 확인** : 단순폭력인 경우 반의사불벌죄이므로 피해자의 처벌 희망여부를 확인한다.

⑥ **집단폭력시 폭력행사자들의 단체성의 확인** : 2인 이상의 공동으로 인한 폭력사건의 경우에는 해당자 등의 단체성 여부를 조사하여야 한다. 만약 이들의 단체성이 인정될 경우에는 배후까지 철저히 조사하여 폭력행위등처벌에관한법률 제4조로 의율해야 한다.

4. 수사시 주의사항

① **상세한 피해상황 조사** : 폭행사건에는 범인이 범행 내용을 부인하는 예가 많음으로 피해상황을 상세히 조사해 두어야 한다.

② **목격자 등 참고인 확보** : 범행 부인에 대비하기 위함이다.

③ **피해자에 대한 응급조치** : 피해자에 대한 치료가 필요한 때에는 응급조치부터 강구하여야 한다.

④ **피해자 진술내용의 검토** : 폭행사건에서는 피의자가 부인하는 예가 많은 반면 피해자가 피해내용을 과장하여 주장할 뿐 아니라 참고인들도 인척관계에 따라 어느 일방에 유리한 진술을 하는 경우가 있으므로 피해자 또는 참고인 등의 진술을 현장의 상황 기타 다른 자료와 대비하여 그 신빙성을 신중히 검토하여야 한다.

⑤ **진단서 내용의 신중한 검토** : 진단서는 보통 피해자의 요구에 의하여 발급되는 관계로 허위로 작성되는 예가 있으므로 이점에도 유의하여야 한다.

Ⅱ. 조직폭력 범죄

1. 개 설

① 조직폭력 범죄란 폭력행위등처벌에관한법률에 규정된 범죄를 목적으로 구성된 단체 또는 집단에 의한 범죄를 말한다.

② 조직폭력배는 힘이라는 계율에 의하여 모든 것을 해결한다는 폭력긍정의 사상을 중핵으로 하여 형성되고 법질서 부정이라는 생활기반에 따른 범죄자 집단이다.

③ 이와 같은 조직폭력배가 저지르는 조직범죄의 태양은 개인의 세력 또는 조직의 힘에 의한 세력 다툼사범, 존립유지를 위한 공에 따른 범죄 또는 자금 활동과 그 자체의 위법행위 등의 유형에 따라 매우 다양성을 띠는데 다음과 같이 분류된다.

㉠ **일반 폭력범죄**

ⓐ 조직을 배경으로 하여 자행되는 살인, 상해, 폭행 등의 범죄

ⓑ 폭력단 상호간의 세력 다툼으로 인한 살인, 상해, 폭행 등의 범죄

ⓒ 공갈, 협박의 범죄

㉡ **지능 폭력범죄**

ⓐ 거래관계, 건설입찰 등에 생트집을 잡는 권리행사적인 공갈, 협박의 범죄

ⓑ 기업경영 또는 기업경영을 가장한 거래활동 등에 의한 공갈, 협박, 사기 기타 특별법 위반의 범죄

ⓒ 저명인 또는 유명예술인 등의 약점을 이용한 공갈, 협박 등의 범죄

㉢ **도박사범** : 조직폭력배 등이 개장하는 직업적인 도박 범죄

㉣ **흉기범죄** : 조직폭력배의 권총·도검류 등 흉기 은닉, 밀수 등의 범죄

㉤ **기 타** : 음란 사진, 필름 등을 파는 외설 범죄, 매춘부 등을 관리하면서 매춘행위를 시키는 매

춘사범, 마약거래 등의 범죄 및 소년에 대한 각종 범죄

2. 조직성의 인정

① 폭력행위등처벌에관한법률 4조에 규정한 '단체의 구성의 죄'에서 말하는 단체라 함은 일정한 범죄를 한다는 공동 목적 하에 이루어진 계속적인 결합체로서 그 단체의 구성원이 수괴, 간부 및 단순 가입자로 구분 될 수 있어야 하고 그 위계에 상응하는 단체를 주도할 수 있는 최소한의 통솔 체제를 갖추어야 한다. 그러므로 소매치기를 공모하고 실행행위를 분담하기로 약정한 경우(대법원 1981.1.24,81도2608 판결), 4명이 도박개장을 공모한 경우(대법원 1977.12.27, 77도2462 판결) 등과 같이 통솔체제 없이 단순히 범죄를 공동하여 저지르기 위하여 약정하거나 공모한 경우 조직성을 인정할 수 없다.

② 본죄는 위험범, 단순거동범의 성격을 띠므로 범죄단체를 조직하거나 이에 가입함으로서 기수가 되며, 그 후 목적한 범죄를 실행하였는지의 여부는 본죄의 성립에 영향이 없다. 조직범죄 결성 시기는 범죄단체조직의 공소시효 기산점으로 아주 중요하다.

3. 조직폭력 범죄단속의 기본 방침

조직폭력 범죄단속은 그 대상 및 범죄의 특이성으로 말미암아 다음과 같은 기본 방침에 따라 실시한다.

① 조직폭력배의 실태를 규명하여 그 동향을 계속적으로 파악하고 불법 행위자를 철저하게 검거하여 조직의 괴멸을 도모한다.

② 폭력단의 존립기반이 되고 있는 모든 대상에 대한 단속을 강화하여 폭력범죄의 온상이 되는 반사회적 유해환경을 제거하는데 노력하여야 한다.

③ 폭력범죄의 피해자 및 수사협력자 등에 대한 신변보호에 철저를 기한다. 조직폭력배 수사는 이상과 같은 기본방침으로 대처하여야 한다. 그리고 사건발생을 기다려 수사가 개시되거나 특정사건의 수사완료에 의하여 목표가 달성되는 것이 아니라 항상 범죄를 축적하는 작업(정보수집, 실태규명)과 여기에 연결된 검거, 다시 검거피의자 등으로부터 다음 수사에 참고가 될 자료 수집을 행하는 작업이 일반수사의 실시와 병행하여 이루어져야 한다.

④ 범죄 신고자 등에 대한 신변안전조치(범죄 신고자등 보호 및 보상에 관한 규칙 제3조)

㉠ 경찰공무원은 범죄 신고자 등이 피의자 기타의 사람으로부터 생명 신체에 해를 받거나 받을 염려가 있다고 인정되는 때에는 직권 또는 범죄 신고자 등의 신청에 의하여 범죄 신고자 등의 신변안전에 필요한 조치를 취할 수 있다.

㉡ 제1항의 규정에 의한 신변안전조치의 종류는 다음과 같다.

ⓐ 일정기간동안의 특정시설에서의 보호

ⓑ 일정기간동안의 신변경호

ⓒ 참고인 또는 증인으로 출석, 귀가 시 동행

ⓓ 범죄 신고자 등의 주거에 대한 주기적 순찰

ⓔ 기타 신변안전에 필요하다고 인정되는 조치

4. 범죄정보의 수집

정보관찰의 궁극적 목적은 범죄예방자료수집이 아니라 검거자료, 사건정보의 입수이고, 폭력범죄의 실태규명을 위한 가장 기본적인 방법은 잠복, 미행이다.

① **정보수집의 초점** : 조직폭력배의 수사를 위해서는 정보의 수집이 관건이 됨은 위에서 설명한 바와 같으며, 이러한 정보수집의 초점이 되는 사항은 아래와 같다.

㉠ 조직구성원의 성명 및 세력범위

㉡ 합법, 비합법 양면의 자금원과 관련되어 있는 구성원의 성명, 직책

㉢ 상납금(회비) 지위별 할당금액 및 계파, 조별 할당금액과 본부로의 납입방법(모금액을 저축하는 거래은행, 관리자, 상납경로, 현금, 수표 등)

㉣ 의리를 지키는 방법

㉤ 무기의 은닉장소, 관리방법

㉥ 사무소의 당번제도, 비상시의 소집방법

㉦ 조직의 동향(인사, 기구, 규율 등)

㉧ 다른 조직과의 대립동향(원인, 전망, 등)

㉨ 스폰서(조직에 자금을 제공하는 자)의 유무 및 그 종별, 성명 등

② **정보수집의 방법** : 사전정보를 입수하는 것은 검거의 출발점이다. 그러므로 폭넓은 정보망을 펼치는 것이 중요하며 수사간부는 정보감각이 뛰어난 형사를 양성하는데 최대의 노력을 기울여야 한다. 관련정보를 수집하기 위해서는 평소 협력자를 확보하여야 한다. 협력자가 될 수 있는 자로는 ㉠ 검거된 조직의 구성원(조직 내의 사정에 대해서 누구보다도 잘 알고 있다.) ㉡ 폭력조직 및 그 주변에 있는 금융업자 ㉢ 대립단체의 구성원 ㉣ 조직이탈자 ㉤ 언론기자 ㉥ 정보브로커 등이 있다. 이들로부터 수집된 각종 사건 및 조직관련 정보는 선입관이나 편견을 가지지 말고 신중하게 검토하여 사건발생의 긴급한 우려가 있는 경우 즉시 보고하여 이에 대처할 수 있는 조치를 취하고 그렇지 않은 경우에는 수집정보를 자료화하여 향후 수사에 대비하여야 한다.

5. 조직폭력범죄 수사요령

조직폭력범죄 수사는 전항의 정보수집 활동에 의한 실태파악 자료를 근거로 하여 폭력범죄의 조직성, 잠재성 등의 특성을 고려하면서 항상 계속적으로 실시하여야 하는데, 수사의 기본방침을 열거하면 다음과 같다.

① **경찰조직력의 활용** : 조직범죄에 대처하기 위해서는 조직의 힘을 활용한 수사가 이루어져야 한다. 그러기 위해서는 돌발적인 세력다툼에 대하여 신속하게 수사체제를 확립하고 또한 복잡 곤란한 사건에 대한 집중적인 수사를 실시하는 등 조직력 있는 수사 활동을 추진하여야 한다.

② **선제수사의 추진** : 단속할 대상이 뚜렷하게 부각되면 수사의 목표는 조직을 괴멸하는데 있으므로 수동적인 수사 또는 사건처리나 하는 단순한 수사여서는 안 된다. 또 범죄태양으로 보아도 잠재성이 강한 범죄이므로 현상적인 것만을 처리하는데 그치지 말고 잠재화하지 않은 부분까지 드러내게 하기 위한

적극적인 수사가 필요하다. 따라서 항상 선제적인 수사가 추진되어야 한다.

③ **현장검거와 조건부 거래수사의 배제** : 조직폭력배의 세력다툼사범 또는 폭행, 상해, 공갈 등 소위 가두 폭력사범에 대해서는 초동수사단계에서 검거·해결하도록 수사방침을 수립하여야 한다. 또 세력다툼 사범은 조직폭력배 간부 등에 의하여 범인의 대체, 흉기의 예비 등의 공작이 이루어질 가능성이 많으므로 그러한 기회를 주지 않는 신속한 수사를 진행하여야 한다. 또한 조직폭력배와 경찰이 대치한 경우 협상 등의 거래수사는 절대 배제하고 경찰자신이 정공(正攻)에 의하여 피의자를 검거하고 사건을 처리하여야 한다.

④ **모든 법령의 적용** : 조직폭력배 구성원 등의 활동은 사회의 여러 면에 걸쳐서 나쁜 영향을 미치고 있고, 특히 자금 활동을 위해서는 도박·음란서적 등의 판매, 마약·각성제 등의 거래, 각종 기업 활동에 따른 특별법령의 위반, 사기, 사문서·유가증권의 위조 등의 범죄에 해당하는 사안이 많으므로 폭력적인 수단에 의한 폭행, 상해, 공갈 또는 불법감금 뿐만 아니라 관련되는 모든 범죄행위에 대하여 죄상에 구애받지 말고 모든 관계법령을 적용하여 폭력범죄 단속의 목적을 달성하도록 노력하여야 한다.

⑤ **피의자의 확실한 사회격리** : 폭력조직을 뿌리 뽑기 위해서는 조직 구성원을 검거하여 사회로부터 격리시켜야 한다. 이 목적을 달성하기 위해서는 검거한 피의자에 대해서는 확실한 과형이 이루어지도록 철저한 수사를 하여야 한다. 즉 평범한 폭력범죄라는 타성적인 처리에 그칠 것이 아니라 목격자 기타 참고인을 확보하여 범죄사실을 명확히 함과 동시에 평소 실태규명 작업등에 의하여 얻어진 조직관계·활동 실태 등의 자료에 의하여 조직적 폭력성을 입증하여야 한다.

⑥ **수사 협력자의 보호** : 조직폭력배가 근절되기 어려운 이유 중의 하나는 범죄의 목격자는 물론 피해자까지도 신고 또는 수사의 진행에 협력하기를 거부한다는 것이다. 피해자 및 참고인들은 수사대상 피의자를 제외한 타 조직원에 의한 보복을 두려워하여 진술을 거부하는 것이 대부분이다. 그러므로 조직폭력배 수사의 원활을 기하고자 수사협력자 대해서는 적극적으로 보호할 수 있는 조치를 강구하고 실행하여야 한다. 특정범죄신고자등보호법에 의하면,

- ㉠ **인적사항의 기재 생략**(제7조) : 범죄 신고자나 그 친족이 보복 당할 우려가 있는 경우에는 그 취지를 조서에 기재하고 범죄 신고자 등의 성명, 연령, 주소, 직업 등 신원을 알 수 있는 사항의 전부 또는 일부를 기재하지 않을 수 있다.
- ㉡ **인적사항의 공개금지**(제8조) : 범죄 신고자 등이라는 정을 알면서 그 인적 사항 또는 범죄 신고자 등임을 미루어 알 수 있는 사실을 다른 사람에게 알려 주거나 공개 또는 보도하여서는 아니 된다.
- ㉢ **범죄신고자 등에 대한 형의 임의적 감면**(제16조) : 범죄신고 등을 함으로서 그와 관련된 자신의 범죄가 발견된 경우 그 범죄 신고자등에 대하여 형을 감경 또는 면제할 수 있다.

Ⅲ. 가정폭력범죄

1. 개설

가정폭력은 다른 어떠한 폭력보다도 지속적이고 반복적이며 가정을 파괴하고 폭력성향을 대물림하는 무서운 결과를 가져온다. 서구사회의 평등주의 이념에 따른 여성지위 향상과 그 동안 드러나지 않았던 가정폭력이 사회문제로 비화되어 가정폭력을 범죄로 취급하게 되었고, 이러한 사회적 분위기에 의하여 가정폭력의 방지와 피해자에 대한 구호와 원조를 목적으로 하는 '가정폭력방지및피해자보호등에관한법률'과 가정폭력의 가해자에 대한 처벌을 위한 '가정폭력범죄의처벌에관한특례법'이 시행되고 있다.

2. 개념정의

(1) 가정폭력

가정 구성원 사이의 신체적, 정신적 또는 재산상 피해를 수반하는 행위

(2) 가정 구성원

① 배우자(사실상 혼인관계에 있는 자 포함) 또는 배우자였던 사람

② 자기 또는 배우자와 직계존비속관계(사실상의 양친관계포함)에 있거나 있었던 사람

③ 계부모와 자녀의 관계 또는 적모와 서자의 관계에 있거나 있었던 사람

④ 동거하는 친족

(3) 가정폭력범죄

① 상해, 존속상해(257조), 중상해, 존속중상해(258조), 폭행 존속폭행(260조), 특수폭행(261조), 상습범(264조)

② 유기, 존속유기(271조), 영아유기(272조), 학대, 존속학대(273조) 아동혹사(274조)

③ 체포, 감금, 존속체포, 존속감금(276조), 중체포, 중감금, 존속중체포, 존속중감금(277조), 특수체포, 특수감금(278조), 276조, 277조의 상습범(279조), 276조, 278조, 279조의 미수범(280조)

④ 협박, 존속협박(283조), 특수협박(284조), 283조의 상습범(285조) 및 미수범(286조)

⑤ 명예훼손(307조), 사자의 명예훼손(308조), 출판물 등에 의한 명예훼손(309조), 모욕죄(311조)

⑥ 주거 신체수색(321조),

⑦ 강요죄(324조), 324조에 대한 미수범(324조의 5)

⑧ 공갈(350조), 350조의 미수범(352조)

⑨ 재물손괴 등(366조)

⑩ ①~⑨의 죄로서 다른 법률에 의하여 가중 처벌되는 죄

3. 가정폭력범죄에 대한 수사

(1) 가정폭력범죄에 대한 신고와 고소

① 누구든지 가정폭력범죄를 알게 된 때에는 이를 수사기관에 신고할 수 있다.

② 다음에 해당하는 자가 직무를 수행하면서 가정폭력범죄를 알게 된 경우에는 정당한 사유가 없는 한 이를 즉시 수사기관에 신고하여야한다.

㉠ 아동의 교육과 보호를 담당하는 기관의 종사자와 그 장

㉡ 아동, 60세 이상의 노인 기타 정상적인 판단능력이 결여된 자의 치료 등을 담당하는 의료인 및 의료기관장

㉢ 노인복지법에 따른 노인복지시설, 아동복지법에 따른 아동복지시설, 장애인복지법에 따른 장애인 복지시설의 종사자와 그 장

③ 피해자의 법정대리인이 폭력행위자인 경우 또는 폭력행위자와 공동하여 가정폭력범죄를 범한 경우에는 피해자의 친족이 고소할 수 있다.

④ 폭력행위자가 자기 또는 배우자의 직계존속인 경우에도 고소할 수 있다.

(2) 응급조치(동법 제5조)

진행 중인 가정폭력범죄에 대하여 신고를 받은 사법경찰관리는 즉시 현장에 임하여 다음에 해당하는 조치를 취하여야한다.

① 폭력행위의 제지, 가정폭력행위자・피해자의 분리 및 범죄수사

② 피해자를 가정폭력 관련 상담소 또는 보호시설로 인도(단, 피해자의 동의가 있는 경우에 한함).

③ 긴급치료가 필요한 피해자를 의료기관으로 인도.

④ 폭력행위의 재발시 격리 또는 접근 금지 등의 임시조치를 신청할 수 있음을 통보.

(3) 임시조치(동법 제8조, 제29조)

① 임시조치는 판사가 가정보호사건의 원활한 조사・심리 또는 피해자의 보호를 위하여 결정한다.

㉠ 피해자 또는 가정구성원의 주거 또는 점유하는 방실로부터 퇴거 등 격리(2월 이내 2회 연장 가능)

㉡ 피해자 또는 가정구성원의 주거・직장 등에서 100m 이내 접근 금지(2월 이내 2회 연장 가능)

㉢ 피해자 또는 가정구성원에 대한 「전기통신기본법」 제2조 제1호의 전기통신을 이용한 접근 금지(2월 이내 2회)

㉣ 의료기관 기타 요양소 위탁 (1월 이내 1회 연장 가능)

㉤ 국가경찰관서의 유치장 또는 구치소에의 유치 (1월 이내 1회 연장)

② 응급조치에도 불구하고 가정폭력이 재발할 우려가 있다고 인정하는 때에는 검사에 대하여 법원에

㉠ 피해자 또는 가정구성원의 주거 또는 점유하는 방실로부터의 퇴거 등 격리

㉡ 피해자 또는 가정구성원의 주거, 직장 등에서 100미터 이내 접근 금지,

㉢ 피해자 또는 가정구성원에 대한 「전기통신기본법」 제2조 제1호의 전기통신을 이용한 접근 금지를 청구하여 줄 것을 신청할 수 있다(동법 제8조 제1항)

③ 검사는 가정폭력행위자에 대한 피해자 등으로 부터의 격리와 퇴거 등의 ㉠㉡㉢의 임시조치에도 불구하고 그 행위자가 그에 위반하여 가정폭력범죄가

(4) 긴급임시조치

① 사법경찰관은 응급조치에도 불구하고 가정폭력범죄가 재발될 우려가 있고, 긴급을 요하여 법원의 임시조치 결정을 받을 수 없을 때에는 직권 또는 피해자나 그 법정대리인의 신청에 의하여 긴급임시조치를 할 수 있다.

② 사법경찰관이 긴급임시조치를 한 때에는 지체 없이 검사에게 임시조치를 신청하고, 신청 받은 검사는 법원에 임시조치를 청구하여야 한다. 이 경우 임시조치의 청구는 긴급임시조치를 한 때부터 48시간 이내에 청구하여야 한다. 이 경우 검사가 임시조치를 청구하지 아니하거나 법원이 임시조치의 결정을 하지 아니한 때에는 즉시 긴급임시조치를 취소하여야 한다.

(5) 사건의 송치(동법 제7조)

사법경찰관은 가정폭력범죄를 신속히 수사하여 사건을 검사에게 송치하여야 한다. 이 경우 사법경찰관은 당해 사건이 가정보호사건으로 처리함이 상당한지의 여부에 관한 의견을 제시할 수 있다.

(6) 비밀엄수 등의 의무

가정폭력범죄를 수사하는 사법경찰관리는 그 직무상 알게 된 비밀을 누설하여서는 아니 된다(동법 제18조 제1항). 또한 행위자, 피해자, 고소인, 고발인 또는 신고인의 주소·성명·연령·직업·용모 기타 이를 특정할 수 있는 인적사항이나 사진 등을 신문 등 출판물에 게재하거나 방송 매체를 통하여 방송할 수 없다(동법 제18조 제2항).

4. 수사시 유의사항

① 일반폭력범죄와는 달리 단순히 처벌이 목적이 아니므로 가정의 화목과 처벌 후의 원만한 가정생활까지도 고려하여야 한다.

② 담당경찰관은 단순한 피해사실 뿐만 아니라 가정의 상황, 피해의 정도, 가정폭력의 전력 등을 상세히 확인하여 이를 토대로 한 객관적이고 합리적인 판단을 내려야 한다.

5. 환경조사서와 응급조치보고서

① **환경조사서** : 행위자에 대하여 범죄의 원인 동기, 성격, 행상, 경력, 교육정도, 가정상황 기타 환경 등을 상세히 조사하여 환경조사서를 작성하여야 한다.

② **응급조치보고서** : 가정폭력행위자의 성명, 주소, 생년월일, 직업, 피해자와의 관계, 범죄사실의 요지, 가정상황, 피해자와 신고자의 성명, 응급조치의 내용 등을 상세히 기재한 응급조치보고서를 작성하여 사건기록에 편철하여야 한다.

Ⅳ. 학교폭력

1. 의의

경찰청에서는 학교폭력을 "학교 내, 외에서 초·중·고교 재학생, 휴학생 또는 준학생(학원생, 재수생, 검정고시 준비생) 상호간에 발생하는 폭행, 금품갈취, 성폭행 등으로 인한 신체적 정신적 또는 재산상 피해를 수반하는 행위"로 규정하였다.

2. 학교폭력예방 및 대책에 관한 법률

(1) 목적(법 제1조)

이 법은 학교 폭력의 예방과 대책에 관하여 필요한 사항을 규정함으로서 피해학생의 보호, 가해학생의 선도, 교육 및 피해학생과 가해학생간의 분쟁조정을 통하여 학생의 인권을 보호하고 학생을 건전한 사회 구성원으로 육성함을 목적으로 한다.

(2) 용어의 정의(법 제2조)

① "학교폭력"이란 학교 내외에서 학생을 대상으로 발생한 상해, 폭행, 감금, 협박, 약취·유인, 명예훼손·모욕, 공갈, 강요·강제적인 심부름 및 성폭력, 따돌림, 사이버폭력 등에 의하여 신체·정신 또는 재산상의 피해를 수반하는 행위를 말한다.

② "따돌림"이란 학교 내외에서 2명 이상의 학생들이 특정인이나 특정집단의 학생들을 대상으로 지속적이거나 반복적으로 신체적 또는 심리적 공격을 가하여 상대방이 고통을 느끼도록 하는 모든 행위를 말한다.

③ "사이버폭력"이란 정보통신망(「정보통신망 이용촉진 및 정보보호 등에 관한 법률」 제2조제1항제1호의 정보통신망을 말한다)을 이용하여 학생을 대상으로 발생한 따돌림, 딥페이크 영상 등(인공지능 기술 등을 이용하여 학생의 얼굴·신체 또는 음성을 대상으로 성적 욕망 또는 불쾌감을 유발할 수 있는 형태로 편집·합성·가공한 촬영물·영상물 또는 음성물을 말한다)을 제작·반포하는 행위 및 그 밖에 신체·정신 또는 재산상의 피해를 수반하는 행위를 말한다.

④ "학교"란 「초·중등교육법」 제2조에 따른 초등학교·중학교·고등학교·특수학교 및 각종학교와 같은 법 제61조에 따라 운영하는 학교를 말한다.

⑤ "가해학생"이란 가해자 중에서 학교폭력을 행사하거나 그 행위에 가담한 학생을 말한다.

⑥ "피해학생"이란 학교폭력으로 인하여 피해를 입은 학생을 말한다.

⑦ "장애학생"이란 신체적·정신적·지적 장애 등으로 「장애인 등에 대한 특수교육법」 제15조에서 규정하는 특수교육이 필요한 학생을 말한다.

(3) 피해학생의 보호(법 제16조, 제16조의4)

피해학생을 보호하기 위하여 필요하다고 인정되는 때에는 ① 심리상담 및 조언 ② 일시보호 ③ 치료를 위한 요양 ④ 학급교체 ⑤ 그 밖에 필요한 조치를 할 수 있다. 또한 사이버폭력에 해당하는 촬영물,

영상물, 음성물, 복제물, 편집물, 합성물, 가공물, 개인정보, 허위사실 등(이하 이 조에서 "촬영물등"이라 한다)이 정보통신망에 유포되어 피해(촬영물등의 대상자가 되어 입은 피해를 말한다)를 입은 학생에 대하여 촬영물등의 삭제를 위한 지원을 할 수 있다.

피해학생, 그 보호자 또는 피해학생이나 보호자가 지정하는 대리인은 국가에 촬영물등의 삭제를 위한 지원을 요청할 수 있다. 이 경우 피해학생이나 그 보호자가 지정하는 대리인은 대통령령으로 정하는 요건을 갖추어 삭제지원을 요청하여야 한다. 촬영물등 삭제지원에 소요되는 비용은 사이버폭력의 가해학생 또는 그 보호자가 부담하고, 국가가 촬영물등 삭제지원에 소요되는 비용을 지출한 경우 사이버폭력의 가해학생 또는 그 보호자에게 상환청구권을 행사할 수 있다.

(4) 가해학생에 대한 조치(법 제17조)

① 피해학생에 대한 서면사과 ② 피해학생 및 신고 · 고발 학생에 대한 접촉, 협박 및 보복행위의 금지 ③ 학교에서의 봉사 ④ 사회봉사 ⑤ 학내외 전문가에 의한 특별 교육이수 또는 심리치료 ⑥ 출석정지 ⑦ 학급교체 ⑧ 전학 ⑨ 퇴학처분

(5) 비밀누설금지 등(법 제21조)

이 법에 따라 학교폭력의 예방 및 대책과 관련된 업무를 수행하거나 수행하였던 자는 그 직무로 인하여 알게 된 비밀 또는 가해학생 · 피해학생 및 학교폭력의 신고의무에 따른 신고자 · 고발자와 관련된 자료를 누설하여서는 아니 된다.

3. 학교폭력의 발생원인

① **개인 가정적 문제** : ㉠ 분노 조절능력 미약, ㉡ 욕구불만, 낮은 자존감, 강한 공격성

② **가정에서 부모 역할 미흡** : ㉠ 대화 부족, 공부 위주의 가정교육 ㉡ 맞벌이 가정이나 결손가정의 경우 애정과 관심의 결핍 ㉢ 1자녀 가정의 경우 지나친 과잉보호

③ **입시위주의 학교교육** : ㉠ 인성교육, 전인교육의 부재 ㉡ 교사의 학교폭력 대응방법 미숙 ㉢ 학교 부적응 아동에 대한 지도 부재

④ **폭력을 조장하는 사회 분위기** : ㉠ 매스컴을 통한 성인들의 폭력 장면 노출 및 폭력 미화 ㉡ 물질만능주의 만연 ㉢ 유해매체, 유해환경의 급증

3. 학교폭력 위험지역

① A급 : 학생들의 통행이 빈번한 통학로 상으로 학교폭력 다발지역

② B급 : 취약 이면 도로로 학교폭력 발생 우려지역

4. 대응방안

① 지방경찰청, 경찰서별 학교폭력근절대책협의회 설치 운영

② 사이버경찰청에서의 학교폭력 신고 접수 및 학교폭력 신고센터 설치

③ 학교별 학교담당경찰관 지정

제5절 유괴사건 수사

Ⅰ. 유괴사건의 특징(약취 · 유인의 죄)

1. 법률적 개념

통상 실무적으로 칭해지는 유괴사건은 미성년자 등을 대상으로 한 인질강도범(형법 제336조, 특정범죄가중처벌등에관한법률 제5조의2)을 의미한다.

그러나 유괴의 의미를 본인의 의사에 반하여 타인의 실력적 지배하에 둠으로서 개인의 자유로운 생활관계를 침해한다는 관점에서 이해하면 형법상의 약취 · 유인의 죄를 포괄한다. 인질강도죄는 사람을 체포 · 감금 · 약취 또는 유인하여 이를 인질로 삼아 재물 또는 재산상의 이익을 취득하거나 제3자로 하여금 이를 취득하게 함으로서 성립하는 범죄이다.

이러한 유괴범의 특징은 사회적으로 큰 파문을 불러일으키고, 모두 국민들의 관심 속에 수사가 진행되고 피해자들의 생사 여부와 사건해결의 성부는 경찰수사능력에 대한 국민의 평가 잣대로서 또한 국민들이 느끼는 치안상태를 대변하는 것이다. 또한 유괴범은 계획적이며 감금과 전화를 이용한 협박을 수반한다. 대부분 공범자가 있고 연고감과 지리감을 가진 자들에 의해 저질러진다.

① **약취** : 폭행 · 협박 따위의 수단으로 사람을 보호 받는 상태 내지 자유로운 생활관계로부터 자기 또는 제3자의 실력적 지배하에 옮기는 행위

② **유인** : 기망 또는 유혹을 수단으로 사람을 보호 받는 상태 내지 자유로운 생활관계로부터 자기 또는 제3자의 실력적 지배하에 옮기는 행위

2. 체포 · 감금죄와의 구별

약취 · 유인죄는 사람의 자유 가운데 구체적 활동의 자유, 특히 장소 선택의 자유를 보호하는 점에서 체포 · 감금죄와 그 성질을 같이 한다. 다만 체포 · 감금죄에 있어서는 장소선택의 범위가 일정한 장소에 한정되어 있음에 반하여 약취 · 유인죄는 이러한 장소적 제한을 필요로 하지 않는다는 점에서 양 죄의 차이가 있다.

3. 보호법익

본죄의 보호법익은 개인(피약취자)의 자유권이다. 그러나 미성년자의 경우는 보호법익이 ① 피인취자의 자유권, ② 보호감독자의 감독권, ③ 피인취자의 자유권과 피인취자가 보호 · 감독 하에서 생활하는 경우 보호감독권도 포함된다는 견해의 대립이 있으나, 1차적으로 미성년자 자신의 자유권을 중심으로 고찰하고, 부차적으로 보호감독권자의 보호감독권을 고려함이 타당하다(③이 통설, 판례).

4. 적용 법규

① 현행 형법상 제31장 제287조에서 제296조에 걸쳐 약취와 유인의 죄를 규정하고 있는 약취와 유인의 죄의 기본적 구성요건은 미성년자 약취 · 유인죄이다(제287조). 그러나 미성년자 약취 · 유인죄의 객체는 미성년자에 제한되어 있으므로 동죄의 미성년자가 행위의 객체로 되어 있는 범위에서 기본적 구성

요건으로서의 의의를 가진다고 하겠다.

② 영리·추행·간음목적약취·유인죄(제288조), 국외이송목적약취유인죄(제289조)는 목적범이기 때문에 불법이 가중되는 가중적 구성요건이다. 다만, 위의 죄가 미성년자 이외의 사람 또는 부녀를 객체로 하는 때에는 모두 독립된 구성요건이 된다. 형법은 성인에 대하여는 일정한 목적으로 약취·유인하는 경우만을 벌하고 있기 때문이다

③ 피약취·유인 매매 이송자 수수·은닉죄는 원래 총론상의 방조에 해당하는 행위를 특별히 규정한 구성요건이며 영리·추행·간음목적약취·유인 매매·이송자 수수 은닉죄는 불법이 가중되는 가중적 구성요건이다.

④ 상습약취유인매매이송죄 및 상습피약취유인매매이송자수수은닉죄는 상습성으로 인하여 책임이 가중되는 가중적 구성요건이다.

Ⅱ. 몸값 목적의 유괴사건 수사

1. 초동조치

유괴사건의 신고경위는 크게 나누어 유괴의 의심이 있는 미아신고와 단정적인 유괴신고의 두 가지로 나눌 수 있다.

① 유괴의 의심이 있는 미아신고의 경우 신고를 접수한 경찰관은 미아 등의 인상·착의·특징과 당시의 상황, 미아의 성격 가정환경 등을 소상히 파악하여 단순 미아로 판단될 경우에는 해당소관 부서인 소년계에서 미아의 인상착의를 일제수배하고 미아의 발견을 위하여 노력하여야 한다.

② 미아발생의 시간 장소 가정의 상황 등으로 보아 유괴사건의 혐의가 있는 경우에는 형사과에서 즉시 해당사건의 내용, 수집자료 등을 검토하여 유괴사건인지 정확히 판단하여야 한다.

③ 유괴사건으로 판단되면 외근경찰관은 즉시 현장에 임장하여 목격자와 증거자료 등을 확보하여야 하고 사건발생과 시간적으로 근접할 경우 경찰서에서는 즉시 긴급배치와 사건수배를 실시하여야 한다. 또한 사건관계자로부터 사건 정황을 청취하고 주변의 탐문수사를 실시하며 현장부근을 검색하여 지문·족적 등을 채취하여야 한다.

2. 사건판단

(1) 신고의 접수, 처리 체제

파출소, 지구대, 여성청소년계, 형사계 등에서 사건을 인지한 경우 신속하게 형사과장(수사과장)에게 보고하는 체제를 확립해 두고, 112로 신고 받은 경우에도 유선연락을 원칙으로 하고 특별한 이유가 있는 경우를 제외하고는 무선연락은 피해야한다.

(2) 사건판단 자료의 수집

① 가족관계자 및 목격자로 부터의 사정청취를 정확히 실시하기 위하여 제1차 임장자는 수사 경험이

풍부한 수사 간부를 포함시켜 수사요원을 선정하여 신속하게 현장에 파견하여야 한다.

② 초기단계에서 관계자로부터 사정청취를 하는 경우에는 사건판단에 필요한 사항을 광범위하게 청취하고 이를 토대로 하여 목표를 좁혀나가는 수사를 실시한다.

③ 현장에 파견된 수사간부는 사건의 외중에 말려들지 말고 항상 객관적인 입장에서 행동하고 입수한 자료는 유선으로 신속하게 서장 또는 형사과장에게 보고하며 사후의 수사계획에 대해서도 보고한다.

(3) 간부의 사건판단

형사(수사)과장은 사건의 판단에 있어서 현장에서 보고된 자료에 만족하지 말고 적극적인 지휘를 하는데 필요한 판단자료를 입수하여 사건 판단에 잘못이 없도록 하여야 한다. 유괴사건은 천차만별이어서 초기단계에서는 미아, 가출, 사고, 유괴 등 어떠한 판단도 내리지 못하는 경우가 통례이므로 관계자의 증언을 소홀히 하지 말고 치밀하면서도 폭넓게 수사, 수색을 실시한다.

① **미아의 가능성** - 자서 수배 및 인접서 수배

㉠ 유아 등 연령 면에서 본 가능성

㉡ 이사한 지 얼마 안 되는 등 지리의 부지 등에서 오는 가능성

㉢ 원거리 자전거 여행 등에서 일어나는 가능성

㉣ 정박아 등 지능이 낮은 경우의 가능성

㉤ 군중이 모이는 백화점, 축제현장 등에서 있을 수 있는 가능성

② **가출의 가능성** : ㉠ 가출의 전력에서 본 가능성 ㉡ 비행소년 등으로 생활수단을 구할 수 있는 자로서의 가능성 ㉢ 가정 내의 사정 등에서 가출의 동기가 인정되는 자로서의 가능성 등을 확인하고 명확한 판단을 위하여 친척, 친구 집 등 예상되는 배회지에 대한 수배를 실시하고 학우, 교사 등으로부터 본인의 행동에 대한 탐문을 실시한다. 그러나 일반적으로 초등학생이나 연소자의 경우 가출의 가능성이 극히 적으므로 사건을 판단할 때 이점에 유의하여야 한다.

③ **사고의 가능성** : ㉠ 교통사고의 가능성 ㉡ 위험개소에서의 사고가능성을 확인하여야 한다. 119에 의한 구급차취급 유무, 공사현장, 매립지 등에 대해 수색을 실시하고 하천, 연못 등 위험개소에 대해서는 익사 등의 가능성이 있으므로 수색을 철저히 하여야 한다.

④ **유괴의 가능성** : 유괴인지의 여부를 판단하기 위해서는 ㉠ 가족관계자의 생활정도, 자산의 유무, 사회적 지위 ㉡ 저명인사 등 사회적 지명도 ㉢ 상거래의 분쟁 등 원한 받은 사실의 유무 ㉣ 재혼 등의 경우 어린이의 부양상황 ㉤ 양자결연의 경우 가정 내의 생활상황 등을 토대로 하여 판단하여야 한다.

3. 기본활동

(1) 수사지휘본부의 설치 운영

유괴사건의 수사를 위해서는 종합적이고 유기적인 수사가 이루어져야 함에 따라 지휘본부를 설치하여 운영하여야 한다.

① 지휘본부의 설치 목적은 수사태세의 확립,

② 수사 전반에 대한 지휘 · 연락 · 조정을 목적으로 하며

③ 지휘본부에서 정세판단에 따른 수사방침의 수립(공개수사 여부의 결정, 홍보의 적부 판단)

④ 새로운 사태에 대처할 수 있는 인원의 증원

⑤ 아동상담소 등 다른 기관의 협조를 담당한다.

(2) 필요한 기자재의 활용

무전기가 설치된 자동차, 휴대용 무전기, 녹음기, 이어폰, 홍보전단, 변장용구 등 확보

(3) 피해자 대책

① 피해자 가족과 협력 공작하여 범인과 직결되는 모든 수사 자료를 수집 확보

② 가능할 경우 연락용 임시 전화의 신속한 가설

③ 협박전화의 녹음과 발신 장소의 확인

④ 협박장의 경우에는 필적감정, 지문 채취 등

⑤ 가족과 범인과의 접촉시간을 필히 확인

(4) 비노출 거점의 설치

피해자 주택 부근에 협력자를 얻어 비노출 거점을 설치한다.

(5) 일반수사

피해자 측의 출입내사, 탐문, 미행, 잠복 등으로 신속하고 적절한 비노출 수사 활동을 전개하고 기초자료에 의거한 용의자 내사를 철저히 한다.

4. 몸값 요구시의 조치

(1) 기본적 사항

① 몸값을 요구하는 범인의 전화가 걸려오거나 서면이 통지될 경우 지휘본부에 즉시 보고하여야 한다.

② 지휘본부에서는 소요기재의 배치, 긴급배치 태세의 요청, 무전기가 부착된 자동차의 집중배치, 요원의 임무지정과 배치, 지휘연락에 대한 신호지정 등을 실시한다.

③ 몸값을 준비하고 몸값을 준비할 때에는 지폐번호를 기록하거나 기타 특수공작을 실시한다.

(2) 전화의 경우

① 몸값을 요구하는 전화가 걸려올 경우 관할 전화국에 배치된 직원에게 발신자추적을 지시하고 발신 장소가 확인될 경우 해당 전화기의 소재지에 직원을 급파하여야 한다.

② 출동한 직원을 설사 범인을 현장에서 검거치 못하더라도 전화기에서 지문을 채취하여야 하므로 현장을 보존하고 감식반에 지문채취를 의뢰하여야 한다.

③ 통화내용을 통하여 범인 분석을 위한 자료를 수집할 수 있도록 하여야 한다.

④ 전화내용은 녹음기를 이용하여 녹음하고 가능한 한 통화시간을 연장하여 발신지에 경찰관이 도착할 수 있는 시간적 여유를 확보하여야 한다. 녹음 방법은 픽업, 커플러, 로제트 방식 등이 있다.

㉠ **로제트 방식** : 전화선에 직접 녹음 하는 것으로 가장 음질이 좋으나, 설치에 어려움이 있고, 고정적으로 설치해 놓을 때는 효과적이다.

㉡ **커플러녹음방식** : 전화기의 수화기에 커플러를 부착하여 전자기적인 방법으로 녹음하는 것으로, 가장 쉽고 정확히 음성을 채취할 수 있어, 외국수사기관에서 많이 이용한다.

㉢ **픽업코일 방식** : 전화픽업을 전화기에 부착하여 녹음하는 방법이나 녹음상태가 불량할 가능성이 있으므로 사전에 예비실험을 하여야 한다.

㉣ **음성정보채취 기록장치** : 수사를 목적으로 특수 제작된 전화음성 녹음장치로 송·수화기를 들면 자동적으로 녹음되기도 하고 통화 도중에 수동적으로 녹음하는 것도 가능하다.

(3) 서면의 경우

서면으로 통지된 경우 서면의 내용으로 범인의 추정이 가능하고 해당 서면에 대해서는 지문채취와 필적감정을 실시한다.

5. 체포활동

유괴 범인을 전화발신지 추적을 통하여 전화발신 현장에서 체포하는 경우에는 신속한 출동과 기민한 조치만이 문제되나 이에 실패하고 범인에게 몸값을 전달하는 과정에서 체포하기 위해서는 치밀한 계획이 필요하다.

(1) 사전협의

① 현장에 배치되는 직원들에 대하여 활동개시 시간을 통일

② 해당직원들에 대한 임무분담을 구체적으로 지시

③ 행동통일을 위하여 신호를 결정

(2) 몸값 소지자의 미행

① 몸값 소지자에 대한 보호대책을 강구하여야 한다.

② 몸값 전달장소 변경 등의 사태 급변시 즉응할 수 있는 조치 강구하여야 한다.

③ 미행시 직선적이고 단순한 미행은 지양하고 미행자는 주변상황과 어울리는 위장 또는 변장을 실시하여야 한다.

(3) 현장지휘

① 몸값 전달장소에 현장지휘본부를 설치한다. 주변 여건에 맞는 경찰마크 없는 차량을 이용한다.

② 현장주변에는 반드시 2선, 3선의 복선배치를 실시한다.

③ 주요간선 도로에는 비노출 차량을 배치하는 등 도주방지를 위한 대비책을 수립하여야 한다.

(4) 잠복

① 잠복을 위한 요원들은 지정장소로 직행하는 것을 금하고 주변으로 우회하여 잠복장소로 진출하여야 한다.

② 주변상황에 어울리는 위장이나 변장을 실시하고

③ 지정시간과 충분한 시간적 여유를 갖고 현장에서 잠복근무를 시작하여야 한다.

④ 장시간 잠복에 대비하여 교대요원이나 식사 등의 대책을 마련하여야 한다.

⑤ 범인이 현장에 나타나지 않는 경우에는 근무지역 내에서 행동가능한 판단과 필요조치를 사전에 지시하여 두어야 한다.

(5) 범인체포

① 범인체포시에는 공범자가 있는지 필히 확인

② 몸값소지자가 몸값을 전달한 후 안전권 내에 돌아온 후에 체포에 착수한다.

③ 체포시에는 전원이 일체가 되어 움직일 수 있도록 지정된 신호

④ 몸값을 지정 장소에 둔 후 범인이 찾아 가는 경우에는 범인 몸값을 손에 넣었을 때의 동정을 살펴서 체포에 착수한다.

(6) 피유괴자의 구출

검거한 범인으로부터 신속하게 피유괴자의 소재를 알아내어 피해자를 구출하여야 한다.

6. 통신수사

통신제한조치 등을 통하여 수사를 실시한다(통신수사 참조).

Police Professor Investigative Practice

제2장 대물범죄수사

제1절 절도사건 수사

Ⅰ. 개 요

절도범은 범죄 중에서도 가장 빈번하게 발생하는 사건이다. 따라서 그것은 국민생활에 가장 가까이 느껴지는 범죄로서 그 검거실적에 따라 경찰에 대한 평가나 신뢰도에 크게 영향을 미친다. 경찰관은 절도범의 발생을 인지하였을 때에는 신속하고도 정확하게 사건을 처리하며, 조기에 범인을 검거하도록 노력하여야 한다.

Ⅱ. 절도범죄의 수법

1. 침입절도

① 야간 또는 주간에 침입이 용이한 곳을 통하거나 잠금장치를 파괴하고 주거, 방실, 건조물 등에 침입하는 것

② 방문객, 행상, 검침원을 가장하여 침입하는 방법

③ 사술로 거주자를 밖으로 외출시키고 침입하는 방법

④ 야간주거침입절도는 강도로 돌변할 가능성이 농후하여 특히 위험성이 크다.

2. 방치물 절도

① 옥외 또는 노상에 방치된 물건을 감시가 없는 틈을 타서 훔치는 방법이다.

② 범인을 특정하기가 어려우며 자동차, 오토바이의 경우는 전문범의 소행일 가능성이 많다.

3. 날치기

① 노상에서 타인의 신변에 있는 물건을 순간적으로 잡아채서 도주하는 방법이다.

② 주로 행인으로 혼잡한 정류장, 유원지, 지하철 등지에서 부녀자들을 상대로 하여 이루어지며 은행 등 다액의 현금소지자들을 상대로 오토바이를 타고 따라와서 절취하는 경우도 있다.

4. 소매치기

타인의 신변에 있는 재물을 주의를 산만하게 하여 놓고 순간적으로 절취하는 방법이다.

(1) 강도

① **돌변치기** : 절도가 발각되자 강도로 돌변하는 것

② **가로치기** : 돈 가진 사람을 따라가 행인을 덮치는 강도

③ **행인치기**(퍽치기) : 길목을 지키다가 뒤에서 목덜미 등을 후려쳐서 덮치는 것

(2) 절도

① 소매치기

㉠ **바닥치기** - 핸드백을 열거나 째고 절취하는 것

㉡ **올려치기** - 버스에 승차하려는 피해자를 막고 핸드백 등을 열거나 째고 절취하는 것

㉢ **안창치기** - 양복 안주머니의 밑 부분을 면도칼로 째고 떨어지는 지갑을 절취하는 것

㉣ **굴레따기** - 목걸이나 팔찌 등을 이빨이나 기구로 끊어서 절취하는 것

② **차치기** : 오토바이나 차를 타고 가면서 길을 걸어가는 피해자의 핸드백 등을 날치기 하는 것

③ **봉투치기** : 결혼식장 등에서 하객을 가장하여 돈을 부조를 하는 척 하면서 바꿔치기 하는 것

④ **부축빼기** : 만취자를 다른 사람 보기에 아는 사람이 부축하여 주는 것처럼 하여 주머니를 터는 것

5. 들치기

백화점 기타 상점에서 고객을 가장하여 상품을 훔치거나 손님이 핸드백을 두고 물건을 고르는 사이 핸드백을 훔치는 것

Ⅲ. 피해자 관계 수사

절도범의 수사는 우선 피해자에 대하여, 다음 사항을 명백히 하여 피해사실을 확인하는 동시에, 범인에 관계있는 정보를 얻도록 노력하여야 한다.

① **피해품이 무엇인가?** : 피해의 대상인 재물의 종류 · 품질 · 수량 · 시가 등을 명백히 하여야 한다.

② **도난당한 일시는 언제인가?** : 도난당한 사실을 알게 된 상황 및 그 날이 특정일(공휴일, 월급날, 수금일 등)이 아니었는가를 확인한다.

③ **피해품은 어디에 어떤 상태로 치워놓았던가?**

㉠ "자물쇠"는 채워져 있었던가?

㉡ 누구든지 아는 곳인가, 그것을 알고 있는 사람은 누구누구인가?

④ **도둑맞을 때의 가족의 상태** : 외출중인가, 일하는 중인가, 손님이 와 있는가?

⑤ **범인을 목격하지 않았는가?** : 목격한 경우에는 인상 · 특징 · 착의 · 휴대품 등은 어떠했던가?

⑥ **용의자로 생각되는 자는 없었는가?**

㉠ 피해 전에 수상한 소리, 뜻밖에 일어난 일은 없었던가?(가축 등의 울음소리, 자동차의 발차음, 기타 이상한 인기척), 거동이 수상한 인물이 방황한 일은 없었던가?

㉡ 범인의 것이라고 생각되는 유류품 등은 없었던가?

㉢ 기타 범인에 대하여 알고 있는 사실을 명백히 한다.

⑦ **범인의 물건으로 생각되는 유류품은 없었는가?**

⑧ **기타 범인에 대하여 알고 있는 사항을 명백히 한다.**

Ⅳ. 현장수사

절도범의 범죄현장에서는 현장보존, 현장관찰, 증거자료의 수집・보전, 현장부근의 탐문수사와 검색 등의 제반활동을 행하여 범인의 검거에 당하여야 하는데, 이 가운데 현장보존, 증거자료의 수집・보전의 요령에 관하여서는 임장 및 현장 감식에서 기술한 바와 같으므로, 여기서는 현장관찰, 현장부근의 탐문수사와 검색에 관하여 설명한다.

1. 현장관찰

절도사건의 범죄현장에는 수사에 쓸모 있는 자료가 남겨진 일이 많다. 그러므로 현장에 임하여 수사에 쓸모 있는 모든 자료의 수집에 노력하는 것이 긴요하다. 현장관찰을 함에 있어서 명백히 하여야 할 사항은 다음과 같다.

① **범행일시에 관한 사항** : 뒷받침할 자료가 많이 발견된다.

㉠ 기상에 의하여 범행시간을 표시하는 것은 없는가?

㉡ 범행 소요시간을 표시하는 것은 없는가?

㉢ 범행일시를 선정한 이유를 표시하는 것은 없었는가?

② **범행장소에 관한 사항** : 특히 피해자의 집을 노렸다고 생각하는 상황은 없는가?(범인에 있어서 무엇이 좋은 조건이었던가?)

㉠ 도주에 편리한가, 명암의 상황은 어떠한가?

㉡ 피해자의 집이 한번 봐서 부유하게 보이는가?

㉢ 가족구성은 어떠한가?

③ **범행의 방법(수법)에 관한 사항**

㉠ 침입구의 선정에 특이한 점은 없는가?

㉡ 침입의 수단・방법에 특이한 점은 없는가?

㉢ 범죄과정의 수단・방법에 특이한 점은 없는가?

㉣ 물건의 상황은 어떠한가?

㉤ 목적물은 무엇인가?

④ **범인에 관한 사항** : 현장에 있는 자료는 어떤 의미에서는 모두 "범인은 누구인가?"라는 것에 연결되어 있으나, 그 중 직접 범인의 특정 또는 추정에 쓸모 있는 자료에는 다음과 같은 것이 있다.

㉠ 범인은 피해자의 집에 사정을 잘 아는 자(연고감이 있는 자)는 아닌가?

㉡ 범인이 지리사정을 잘 아는 자(지리감이 있는 자)는 아닌가?

㉢ 범인은 전과(범죄경력)가 있는 자는 아닌가?(수단・방법의 교묘)

㉣ 범인의 신장・체격을 추정할 수 있는 자료는 없는가?

㉤ 범인의 지식・특기・직업을 추정할 수 있는 자료는 없는가?

㉥ 범행에 사용한 용구 등의 흔적은 없는가?(침입용구)

㉦ 현장의 주변 및 범인의 침입・도주경로에 유류품 등은 없는가?

◎ 범인의 수를 추정할 있는 자료는 없는가?

2. 현장 부근에 있어서의 탐문수사와 검색

절도범현장에 있어서는 현장관찰 외에 현장부근에 있어서의 탐문 및 검색 등의 수사를 개시하여야 한다. 이들의 수사를 함에 있어서는 다음의 점에 유의하여야 한다.

(1) 탐문수사

① 범행시간을 추정하는 정보의 수집

② 범인 또는 용의 인물의 목격자 발견 : 목격자를 발견하였을 때에는 다음 사항을 청취한다.

㉠ 범죄의 일시 · 장소

㉡ 그때의 목격위치

㉢ 범인의 수 · 인상 특징 · 착의 · 휴대품 · 차량사용의 유무

㉣ 범인이 취한 행동의 상세 사항

㉤ 기타 말씨, 사투리 등의 특징

③ 거동수상자가 "버스", "승용차" 등 교통기관을 이용하고 있지 않은가? 또는 음식점 등에 들러서 음식을 먹은 일은 없는가?

(2) 검색의 실시

범인은 도주함에 있어서 열차 · 버스 등의 승용차시간을 기다리거나 또는 경계가 완화되는 것을 기다리거나 하기 위하여 현장주변의 빈집, 창고, 움푹 파인 땅, 대밭, 역의 변소 등에 잠복하고 있는 일이 많이 있다. 또한 범인은 도주함에 있어서 그 도주경로에 흉기 · 장물 기타의 휴대품을 은닉하거나, 투기하거나, 혹은 유류하거나 하는 일도 있고, 그 위에 범인의 도주경로를 따라서 족적이 남아 있는 일도 있다. 그러므로 면밀한 검색을 실시하여 범인의 체포 혹은 그 단서의 발견에 노력할 필요가 있다.

Ⅴ. 자료에 의한 수사

1. 감수사(鑑搜査)

감수사란 범인과 피해자와의 관계(연고감) 또는 범인과 범행 장소 및 그 주변지역 상에 존재하는 특별한 관계(지리감) 등을 규명함으로써 범인에 이르는 수사방법으로 수사의 범위를 정하는 중요한 정황증거이다. 감수사는 범죄수법과 피해자 등으로부터 청취한 사항 등을 종합 검토하여 그 유무를 판단하여야 한다.

(1) 연고감(緣故鑑) 수사

현장의 모양 · 침입구 · 도주구 · 경로 · 범행의 수단 · 방법 · 금품물색상황 등을 관찰하고, 합리적인 추리판단을 가하여 대상자(친족관계, 친화, 거래인, 대차관계자, 면식 교우자, 고용인, 건축공사관계자, 각종 수금원, 행상인, 주문 받으러 다니는 점원, 통행인 등)에 대하여 다음 사항을 수사한다.

① 성행 · 경력 · 생활상태 · 범죄경력

② 피해자의 집과의 교제 · 출입관계

③ 사건발생 전후의 언동과 알리바이(현장부재증명)

(2) 지리감(地理鑑) 수사

범행일시 · 장소, 침입 · 도주경로, 시간을 기다리던 장소, 천후, 명암, 지형, 교통기관, 현장부근 토지의 특수사정 등을 관찰하고, 합리적으로 추리판단을 하여 현장부근의 상황을 알고 있는 것으로 생각되는 전과자, 범죄경력자, 소행불량자, 불량배 등의 대상자에 대하여 대개 다음의 사항을 수사한다.

① 성행 · 가정 · 생활상태 · 범죄경력

② 현장부근에 거주 또는 통행한 일의 유무

③ 사건 발생 시 그 전후의 동정과 알리바이

④ 돌아다닌 모양

⑤ 인도(안내)의 가능성

2. 유류품 수사

유류품의 수사는 유류품의 출처의 추적에 주력을 기울이게 된다. 유류품은 범행현장에 연결되는 직접적인 물적 자료이므로, 그 출처를 추적해 나가면 범인에 도달되는 경우가 많다. 유류품 수사요령은 다음과 같다.

① **유류품인가 어떤가를 추정한다.** : 과연 범인이 유류한 것인지를 다시 한번 확인하여야 한다.

② **유류품에 대하여 잘 검토해 본다.** : 과학적 감정이나 수사를 행하고, 또는 전문가에 보여서 그 물건에 대하여 상세한 지식을 얻는 것이 중요하다.

③ **유류품의 제조 · 판매 · 반포의 경로를 수사한다.** : 제조소의 마크 · 기호 등에서 제조원에 대하여 그 제조연월일 · 판로 · 판매 수 · 판매 방법 등을 수사하여 그 판매점을 찾아 그 구입자 중에서 용의자를 수사해 나간다.

④ **유류품을 소지 · 휴대하고 있었던 일이 있는 자의 탐문수사를 행한다.** : 그러기 위하여는 유류품 또는 그 사진을 휴대하고 가서 수사에 임하는 것이 필요하다.

3. 장물수사

피해가 발생하였을 때에는 피해품을 확인하여 그 특징을 명백히 하는 것이 장물수사의 제1보이다. 장물의 매수자, 전당 잡은 자, 보관자 등에 대하여는 다음 사항을 명백히 하여야 한다.

① 상대자의 주거 · 직업 · 성명 · 연령 · 인상 · 특징 · 착의 · 휴대품

② 장물의 종류 · 품질 · 수량 · 형상

③ 장물판매 등의 일시 · 장소 · 판매 등을 하게 된 경우

④ 매수 시 등에 있어서의 상태

⑤ 장물이라고 의심가지는 않았는가.

⑥ 상대자와의 평소의 거래 · 교제관계

4. 수법수사

대개, 다음의 사항에 주의하여 수법적인 검토를 하여 범인의 색출에 노력한다.

① 일시 장소, 천후, 월령, 시제일

② 교통편, 소음 등

③ 침입 · 도주의 수단 · 방법

④ 물색의 방법, 피해품, 조명구의 사용

⑤ 망보기, 시간 기다림, 축견의 길들임. 음식, 흡연, 탈분, 방뇨, 낙서

⑥ 지문 · 족적의 흔적 말소

⑦ 범인의 신체적 특징

그리고 범죄수법이 판명되면 범죄수법원지(수법 소표 · 신체적 특징 소표) · 피해통보표(장물수배서) · 피의자 사진 등의 범죄수법 자료에 의하여 범인을 색출해 낼 수 있다.

Ⅵ. 용의자 수사

사건의 용의자가 진범인가 아닌가를 결정하는 수사가 여기서 말하는 용의자 수사이다.

1. 수사할 때의 유의사항

① 신뢰할 만한 협력자를 고른다.

② 수사는 외부로부터 점차 용의자의 신변을 향하여 행한다.

③ 용의자는 누구인가를 다른 사람이 눈치 채지 못하도록 유의한다.

④ 잠복감시 · 미행 · 정탐 등을 함에 있어서는, 특히 용의자가 눈치 채지 못하도록 주의하여야 한다.

2. 수사할 사항

① 신원관계(본적 · 주거 · 출생지 · 직업 · 성명 · 연령), 범죄경력, 경력, 생활상태

② 원인 · 동기(실업 · 유흥 · 부채 등)

③ 피해자와의 관계

④ 알리바이와 사건 전후의 동정

⑤ 현장과의 결부(지문, 족적, 범행방법, 목격자의 선면 등 수사 자료와의 결부)

Ⅶ. 자동차절도 수사

최근 자동차 문화의 발전과 더불어 자동차와 오토바이 도난 사건이 점차 증가하고 있고 또한 도난당한 자동차나 오토바이를 이용한 금융기관 강도나 날치기 등과 같은 악질 사범이 증가하고 있다. 강력하게 수사를 실시하여 도난 차량을 조기에 발견함은 물론 피의자 검거를 통한 피해회복 및 2차적 범죄를 미연에 방지하도록 하여야 한다.

1. 사건을 인지한 경우의 조치

① 자동차 절도범인은 범행 후 단시간에 타 지역으로 도주하므로 피해신고를 받은 경우에는 바로 지령실로 보고하여 조직적으로 수사가 이루어지도록 하여야 한다.

② 수배조치를 한 후에는 신속하게 범행현장에 임장, 현장 감식과 주변탐문을 실시하고, 유류품 및 목격자 등을 발견한 경우에는 신속하게 지령실로 추가로 보고한다.

2. 도난차량의 발견

① 직무질문, 자동차검문, 교통단속, 교통사고 또는 검문을 통하여 불심 차량의 발견에 노력하고 조회센타에 조회하여 도난 차량의 여부를 확인한다.

② 조회결과 도난차량에 해당하지 않는 경우라 하더라도 범행직후이거나 심야에 이루어진 범죄로 인하여 피해사실을 늦게 발견하여 수배등록이 되지 않는 경우가 있으므로 의심점이 있으면 이를 규명하여 도난차량 발견에 주력하여야 한다.

③ 도난 차량은 차대번호를 고쳐 판매하는 경우가 있으므로 수리업자나 폐차업자와 같은 관련 업자에 대한 탐문을 실시하여 도난 차량을 발견하도록 한다.

3. 민간협력의 확보

자동차절도는 열쇠가 꽂혀있는 차량을 대상으로 하거나 엔진을 직접 연결하는 등의 방법에 의하여 출입이 자유로운 주차장이나 노상에서 많이 발생하고 있다. 특히 주차장에서의 자동차 절도에 대한 대책으로 주차장 관리자 등을 대상으로 불심 차량을 발견하였을 경우 협력 체제를 확보하도록 한다.

4. 소매치기 은어(隱語)

① **박치기** : 소매치기들이 범행모의를 위하여 특정 장소에 회합하는 것

② **회사**(식구) : 여러 명으로 구성된 조직성 소매치기

③ **도꾸다이** : 1명 혹은 2명이 단독으로 하는 소매치기

④ **회사원** : 백화점 소매치기배

⑤ **학교식구** : 버스 소매치기배

⑥ **바닥식구** : 길거리, 난장 소매치기

⑦ **노배** : 조직 소매치기들이 야당들에게 정기적으로 상납하는 돈

⑧ **주문** : 조직 소매치기들의 두목(사장)이 야당에게 돈을 준다고 연락하는 것

⑨ **공금** : 조직 소매치기들이 사고 발생시에 대비하여 사고 수습용 비용으로 보관중인 돈

⑩ **곰, 아저씨, 조카** : 형사

⑪ **딱지** : 소매치기 범행에 의하여 취득한 수표

⑫ **바가지, 깝지** : 범행대상이 되는 부녀자의 핸드백

⑬ **연필** : 면도 날

⑭ **학교** : 범행이 이루어지는 버스, 교도소

⑮ **땅굴** : 지하철

⑯ **까치집** : 버스 안에서 대상을 물색한 후 그 주위를 둘러싸는 것

⑰ **애비, 매미** : 소매치기 피해자가 남자인 경우 애비, 여자인 경우 매미

5. 기 타

① **수배해제의 철저** : 도난차량을 발견하여 당해차량의 환부, 가환부한 후에 수배해제를 하지 않으면 재차 직무질문 등을 통하여 선량한 사람이 범인으로 취급되는 결과로 되어 예기치 않은 분쟁으로 발전할 수지가 있을 수 있으므로, 도난품 등록을 한 차량을 발견하거나 수배의 필요가 없어진 때에는 신속하게 해제한다.

② **수사사고 방지** : 차량검문이나 직무질문은 상대방이 어떠한 범죄를 범하거나 또는 범할 우려가 있는 사람을 대상을 하기 때문에 상대방으로부터 예기치 않은 공격을 받거나 도주할 우려가 있을 수 있으므로 위해를 방지하기 위하여 정지위치, 상대방과의 거리, 장소, 상대방의 거동 등에 주의하여야 한다.

Ⅷ. 압수도품의 환부

1. 압수도품

① 도품이란 절도 또는 강도 등 재산범죄에 의하여 피해자의 의사에 따르지 않고 그 소지를 빼앗긴 것으로 피해자가 회복청구권을 가지는 것인데, 압수기관이 이 도품의 점유를 계속 취득하는 경우에 이것을 압수도품이라고 한다.

② 압수도품의 환부는 법률의 규정에 따라 환부 받을 권리를 가지는 자에게 하게 되는데, 그 환부의 대상 및 기준으로는

㉠ **민법 제249조**(동산의 선의취득) : 평온, 공연하게 동산을 양수한 자가 선의이며 과실 없이 그 동산을 점유한 경우에는 양도인이 정당한 소유자가 아닌 때에도 즉시 그 동산의 소유권을 취득한다.

㉡ **민법 제250조**(도품, 유실물에 대한 특례) : 전조의 경우에 그 동산이 도품이나 유실물인 때에는 피해자 또는 유실자는 도난 또는 유실한 날로부터 2년 내에 그 물건의 반환을 청구할 수 있다. 그러나 도품이나 유실물이 금전인 때에는 그러하지 아니하다.

㉢ **민법 제251조**(도품, 유실물에 대한 특례) : 양수인이 도품 또는 유실물을 경매나 공개시장에서 또는 동 종류의 물건을 판매하는 상인에게 선의로 매수한 때에는 피해자 또는 유실자는 양수인이 지급한 대가를 변상하고 그 물건의 반환을 청구할 수 있다.

③ 민법상의 선의취득에 관한 규정이 적용되지 않는 부동산은 물론, 유가증권, 화폐 및 등기 또는 등록으로 공시되는 동산 등은 당사자의 권리관계를 충분히 검토한 다음 적절한 조치를 취하여야 한다.

2. 압수도품의 환부(가환부)

(1) 근거 법조

압수물의 환부 가환부(형소법 제133조), 압수물의 피해자 환부(형소법 제134조), 사법경찰관이 압수물을 처분하는 경우에 준용(형소법 제219조)

(2) 압수도품의 실제적인 사례

사례 1

피해자 甲 → 범인 乙 → 일반인 丙 → 경찰

절취 매각 압수

을이 갑으로부터 절취한 경우에 있어서 을・병간의 매매가 민법 제249조의 적용을 받는 경우라도 절취되었을 때부터 2년간 갑은 민법 제250조에 의하여 그 물건의 반환청구권이 있다. (무상) 따라서 압수품은 갑에게 환부된다. 또 2년이 경과한 경우에는 병이 그 물건의 소유권을 확정적으로 취득하여 장물성이 없어지므로 형사소송법 제133조에 의하여 병에게 환부하게 된다.

사례 2

피해자 甲 → 범인 乙 → 중고품매매상 丙 → 일반인 丁 → 일반인 戊 → 경찰

절취 매각 매각 매각 압수

병, 정간의 매매는 민법 제251조의 적용을 받는다. 경찰이 정에게서 물건을 압수한 경우 피해자인 갑이 정에게 대가를 변상하여야 갑에게 환부 된다. 물건을 정이 다시 무에게 거래(매각 증여)한 경우에도 갑은 무에게 반환청구가 가능하다. 민법 제249조의 적용을 받아 그 물건의 장물성이 없어지므로 갑은 무에 대하여 반환을 청구할 수 없게 된다는 교재도 있으나 2년이 경과하지 아니한 경우에는 청구가 가능하고 민법상의 하자담보책임문제로 된다.

IX. 피해자에 대한 중간 통지 실시

절도사건이 발생할 경우 경찰에서는 적은 피해라 할지라도 물건을 도난당한 국민의 심정을 충분히 이해하고 범죄 현장에 직접 출동하여 감식활동을 하는 등 피해자에게 경찰이 자신의 물건을 훔쳐간 도둑을 잡기 위해 노력하는 모습을 보이도록 하고 있으며, 수사사항을 담당형사, 지구대 팀장, 지구대장이 수사상황을 중간통지 하기 위해 방문하도록 하고 있다.

Ⅰ. 사기사건의 개념과 관련법규

사기죄(형법 제347조)는 사람을 기망하여 재물의 교부를 받거나 재산상의 이득을 취득하는 경우에 성립하는 범죄를 기본으로 하여 준사기죄(제348조), 부당이득죄(제349조)가 있고 편취액이 5억원 이상인 경우에는 특정경제범죄가중처벌등에관한법률(제3조)에 해당한다. 사기의 수단 방법은 다종다양하여 그에 따라 여러 가지 수법이 있고 상습성을 띠는 경우가 많으며 사기범에 따라 그 수단과 방법은 고정화되는 경향이 있다.

Ⅱ. 사기사건의 수사요령

1. 수사상 일반적 유의사항

(1) 수사의 단서에 대한 검토

사기사건의 단서는 피해신고 또는 고소 등에 의하여 행하여지는데 고소인이나 피해신고를 해 오는 사람 중에는 상거래에 있어서 채권의 징수나 채무를 이행시키는 수단으로 수사기관을 이용하려고 하는 자가 있기 때문에 신고 등을 받는 경우에는 그 동기·내용 등에 관하여 다음과 같은 점을 충분히 검토하여야 한다.

① 피해신고가 불순한 동기에 기인한 것은 아닌가

② 사실을 왜곡하거나 일부를 숨기고 있는 것은 아닌가

③ 민사상 권리행사를 유리하게 하려고 하는 것은 아닌가

(2) 피해자에 대한 기초수사의 철저

사기사건에 있어서 기초수사의 철저를 결하였기 때문에 범죄를 입증할 수 없는 경우가 많으므로 피의자를 체포할 때까지의 단계에 있어서 예상되는 변명이나 부인을 뒤엎기 위한 기초수사를 다음과 같은 방법으로 실시하여야 한다.

① 피의자의 경력 가족 생활환경

② 피의자의 소행 습벽 전과 전력

③ 피의자의 자산 수입 부채상황

④ 피의자의 송금원 출처, 투자의 유무

⑤ 범행의 방법 종래의 거래 또는 대차의 상황

⑥ 피의자의 교우 유흥관계

⑦ 취득금품의 처분상황

(3) 현장관찰

사기사건은 흉악범이나 절도범의 경우와 비교하여 범죄현장의 관찰에 소홀해지기 쉽다. 그러나 그 중요성은 다른 범죄와 조금도 다른 점이 없다. 그것은 채증이라는 관점보다는 오히려 공범자의 지정의 정도라든가 피해자나 관계자 등의 진술의 진위규명이라는 점에서 불가결하다. 따라서 실황조사를 하여 피해관계 장소의 위치, 상태 등을 명확하게 하여야 한다.

(4) 조직적 수사의 실시

사기범은 상습성과 수법의 고정성이 높은 범죄이다. 그러므로 수법 자료나 지문 자료가 직접, 간접으로 수사의 추진에 도움이 될 수 있는 경우가 많으므로 구체적인 수사에 있어서는 다음과 같은 점에 유의하여 조직적인 수사를 추진하여야 한다.

① **기존자료의 활용** : 토지사기단, 어음사기단 등과 같이 단독범으로서 보다는 공범으로서 행하여질 가능성이 많은 수법범죄에 대해서는 수법원지의 수법내용란에 공범 외에 이면에 기재되어 있는 친척, 지인란에서도 공범의 색출에 노력하여야 한다. 위조·변조 등의 문서 등이 있는 경우에는 수법원지 또는 지문원지의 자서란과의 대조감정에 의하여 동일필적의 색출 등 조직적인 수사 자료의 활용을 도모함과 동시에 이전에 사건을 처리한 조사관 등에게도 연락하여 당시의 공범관계, 범행수단 및 방법, 조사에 대한 피의자의 태도 등을 상세하게 청취하여야 한다.

② **동일 피해 유무의 검토** : 임의수사로서 가능하다고 인정되는 단순한 사건의 경우에도 달리 동일수법의 피해나 이외의 중요사범이 숨어 있지 않은가에 대하여 검토하여야 한다. 피해통보표나 범죄경력조회, 지명수배조회에 의하여 동일피해 내지 동일범행의 발견이 가능하면 범의의 입증이나 공범의 유무 등 사건처리상 유익한 자료를 얻을 수 있다.

2. 일반적 수사사항

(1) 피해자의 조사

면식범인 사기사건은 피해자가 기망 당해서 피해를 입을 때까지, 심지어 피해를 인식하고 신고한 후까지도 역시 직접. 간접으로 피의자와 접촉하고 있는 경우가 많고, 피해자의 진술은 기망 사건의 가장 중요한 증거가 될 수 있는 것이므로 다음 사항을 청취, 조사하여야 한다. 이 경우 특히 진술의 엇갈림 또는 다른 증거와의 모순이 있을 때에는 그 모순점을 해명하고 진술전체에 모순이 없도록 하여야 한다.

① 피해의 일시, 장소

② 피해당한 것을 안 일시, 그 원인

③ **피의자의 성명, 연령, 직업 및 자칭 사실** : 이러한 사실이 불명확할 때에는 인상, 특징, 착의, 휴대품, 피의자와 교제 및 거래사항

④ **피의자의 제의를 신용하기에 이른 이유** : 대화내용(자칭 또는 화제), 제시한 현금(신용 등을 얻기 위하여 내 보인 돈) 또는 각종 증명서 등

⑤ **피의자의 제의 내용** : 강매의 내용, 대차관계의 조건과 내용, 제시한 견본의 특징, 품질, 종별, 제의 시에 알려야 할 당연한 사실을 알리지 않는 것

⑥ **기망당한 사실의 내용** : 제의사실과 어느 것이 상반되고 있는가? 그 상반되는 사실을 처음부터 알고 있었다면 어떠하였을 것인가, 상반되는 사실은 범인의 언어태도에 원인이 있는가, 자신의 착각은 없었는가

⑦ 피의자에게 교부한 재물 또는 재산상의 이익 : 교부의 일시, 장소, 회수 여부, 재물(재산상의 이익)의 소유자, 교부의 방법, 교부한 재물(재산상 이익)에 대한 반대급부의 종류, 수량, 가격

⑧ 공범자의 유무

⑨ 합의, 배상, 처벌에 관한 의사 등에 관해서 피의자와 교섭 유무

⑩ 피의자와 범행시 관계, 친족관계 유무

⑪ 범인이 범행에 사용한 물건 기타 증거물 등의 임의제출

(2) 피의자 체포

피의자를 체포할 경우에는 다른 사건의 경우와 마찬가지로 다음 사항에 유의하여야 한다.

① 피의자의 신변수사를 철저히 하고 범인 적격성을 증명할 것.

② 임의수사에 의하여서는 수사의 목적을 달성할 수 없는 경우에 한하여 체포할 것, 즉 체포의 필요성, 타당성을 검토할 것.

③ 오인체포를 방지하기 위하여 기초수사를 철저히 할 것.

④ 기초수사의 진전 상황에 따른 검거착수시기 판단 : 사건의 내용이 복잡한 지능범 사건에 있어서는 기초수사를 철저히 하지 않고 피의자를 체포하면 종종 사후의 사건수사가 곤란하게 될 경우가 있다. 피의자가 도주할 염려라든가 증거인멸이라든가 하는 상황에서는 확보한 증거 내지 자료에 의하여 객관적으로 판단해서 체포의 시기를 결정하도록 하여야 한다.

⑤ 공범자의 동시 체포에 의한 증거인멸・도주방지 : 사기사건에는 공범자가 있는 경우가 많다. 공범자를 동시에 체포하는 것이 사건 전반을 확실히 한다는 면에서 바람직하다. 따라서 일부의 자가 도주한 경우에는 그 자의 체포시기까지 다른 사람의 체포시기를 늦추는 것도 생각하지 않으면 안 된다. 공범자가 있는 사건에 있어서는 일부의 자를 체포하면 예외 없이 체포되지 않는 공범자에게 덮어씌우고 자신은 빠져나가려 하고 증거인멸을 꾀하게 되어 애써 체포한 피의자도 조사하지 못한 채 사건이 해결되지 않는 결과를 초래하는 경우가 있기 때문에 되도록 동시에 체포를 하여야 한다.

⑥ 공범자가 도주한 경우의 피의자 체포 : 공범사건에서 사건의 해결을 위하여 경우에 따라서는 도주 중인 피의자의 의중을 파악하고 행적수사도 할 겸 또는 체포한 피의자만으로 사건이 해결될 전망이 확실한 경우에는 공범자가 도주하고 있어도 다른 공범자를 체포하여도 무방하다.

(3) 피의자의 조사

사기사건 수사는 다른 지능범 사건의 수사와 마찬가지로 범의, 공모, 영득의사, 범행동기 등의 입증에서는 피의자의 자백이 중시된다. 자백을 받아서 증거를 발견하고 이를 검토하여 다시 자백의 진실성을 확인하는 순서를 밟는 수사가 지능범에서는 의외로 많다. 특히 상습적인 토지사기라든가 어음사기에 관한 공범자의 지정성의 입증에 있어서는 정황증거를 산적시켜도 자백이 없는 한 피의자를 기소로 끌어들이기

가 극히 어렵다. 사기사건의 피의자 조사에 있어서 일반적으로 조사할 사항은 다음과 같다.

① **범의를 철저히 밝힌다.** : 사기는 전형적인 지능범이므로 "반드시 변제할 생각으로 돈을 빌렸으나 사업실패로 인하여 돈을 변제하지 못한 것"이라고 변명하는 등 그 범의를 부인하는 경우가 많다. 그러므로 편취당시의 피의자의 재산상태, 사업전망, 실현가능성 등을 세밀히 조사하여야 한다.

② 재물교부 사실을 6하 원칙에 따라 횟수별로 금액을 특정해서 구체적으로 밝힌다.

③ 기망행위의 시기, 장소, 기망의 상대방을 특정 한다.

④ **구체적인 기망방법에 대하여 세밀하게 조사한다.** : 거짓말의 내용이 무엇인가, 적극적으로 거짓말을 하여 허위사실을 믿게 한 것인가, 부작위에 의하여 기망하였는가, 고지의무는 있는가 여부를 조사한다.

⑤ 기망행위와 착오 간에 인과관계가 있는가를 조사한다.

⑥ 재물교부의 명목을 밝힌다.

⑦ **편취한 재물이나 재산상 이익의 처분관계에 대하여 조사한다.** : 일반 재산범에 공통되는 사항으로 장물의 행방은 증거의 보강과 정상파악에 도움이 된다.

⑧ 피해자와 친족관계가 있는지에 대해 조사한다. 피의자 또는 피해자가 친족이라고 진술할 경우에는 친족상도례에 해당하는지 여부를 조사하여야 한다.

⑨ 반대급부가 있었는가는 사기죄의 성립과는 관계가 없으나 사건전체의 파악을 위하여 조사한다.

⑩ **합의, 변상의 유무** : 합의, 변상이 되어 있는지의 여부는 사기죄의 성립여부에는 직접적인관계가 없지만 사건의 처리상 명백하게 하여야 한다. 사기, 횡령 등의 범죄는 피의자와 피해자와의 관계가 거래관계나 고용관계 등 비교적 밀접한 관계에 있어서 서로 이야기가 된 경우가 많고, 그 중에는 합의가 성립하여 그 일부를 변상했지만 전부의 변상을 약속대로 이행하지 않아서 변상을 조속히 확보하기 위하여 고소를 이용하는 경우도 있으며, 그와 같은 경우에는 피해자 측에서 좀처럼 그 사실을 밝힐 수 없으므로 피해자에 대한 합의. 변상 유무를 조사하여야 한다.

Ⅲ. 상습사기사건 수사요령

1. 상습사기사건

① 여기서 말하는 상습사기사건이란 상습적으로 사람을 속여서 재물이나 재산상의 이익을 얻는 사건으로서 대개 이욕범이며 지능범이다. 보호법익은 재산권과 거래상의 신의 성실이다.

② 상습자는 범행을 반복함으로써 보다 쉽고 효과적이면서도 더욱 안전한 범행방법을 발견하여 이것을 반복하기 때문에 점차로 범행은 교묘화 되고 지능화 되어 간다. 따라서 수법범죄라고 말할 수 있는 것이다.

2. 범죄의 경향

최근 상습사기범은 대도시를 비롯하여 근접도시에 까지 발을 넓혀 범죄를 반복하면서 여행성 범행이 많아 그 범행지역이 광역화되는 경향을 보이고 있다.

3. 사건의 수리와 조치

(1) 발생시의 조치

사건발생을 인지하였을 경우에는 신속히 임장하여 범인의 인상, 특징, 면식의 정도, 범행수법, 유류품의 발견, 유류지문, 기타 수사 자료를 수집하여야 한다.

(2) 피해통보표의 작성. 송부

피해통보표는 지방경찰청이 보관하고 있는 수법원지를 피해통보표와 대조하고, 용의자의 발견 여죄의 발견에 중요한 기초자료도 됨으로 빠짐없이 정확하게 작성하여 신속하게 송부한다.

4. 수사요령

① **수법수사** : 상습사기범은 광역에 걸쳐 동일수법의 범행을 반복하여 자행하는 것이 일반적이다. 따라서 발생한 사건에 대하여 상세하게 그 수법을 파악한 다음 지방경찰청 수사주무과에 조회를 하거나 또는 직접 수법 자료를 활용하여 범인의 물색에 노력하여야 한다.

② **범죄수법 영상전산시스템의 활용** : 면접범이라는 점에서 피해자 참고인 등의 협력을 얻어 컴퓨터 단말기를 이용한"범죄수법 영상전산시스템"을 활용하여 용의자의 발견에 노력하여야 한다.

③ **유류물 유류품 수사** : 종래에는 피해자, 참고인 출석을 요구하여 조서작성만으로 그치는 경우가 많았다. 그러나 상습사기범은 절도범과 달라서 피해자와 면접하여 대화하는 도중에 나오게 된 찻잔, 이용했던 전화기, 교부했던 영수증 등에서 지문이나 필적을 남기는 경우가 많으므로 조기에 현장에 임장하여 수사 자료를 수집하여야 한다.

④ **장물수사** : 범인과 직결되는 장물은 도범 수사와 마찬가지로 상습사기범 수사에 있어서도 예외는 아니다. 따라서 피해품이 물건인 경우에는 종별, 특징 등을 정확히 파악하여 장물수사를 실시한다.

⑤ **지명수배** : 상습사기범은 가명을 상투적으로 사용하고 있어서 검거가 쉽지 않은 경우가 많으므로 피의자를 물색할 때에는 지명수배와 동시에 지문수배를 하는 데에도 착안하여야 한다.

⑥ **수배의 철저**

㉠ **피해대상에 대한 수배** : 상습사기범인은 그 수법에서 피해대상이 특정되는 경우가 많으므로 대상자에 대한 신속한 수법수배와 피의자가 들렀을 때의 신고요령을 지도하여 현행범인 검거의 조치를 강구하여야 한다.

㉡ **여관 기타에 대한 수배** : 상습사기범인은 대체로 여관을 전전하는 경우가 많으므로 수배서를 배포할 때에는 여관 경영자뿐만 아니라 종업원에게도 수배내용을 알려주어 협력을 구하여야 한다.

⑦ **여죄조회** : 피의자를 검거하였을 때에는 범행시간 피해대상 사칭 및 기망을 위하여 사용한 방법 목적물 인상 특징 습벽 등을 명확히 하여 반드시 여죄조회를 실시하여야 한다.

제3절 도박사건 수사

Ⅰ. 도박범죄의 개요

도박죄는 재물을 가지고 도박함으로서 성립하는 범죄로서 단순도박죄(100만원 이하의 벌금 또는 과료), 상습도박죄(3년 이하의 징역 또는 200만원 이하의 벌금) 및 도박개장죄(3년 이하의 징역 또는 200만원 이하의 벌금)로 의율 된다. 단순도박의 경우, 일시 오락에 불과한 사안은 도박죄로 처벌되지 않음으로 이에 대한 신중한 판단을 해야 하며, 사기도박의 경우 도박죄가 아닌 사기죄로 의율 해야 한다. 도박이란 재물을 걸고 서로 따먹기를 다투는 것, 노름으로서 우연의 승부에 의하여 일정한 재물을 걸고 승자에 교부하는 것을 처벌하는 것이다. 우연성이란 필연성에 대립되는 것으로서 승패의 귀추가 행위자의 확실한 인식 또는 행위자의 지배밖에 있는 것을 말한다. 다소의 우연성이 지배하는 이상 도박이라 할 수 있는데, 돈을 걸고 하는 마작, 장기, 화투, 바둑 등이라고 볼 수 있다.

Ⅱ. 현행범의 검거

도박범에 대한 현행범인의 체포는 증거의 보전, 신병의 확보 등에 효과적인데 그 검거 방법은 다음과 같다.

1. 사전준비

① **도박개장 사실의 확인** : 현행범인 검거에 있어서는 먼저 도박개장 사실을 확인하여야 하는데 감시가 엄중하여 접근하기 힘들거나 도박개장 장소로 사용하는 건물이 은밀하여 외부에서 확인할 수 없는 경우가 많다. 이 경우에는 수사요원을 도박개장 장소의 출입구 등 동향을 잘 관찰할 수 있는 곳에 배치하여 확인을 한다.

② **개장 장소의 파악** : 검거를 위하여 덮치더라도 건물의 구조, 방의 배치, 출입구 등이 어떻게 되어있는 지 잘 알지 못하면 검거활동에 지장을 초래하는 경우가 있음으로 충분한 준비가 필요하다.

③ **기자재의 준비** : 단속이 심야에 이루어지는 경우가 많음으로 조명기구를 준비하고 증거품을 담을 용기 수송차량 등을 사전에 준비하여야 한다.

④ **수사요원의 집결** : 도박장의 감시꾼들이 잘 알지 못하도록 순찰지구대・파출소 등을 피하여 적당한 지역에 요원들은 집결시켜야 한다.

2. 검거활동과 책임구분

직업도박의 현장은 분위기가 험악하여 경찰의 체포활동에 저항하거나 도주 또는 증거인멸을 꾀하는 경우가 많기 때문에 수사요원 자신이 당황하여 체포자의 감시를 소홀히 하거나 증거품을 빠뜨리기 쉬우므로 다음과 같이 사전에 수사요원별로 임무분담을 명확히 하여두어야 한다.

(1) 피의자 검거반

피의자 검거반은 도주를 방지하기 위하여 출입구를 봉쇄하는 자, 현장에 들어가서 개장자를 체포하는 자 등으로 구분하여 피의자의 수에 따라 수사요원을 지정한다. 또 피의자의 반항 등으로 인하여 현장이 혼란한 경우에는 특히 각자가 책임구분을 지켜서 마음대로 행동을 하거나 자기의 담당구역을 떠나지 않도록 주의하여야 한다. 또한 야간에는 전기를 끄거나 물건을 파괴하고 도주를 꾀하거나, 2층 이상인 경우에는 옥상으로 도주하기도 하므로 사고방지에 주의하여야 한다.

(2) 검거의 선두

도박장을 덮친 검거반의 선두에는 도박개장 장소의 상황을 가장 잘 알고 있거나 경험이 많은 자 등을 앞세운다. 선두자는 검거조를 유도하여 가장 먼저 현장에 들어가 그곳의 상황을 확인함과 동시에 강력하고도 선제적인 언어를 사용하여 기선을 제압하고 도박행위의 진행을 중단시켜 검거를 용이하게 한다.

(3) 방해자를 배제하는 요원

도박장에는 감시꾼, 문지기 등이 있어 경찰이 도박장을 덮치는 경우에는 검거반의 진입을 방해하는 한편, 도박장에 연락하는 역할을 하고 있다. 따라서 검거에 있어서는 이들을 재빨리 분리하여 도박장으로의 연락을 제지하고 검거에 방해되거나 도박자에 연락되는 일이 없이 검거를 용이하게 할 수 있도록 하여야 한다.

(4) 증거품을 압수하는 요원

도박현장의 증거품은 도박사범을 명확히 증명한다. 따라서 사진 촬영을 하면서 있는 그대로 압수하는 것이 이상적인가를 판단해야 한다. 일반적으로 직업도박의 경우에 압수하여야 할 증거품은 다음과 같다.

① **도구** : 가장 중요한 증거품이며 이것에 의하여 도박방법을 인정할 수 있다. 또한 화투가 한 장 부족해서 공판에서 도박이 성립될 수 없다는 등으로 변명하기도 하므로 수를 확인하여 부족한 경우에는 철저히 수색하고 만약 발견되지 않은 경우에는 수색의 결과를 압수·수색목록 등에 기재하고 다시 피의자 조서에는 개장 중에는 전부 있었다라는 것을 피의자로 하여금 진술하게 하여 확실하게 자료화해 두어야 한다.

② **도금(賭金)** : 도금은 판돈, 딴돈, 준비금으로 나눌 수 있다.

㉠ 판돈이란 도박판에 깔린 돈 및 도박장에 나와 있는 돈이다. 판돈은 소유자 또는 소재한 장소별로 구별하여 압수한다. 수사요원이 덮쳤을 때 호주머니에 감추는 일이 있으므로 명확히 하여야 한다. 특히 여자의 경우 현장에서 도금을 착용한 속옷 속에 숨기는 경우가 많으므로 이러한 경우에는 성년의 여자를 참여시켜 수색하는 것이 원칙이다.

㉡ 딴돈이란 도박에 의하여 취득한 돈이다. 이것은 판에 나와 있거나, 수중에 있어야 한다. 판에 나와 있는 경우에는 판돈과 같은 방법으로 압수하고, 호주머니에 있는 것은 판돈과 구별하기 어려우므로 현장에서 피의자가 수중에 집어넣는 것을 현장에서 확인한 경우 외에는 그대로의 상태로 별도로 예치보관하고 조사 시의 자백을 기다려 임의제출하게 하는 것이 바람직하다.

㉢ 준비금이란 도박을 하기 위하여 가지고 나온 동으로서 넓은 의미로는 집을 나올 때 도박을

하기 위하여 가지고 나온 돈은 모두 여기에 속한다. 그러나 도박을 하기 위하여 준비한 돈인지의 여부에 대하여 그 인정이 곤란하지만, 확실히 도금으로서 준비한 것은 압수한다. 이상 3가지 종류의 도금을 압수하는데 있어서는 각각 종별로 나누어 두는 것이 바람직하다.

③ **개평함, 개평주머니, 개평** : 개평함(개평을 넣는 상자), 개평 주머니, 개평은 도박개장죄의 입증에 불가결한 것이다.

④ **말**(칩) : 금전의 수수를 확실히 하기 위해서 현금대신에 도박장 내에서만 사용하는 것으로 바둑알이나 셀룰로이드계의 표를 사용하고 있으므로 이것도 반드시 압수하여야 한다.

⑤ **약도의 작성과 사진촬영** : 약도를 분담하는 자는 민첩하게 판을 중심으로 한 각인의 위치 및 도구, 도금, 개평함의 소재장소 기타 상황을 기록하도록 하고, 사진 촬영을 하는 사람은 현장에 도착함과 동시에 먼저 각인의 위치를 확정하는 사진을 찍고, 다음에 증거품의 상황 등을 찍도록 하여 증거의 확보에 힘써야 한다.

Ⅲ. 비현행 도박피의자의 검거

1. 통상 체포, 긴급체포에 의한 검거의 이점

직업도박꾼의 검거에 있어 통상 체포하는 쪽이 더 이점이 많다.

① 입증이 가능한 한 과거의 사건도 소급하여 검거할 수 있고 상습성의 인정이 용이하다.

② 개평의 징수상황 등에 의하여 배후 개장자를 물색하고 두목을 검거할 수가 있다.

③ 다른 범죄로 검거된 피의자의 진술에 의해서도 검거할 수 있으며 단서의 파악이 비교적 용이하다.

④ 경찰측의 사정에 따라 검거의 시기를 자유로이 선정할 수 있다.

⑤ 검거시 부상을 입는 사고 등이 거의 발생하지 않는다.

2. 피의사실의 특정

(1) 일시

비현행범에 있어서는 일시가 상당히 경과하여 있거나 항상 계속적으로 반복하여 개장하고 있는 경우가 많아서 참가자의 기억이 분명하지 않고 후일 공판에서 문제가 되기도 하므로 검거 후에 다음과 같이 증거자료로써 특정해 두어야 한다.

① 여관 등 숙박업소를 사용한 경우 카운터에 보관되어 있는 숙박부나 전표, 영수증 철 등에 의하여 특정 한다.

② 도객이 도금을 어떻게 조달하였는지를 조사하여, 예컨대 은행, 우체국의 인출자료로 특정 한다.

(2) 장소

도박개장 장소는 다종다양하여 도객 가운데에는 도박개장 장소로 사용된 여관의 방 번호조차 모르는 자도 있으므로 자백한 도객에게 길 안내를 하게 하여 그 소재를 확인하는 등의 방법을 취하여도 된다.

더욱이 검거 후에는 압수, 수색, 검증 등을 실시하고 사진촬영을 하여 장소를 특정해 두어야 한다.

(3) 피의자의 특정

먼저 도객의 임의조사를 행하고 그 자백을 근거로 하여 개장자측이나 악질적인 도객 등에 대하여 영장을 청구하는 것이 바람직하나 도객이 수명일 경우에는 임의조사에 선행하여 도객의 신변수사를 실시하고 가장 자백하기 쉬운 자, 개장자와 내통하지 않는 자를 선정하여 실시하여야 한다. 도객이 1명밖에 판명되지 않는 경우에는 먼저 그 자를 조사하여 자백을 얻고 그 자백에 의하여 다시 다른 도객 또는 관계자와의 임의조사를 하고 적어도 2명 이상의 진술로써 다른 피의자를 특정하도록 한다.

3. 압수수색

비현행 도박의 검거에 있어서도 도박에 사용된 증거물의 압수는 필요 불가결하지만 사전에 참가자의 일부를 조사함으로 인하여 이들이 내통되어 증거가 인멸되는 경우가 있다. 따라서 증거물을 은닉할 가능성이 있는 장소를 확인하여 가능한 한 광범위하게 영장을 발부 받아 두어야 한다. 압수하여야 할 증거품으로는 도박사건과 관계있는 일체의 물건 (화투, 개평함, 말, 대금명세메모, 판 깔개, 주사위, 예금통장 등)과 도박개장 장소를 보호하기 위한 목적으로 소지한 도검류, 기타 흉기 등이 있다.

제4절 풍속영업범죄 수사

Ⅰ. 풍속영업범죄의 의의

풍속영업이라 함은 사회의 건전한 미풍양속을 유지하기 위하여 사회일반의 풍기 및 건전한 생활습관에 영향을 주는 행위를 금지 제한하는 경찰활동을 말한다.

Ⅱ. 풍속영업규제에 관한 법률

1. 목적(법 제1조)

풍속영업을 하는 장소에서 선량한 풍속을 해하거나 청소년의 건전한 성장을 저해하는 행위 등을 규제하여 미풍양속을 보전하고 청소년을 유해한 환경으로부터 보호함을 목적으로 한다.

2. 풍속영업의 범위(법 제2조)

① 「게임산업진흥에 관한 법률」 제2조 제6호에 따른 게임제공업 및 같은 법 제2조 제8호에 따른 복합유통게임제공업

② 「영화 및 비디오물의 진흥에 관한 법률」 제2조 제16호 가목에 따른 비디오물감상실업

③ 「음악산업진흥에 관한 법률」 제2조제13호에 따른 노래연습장업

④ 「공중위생관리법」 제2조 제1항 제2호부터 제4호까지의 규정에 따른 숙박업, 목욕장업(沐浴場業), 이용업(理容業) 중 대통령령으로 정하는 것

⑤ 「식품위생법」 제36조 제1항 제3호에 따른 식품접객업 중 대통령령으로 정하는 것

⑥ 「체육시설의 설치・이용에 관한 법률」 제10조 제1항 제2호에 따른 무도학원업 및 무도장업

⑦ 그 밖에 선량한 풍속을 해치거나 청소년의 건전한 성장을 저해할 우려가 있는 영업으로 대통령령으로 정하는 것

3. 준수사항(법 제3조)

풍속영업을 하는 자(허가나 인가를 받지 아니하거나 등록이나 신고를 하지 아니하고 풍속영업을 하는 자를 포함한다. 이하 "풍속영업자"라 한다) 및 대통령령으로 정하는 종사자는 풍속영업을 하는 장소(이하 "풍속영업소"라 한다)에서 다음 각 호의 행위를 하여서는 아니 된다.

① 「성매매알선 등 행위의 처벌에 관한 법률」 제2조 제1항 제2호에 따른 성매매알선등행위

② 음란행위를 하게 하거나 이를 알선 또는 제공하는 행위

③ 음란한 문서・도화(圖畵)・영화・음반・비디오물, 그 밖의 음란한 물건에 대한 다음 각 목의 행위

㉠ 반포(頒布)・판매・대여하거나 이를 하게 하는 행위

㉡ 관람・열람하게 하는 행위

㉢ 반포・판매・대여・관람・열람의 목적으로 진열하거나 보관하는 행위

④ 도박이나 그 밖의 사행(射倖)행위를 하게 하는 행위

Ⅲ. 청소년보호법

1. 목적

청소년에게 유해한 매체물과 약물 등이 청소년에게 유통되는 것과 청소년이 유해한 업소에 출입하는 것 등을 규제하고, 청소년을 청소년폭력, 학대 등 청소년유해행위를 포함한 각종 유해한 환경으로부터 보호·구제함으로서 청소년이 건전한 인격체로 성장할 수 있도록 함을 목적으로 한다.

2. 용어

(1) 청소년

만 19세 미만의 자를 말한다. 다만, 19세가 되는 해의 1월 1일을 맞이한 사람은 제외한다.

(2) 매체물

영화 및 비디오물, 게임물, 음반, 음악파일, 음악영상물 및 음악영상파일, 공연(국악공연은 제외한다), 전기통신을 통한 부호·문언·음향 또는 영상정보, 방송프로그램(보도 방송프로그램은 제외한다), 일반일간신문(주로 정치·경제·사회에 관한 보도·논평 및 여론을 전파하는 신문은 제외한다), 특수일간신문(경제·산업·과학·종교 분야는 제외한다), 일반주간신문(정치·경제 분야는 제외한다), 특수주간신문(경제·산업·과학·시사·종교 분야는 제외한다), 인터넷신문(주로 정치·경제·사회에 관한 보도·논평 및 여론을 전파하는 신문은 제외한다) 및 인터넷뉴스서비스, 잡지(정치·경제·사회·시사·산업·과학·종교 분야는 제외한다), 정보간행물, 전자간행물 및 그 밖의 간행물, 간행물, 전자출판물 및 외국간행물, 옥외광고물과 그 밖의 방법으로 포함된 상업적 광고선전물

(3) 청소년 유해약물·유해물건

① 청소년유해약물

㉠ 「주세법」에 따른 주류

㉡ 「담배사업법」에 따른 담배

㉢ 「마약류 관리에 관한 법률」에 따른 마약류

㉣ 「유해화학물질 관리법」에 따른 환각물질

㉤ 그 밖에 중추신경에 작용하여 습관성, 중독성, 내성 등을 유발하여 인체에 유해하게 작용할 수 있는 약물 등 청소년의 사용을 제한하지 아니하면 청소년의 심신을 심각하게 손상시킬 우려가 있는 약물로서 대통령령으로 정하는 기준에 따라 관계 기관의 의견을 들어 제36조에 따른 청소년보호위원회가 결정하고 여성가족부장관이 고시한 것

② 청소년유해물건

㉠ 청소년에게 음란한 행위를 조장하는 성기구 등 청소년의 사용을 제한하지 아니하면 청소년의

심신을 심각하게 손상시킬 우려가 있는 성 관련 물건으로서 대통령령으로 정하는 기준에 따라 청소년보호위원회가 결정하고 여성가족부장관이 고시한 것

㉡ 청소년에게 음란성·포악성·잔인성·사행성 등을 조장하는 완구류 등 청소년의 사용을 제한하지 아니하면 청소년의 심신을 심각하게 손상시킬 우려가 있는 물건으로서 대통령령으로 정하는 기준에 따라 청소년보호위원회가 결정하고 여성가족부장관이 고시한 것

(4) 청소년유해업소

청소년유해업소라 함은 청소년의 출입과 고용이 청소년에게 유해한 것으로 인정되는 업소와 청소년의 출입은 가능하나 고용이 청소년에게 유해한 것으로 인정되는 업소를 말한다. 이 경우 업소의 구분은 그 업소가 영업을 할 때 다른 법령에 따라 요구되는 허가·인가·등록·신고 등의 여부와 관계없이 실제로 이루어지고 있는 영업행위를 기준으로 한다.

① 청소년출입, 고용금지업소

㉠ 「게임산업진흥에 관한 법률」에 따른 일반게임제공업 및 복합유통게임제공업 중 대통령령으로 정하는 것

㉡ 「사행행위 등 규제 및 처벌 특례법」에 따른 사행행위영업

㉢ 「식품위생법」에 따른 식품접객업 중 대통령령으로 정하는 것

㉣ 「영화 및 비디오물의 진흥에 관한 법률」에 따른 비디오물감상실업 및 제한관람가비디오물소극장업

㉤ 「음악산업진흥에 관한 법률」에 따른 노래연습장업 중 대통령령으로 정하는 것

㉥ 「체육시설의 설치·이용에 관한 법률」에 따른 무도학원업 및 무도장업

㉦ 전기통신설비를 갖추고 불특정한 사람들 사이의 음성대화 또는 화상대화를 매개하는 것을 주된 목적으로 하는 영업. 다만, 「전기통신사업법」 등 다른 법률에 따라 통신을 매개하는 영업은 제외한다.

㉧ 불특정한 사람 사이의 신체적인 접촉 또는 은밀한 부분의 노출 등 성적 행위가 이루어지거나 이와 유사한 행위가 이루어질 우려가 있는 서비스를 제공하는 영업으로서 청소년보호위원회가 결정하고 여성가족부장관이 고시한 것

㉨ 청소년유해매체물 및 청소년유해약물등을 제작·생산·유통하는 영업 등 청소년의 출입과 고용이 청소년에게 유해하다고 인정되는 영업으로서 대통령령으로 정하는 기준에 따라 청소년보호위원회가 결정하고 여성가족부장관이 고시한 것

㉩ 「한국마사회법」에 따른 장외발매소(경마가 개최되는 날에 한정한다)

㉪ 「경륜·경정법」에 따른 장외매장(경륜·경정이 개최되는 날에 한정한다)

② 청소년고용금지업소

㉠ 「게임산업진흥에 관한 법률」에 따른 청소년게임제공업 및 인터넷컴퓨터게임시설제공업

㉡ 「공중위생관리법」에 따른 숙박업, 목욕장업, 이용업 중 대통령령으로 정하는 것

㉢ 「식품위생법」 에 따른 식품접객업 중 대통령령으로 정하는 것

㉣ 「영화 및 비디오물의 진흥에 관한 법률」 에 따른 비디오물소극장업

㉤ 「유해화학물질 관리법」 에 따른 유독물영업. 다만, 유독물 사용과 직접 관련이 없는 영업으로서 대통령령으로 정하는 영업은 제외한다.

㉥ 회비 등을 받거나 유료로 만화를 빌려 주는 만화대여업

㉦ 청소년유해매체물 및 청소년유해약물등을 제작・생산・유통하는 영업 등 청소년의 고용이 청소년에게 유해하다고 인정되는 영업으로서 대통령령으로 정하는 기준에 따라 청소년보호위원회가 결정하고 여성가족부장관이 고시한 것

(5) 유통

매체물 또는 약물 등을 판매・대여・배포・방송・공연・상영・전시・진열・광고하거나 시청 또는 이용하도록 제공하는 행위와 이러한 목적으로 매체물 또는 약물 등을 인쇄・복제 또는 수입하는 행위를 말한다.

(6) 청소년폭력

폭력이나 학대를 통하여 청소년에게 신체적・정신적 피해를 발생하게 하는 행위를 말한다.

3. 청소년유해행위의 금지(법 제30조)

① 영리를 목적으로 청소년으로 하여금 신체적인 접촉 또는 은밀한 부분의 노출 등 성적 접대행위를 하게 하거나 이러한 행위를 알선・매개하는 행위

② 영리를 목적으로 청소년으로 하여금 손님과 함께 술을 마시거나 노래 또는 춤 등으로 손님의 유흥을 돋우는 접객행위를 하게 하거나 이러한 행위를 알선・매개하는 행위

③ 영리나 흥행을 목적으로 청소년에게 음란한 행위를 하게 하는 행위

④ 영리나 흥행을 목적으로 청소년의 장애나 기형 등의 모습을 일반인들에게 관람시키는 행위

⑤ 청소년에게 구걸을 시키거나 청소년을 이용하여 구걸하는 행위

⑥ 청소년을 학대하는 행위

⑦ 영리를 목적으로 청소년으로 하여금 손님을 거리에서 유인하는 행위를 하게 하는 행위

⑧ 청소년을 남녀 혼숙하게 하는 등 풍기를 문란하게 하는 영업행위를 하거나 이를 목적으로 장소를 제공하는 행위

⑨ 주로 차 종류를 조리・판매하는 업소에서 청소년으로 하여금 영업장을 벗어나 차 종류를 배달하는 행위를 하게 하거나 이를 조장하거나 묵인하는 행위

Ⅳ. 아동・청소년의 성보호에 관한 법률

1. 목적

아동 · 청소년대상 성범죄의 처벌과 절차에 관한 특례를 규정하고 피해아동 · 청소년을 위한 구제 및 지원절차를 마련하며 아동 · 청소년대상 성범죄자를 체계적으로 관리함으로써 아동 · 청소년을 성범죄로부터 보호하고 아동 · 청소년이 건강한 사회구성원으로 성장할 수 있도록 함을 목적으로 한다.

2. 용어

(1) 아동 · 청소년

19세 미만의 자를 말한다. 다만, 19세에 도달하는 연도의 1월 1일을 맞이한 자는 제외한다.

(2) 아동 · 청소년의 성을 사는 행위

아동 · 청소년을 알선한 자 또는 실질적으로 보호 감독하는 자 등에게 금품 기타 재산상 이익이나, 직무 편의제공 등 대가를 제공하거나 약속하고 다음에 있는 ①~④ 어느 하나를 아동 · 청소년을 대상으로 하거나, 아동 · 청소년으로 하여금 이를 하게 하는 것을 말한다.

① 성교행위

② 구강 항문 등 신체의 일부 또는 도구를 이용한 유사 성교행위

③ 신체의 전부 또는 일부를 접촉, 노출하는 행위로서 일반인의 성적 수치심이나 혐오감을 일으키는 행위

④ 자위행위

(3) 아동 · 청소년성착취물

아동 · 청소년 또는 아동 · 청소년으로 명백하게 인식될 수 있는 사람이나 표현물이 등장하여 제4호 각 목의 어느 하나에 해당하는 행위를 하거나 그 밖의 성적 행위를 하는 내용을 표현하는 것으로서 필름 · 비디오물 · 게임물 또는 컴퓨터나 그 밖의 통신매체를 통한 화상 · 영상 등의 형태로 된 것을 말한다.

3. 아동 · 청소년에 대한 성적 착취 및 학대 행위의 처벌

(1) 아동 · 청소년의 성을 사는 행위(법 제13조)

아동 · 청소년의 성을 사는 행위를 한 자는 1년 이상 10년 이하의 징역 또는 2천만원 이상 5천만원 이하의 벌금에 처한다.

(2) 아동 · 청소년에 대한 강요행위 등(법 제14조)

① 아래에 해당하는 행위를 한 자는 5년 이상의 유기징역에 처한다.

㉠ 폭행 또는 협박으로 아동 · 청소년으로 하여금 아동 · 청소년의 성을 사는 행위의 상대방이 되게 한 자

㉡ 위계 또는 선불금 그 밖의 채무를 이용하는 등의 방법으로 아동 · 청소년을 곤경에 빠뜨려 아동 · 청소년으로 하여금 아동 · 청소년의 성을 사는 행위의 상대방이 되게 한 자

㉢ 업무 · 고용 기타의 관계로 인하여 자신의 보호 감독을 받는 것을 이용하여 아동 · 청소년으로 하여금 아동 · 청소년의 성을 사는 행위의 상대방이 되게 한 자

㉣ 영업으로 아동·청소년을 아동·청소년의 성을 사는 행위의 상대방이 되도록 유인·권유한 자

② 위의 ㉠~㉢의 죄를 범한 자가 그 대가의 전부 또는 일부를 받거나 이를 요구 또는 약속한 때는 7년 이상의 유기징역에 처한다.

③ 위의 미수범은 처벌한다.

④ 아동·청소년의 성을 사는 행위의 상대방이 되도록 유인·권유한 자는 7년 이하의 징역 또는 5천만원 이하의 벌금에 처한다.

(3) 알선영업행위(법 제15조)

① 다음에 해당하는 자는 7년 이상의 유기징역에 처한다.

㉠ 아동·청소년의 성을 사는 행위의 장소를 제공하는 행위를 업으로 하는 자

㉡ 아동·청소년의 성을 사는 행위를 알선하는 행위를 업으로 하는 자

㉢ ㉠, ㉡의 범죄에 사용되는 사실을 알고 잠금, 토지 또는 건물을 제공한 자

㉣ 영업으로 성을 사고파는 행위의 장소를 제공하는 업소 또는 알선하는 업소에 아동·청소년을 고용한 자

② 다음 각 호의 하나에 해당하는 자는 7년 이하의 징역 또는 5천만원 이하의 벌금에 처한다.

㉠ 영업으로 아동·청소년의 성을 사는 행위를 하도록 유인 권유 또는 강요한 자

㉡ 아동·청소년의 성을 사는 행위의 장소를 제공한 자

㉢ 아동·청소년의 성을 사는 행위를 알선한 자

㉣ 영업으로 아동·청소년의 성을 사는 행위의 장소를 제공하거나 아동·청소년의 성을 사는 행위를 알선하기로 약속한 자

③ 아동·청소년의 성을 사는 행위를 하도록 유인, 권유, 또는 강요한 자는 3년 이하의 징역 또는 2천만원이하의 벌금에 처한다.

(4) 아동·청소년이용음란물 제작 배포(법 제11조)

① 아동·청소년이용음란물을 제작, 수입, 수출한 자는 무기징역 또는 5년 이상의 유기징역에 처한다.

② 영리를 목적으로 아동·청소년이용음란물을 판매, 대여, 배포하거나, 이를 목적으로 소지, 운반하거나, 공연히 전시 또는 상영한 자는 10년 이하의 징역에 처한다.

③ 아동·청소년을 이용한 음란물을 배포하거나 공연히 전시, 상영한 자는 7년 이하의 징역 또는 5천만원 이하의 벌금에 처한다.

④ 아동·청소년이용음란물을 제작할 것이라는 정황을 알면서 아동·청소년을 아동·청소년이용음란물의 제작자에게 알선한 자는 3년 이상의 징역에 처한다.

⑤ ①의 미수범은 처벌한다.

(5) 아동·청소년성착취물을 이용한 협박·강요(법 제11조의2)

① 아동·청소년성착취물을 이용하여 그 아동·청소년을 협박한 자는 3년 이상의 유기징역에 처한다.

② 제1항에 따른 협박으로 그 아동·청소년의 권리행사를 방해하거나 의무 없는 일을 하게 한 자는 5년 이상의 유기징역에 처한다.

③ 제1항과 제2항의 미수범은 처벌한다.

④ 상습적으로 제1항 및 제2항의 죄를 범한 자는 그 죄에 대하여 정하는 형의 2분의 1까지 가중한다.

(6) 아동·청소년매매행위(법 제12조)

① 아동·청소년의 성을 사는 행위 또는 아동·청소년이용음란물을 제작하는 행위의 대상이 될 것을 알면서 아동·청소년을 매매 또는 국외에 이송하거나 국외에 거주하는 아동·청소년을 국내에 이송한 자는 무기징역 또는 5년 이상의 징역에 처한다.

② 미수범은 처벌한다.

(7) 아동·청소년에 대한 강간, 강제추행 등(법 제7조·제7조의2)

① 폭행 또는 협박으로 아동·청소년을 강간한 사람은 무기징역 또는 5년 이상의 유기징역에 처한다.

② 아동·청소년에 대하여 폭행이나 협박으로 다음의 어느 하나에 해당하는 행위를 한 자는 5년 이상의 유기징역에 처한다.

㉠ 구강, 항문 등 신체(성기는 제외한다)의 내부에 성기를 넣는 행위

㉡ 성기, 항문에 손가락 등 신체(성기는 제외한다)의 일부나 도구를 넣는 행위

③ 아동·청소년에 대하여 형법 제298조(강제추행)의 죄를 범한 자는 2년 이상의 유기징역 또는 1천만원 이상 3천만원 이하의 벌금에 처한다.

④ 아동·청소년에 대하여 형법 제299조(준강간, 준강제추행)의 죄를 범한 자는 위 ①부터 ③의 예에 의한다.

⑤ 위계(僞計) 또는 위력으로써 아동·청소년을 간음하거나 아동·청소년을 추행한 자는 위 ①부터 ③의 예에 의한다.

⑥ ①,②,③,④,⑤의 미수범은 처벌한다.

⑦ 제7조의 죄를 범할 목적으로 예비 또는 음모한 사람은 3년 이하의 징역에 처한다(법 제7조의2).

4. 청소년의 선도보호 등

(1) 대상 아동·청소년에 대한 조치 등(법 제38조)

① 「성매매알선 등 행위의 처벌에 관한 법률」 제21조 제1항에도 불구하고 제13조 제1항의 죄의 상대방이 된 아동·청소년에 대하여는 보호를 위하여 처벌하지 아니한다.

② 검사 또는 사법경찰관은 성매매 피해아동·청소년을 발견한 경우 신속하게 사건을 수사한 후 지체 없이 여성가족부장관 및 제47조의2에 따른 성매매 피해아동·청소년 지원센터를 관할하는 특별시장·광역시장·특별자치시장·도지사·특별자치도지사(이하 "시·도지사"라 한다)에게 통지하여야 한다.

③ 여성가족부장관은 제2항에 따른 통지를 받은 경우 해당 성매매 피해아동·청소년에 대하여 다음 각 호의 어느 하나에 해당하는 조치를 하여야 한다.

㉠ 제45조에 따른 보호시설 또는 제46조에 따른 상담시설과의 연계

㉡ 제47조의2에 따른 성매매 피해아동·청소년 지원센터에서 제공하는 교육·상담 및 지원 프로그램 등의 참여

(2) 가해 아동 · 청소년의 처리(법 제44조)

① 10세 이상 14세 미만의 아동·청소년이 성폭력범죄의 처벌 및 피해자보호 등에 관한 법률 제5조 내지 10조의 죄(미수범을 포함한다)와 형법 제305조(미성년자에 대한 간음 추행의 죄)의 죄를 범한 경우에 수사기관은 신속히 수사하고, 당해사건을 관할 법원 소년부에 송치하여야 한다.

② 14세 이상 16세 미만의 아동·청소년이 위 ①항의 규정된 죄를 범하여 당해사건이 관할 법원 소년부로 송치된 경우 소년부 판사는 소년법 제32조 제1항 또는 청소년보호법 제35조의 보호처분을 할 수 있다.

③ 사법경찰관은 위 ①의 규정에 의한 가해 아동·청소년을 발견한 경우 특별한 사정이 없으면 그 사실을 가해 아동·청소년의 법정대리인 등에게 통지하여야 한다.

④ 판사는 관할 법원 소년부에 송치된 가해아동·청소년에 대하여 「소년법」의 처분을 하는 경우 재범예방에 필요한 수강명령을 하여야 한다. 이때 검사는 가해아동·청소년으로 하여금 재범예방에 필요한 교육과정이나 상담과정을 마치게 하여야 한다.

(3) 보호시설(법 제45조)

「성매매방지 및 피해자보호 등에 관한 법률」 제9조 제1항 제2호의 청소년 지원시설, 「청소년복지 지원법」 제29조 제1항에 따른 청소년상담복지센터 및 같은 법 제31조 제1호에 따른 청소년쉼터 또는 「청소년 보호법」 제35조의 청소년 보호·재활센터는 다음 각 호의 업무를 수행할 수 있다.

① 제46조 제1항 각 호의 업무

② 성매매 피해아동·청소년의 보호·자립지원

③ 장기치료가 필요한 성매매 피해아동·청소년의 다른 기관과의 연계 및 위탁

5. 신상정보 공개

① 법원은 다음 각 호의 어느 하나에 해당하는 자에 대하여 판결로 제4항의 공개정보를 「성폭력범죄의 처벌 등에 관한 특례법」 제45조 제1항의 등록기간 동안 정보통신망을 이용하여 공개하도록 하는 명령(이하 "공개명령"이라 한다)을 등록대상 사건의 판결과 동시에 선고하여야 한다. 다만, 피고인이 아동·청소년인 경우, 그 밖에 신상정보를 공개하여서는 아니 될 특별한 사정이 있다고 판단하는 경우에는 그러하지 아니하다(법 제49조 제1항).

② 법원은 고지명령의 판결이 확정되면 판결문 등본을 판결이 확정된 날부터 14일 이내에 법무부장관에게 송달하여야 하며, 법무부장관은 제50조제3항에 따른 기간 내에 고지명령이 집행될 수 있도록 최초등록 및 변경등록 시 고지대상자, 고지기간 및 같은 조 제4항 각 호에 규정된 고지정보를 지체 없이

여성가족부장관에게 송부하여야 한다(법 제51조 제2항).

6. 공소시효기간의 특례(법 제20조)

① 아동·청소년대상 성범죄의 공소시효는 「형사소송법」 제252조 제1항에도 불구하고 해당 성범죄로 피해를 당한 아동·청소년이 성년에 달한 날부터 진행한다.

② 아동·청소년에 대한 강간·강제추행의 죄는 DNA증거 등 그 죄를 증명할 수 있는 과학적인 증거가 있는 때에는 공소시효가 10년 연장된다.

③ 13세 미만의 사람 및 신체적인 또는 정신적인 장애가 있는 아동·청소년에 대하여 다음 각 호의 죄를 범한 경우에는 제1항과 제2항에도 불구하고 「형사소송법」 제249조부터 제253조까지 및 「군사법원법」 제291조부터 제295조까지에 규정된 공소시효를 적용하지 아니한다.

제5절 어음 · 수표범죄 수사

Ⅰ. 어음 · 수표의 의의

어음이란 약속어음과 환어음을 포함하는 말이다.

① **약속어음** : 약속어음은 발행인이 자신이 증권에 기재한 특정인(수취인) 또는 그가 지시하는 자에게 일정한 날에 일정 금액을 지급할 것을 약속하는 증권이다. 약속어음은 보통 발행인이 기존의 확정채무를 이행하고자 하나 자금이 없으므로 신용을 창출하는 수단으로 발행한다. 따라서 만기는 거의 예외 없이 발행일로부터 상당기간 이후로 정해진다.

② **환어음** : 환어음이란 어음을 발행하는 자가 증권에 기재한 특정인 (수취인) 또는 그가 지시하는 자에게 일정한 날에 일정한 금액을 지급해 줄 것을 제3자, 지급인에게 위탁하는 증권이다. 수표도 지급위탁증권이라는 점에서 환어음과 성질을 같이 한다. 그러나 수표는 일람출급증권(언제든지 제시하면 지급되어야 하는 증권)이므로 환어음과는 달리 만기라는 개념이 없다는 점에서 차이가 있다.

③ **수표** : 수표는 오로지 지급기능을 할 뿐이고 환어음이나 약속어음과 같은 신용창조기능은 하지 못한다. 구체적 법률관계에 있어서도 수표의 지급인은 금융기관에 한정되고 수표계약과 수표자금이 있어야 발행할 수 있다는 제한이 따르며, 어음은 만기가 존재함을 전제로 하여 형성되는 법률관계이나 수표에는 만기가 존재하지 아니한다.

Ⅱ. 어음 · 수표관련 법률적 검토

어음 · 수표를 위조 또는 변조하는 경우 형법 제214조의 유가증권 위조 · 변조죄가 되며 수표의 경우에는 부정수표단속법 제5조(수표 위조 · 변조자의 형사책임)에도 해당된다. 어음 · 수표를 허위작성(기재)한 때에는 형법 제216조의 허위유가증권 작성죄가 성립한다. 위조 · 변조 또는 허위작성, 허위기재한 어음 · 수표를 행사한 때에는 형법 제217조, 제223조의 유가증권 행사죄가 성립한다. 이와 더불어 어음 · 수표행위 그 자체는 범죄행위가 되지 않지만, 어음 · 수표가 사기, 횡령, 배임 등의 다른 범죄에 이용되는 경우가 많다. 어음 · 수표사건의 수사는 특별법에 대한 광범위한 지식과 연구가 필요한 분야로서 본 절에서는 기본적인 법률관계와 수사기법을 소개하도록 한다.

Ⅲ. 어음 · 수표가 다른 범죄에 제공되어 지는 경우

1. 어음할인을 둘러싼 범죄

① 만기일이 도래하지 않은 어음을 자기의 거래은행 또는 다른 금융기관에 만기일까지의 금리를 공제한 금액으로 어음을 매각하는 것이 어음 할인이다.

② 타인으로부터 금융을 받으려고 하는 자가 자기를 발행인으로 하고 대주를 수취인으로 한 약속어음

을 발행하여 금융을 받고 있는 경우가 적지 않으므로 자금을 필요로 하는 자가 은행에 어음할인에 의한 융자를 신청하더라도 은행은 신용이 부족한 어음으로서는 좀처럼 빌려주지 않는다.

③ 상거래에 기인하여 수취한 약속어음이라면 비교적 간단히 할인하여 주므로 자기의 거래처 등에 의뢰하여 실제로는 상거래가 없음에도 불구하고 약속어음을 발행 받아(융통어음) 거래처의 신용을 이용하여 금융을 받기 위하여 서로 금액, 만기일 등을 같게 하는 어음을 작성하여 교환하고 그 교환한 어음을 각각 제3자에게 할인, 양도하여 현금화 하는 기승(騎承)어음 등의 방법이 자주 이용되고 있다.

④ 이와 같이 상거래에 기인하지 않고 발행된 어음을 융통어음이라고 하며, 이 융통어음의 할인을 둘러싸고 소위 어음사기단, 금융폭력단 등 악질적인 어음 브로커가 존재하여 각종의 범죄를 야기하고 있다.

⑤ 어음사기단이란 자금난에 빠져 있는 회사를 노려 "당신 회사의 어음을 싼 금리로서 할인하여 준다." 는 등으로 이야기를 걸어 상대방이 믿게 한 후 융통어음을 발행시켜 이것을 편취하는 것을 상습으로 하는 자를 말한다. 어음사기단의 목적은 어음을 편취하는 것이다. 처음부터 어음을 할인하여 줄 의사가 없이 어음을 편취할 목적으로 하여 어음을 교부 받은 경우, 또는 어음할인에 의하여 얻은 돈을 의뢰인에게 건네주지 않고 자기가 영득하려는 의사이면서 이것을 숨기고 할인하여 준다고 속여 어음을 교부받은 경우에 사기죄가 성립한다. 편취한 어음의 어음금 지급을 받았는가의 여부는 범죄의 성립에 영향이 없고 어음을 교부 받은 때에 사기죄의 기수로 된다.

⑥ 또 어음할인의 중개알선을 의뢰 받은 자가 그 의뢰의 뜻에 따라 어음을 할인하여 제3자로부터 어음금을 지급 받은 때에는 특약 내지 특수한 사정이 인정되지 않는 한 그 할인에 의하여 얻은 돈은 할인의뢰인의 소유에 귀속하므로 이것을 마음대로 착복하거나 소비한 때에는 횡령죄를 구성한다.

⑦ 또 어음할인의 중개알선을 의뢰 받은 자가 다액의 수수료를 얻기 위하여 의뢰자와의 약정에 위배하여 의뢰자에게 손해를 주거나 자기 또는 제3자의 이익을 꾀할 목적으로 명시된 금리보다 높게 어음할인을 받은 때에는 의뢰자에 대하여 차액에 상당하는 손해를 가한 것이 되어 배임죄가 된다.

⑧ 금융폭력단이란 어음사기단에 의하여 편취된 어음, 수표를 폭력수단으로 지급 받는 것을 업으로 하는 자를 말한다. 금융폭력단은 보통 도박꾼, 야바위꾼, 불량배 등 소위 폭력단이 관련되어 있는 경우가 많고, 피해자인 어음 등의 발행인으로부터 알선료라 일컫는 금품을 강요하는 것이 목적이지만, 어음사기단과 통모하고 있는 경우도 있으므로 주의를 요한다.

2. 어음 · 수표이용의 사기, 배임

(1) 부도어음 이용에 의한 사기, 배임

① 어음 · 수표를 이용한 사기죄 중에서도 범의의 입증이 어렵고 범죄성립여부의 판단이 문제가 되는 것은 부도어음 이용에 의한 사기사건이다. 사기회사가 상품을 사들일 때에 처음에는 현금 또는 단기의 어음으로써 확실히 결제하고, 점차 어음기간을 연장함과 동시에 거래금액을 증대하고 최후에 그러한 어음들을 모두 부도로 하여 다액의 상품을 편취하는 수법은 편취사건의 전형이지만 사기사건으로 되는지의 여부는 행위자가 당초부터 부도를 낼 의도로 어음을 발행했는지, 또는 어음의 발행에 있어서 부도가 나거나 부도가 나도 상관없다는 특별한 사정을 인식하면서 이것을 감추고 상품의 지급수단으로서 어음을

교부하였는지 등의 행위자의 주관적 위법요소의 유무에 달려있다.

② 단순히 상품의 매입대금으로 어음을 교부하여 부도가 났다는 행위자의 외형적 사실에만 착안하여 사기라고 속단하는 것은 극히 위험한 생각이며 행위자의 자산, 부채, 수입, 생활상태, 신용의 정도 및 피해자로 부터의 교부 받은 상품을 어디에 어떠한 방법으로 처분했는지, 동일사례가 다른 곳에서도 계속 행하여지고 있지 않는지 등에 대하여 수사하고 그 결과에 의하여 범죄의 성립여부를 판단하여야 한다.

③ 부도 사기사건의 피의자는 부도의 원인을 거래과정에 있어서 경제정세의 변화, 예기하지 않은 특수한 사정의 발생 등의 탓으로 돌리려고 하는 변명을 하여 범의 입증상의 증거수집의 미진으로 수사가 성공하지 못하고 끝난 사례가 많은 것을 명심하고 수사에 임하여야 한다.

(2) 융통어음 이용의 사기

① 융통어음은 상업어음에 비하여 부도가 날 위험성이 많아 융통어음에 관련된 경찰 문제가 많다. 그러나 융통어음과 상업어음은 효력에는 아무런 차이도 없고 어느 것이나 적법한 동시에 유효한 어음이다. 따라서 할인의뢰인이 융통어음을 상업어음과 같이 가장하고 그것을 상대방이 오신하게 하여 할인을 받은 경우라도 그것이 상 거래상 일반적으로 허용되는 정도의 과장으로 보여 지는 한 사기죄는 성립하지 않는 것이다.

② 다만, 상업어음인 것을 가장하기 위하여 허위의 증명서를 작성하거나 적극적인 기망행위가 있는 때에는 사기죄가 성립하는 경우가 있다. 또 처음부터 부도를 낼 의사로서 기승어음을 발행하고 정을 알지 못하는 제3자를 속여 어음할인이라는 명목으로 현금화하거나 또는 상품매입대금의 지급에 충당한 경우에는 사기죄가 성립한다.

(3) “보이기 위한 어음” 이용의 사기

보이기 위한 어음은 대어음이라고도 하며, 예를 들면, 어음수취인이 발행인에 대하여 “거래처를 신용시키기 위하여 보이는 것뿐이고 달리 사용하지 않는다” 라고 의뢰하여 의뢰자를 수취인으로 하는 어음을 발행하게 하는 것인데, “보이기 위한 어음”도 융통어음의 일종이다. 자금마련에 궁한 자가 약속어음을 할인하여 금품을 얻으려고 계획하여 처음부터 어음을 반환할 의사가 없는 데도 그 정을 감추고 “토지대금의 지급을 연기시키기 위하여 상대방에게 보이기 위한 것뿐이고 다른 목적에는 사용하지 않는다. 1주일 후에는 반환한다”라고 하여 발행인을 속이고, 발행인은 그 말을 믿고 그 어음의 유통을 예상하지 않고 생각 없이 어음을 발행하여 교부시킨 때에는 사기죄를 구성한다.

(4) 사용료(매어음) 이용의 사기

사용료 어음은 융통어음이라고도 하며, 어음 부로커 또는 금융부로커 사이에서 어음이 1매에 얼마인가, 액면의 몇 %로 거래되는가에 따라 매매되어, 어음할인 또는 편취 사기의 수단 등에 사용되며, 사용료어음은 며칠 후에는 반드시 부도가 나서 어음의 최종 소지인에게 피해를 준다. 현재 어음 부로커 사이에서 거래되고 있는 사용료어음에는 다음과 같은 것이 있다.

① 처음부터 사용료어음으로 팔 것을 목적으로 하여 회사를 설립하고 어음을 매도하는 것.

② 실제로 업무를 하고 있는 회사가 장래성이 없어 발행한 어음이 돌아오면 부도가 날 것이 확실한 경우 지금까지의 신용을 이용하여 어음을 매도하는 것

③ 편취어음이나 회사의 경리계 직원 등이 자기 회사의 어음을 빼내어 매도하는 것.

④ **위조 변조어음** : 보통 사용료어음의 판매경로는 어음의 제조책, 브로커, 중간상, 등과 같이 다수의 인물이 관여하게 되며 제조책은 회사설립 꾼이 만든 회사(실제로 유령회사)를 이용하여 은행 그 밖의 금융기관과 당좌예금거래 계약을 하여 어음장을 받아 당좌예금을 눈이 어지럽게 움직여 거래를 시작하여 반년에서 1년 정도 거래한 다음 매도한다는 계획적인 수법으로 하고 있는 것이 많아 사기의 범의 입증이 어려운 사안이 적지 않다.

(5) 딱지어음 이용사기

① **딱지어음·수표의 의의** : 부도 날짜를 미리 정해놓고 금액란을 백지로 하고 어음지급일자나 수표발행 일자는 예정된 부도 날짜 이후로 작성 발행하여 시중에 유통시키는 어음이나 수표를 말한다. 딱지어음은 1장 당 보통 50~80만원에 판매되고 있으며 당좌개설 후 대개 3~8개월 만에 부도가 발생한다.

② **딱지어음 이용사기 범행수법**

㉠ **딱지어음 생산방법**

ⓐ 딱지어음을 생산하는 가장 일반적인 방법은 자금책이 자금을 지원하고 개인을 "바지"(명의를 빌려주는 사람)로 내세워 주식회사를 위장설립하거나 대리점 등을 개점, 사업자 등록을 하게하고 그 명의로 은행에 당좌구좌를 개설하여 어음·수표용지를 교부받아 딱지로 이용하는 방법.

ⓑ 부실법인을 인수하여 대표이사를 바지로 변경 등기한 후 금 법인의 은행 당좌구좌를 이용, 어음·수표를 교부 받아 딱지로 이용하는 방법

ⓒ 자금책이 정상 거래하는 개설 명의자에게 돈을 빌려주고 1장당 50만원씩 어음·수표용지를 구입하여 대여금액에 상당하는 어음·수표용지를 받아 담보용으로 가지고 있다가 돈을 갚지 않으면 이를 딱지로 이용하는 방법

ⓓ 어음·수표용지를 세탁하는 방법(이미 사용된 어음·수표 또는 미사용 어음·수표용지에 기재되었거나, 압날된 고무인영 부분을 약품으로 지워서 재사용)

㉡ **딱지어음·수표 사용처**

ⓐ 딱지어음·수표를 주고 물건을 매입하여 덤핑 판매하는데 사용

ⓑ 딱지수표를 할인하여 현금화하는데 사용

ⓒ 중소기업, 부실기업주가 딱지어음을 주고 원자재를 구입 후 그 딱지어음이 부도나면 그때에 그 기업주 발행명의의 진짜어음을 주고 위 부도어음을 회수함으로서 대금지급을 연기하는데 사용

ⓓ 신용금고 등 제2금융권에 담보부 대출을 받을 때 견질어음으로 딱지어음 사용

㉢ **금융기관과 통모** : 딱지어음 사기단은 은행 등 금융기관의 협조 없이는 그 범행의 성공이 어려움에 따라 은행의 당좌담당 직원들을 매수하는 등의 방법으로 통모하여 어음거래 평잔(平殘) 이상으로 어음 수표용지를 타내거나 어음 소지자의 신용 조회시 은행 담당직원이 신용도

가 높은 어음이라고 답변하는 등 딱지어음의 유통을 조장하는 경우도 있다.

㉣ **딱지어음 사기 피의자의 유형별 역할**

ⓐ **자금책**(모도) : 자금을 가지고 직접 또는 바람막이를 통하여 바지 명의로 은행에 어음 구좌를 개설하여 딱지어음을 생산, 처분하여 이익을 취득하는 실질적인 어음 개설자

ⓑ **바지** : 수표어음의 결재능력이 없어 당좌개설 명의만 빌려주고 일정한 대가를 받는 개인 영업주 또는 법인의 대표이사

ⓒ **바람막이** : 바지와 자금책의 중간에서 자금책으로부터 자금을 지원 받아 바지를 선정하고 바지 명의로 당좌구좌를 개설하여 딱지어음, 수표를 유통시키도록 해 주는 등 자금책의 역할을 대행하는 사람

ⓓ **판매책** : 자금책으로부터 딱지어음을 일정액으로 매입하여 자기의 판매망을 통하여 판매하여 중간 이익을 취득하는 것

ⓔ **일꾼** : 자금책의 심부름으로 딱지어음을 가지고 물건을 구입하거나 자신이 직접 매입한 딱지어음으로 물건을 구입하여 덤핑으로 이를 처분하여 이익을 취득하는 자

ⓕ **세탁책**(조서방) : 기사용된 어음, 수표 또는 미사용의 어음, 수표용지에 기재되었거나 압날된 고무인영 부분을 약품을 사용하여 지워주고 그 대가를 받는 것

Ⅳ. 어음 · 수표관련 범죄의 수사

1. 평소의 준비

(1) 경제정세의 관찰

어음 · 수표범죄는 일반적으로 경제계가 불황이면 증가하는 범죄이며 경제계의 동향을 극히 민감하게 반영하는 범죄이다. 따라서 경기의 동향을 관찰하여 경기변동의 영향을 현저히 받는 기업 등에 대해서는 그 동향파악에 유의하여야 한다.

(2) 불량회사 등의 실태파악

어음 · 수표범죄는 불량회사 또는 어음브로커 등에 의해 자행되므로 이러한 자들에 대해서는 평소부터 실태를 규명하여 파악해 두어야 한다.

① **불량회사** : 어음 · 수표범죄에 관련되는 일이 많은 불량회사의 외견은 일반적으로 다음과 같다.

㉠ 사무소에 다른 회사의 간판이 몇 개나 있는 것.

㉡ 회사의 상호가 자주 바뀌는 것

㉢ 브로커의 출입이 많은 곳

㉣ 사무소의 실계약 명의인이 회사대표의 명의인과 다른 것

㉤ 취급상품의 변화가 시한 것 또는 화물의 이동이 심한 것

㉥ 지급수단으로 자회사의 어음 · 수표를 이용하는 것

ⓢ 임원의 교체가 심하고 등기상의 대표이사와 실제 경영자가 다른 것

② **어음브로커, 어음・수표범죄의 전력자 등** : 어음브로커는 그 형태에 따라 어음사기단. 금융폭력단이라고 불린다. 브로커 중에는 당좌수표용지를 매매하는 자, 어음장을 매매하는 자, 또는 어음 용지를 매매하는 자들도 있다. 어음범죄는 이와 같이 어음브로커 등의 상습자에 의하여 행하여지는 경우가 많으므로 전력자 등에 관해서는 그 주소. 성명・경력・그룹구성・동향 등을 파악하여 두어야 한다.

(3) 단서의 입수

어음범죄 수사의 단서도 보통 탐문, 고소, 고발, 풍문 등에 의하여 입수 된다.

2. 수사요령

(1) 사건판단

어음・수표범죄에 관한 단서를 입수한 경우에는 우선 어떠한 범죄가 되는 가를 전체적으로 파악함과 동시에 관계법령을 검토하고 판단하여야 한다. 그러기 위해서는 평소부터 어음・수표에 관한 법률적, 실무적 지식을 길러두는 것과 함께 적용이 예상되는 형법 등의 조문에 관하여 연구해 두어야 한다.

(2) 내사

어음・수표범죄는 사건의 내용이 복잡하고 범의의 입증도 곤란한 것이 많아 내사활동의 적부 및 철저・불철저는 사건의 성립여부, 피의자 검거 후에 있어서 수사의 진전에 커다란 영향을 미치게 된다. 또 어음・수표사건은 민사사건 등과 교차하고 있는 경우가 많고 채무의 지급을 면하기 위한 것 등의 이유로 수사기관에 부실한 신고를 하는 자도 있으므로 단서가 불순한 것이 아닌지의 여부를 판단하기 위해서도 내사수사를 철저히 하여야 한다.

① **어음・수표의 확인** : 어음・수표범죄의 수사는 우선 범행에 사용된 어음・수표를 확인하여야 한다. 범죄에 사용된 어음・수표를 확인하는 것은 행사에 있어서 위조・변조의 어음・수표에 관한 유통경로를 명백하게 하고 필적, 인감 등에 의한 범인색출을 위한 자료로서 중요하다. 이와 같은 어음・수표는 범죄의 직접증거가 되는 것이므로 조기에 압수하여야 한다.

② **어음・수표의 발행인** : 어음・수표의 위조 변조사건의 수사에 있어서는 어음・수표의 발행 명의인이 실재하는 경우에는 다른 자에게 어음・수표의 작성권한을 위임하거나 어음・수표의 발행을 승낙한 사실 유무 등에 관하여 확인하여야 한다. 또 부도어음을 이용한 사기사건에 있어서는 어음・수표의 발행인의 범의를 인정하기 위하여 어음・수표의 발행인 및 관계자의 경력 자산 신용상태 사업의 경영현황 피해자와의 거래상황 부도어음에 관한 지급은행과의 거래상황 편취한 상품의 처분상황 과거에 부도처분을 받은 사실의 유무 등에 대하여 내사수사를 하여야 한다.

③ **어음・수표의 최종 소지인** : 어음・수표범죄에 있어서는 어음・수표의 최종소지인이 피해자인 경우가 많다. 그러나 그 중에는 어음사기단과 공모한 뒤 또는 편취어음인 정을 알면서 할인하거나 상거래에 의하여 수령한 것 같이 가장하여 어음발행인에 대하여 자기가 피해자라고 말하여 어음금의 지급을 청구하는 자도 있으므로 주의를 요한다. 어음・수표의 최종소지인으로 부터는 소지어음의 수취이유 및 입

수경로 등을 상세하게 수사하고 입수지 및 지정유무를 명확하게 하여야 한다. 또한 위조 · 변조어음 등을 소지하고 있을 때에는 제출을 요구하여 증거를 확보해 두어야 한다.

④ **어음 · 수표의 유통경로** : 어음 · 수표범죄는 복수의 피의자에 의하여 계획적으로 범행을 분담하여 하게 되는 경우가 많다. 또 어음 · 수표는 통화와 마찬가지로 유통하는 성질을 갖고 있으므로 위조, 변조 사건의 수사에 있어서는 어음 · 수표의 유통경로에 관하여 소급수사를 철저히 하고 행사자를 특정함과 동시에 행사자의 지정의 유무를 명확하게 하여야 한다. 행사자가 드러나면 행사자와 위조범인과의 연결을 추궁하는 일이 중요하고 행사자가 드러나게 됨에 따라 그 배후에 위조 피의자를 발견할 수가 있다.

⑤ **피의자의 물색** : 어음 · 수표의 위조행사사건은 초보자의 우발적인 범행은 극히 적고 거의가 위조 전력자, 불량 금융브로커 등 어음 · 수표에 관한 지식을 가진 자에 의하여 행하여지는 경우가 많다. 그 만큼은 범행은 교묘한 동시에 계획적으로 되고 있으므로 유통경로를 수사하여 행사자를 조사하여도 지정을 부인할 뿐만 아니라 위조자와의 연결이 분명하지 않은 자가 많다. 피의자 물색에 있어서는 다음 방법이 효과적이다.

- ㉠ 위조어음 수표의 감정 등에 의하여 위조에 사용한 필적, 인감, 수표금액기입기(Check-Writer) 등의 특징을 명확하게 하고 이러한 점으로부터 위조전력자 불량 금융업자 금융브로커 등에 대하여 수사를 진행한다.
- ㉡ 문방구점 인감업자 등에 대해서 위조 및 행사 양면에 착안하여 수사한다.
- ㉢ 피의자의 수법원지 피의자의 사진첩 등을 활용하여 수사한다.

(3) 압수 · 수색

어음 · 수표범죄에 있어서는 그 성질상 피의자는 범행에 이용한 인감류, 어음, 수표장, 필기구류 등을 비롯하여 사건을 입증하는 데에 빠질 수 없는 위조, 변조 등에 의한 어음 · 수표를 은닉하는 일이 많다. 이러한 증거물들을 확보하기 위한 압수, 수색의 실시에 있어서는 사건의 성질 규모 형태 등에 의하여 실시의 방식, 범위, 목적물 등을 정하여 주도면밀한 계획아래 실시하여야 한다.

3. 어음 · 수표범죄 조사

어음 · 수표범죄는 규모가 큰 것이 많고 사회적, 경제적 영향도 크고 또 피의자도 소위 지능범적인 치밀한 두뇌의 소유자가 많으므로 공판정에서의 진술도 교묘하게 하는 것이 보통이다. 따라서 조사시에는 다음과 같은 사항을 조사하여야 한다.

(1) 조사사항

① **기본적 사항** : 어음 · 수표사건 피의자의 경력, 소행, 자산, 신용 상황은 범의 입증상 절대적으로 필요한 조사사항이므로 상세하고 철저한 조사를 하여야 한다.

② **범의의 입증** : 어음편취 등 사기사건에 있어서 조사내용은 극히 복잡하지만, 그 조사사항으로서 빠트려서는 안 될 중요한 것들은 다음과 같다.

- ㉠ 발행인의 자산상태, 발행인과의 관계, 할인의뢰자와의 관계
- ㉡ 할인의뢰의 경위와 조건, 양수의 이유, 당사자 간의 채권, 채무의 유무와 내용

㉢ 할인행위, 어음・수표의 유통경로, 취득금액의 내역, 당해어음의 신용상태

㉣ 독촉상황과 언동, 동종여죄, 변상의 의사 능력, 재산의 명의개서 등 은닉행위의 유무와 상황

㉤ 조세 등의 체납의 유무, 재산처분의 유무와 판매금의 처분상황, 피해자와의 거래상황

㉥ 편취한 상품의 처분 상황, 부도가 된 어음, 특약의 유무, 결제의가능성 확신과 그 근거

㉦ 부도의 원인, 과거에 부도를 낸 전력의 유무와 그 상황, 피의자의 어음 지식의 정도

㉧ 사업경영의 상황, 사업이 내용과 매상손익의 상황, 다른 동종 업자와의 비교

㉨ 저당 채무, 차입금의 상황, 예금의 증감・출납의 상황, 외상, 판매금의 유무와 회수의 전망

㉩ 임금의 지급상황

(2) 공범관계

어음・수표사건은 사건의 형태면으로 볼 때 다른 일반사건과 비교하여 단독범의 경우보다는 오히려 피의자가 복수인 경우가 많다. 이것을 형태별로 보면, 위조・변조사범은 위조・변조그룹과 행사그룹으로 나뉘어져 있는 경우가 있고, 편취 사기범은 기망그룹, 할인그룹 등으로 나뉘어져 범죄행위를 분담하는 경우가 있으며 피의자도 복수인 경우가 많다. 회사범에 관련된 어음・수표범죄는 회사, 단체 등의 임직원이 단독인 경우가 드물고 거의가 복수의 피의자에 의하여 이루어지고 있다. 따라서 피의자의 조사는 공범에 관한 추궁이 중요한 몫을 차지함으로 이에 대한 수사를 철저히 하여야 한다.

(3) 증거수사

지능범의 대부분은 피의자를 검거한 후 조사에 의하여 자백을 받아 증거수사를 하는 경우가 많다. 어음・수표사건에 있어서도 마찬가지다. 어음・수표의 유통경로나 피해자 측으로 부터의 신고사항에 대한 증거수사는 피의자의 검거 전에 가능하다. 피의자의 내면적 의사에 대하여는 자백을 기다려 그 증거수사를 실시하게 된다.

① **범의의 뒷받침** : 범의의 뒷받침 수사는 조사에 대한 항목에서 열거한 바와 같이 실시하나 다음 사항에 유의하여야 한다.

㉠ 위조・변조사건의 경우에는 위조・변조행위 그 자체가 범의를 뒷받침하고 있으므로 문제가 없지만, 어음의 할인에 얽힌 사건 또는 회사범에 연결된 사건의 경우에는 피의자 개인 또는 법인의 자산상태를 수사하여 지급능력의 유무, 당사자 상호간의 관계와 채권 채무의 유무를 명확히 하여야 한다.

㉡ 어음 등의 편취사범 등에 관해서는 할인의뢰의 경위와 그 조건에 대하여 관계자를 조사하여 명백하게 함으로서 범의를 뒷받침하는 것이 바람직하다.

② **사실의 뒷받침**

㉠ 어음・수표의 위조 변조 등의 사건에서는 이용한 인감류, 어음수표의 용지, 필기용구류, 약품류, 기계기구류 이외에 위조・변조 등에 사용한 어음・수표의 현물을 발견, 압수하여 이것을 확보하여야 한다. 이것을 압수함으로서 사실의 입증은 부동의 것이 된다.

㉡ 어음・수표의 편취 등의 사건에서는 배서인 내지는 중개인 할인지의 금융기관 동업자 등의 관

계를 조사하여 그 유통과정을 명백하게 함과 동시에 어음금액의 수수에 대한 뒷받침에 관해서는 은행의 거래와 장부에 의하는 등 물증을 들어 사실을 뒷받침하여야 한다.

③ **이익처분의 뒷받침** : 피의자 상호간의 이익의 배분상황은 대부분의 경우 자백으로 명백하게 되지만 다음 사항에 의하여 뒷받침하여야 한다.

㉠ 피의자의 배분액에 의하여 범죄의 정상참작에 영향을 미칠 것을 염려하여 명확하게 하지 않는 일이 있으므로 이 사실의 뒷받침에 대해서는 할인상황을 규명하여 최종적으로 피의자 측에 넘어간 어음금액을 명확히 해 두어야 한다.

㉡ 부정어음 수표 등으로 상품을 편취한 경우에는 장물의 유통에 대하여 수사를 실시하여 피의자의 취득액을 명백하게 해야 한다. 이 경우 특히 계획적인 범행에 있어서는 피의자가 범의를 부인하는 수단으로서 피해자 측에 대하여 할인료 내지 상품대의 일부로서 약간의 금액을 건네고 있는 경우라도 피해자가 그 사실을 확실히 제기하지 않는 일이 있으므로 주의하여야 한다.

㉢ 피해총액 실제피해액 피해자에 대한 환원액 피의자 취득액의 과소를 명확하게 하여야 한다. 이것은 사건을 입증하기 위한 유력한 자료가 된다.

㉣ 피의자가 복수인 경우에는 상호간의 배분상황을 명확히 한 뒤에 용도를 추궁하여 뒷받침하여 두어야 한다.

㉤ 피의자에게 다른 수입이 있는 경우에는 부정에 의한 수입뿐만 아니라 전체의 수입을 명백하게 한 뒤에 이것과의 관련을 전제로 하여 용도를 명백하게 해 두어야 한다.

④ **변명의 뒷받침** : 어음・수표범죄는 그 특질에서도 알 수 있는 바와 같이 범행이 지능적이고 계획적이며 어떠한 경우라도 반드시 변명을 한다. 그러한 변명을 경시함으로 인하여 사건의 공소유지를 할 수 없게 된 예도 있으므로 변명에 대한 뒷받침 수사를 철저히 해 두어야 한다.

㉠ 복잡한 사건의 경우 피의자를 검거하고 조사하여 그 변명을 기다려 수사함에는 신병의 구속시간에 제한이 있어 수사가 불충분하게 되는 경우도 생각할 수 있으므로 검거 전에 예상되는 변명에 관해서 미리 뒷받침을 해 둘 필요가 있다.

㉡ 직접 피의자의 자백을 기다릴 것까지도 없이 피해자, 관계자에 대하여 피의자로부터 내용증명 등에 의한 문서로서 변명이 되어져 있는 예도 많으므로 이것을 입수하도록 하여야 한다.

㉢ 변명의 뒷받침에 있어서는 단순히 관계자의 주장을 채택하거나 취소하는 것뿐만 아니라 반드시 서증, 물증 등 변경할 수 없는 확실한 뒷받침을 취해 두어야 한다.

⑤ **필적, 인장 등의 감정** : 어음・수표범죄의 피의자를 검거하여 조사한 결과, 전면적인 자백을 얻어 그 뒷받침 수사도 거의 완전하게 완수한 경우에도 다음사항에 관해서 과학수사연구소 등에 의뢰하여 감정을 해 두는 것이 바람직하다.

㉠ 위조・변조 허위작성(기재)에 관계된 어음・수표의 필적이 피의자의 필적과 일치하는가.

㉡ 압수된 인장, 용지, 잉크, 인주 등이 위조・변조 허위작성의 어음・수표에 사용된 것과 동일한 것인가.

㉢ 사용기구류에 부착된 지문 부착물이 피의자의 것인가.

제6절 공무원범죄 및 화이트칼라범죄 수사

Ⅰ. 공무원범죄의 의의

1. 광의의 공무원 범죄

공무원의 신분을 가진 자가 저지른 모든 범죄를 말한다.

2. 협의의 공무원 범죄

① 공무원이 범한 범죄 중에서 공무원의 개인적인 위법행위를 제외하고 직무와 직접 또는 간접으로 관련이 있는 범죄를 말한다.

② 공무원 범죄의 통계는 협의의 공무원범죄를 그 대상으로 한다.

Ⅱ. 특징

① 범행방법은 지능적, 전문적, 계획적인 경우가 대부분이다.

② 범죄는 음성적으로 이루어진다.

③ 투서 고발을 당하는 사례도 있다.

④ 일반적으로 죄의식이 희박하다.

⑤ 무조건 범죄를 부인하거나 관례, 재량행위임을 주장하는 등 자백을 하지 않는 경향이 있다.

⑥ 소위 지능범로 화이트칼라범죄의 한 유형이라고 할 수 있다.

Ⅲ. 특정범죄가중처벌 등에 관한 법률상 공무원범죄

① 뇌물(제2조)

② 알선수재(제3조)

③ 체포, 감금, 독직폭행, 가혹행위(제4조의2)

④ 공무상비밀누설(제4조의3)

⑤ 회계관계직원등의 국고 등 손실(제5조)

⑥ 특수직무유기(제15조)

▌특정범죄가중처벌에관한법률에서 규정하고 있는 범죄

뇌물죄의 가중처벌	• 수뢰액이 1억원 이상인 때에는 무기 또는 10년 이상의 징역 • 수뢰액이 5천만원 이상 1억원 미만인 때에는 7년 이상의 징역 • 수뢰액이 3천만원 이상 5천만원 미만인 때에는 5년 이상의 유기징역
알선수재	5년 이하의 징역 또는 1천만원 이하의 벌금
체포 · 감금 등의 가중처벌	• 사람을 치상한 때에는 1년 이상의 유기징역 • 사람을 치사한 때에는 무기 또는 3년 이상의 징역
공무상 비밀누설의 가중처벌	5년 이하의 징역 또는 500만원 이하의 벌금
국고 등 손실	• 손실이 5억원 이상인 때에는 무기 또는 5년 이상의 징역 • 손실이 1억원 이상 5억원 미만인 때에는 3년 이상의 유기징역
특수직무유기	1년 이상의 유기징역

※ 형법상 단순수뢰죄(5년이하), 제3자뇌물공여죄(5년이하), 수뢰후부정처사죄, 알선수뢰죄(3년이하) 가운데 법정형이 가장 중한 범죄는 수뢰후부정처사(1년이상)이다.

※ 국고 등 손실, 가혹행위, 특수직무유기, 체포감금, 독직폭행, 공무상비밀누설, 알선수재, 뇌물 등이다.(체포된 피의자에 대한 성폭행, 피의사실공표, 선거방해 해당 안됨)

Ⅳ. 공무원범죄 수사를 위한 내사단계의 활동

① 정보제공자와의 약속이행을 법적으로 보장하기 위하여 미국연방 형사소송법은 면책특권을 두고 있으나 우리나라에서는 그러하지 아니하며, 자발적인 협조를 구해야 한다.

② 사전에 관련법규, 사무분장규칙, 집무규칙 등을 충분히 숙지한다.

③ 공무원범죄는 보안유지가 필수적이다.

④ 정보제공자와의 약속은 불법이 아닌 한 준수해야 한다.

Ⅴ. 공무원범죄 수사의 방법

1. 원칙

① 공무원범죄 수사는 사안이 중할 경우에는 구속수사를 원칙으로 한다.

② 공무원범죄관련 첩보 및 수사결과를 소속기관장에게 통보한다. 공무원관련 범죄의 수사를 개시하거나 종결지었을 때에는 10일 이내에 당해 공무원이 소속한 기관의 장에게 통보하여야 한다.(국가공무원법 제83조 3항)

③ 경미한 사안은 소속기관장에게 통보하여 징계 등 행정처분을 하게 한다.

④ 개인 감정에 의한 무고 가능성에 대비하여 선입견 없이 첩보를 입수한다.

2. 공무원범죄 수사시 조사관의 바람직한 태도

① 조사대상자가 자기업무와 관련한 조사에 대해 비교적 자신감을 가지고 범죄를 은폐하려고 하므로 사전에 신문의 방법, 조사할 내용, 관련법령에 대한 정밀한 검토를 하는 등 치밀한 준비를 한 후에 착수한다.

② 조서의 임의성, 신용성의 확보를 위해 유도신문을 피하고 가능한 한 많은 진술을 하도록 하여 진술의 모순점 및 법령에 대한 정밀한 검토를 하는 등 치밀한 준비를 한 후 조사에 착수한다.

③ 진술자에게 유리한 진술 및 주장을 기재하지 않으면 조서의 임의성의 문제가 발생할 수 있을뿐만 아니라 조사관의 주관에 의하여 사건을 조작하였다는 항의를 받을 여지가 있기 때문에 비록 사건 애용과 직접 관계없는 내용이라도 피의자가 기록을 요구하면 기록을 하는 것이 좋다.

④ 조사대상 공무원은 조서열람을 세밀하게 하는 경우가 많으나 이에 대한 통제를 하기보다는 조서를 보면서 나타나는 조사대상 공무원의 표정, 행동을 관찰하여 수사보고서를 작성해두는 것이 효과적 방법이 된다.

3. 증수뢰사건 수사요령

(1) 증수뢰사건 수사에 앞서 내사단계에서 조사할 사항

① 수뢰자의 직책, 지위, 직무권한을 확인하고 경력 및 생활환경 등을 조사하여 둔다.

② 증뢰자의 관청출입상황, 금융거래내역, 수뢰자와의 친분관계 등을 확인한다.

③ 퇴직자, 전임자, 반대파 등을 통해 내부의 사정이나 관청과 업자와의 관계 등을 탐문한다.

(2) 구체적 수사요령

① 뇌물죄 조사시 임의성 확보를 위하여 신중을 기해야 한다.

② 공범자는 분리하는 등의 통모방지 대책이 필요하다.

③ 실무에서는 증뢰자의 진술을 확보하기 위하여 처벌면제 약속 등을 하는 경우가 있는데 이는 범죄자와 거래를 하는 것이 되며, 또한 실제로 그런 방법으로 진술을 확보한 후 기소되었을 때 증뢰자가 진술을 번복하는 사태를 예상할 수 있으므로 바람직한 태도라고 보여지지 않는다.

④ 관련기관 등의 압력을 방지하기 위하여 철저한 보안을 유지한다.

Ⅵ. 화이트칼라범죄

1. 화이트칼라의 개념

어떠한 전문적인 지식이 필요한 정신적 노동에 종사하는 자로서 고급사무원 등 관리직 수준 이상의 계층을 말한다.

2. 화이트칼라범죄의 특성

① 일반범죄에 비하여 국가, 사회에 미치는 해악이 더 크다.

② 피해가 일반국민에게 간접적으로 미친다.

③ 일반범죄보다 죄의식이 희박하다.

④ 증거인멸이 쉽고, 범죄수법이 교묘하다.

⑤ 사회의 신용을 파괴하고 국가의 경제성장을 해친다.

3. 화이트칼라범죄의 수사요령

① 금융, 경제 분야 동향, 회계, 부기 등에 대한 기본적인 지식을 갖추고 수사한다.

② 화이트칼라범죄에 대한 제보는 개인적 원한에 의한 모함도 있고, 법적용이 까다로운 점을 악용하여 피의자가 역습하는 경우도 있기 때문에 피의자 조사 전에 충분한 증거를 확보하는 등 신중을 기하여야 한다.

③ 증거가 경리장부 등에 남아 있는 경우가 많으므로 관련 장부를 수집한다.

④ 죄의식이 희박하므로 구속 시에는 신중을 기한다.

▌공무원범죄와 화이트칼라범죄

공무원 범죄	화이트칼라범죄
• 공무원의 신분을 가진 자가 고의·과실로 저지른 모든 범죄를 광의의 공무원범죄를 말하나, 공무원 범죄의 통계는 협의의 공무원범죄(일반적 공무원 범죄)를 대상으로 한다. • 소위 화이트칼라범죄의 한 유형이라고 할 수 있다. 범행방법은 지능적, 전문적, 계획적인 경우가 대부분이다. • 무조건 범죄를 부인하거나 관례·재량행위임을 주장하는 등 자백을 하지 않는 경향이 있다. • 공무원수사는 구속수사를 원칙으로 한다. • 수사를 개시하거나 종결지었을 때에는 10일이내에 당해 공무원이 소속한 기관의 장에게 통보하여야 한다.	• 주로 조직·기업의 비교적 중요한 위치에서 또한 중요한 직무를 담당하는 임·직원 등이 저지르는 직무상 사기·배임·횡령 등 지능적인 범죄이다. • 일반범죄보다 죄의식이 희박하다. • 피해가 일반국민에게 간접적으로 미친다. • 피해액은 비교적 큰 것이 보통이며, 따라서 범증은 경리장부 등 어딘가에 물증으로 남아있는 경우가 많다. • 일반적으로 죄의식이 희박하여 법률해석이 까다로운 점 등을 악용하여 역습하는 요령에도 능하므로 피의자 조사 전 충분한 증거를 확보하는 등 구속에 신중을 기한다.

제3장 기타 범죄수사

제1절 화재사건 수사

Ⅰ. 개설

화재사건은 현장증거의 소실로 범죄단서의 발견이 어렵기 때문에 다른 어느 범죄보다도 수사가 곤란하다. 또한 많은 인명피해를 유발시키기도 한다. 방화범죄의 경우 피해자 및 사회에 미치는 피해가 클 뿐만 아니라 그 증거수집의 곤란은 범죄의 발각을 어렵게 하고 그 원인, 동기 또한 가지각색으로서 일정한 표준을 정할 수 없으므로 검거 수사가 어렵다는 것이다.

Ⅱ. 발화원인의 조사

1. 의의

화재가 발생하였을 때에는 수사관은 그 화재가 방화이냐 실화이냐에 대하여 충분한 주의를 기울여야 한다. 발화원인을 확정하는 것은 방화냐 실화냐의 여부를 확정하게 되는 것으로서, 발화원인의 불확정은 수사상 또는 재판상 치명상이 되므로 실황조사(검증)를 함에 있어서는 발화점의 확정에 노력하여 그 발화가 어떠한 원인에 의한 것인가를 조사 확정하여야 한다. 발화원인으로는 여러 가지가 있을 것이나 대체로 방화, 실화, 고의 과실에 의하지 않는 자연발화, 전기로 인한 발화 등이 있을 수 있으므로 화재사건의 실황조사(검증)에 있어서는 어느 경우에 속한 것인가를 관찰 확정하도록 노력하여야 한다.

2. 화인의 3요소와 소화방법

(1) 화원

① 의의 : 가연물과 산소공급원을 활성화시키는데 필요한 에너지, 즉 불씨

② 종류

㉠ 유염화원 - 불꽃이 나는 물질(종이 등)

㉡ 무염화원 - 불꽃이 나지 않는 물질(담배 등, 훈소)

㉢ 잠재성 화원 - 열이 축적되어 화재가 발생하는 것, 전기 화공약품 라디에이터

③ 소화방법 : 물이나 CO_2 소화기를 사용하는 냉각소화법

(2) 가연물

① 의의 : 산화되기 쉬운 물질

② 종류

㉠ 기체 - 반드시 밀폐된 용기 속에 보관

㉡ 액체 - 휘발유, 신나 등 증발연소

㉢ 고체 - 목탄, 왁스, 숯(표면연소), 나프탈린(증발연소), 석탄(분해연소)

③ **소화방법** : 연소 확대시 중간 가연물 파괴(산불시 맞불 등) 제거소화법 사용

(3) 공기

① 의의 : 산화공급원이다.

② **소화방법** : 포말소화기, 모래 등 질식소화법을 사용한다.

3. 화재가 발생하여 완전히 진화되기까지의 과정을 보면 다음과 같다.

원인 → 연기가 가득하지만 불꽃을 못 보는 무염착화 → 물건이 타고 있는 경우의 유염 착화 → 출화 → 불바다인 경우의 화성 → 소락 → 진화의 단계를 거친다.

Ⅲ. 발화점의 확정

1. 발화점의 의의와 확정의 필요성

(1) 의의

발화점이라 함은 방화 혹은 실화 기타로 인하여 불이 난 개소로서 발화점의 화기가 점차 연소하여 연소하기 쉬운 물체 또는 풍부한 공기의 유통으로서 본격적인 연소를 시작한 개소인 출화점과는 다른 개념이다. 발화점과 출화점을 구별하여 관찰하는 이유는 발화점의 연소가 완만 경미한 것이 보통인데 반하여 출화점의 연소도는 극히 신속하고 왕성하므로 그 상황을 보고 출화점을 발화점으로 오신할 때가 있으므로 반드시 구별하여 관찰하여야 한다.

(2) 확정의 필요성

발화점을 확정함으로서 그 화재가 방화, 실화 또는 기타 원인에 의한 것인가를 확정할 수 있으므로 나아가서는 증거물을 발견하고 범인을 추정 또는 결정할 수 있는 동시에 그 목적 동기까지도 파악할 수가 있다. 발화점이 확정되지 않으면 수사는 전혀 진전될 수 없으며 범인의 검거는 불가능하게 되는 것으로서 발화점의 확정은 매우 중요한 것이다.

2. 발화점의 발견방법 및 그 확정

(1) 발견방법

발화점의 발견은 여러 가옥인 때 또는 소실가옥이 많은 경우 등에는 극히 곤란한 경우가 많으므로 먼저 불이 일어난 화원가옥을 확정하여야 한다. 화염현장의 검증을 실시하여 건물의 위치, 연소상황, 풍향 등을 종합 검토할 것이며 연소물체의 냄새, 소음, 화연의 농담에 의하여 물체를 추정하여 그 저장자, 사용자를 조사하고, 화염을 제일 먼저 발견한 사람, 화재현장에 제일 먼저 뛰어온 사람, 피해가족, 소방에 종사한 소방원, 화재현장을 통행한 사람, 저지대 화재일 경우 고지대 목격자를 발견하여 조사하고 또한 감

식기재의 활용과 이화학전문가의 도움을 받도록 하여야 한다.

(2) 발화점의 확정

① 방화 재료의 연소물 또는 화기가 있었던 난로, 전열기 등의 발견에 힘쓸 것

② 전기 가스의 배선 배관의 융해개소의 발견에 노력하여 누전 등의 관계를 조사하고, 전기공작물의 시설변경을 한 개소의 유무도 조사할 것

③ 가연성이 높은 물질 또는 약품 용기의 파손 내용물의 변질 등의 발견에 노력하여 자연발화의 원인을 조사할 것

④ 화원가옥의 구조 설비를 건축가의 설계도에 의하여 조사한 후 화원으로서의 적당한 상황이 있었는지 여부를 판단할 것

⑤ 옥내와 옥외와의 관계 특히 발화 장소와 그 곳에 통하는 통로를 세밀히 관찰해야 한다.

3. 발화점 확정 후의 조치와 증거물의 발견

(1) 발화점 확정 후의 조치

발화점의 위치를 확정하면 화재 원인, 범죄의 동기, 범인의 추정 등을 할 수 있다.

① 화기가 절대로 있을 수 없는 장소에 발화점이 있으면 방화 또는 전기로 인한 화재 또는 자연발화로 볼 수 있다.

② 지붕, 마루 밑, 벽장 속 등에 발화점이 있어 전기 등과 전연 관계가 없을 때에는 대체로 보험금 등 사기 목적하의 방화로 추정할 수 있다.

③ 출입구 등 옥외의 화기 없는 장소에 발화점이 있고 보험관계 등이 없을 때에는 원한, 장난 등에 의한 방화로 볼 수 있다.

④ 옥외에 있어서 그 통로를 잘 아는 자가 아니면 미칠 수 없는 화기 없는 장소에 발화점이 있으면 거주자 내지 이웃 주민들의 방화로 추정할 수 있다.

(2) 증거물의 발견

발화점을 발견하면 거기서 증거물을 발견할 수 있으므로 특히 현장을 변경하지 않도록 주의하여 증거품을 하나라도 놓치지 않고 압수하여야 할 것이다. 연소한 물건의 형태 기타에 대하여 현장 그대로를 전문가에게 감정시킬 필요가 있을 때도 있으므로 현장에 손을 대기 전에 사진 촬영 기타 세밀한 주의를 할 필요가 있다.

Ⅳ. 화재사건의 수사요령

1. 실황조사의 철저

(1) 평소의 마음가짐

사건의 특수성이 있으므로 수사기자재(작업의, 안전모, 손전등, 로프, 발굴용구 등)의 정비를 철저히 하여 두고, 사건 발생시 현장에 임장하여 화재발생 가옥주, 최초발견자, 소화자를 확보하고, 현장에 모여든 구경꾼의 사진촬영과 현장에 임장하는 도중에 역행하는 수상한 자에 대한 불심검문 등의 조치에 대하여 평소부터 교양을 철저히 하고, 현장에서의 임장원들에 대한 임무를 구체적으로 명확히 지정해 두어야 한다. 작은 화재로 불길이 잡힌 현장에 대하여는 사건에 관계있는 족흔적, 방화매개물 기타 자료가 발견되는 경우가 많으므로 수사요원의 임장은 필수적이다.

(2) 수사간부의 임장과 사안의 파악

수사간부는 화재발생의 이지와 동시에 현장에 답사하여 신속하게 사안의 성질을 확인하고, 방화사건 또는 방화의 의심이 있는 중요사건이라고 판단된 경우에는 긴급배치 등의 초동조치를 하여야 한다. 만약 불이 번져 대규모 화재로 발전할 우려가 있는 경우에는 종합상황실을 경유하여 관계 소속기관에 지원을 요청하고 광범위한 교통차단, 부근주민의 대피유도 등의 조치를 하여야 한다.

(3) 목격자 발견자의 확보

신속하게 화재가 발생한 가옥의거주자, 최초발견자, 목격자를 확보하여 그 목격상황을 상세히 청취하고 빠른 시간 내에 불이 발생한 상황, 수상한 자의 목격여부 등 수사 자료를 수집하는데 노력하여야 한다.

(4) 현장보존의 조치

현장도착과 동시에 경계선을 설정하고 소화활동을 하는 사람이외에는 출입을 금지하도록 하고 증거물의 발견과 이것이 산일 소멸되는 것을 방지하는 등 적절한 조치를 취하고 확실한 채증활동을 실시하고 가능한 한 광범위하게 경계선을 설정하여 현장보존에 노력하여야 한다.

(5) 전문가의 임장요청

방화, 빌딩화재 등의 대규모의 화재, 병원·학교 등의 공공시설에 있어서의 화재와 전기·약품·자연발화성 물질관계에 기인한다고 인정되는 화재에는 전문가의 임장을 요청하여 검증을 실시하여야 한다.

(6) 현장관찰과 채증

① 현장관찰에 임해서는 선입감을 배제하고 최초발견자, 목격자 및 불이 난 가옥의 소유자의 목격상황, 전기관계, 자연발화물의 존재상황 등을 종합적으로 관찰하는 등 일정한 순서에 의하여 객관적이고 과학적인 현장관찰을 하여야 한다.

② 현장 발굴 작업은 불이 난 장소를 중심으로 하여 바깥쪽에서부터 순차적으로 낙하물을 제거하면서 실시하고, 반입물, 물건의 이동, 기름 등의 존재상황, 기타 물건의 존재에 부자연성은 없었는가를 명확히 한다.

③ 현장부근의 족흔적, 유류품, 방화매개물 등에 대해서는 채증활동을 실시함은 물론 맨 처음 불이 난 자오의 발화물 또는 방화매개물이라고 이정되는 물건 등을 채취하여 다른 증거물과 함께 감정을 의뢰하고 증거의 보존에 노력하여야 한다.

2. 방화 · 실화의 인정

(1) 방화의 인정사항

① 발화부가 평소에 화기가 없는 장소인 경우

② 발화부 부근에 유류가 발견되거나 물질의 이동 또는 외부로 부터의 반입물이 있을 경우

③ 불을 피할 수 있는 출입구 창 등이 개방되어 있거나 부자연스러울 경우

④ 화재가 발생한 집의 거주자 등이 불을 피하여 대피하였을 때 그들의 복장 언동에 부자연스러움이 있는 경우

⑤ 화재가 발생한 집의 거주자 및 인근의 불에 탄 가옥이 화재보험에 가입되어 있는 경우

⑥ 화재가 발생한 집의 거주자에 대하여 치정 원한 등 방화 동기를 가진 자가 있는 경우

(2) 실화의 인정사항

① 평소부터 화기를 취급하는 장소에서 불이 발생한 경우

② 발화부에 부자연성이 없는 경우

③ 불이 발생한 장소에 자연 발화물이 존재할 경우나 발화상태가 있었을 경우

④ 불이 발생한 가옥내의 귀중품 등이 평소 상태대로 소실된 경우

3. 화재현장의 관찰요령

(1) 검증의 요령

화재현장의 검증은 그 발화원인을 규명하고 다시 그 원인과 범죄와의 관계를 명확히 하기 위하여 실시한다. 따라서 검증에 있어서는 검증책임자의 지휘 하에 계획적이고 조직적으로 면밀한 현장관찰을 하여야 한다.

① 발생일시 장소

② 화재를 인지한 경위

③ 당시의 기상상황

④ 최초발견자의 진술내용

⑤ 화재가옥 거주자가 불을 발견한 상황과 조치

⑥ 화기존재의 유무

⑦ 불이 발생하기 전의 거주자의 행동

⑧ 화재가옥 거주자의 대피지

(2) 현장관찰의 순서와 방법(착안점)

화재현장 관찰 순서는, 주변 부근의 관찰 → 소실가옥의 관찰 → 화원가옥의 인정 → 발화부 출화부 인정 → 출화원인의 인정 → 발화원인물의 조사 등 순서로 행해진다.

① **부근의 관찰** : 검증을 개시할 경우에는 반드시 소실가옥을 중심으로 한 부근의 건조물 도로 공지 기타 상황을 상세하게 판별해 두어야 한다. 이것은 화재범죄의 구성요건인 공공의 위험을 입증하기 위하여,

또는 범인과 관계있는 자료의 수집을 철저히 하기 위하여 가능한 광범위하게 행할 필요가 있다.

② **소실가옥의 관찰** : 화재현장의 가옥이 전소하고, 또 연소가옥 등도 있는 경우에는 그 전체의 가옥에 대하여 검증을 실시하여야 한다. 또 가옥의 일부가 소실된 경우에는 독립하여 연소된 상태인지의 여부에 의하여 기수 · 미수가 구분되므로 소실물의 종류, 부위, 범위, 탄화, 그을림의 정도를 명확히 해 두어야 한다.

③ **화원가옥의 확인** : 연소가옥이 다수인 경우에는 화원가옥이 어느 것인지 정확히 규명하는 것이 중요하다. 화원가옥의 인정은 거주자 및 최초발견자의 진술과 현장의 연소상황으로 판단한다. 일반적으로 화원가옥은 다른 연소가옥에 비하여 소실도가 높고, 토대의 밑 부분까지 탔거나 천장, 지붕 등이 타서 무너지는 등의 상황을 볼 수 있다.

④ **발화부 출화부의 확인** : 화원가옥을 인정했으면 다음으로 발화부와 출화부를 인정하여야 하는데 이것은 검증 가운데서도 가장 중요하다. 발화부는 불을 낸 장소, 즉 화재의 기점이 된 부위를 말하며, 출화부란 불이 타오른 장소를 말한다. 발화부에서 직접 타오른 경우에는 발화부와 출화부가 일치하지만 발화부와 출화부가 다른 경우에는 다음 사항에 착안하여 이것을 인정하여야 한다.

㉠ 화세는 일반적으로 위쪽으로 퍼지면서 부채꼴을 이루는 경향이 있으므로 연소의 상황으로 보아 이 현장을 포착할 수 있다. 따라서 발화부는 출화부의 아래쪽에 있다.

㉡ 발화부는 처음으로 타오르기 시작한 곳이기 때문에 연소가 경미, 완만하지만, 출화부는 신속, 왕성하게 불길이 치솟으므로 그 범위가 넓고 연소도가 깊다. 따라서 출화부 이외의 장소에 발화부가 있다고 판단되는 경우는 출하부에서부터 연소상태를 파악, 관찰하면 발화부의 발견이 가능하다.

㉢ 전소현장에서 발화부와 출화부를 확인할 경우의 착안점을 들면

ⓐ 목재의 탄화정도(균열흔)에서 확인할 수 있다. 목재표면의 균열흔은 발화부에 가까울수록 가늘어지는 경향이 있다. 목재표면이 고온의 화염을 받아 연소될 때에는 비교적 굵은 균열흔을 나타내며 저온으로 장시간에 걸쳐 가열 내지 연소될 때는 목재내부의 수분이나 가연성 가스가 목재표면으로 분출하게 되어 그 흔적이 가는 균열흔으로 남게 된다. 이 균열흔은 소멸한 기둥이나 목재 등에서 볼 수 있다.

ⓑ 목재의 연소 후 색깔로 구분할 수 있다. 목재가 산소를 충분히 공급 받아 연소되는 발화부의 경우 연소된 목재는 흰색을 띠며, 화재 초기의 연소로 인하여 실내의 산소가 소진된 후에는 연소된 목재는 검은색을 띤다. 그러므로 연소된 목재가 검은색에 가까울수록 발화부에서 먼 것으로 볼 수 있다.

ⓒ 기둥 창호 등의 연소 도괴상황을 확인한다. 옥내의 문, 미닫이, 기둥 및 모든 도구류가 연소한 경우에는 연소도가 높은 방향에서 무너지는 경향이 있으므로 이러한 물건의 도괴상황에서 확인할 수 있다.

ⓓ 타오른 불이 최초로 전선에 닿으면 반드시 전선이 끊어져 녹은 흔적이 있으므로 이 점에서 확인할 수 있다. 열작용에 의한 동선의 용융상태이면서도 화염에 의한 용융흔을 용흔(熔痕), 전기적 작용에 의한 용융흔을 용흔(鎔痕)이라고 하여 구분 사용하고

있다. 용흔이란 전선의 녹은 흔적이므로 불에 녹아서 생성되었던지 전기적 작용으로 생성된 것이던지 모두 표현할 수 있다.

ⓔ 유리, 금속, 기타 융해상황에서 확인할 수 있다.

ⓕ 탄화심도에서 확인할 수 있는데 탄화(숯)의 깊이로서 발화부에 가까울수록 탄화정도가 깊다.

⑤ 발화부의 관찰

㉠ 발화현장의 주변부터 관찰하여야 한다. 발화부 주변을 충분히 관찰한 다음 추정되는 출화부로부터 발화부로 순차적으로 현장을 발굴하면서 처리하고 그때마다 조사를 행하여야 한다.

㉡ 현장발굴에 있어서는 특히 다음사항을 주의하여야 한다.

ⓐ 추정되는 출화부에서 발화부에 이르는 사이의 주요 관찰개소는 충분히 조사하고 이것을 사진 촬영하는 한편 정확히 기록할 것.

ⓑ 출화원인과 관련되었을 가능성이 있는 것은 모두 사진촬영하고 그 발견위치를 정확히 기록하여 보존할 것.

ⓒ 발화부에 도달한 경우에는 발화부와 화원이 될 만한 것과의 관계를 검토할 것.

ⓓ 발화부에 있어서 현장을 복원하고, 연소의 정도, 탄화심도, 화재로 인한 소실 범위상황 등을 고찰, 검토할 것.

ⓔ 옥내 다른 방과의 연소상황을 비교 검토할 것.

⑥ 발화원인으로 인정되는 물건이 발견된 경우 먼저 그 물건의 발화가능성을 검토하고, 또한 그 발화가 어떠한 원인에 의한 것인지를 검토하여야 한다. 발화원인에는 방화, 실화, 자연발화, 전기에 의한 발화 등 4대 원인이 있다.

㉠ **방화의 의심이 있는 경우** : 방화의 경우에는 거주자가 귀중품이나 중요서류 등을 미리 반출하거나, 절도범이 도난 현장을 위장하기 위하여 방화할 수도 있다. 이와 같은 경우에도 그 흔적이 반드시 남기 때문에 현장을 충분히 관찰하여 그러한 상황을 명확히 규명하는 것이 중요하다. 또한 옥내 방의 배치, 미닫이 등의 개폐상황 등을 정확히 관찰하면 방화사실과의 관련성이나 화재시의 화세 및 화세의 변화 등에 관하여 판단할 수 있는 경우가 많다. 화재가 옥내에서 시작된 경우 외부사람이 자유롭게 출입할 수 있는 상황이었는지의 여부, 화원으로 인정되는 장소에 까지 가는데 그러기 위해서는 잠금장치의 상황, 유리 등의 파괴상황에 착안하여 관찰하여야 한다. 화재가 옥외에서 시작된 경우 특히 족흔적은 없는가, 뒷문이 개방되어 있지는 않는가, 어떤 매개물을 가지고 들어온 흔적은 없는가, 현장은 연소하기 쉬운 구조인가, 유류 기타 연소물의 냄새는 없는가 등에 주의한다.

㉡ **실화의 의심이 있는 경우** : 시간적·장소적으로 발화의 가능성을 검토하여 화재가 발생한 가옥의 소유자의 진술내용을 검토하는 외에 방화의 경우와 같은 착안에 의하여 관찰하여야 한다. 특히 주의를 요하는 것은 실화로 보이는 방화가 있으므로 방화 실화에 대하여 신중히 검토하여야 한다.

㉢ **자연발화의 의심이 있는 경우** : 발화부 부근에 자연발화물이 있는지의 여부를 확인한 후 출

화 당시 상황에 있어서 발화 가능성이 있었는지의 여부를 검토하여야 한다. 일반적으로 자연 발화가 발생할 수 있다고 생각되는 것은 다음과 같다.

ⓐ 염산칼륨에 목탄을 섞으면 발화한다.

ⓑ 도금공장에서 사용하는 무수크롬산에 신나가 들어가면 즉시 발화한다.

ⓒ 페인트 가게에서 사용하는 아마인유라는 식물성 기름의 경우 봄·가을의 흐린 날, 특히 야간에 자연 발화한다.

ⓓ 복사용 카본지를 쓰레기통에 넣고 발로 밟으면 자연 발화하는 수가 있다. 특히 습기가 첨가되면 위험하다.

ⓔ 가솔린, 신나, 벤젠 등도 정전기를 일으켜 발화하는 경우가 있다.

ⓕ 전기에 의한 발화의 의심이 있는 경우 전문가에게 감정을 의뢰할 필요가 있으나 현장관찰에 있어서는 다음 사항에 착안하여야 한다. (ⅰ) 누전에 의한 발화, 전기기구에 의한 발화, 전동기에 의한 발화, 전선 사고에 의한 발화 등이 있으므로 발화점 부근을 검토하여 어떠한 원인에 의한 것인가를 확인한다. (ⅱ) 누전화재의 경우 누전점, 발열점, 접지점을 발견하여 용융흔이 있는지의 여부에 착안하여야 한다. (ⅲ) 전기 용구에 의한 발화의 경우에는 발화시에 전기가 통하는 상태에 있었는지의 여부를 판정한다. (ⅳ) 안전기, 휴즈의 용단 유무를 조사한다. (ⅴ) 기타 발견상황, 발화전의 금속류에서의 감전 유무, 발화 전 전등, 텔레비전 등의 이상 유무를 확인한다.

이상과 같은 화재현장에 있어서는 모든 점을 검토하여 발화원인을 규명하여야 하는데, 방화로 판정된 경우에는 실화, 전기사고 등에 의한 발화가능성이 없다는 것을 뒷받침하는 것이 특히 필요하다.

4. 방화사건의 수사

(1) 방화의 동기

방화죄는 동기범이라고 할 만큼 다른 범죄보다도 그 동기가 뚜렷할 뿐 아니라 범죄 후 증거가 남지 않는 것이 보통이 때문에 사건의 입증이나 범죄의 단서를 포착하는데 있어서 동기가 중요시되고 있다.

① **경제적 이득을 목적으로 하는 방화** : 보험금을 노리고 경제성이 없거나 무가치한 자신의 건물, 시설 등에 보험계약을 체결하고 방화하는 경우 등이 여기에 속하는데 이 유형의 방화범은 공범자가 있는 경우가 많다. 보험 이외에 채권, 채무, 납품, 납세유예 및 변제, 구상 등의 목적으로 방화하는 경우가 포함된다.

② **범죄은폐를 목적으로 하는 방화** : 살인, 강도, 절도, 사기, 횡령 등과 같은 범죄 후 범죄현장 및 증거를 숨기거나 말살시키기 위하여 우연히 일어난 것 같이 꾸며 방화하는 경우이다.

③ **범죄의 수단으로서의 방화** : 이는 살인, 협박, 공갈의 수단으로서 불을 사용하는 경우이다.

④ **악희를 목적으로 하는 방화** : 아이들의 호기심에 의한 불장난이나 연쇄방화 등이 이에 해당한다.

⑤ **선동을 목적으로 하는 방화** : 정치 분쟁, 정치보복 또는 노사문제의 제기를 위하여 방화하는 경우이다.

⑥ **방화광에 의한 방화** : 이는 실질적인 원한이나 방화행위로 인한 물질적 이익에 대한 고려 없이 단지 감각적인 만족(스릴, 쾌감, 성적만족)을 얻기 위해 방화하는 경우이다.

(2) 방화의 방법

① **방화방법의 중요성** : 방법은 다양하겠지만 특히 동기와 관련시켜 볼 때 원한, 치정, 복수 등으로 인한 경우처럼 방화자체가 목적일 때에는 위험이나 발각에 유의하지 않기 때문에 그 방법이 단순하며, 보험금이나 죄증인멸을 목적으로 하는 경우에는 발각이 두려워 그 방법이 교묘하다.

② **방화방법의 검토** : 수사관이 추정 또는 확정한 방화방법이 물리적 또는 화학적으로 보아 과연 발화할 수 있는 것인지를 면밀히 검토하고 필요에 따라 감정 실증을 하여야 한다.

(3) 방화 재료의 수집보존

현장에 산재한 신문지, 석유, 휘발성 유류의 보관용기 등의 유무와 유류의 냄새 등을 조사하여 이를 최대한 수집하여야 한다.

(4) 방화범 조사시의 주의사항

① 동기를 상세히 조사한다.

② 방법을 상세히 조사하여 특히 현장의 상황과 부합되는지 여부를 면밀히 검토한다.

③ 방화전후의 동정을 상세히 조사하여 현장부재증명제출에 대비한다.

5. 실화사건 수사

(1) 실화

화재현장의 상황, 주위의 인적수사를 통하여 방화라고 단정지을 수 없을 때에는 실화인지의 여부를 조사하여야 한다.

(2) 주요 실화원인

① 난방기구의 과열

② 각종 등화취급 부주의

③ 각종 전열기구의 취급 부주의

④ 각종 기계의 마찰 또는 화학약품 혼합시의 발화

⑤ 전기, 가스배관의 불량 등

(3) 누전에 의한 실화

전기적 발화원인으로 일어난 화재에 대하여는 막연히 누전이라 하여 무조건 자연 발화의 일종으로 취급하려는 경향이 없지 않다. 그러나 전기적 발화도 설치한 기계 또는 부속품이 불량품인 경우, 배선 기타 부속품을 허용용량이하로 설치한 경우, 배선 등 보수를 게을리 한 경우, 허용용량 이상의 기기를 사용한 경우 등으로 나눌 수 있으므로 어느 경우인가를 규명하면 과실 유무를 비교적 명확히 판단할 수 있다. 배선의 경우 인입선까지는 전기회사의 책임이고, 옥내배선은 건물주 측의 책임임을 알아둘 필요가 있다.

Ⅴ. 화재피해액 산정기준

1. 화재피해 산정의 대상

피해산정의 적용대상은 화재로 인하여 직접적인 손실이 나타난 유형의 재산피해를 말하며 건축물, 구축물, 선박, 항공기, 차량, 등 운반구, 기계설비, 공구기계류, 가정용품 및 회화, 골동품, 미술공예품, 귀금속, 보석류, 등과 재고자산 등 무생물 및 생물로서 소, 돼지, 개 등 가축류 및 정원수, 산림수목, 과수목 및 입목 등 동·식물류와 기타 재산적 가치 있는 것은 피해산정을 할 수 있다.

2. 피해산정의 기준

① 건물은 규모, 구조, 마감재료, 및 기타상황을 고려, 한국감정원에서 최근 공시된 건물신축단가표에 의한 피해 당시의 재 건축비를 기준으로 하여 감가상각의 방법에 의하며, 건물 부대설비는 보정하되 감가상각 하여야 한다.

② 선박, 항공기, 차량 및 운반구, 구축물, 기계설비, 공구, 기구 및 부품, 가정용품 등은 피해당시의 구입가격을 기준으로 하여 감가상각의 방법에 의한다.

③ 회화, 골동품, 미술공예품, 귀금속 및 보석류 기타 일률적으로 가격을 산정할 수 없는 물건은 사회통념상 평가하는 가격에 의한다.

④ 상품은 피해당시의 구입가격에 의한다.

⑤ 제품 및 반제품은 원료 또는 재료의 가격에 공임을 가산한 원가에 의한다.

⑥ 원료 및 재료는 매입한 것은 피해당시의 구입가격, 자가제조의 것은 제조원가에 의한다.

⑦ 임야의 입목은 소실전의 입목가격에서 소실한 입목의 잔존가격을 뺀 가격으로 한다.

⑧ 제1호 내지 제7호 이외의 물건은 피해당시 시가에 의한다.

제2절 폭발사건 수사

Ⅰ. 개설

폭발이란 급속한 화학반응에 의해 다량의 가스와 열량이 발생하여 급격히 용적을 증대하면서 폭음, 화염 및 파괴 작용을 일으키는 현상을 말한다. 폭발은 그 원인되는 물질에 따라 화약류에 의한 폭발과 가스류에 의한 폭발로 구분할 수 있다.

Ⅱ. 화약류에 의한 폭파사건 수사

1. 폭발물(화약류)

(1) 법규에 의한 분류

① **화약** : 흑색화약, 무연화약 등

② **폭약** : 다이너마이트, 카알릿, 초유(硝油)폭약 등

③ **화공품** : 전기뇌관, 공업뇌관, 총용 뇌관, 실탄, 공포탄, 도폭선(폭약의 폭파, 시험용), 도화선 등

(2) 기폭장치의 관점에 의한 분류

① 도화선 부착 폭발물

㉠ **용기** : 종이파이프, 철파이프, 손전 등, 빈캔류 등

㉡ **폭약** : ⓐ 초산칼륨 + 목탄 + 마그네슘, ⓑ 염소산칼륨 + 이산화망간 등

㉢ **기폭방법** : ⓐ 수제종이끈 도화선 방식, ⓑ 담배와 수제도화선 조합방식, ⓒ 폭죽을 이용한 수제도화선 방식, ⓓ 탈지면 이용 도화선방식

② 시한장치 부착 폭발물

㉠ **용기** : 소화기, 철파이프, 빈캔류, 접속용 파이프, 석유통 등

㉡ **폭약** : ⓐ 다이너마이트, ⓑ 초산칼륨 + 목탄, 염소산칼륨 + 유황

㉢ **기폭방법** : ⓐ 타임워치를 이용한 시한방식, ⓑ 회중시계와 건전지 전기뇌관 가스히터를 조립한 시한방식

③ 혼촉식 폭발물

㉠ **용기** : 철파이프, 빈상자, 보온병 등

㉡ **폭약** : 염소산칼륨 + 훼로시안화칼륨 + 설탕

㉢ **기폭방법** : 짙은 유황이 들어 있는 시험관, 액즙주입기, 콘돔식 물건을 이용한 방식

④ 기타 폭발물

㉠ **용기** : 음료수 병, 비닐파이프, 소포꾸러미나 도시락 크기의 빈 상자

㉡ **폭약** : ⓐ 완구용 연화, ⓑ 염소산나트륨 + 설탕

㉢ 기폭방법

ⓐ 성냥 알을 연결한 끈을 당기면 마찰판과 접촉하여 연소 폭발하는 방식

ⓑ 화염병에 의하여 유폭하는 방식

ⓒ 건전지, 알류미늄 극판, 가스히터를 조합하고 극판에 접속되어 있는 끈을 당기거나 뚜껑을 열면 극판이 접촉하여 폭발하는 방식

(3) 위력에 의한 분류

① 저성능 폭약으로 흑색화약과 무연화약

② 고성능 폭약으로 다이나마이트, TNT, COMP-4, RDX, 아지드화연(LEAD AZID)

2. 폭발물 소지자의 발견 단속

(1) 대상

① **인적대상** : 조직폭력배 구성원, 총포화약의 불법소지 전과자, 화약류 소비 장소 및 화약고 등에서 근무한 경력이 있는 불량 종업원 및 발파기사, 화약류의 시험연구 종사자 또는 여기에 흥미를 가진 자, 불량토건업자 등이 대상이 된다.

② **장소적 대상** : 채석장, 토목공사장, 화약고, 화약류고 외의 저장소, 화물 일시보관소, 사격장, 화약류의 제조소 및 저장소 등이 대상이 된다.

(2) 자동차 검문 등의 경우

화약류를 발견한 경우에는 그 소지자가 화약류 양수 허가증, 화약류 수입허가증에 의하여 양수·수입한 것인지, 화약류 제조판매업자 또는 그 종업원이 업무를 위한 것인지, 취급을 위탁받은 운송업자인지 등에 대하여 신분증 및 전기의 허가증의 제시를 요구하여 이것을 확인하거나 조회를 의뢰하고 소지, 운반, 휴대목적, 입수지 등을 면밀히 추궁·조사하여 총포·도검·화약류단속법, 철도법, 철도법에 근거한 운송규정에 위반한 사실은 없는지 확인하여 불법소지를 확인한다.

(3) 수상한 자의 발견과 휴대품 등의 검사 철저

철도역이나 공항 등에서는 승·하차, 배웅하는 사람들 중에서 거동이 수상한 사람의 발견에 노력하고, 특히 휴대품 중에 시계, 건전지, 철제 파이프 등을 숨겨 가지고 있는 자를 발견한 경우는 그 목적·용도 등을 철저히 추궁하여 폭파사건과의 관련성 유무를 명확히 한다. 만약 휴대품 중에서 수상한 물건을 발견한 경우 상대방에게 직접 펼쳐보이게 하고, 폭발물이 장전되어 있는지의 여부 및 그 내용물을 확인하되 부주의하게 펼치면 폭발할 위험성이 있으므로 충분히 경계하면서 실시하여야 한다. 역이나 백화점 등에서는 관리자의 협조를 얻어 대합실, 소화물보관소, 화장실, 휴지통, 유료 물품보관함에 두고 간 물건 등의 점검을 철저히 하여야 한다. 점검 중에 화약류를 발견한 경우에는 화기를 접근시키거나 충격을 주지 않도록 주의하고 안전한 장소에 보관한 후 신속하게 전문지식을 가진 자에게 조치를 부탁한다.

3. 폭발물 예고사건 수사

(1) 일반적 주의사항

폭파예고사건을 인지하였을 경우 피해관계자가 취하여야 할 응급조치요령, 경찰이 취하여야 할 현장조치, 필요한 장비·기자재의 준비 및 보고연락 등에 관하여 사전에 업무처리 직원들에 대하여 교양을 실시하고, 간부는 사건이 발생한 경우 수사에 필요한 인원, 장비, 기자재의 동원 및 수사의 구체적 지휘가 정확히 실시되도록 계획을 수립하여야 한다.

(2) 폭파예고가 있었던 경우의 조치

① **전화에 의한 폭파예고의 경우** : 범인으로부터 다시 전화가 걸려올 것에 대비하여 전화기에 녹음기를 설치하고 미리 협박전화에 대한 응답 전화기 및 응답자, 응답시에 통화시간 연장 등을 지시하여 두어야 한다. 전화가 다시 걸려온 경우 범인의 어구, 냉정·흥분시의 어조, 사투리, 가성 외에도 추정 연령, 지식정도, 주기의 유무, 주위의 소음, 전화접수 시간 등을 상세히 기록하여 자료화하여야 한다.

② **문서에 의한 폭파예고의 경우** : 폭파예고 문서에 대해서는 취급에 주의하고 지문의 채취, 필적, 지질, 우표, 부착물에 대한 감정을 실시하고 문서내용으로부터 폭파의도의 진위 여부, 정신이상자 인지의 여부, 피해자와의 감정의 유무, 협박 목적 및 동기를 추정하고, 발신 우체국이 어디인지, 발신인을 특정할 만한 자료는 없는지를 확인하여야 한다.

③ 위험방지 등을 위한 주의사항

㉠ 폭파예고가 있는 경우에는 내용의 진위에 대하여 신중하게 판단하고 장소, 시간 등이 특정되어 있고 필요하다고 인정될 때에는 주변인 대피, 폭발물 검색 등의 조치를 강구하여야 한다.

㉡ 대피에 있어서는 신속하게 피해관계자와 협의하고 대피자에게는 침착하고 냉정한 행동을 취할 것을 홍보하는 동시에 적절하게 대피경로를 설정하여 주어야 한다.

㉢ 수제폭탄의 대인살상범위는 평지에서는 최대 50~100미터로 추정되고 있으므로 이를 위험권으로 하여 이 밖의 지역으로 대피시켜야 한다.

㉣ 폭발물 검색은 현장지휘자의 정확한 지휘에 의하여 신속하고 질서 있게 실시하고 치밀하고 계획성 있게 구역을 분담하여 일정한 순서에 의하여야 한다.

㉤ 폭발물 또는 의심이 있는 물건을 발견하였을 때에는 현장에 경계선을 설정한 후 폭발물에 대한 지식이나 처리기술이 없으면 임의대로 폭발물에 손대지 말고 폭발물 처리반의 파견을 요청하는 등 응급조치를 강구하고 안전한 처리를 도모해야 한다.

㉥ 폭발물의 발견시에는 부근의 거주자 통행인 등으로부터 해당 물건의 소유자, 반입한 자, 목격자 등의 탐문을 실시하고 그 용의점을 규명하는 수사도 아울러 실시하여야 한다.

4. 폭파사건 발생시의 조치

① 폭파사건이 발생한 경우 신고를 접한 외근 근무자나 112순찰차 승무원들은 즉시 종합상황실을 경유하여 경찰서, 지방경찰청 관계 부서에 즉시 보고하고 현장에 급행하여 피해자의 구호와 현장보존에

임하여야 한다. 폭파사건이 발생하면 현장은 극도로 혼란하게 되어 중요한 인적·물적 증거가 산일하게 되므로 이에 특히 주의하고 피해시설의 관리자와 적절히 협력하여 현장의 보존에 특히 주의하여야 한다.

② 보고를 받은 경찰서에서는 사건의 내용, 규모를 즉시 파악하는 동시에 긴급배치 필요시에는 이를 시행하고 현장에 구체적인 임무를 부여한 직원들을 급파하여야 한다. 현장에 도착한 책임 간부경찰관은 냉정·침착하게 행동하고 필요한 조치를 신속하게 취하여야 한다.

5. 현장수사 활동

(1) 현장지휘체제의 확립

① 현장지휘자는 수사요원과 필요한 기자재를 확보함과 아울러 해당수사요원을 탐문반, 관계자조사반, 현장검증반, 채증반, 연락반, 홍보반 등으로 나누어 적정한 임무를 부여하고 조직적인 수사를 전개하도록 조치하여야 한다.

② 사건발생시 전문지식의 결여를 보완하기 위하여 과학수사연구소의 전문가나 군의 폭발물 처리 담당자, 학식경험자에게 임장을 요청하되 현장이 복원되지 않은 상태에서 기술자의 판단을 요청하여야 한다. 그렇게 함으로서 화약의 종류나 수량 등의 개요를 알 수 있으므로 초기수사에 도움이 된다.

③ 폭파현장에서는 수사 활동 중 제2의 폭파사건이나 파괴현장의 도괴 등으로 인한 부상을 입는 사고가 일어나지 않도록 세심한 주의를 기울여야 한다.

(2) 피해자의 구호와 목격자, 참고인의 확보

① 최초로 현장에 도착한 경찰관의 임무는 타 구조요원들이 도착할 때 까지 피해자의 구호조치를 하여야 한다는 것이다. 사망자의 경우에는 신원 및 소지품을 확인하여 적당한 장소에 안치하고 촉탁의의 검안을 받아 변사체 처리절차에 준하여 처리하여야 한다. 신원불상자의 경우 지문을 채취하고 소지품이나 신체의 특이점을 이용하여 신원을 확인하고 사망자의 착의나 소지품을 임의제출 받아 폭파 잔류물에 대한 감정을 실시하여야 한다.

② 중상자 등 부상자에 대하여는 즉시 병원으로 후송하고 인적사항 및 후송병원에 대한 기록을 유지하고 생명에 위험이 있는 자에 대하여는 녹음기를 활용하여 진술을 확보하여야 한다.

③ 사건현장에 있었던 목격자, 참고인에 대해서는 전원을 확보하도록 노력하고 현장에서 바로 조사하는 것이 불가능 할 때에는 주소, 성명, 연락처 등을 확인하여 후일에 탐문을 할 수 있도록 하여야 한다.

(3) 피해자 목격자 등의 조사

① 폭파사건의 특질로서 방화사건 등과 같이 범인이 현장에서 사건의 추이를 관찰할 수도 있으며 또한 후일에 참고인의 확보를 위해서도 현장 및 부근에 모여든 사람들의 사진을 촬영해 두어야 한다.

② 인적사항이 확보된 피해자 참고인을 대상으로 하여 폭발이 어떠한 상태였는가, 즉 폭발의 충격도, 폭발음 냄새 연기의 색깔과 빛의 색깔, 광도 등에 대하여 상세히 청취하고, 피해자 등이 용의자가 될 수도 있으므로 가능한 한 소지품의 제시를 요구하고 휴대품의 검사를 실시하여 용의점의 해명에 노력하여야 한다. 사건당시 피해자 및 목격자의 위치를 확인하여 그림으로 표시하여 두는 것이 좋다.

(4) 현장보존

① 현장보존시에는 후속폭발이 있을 것에 대비하여 상황에 따라서는 주변 주민의 대피조치를 취하고 동시에 불필요하게 폭심 부근에 접근하지 말아야 한다. 현장보존의 범위는 폭발물이나 용기 등의 파편이 비산해 있을 폭심지 주변을 광범위하게(20미터~30미터정도, 비산물은 경우에 따라서는 50~100미터에 이르는 경우도 있으므로 출입금지 구역을 처음보다 넓히는 경우가 많다) 설정하고 철저히 출입을 금지시켜야 한다.

② 폭발물 등의 파편은 지상뿐만 아니라 옥상, 가로수, 정원, 하수구, 연못 등 여러 곳으로 비산함으로 입체적인 보존조치를 취하여야 한다.

(5) 감식활동

① **관계자로부터 사정 청취** : 피해자 목격자로부터 폭발시에 있었던 위치, 폭발음의 상황(음색, 음량, 횟수), 섬광의 유무 색조 및 밝기, 폭연의 유무, 색조 정도, 폭풍의 정도와 양, 폭발 전후의 특이사항을 청취하여야 한다.

② **현장관찰** : 현장관찰시에는 발생경과와 관련된 현장의 전체적인 관찰을 실시하고 폭발지점에 있어서는 폭심이 된 지점, 깔대기 모양의 구멍(누두공 - 폭발이 일어나 푹 파인 곳)의 발견과 그 형상의 측정, 현장의 건물・물건 등의 파괴상황, 폭발지점에서 주위의 전 방향에 대한 유리류 등의 파괴 파장 및 범위, 비산물(주위에서 중심으로 향하면서 비산지점을 명확히 하여 두어야 한다.) 파편(파편의 위치, 파편의 명중 또는 관통한 물건의 상황 등), 폭발물과 관계가 있다고 추정되는 것의 수색 및 그 상황, 유류품의 수색 및 유류 상황 등에 대하여 관찰을 실시하여야 한다.

③ **채취하여야 할 자료** : 현장에서는 끈, 포장지, 신문지 등의 파편, 용기류 파편, 폭발물관체(管體) 등의 파편, 폭발물의 조성물(고무・점토・셀로판테이프 등의 파편, 쇠구슬, 못류, 철편, 폭발물의 불연소 잔류물이라고 추정되는 약품과 같은 분말류 등), 기폭장치관계(시한장치의 부품 파편, 전기배선 관계의 파편, 연소한 도화선, 뇌관, 관체의 파편 등), 범인의 유류품이라고 인정되는 물건을 채취하여야 한다.

④ **전문가의 판단** : 과학수사연구소의 전문가나 학식경험자의 파견을 요청하여 화약의 종류, 약량, 기폭방법 등에 대한 전문적인 판단을 받아 두어야 한다.

⑤ **채취한 자료의 감정의뢰** : 채취한 자료 중 감정이 필요한 것은 감정의뢰 하여 과학적인 분석과 감정을 받아 두어야 한다.

6. 수사의 추진

폭발물은 범인이 현장에 남겨 놓은 귀중한 수사 자료이다. 즉, 사용된 화약, 약품류의 종류, 수량, 폭발물체의 재료, 기폭장치 및 그 부품, 포장물 등에서 범인의 직업, 연령, 지능의 정도를 추정할 수 있다. 또한 제조원, 판매경로, 구입자로 연결되는 수사를 진행하면 범인에 도달할 수 있다. 또한 미 폭발물에서는 지문과 같은 유력한 자료를 채증 할 수 있으며 안전하게 분해함으로서 수사도 용이하다. 그러나 폭발의 위험이 있기 때문에 폭발물 전문처리반에 의하여 처리한 후 채증을 하여야 한다.

(1) 화약류 등의 수사

현장검증 학식경험자의 감정에 의하여 범행에 사용된 것이 특정된 화약・약품류에 대해서는 다음과 같은 수사를 실시하고 용의자의 물색에 노력하여야 한다.

① 제조지의 확인, 품종 및 상품명의 특정

② 판매경로, 판매하는 상점, 구입 및 소비지의 확인

③ 도난, 양도 등의 유무

④ 판매관계자 및 소비관계자의 내사

(2) 기폭장치의 수사

기폭장치에는 뇌관 도화선 전지 라이터 시계 타임스위치 등이 이용되므로 폭파현장에서 채취한 파편을 모아 원형을 복원하여 물건을 확인하고, 또 파편을 메이커별로 전문기사에게 식별 조사하게 하여 개개의 물건에 대한 제조원을 확인한다. 그 다음 제조원에서 제조년월일 또는 기간, 제조량, 검사, 출고연월일, 판매경로, 범위 등을 수사하여 수사범위를 특정하고 단골상인을 경유한 소매상까지도 수사하여 구입자를 해명한다.

(3) 폭발물체의 수사

① 폭발물체로서 사용된 물건에 대해서도 그 제조원을 확인하고 판매경로. 판매지역. 소매상 등을 특정하여 구입자 등을 수사해 나가야 한다.

② 폭발물의 포장, 위장에는 신문지, 종이포대 등이 사용되는 경우가 많아 소지자를 특정하는 것이 곤란하지만 그 소재 또는 부착물의 분석에 의하여 입수범위를 한정할 수 있으며 다른 수사 자료와 종합적으로 검토함으로서 수사범위의 특정, 범인의 추정 등이 가능하므로 이러한 것에 대해서도 수사를 소홀히 하여서는 안 된다.

7. 폭파사건 발생시 임무분담

① **총괄반** : 경찰청, 시도 지방경찰청, 기타 관계기관과의 연락자료의 작성, 수사회의 주재, 수사서류의 정리・보관, 홍보, 수사요원의 장악, 각 수사반 조정

② **증거품반** : 수집증거품의 정리・보관, 증거의 분석・검토, 피해관계의 장악(피해자, 목격자 조사 포함)

③ **감수사반** : 사건발생 장소 및 부근 거주자, 혹은 범행 장소의 지리적 사정에 익숙한 자, 폭파 대상이 된 지역의 출입자, 친족 고용인 등 피해자 측과 관계가 있는 자의 탐문 등

④ **지연수사반** : 현장을 중심으로 한 지연, 행방에 대한 탐문

⑤ **폭발물수사반** : 유류품 및 해명된 기폭장치, 폭발물 및 폭발물의 용기 화약 등 제조자, 구입자 조사

⑥ **정보수사반** : 폭발물에 관한 전과자와 단체, 동기적으로 보아 적격성을 지닌 개인이나 단체에 관한 정보 수집 활동

⑦ **특명수사반** : 중요 특이한 사건의 내용으로 극비에 속하는 것, 기타 필요에 따라 수사주무관이 지시하는 특명수사를 수행

Ⅲ. 가스폭발사고 사건 수사

1. 수사방침

가스폭발사고의 경우는 과실범인 경우가 대부분이기 때문에, 고의범에 의한 폭파사건인 경우와는 수사방침도 달라진다. 그러나 사건발생시의 조치, 현장 활동요령, 감정의뢰 등에 대하여는 화약류에 의한 폭파사건, 사고의 수사요령에서 설명한 수사항목을 기본으로 하여 수사를 추진하여야 하며, 여기에서는 가스의 특성과 가스폭발사고에 특이한 수사기법에 대하여 살펴본다. 가스폭발사건 사고의 수사방침으로서는 다음 두 가지 점을 규명하여야 한다. ① 폭발원인은 무엇인가? ② 폭발을 초래한 원인의 경과에서 과실은 없는가? 또, 다음의 세 가지 점에 착안하여 사실관계를 상세히 조사·검토하여 사건처리에 임해야 한다.

① 언뜻 보아 과실이라 인정되는 사안 속에 고의 또는 미필적 고의가 숨겨져 있지 않는가?

② 과실이 인정된 경우 업무상 주의의무를 게을리 한 것인가, 중과실에 의한 것인가?

③ 업무상 과실이라 인정되는 경우 구체적인 주의의무는 무엇인가?

2. 고압가스

(1) 고압가스의 의의

고압가스는 일반적으로 압축가스와 액화가스의 두 가지를 지칭하는데 이것을 나누어 설명하면 다음과 같다.

① **압축가스** : 어떤 기체(가스)를 밀폐된 용기에 압력을 가하여 넣으면 용기중의 기체는 밖으로 나오려고 강한 힘으로 내부로부터 밀어내는 압력을 가지게 된다. 이것을 압축가스라 한다.

② **액화가스** : 어떤 기체에 일정한 정도 이상의 압력을 가하거나, 또는 압축된 기체를 일정한 온도 이하로 냉각하면 그 압축된 기체는 액체가 된다. 고압가스 중에서 이와 같이 액체 상태인 것을 액화가스라고 한다. 액화할 때의 압력이나 온도는 가스의 종류에 따라서 다르다.

(2) 폭발사고 수사에 필요한 LP가스 지식

① **LP가스** : 액화석유가스(Liquefied Petroleum Gas)의 약어로 LP가스는 프로판류(프로판, 프로피린)와 부탄류(부소, 이소부탄, 이소부티엔)의 혼합물로 프로판을 주성분으로 하는 것에서 보통 프로판 또는 프로판 가스라고 부르고 있다. LP가스는 무색·무취의 가스이나, 가정용 연료로 사용하는 LP가스는 위험 방지를 위하여 부취제로 메카탄이나 THP 등 마늘냄새 비슷한 물질을 첨가하고 있다. LP가스는 원래 상온에서는 기체이지만 운반이나 판매를 쉽게 하기 위하여 고압을 가하여 액화되어 있다. LP가스의 끓는점은 -42.7℃이므로 상온에서 기화하고, 용기내의 압력은 평균 8kg/cm이다. LP가스는 도시가스와

는 달리 일산화타소를 가지고 있지 않기 때문에 가스에 중독되는 일은 없다. 그러나 많이 마시면 산소결핍으로 질식되거나 마취되므로 주의하여야 한다. 비중은 공기에 비하여 1.5배~2배로 평온한 대기 중에서는 아래쪽으로 가라앉는 성질이 있다. 그러므로 LP가스의 누출로 가스가 체류하는 것을 알았을 때는 휘젓지 말고 방문을 조용히 열고 문밖으로 쓸어내면 폭발을 방지할 수 있다. LP가스의 열량은 도시가스의 1㎥중 5,000㎉에 비하여 극히 많아 1㎥중 평균 24,000㎉이다. 따라서 분출구가 큰 도시가스용 기구로 LP가스를 사용하면 열량이 큰 LP가스가 다량으로 분출되기 때문에 산소부족을 초래하고 불완전 연소를 일으켜 일산화탄소의 중독을 초래하는 원인이 되기도 하므로 주의하여야 한다.

② LP가스 폭발사고 수사요령

㉠ **원인규명의 수사** : 폭발사고의 수사에 있어서 먼저 폭심점을 상세히 관찰하고 피해상황을 파악한 다음 범위를 넓히면서 수사를 추진할 필요가 있다. 다음으로 가스의 누출장소를 발견하는 것인데, 가스기구의 고장 또는 가스관 꼭지에서의 고무관 탈락에 의하여 누출되는 예가 많으므로 주의하여야 한다. 다음은 누출된 가스에 착화된 원인을 밝힌다. 이 착화원으로는 담뱃불, 냉장고의 스윗치, 가스기구의 압전식 점화기 등이 있는데, LP가스는 비중이 무거워서 방의 하부로 가라앉는 성질이 있으므로 하부착화원을 중점적으로 수사하는 것이 요령이다.

㉡ **채증** : 옥외에 있는 LP가스 봄베는 가스가 다량으로 유출될 때 빼앗기는 기화열 때문에 잔류가스가 급격히 냉각되어 봄베 외벽에 상상결빙이 생긴다. 외부 기온이 높을 때에도 이 상태가 되므로 신속하게 사진 촬영을 하여 증거를 보존하여야 한다. 현장에서 압수하여야 할 물건은 가스기구, 압력조정기, 가스공급꼭지, 고무관, 봄베 등인데, 원인이 분명한 경우에는 필요한 최소한도의 압수라도 무방하다. 또한 벨브나 코크의 개폐상태는 사건을 좌우하는 것이므로 확실히 채증 하여 두어야 한다.

(3) 폭발사고 수사에 필요한 도시가스 지식

① 도시가스의 종류와 성질

㉠ **천연가스** : 액화천연가스(LNG : Liquefied Natural Gas)는 외국에서 수입하여 공장에서 가스화하여 제조가스에 혼입 또는 직접 공급한다. 주성분은 메탄이지만 그 외에 에탄이나 프로판을 혼입하여 공급하고 있으며 공기에 대한 비중은 0.66으로 공기보다 가벼워 위로 확산되는 성질이 있다.

㉡ **제조가스** : 석탄, 기름, 나프타(조성 가솔린), 천연가스, 프로판 등을 원료로 하여 제조된 각종 가스를 혼입하여 1㎥당 5,000㎉의 열량으로 조성한 가스를 말한다. 제조가스의 공기에 대한 비중은 0.58이고 천연가스와 마찬가지로 위로 확산되는 성질이 있으므로 밀폐된 장소이외에는 폭발사고가 없을 것이라고 생각하여도 무방하다.

② 도시가스 사고의 양상

㉠ 도시가스에 의하여 발생하는 사고는 가스 중독사고와 폭발사고의 두 가지이다. 도시가스 가운데 제조가스는 일산화탄소가 함유되어 있으므로 이것을 마시면 혈액속의 헤모글로빈과 일산화

탄소가 결합하여 중독사하는 경우가 있다. 천연가스는 일산화탄소를 전혀 함유하고 있지 않으므로 가스중독을 일으킬 염려는 없으나, 산소결핍으로 질식할 염려가 있으므로 제조가스와 같은 주의가 필요하다.

㉡ 폭발사고는 꼭지 조작의 실수, 가스기구의 고장, 고무관의 탈락 · 균열 등에 의하여 가스가 누출되어 어떠한 화원에 인화되어 발생하는 것이므로 가스누출을 막으려고 노력하면 사고를 예방할 수 있다.

③ **수사상의 착안점** : 도시가스의 비중은 공기보다 낮기 때문에 실내의 윗부분에 체류하고 착화원도 높은 곳에 있을 경우가 많으므로 수사에 있어서 이점에 착안하여 실시한다. 또한 사고 발생시에는 다음과 같은 규제법령을 참고하여야 한다.

㉠ 도시가스업법, 동법 시행령 및 시행규칙

㉡ 고압가스안전관리법, 동법 시행령 및 시행규칙

㉢ 산업안전보건법, 동법 시행령 및 시행규칙

3. 사건의 수리와 현장수사 활동

사건발생시의 조치, 현장활동 요령, 감정의 의뢰 등에 대해서는 폭파사건과 동일함으로 이를 참고하여 시행하면 된다.

4. 관계자의 조사요령

① **고압가스 등 시설결함의 유무** : 당해 행정감독관서의 직원으로부터 사정청취, 소방서 직원의 과거에 있어서의 창고 · 저장소 등의 출입검사 상황, 관할 경찰서의 과거에 일어난 사고의 취급조사 사항, 시설의 불비 · 결함 유무에 대하여 전문지식을 가진 자로부터 사정청취를 하여야 한다.

② **취급관계책임자 및 위험물 취급자 등의 조사** : 이들에 대하여는 위험물의 성질에 대한 인식의 정도, 위험물 저장 취급허가 등의 검토, 취급관계자 등의 유무와 일상점검 상황, 위험물 등 취급책임자의 면허 등을 확인하여야 한다.

③ **제조장치 · 작업공정 등의 결함 유무** : 제조장치계획자, 최초 사고 발견자, 업무분장과 감독상황, 작업종사원에 대하여는 기술상의 기준위반 및 조작에 잘못은 없었는지 등의 여부, 사고발생시의 숙직원 · 수위 · 기계기구 상황의 조사와 고장유무, 기타 기술상의 기준을 준수하고 있었는지의 여부 등에 대하여 조사하여야 한다.

④ **회사관계자에 대한 조사** : 회사관계자를 상대로 하여 회사의 설립 · 등기관계와 직원의 성명, 주소, 회사의 업무내용, 회사의 채권, 채무, 거래관계, 회사의 전표, 장부 등의 압수, 위험물의 종류와 보관상태, 위험물의 재고현황, 회사의 손해관계 등을 조사하여야 한다.

5. 폭발원인으로 생각되는 상황

① 제조장비의 불완전. 결함으로 인한 것인가의 여부(지하배관의 부식, 균열 등)

② 운반, 취급에 대한 과실의 유무(취급기술상의 기준위반에 대한 검토)

③ 저장량의 부적절로 인한 것인가의 여부

④ 마찰 충격 등으로 인한 것인가의 여부(도로보수공사 등으로 인한 것도 포함)

⑤ 공장 내에 고열잔사(불씨)의 처리의 불완전으로 인한 것인가의 여부

⑥ 낙뢰 전기 화기사용 등의 화원이 있었는가 여부(정전기 작용의 경우도 검토)

⑦ 자연발화에 의한 것인가의 여부

Ⅳ. 관계법령

① **형법관계** : 과실치상 또는 과실치사죄(형법 제266조, 제267조), 업무상과실. 중과실치상죄(제268조), 폭발성물건파열죄(제172조 제1항), 폭발성물건파열치사상죄(제172조 제2항), 업무상실화・중실화죄(제171조), 가스.전기등공급방해죄(제173조)

② **총포 도검 화약류 등 단속법 관계** : 총포·도검 화약류등단속법, 동 시행령, 시행규칙, 사무취급규정

③ **소방법 관계** : 소방법, 동 시행령, 시행규칙

④ **고압가스안전관리법 관계** : 고압가스안전관리법 동 시행령, 시행규칙, 액화석유가스의안전및사업관리법 동 시행령

⑤ 산업안전보건법, 동 시행령・시행규칙

제3절 마약류사범 수사

Ⅰ. 서설

1. 의의

① 마약류라 함은 중추신경계에 작용하는 약물로서 장기복용하면 의존성 및 중독성을 나타내는 물질로 양귀비와 코카 엽에 함유되어 있는 몰핀과 코데인, 헤로인, 코카인 성분과 그 합성품을 일컫는 마약과 대마 엽, 속칭 "대마초"와 대마수지를 원료로 하는 대마와 LSD<환각제>, 메스암페타민<속칭 필로폰>과 같은 향정신성 의약품 등을 통칭하는 것이다. 이것을 남용하게 되면 기억력 감퇴와 판단력 상실, 정신분열, 식욕감퇴로 인한 신체 허약증세로 각종 합병증은 물론 불결한 투약 방법으로 B형 간염, AIDS 등에 감염될 뿐 아니라 마약류의 계속적인 공급을 위해 재산을 탕진하고 가정을 버리게 되며 절도와 매춘 등 각종 범죄를 유발하는 문제를 일으킨다.

② 일시적인 쾌락으로 호기심 그리고 현실도피 등 목적으로 처음에 조금씩 사용한다. 결국 짧은 시간에 스쳐 가는 그 맛에 대한 유혹을 떨쳐 버리지 못하여 중독이라는 늪에 빠지게 되는 것을 말한다.

2. 마약류가 개인 및 사회에 미치는 영향

(1) 개인에 미치는 영향

마약류 남용이 개인의 신체적・정신적 기능에 미치는 영향은 각기 마약류에 따라 다를 수 있으나 크게 부작용과 의존성이다. 청소년층 특히 학생의 경우는 기억력 감퇴로 인한 학습능력 저하, 결단력 결여에 따른 정서적 불안 등 장년층은 일의 능력 감소, 판단장애 등이 문제 됨. 특히, B형 간염이나 에이즈(AIDS)전염 등이 높게 나타난다.

(2) 범죄와의 관계

마약류 범죄의 특성은 철저한 점조직성, 제작 장소의 은밀성, 접선장소의 치밀성, 악질 흉포성, 재범, 누범의 증가, 범죄루트의 광역화, 조직의 국제화 경향이 있으며, 마약류 불법사용자의 경우 그 자체가 범죄행위일 뿐만 아니라 그로 인한 비정상적인 정신상태가 제2, 제3의 범죄를 저지르고, 마약류 확보를 위한 비용은 비정상적인 방법 즉, 강도, 절도와 같은 범죄행위를 통하여 충당하는 사례가 있어 타 범죄에 대한 원인제공과 연계성이 있다.

(3) 사회경제에 미치는 영향

마약류 남용이 사회경제에 미치는 영향은 마약류 남용자의 숫자나 정도 또는 이와 연계된 범죄조직의 규모 등에 따라 다를 수 있으나, 공통적으로 건강사회의 장애, 가정의 파괴, 실업, 인력의 손실, 이들의 예방이나 치료를 위한 사회보장비용의 지출 등 경제전반에 직・간접적인 영향을 미치게 된다.

Ⅱ. 마약류의 특성

마약류의 주된 효과는 인체의 중추신경계를 흥분 또는 억제하여 고통을 저하시키거나 수면을 유도하여 신체활동을 경감시킴으로써 황홀감을 느낄 수 있으나, 메스꺼움, 구토, 동공수축, 호흡장애 등의 역작용을 일으키고 과량 복용 시는 과민성 형태의 쇼크나 호흡억제에 따른 호흡정지로 사망할 수도 있으며, 약효에 대한 내성과 금단증상, 의존성이 있다.

1. 내성(耐性)

마약류를 계속 복용하면 인체 내에 저항력이 생겨 약효가 감소, 동일한 효과를 얻기 위해서는 약물 복용량을 점차 증가시키는 것을 말한다. 내성의 정도는 마약의 종류에 따라 다르며, 특히 헤로인, 몰핀 등이 높은 내성을 가진 마약이다. (예 : 몰핀의 경우 100mg으로도 사망하게 되지만, 중독자는 1일 최대 500mg을 투여해도 생존할 수 있다고 한다.)

2. 금단증상(禁斷症狀)

마약류 중독자가 복용하던 마약류를 감량하거나 중단하게 되면 신체적으로 인내하기 힘든 특이한 증상을 나타내는데 이러한 증상을 금단증상이라고 한다. 금단증상은 약물의 종류, 복용기간, 복용량과 비례하여 상이하게 나타나며, 마약복용 중단 후 수 시간 후부터 시작하여 1~2일 후에 최고조에 달하게 되며, 주증상은 몹시 안절부절 해지는 극심한 불안과 초기에는 하품, 콧물, 눈물과 열이 나고 잠을 이루지 못하며, 동공의 수축·확장이 나타나며 전신에 소름이 돋고 통증을 호소하기도 한다. 이러한 금단증상은 마약류를 다시 투여하면 즉시 사라진다.

3. 의존성(依存性)

마약류 복용은 현실도피, 갈등, 소외감 등 복잡한 사회현상에 따른 일시적인 심리적 안정이나 쾌감을 얻기 위하여 마약류를 사용하게 되는데, 마약류의 효과에 정신적·신체적으로 의존할 경우 과거에 경험했던 평온함과 도취감을 갖기를 계속 갈망하게 되어 마약류를 다시 탐닉하게 되는데 이러한 현상을 의존성이라 한다.

4. 재발현상

마약류의 복용을 중단한 뒤에도 부정기적으로 과거의 마약류를 복용했을 당시의 환각상태가 재현되는 형상이다. 환각제 남용자에게 주로 볼 수 있는데 마약류를 끊기 힘든 이유 중의 하나가 바로 이런 재발현상 때문이다.

Ⅲ. 마약류의 종류

1. 법률에 의한 분류

일반인이 흔히 마약이라고 통칭하는 것을 「마약류 관리에 관한 법률」에서는 "마약, 향정신성의약품,

대마"로 구분한다.

① **마약**(동법 제2조 제2호)

㉠ 앵속, 아편, 코카엽

㉡ 그에서 추출되는 알카로이드(코카인, 헤로인 등 34종)

㉢ 이들과 유사한 위험을 지닌 화학적 합성품(메사돈 등 74종)

② **향정신성의약품**(동법 제2조 제3호) : 중추신경에 작용하여 정신상태에 영향을 주는 것으로써 오남용시 환각, 각성 및 습관성, 중독성을 일으키는 물질로 그 강도에 따라 5개 등급(가목 ~ 마목)으로 분류

㉠ 가목 : 의학용으로 사용하지 않으며 안전성이 결여되고 의존성이 큰 물질(LSD, 싸이로신 등 26종)

㉡ 나목 : 제한적으로 의료용에 사용(메스암페타민, MDMA 등 26종)

㉢ 다목 : 오남용 우려가 상대적으로 적음(비르비탈 등 60종)

㉣ 라목 : 펜플루라민 등 67종

㉤ 마목 : 위 가목부터 라목까지의 혼합물질(제재)등

③ **대마**(동법 제2조 제4호)

㉠ 대마초와 그 수지 및 이들을 원료로 하여 제조된 것

㉡ 다만, 대마의 종자, 뿌리 및 성숙한 대마초의 줄기와 그 제품은 제외

2. 효능에 의한 분류

모든 마약류는 인체에 미치는 효능에 따라 억제제(depressants), 각성제(stimulants), 환각제(hallucinogens)로 분류하며 먹거나, 마시거나, 주사하거나, 냄새를 흡입하거나, 흡연하거나, 코로 가루를 들여 마시는 방법 등으로 사용한다.

① **억제제**(진정제)

㉠ 중추신경계에 작용하여 호흡, 혈압, 심장박동과 세포의 신진대사와 같은 활동을 억제하는 물질로 헤로인 등 아편계열의 마약과 마약으로는 분류되지는 않았지만 알코올 등이 이에 해당

㉡ 정신적 스트레스와 불안을 해소하지만 계속 사용하면 의존성과 금단현상이 발생

② **각성제**(흥분제)

㉠ 억제제와 반대로 중추신경계에 작용하여 인체를 보다 활력 있게 해주는 물질로 메스암페타민, 코카인 및 일부 살 빼는 약 등이 이에 해당

㉡ 맥박이 빨라지고 혈압상승, 동공확장, 공격적, 극도의 불안, 정신병자 행태를 보이기도 함

③ **환각제**

㉠ 현실의 왜곡 같은 정신상태나 기분에 급격한 변화를 일으키는 약물로 LSD, 대마초 등이 해당

㉡ 감각이 왜곡되어 환상을 보거나 극도의 행복과 불행의 교차를 느끼거나 망상, 불안 등을 유발

3. 생성원에 의한 분류

① 마약류는 본래 천연물질로부터 추출되었으나 연구과정에서 우연히 발견되기도 하고 치료용으로 합

성 개발된 경우도 있다.

② 천연마약류는 주로 양귀비, 코카나무, 대마초 등 식물에서 얻어지며 아편, 헤로인, 몰핀, 코데인, 테바인, 코카인, 대마수지, 대마오일 등이 여기에 해당한다.

③ 아편에 함유된 화합물을 변형시켜 합성한 반합성 마약에는 헤로인, 하이드로 몰폰, 옥시코돈, 에톨핀 등이 있다.

④ 합성마약류는 순전히 화학물질만을 합성하여 만든 것으로 메스암페타민, MDMA, 메사돈, 페치딘, 몰페리딘, 프로페리딘 등이 있다.

4. 마약류 계통도 및 주요 마약류

(1) 계통도

(가) 아편계 마약

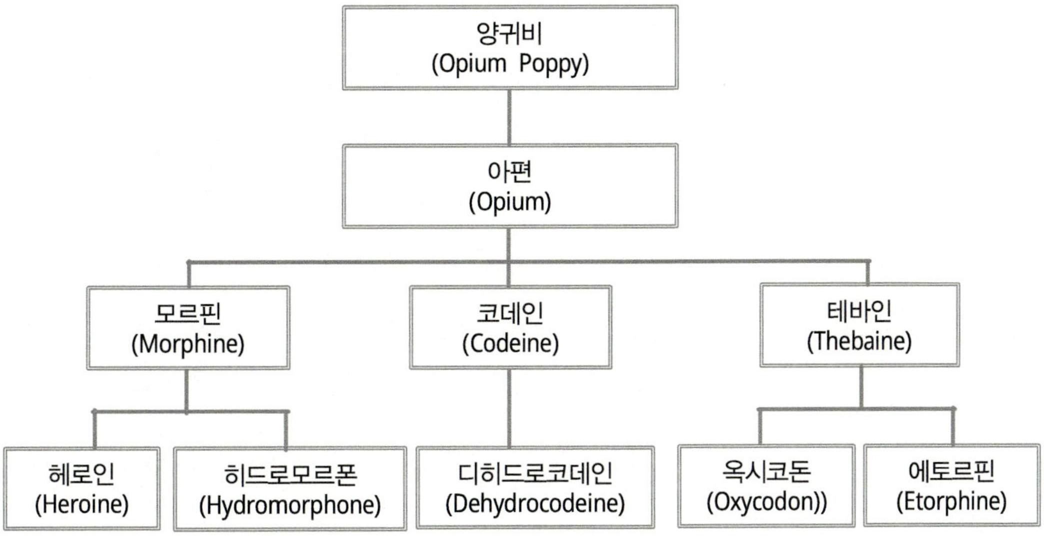

〈양귀비〉

〈양귀비 수액 채취 모습〉

(나) 코카계 마약

- 코카엽 (Coca Leaf)
  - 코카인 (Cocaine)
  - 크랙 (Crack)

〈코카엽〉

(다) 향정신성의약품

- 향정신성의약품
  - 환각제 (Hallucinogens)
    - · LSD
    - · 페이요티
    - · 메스칼린
    - · 실로싸이빈
    - · PCP
    - · MDMA
    - · 케타민
  - 각성제 (Stimulants)
    - · 암페타민
    - · 메스암페타민
  - 진정제 (Depressants)
    - · 바르비탈류
    - · GHB
    - · 메타콰론
    - · 벤조디아제핀
    - · 메프로바메이트

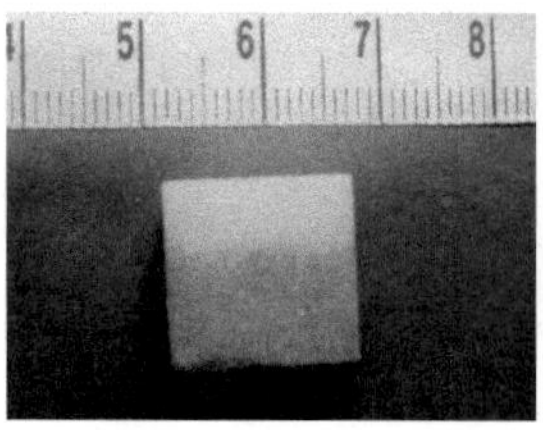

LSD

메스암페타민

MDMA

(라) 대마

대마
(Cannabis)

- 대마초 (Marijuana)
- 해시시 (Hashish)
- 해시시 오일 (Hashish oil)

〈대마초〉

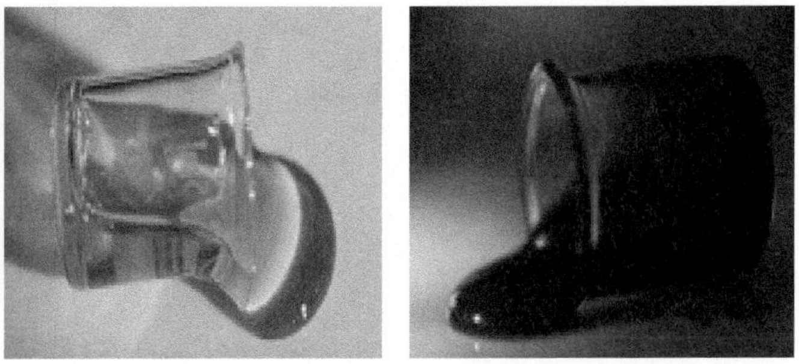

〈대마 오일〉

(2) 주요 마약류 개관

(가) 아편(opium)

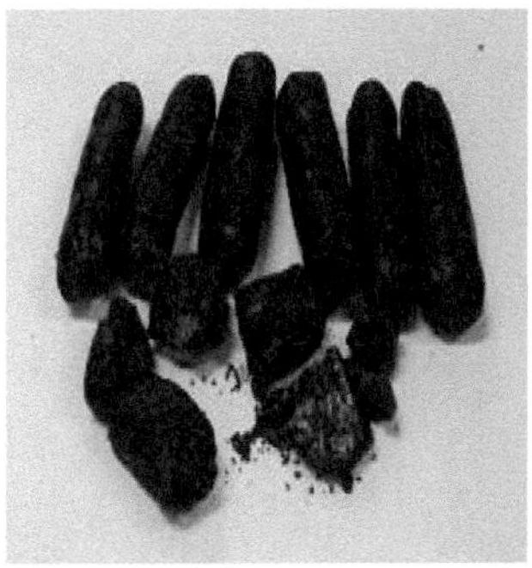

① 양귀비 열매에서 추출한 汁液을 굳힌 것 또는 이것을 가공한 것으로 생아편, 아편말, 흡연용 아편으로 분류

㉠ **생아편** : 덜 익은 양귀비 열매에 상처를 내어 유출되는 乳液을 채집하여 건조시켜 덩어리로 만든 것

㉡ **아편말** : 생아편을 가루로 하여 모르핀 함유량을 10%로 조절한 것으로 의약용 아편으로 사용

㉢ **흡연용** : 생아편을 물에 녹여 不溶分을 제거한 후 증발 농축하여 液狀으로 만든 것(불로 발연 흡연)

② **주요 생산지** : 인도, 터키, 유고, 파키스탄 등이 주생산지이고 전세계 생산량은 1,000톤으로 추산

③ **특징**

㉠ 중추신경을 마비시키고 진정, 진통, 鎮痙, 진해, 지사, 최면제 및 마취보조제로 사용

㉡ 만성중독시 오심, 구토, 두통, 현기증, 변비, 피부병, 배뇨장애, 호흡억제 등의 부작용 유발

(나) 모르핀

① 아편에 함유되어 있는 알카로이드로서 양질의 아편에는 9~14%의 모르핀 무수물이 함유

② 1803년 독일의 제르튀르너가 아편에서 분리하는데 성공

③ 백색의 침상 또는 결정성 분말이며 광선을 받으면 황색으로 변하기 때문에 밀폐용기에 보존

④ 특징

㉠ 무취, 쓴맛, 말기암 환자 통증완화

㉡ 식욕감퇴로 영양실조에 빠짐. 투약중단 후 12~16시간 후 금단현상 발생하고 48~72시간에 절정에 달해 심한 흥분, 동공확대, 고열, 두통, 파격적이고 공격적인 행동을 보임

(다) 헤로인

① 무수초산을 모르핀에 첨가하고 가열하면 모르핀의 아세틸화합물인 디아세틸모르핀 생성(반합성 마약)

㉠ 백색분말, 물이나 알코올에 쉽게 용해되고 쓴맛

㉡ 주생산지는 태국, 라오스, 미얀마 접경 산악지대(골든 트라이앵글, 쿤사왕국)

② 마취제, 진통제, 진해제로 호흡기능을 강하게 마비시킴. 모르핀의 3~4배 효과를 내며 의존성, 금단현상 초래

③ 약효는 4~6시간 지속. 일반적으로 모르핀과 유사한 특징

④ 모르핀의 10배정도 강한 효과가 있고, 금단증상이 매우 강한 반합성마약이다.

⑤ 1874. 영국의 화학자 C. R. A. Wright가 호흡기계통 안정제로 만들었고 독일 바이엘사에서 헤로인이라는 상표로 판매하였다.

(라) 코카인

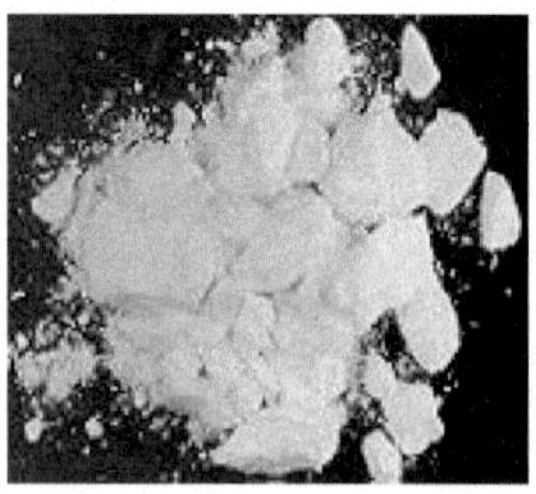

① 코카 잎에서 추출한 알카로이드

㉠ 안데스산맥에 많이 자생하며 페루, 볼리비아, 콜롬비아, 인도네시아, 스리랑카, 대만 등에서 재배

㉡ 전세계에서 가장 문제가 되고 있는 마약이며 미국에서 최대 남용

② 특징

㉠ 통증과 미각을 마비, 국부마취제로 사용

㉡ 코를 통해 흡입

㉢ 우울증, 불안감, 수면장애, 만성피로, 정신혼란 등 부작용 초래

(마) 크랙

① 코카인에 베이킹 파우다를 섞어 단단하게 하여 담배형태로 피울 수 있게 만든 것

② 가격이 저렴하여 흑인들이 애용. 효과도 코카인보다 더 강력하고 가격도 저렴

(바) 메스암페타민

① 일명 히로뽕 또는 필로폰이라 불리며 대표적인 각성제로 중추신경을 자극, 냄새가 없고 무색 또는 백색 결정성 분말

㉠ 마황에서 에페드린을 추출하는 과정에 발견(일본 동경대 나가이 교수, 1893년)

㉡ 1941년 대일본제약주식회사가 philopon 이라는 상품명으로 판매

② 초기에는 졸음을 쫓고 피로를 없애주는 각성제로 인식되어 신문광고

③ 전쟁 중에는 군인 및 군수공장 노동자 등에게 복용

④ 한때는 대만에서 원료공급, 한국에서 생산, 일본에서 사용하여 white-triangle이라고도 불렸음

(사) LSD

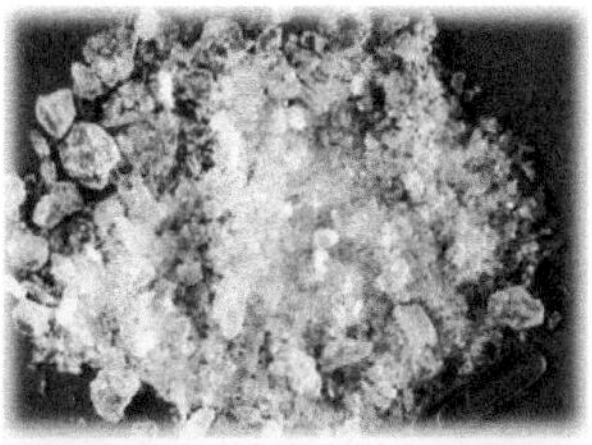

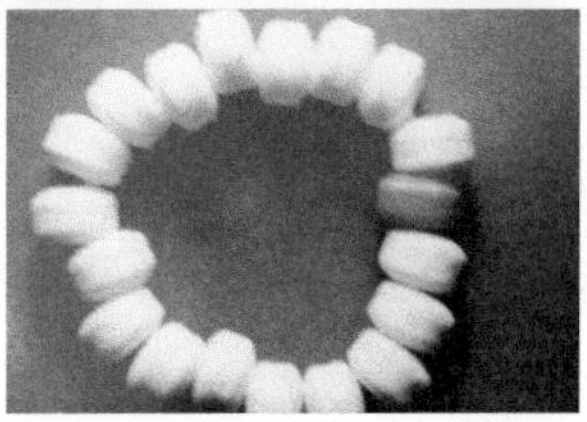

① 중추신경 흥분제로 무미, 무취, 무색으로 강한 흥분성을 지님

② 곡물의 곰팡이, 보리 맥각 등에서 발견되어 이를 분리, 가공, 합성화하여 얻음

③ 특징

㉠ 의존성, 내성, 금단현상이 가장 강한 것으로 캡슐 정제나 스티커에 흡착 하여 사용

㉡ 미량으로 사용 1온스(28그램)로 30만명이 복용 가능

㉢ 동공이완, 안면홍조, 심박증가, 오한, 수전증, 경련, 피로, 안면근육 변화, 일반적 능력 상실, 8 ~ 12시간 지속

(아) MDMA

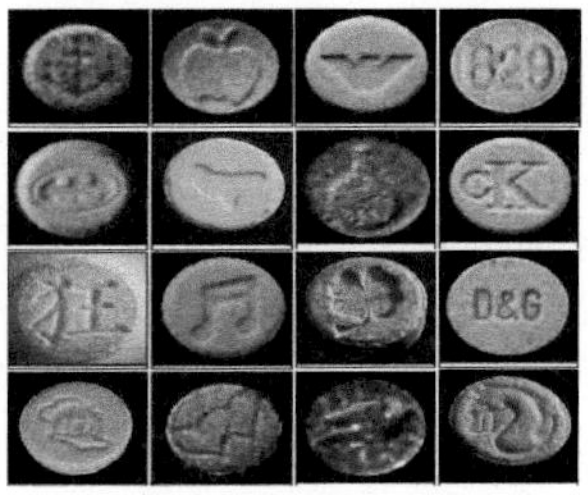

① 일명 "엑스터시", "도리도리"

② 섭취 후 30분 이내 효과발생, 4~6시간 지속

③ 특징

㉠ 신체적 증상 : 혈압상승, 체온상승, 안절부절, 메스꺼움, 구강건조, 근육긴장, 동공확장, 심박증가

㉡ 정신적 증상 : 긴장풀림, 도취감, 혼수상태, 의식상실, 정신착란, 방어자세 감소, 무사안일 인식증가, 시각능력 문제발생

㉢ 정신적 증상들은 짧은 기간이고 약을 끊으면 사라짐

(자) 대마초

① 일명 " 마리화나", "캔나비스", 대마초 중 약1%의 THC(Tetra-hydro- canabinol) 성분 함유

② 주요생산국 : 러시아, 인도, 루마니아, 중국, 헝가리, 폴란드 등

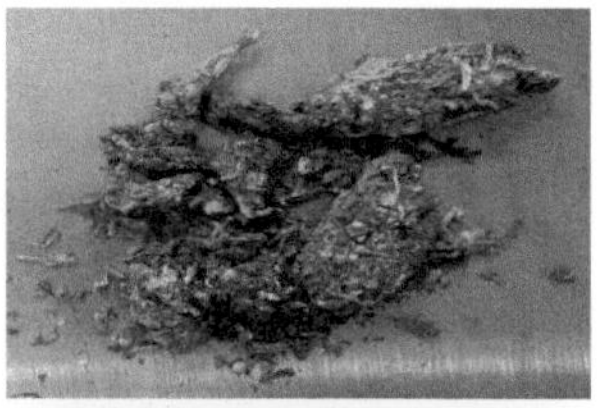

(카) 해쉬쉬

① 대마의 꽃대 부분에서 얻은 수지(樹脂)를 채취하여 제조한 것

㉠ 여러 가지 모형으로 성형

㉡ 엷은 갈색, 초록색, 검정색 등

㉢ 파키스탄, 아프가니스탄, 레바논, 모로코 등이 주산지

② 대마초 보다 THC를 3~4배 함유, 효과가 강하고 비쌈

(3) 최근의 신종마약

(가) 메타콸론(Methaqualone)

강력한 진정제로서 Lude, Qualude, Mandrax 등의 상표명으로 알려져 있으며 타블렛 또는 분말상으로 거래된다. '06.11 우편으로 반입되는 것을 여러 차례 적발하였다. 녹차봉지 속에 캡슐형태로 넣어 오고 있으며 대부분 단순한 수면제로 오인하고 있어 '06. 11.30 언론을 통하여 대국민 주의보를 발령한 바 있다.

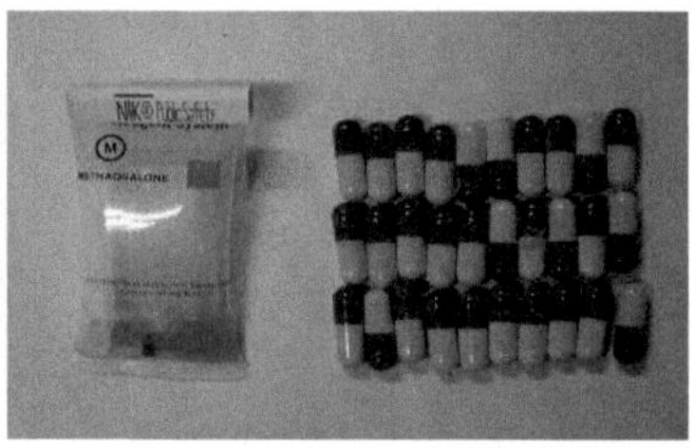

(나) 케타민(Ketamine)

① 1962년 미국에서 처음으로 개발되었으며 가장 잘 알려진 동물용 마취제 중 하나이다. 마취효과가 떨어지면 환각현상을 유발시킨다.

② 케타민 복용시 일반적으로 혈압상승, 발한증, 전율, 무력감, 고통감각 둔화, 구역질, 심장박동수 증가, 체온상승, 호흡기능 저하 등의 신체적 증상이 나타나며 과다 복용시 자신이 죽은 시체를 떠나는 것 같은 무섭고 불쾌한 상태를 경험(K-hole)하게 된다.

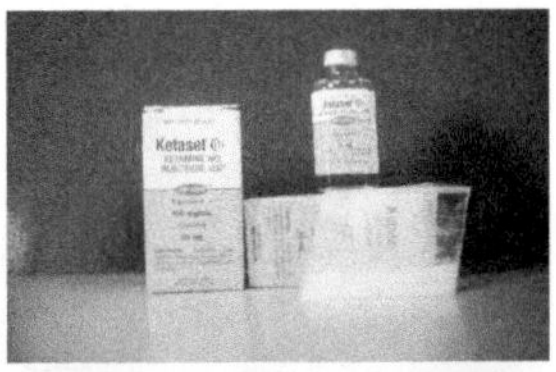

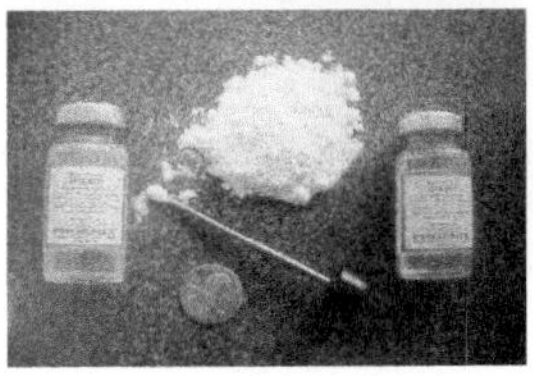

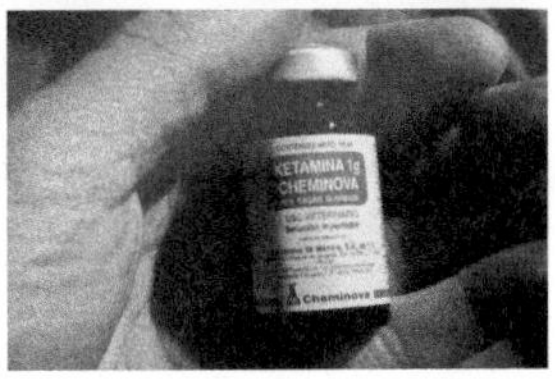

(다) 싸이로시빈 버섯(Psilocybin mushroom)

멕시코 등지에서 자생하는 버섯으로 환각성분을 함유하고 있다. 싸이로시빈 버섯은 싸이로시빈과 싸이로신을 함유하고 있으며 싸이로신이 환각효과의 원인이다. 효과는 LSD와 유사하지만 그에는 크게 미치지 못한다. 심각한 불안, 공포, 방향성 상실, 감정변화, 환상과 실제를 구분하지 못하게 된다.

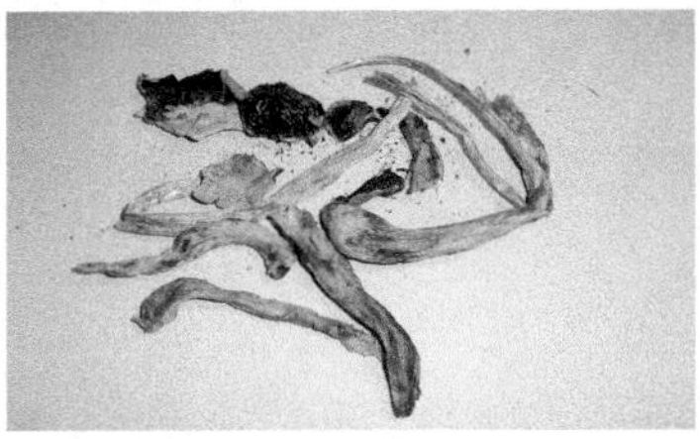

싸이로신 성분이 함유된 마약버섯

버섯 조각을 붙여서 확대한 모습

(라) 2CB

마약류 관리에 관한 법률 제2조 제4호 나목(메스암페타민과 같은 목)에 해당하는 향정신성의약품으로 1회 사용량은 통상 10㎎이며, 엑스터시처럼 환각 및 Entactogen(각성제와 환각제 양 자의 효과)이라는 효과를 일으키며 엑스터시 혹은 LSD로도 판매한다.

(마) 대마 쿠키

둥근 과자 형태로 먹을 수 있게 만든 대마제품이다.

(바) 대마 버더

① BudderKing이라는 캐나다인이 최초 제조한 대마제품으로, 환각을 유발하는 물질인 THC(tetrahydrocannabinol)가 평균 3% 함유되어 있는 일반 대마보다 수십 배 들어 있다. 용제 추출(solvent-extract) 방식으로 제조되고, 28g의 대마초로 3g의 Budder 제조가능하다.

② 일상적인 방식으로 흡연하거나 특별 흡연장치를 사용하기도 하고 열을 가한 금속 위에 놓고 흡연하기도 하며, 1g의 Budder로 40회가 사용 가능하다.

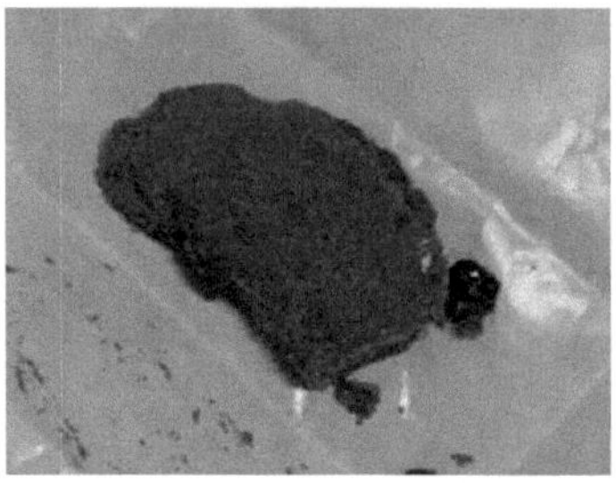

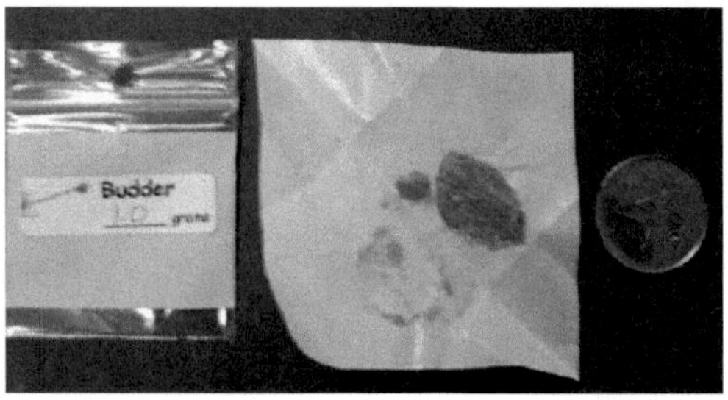

(사) 야바(YABA)

① 야바의 성분은 메스암페타민("히로뽕" 또는 "필로폰"으로도 불림)과 카페인이고, 태국말로 "Crazy Drug"라는 의미이며, 주로 태국과 미얀마 등 동남아시아 지역에서 생산되어 중국 등지로 밀수되고 있다.

② 태국에서 남용되는 야바는 주로 정제형 알약으로 "WY"나 "99" 등의 로고가 새겨져 있고 색깔은 오렌지색이나 녹색을 띤다[7].

③ 태국 내 한 연구소에 따르면[8] 야바 360개를 검사한 결과 266개(73.9%)에서 메스암페타민 20.4mg, 카페인 51.0mg이 검출되었다고 하

7) Source: 1. Eastern Horizons, March 2004, UNODC Regional Centre for East Asia and the pacific, 2. Methamphetamine: The Current Threat in East Asia and the Pacific Rim, September 2003, DEA.

8) Institute of Health Research of Chulalongkom University, Thailand

며, 중량 43.2~138.2mg, 직경 5.5~7.4mm, 두께 1.8~3.5mm라고 한다.

④ 한편, 중국에서도 내 미얀마를 주생산지로 하는 "麻谷"라는 신종마약이 중국 전역에서 사용되고 있으며, 특히 곤명, 심천, 장춘, 심양, 연길 등 동북3성(요령성, 길림성, 흑룡강성)에서 많이 남용되고 있는데, 야바와 동일한 마약류로 추정된다.

(아) 상주청 (常駐靑)

① 2001년에 부산여객터미널, 서울국제우체국 등에서 중국으로부터 밀반입하려던 새로운 형태의 "살 빼는 약"류의 마약인 상주청이 적발되었다.

② 동 마약은 흑회색 분말이 든 적색/흑색 또는 적색/황색의 캡슐로 "칠선감비교환"으로도 불리며, 중량은 1캡슐당 약 0.2그램으로 국립과학수사연구소의 분석결과 동 알약에서 펜플루라민[9] 양성반응이 나타났다.

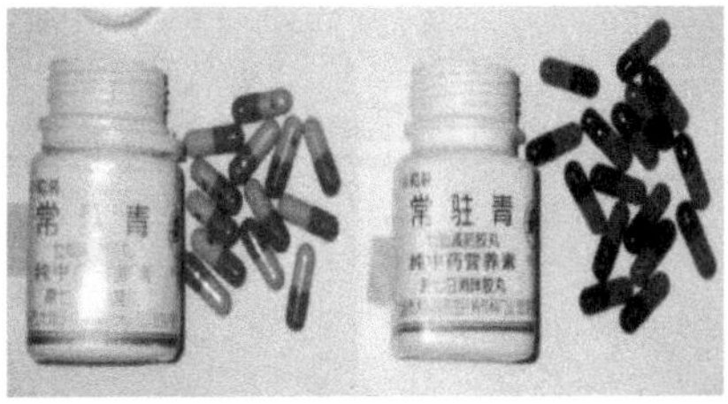

중국에서 밀반입하려다 세관에 적발된 常駐靑

(자) Party 마약 GHB

① GHB(Gamma Hydroxybutyrate)는 원래 마취제로 개발되었으나 부작용으로 인하여 사용이 중단되었으며, 불면증이나 알코올중독증 및 다이어트용으로도 사용되었다.

② GHB는 캡슐이나 분말형의 백색이나 모래색깔을 띠나, 통상은 무색 무취로 약간 짠맛이 나는 액체이며 다른 용매에 잘 녹으며, 최근에는 푸른색을 띠는 액체 형태도 있다.

③ 미량으로도 알코올중독 증상을 나타내며 긴장완화, 친밀감 또는 현기증을 유발하고, 다량 복용시 진정작용, 구역질, 경련이나 뒤틀림 증상이 나타나며, 혼수나 호흡장애를 유발하는 수도 있다.

(카) 디아제팜 (Diazepam)

① T-Quil, Valrelease, Valium 등으로도 불리는 Diazepam은 benzodiazepine계 물질로 단기적인 정신신경안정제나 금주에 따른 금단현상, 간질 또는 근육경련의 치료에 사용된다.

② Diazepam의 사용에 따른 가장 큰 부작용은 졸음, 피로, 운동실조 등이며, 때로는 근육경련, 수면부족, 감정격화, 정신착란, 언어장애, 시각이상 등의 증상을 유발할 수도 있고, 특히 장기간 과다 투여시 중독(의존)성이 있는데, 단지 2주간의 투여로도 의존성을 유발할 수 있다고 한다.

(차) 옥시코돈 (Oxycodone)

① 미국 DEA에 따르면 Oxycodone은 통상 "OxyContin"이라는 상표명으로 판매되며 널리 남용되는데, 헤로인을 대체하는 효능을 가지고 있어 "가난한 자들의 헤로인(Poor man's heroin)"이라고 불리고 있다고 한다.[10]

9) 펜플루라민(fenfluramine)은 비만증 치료에 사용되는 식욕억제제로 암페타민과 같은 약리작용이 있는 향정신성 마약류임

10) Endocet, Oxycet, Oxycocet(캐나다), Percocet, Percocet-Demi(캐나다), Percocet-5(캐나다), Roxicet, Roxilox, Tylox 등의 상표명으로 거래 (화학식: C8H9NO2)

② OxyContin은 아편 성분의 하나인 “oxycodon hydrochloride 성분을 함유하는 약품의 상표명으로, 동 약품은 척수, 뇌 또는 조직에 직접 작용하여 고통을 덜어 주는 작용을 한다고 한다.

③ Oxycodone은 아편에 함유된 알카로이드의 일종인 “Thebaine”을 가공하여 제조한다고 하며, 높은 중독성을 가지는 Oxycodone은 부상, 탁구, 골절, 신경통, 관절염 또는 통증에 사용되는 진통제로 처방되는 약물이며, 수술이나 출산 후 진통제로도 사용되고 있다.

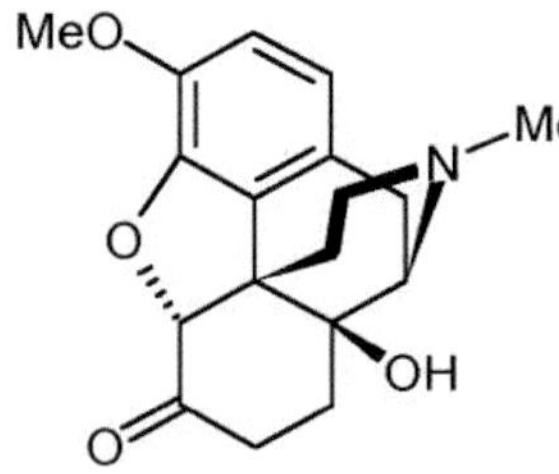

Oxycodone 분자구조

④ 관세청은 2007년 2월 국제우편을 이용하여 미국으로부터 밀반입된 옥시코돈 6.5정을 적발한바 있다. 우리나라에서는 마약류관리에관한법률 제2조 제2호 나목에서 마약으로 규정하고 있다.

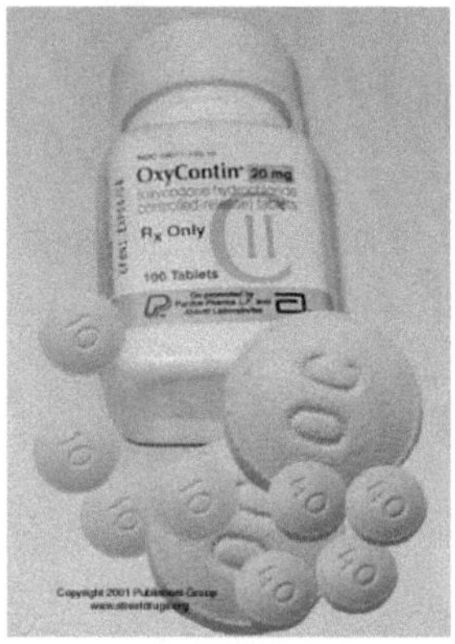

(타) 기타 신종마약

한편, 마약류관리에 관한 법률 시행령 개정으로 2006년 12월부터 향정신성의약품으로 추가된 크라톰, 디메칠암페타민, 5-Meo-DiPT, 2C-I 등 4종의 신종 마약류가 있는데, 동 시행령 별표3에 크라톰과 5-Meo-DiPT, 별표4에 디메칠암페타민 및 2C-I에 각각 등록하였다.

① 크라톰은 태국 등지에서 자생하는 식물인 '미트라지나' 나무의 잎사귀 성분이고 흡입시 아편과 유사한 작용이 있어 마취제 및 환각물질로 불법 사용되고 있다. 만성적으로 복용하는 사람은 마르고, 피부가 검어지고 구갈, 변비 및 빈뇨가 있다. 금단증상으로 근육 및 관절통, 적대감 경직성 사지 움직임의 증상을 보인다.

크라톰(Kratom) 나뭇잎 및 그 추출물

② 디메칠암페타민은 메스암페타민과 구조적으로 유사하고 인간의 중추신경계에 작용해 중추신경 흥분작용이 있으며 오・남용시 혈압상승, 흥분, 불면증, 편집증적 망상 등의 효과가 있다. 과거에는 메스암페타민 제조시 생산되는 불순물질의 부산물 정도로 인식했으나 최근에는 중국내 마약조직들이 당국의 단속을 피해 의도적으로 데메칠암페타민을 제조・유통시키고 있다.

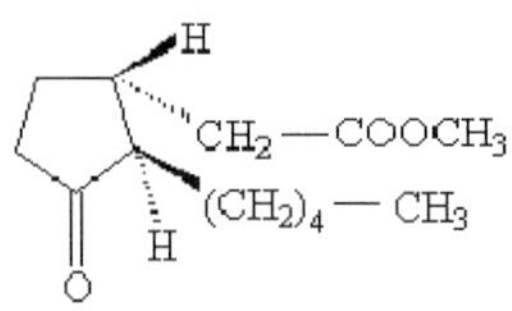

디메칠암페타민 분자식

③ 5-Meo-DiPT 및 2C-I는 중추신경계에 작용하는 물질로서 남용시 LSD와 엑스터시의 중간정도의 환각작용이 있다. 2C-I는 미국에서 기존 마약류인 2C-B의 유사물질로 간주, 통제하고 있으며 영국・독일・프랑스 등 유럽국가 대부분에서 마약류로 규정하고 있다. 5-Meo-DiPT의 경우 미국에서는 '03년 4월부터 마약류로 규정하고 제조유통소지를 금지하고 있으며 독일・덴마크 등 일부 유럽국가도 규제하고 있다.

2C-I 분말

Ⅳ. 수사요령

1. 앵속 재배 사범

식별이 용이한 생육기 및 개화기에 집중단속(5~7월)

① 외딴 섬, 산간 오지 등 앵속 밀 경작용의 장소 관찰

② 일반인의 출입이 제한되는 과수원이나 농장 등에서 꽃이 피는 농작물과 혼합재배

③ 가정의 정원이나 옥상의 화단에 관상용으로 한두 포기 재배

④ 개화기에 앵속 꽃잎에 물감을 들여 은폐행위

2. 대마소지 및 흡연사범

① 대마 재배지역 출입차량 및 사람에 대한 검문검색

② 등산객을 가장한 야생 대마초 채취 행위 단속

③ 식별이 용이한 생육기간 중 집중 단속(7~9월)

④ 정상적인 관련 담배 외에 풀잎을 건조한 것 같은 담배소지자 발견시 대마 여부와 출처 확인

⑤ 첩보 수집에 의한 우범자 상대 수사

3. 마약류 제조 · 판매 · 투약사범

(1) 필로폰 제조사범

① 필로폰 사범 전과자와 의약품 판매업 등 상대 첩보수집

② 끈질기고 치밀한 공작수사

③ 제조현장을 찾았을 경우에도 관련자를 일제히 검거할 수 있도록 검거 시기의 신중한 결정

④ 외딴 가옥 등 한적한 장소에 전기모터, 교반기, 유리병, 고무호스, 여과 병, 수소통 등 장비와 염산 에페드린, 활성탄, 크로로프름 등 화공약품이 있을 경우 필로폰 제조를 의심할 것

⑤ 화공약품 및 의약품 판매업소 상대 염산, 에페트린 등 제조원료 구입자 신원파악 및 동향내사

(2) 마약류 판매 사범

① 필로폰 밀매범은 제조 범 및 투약자와 연결되어 있어 수사상 중요한 비중을 차지하나 점조직으로 연결되어 있으므로 첩보 수집의 강화와 치밀한 공작 수사

② 소규모 밀매범이라도 관계 장소 등에 대한 철저한 수색 등으로 관련자 수사에 필요한 증거 확보

③ 범인의 주변 인물들에 대한 철저한 수사로 계보 파악

④ 마약 사범 전과자 명단 및 카드작성 수사 자료로 활용

(3) 필로폰 소지 사범

① 필로폰 소지 사범은 수사 단서로서 필로폰의 발견이 중요하므로 불심검문 철저

② 마약류는 부피가 작아 의복 등에 은닉이 용이하므로 신체 등 수색 시에는 지갑, 볼펜, 손수건, 인장 집과 신방, 양말 속은 물론이고 팬티 속, 머리카락, 옷깃, 혁대 속까지 철저하게 확인

③ 필로폰으로 보이는 물건을 발견하였을 경우 범인이 필로폰이라고 자백하여도 전문기관에서의 감정을 필히 실시한다. ※ 백반이나 화학조미료 등을 필로폰으로 속여서 투약자에게 판매하는 경우가 있음

④ 감정 의뢰 전에 간이 시약에 의한 검사 방법이 많이 이용되나 이는 혐의 유무를 판별하기 위한 것에 불과하므로 양성 반응이 나와도 전문 감정기관에서의 감정필요

(4) 필로폰 투약사범

① 필로폰 투약사범은 범인의 자백이외에 인체에서 필로폰 성분이 검출되는지 입증이 중요하다.

② 필로폰 투약여부 감정은 시약에 의존 소변검사가 주로 이용되고 있으며, 간편하게 사용할 수 있는 시약으로는 아큐사인(Accusign) 시약이 있다.

③ Accusign 시약으로 소변검사 요령

㉠ 소변을 임의제출 받아 플라스틱 피펫(시약세트에 동봉)으로 3~4방울을 맨 아래 칸에 있는 샘플 윈도우에 서서히 떨어뜨린 후 약 2분에서 5분 후에 결과를 판별한다(뇨를 떨어뜨린 후 10분이 경과하면 원래와 다른 결과가 나타날 수 있으므로 10분 이내에 판별).

㉡ 결과의 판별 방법으로는 비교 띠(C)와 시험 띠(T)에 모두 적색의 띠가 나타나면 음성이고 비교 띠(C)에만 적색의 띠가 나타나면 양성(陽性)으로 판별한다. 그러나 경우에 따라서 피의자가 필로폰을 투약했을 경우에도 시험 띠(T)위에 아무런 표시가 나타나지 않는 경우도 있으며 또한 항원·항체반응에 의한 시험방법에 따라 시험 띠(T)위에 적색 띠가 늦게 또는 흐리게 나타나는 수가 있으므로 시험 띠(T)위에 약간이라도 적색 띠가 나타나면 음성으로 판별하여야 한다. 그러나 비교 띠(C)가 아무런 표시가 나타나지 않는 경우에는 시약의 불량으로 판단하고 재검사를 하여야 한다. 간이시험 결과 양성반응이 나온 경우에는 시간의 흐름에 따라 반응표시가 변화할 수 있으므로 즉시 사진을 찍거나 간이시약 검사에 확인서를 받아두고 피의자 신문시에도 그 점을 진술케 하여 명시하여 두어야 한다. ※ 필로폰의 경우 투약 후 약 10일이 경과하면 소변으로는 검사가 불가능하며 이때는 피의자의 모발을 채취하여 감정을 의뢰하여야 한다. 대마초의 경우에는 소변은 30일까지도 가능하나 모발에 의한 흡연여부는 알 수 없다.

Ⅴ. 증거물의 채취요령과 압수물 처리

1. 증거물 채취요령

① **양귀비** : 될 수 있으면 열매가 있는 전초(全草)를 채취하여 열매가 없을 경우 다른 부위를 채취

② **아편성분** : 아편은 덜 익은 양귀비 열매의 껍질을 칼로 베어서 흘러나오는 진을 모아 말린 갈색물질로, 생아편, 모르핀, 헤로인, 페치딘, 메사돈의 경우 고형물, 분말, 앰플, 주사기, 흡연기구, 담배필터 등을 모두 채취

③ **코카인** : 분말은 분말자체와 흡입기구, 코카엽은 씹는 물질을 채취

④ **환각제** : LSD는 갈색 초자병 광 차단 용기에 채취, 종이에 흡착된 것은 종이채취

⑤ **수면제 및 신경안정제류** : 마취범죄와 관련된 쥬스 캔, 요구르트 병, 빨대, 먹다 남은 비스켓 등을 채취하여 적은 양이라도 손실되거나 오염되지 않도록 포장하여 감정기관에 송부

⑥ **암페타민류** : 메스암페타민 남용의 경우 사용하다 남은 필로폰 분말, 주사기 등을 채취, 밀제조 또는 소지와 관련된 경우에는 원료, 중간합성물질도 함께 채취

⑦ **대마초** : 대마엽, 대마씨앗, 대마전초, 흡연하였던 담배필터, 파이프 등

⑧ **생체시료**

㉠ 뇨가 가장 적당

㉡ 채취시간 - 생아편과 모르핀, 대마는 72시간 내, 페치딘과 메사돈, LSD - 48시간 이내, 헤로인 40시간 이내, 메스칼린 - 24시간 이내,

㉢ 채취 뇨의 양은 여러 가지 검사(마약, 환각제, 대마 등)가 필요한 경우 충분히(약 30ml이상) 송부

㉣ 필로폰 남용자의 뇨는 72시간 이내에 깨끗한 용기에 20ml 정도 채취

㉤ 필로폰 모발은 5수 이상

2. 압수품 처리

압수한 마약류는 미량이라도 유출되지 않도록 금고 등에 철저히 보관하여 송치시 증거물로 제출, 압수시 중량을 정확히 하여야 함.

Ⅵ. 마약류에 관한 국제조직

1. 코카인 관련 국제조직

① **콜롬비아커넥션** : 콜롬비아에서 미국의 플로리다와 마드리드항으로 코카인을 밀수출하고, 미국의 코카인의 약 70%가 이들에 의해 마이애미와 뉴욕을 통해 거래된다.

② **메델린카르텔** : 콜롬비아 제2의 마약조직

③ **칼리 카르텔** : 콜롬비아 제3의 마약조직

2. 마약관련 국제조직

① **프랑스 조직** : 프랑스 항구도시 마르세유를 근거로 하여 헤로인 밀거래를 하며, 마피아가 조종하여 전세계로 헤로인을 공급한다.

② **골든트라이앵글** : 동남아의 미얀마, 라오스, 타일랜드 국경 고산지대에서 양귀비를 재배하여 공급하는 세계적인 루트이다.

③ **골든크레센트** : 파키스탄, 이란, 아프가니스탄 국경지대에 헤로인, 모르핀을 거래하는 지역이다.

④ **피자 커넥션** : 미국 동부지역 피자집에서 헤로인을 거래하던 마피아 조직이다.

⑤ **나이지리아 커넥션** : 최근 알려진 조직으로 인도, 파키스탄, 아프가니스탄, 타일랜드, 미국 및 아프리카 전역에 영향을 미치는 조직이다.

제4절 유해화학물질 수사

Ⅰ. 용어의 정의

① **화학물질** : 원소·화합물 및 그에 인위적인 반응을 일으켜 얻어진 물질과 자연 상태에서 존재하는 물질을 화학적으로 변형시키거나 추출 또는 정제한 것

② **유독물질** : 유해성이 있는 화학물질로서 대통령령으로 정하는 기준에 따라 환경부장관이 정하여 고시한 것

③ 허가물질 : 위해성이 있다고 우려되는 화학물질로서 환경부장관의 허가를 받아 제조, 수입, 사용하도록 환경부장관이 관계 중앙행정기관의 장과의 협의와 화학물질의 등록 및 평가 등에 관한 법률 제7조에 따른 화학물질평가위원회의 심의를 거쳐 고시한 것

④ 제한물질 : 특정 용도로 사용되는 경우 위해성이 크다고 인정되는 화학물질로서 그 용도로의 제조, 수입, 판매, 보관·저장, 운반 또는 사용을 금지하기 위하여 환경부장관이 관계 중앙행정기관의 장과의 협의와 화학물질의 등록 및 평가 등에 관한 법률 제7조에 따른 화학물질평가위원회의 심의를 거쳐 고시한 것

⑤ 금지물질 : 위해성이 크다고 인정되는 화학물질로서 모든 용도로의 제조, 수입, 판매, 보관·저장, 운반 또는 사용을 금지하기 위하여 환경부장관이 관계 중앙행정기관의 장과의 협의와 화학물질의 등록 및 평가 등에 관한 법률 제7조에 따른 화학물질평가위원회의 심의를 거쳐 고시한 것

⑥ 사고대비물질 : 화학물질 중에서 급성독성·폭발성 등이 강하여 화학사고의 발생 가능성이 높거나 화학사고가 발생한 경우에 그 피해 규모가 클 것으로 우려되는 화학물질로서 화학사고 대비가 필요하다고 인정하여 환경부장관이 지정·고시한 화학물질

⑦ 유해화학물질 : 유독물질, 허가물질, 제한물질 또는 금지물질, 사고대비물질 그 밖에 유해성 또는 위해성이 있거나 그러할 우려가 있는 화학물질

⑧ 유해화학물질 영업 : 유해화학물질 중 허가물질 및 금지물질을 제외한 나머지 물질에 대한 영업

⑨ **유해성** : 화학물질의 독성 등 사람의 건강이나 환경에 좋지 아니한 영향을 미치는 화학물질 고유의 성질

⑩ **위해성** : 유해성이 있는 화학물질이 노출되는 경우 사람의 건강이나 환경에 피해를 줄 수 있는 정도

⑨ **취급시설** : 화학물질을 제조, 보관·저장, 운반 또는 사용하는 시설이나 설비

⑩ 취급 : 화학물질을 제조, 수입, 판매, 보관·저장, 운반 또는 사용하는 것

⑪ 화학사고 : 시설의 교체 등 작업시 작업자의 과실, 시설 결함·노후화, 자연재해, 운송사고 등으로 인하여 화학물질이 사람이나 환경에 유출·누출되어 발생하는 일체의 상황

Ⅱ. 환각물질(화학물질관리법 시행령 제11조)

① **톨루엔** : 톨루엔은 본드의 성분 중 강한 환각작용을 일으키는 성분으로, 중추신경계 억제역할을 하며, 계속 흡입시 인체에 치명적인 위해를 주는 물질이다.

② **초산에틸** : 색깔 없는 휘발성 액체이고, 체내로 흡수될 경우 마취작용 등 흥분상태를 유발시키며 생명에 위험을 준다.

③ **메틸알코올**

④ 시너 : 톨루엔, 초산에틸, 메틸알코올 등의 물질이 들어 있는 도료의 점도를 감소시키기 위하여 사용되는 유기용제를 말한다.

⑤ 접착제(**본드**) · **풍선류 또는 도료** : 주로 냄새를 코로 흡입하는 방법으로 사용되고, 주요 물질은 톨루엔과 초산에틸이다.

⑥ **부탄가스** : 프로판을 함유하고 있으며, 손쉽게 구할 수 있고, 가격이 싸서 주로 청소년층에서 사용되고, 코나 입을 통해 흡입하는 방법을 사용한다.

⑦ 이산화질소(의료용으로 사용되는 경우는 제외한다)

Ⅲ. 유해화학물질이 아닌 것

① 원자력법에 의한 방사성 물질
② 약사법에 의한 의약품 및 의약외품
③ 마약류관리에 관한 법률에 의한 마약류
④ 농약관리법에 의한 농약
⑤ 화장품법에 의한 화장품
⑥ 비료관리법에 의한 비료
⑦ 식품위생법에 의한 식품 및 식품첨가물
⑧ 사료 관리법에 의한 사료
⑨ 총포 · 도검 · 화약류 등 단속법에 의한 화약류
⑩ 고압가스 안전 관리법에 의한 독성가스

Ⅳ. 처벌대상(화학물질관리법 제22조)

① 누구든지 흥분 · 환각 또는 마취의 작용을 일으키는 화학물질로서 대통령령으로 정하는 물질(이하 "환각물질"이라 한다)을 섭취 또는 흡입하거나 이러한 목적으로 소지하여서는 아니 된다.

② 누구든지 환각물질을 섭취하거나 흡입하려는 사람에게 그 사실을 알면서도 이를 판매하거나 제공하여서는 아니 된다.

Ⅴ. 수사상 유의점

① 본드 흡입자는 공간 지각에 대한 장애가 있어서 고층에서 뛰어내리거나 실족할 수 있으므로 주의해야 한다.

② 혼수, 무의식적 동작, 싸움, 강간 등 일반범죄 수사시 범죄원인이 되었는지를 수사하여야 한다.

③ 환각물질 흡입자는 횡설수설하며 행인에게 추태를 보인다.

④ 공원, 학교주변 불량청소년, 유흥업소 주변에 배회하는 불량청소년에 대해서는 소지품 검사 및 옷 등에서 본드 냄새 등 환각물질 흡입여부를 확인한다.

⑤ 검거 동행한 때에는 자해 및 타인에 대한 위해에 대비해야 한다.

⑥ 환각상태에서는 사실대로 숨김없이 잘 털어놓으므로 자세한 진술을 자필로 쓰게 하거나 녹음 등의 조치를 하여야 한다.

Ⅵ. 증거확보

① 본드의 흡입 여부 감정은 흡입 후 16시간 이내에 채취하여야 한다.

② 감정기일은 3일 이내이다.

③ 부탄가스 흡입의 경우 노말부탄, 이소부탄 등의 성분이 함유되어 있는지 감정해야 한다. 노말부탄이나 이소부탄의 성분이 없다면 처벌할 수 없다.

④ 본드흡입의 경우 공범자의 진술 및 잔여 본드를 수거해야 한다.

⑤ 환각상태인 경우 강제채혈은 안 되며, 본드 흡입자의 혈액채취는 의사가 채취하여야 한다.

제5절 통화위조범 수사

Ⅰ. 통화위조범의 개요

① 통화위조를 둘러싼 범죄는 사회적인 반향이 크고 통화의 정상적인 유통을 저해하는 중요한 사범이다.

② 통화위조범의 검거율은 수사상의 곤란성 때문에 다른 일반범죄에 비하여 매우 낮다. 통화위조사범은 행사의 단계에서 범인을 포착하여 위조에 결부시키는 수사가 가장 이상적이고 또 수사의 정도이기도 하지만 위조통화는 대체로 소액의 지폐 화폐인 경우가 많아 일반인은 비교적 관심이 적어서 위조통화가 전전하면서 유통된 후 은행이나 금융기관에서 발견되는 경우가 많다.

③ 따라서 위조화폐의 행사 측면에서는 범인의 추적이나 발견현장에서의 소급수사가 곤란하고, 또한 위조측면의 수사에 있어서는 위조에 제공된 기계. 원료. 재료 및 인적대상이 광범위하기 때문에 수사가 장기화되는 경우가 많다.

Ⅱ. 위조은행권

1. 인쇄위조권

인쇄위조는 정교한 인쇄기술을 이용하여 지폐, 수표 등을 인쇄하여 배포하는 수법으로 위조 상태가 가장 정교하다. 이러한 수법은 전문 위조범이 지폐 및 수표를 대량으로 위조할 경우 사용될 수 있는 방법으로 1992년 10만원권 수표의 대량 위조사건이 발생되어 검거된 적은 있으나 호기심에 의한 충동적, 개인적 범행에서는 거의 사용되지 않는다. 이 수법을 사용할 경우 진본과의 구별이 어려우나 수사대상을 인쇄업소 등으로 한정할 수 있어서 수사방향 설정은 오히려 용이하다.

2. 복사위조권

칼라복사기로 위조한 경우 복사상태가 인쇄기로 인쇄한 것보다는 못하나 정교하여 진본과 거의 구별하기 어렵다. 그러나 칼라 복사기는 전량 수입되어 있고, 세관을 통해 수입량을 통보 받으며 구입자의 신고를 받아 현재 경찰청에서 집중관리 중에 있으며, 칼라복사기중의 일부는 인쇄물에 고유번호를 비밀리에 인쇄하도록 제작되어 있어 위조에 사용된 기기 파악이 용이한 경우도 있다. 이러한 복사위조권에 대하여 위조, 행사라는 양면에서 검토하여 보면, 은행권의 한면만을 복사하여 네 번 접어서 행사하는 방법, 권의 표리 양면을 복사하여 풀로 붙여서 사용하는 방법 등이 있다.

3. 컴퓨터를 이용한 위조권

컴퓨터의 보급 확대와 스캐너, 프린터 등 컴퓨터 주변기기의 하락에 따라 근래에는 이를 이용한 지폐 위조사범이 증가하고 있다. 개인이 가정에서 장비를 갖추고 위조할 경우 수사가 극히 곤란한 점이 있다.

4. 기타 위조방법

직접 손으로 그리거나 쪽붙임권, 표리박리권도 출현하고 있다.

Ⅲ. 위조수법별 진폐 및 위폐의 구별법

1. 인쇄기로 위조한 경우

인쇄상태가 정교하고 미세글자까지 인쇄되어 육안으로는 구분하기가 곤란하므로 진폐, 진본 수표와는 다른 은화 등으로 구별한다.

2. 칼라복사기로 위조한 경우

은화는 복사되지 않고 부분 노출선이 복사시 검은색으로 변색이 되고, 신권의 경우 광간섭무늬가 있어 복사시 부분적인 색 변화를 일으킨다.

3. 칼라잉크젯프린터로 위조한 경우

(1) 마하방식

일반용지에 인쇄하는 경우 앞뒷면 모두 번지는 현상이 나타나고 전용용지에 인쇄한 경우에는 전면부는 매우 선명하게 나오는 반면 화학처리가 되지 않는 뒷면은 번져서 흐리게 나오는 특징이 있다. 점방식으로 인쇄되어 미세한 점이 육안으로 확인된다.

(2) 버블젯방식

일반용지에 인쇄하는 경우 앞·뒷면 모두 번지는 현상이 있고 전용용지에 인쇄하는 경우 선명도가 마하방식의 프린터기보다는 떨어져 보인다. 점방식 인쇄가 아니므로 육안으로 보아 점을 확인할 수 없으나 인쇄입자가 그물망과 유사하다.

(3) 가열분사방식(휴렛패커드 등)

일반용지에서 인쇄가 다른 프린터에 비해 선명하고 질이 뛰어나다. 그러므로 양면 모두 선명도가 비슷한 것은 이러한 기종의 프린터인 경우가 많다. 전용용지에서 인쇄하는 경우 전면부나 후면부나 모두 선명하게 인쇄되지만 화학 처리된 전면지의 색상이 후면부 보다 진하다. 미세한 점방식으로 인쇄하므로 육안으로 점이 확인된다.

Ⅳ. 위조지폐 발견시 주의사항

1. 지문채취

여러 사람이 만지거나 복사하는 일이 없도록 유의하고 즉시 지문을 채취하여야 한다. 금융기관으로부터 신고시에도 뒷면에 고무 결재인을 찍어 지문이 손상되는 일이 없도록 하여야 한다.

2. 위조수표 등 제작과정 감정의뢰

수사에 지장이 없는 범위 내에서 국립과학수사연구소 및 조폐공사, 칼라복사기 판매업체 및 프린터기 제조회사 기술지원실 등에 의뢰하여 지질, 잉크, 인쇄방법 등을 신속히 파악하여야 한다.

3. 수표뒷면 배서내용 철저수사

배서자의 이름, 전화번호를 확인하여 수사하고 필요한 경우에 필적을 확인하여 감정을 하여야 한다.

Ⅴ. 수사방향 설정을 위한 착안사항

1. 사용도구의 추정

위조에 사용된 도구가 무엇인가 하는 것을 밝혀내는 것은 수사방향 설정의 기초이나, 정밀감정에는 시일이 많이 소요되므로 수사관들이 정밀감정 전에 현장에서 위조지폐 등을 육안 또는 확대경으로 확인하여 가능한 한 빨리 수사방향을 설정하는 것이 언론홍보 및 모방범죄 억제에 효과적이다.

2. 범죄수법을 통한 용의자 추정

(1) 전문위조범에 의한 위조

전문위조범에 의한 경우 주로 인쇄기 또는 칼라 복사기를 사용한 대량 인쇄로서 인쇄업체 및 칼라복사기 관리업체와 연관되는 경우가 많다.

(2) 호기심 또는 모방범죄

청소년들이 호기심 또는 모방성 동기에 의한 위조의 경우 잉크젯 칼라프린터를 이용해 수십 장 내외를 위조하는 경우가 많고 대부분 20대 내외의 청년, 학생층으로서 컴퓨터 그래픽 관련업체 및 디자인 학원, 출판업소 등의 종사자 또는 컴퓨터에 능숙한 개인이 가정에 컴퓨터 시스템을 갖추어 두고 범행하는 경우가 대부분이다.

3. 수사대상의 압축

인쇄업체의 경우 출판협회 등을 통하여 업체 현황을 파악할 수 있으며 칼라복사기 사용범죄의 경우 경찰청 또는 지방경찰청 수사과에서 관리대상 명부를 입수하여야 하고, 컴퓨터 그래픽학원, 디자인학원, 전산학원, 대학의 전산학과, 디자인학과 등 컴퓨터 그래픽 프로그램을 많이 사용하는 사람, 컴퓨터, 스캐너, 잉크젯 칼라프린트를 동시에 갖춘 개인이나 컴퓨터통신망 등에 광고를 통해 사진스캐닝을 대행해 주는 업소 등을 대상으로 하여 수사를 진행한다.

제6절 환경범죄 수사

Ⅰ. 환경범죄 개관

1. 환경문제의 중요성

① 오늘날 환경보호문제는 실로 전 인류적 과제로 부상하였으며 오존층의 파괴, 산성강우, 그리고 지구의 온난화는 실로 전 지구적 문제이다.

② 분명히 지구는 하나의 폐쇄된 생태계이고 따라서 각국은 환경문제에 관하여 긴밀히 협력하여야 할 것이다. 그러나 대부분의 환경문제는 각국이 스스로 해결하여야 할 자국 내의 문제로 귀착되고, 따라서 한 국가의 환경상황은 그 국가의 환경보호정책에 의하여 좌우되기 마련이다.

2. 환경오염의 개념과 종류

(1) 환경오염의 개념

① 한 국가의 환경보호정책은 에너지 및 자원관리, 토지관리, 야생자연의 보호 등 다양한 분야의 국가정책과도 직접적으로 관련되어 있다. 그러나 여기서 논의하는 한경보호는 좁은 의미의 환경보호, 즉 환경오염대책을 주로 의미하는 것이다.

② 환경오염이란 사업활동 및 그 밖의 사람의 활동에 의하여 발생하는 대기오염, 수질오염, 토양오염, 해양오염, 방사능오염, 소음・진동, 악취, 일조 방해 등으로서 사람의 건강이나 환경에 피해를 주는 상태로 정의한다(환경정책기본법 제3조 제4호).

(2) 환경오염의 종류

① **수질오염** : 수질오염이란 주로 생활 인구에 의한 생활하수, 공장 등 산업시설에 의한 산업폐수, 가축사육으로 인하여 발생하는 축산폐수 등 인위적 요인으로 발생되어 생태계파괴, 하천 및 해양 미관손상, 상수원 및 공업용수의 질 저하와 처리비용 증대, 농・수산물 생산 감소 및 폐사 등을 초래하는 것을 말한다.

② **대기오염** : 세계보건기구에서 규정한 바에 의하면, 대기오염이란 대기 중에 인공적으로 배출된 오염물질이 한 가지 또는 그 이상이 존재하여 오염물의 양, 농도 및 지속시간이 어떤 지역주민의 불특정 다수인에게 불쾌감을 일으키거나 해당지역에 공중보건상 위해를 미치고, 인간이나 식물・동물의 활동에 해를 주어 도시민의 생활과 재산을 향유할 정당한 권리를 방해받는 상태를 의미한다.

③ **폐기물** : 폐기물관리법상 폐기물이라 함은 쓰레기, 연소재, 오니(더러운 흙, 특히 오염물질을 포함하고 있는 진흙), 폐유, 폐산, 폐알칼리, 동물의 사체 등으로서 사람의 생활이나 사업 활동에 필요하지 아니하게 된 물질을 말한다. 그러므로 제품의 제조공정상의 문제 또는 보관상 부주의 등으로 생산제품의 상품가치가 떨어져 저가 또는 무상으로 재활용업체에 매각할 경우에도 이를 폐기물로 분류하여 관리하여야 할 것이다.

④ 기타(소음, 진동, 악취, 토양오염 등)

㉠ **소음 · 진동** : 소음 · 진동이란 각종기계, 기구시설 등의 사용으로부터 발생하는 강한 소리, 흔들림으로서 인간이 원치 않는 소리, 흔들림을 말하며 주로 자동차, 항공기 등 교통기관, 건설공사장, 공장 및 사업장 등에서 발생한다.

㉡ **악취** : 악취방지법 제2조 제1호에 의한 악취라 함은 황화수소, 메르캅탄류, 아민류 그 밖에 자극성이 있는 물질이 사람의 후각을 자극하여 불쾌감과 혐오감을 주는 냄새로 정의하고 있으며, 악취의 질, 강도, 수용성, 그리고 전파성에 따라 사람마다 약간씩 느낌을 달리하는 감각적인 공해라는 특징이다.

㉢ **오수, 분뇨, 축산폐수**

ⓐ 오수는 액체성 또는 고체성의 더러운 물질이 섞이어 그 상태로는 사람의 생활이나 사업활동에 사용할 수 없는 물로서 사람의 일상생활과 관련하여 수세식 화장실, 목욕탕, 주방 등에서 배출되는 것을 말한다.

ⓑ 분뇨는 화장실에서 수거되는 액체성 또는 고체성 오염물질로 정화조의 청소에서 발생하는 오니를 포함한다.

ⓒ 축산폐수는 가축의 사육으로 인하여 배출되는 액체 또는 고체성의 오염물질이다.

㉣ **토양 및 해양오염** : 70년대 이후 산업개발에 따라 배출되는 각종 환경오염물질이 토양 및 해양에 허용 한계 이상으로 누적됨으로서 대두 되었으며 토양 및 해양오염이란 '토양 및 해양의 재순환 능력이 저하된 상태로 대기 및 수질 등을 매개로 하여 난분해성 유해물질이 토양 및 해양 중에 축적되어 사람의 건강을 해칠 우려가 있는 오염된 농 · 축산물이 생산되거나 또는 농작물 등의 생육을 저해시키는 현상'을 말한다.

3. 환경범죄

(1) 개념

① 흔히 환경범죄라고 부르는 것은 이러한 환경오염에 관한 법규를 위반한 사범을 통칭하는 것이다. 그러므로 환경사범은 '사람의 건강에 위해를 주거나 환경을 저해하는 환경오염행위 또는 이와 관련된 행위로서 법에 의하여 처벌되는 범죄행위'라고 정의할 수 있다.

② 현행 환경관련법률 등은 오염원별로 규제하고 있는 바, 환경범죄를 수질오염사범, 대기오염사범, 폐기물사범, 소음 · 진동사범, 유해화학물질사범, 축산폐수 및 오수사범, 해양오염사범 등으로 나누고 있으며, 기존의 환경보전법 단일체계로는 날로 심각해지는 환경문제에 능동적 신축적 대응이 곤란하여 환경정책의 기본방향과 이념을 정립한 환경정책기본법과 대상별 개별입법을 통하여 단일한 절충주의 입법방식에서 탈피하여 복수법주의를 택하였다.

(2) 보호법익

환경형법의 보호법익은 환경행정의 원활성 확보는 물론 사람의 건강과 생명 · 신체의 보호 그 자체를 목적으로 한다.

(3) 범죄행위

환경형법상의 범죄행위는 각종 환경관계 법률에 위반하는 행위이나 크게 보면 환경오염물질의 배출행위인 각종 환경오염행위가 중심을 이루며 오염이란 가스, 미립상 물질, 분진, 매연, 악취, 폐수, 소음, 진동 등 여과나 처리 없이 방출하여 대기, 수질, 토양 등 환경매체의 자연적 결합상태를 변질시키는 것을 말한다.

(4) 인과관계

환경형법이 규정하고 있는 대부분의 환경범죄는 거동범으로 환경오염행위와 그 결과 사이의 인과관계가 문제되지 않으나 결과범에 있어서는 인과관계가 있어야 한다. 예컨대 무허가 배출시설 운영이나 배출시설 또는 방지시설의 비정상운영은 그와 같은 행위가 행하여지기만 하면 범죄가 성립되나, 오염된 대기나 물 등 오염물질을 배출하여 사람을 살해하거나 사람의 신체에 상해를 가하는 등 형법상 결과범인 살인, 상해, 업무상과실치상 등 구성요건에 해당하는 범죄를 범한 경우에는 오염물질의 배출행위와 사망 또는 신체의 상해 등 결과 발생 간에 인과관계가 있어야 한다.

(5) 고의 및 과실

환경범죄의 성립에는 원칙적으로 고의가 요구되며, 확정적 고의보다는 미필적 고의가 인정되는 경우가 많다. 또한 최근에는 환경오염의 심화로 주민의 건강에 대한 위협과 환경범죄의 지속적인 증가 추세에 따라 오염물질의 배출행위를 근절할 필요가 증가하자 환경범죄 등의 단속 및 가중처벌에 관한 법률을 제정하여 과실범처벌을 도입하였다.

Ⅱ. 환경관계법의 체계와 내용

1. 자연환경관리

자연환경보전법, 환경영향평가법, 토양환경보전법

2. 배출규제 및 관리

① **대기** : 대기환경보전법, 소음・진동관리법, 다중이용시설 등의 실내공기질관리법

② **수질** : 수질 및 수생태계 보전에 관한 법률, 하수도법

③ **폐기물** : 폐기물관리법, 자원의 절약과 재활용촉진에 관한 법률, 폐기물처리시설 설치촉진 및 주변지역지원 등에 관한 법률, 폐기물의 국가 간 이동 및 그 처리에 관한 법률

④ **기타** : 화학물질관리법, 환경범죄 등의 단속 및 가중처벌에 관한 법률, 환경분쟁조정법, 환경개선비용 부담법

3. 상수원관리

수도법, 먹는물관리법

4. 기타

환경기술 및 환경산업 지원법, 환경개선비용 부담법, 한국환경공단법

Ⅲ. 오염사범별 수사

1. 수질오염사범 수사

(1) 개념 정의

① **수질오염물질** : 수질오염의 요인이 되는 물질로서 유기물질, 부유물질, 중금속 등 수질 및 수생태계 보전에 관한 법률 시행규칙에서 정하고 있는 29종의 물질을 말하며, 이중 유해정도가 큰 시안화물, 유기인화합물 등 12종을 특정수질유해물질로 규정하고 있다.

② **폐수배출시설** : 폐수배출시설이라 함은 수질 및 수생태계 보전에 관한 법률 시행규칙에서 정하고 있는 29종의 수질오염 물질을 하천, 호수, 항만, 연안 해역, 지하수로, 농업용수로, 하수관거, 운하 등에 배출하는 시설물 기계 기구 등을 말하며, 설치허가대상과 설치신고대상으로 구분된다.

③ **특정시설** : 수질을 오염시킬 우려가 크다고 인정되는 시설로서 골프장시설, 수산물 양식시설 등 수질 및 수생태계 보전에 관한 법률 시행령에서 정하고 있는 4개 종류와 환경부장관이 고시하는 시설을 말한다.

④ **수질오염방지시설** : 폐수배출시설로부터 배출되는 수질오염물질을 제거하거나 감소시키는 시설로서 유수분리시설, 소각시설 등 수질 및 수생태계 보전에 관한 법률 시행규칙에서 정하고 있는 30개 종류와 환경부장관이 인정하는 처리시설을 말한다.

(2) 수질오염사범의 단속

① **단속대상** : 수질의 경우 단속의 주된 대상은 공장폐수이고, 상수원지역에서의 가두리 양식장은 인체에 유해한 항생제를 다량 사용하여 상수원을 오염시키고 있으므로 단속할 필요가 있고, 축산폐수도 영세업소가 많으나 대규모 업소는 단속할 필요가 있다.

② **처벌법규** : 주된 처벌법규는 수질 및 수생태계 보전에 관한 법률이나 축산폐수에 대하여는 가축분뇨의 관리 및 이용에 관한 법률을 적용하면 된다.

(3) 단속 수사요령

(가) 단속시기 선정

주로 해빙기에 폐수방지시설이 동파되거나 기타 사유로 파손된 것을 방치하는 경우가 많고, 하절기에는 무단방류 하는 사례가 많다. 일제단속을 하는 경우 기간을 너무 길게 잡으면 단속정보의 누출로 인하여 실효를 거두기 어려우므로 기간이 3일을 넘지 않도록 하고 인원을 집중 투입하여 단기간에 실시할 필요가 있다. 이상적인 것은 수시로, 기습적으로 단속하는 것이 효과적이므로 문제 업소에 대하여

는 이러한 방식을 택하는 것이 좋다.

(나) 단속대상 업소의 선정

단속대상 업소로는 평소에 민원의 대상이 되는 문제업소, 도금·피혁·염색공장 등의 중금속배출업소 및 기타 가공금속제품 제조공장 등 중금속 배출업소, 제지공장 등 폐수대량배출업소, 주물공장, 행정처분의 전력이 다수인 업소를 주로 선정하고, 무허가 업소도 규모가 큰 것을 선정하여 명단을 작성 참고한다.

(다) 단속인원 및 장비

경찰에는 환경전문기사가 거의 없으므로 환경청과 시·군직원의 지원을 받지 않을 수 없으므로 단속시에는 1개 조당 경찰관 1명, 환경기사 1~2명을 필수요원으로 하고 차량과 시료채취용기, 카메라는 필수적으로 확보한다.

(라) 중점단속 수사사항

① 비정상 운영

㉠ **행위유형** : 비밀배출구 설치, 호스 등을 이용한 원 폐수 방류행위, 방지시설 미가동, 기계고장의 방치, 처리약품의 미 투입, 투입량 미달, 방지시설 용량 부족으로 인한 과부하, 처리방식의 부적절(중금속폐수에 활성오니 방법사용 등)

㉡ **문제점**

ⓐ **범의의 문제** : 미필적 고의를 밝혀야 함. 과실범은 특정수질유해물질을 배출하여 공중의 생명, 신체에 위험을 발생시킨 경우에 한하여 처벌가능(환경범죄의 단속에 관한 특별조치법 제3조)

ⓑ **폐수의 희석** : 비정상 운영에 해당

② 무허가배출시설설치

③ 사전조업

④ 배출시설 관리인 미선임

⑤ 운영일지 미 보존

⑥ 각종 행정명령 위반 등

(마) 단속 수사시 고려할 사항

① **비밀배출구의 설치 및 발견**

㉠ **비밀배출구의 설치유형** : ⓐ 공장내부에 별도의 관을 연결하여 폐수처리장과 전혀 관계없는 하수도로 직접 배출 또는 공장 내의 화장실 정화조에 연결하여 배출하는 방법 ⓑ 공장내부에서 일단 외부로 배출하여 폐수처리장에 접수되는 과정에서 비밀관을 연결, 일부는 폐수처리장에 집수되고 일부는 비밀관을 통하여 처리과정 없이 하수구에 직배출하는 방법 ⓒ 처리장의 집수조에서 작은 관을 몇 개 최종배출구에 연결하여 배출하거나 고속침전소에서 여과조에 흘러 들어가는 슬러지 관을 중간에서 연결하여 최종배출구에 배출하는 방법

㉡ **비밀배출구 발견방법** : ⓐ 공장에서 사용하고 있는 공장용수 사용량을 수도계량기나 수도요금 납부서, 수도사업소 등에서 확인하고, 처리자의 최종배출구에서 배출구의 크기(직경), 물의 흐름세 등을 고려하여 1일 총 배출량을 확인 비교하거나 처리시설 1일 가동시간을 측정기록부 등에 의하여 확인한다. 이를 종합고려하면 이상이 있는 공장은 최종배출구에서 배출되는 물의 양이 공장에서 사용하는 식수, 화장실, 목욕탕 용수 등을 제외, 감안하여도 큰 차이가 난다. 이러한 차이가 발생한 업소에 대하여 공장의 기계 배치도면, 방지시설의 설계도면을 검토하고, 이러한 도면에 없는 파이프라인의 유무를 확인하여야 한다. 일단 공장 외부에 나가서 하수구의 유무를 확인하고, 그것이 불가능한 경우에는 맨홀 뚜껑을 열고 들어가서 확인하여 의심이 있는 지역은 땅을 파 보거나 공해방지시설의 가동을 중단시키고 물을 전부 빼낸 후 밑바닥부터 찾아내는 방법도 있다.

② 주의사항

㉠ 시료채취는 최종 방류구로 배출되는 폐수를 채취하여야 하고,

㉡ 현장상황을 명확히 하여야 하므로 무단방류나 무허가시설의 경우는 반드시 사진촬영을 하도록 하고 확인서를 징수하여야 한다.

③ 시료감정의뢰

㉠ 대개 관내가 광역시나 도의 경우에는 보건환경연구원이 있으므로 이 기관에 의뢰하는 경우가 많다. 또 지방환경청 소재지에는 환경청 소속 측정분석과에 의뢰할 수도 있고, 서울의 경우 국립환경연구원에서도 취급하며, 해양경찰청에도 분석・감정담당과가 있다.

㉡ 시료에 대한 감정결과가 공정하지 못하면 사법처리가 불가능하므로 감정기관의 공정성 확보가 생명인 바, 이러한 우려에 대비하여 감정시료를 둘로 나누어 분산 감정 의뢰하는 경우와 일부만 감정 의뢰하고 나머지는 후일에 문제가 생기는 경우에 대비하여 자체 보관하는 방법도 있다. 감정 의뢰하는 시료가 어느 업체의 것인가를 숨긴 상태로 감정기관에 보내야 하므로 시료에는 의뢰자만이 알 수 있는 비밀표시를 해서 보내고 따로 비밀표시가 어느 업소에 대한 것인가를 표로 작성해 두어야 한다.

㉢ 감정 의뢰시에는 감정의뢰서를 시료와 함께 송부하고 추후에 거기에 따른 감정회보서를 받는 바, 이는 추후에 증거자료로서 절대적 의미를 갖는다.

2. 대기오염사범 수사

(1) 개념정의

① **대기오염물질** : 대기 중에 존재하는 물질 중 심사・평가 결과 대기오염의 원인으로 인정된 가스・입자상물질로서 환경부령으로 정하는 것

② **가스** : 물질이 연소・합성・분해될 때에 발생하거나 물리적 성질로 인하여 발생하는 기체상 물질

③ **입자상 물질** : 물질이 파쇄・선별・퇴적・이적될 때, 그 밖에 기계적으로 처리되거나 연소・합성・분해될 때에 발생하는 고체상 또는 액체상의 미세한 물질

④ **먼지** : 대기 중에 떠다니거나 흩날려 내려오는 입자상 물질

⑤ 매연 : 연소할 때에 생기는 유리 탄소가 주가 되는 미세한 입자상 물질

⑥ **검댕** : 연소할 때에 생기는 유리 탄소가 응결하여 입자의 지름이 1미크론 이상이 되는 입자상 물질

⑦ **특정대기유해물질** : 사람의 건강이나 동식물의 생육에 직접 또는 간접으로 위해를 끼칠 수 있어 대기 배출에 대한 관리가 필요하다고 인정된 물질로서 환경부령으로 정하는 것

(2) 단속대상

대기오염의 단속대상으로는 자동차 매연, 공장매연, 악취, 비산분진, 등이 주로 문제되며 소음, 진동도 정도가 심하면 단속할 필요가 있다. 대기오염이 문제되는 업종은 대개 철강, 주물, 화학, 비료, 도금, 염료 공장 등이며 비산분진은 목재, 가구, 레미콘, 시멘트, 연탄공장 등이 문제된다.

(3) 처벌법규

대기환경보전법 등이 있다.

(4) 단속 수사요령

① 대기

㉠ 공장 굴뚝을 통하여 배출되는 대기오염 정도를 측정하는 경우에는 시료채취는 원칙적으로 가스의 흐름이 안정되어 균일한 농도의 시료를 채취할 수 있다고 판정되는 지점을 선정하여야 한다.

㉡ 대기오염방지시설 운영현장 확인에 있어서 방지시설의 정상가동 여부를 점검하여야 한다. 주요 점검사항으로서는 흡착법의 경우 활성탄 교체주기(통상 6월~12월)의 이행 여부를 확인하여야 한다. 세정식 집진기는 폐출배출시설이므로 세정식 집진기에서 발생하는 폐세정액의 처리실태를 확인하여 폐수처리장 이송처리 또는 폐수위탁 처리 여부를 확인한다. 가동 및 고장수리에 관한 방지시설 운영일지 기재 등을 점검하고 대기배출시설 및 방지시설의 작동시간과 적산전력계, 적산전력 사용량과 대조 확인한다.

㉢ 관리일지상 표기된 약품구입량, 약품재고량, 약품투입 등을 확인한다.

㉣ 비밀배출구 설치를 확인한다. 단위배출시설에서 발생하는 대기오염물질이 전량 방지시설로 보내지는지 여부를 확인한다. 방지시설을 거치지 아니하고 오염물질을 배출할 목적으로 설치된 공기조절장치, 가지배출관의 유무를 확인한다.

㉤ 대기관리인의 경우 자격증 대여의 경우가 많으므로 환경관리인의 정상근무 여부를 반드시 점검한다.

㉥ 대기분야에 있어서 주의할 점은 염소 등 화공약품저장탱크 관리 소홀로 탱크가 파손되거나 조작 잘못으로 인하여 대량 누출되는 경우인 바, 이 경우는 환경범죄의 단속에 관한 특별조치법을 적용하면 된다.

㉦ 신나, 페인트, 등 도장시설의 경우에도 피해가 심하여 천식 등 직업병을 초래하므로 단속할 필요가 있다.

② **자동차 매연**

㉠ 대기오염의 주범이므로 강력한 단속이 필요하다.

㉡ 비디오카메라에 의한 단속을 강화할 필요가 있으며 회차 하는 차량은 차고지에서 회차 즉시 점검하는 것이 능률적이므로 이 방법을 활용할 필요가 있다.

③ **악취**

㉠ **악취발생원의 종류**

ⓐ 자연적 발생원 : 자연발생적인 악취는 미생물에 의한 유기체의 분해, 부패 등으로 그 발생량은 대단히 많으나 이러한 자연발생량은 인위적인 국지발생량에 비하여 엄청난 양이지만 전 지구적으로 보아 크게 문제되지 않는다.

ⓑ 인위적 발생원 : 자연발생량에 비하면 문제되지 않을 정도의 적은 양이지만 그 발생원이 국지적으로 한정되기 때문에 피해로 인한 진정사건이 빈번하게 발생되며 중요하게 취급되고 있다.

ⓒ 중요한 발생 원인으로 도살장, 양돈, 양계장 등, 피혁공장, 펄프공장, 등

㉡ **악취의 측정 및 평가방법** : 악취물질을 구성하고 있는 각 부분(단일성분)에 대한 화학분석 및 기기분석과 인간의 후각에 의한 관능시험으로 대별할 수 있다.

④ **비산분진** : 연탄공장이 집중적으로 몰려있는 지역에는 주민들 중 진폐증 환자가 많이 발생하여 사회문제화 되었던 바, 이러한 공장이나 시멘트 공장 등에서 나오는 먼지를 측정 단속할 필요가 있다.

3. 폐기물사범 수사

(1) 폐기물의 종류

① **생활폐기물** : 사업장폐기물 외의 폐기물

② **사업장폐기물** : 대기환경보전법, 수질 및 수생태계 보전에 관한 법률 또는 소음·진동관리법에 따라 배출시설을 설치·운영하는 사업장이나 그 밖에 대통령령으로 정하는 사업장에서 발생하는 폐기물

③ **지정폐기물** : 사업장폐기물 중 폐유·폐산 등 주변 환경을 오염시킬 수 있거나 의료폐기물 등 인체에 위해를 줄 수 있는 해로운 물질로서 대통령령으로 정하는 폐기물

④ **의료폐기물** : 보건·의료기관, 동물병원, 시험·검사기관 등에서 배출되는 폐기물 중 인체에 감염 등 위해를 줄 우려가 있는 폐기물과 인체 조직 등 적출물, 실험 동물의 사체 등 보건·환경보호상 특별한 관리가 필요하다고 인정되는 폐기물로서 대통령령으로 정하는 폐기물

⑤ **이 법의 적용이 배제되는 폐기물**(폐기물관리법 제3조)

㉠ 원자력안전법에 따른 방사성 물질과 이로 인하여 오염된 물질

㉡ 용기에 들어 있지 아니한 기체상의 물질

㉢ 수질 및 수생태계 보전에 관한 법률에 따른 수질오염방지시설에 유입되거나 공공수역으로 배출되는 폐수

㉣ 가축분뇨의 관리 및 이용에 관한 법률에 따른 가축분뇨

㉤ 하수도법에 의한 하수・분뇨

㉥ 가축전염병예방법의 규정이 적용되는 가축의 사체, 오염물건, 수입금지 물건 및 검역불합격품

㉦ 수산생물질병 관리법이 적용되는 수산동물의 사체, 오염된 시설 또는 물건, 수입금지 물건 및 검역 불합격품

㉧ 군수품관리법에 따라 폐기되는 탄약

(2) 폐기물사범의 단속 수사

(가) 단속대상

폐기물을 생활폐기물과 사업장폐기물로 구분하고 전자를 사업장이외의 폐기물로 정의하고, 후자는 사업 활동에 수반하여 발생하는 쓰레기, 연소재, 오니, 폐유, 폐산, 폐알칼리 및 동물의 사체 등 사람의 생활이나 사업활동에 유해한 물질로 대통령령으로 규정하고 있는 바, 이들이 단속 대상이다.

(나) 처벌법규

폐기물관리법이나 수질 및 수생태계 보전에 관한 법률로 처벌된다.

(다) 단속 수사요령

① 산업폐기물 무단 투기, 폐유, 폐합성수지 불법처리 등은 공개적으로 행하여지는 것이 아니므로 일제단속은 어렵고 정보를 수집하여 특별단속을 할 필요가 있다.

② 경찰은 전문가가 거의 없으므로 수질환경사범 단속과 도일하게 환경기사의 도움을 받는다.

③ 단속 수사전에 미리 대상사업장에 대한 폐기물 발생 또는 처리량 등의 일반현황 및 중점단속・수사사항을 파악하여 준비하여 둔다.

④ 단속 수사시는 반드시 당해 사업장의 관계인 입회하에 실시하여야 하며, 필요시에는 폐기물의 적정처리를 확인하기 위한 오염물질을 채취하거나 측정하여야 한다.

(라) 중점단속・수사대상

① 공통사항

㉠ 폐기물 관리대장의 기록 및 보전 여부

㉡ 사업장폐기물 배출자 신고 및 각종 인・허가사항이 실제사항과 일치하는지의 여부 확인

㉢ 폐기물 운반, 처리전표 적정발행 여부(지정폐기물에 한한다)

㉣ 각종 처리시설의 안전관리 유지 여부

㉤ 기타 신고, 보고의무 이행상태 확인

㉥ 필요시 시료채취, 사진촬영, 확인서 징수

② 폐기물 배출사업장

㉠ 폐기물 배출공정 확인 및 폐기물관리실태 점검

㉡ 처리시설의 승인·신고, 사용개시신고 여부, 적정처리 여부 및 운영관리실태 점검

㉢ 폐기물을 위탁 처리할 경우 지정한 업소에 위탁, 처리 여부

㉣ 중금속 등 유해물질의 분석·확인 후 위탁처리 여부

㉤ 보관·운반상태 및 운반처리신고 이행 여부

③ 폐기물처리업

㉠ 폐기물의 수집·운반·보관·처리의 적정 여부

㉡ 처리시설의 설치·가동 및 관리실태

㉢ 허가대상 폐기물 적정 수탁 여부

㉣ 허가시설 이외의 불법시설 설치운영 여부

㉤ 중간처리 후 발생폐기물의 적정처리 여부

④ 재생처리신고사업장

㉠ 폐기물의 수집·운반·보관·처리의 적정 여부

㉡ 재생처리시설의 설치·가동 및 관리실태

㉢ 재생처리대상폐기물 적정 수탁 여부

㉣ 재생처리 후 발생폐기물의 적정처리 여부

㉤ 수출입폐기물을 재생 처리하는 업소의 경우에는 ⓐ 폐기물수출입허가신청서의 내용과 동일하게 수출입 하였는지 여부, ⓑ 폐기물의 국가 간 이동 및 그 처리에 관한 법률의 규정에 적합하게 수출입폐기물의 운반, 수출입이동서류에 관한 신고 등을 하였는지의 여부를 추가 확인한다.

⑤ 사후관리대상 매립시설

㉠ 침출수관리 및 처리의 적정성 여부

㉡ 지하수 검사정(檢査井)의 적정관리 및 조사 실시 여부

㉢ 구조물 및 지반 등의 안정도 검사 여부 등

제7절 사이버범죄 수사

Ⅰ. 개념

사이버범죄는 인터넷과 같이 컴퓨터와 컴퓨터가 서로 네트워크로 연결되어 형성되는 사이버공간에서 발생하는 범죄를 지칭하는 가장 일반적인 용어이다. 나아가 컴퓨터나 네트워크가 사용되지 않는 범죄라도 특정범죄에 디지털증거가 관련되어 있을 때 이를 광의의 사이버범죄 개념에 포함시키기도 한다.

Ⅱ. 사이버범죄의 특성

1. 디지털 자료로 인한 특징

컴퓨터에서 정보는 디지털 정보이며 매우 빠른 속도로 처리될 수 있기 때문에 쉽게 작성, 변경, 삭제될 수 있으며 전기 공급, 자기 등 물리적인 변화에도 비교적 민감하다. 단일한 정보에도 많은 특징을 가지고 있는 아날로그 정보와 달리 디지털 정보의 위와 같은 특징 때문에 한정된 시간과 공간 하에서 디지털자료로서 알아낼 수 있는 정보는 한계를 지니기 마련이다.

2. 자동성

컴퓨터를 통한 자료의 처리는 컴퓨터프로그램이나 하드웨어 장치에 정해진 내용에 따라 자동적으로 진행된다. 이러한 자동성으로 인해서 목표한 동작이 일어나는 시간을 이의로 정할 수 있고, 실제로 동작이 일어나는 시간에 이미 실행자는 그 동작을 통제할 필요가 없으므로 시간과 공간적인 혼란이 발생한다. 또한 행위는 연속하거나 반복되어 발생할 수 있다.

3. 개방성 및 광역성

인터넷은 기본적으로 인터넷에 접속할 수 있는 모든 불특정 다수에 개방된 것이므로, 전 세계의 누구나 쉽게 원격지에서 접근할 수 있다. 또한 네트워크를 통해 일대일 또는 일대 다수의 동시 또는 비 동시적인 접속이 가능하기 때문에 행위의 결과는 불특정한 다수에 영향을 미칠 수도 있다. 따라서 때에 따라 행위자의 의도와는 무관하게 피해가 엄청난 규모로 확대될 수 도 있다.

4. 익명성

사용자는 신분을 노출시키지 않고 인터넷을 이용하는 것이 가능하다. 이러한 폐단을 방지하기 위해 신분을 확인하기위해 인적사항이 포함된 실명의 회원가입, 전자서명 제도 등의 제도적. 기술적인 방안들이 모색되고 있으나 이러한 제도와 기술의 허점을 노리는 새로운 범죄도 잇달아 발생하고 있는 실정이다.

5. 간접성

인터넷에서의 활동은 컴퓨터시스템의 통신을 수단으로 하므로 상대방과 직접적인 대면을 필요로 하지 않는다. 또한 통신은 또다른 매개체의 연쇄적인 통신을 가능하게 하지만 경찰이 법을 집행할 때 상대방에 대해 알게 되는 정보는 우선적으로 1차적인 상대방에 관한 한정된 것에 제한되는 경우가 대부분이므로 법집행의 피대상자를 결정하는 문제가 어렵다.

Ⅲ. 사이버범죄의 유형

사이버범죄의 유형은 이를 수법형태별로 구분하거나 컴퓨터와 네트워크의 범죄관련성별로 구분하는 등 다양한 구분방식이 활용되고 있다. 경찰에서는 우선 사이버범죄를 사이버테러형 범죄와 일반적인 사이버범죄로 대 분류하고 있다.

1. 사이버테러형 범죄와 일반적 사이버범죄

(1) 사이버테러형범죄

① **해킹, 크래킹** : 컴퓨터해킹은 자신의 컴퓨터 실력을 과시하기 위하여 타인의 컴퓨터 시스템에 몰래 침입하여 시스템을 파괴하거나 정보를 빼내는 것으로 통상 목표 시스템이나 네트워크에 대한 정보수집 단계, 목표로 하는 통신망에 침입하여 사용자, 나아가 시스템 최고 관리자의 권한을 획득하는 단계, 마지막으로 다음에 다시 침입하기 위한 비밀문을 설치하거나 범죄를 은폐하기 위해 기록을 삭제하는 등 방어적 수단을 구축하는 공격 후 처리단계로 순차적으로 실행되는 경우가 많다.

② **바이러스의 제작·유포** : 컴퓨터 바이러스란 컴퓨터에서 실행되는 프로그램의 일종으로 자기복제 기능을 가지고 컴퓨터에 저장된 자료의 파괴나 나아가 시스템 자체에 악영향을 미치는 프로그램을 말한다. 컴퓨터바이러스는 크게 부트 바이러스, 파일 바이러스, 부트/파일 바이러스로 구분할 수 있고 발전 단계별로 원시형 → 암호형 → 은폐형 → 갑옷형 → 매크로바이러스로 구분할 수 있다.

③ **서비스거부 공격**(Denial of Service, DOS)

㉠ DOS공격이란 대상컴퓨터에 큰 부하를 발생시켜 아무런 서비스를 하지 못하게 하는 것을 말한다.

㉡ 버퍼 오버플로우 버그 등을 이용하거나 메일폭탄, 시스템, 프로그램 서비스, 프로토콜 등의 버그를 이용해 공격하는 방법이 있다.

㉢ 버퍼 오버플로우 버그를 이용하는 방법은 버퍼의 용량을 초과하도록 하여 시스템에 문제를 야기 시키는 것을 말한다. 메일폭탄은 특정한 사람이나 시스템에 엄청난 양의 전자우편을 보내는 것을 말한다.

④ **비밀침해행위** : 단순 해킹행위 또는 단순 바이러스 전달·유포행위는 특별한 결과나 목적을 요하지 않고 행위자체로 기수에 이른다. 그러나 일반적으로 이러한 행위는 2차적인 침해행위로 연결되기 마련이며 이러한 침해행위 중 하나가 타인의 정보를 빼내는 비밀침해행위이다. 비밀침해행위에는 그 객체에 따라 비밀 장치한 전자기록 등 특수매체기록, 정보통신망으로 처리·보관·전송되는 정보와 전기통신(음향, 문언, 부호, 영상)에 대한 침해행위로 분류할 수 있다.

(2) 일반적인 사이버 범죄

① **사이버도박** : 인터넷상에 개설된 사이버 도박장에서 신용카드 등을 이용하여 블랙잭, 슬로머신 등의 도박행위를 하는 것으로 우리나라의 경우 도박장의 개장이 불법화되어 있으므로 외국의 관련 사이트에 접속하여 신용카드로 결재 하고 도박을 하거나 이러한 외국 업체와 계약을 맺고 관련 프로그램을 받아 국내의 상용 서비스망에 도박장을 개설하여 일정지분의 이익금을 받는 경우도 있다. 그러나 경찰은 국내의 상용망에 외국 사이버 도박회사의 지사형태로 도박장을 운영하는 것은 단속할 수 있으나 외국 사이트에 우리나라 사람이 직접 접속하여 도박하는 경우에는 이를 단속할 방법이 없다.

② **사이버 스토킹** : 정보통신망을 통하여 공포심이나 불안감을 유발하는 말, 음향, 글, 화상 또는 영상을 반복적으로 상대방에게 도달하게 하는 의도적인 위협행위를 말한다.

③ **사이버 성폭력** : 사이버 공간상에서 성적인 메시지 전달, 성적 대화 요청 및 성적인 문제와 관련하여 개인 신상에 관한 정보 게시 등의 방식을 통하여 상대방의 의지와 관계없이 상대방을 위협하거나 괴롭히는 행위이다.

④ **사이버 명예훼손이나 협박** : 고전적인 명예훼손 행위를 사이버 상에서 저지르는 것으로 그 전파성이 구두나 서면에 이한 것보다 크고 전파속도 또한 빨라서 피해자는 심각한 피해를 당하게 된다. 또한 회사나 기업의 홈페이지에 회사의 상품에 대한 악의적인 평가를 올리는 경우 해당 회사나 기업의 이미지가 타격을 입는 경우도 있다. 사이버 협박의 경우도 기존의 협박 행위를 e-mail 등을 통하여 행하는 행위이다.

⑤ **전자상거래 사기** : 전자상거래는 기존의 점포망을 통하지 않고도 소비자와 생산자 혹은 소매상간에 거래가 이루어 질 수 있다는 장점으로 폭발적으로 증가하고 있으나 돈을 받은 후 물건을 보내지 않거나 계약 내용과 다른 저질의 물품을 보내거나, 전자상거래에 필수적인 구매자의 카드번호와 신상명세가 해킹에 의하여 외부에 유출 악의적으로 사용되는 경우가 있으며, 다른 사람의 신상정보를 빼내 그 사람의 이름으로 전자상거래를 통하여 물품을 구입하여 피해를 주는 경우도 있다.

⑥ **개인정보 유출** : 해당사이트에 가입하기 위해서는 개인의 신상정보를 기재하는 것이 필수적인 과정으로 되어 있어 이러한 사이트에는 가입자 수만큼의 개인정보가 메인 서버에 입력되어 있다고 볼 수 있다. 그러나 이러한 메인 서버의 보안장치가 완벽하지 못한 경우가 많아 해킹으로 쉽게 개인정보가 유출되고 아울러 악의적인 사이트의 경우 경품을 미끼로 가입자를 모은 후 수집된 개인 정보를 인터넷 상거래 업체 등에 돈을 받고 넘겨주는 경우도 있다.

⑦ **인터넷 포르노 사이트의 운용** : 인터넷 포르노 사이트의 운용은 웹호스팅 등의 방법으로 포르노 사이트를 운용하면서 회원가입을 유도하기 위한 누드사진 정보를 보여 주다가 일정액을 납부하고 정식회원이 되면 노골적인 포르노 정보를 제공하는 것을 말한다.

⑧ **소프트웨어 저작권 침해** : 컴퓨터 소프트웨어는 일반 서적과는 달리 복사와 배포가 용이하여 프로그램 개발자들이 소프트웨어를 개발하기 위하여 투자한 많은 비용과 시간을 일시에 물거품으로 만들기도 한다. 이러한 불법복제와 더불어 프로그램 크랙이란 일정기간만 사용하도록 제공한 시험판 소프트웨어의 사용제한을 해제하여 무제한으로 사용할 수 있도록 만드는 것이다.

⑨ **기타 범죄** : 사이버범죄의 정의에는 포함되지 않으나 한국 특유의 PC방 문화는 새로운 범죄의 온상으로 떠오르고 있다. 우리나라 PC방은 인터넷 문화를 전국적으로 유포시킨 선봉자이기도 하지만, 원조교제, 미성년자의 음란사이트 열람 등이 사회문제로 떠오르고 있다.

2. 컴퓨터 파괴와 컴퓨터부정조작

(1) 컴퓨터 파괴

① 컴퓨터 자체에 대한 물리적인 가해행위

② 컴퓨터 자료에 대한 논리적 가해행위로 프로그램의 파괴, 자료접근 방해행위

(2) 컴퓨터 부정조작

① **투입 조작** : 일부 은닉, 변경된 자료나 허구의 자료 등을 컴퓨터에 입력시켜 잘못된 산출을 초래케 하는 방법

② **프로그램 조작** : 기존의 프로그램을 변경하거나 기존의 프로그램과 전혀 다른 새로운 프로그램을 작성 투입하는 방법

③ **console 조작** : console이란 컴퓨터 체계의 시동, 정지, 운영상태의 감시, 그리고 정보처리 내용과 방법의 변경 및 수정에 사용되는 것을 말하며, 이러한 console을 부당하게 조작하여 프로그램의 지시나 처리될 기억정보를 변경시키는 방법

④ **산출물 조작** : 정당하게 처리 산출된 산출물의 내용을 변경시키는 방법

3. FBI 컴퓨터범죄 수법분류

(1) 프로그램 조작

① **트로이목마** : 프로그램 목적을 실행하면서 일부에서 부정한 결과가 나오도록 프로그램 속에 범죄자만 아는 명령문을 삽입시켜 사용하는 방법

② **트랩도어** : 프로그램 개발과정에서 프로그램 검증을 위해 프로그램을 수정할 수 있는 명령이 있는 것을 삭제하지 않고 범행에 이용하는 방법

③ **수퍼재핑** : 컴퓨터가 작동 정지되어 복구나 재작동 절차에 의하여 해결할 수 없을 때 사용하는 Master Key와 같은 프로그램을 이용하여 범행하는 것으로 주로 프로그래머나 오퍼레이터에 의하여 사용된다.

④ **부정명령 은닉** : 프로그램에 어떤 조건을 넣어 주고 그 조건이 충족될 때마다 자동적으로 부정행위가 이루어지도록 하는 방법이다.

⑤ **시뮬레이션과 모델링** : 컴퓨터를 정상적인 시험이나 시뮬레이션 하는 것처럼 하면서 실제로는 컴퓨터를 범행도구로 이용하는 것이다.

(2) 컴퓨터 스파이

① **비동기성의 이용** : 컴퓨터의 비동기성을 이용하여 범죄를 저지르는 것이다.

② **부정접속** : 데이터 통신회사에 불법적으로 선로를 접속시켜 단말기 등을 연결 조작하여 자료를 절취하거나 컴퓨터를 부정사용 하는 방법이다.

③ **스카벤징** : 컴퓨터 작업수행이 완료된 후 쓰레기통이나 주위에 버려진 명세서 또는 복사물을 찾아 습득하거나 컴퓨터 기억장치에 남아 있는 것을 찾아내서 획득하는 방법으로 일명 '쓰레기 주워 모으기 수법'이라고도 한다.

(3) 기타

① **전송시 은닉과 위장** : 일정한 사람에게만 사용이 허가된 지역에 사용자가 출입할 때 함께 들어가 컴퓨터를 사용하거나 정당한 사용자 대신 정당한 사용자처럼 컴퓨터를 사용하는 것이다.

② **살라미기법** : 어떤 일을 정상적으로 실행하면서 관심 밖에 있는 조그마한 이익을 긁어모으는 수법으로 금융기관의 컴퓨터 체계에 이자 계산시 단수 이하의 적은 금액을 특정계좌에 모이게 하는 방법 등을 사용한다.

③ **자료변조** : 자료가 최종적으로 컴퓨터에 입력되는 순간에 자료를 절취, 삭제, 변경, 추가하는 방법으로 컴퓨터범죄의 일반적인 수법 중에서 가장 단순하고 안전하며 자료준비원, 자료운반원 등 자료에 접근이 용이한 사람들이 주로 이용하는 수법

Ⅳ. 사이버범죄의 증거수집

1. 사이버범죄 증거수집의 특징

(1) 증거확보 및 제시의 곤란

저장매체에 기록된 데이터는 눈으로 볼 수 없으므로 데이터를 프린터 등으로 출력하여야만 증거조사가 가능해 진다.

(2) 증거보전의 어려움

전자기록은 쉽게 손상 및 변경될 수 있기 때문에 보전이 어렵고 기술적인 문제가 발생할 가능성이 존재한다.

(3) 절차에 의한 증거의 가시화

전자적형태의 데이터 출력 및 조작시 증거능력을 인정할 수 있는 조치가 필요

(4) 압수수색의 문제점

압수수색으로 인한 업무의 지장초래 및 기업비밀의 유출 등과 같은 문제 발생 가능성이 항상 잠재하고 있다.

(5) 범죄 장소 특정 곤란

정보통신망에 의하여 구축된 사이버공간에서는 범죄행위의 장소 특정이 곤란하다.

2. 임의수사의 중요성과 한계

강제적 수사방법보다는 관련자로부터 임의의 협조를 받아 영장 없이 압수하는 것이 바람직하나, 영장 없이 임의제출을 받는 경우 임의제출자와 임의로 제출할 수 있는 권한 있는 자가 누구인가의 법적문제를 야기할 가능성이 있다. 또한 컴퓨터와 그 속에 저장된 데이터의 소유자가 다를 경우 영장 없는 압수수색이 가능한지의 문제점을 안고 있다. 만약 임의제출에 대한 소유자의 동의를 구하지 못하면 압수수색영장을 발부 받아 수사하는 것이 타당하다.

3. 사이버범죄 증거수집에서의 압수 수색

전자기록은 가시적 형태로 출력하여 수사서류에 첨부하는 것이 일반적인 방법이다. 사이버범죄의 증거수집에도 영장주의 원칙, 강제처분 법정주의 원칙은 기타 유체물의 경우와 동일하게 적용된다. 그러나 압수 수색시에 무형 데이터에 대한 압수에 대하여 현행법을 그대로 적용할 수 있는가, 전자기록 등의 압수수색에 영장주의 원칙이 적용되는가, 압수수색의 범위는 어디까지로 특정해야 하는 가 등의 문제가 있고 또한 데이터를 출력하기 위한 컴퓨터에 대한 별도의 압수수색 영장이 필요한가도 또 다른 문제점으로 제시되고 있다.

4. 영장주의 적용

체포, 긴급체포, 현행범체포, 구속의 경우 현장에서의 압수・수색・검증이 가능하며, 범행 중 또는 범행직후의 범죄현장에서의 긴급을 요하여 법관의 영장을 발부받을 수 없을 때에는 영장 없이 압수수색이 가능하나 사후에 지체 없이 영장을 발부 받아야 한다.

5. 무형의 정보에 대한 압수 허용성 문제

전자기록 및 특수매체기록 등의 정보가 압수대상으로서의 물건에 해당하는지의 여부와 통신비밀보호법상의 감청의 대상인지 아니면 형소법상의 압수・수색・검증의 대상인지의 여부를 검토해 보면 정보통신망에 의해 실시간으로 전송되고 있을 경우는 감청의 대상으로 볼 수 있고, 전송이 완료되어 전자기록 등의 형태로 저장되어 있을 경우에는 압수・수색・검증의 대상으로 보는 것이 타당하다.

6. 압수・수색의 범위

① 압수대상과 장소는 반드시 특정되어야 한다.

② 압수수색의 허용범위는 증거와의 관련성을 고려하여 결정

③ 압수수색 대상의 최소화

④ 주변기기에 대한 압수시에는 압수의 필요성이 존재해야 한다.

7. 수사기관의 전자기록 출력과 가공

압수된 전자기록 등의 정보에 대하여 수사기관이 컴퓨터를 이용하여 출력한 후 필요한 형태로 가공하는 행위는 허용된다. 그러나 전자기록의 본질적 내용에 수정을 가하는 것은 증거능력이나 증명력이 인정되지 않고 위법의 소지가 있다.

8. 압수물의 처분

① 형법 제48조 제1항의 압수된 컴퓨터시스템이 범인 이외의 자의 소유에 속하지 아니하거나 범죄 후 범인 이외의 자가 정을 알면서 취득한 물건에 해당할 경우 전부 또는 일부 몰수가 가능하다. 즉 범죄행위에 제공하였거나 제공하려고 한 물건, 범죄행위로 인하여 생겨났거나 이로 인하여 취득한 물건, 위 2가지 경우의 대가로 취득한 물건이 이에 해당한다.

② 형법 제48조 제3항에서 문서, 도화, 전자기록 등 특수매체기록 또는 유가증권의 일부가 몰수에 해당하는 때에는 그 부분을 폐기한다고 규정되어 있는데 폐기는 전자기록 등 특수매체기록의 특성상 삭제를 의미한다고 해석해야 한다.

③ 형소법 제133조 이하 제138조에 규정되어 있는 압수물의 환부, 가환부, 압수장물의 피해자 환부 규정도 원칙적으로 전자기록 등 특수매체기록에 대해서도 적용된다.

제8절 신용카드범죄 수사

Ⅰ. 신용카드범죄의 개념

신용카드 거래과정에서 발생하는 부정행위만을 신용카드범죄라고 하는 견해도 있으나, 신용카드를 범죄의 수단 또는 그 목적으로 하거나 신용카드 거래 제도를 이용해 이루어지는 모든 범죄를 신용카드 범죄라고 보는 것이 일반적이다.

Ⅱ. 신용카드범죄의 특성

1. 범행의 신속성 · 집중성

신용카드를 절취, 습득, 위조한 자의 부정사용 등 범행은 카드회원, 카드회사, 가맹점이 시고사실을 인지하여 사고통지가 이루어지기 이전 최단시간 내에 범행이 신속하게 집중적으로 이루어져 착수에서 완료까지 불과 몇 분이 소요되는 것이 보통이며 사용건수는 수십 회에 걸쳐 반복, 대량 발생함으로 피해금액도 고액화 되는 경향을 보이고 있다.

2. 범행의 조직성 · 전문성

카드깡의 경우 불법사채업자를 중심으로 가맹점과 공모 또는 위장 가맹점을 설립하고, 이용자를 유인하여 카드정보 중개, 허위매출 발생, 위장 가맹점 운영 등 조직체계를 구성하고 있으며, 위조범죄의 경우에도 신용카드정보 취득 및 위조자재 수집책, 복제기를 이용한 신용카드 위조책, 위조카드 사용책으로 분화되는 조직화 전문화 추세를 보이고 있다.

3. 범행의 광역성 · 국제성

신용카드범죄는 가맹점이 있는 곳이면 어디든 범행이 가능함으로 국외에서 범행이 이루어지는 경우도 많고 일정지역에서 반복 범행시 검거될 확률이 높으므로 지역을 이동하며 범행을 하고 있다. 또한 외국에서 위조한 신용카드를 가지고 입국하여 고가의 물품을 구입하는 수법도 발견되고 있다.

Ⅲ. 여신전문금융업법 적용대상

1. 신용카드

이를 제시함으로서 반복하여 신용카드 가맹점에서 결제할 수 있는 증표로서 신용카드업자(외국에서 신용카드업에 상당하는 영업을 영위하는 자를 포함한다)가 발행한 것을 말한다.

2. 직불카드

직불카드회원과 신용카드가맹점간에 전자적 또는 자기적 방법으로 금융거래계좌에 이체하는 등의 방법으로 결제가 이루어질 수 있도록 신용카드업자가 발행한 증표(자금을 융통받을 수 있는 증표는 제외한다)를 말한다.

3. 선불카드

신용카드업자가 대금을 미리 받고 이에 해당하는 금액을 기록(전자적 또는 자기적 방법에 따른 기록을 말한다)하여 발행한 증표로서 선불카드소지자가 신용카드가맹점에 제시하여 그 카드에 기록된 금액의 범위에서 결제할 수 있게 한 증표를 말한다.

Ⅳ. 신용카드의 기능

1. 경제적 기능

① **소비자 신용기능** : 상품 및 용역 등을 신용으로 외상 구매할 수 있는 기능

② **지불수단 기능** : 현금이나 수표를 대신할 수 있는 지불수단 기능

③ **자금융통기능** : 일정 한도의 자금을 현금서비스 등의 방법으로 차입할 수 있는 기능이 있다.

2. 사회적 기능

① **신분증명 기능** : 소지자의 신분확인과 신용상태 정도를 파악할 수 있는 기능

② **소비생활의 변화기능** : 소비 효용을 극대화 시키는 동시에 소비자의 채무를 증대시키는 기능

Ⅴ. 신용카드범죄의 유형

1. 신용카드범죄

(1) 부정취득

① **진정한 신용카드를 취득한 경우** : 부정사용을 위하여 자기 또는 타인 명의의 카드를 부정 취득하는 것, 자기 명의의 카드 부정 취득과 타인 명의의 카드 부정 취득으로 나뉜다.

② **신용카드를 위조한 경우** : 신용카드 뒷면의 자기 테이프 내에 있는 타인의 정보를 입력하거나 공카드에 개인정보를 입력하여 타인 명의의 신용카드를 위조하는 수법

(2) 부정사용

① 카드 가맹점에서 물품을 구입하거나 제공받는 경우

② 현금자동지급기나 자동인출기에서 예금을 인출하거나 현금서비스를 받는 경우

(3) 부정처분

신용카드의 소유권은 신용카드회사에 있고 카드회원은 대여를 받아 사용할 권한을 갖고 있음에 불과한데도 신용카드를 양도 양수하거나 질권을 설정하는 행위

2. 가맹점 범죄

① 현금카드이용 현금 대출행위

② 매출전표의 할인 및 유통행위

③ 위조매출전표 유통행위

④ 이중매출전표 작성 내지 매출전표 금액변조행위

⑤ 가맹점수수료의 회원전가행위

3. 가맹점 준수사항

① 신용카드가맹점은 신용카드에 의한 거래를 이유로 물품의 판매 또는 용역의 제공을 거절하거나 신용카드회원을 불리하게 대우하지 못한다.

② 신용카드가맹점은 신용카드에 의한 거래를 할 때마다 당해 신용카드가 본인에 의하여 정당하게 사용되고 있는지의 여부를 확인하여야 한다.

③ 신용카드가맹점은 가맹점수수료를 신용카드회원으로 하여금 부담하게 하여서는 아니 된다.

④ 신용카드가맹점은 다음에 해당하는 행위를 하여서는 아니 된다. 다만 결제대행업체의 경우에는 ㉠, ㉣, ㉤의 규정을 적용하지 아니한다.

㉠ 물품의 판매 또는 요역의 제공 등이 없이 신용카드에 의한 거래를 한 것으로 가장하는 행위

㉡ 실제 매출 금액을 초과하여 신용카드에 의한 거래를 하는 행위

㉢ 다른 신용카드가맹점 명의로 신용카드에 의한 거래를 하는 경우

㉣ 신용카드가맹점의 명의를 타인에게 대여하는 행위

㉤ 신용카드에 의한 거래를 대행하는 행위

⑤ 결제대행업체는 물품의 판매 또는 용역의 제공 등을 하는 자의 신용정보 및 신용 카드거래의 대행 내역을 신용카드업자에게 제공하는 등 대통령령이 정하는 사항을 준수하여야 한다.

Ⅵ. 신용카드범죄 수사요령

① 사단법인 한국신용카드협회 및 신용카드회사를 상대로 상습재발급 체납자 명단, 카드거래내역 등 수사 자료를 입수 활용한다.

② 신용카드회사, 세무사와 협조하여 카드가맹점에 대한 사업자등록 진위확인을 통한 위장 가맹점을 색출 조사한다.

③ 나이트클럽, 룸살롱 등 유흥업소를 상대로 허위매출전표 작성여부를 수사한다.

④ 전자제품 덤핑판매업소를 상대로 매출전표 불법유통 여부를 수사한다.

⑤ 생활정보지 또는 통행인이 많은 지하도 등지에서 배포하는 전단지에 기재된 전화번호를 추적하여 신용카드담보대출업소를 파악한다.

⑥ 카드관련사범은 착 발신 분리 전화를 사용하고 출장 대출 등으로 추적이 곤란한 경우가 많으므로

발신지를 추적 수사한다.

⑦ 세무서 조사과의 가맹업소의 허위가맹점 사업자등록 및 매출거래내역, 조사기록 등 세무관련 수사자료를 입수 수사에 활용한다.

⑧ 불법 사금융 및 신용카드 할인(카드깡) 등으로 인한 서민금융 피해가 증가함으로 소위 "떳다방"식 사금융 영업이 발생함에 따라 범죄첩보에 대한 신속한 조치가 요구되므로 금융감독원의 비 제도금융조사팀과의 hot-line구축 활용

⑨ 신용카드사에서는 조기경보시스템을 운용하여 분실 도난 위・변조 카드 사용 혐의 거래를 실시간 모니터링하고 있으므로 신용카드부정사용 관련 정보를 활용할 수 있도록 담당직원과 유대를 강화할 필요가 있다.

Ⅶ. 유령 신용카드가맹점을 통한 탈세수법

① 신용카드 매출전표 불법유통조직은 속칭 바지를 세우는 방법 등으로 유령가맹점을 다수 확보한다.

② 신흥업소들이 매출전표에 가맹점을 기재하지 않은 채 유통조직에 판매하여 유통조직은 유령가맹점 명의를 기재 사용한다.

③ 신흥업소에서는 처음부터 유령가맹점의 명의로 매출전표를 작성하는 수법을 사용하기도 한다.

제9절 지적소유권범죄 수사

Ⅰ. 지적소유권의 의의

① 현행법상 지적소유권이란 산업재산권과 저작권 등 인간의 정신적 창조물인 무형재산에 대하여 인정되는 독점적 · 배타적 권리를 말하는데, 지적재산권(Intellectual Property Rights, IP)이라고도 한다.

② 산업재산권과 저작권은 인간의 지적창작물을 보호하는 무체재산권이라는 점과 그 보호기간이 한정되어 있다는 점에서 동일하지만, 산업재산권이 특허청의 심사를 거쳐 등록을 해야만 보호되는 반면 저작권은 출판과 동시에 보호된다는 점이 다르며, 보호기간도 산업재산권은 10~20년 정도로 비교적 짧고 저작권은 저작자의 사후 30~50년까지 상당히 길다는 점이다.

③ 지적소유권은 세계지적소유권기구(WIPO), 베른조약, 세계저작권조약 등을 통하여 국제적으로 보호되는 것은 특징이다.

④ 최근 제정된 전자거래기본법은 전자상거래에 있어 신지적소유권 보호문제를 포함하고 있다.

Ⅱ. 지적소유권제도

1. 산업재산권

(1) 특허법

① **보호대상**(법 제1조) : 발명, 즉 자연법칙을 이용한 기술적 사상의 창작으로서 고도한 것을 보호 · 장려하고 그 이용을 도모함으로써 기술의 발전을 촉진하여 산업발전에 이바지 하고자 함.

② **존속기간 및 친고죄 여부**(법 제88조) : 특허권의 설정등록이 있는 날부터 특허출원일 후 20년이 되는 날까지로 하는 친고죄이다.

③ **특허권 제도의 원칙**

㉠ 권리주의

㉡ 등록주의

㉢ 심사주의

㉣ 직권주의

㉤ 서면 · 국어주의

㉥ 도달주의

㉦ 수수료납부주의

㉧ 1건 1통주의

④ **침해로 보는 행위**(법 제127조)

㉠ 특허가 물건의 발명인 경우 : 그 물건의 생산에만 사용하는 물건을 생산 · 양도 · 대여 · 수출

또는 수입하거나 그 물건의 양도 또는 대여의 청약을 하는 행위

㉡ 특허가 방법의 발명인 경우 : 그 방법의 실시에만 사용하는 물건을 생산·양도·대여·수출 또는 수입하거나 그 물건의 양도 또는 대여의 청약을 하는 행위

⑤ **허위표시의 금지**(법 제224조)

㉠ 특허된 것이 아닌 물건, 특허출원중이 아닌 물건, 특허된 것이 아닌 방법이나 특허출원중이 아닌 방법에 의하여 생산한 물건 또는 그 물건의 용기나 포장에 특허표시 또는 특허출원표시를 하거나 이와 혼동하기 쉬운 표시를 하는 행위

㉡ 상기 표시를 한 것을 양도·대여 또는 전시하는 행위

㉢ 상기 물건을 생산, 사용, 양도 또는 대여하기 위하여 광고 간판 또는 표찰에 그 물건이 특허나 특허출원된 것 또는 특허된 방법이나 특허출원중인 방법에 의하여 생산한 것으로 표시하거나 이와 혼동하기 쉬운 표시를 하는 행위

㉣ 특허된 것이 아닌 방법이나 특허출원중이 아닌 방법을 사용 양도 또는 대여하기 위하여 광고 간판 또는 표찰에 그 방법이 특허 또는 특허출원된 것으로 표시하거나 이와 혼동하기 쉬운 표시를 하는 행위

(2) 실용신안법

① **보호대상**(법 제1조) : 실용적인 고안, 즉 자연법칙을 이용한 기술적 사상의 창작을 보호·장려하고 그 이용을 도모함으로서 기술의 발전을 촉진하여 산업발전에 이바지 하고자 함.

② **존속기간 및 친고죄 여부**(법 제22조) : 실용신안권의 설정등록이 된 날부터 실용신안등록출원일 후 10년이 되는 날까지로 한다. 친고죄

(3) 디자인보호법

① **보호대상**(법 제1조) : 디자인, 즉 물품의 형상 모양 색채 또는 이들을 결합한 것으로서 시각을 통하여 미감을 일으키는 것을 보호 및 이용을 도모함으로서 디자인의 창작을 장려하여 산업발전에 이바지 하고자 함.

② **존속기간 및 친고죄 여부**(법 제91조) : 디자인권의 설정등록이 있는 날부터 20년으로 한다. 친고죄

(4) 상표법

① **보호대상**(법 제1조) : 상표보호, 즉 상품을 생산 가공 증명 또는 판매하는 것을 업으로 영위하는 자가 자기의 업무에 관련된 상품을 타인의 상품과 식별되도록 하기 위하여 사용하는 기호, 문자, 도형, 입체적 형상 또는 이들을 결합한 것 및 이들에 색채를 결합한 것을 보호함으로서 상표사용자의 업무상의 신용유지를 도모하여 산업발전에 이바지함과 수요자의 이익을 보호하고자 함.

② **존속기간 및 친고죄 여부**(법 제42조) : 상표권의 설정등록이 있는 날부터 10년으로 한다. 비친고죄

③ **상표권 또는 전용사용권 침해행위**(법 제66조 제1항)

㉠ 타인의 등록상표와 동일한 상표를 그 지정상품과 유사한 상품에 사용하거나 타인의 등록상표와 유사한 상표를 그 지정상품과 동일 또는 유사한 상품에 사용하는 행위

㉡ 타인의 등록상표와 동일 또는 유사한 상표를 그 지정상품과 동일 또는 유사한 상품에 사용할 목적이나 사용하게 할 목적으로 교부 또는 판매하거나 위조, 모조 또는 소지하는 행위

㉢ 타인의 등록상표를 위조 또는 모조할 목적이나 위조 또는 모조하게 할 목적으로 그 용구를 제작 교부 판매 또는 소지하는 행위

㉣ 타인의 등록상표 또는 이와 유사한 상표가 표시된 지정상품과 동일 또는 유사한 상품을 양도 또는 인도하기 위하여 소지하는 행위

④ **허위표시 금지**(법 제91조) : 누구든지 다음에 해당하는 행위를 하여서는 아니 된다.

㉠ 등록을 하지 아니한 상표 또는 상표등록출원을 하지 아니한 상표를 등록상표 또는 등록출원상표인 것같이 상품에 표시하는 행위

㉡ 등록을 하지 아니한 상표 또는 상표등록출원을 하지 아니한 상표를 등록상표 또는 등록출원상표인 것 같이 영업용 광고, 간판, 표찰, 상품의 포장 또는 기타 영업용 거래서류 등에 표시하는 행위

㉢ 지정상품외의 상품에 대하여 등록상표를 사용하는 경우에 그 상표에 상표등록 표시 또는 이와 혼동하기 쉬운 표시를 하는 행위

2. 저작권

(1) 저작권법

① **보호대상**(법 제1조) : 저작자의 권리와 이에 인접하는 권리를 보호하고 저작물, 즉 문학, 학술 또는 예술의 범위에 속하는 창작물의 공정한 이용을 도모함으로서 문화의 향상발전에 이바지 하고자 함.

㉠ **저작물의 예** : 소설, 시, 논문, 강연, 연설, 각본 그 밖의 어문저작물, 음악저작물, 연극저작물, 미술저작물, 건축저작물, 사진저작물, 영상저작물, 도형저작물, 컴퓨터프로그램저작물

㉡ **2차적 저작물** : 원 저작물을 번역, 변형, 각색, 영상제작으로 작성한 창작물

㉢ **편집저작물** : 편집물로서 그 소재의 선택 배열 또는 구성에 창작성이 있는 것

② **보호받지 못하는 저작물 등**(법 제7조)

㉠ 헌법, 법률, 조약, 명령, 조례, 규칙

㉡ 국가 또는 지방자치단체의 고시, 공고, 훈령 그 밖의 이와 유사한 것

㉢ 법원의 판결, 결정, 명령 및 심판이나 행정심판절차 그 밖에 이와 유사한 절차에 의한 의결 결정 등

㉣ 국가 또는 지방자치단체가 작성한 것으로서 위의 규정된 것의 편집물 또는 번역물

㉤ 사실의 전달에 불과한 시사보도

③ **존속기간 및 친고죄 여부**(법 제39) : 저작재산권은 특별한 규정이 있는 경우를 제외하고는 저작자

가 생존하는 동안과 사망한 후 70년간 존속한다. 친고죄(일부예외).

④ **저작권의 구분**

㉠ 저작인격권(법 제11조, 12조, 13조) : 공표권, 성명표시권, 동일성유지권

㉡ 저작재산권(법 제16조, 제17조, 제18조, 제18조의2, 제19조, 제20조, 제21조) : 복제권, 공연권, 공중송신권, 전시권, 배포권, 대여권, 2차적 저작물 작성권

⑤ **저작재산권이 제한되는 경우**(법 제22조~제34조)

㉠ 재판절차에서의 복제

㉡ 학교교육목적 등에의 이용

㉢ 시사보도를 위한 이용

㉣ 공연된 저작물의 인용

㉤ 영리를 목적으로 하지 아니하는 공연 방송

㉥ 사적이용을 위한 복제

㉦ 도서관 등에서의 복제

㉧ 시험문제로서의 복제

㉨ 시각장애인 등을 위한 복제

㉩ 방송사업자의 일시적 녹음 녹화

㉪ 미술저작물 등의 전시 또는 복제

㉫ 번역 등에 의한 이용

㉬ 출처의 명시

(2) 반도체집적회로의 배치설계에 관한 법률

① **보호대상**(법 제1조) : 반도체집적회로의 배치설계에 관한 창작자의 권리를 보호하고 배치설계의 공정한 이용을 도모하여 반도체 관련 산업과 기술을 진흥함으로서 국민경제의 건전한 발전에 이바지 하고자 함.

② **존속기간 및 친고죄 여부**(법 제7조, 제45조) : 배치설계권의 존속기간은 설정등록일부터 10년으로 한다. 친고죄

(3) 부정경쟁방지 및 영업 비밀보호에 관한 법률

① **보호대상**(법 제1조) : 국내에 널리 알려진 타인의 상표 상호 등을 부정하게 사용하는 등의 부정경쟁행위와 타인의 영업 비밀을 침해하는 행위를 방지하여 건전한 거래질서를 유지하고자 함.

② **존속기간 및 친고죄 여부** : 제한 없음, 비친고죄

③ **대표적인 부정경쟁행위**(법 제2조 제1호)

㉠ 국내에 널리 인식된 타인의 성명, 상호, 상표, 상품의 용기 포장 기타 타인의 상품임을 표시한 표시와 동일하거나 이와 유사한 것을 사용하거나 이러한 것을 사용한 상품을 판매, 반포 또는 수입 수출하여 타인의 상품과 혼동을 하게 하는 행위

㉡ 국내에 널리 인식된 타인의 성명, 상호, 포장 기타 타인의 영업임을 표시하는 표시와 동일하거나 이와 유사한 것을 사용하여 타인의 영업상의 시설 또는 활동과 혼동을 하게 하는 행위

㉢ 상품이나 그 광고에 의하여 또는 공중이 알 수 있는 방법으로 거래상의 서류 또는 통신에 허위의 원산지의 표시를 하거나 또는 이러한 표시를 한 상품을 판매 반포 또는 수입・수출하여 원산지의 오인을 일으키게 하는 행위

㉣ 상품이나 그 광고에 의하여 또는 공중이 알 수 있는 방법으로 거래상의 서류 또는 통신에 그 상품이 생산, 제조 또는 가공된 지역 이외의 곳에서 생산 또는 가공된 듯이 오인을 일으키게 하는 표시를 하거나 이러한 표시를 한 상품을 판매, 반포 또는 수입・수출하는 행위

㉤ 타인의 상품을 사칭하거나 상품 또는 그 광고에 상품의 품질 내용 제조방법 용도 또는 수량의 오인을 일으키게 하는 선전 또는 표시를 하거나 이러한 방법이나 표시로서 상품을 판매 반포 또는 수입・수출하는 행위

제10절 생활경제사범 수사

Ⅰ. 식품위생법위반사범 수사

① 지방식품의약품안전청, 시·군·구청 위생과 보건소 등 관계기관과 협조하여 공조수사체계를 유지한다.

② 유통기한 경과 식품 판매, 농약 사용 콩나물, 유해물질 착색, 건강보조식품의 허위광고 등 광범위한 범죄첩보를 수집한다.

③ 형사처벌 대상과 과태료 사안을 명백히 구분하여 무분별한 형사입건 사례가 없도록 한다.

④ 수사상 필요한 경우 영업소, 창고, 저장소 등에서 경찰관이 식품을 수거하지 말고 식품위생감시원으로 하여금 식품을 수거하게 하여 식품의약품안전청에 검사 의뢰하도록 조치한다.

Ⅱ. 농·수·축산물관련사범 수사

① **유전자변형 농산물의 표시**(농산물품질관리법 제16조) : 소비자에게 올바른 구매정보를 제공하기 위하여 유전자변형농산물을 판매하는 자는 유전자변형농산물임을 표시하여야 한다.

② 거짓**표시 등의 금지**(농산물품질관리법 제9조, 제17조)

㉠ 표준규격품이 아닌 농산물에 표준규격품의 표시나 이와 비슷한 표시를 하는 행위

㉡ 우수관리인증농산물 아닌 농산물에 우수관리인증농산물의 표시 또는 이와 유사한 표시를 하는 행위

㉢ 이력추적관리 농산물이 아닌 농산물에 이력추적관리의 표시나 이와 비슷한 표시를 하는 행위

㉣ 표준규격품이 아닌 농산물에 표준규격품 표시를 한 농산물을 혼합하여 판매하거나 판매할 목적으로 보관하거나 진열하는 행위

㉤ 우수관리인증농산물이 아닌 농산물에 우수관리인증농산물의 표시를 한 농산물을 혼합하여 판매하거나 판매할 목적으로 보관하거나 진열하는 행위

㉥ 이력추적관리 농산물이 아닌 농산물에 이력추적관리의 표시를 한 농산물을 혼합하여 판매하거나 판매할 목적으로 보관하거나 진열하는 행위

㉦ 유전자변형농산물의 표시를 허위로 하거나 이를 혼동하게 할 우려가 있는 표시를 하는 행위

㉧ 유전자변형농산물의 표시를 혼동하게 할 목적으로 그 표시를 손상·변경하는 행위

㉨ 유전자변형농산물의 표시를 한 농산물에 다른 농산물을 혼합하여 판매하거나 판매할 목적으로 보관 또는 진열하는 행위

③ **농산물 유통 처벌법규**

㉠ **매점매석행위**(물가안정에 관한법률 제26조, 제7조) : 폭리를 목적으로 물품을 매점하거나 판매를 기피하는 행위로 물가안정을 저해할 우려가 있다고 인정되는 매점매석행위는 2년 이하의 징

역 또는 5천만원 이하의 벌금에 처한다.

㉡ **농산물 원산지, 유전자변형농산물 허위표시 판매행위**(농산물품질관리법 제17조, 제34조의2) : 다음 각 호의 행위를 한 자는 7년 이하의 징역 또는 1억원 이하의 벌금에 처한다.

ⓐ 유전자변형농산물의 표시를 허위로 하거나 이를 혼동하게 할 우려가 있는 표시를 하는 행위

ⓑ 유전자변형농산물의 표시를 혼동하게 할 목적으로 그 표시를 손상・변경하는 행위

ⓒ 유전자변형농산물의 표시를 한 농산물에 다른 농산물을 혼합하여 판매하거나 판매할 목적으로 보관 또는 진열하는 행위

㉢ **무허가 농산물 중개행위**(농산물 유통 및 가격안정에 관한 법률 제86조, 제25조 제1항) : 중도매인의 업무를 하려는 자는 부류별로 해당 도매시장 개설자의 허가를 받아야 한다. 이에 따른 허가를 받지 않고 중도매인의 업무를 한 자는 2년 이하의 징역 또는 2천만원 이하의 벌금에 처한다.

㉣ **불공정거래행위의 금지**(독점규제 및 공정거래에 관한 법률 제23조)

ⓐ 사업자는 공정한 거래를 저해할 우려가 있는 행위를 하거나 계열사 또는 다른 사업자로 하여금 이를 행하도록 하여서는 아니 된다.

ⓑ 독점규제 및 공정거래에 관한 법률 제71조(고발) : 제66조, 제67조의 죄는 공정거래위원회의 고발이 있어야 공소를 제기할 수 있다.

Ⅲ. 건축 관련 비리사범 수사

① **건축사법**

㉠ 건축법의 규정에 의한 건축물의 건축 등을 우이한 설계는 건축사가 아니면 이를 할 수 없다.

㉡ 타인에게 자기의 성명을 사용하여 업무를 행하게 하거나 자격증을 대여할 수 없다.

② **건설산업기본법**(법 제95조, 제96조)

㉠ 건설공사의 입찰에 있어서 부당한 이익을 취득하거나 공정한 가격결정을 저해할 목적으로 입찰자간에 공모하여 미리 준비한 가격으로 입찰하거나, 다른 건설업자의 견적을 제출하거나, 위계 또는 위력 기타의 방법으로 다른 건설업자의 입찰행위를 방해한 자는 5년 이하의 징역이나 5천만원이하의 벌금에 처한다.

㉡ 규정에 의한 등록을 하지 아니하거나 부정한 방법으로 등록을 하고 건설업을 영위하거나, 규정에 의한 신고를 하지 아니하거나 부정한 방법으로 신고를 하고 건설업을 영위하거나, 규정에 위반하여 하도급 또는 시공한 자는 3년 이하의 징역 또는 3천만원 이하의 벌금에 처한다.

③ **소방시설 공사업법**(법 제35조, 제36조)

㉠ 소방시설업의 등록을 하지 아니하고 영업을 한 자는 3년 이하의 징역 또는 1천 5백만원이하의 벌금에 처한다.

㉡ 영업정지 처분을 받고 그 영업정지 기간 중에 소방시설업의 업무를 하거나, 규정에 위반하여

설계 또는 시공하거나, 규정에 위반하여 감리하거나 거짓으로 감리하거나, 공사업자가 아닌 자에게 소방시설공사를 도급한 자는 1년 이하의 징역 또는 1천만원이하의 벌금에 처한다.

④ **시설물의 안전관리에 관한 특별법**(법 제39조, 제39조의2, 제40조)

㉠ 규정에 의한 안전점검 또는 정밀안전진단을 실시하지 아니하거나 성실하게 실시하지 않음으로서 시설물에 중대한 손실을 야기하여 공중의 위험을 발생하게 하게 한 자는 10년 이하의 징역에 처한다.

㉡ 업무상 과실로 전항의 죄를 범한 자는 5년 이하의 징역이나 금고 또는 5천만원이하의 벌금에 처한다.

㉢ 규정에 의한 안전진단전문기관으로 등록하지 아니하고 안전점검 또는 정밀안전진단업무를 수행한 자는 2년 이하의 징역 또는 2천만원 이하의 벌금에 처한다.

Ⅳ. 의료사고 수사

1. 서설

① 의사의 치료행위는 수반되는 위험과 그 치료행위를 선택하지 않을 경우 질병의 치료가 곤란하게 되는 경우와의 비교형량에 따른 합리적인 선택이어야 하며 이어야 한다.

② 관실 여부를 판단하는 근거로는 의무기록, 의학문헌이나 관련 기사 등을 참고할 수 있다.

③ 새로운 요법을 시행할 때에는 환자의 승낙 및 의사의 설명의무가 전제 되어야 한다.

④ 의료인이 아니면 누구든지 의료행위를 할 수 없으며 의료인도 면허이외의 의료행위는 할 수 없다.

2. 수사시 유의사항

① 사건의 탐지가 곤란하며 적절한 보상을 통한 해결이 많이 이루어지고 있다.

② 의사의 지시지(진료차트), 입퇴원결정서, 입원 퇴원기록지, 수술기록지, 경과기록지, 병력기록, 처방전 등을 확보한다.

③ 전문 수사요원이 부족하고 의료인 상호간의 동료의식으로 감정의 공신력을 확보하기 어려워 현실적인 제약이 많다.

④ 간호사가 작성하는 간호차트는 의사의 처방지시와 환자상태를 기재한 것이므로 간호차트와 의사처방지시를 비교분석할 수 있으므로 간호사를 우선 조사하고 의사 순으로 조사하는 것이 좋다.

⑤ 무면허 의료행위는 실제 위해나 부작용이 발생했는지 여부와 관계없이 범죄가 성립한다.

Ⅴ. 아파트 관리 운영 비리 수사

① 전기 정화조 등 시설보수비, 청소 소독용역비, 승강기 보수 점검비, 오물수거비 등을 조작하여 관리비를 횡령

② 도시가스 세관공사, 건물도색 등과 관련하여 입찰업체에 최저 입찰가를 미리 알려 주고 금품 수수 등 공사입찰 관련 금품수수행위

③ 아파트 자치회에서 특정 업체에 화재보험 가입이나 알뜰장터 제공하고 사례비를 받는 등 다양한 형태의 비리행위

Ⅵ. 금융비리관련사범 수사

1. 유사금융기관에 대한 수사요령

① 비제도권 금융기관이지만 국민에게 미치는 영향이 크므로 신중히 접근하여 수사한다.

② 단속 전에 법률 검토를 충분히 하여 위법사실의 인지 및 입건에 물의야기 사례가 없도록 한다.

③ 대상 업체의 재정경제부 인가 여부와 법원 등기, 국세청 신고 여부를 확인하고 실제 이루어지고 있는 영업형태를 파악한다.

④ 상당수 업체가 다단계판매의 형식의 영업방법을 쓰고 있으므로 이에 대하여 중점적으로 수사한다.

⑤ 사채업을 하면서 대출금 회수를 위하여 조직폭력배 또는 단순 폭력사범과의 연계 여부를 병행하여 수사한다.

⑥ 개인 사채업자도 대출금 회수를 위하여 폭력배 동원 등 위법사항이 있을 경우 철저히 단속한다.

⑦ 지역정보지(벼룩시장 등) 등을 입수, 유사금융기관의 실태를 파악하여 수사 자료로 활용한다.

2. 대부업의 등록 및 금융이용자보호에 관한 법률의 주요 내용

① 대부업 영업시 해당 영업소 관할 시 도지사에게 등록

② 미등록 대부업 영업시 처벌

Ⅶ. 방문판매관련사범 수사

1. 방문판매 등에 관한 법률상 판매유형

① 방문판매란 재화 또는 용역의 판매를 업으로 하는 자가 방문의 방법으로 그의 영업소, 대리점 기타 총리령이 정하는 영업장소 이외의 장소에서 소비자에게 권유하여 계약의 청약을 받거나 계약을 체결하여 재화 또는 용역을 판매하는 것을 말한다.

② 전화권유 판매란 전화를 이용하여 소비자에게 권유하여 계약의 청약을 받거나 계약을 체결하는 등의 방법으로 재화를 판매하는 것을 말한다.

③ 다단계판매란 판매업자가 특정인에게 활동을 하면 일정한 이익을 얻을 수 있다고 권유하여 판매원의 가입이 단계적으로 당해 판매업자가 공급하는 재화 등을 소비자에게 판매하게 하거나 소비자의 전부 또는 일부를 당해 특정인의 하위 판매원으로 가입하도록 하여 그 하위 판매원이 당해 특정인의 활동과 같은 활동을 할 것을 통하여 재화 등을 판매하는 것을 말한다.

2. 피라미드형 불법다단계범죄

(1) 피라미드형 다단계범죄의 특성

① 고소득을 빙자하면서 퇴직 실업자, 가정주부 등을 상대로 범행

② 효능이 입증되지 않은 사치품을 고가로 판매

③ 판매조직이 아는 사람이나 친인척 등으로 구성된다는 점이다.

④ 교육을 빙자하여 일정기간 집단으로 수용하는 경우가 많다.

(2) 불법다단계 중점 단속 대상

① 미등록 다단계 판매업, 각종 의무, 금지행위 위반 등 불법 다단계 판매

② 합숙훈련을 빙자한 감금행위 및 이탈방지를 위한 폭력행위

③ 상품에 대한 허위 과대광고로 폭리취득 등 경제질서 문란행위

3. 방문판매 등에 관한 법률 위반사범 수사요령

① 매출대금은 대부분 신용카드로 결제함으로 관할 세무서의 협조를 얻어 외형금액 산출 등 필요한 자료를 확보하여야 한다.

② 전화, 팩스, PC통신을 이용하여 구매를 강요하는 경우에 압수 수색영장을 발부 받아 통화내역을 녹음하는 등 증거를 확보하여야 한다.

③ 다단계 판매는 판매원 가입이 순차적, 단계적으로 3단계 이상의 조직을 통하여 이루어지므로 가입자 진술 확보시 지계상의 판매업자, 판매자, 판매원 순으로 조사하여야 한다.

④ 판매원 개인별 면접수사로 하위 판매원 강제모집 할당, 모집수당 지급 여부, 판매원의 가입경위 등 수사, 특히 퇴직 판매원의 명단을 입수하여 퇴직 사유 등에 대한 치밀한 수사로 위법 사례를 구증하여야 한다.

⑤ 내사단계에서 영업장 내부구조를 상세히 확인하고, 영업책임자 및 주요 임원들에 대한 신원확인 등 신병확보대책을 충분히 수립하여야 한다.

⑥ 다단계 판매조직 신규가입자로 위장하여 영업장 내 교육 장소에 들어가 신규가입자 교육시 사용하는 유인물, 교과내용, 교육책임자의 인적 사항 등을 사전에 확인하고 물적 증거 등을 확보하여야 한다.

⑦ 현장에서 다단계 판매혐의를 구증할 수 있는 최소한의 판매조직원(직렬 3명 이상) 신병을 확보하여 조사하고, 불가능할 때에는 관련 장부 등에 기재된 판매원의 인적사항을 확인하여 신속히 소재 파악하여 신병을 확보하여야 한다.

⑧ 1인의 판매원이 수 개소의 다단계 판매 업소에 가입하여 활동하는 경우가 많으므로 개인 수첩에 기재된 관련 판매원을 추궁하여 여타 조직을 색출하여야 한다.

제11절 불법집회 · 시위사범 수사

Ⅰ. 용어의 정의(집회 및 시위에 관한 법률 제2조)

① **옥외집회** : 천장이 없거나 사방이 폐쇄되지 아니한 장소에서 여는 집회

② **시위** : 여러 사람이 공동의 목적을 가지고 도로, 광장, 공원 등 일반인이 자유로이 통행할 수 있는 장소를 행진하거나 위력 또는 기세를 보여, 불특정한 여러 사람의 의견에 영향을 주거나 제압을 가하는 행위

③ **주최자** : 자기 이름으로 자기 책임 아래 집회나 시위를 여는 사람이나 단체를 말한다. 주최자는 주관자를 따로 두어 집회 또는 시위의 실행을 맡아 관리하도록 위임할 수 있다. 이 경우 주관자는 그 위임의 범위 안에서 주최자로 본다.

④ **질서유지인** : 주최자가 자신을 보좌하여 집회 또는 시위의 질서를 유지하게 할 목적으로 임명한 자

⑤ **질서유지선** : 관할경찰서장이나 지방경찰청장이 적법한 집회 및 시위를 보호하고 질서유지나 원활한 교통 소통을 위하여 집회 또는 시위의 장소나 행진 구간을 일정하게 구획하여 설정한 띠, 방책, 차선 등의 경계표지

Ⅱ. 집회 및 시위의 금지(법 제5조)

① 누구든지 다음 각 호의 어느 하나에 해당하는 집회나 시위를 주최하여서는 아니 된다.

㉠ 헌법재판소의 결정에 따라 해산된 정당의 목적을 달성하기 위한 집회 또는 시위

㉡ 집단적인 폭행, 협박, 손괴, 방화 등으로 공공의 안녕질서에 직접적인 위협을 끼칠 것이 명백한 집회 또는 시위

② 누구든지 위에 금지된 집회 또는 시위를 할 것을 선전하거나 선동하여서는 아니 된다.

Ⅲ. 옥외집회 및 시위의 신고 등(법 제6조)

① 옥외집회나 시위를 주최하려는 자는 그에 관한 다음 각 호의 사항을 모두 적은 신고서를 옥외집회나 시위를 시작하기 720시간 전부터 48시간 전에 관할경찰서장에게 제출하여야 한다. 다만, 옥외집회 또는 시위 장소가 두 곳 이상의 경찰서에 관할에 속하는 경우에는 관할지방경찰청장에게 제출하여야 하고, 두 곳 이상의 지방경찰청 관할에 속하는 경우에는 주최지를 관할하는 지방경찰청장에게 제출하여야 한다.

㉠ 목적

㉡ 일시(필요한 시간을 포함한다)

㉢ 장소

㉣ 주최자(단체인 경우에는 그 대표자를 포함한다), 연락책임자, 질서유지인에 관한

ⓐ 주소

ⓑ 성명

ⓒ 직업

ⓓ 연락처

㉤ 참가 예정인 단체와 인원

㉥ 시위의 경우 그 방법(진로와 약도를 포함한다)

② 관할 경찰서장 또는 지방경찰청장(이하 관할 경찰관서장 이라 한다)은 위 ①사항에 따른 신고서를 접수하면 신고자에게 접수 일시를 적은 접수증을 즉시 내주어야 한다.

③ 주최자는 ①에서 신고한 옥외집회 또는 시위를 하지 아니하게 된 경우에도 신고서에 적힌 집회 일시 전에 관할경찰관서장에게 그 사실을 알려야 한다.

④ ③에 따라 통지를 받은 관할경찰관서장은 제8조2항에 따라 금지 통고를 한 집회나 시위가 있는 경우에는 그 금지 통고를 받은 주최자에게 신고 취소사실을 아려 주어야 한다.

⑤ ④의 통지를 받은 주최자는 그 금지 통고된 집회 또는 시위를 최초로 신고한 대로 개최할 수 있다. 다만, 금지 통고 등으로 시기를 놓친 경우에는 일시를 새로 정하여 집회 또는 시위를 시작하기 24시간 전에 관할 경찰관서장에게 신고서를 제출하고 집회 또는 시위를 개최할 수 있다.

Ⅳ. 집회 및 시위의 금지 또는 제한 통고(법 제8조)

① 신고서를 접수한 관할경찰관서장은 신고된 옥외집회 또는 시위가 신고서를 접수한 때부터 48시간 이내에 집회 또는 시위를 금지할 것을 주최자에게 통고할 수 있다. 다만, 집회 또는 시위가 집단적인 폭행, 협박, 손괴, 방화 등으로 공공의 안녕 질서에 직접적인 위험을 초래한 경우에는 남은 기간의 집회 또는 시위에 대하여 신고서를 접수한 때부터 48시간이 지난 경우에도 금지 통고를 할 수 있다.

② 관할경찰관서장은 집회 또는 시위의 시간과 장소가 중복되는 2개 이상의 신고가 있는 경우에는 그 목적으로 보아 서로 상반되거나 방해가 된다고 인정되면 뒤에 접수된 집회 또는 시위에 대하여 위 ①에 준하여 그 집회 또는 시위의 금지를 통고할 수 있다.

③ 아래의 어느 하나에 해당하는 경우로서 그 저주나 관리자가 시설이나 장소의 보호를 요청하는 경우에는 집회나 시위의 금지 또는 제한을 통고할 수 있다. 이 경우 집회나 시위의 금지 통고에 대하여는 위 ①을 준용한다.

㉠ 신고서에 적힌 장소가 다른 사람의 주거지역이나 이와 유사한 장소로서 집회나 시위로 재산 또는 시설에 심각한 피해가 발생하거나 사생활의 평온을 뚜렷하게 해칠 우려가 있는 경우

㉡ 신고 장소가 초 중등교육법 제2조에 다른 학교의 주변지역으로서 집회 또는 시위로 학습권을 뚜렷이 침해할 우려가 있는 경우

㉢ 신고 장소가 군사시설보호법 제2조 제1호에 따른 군사시설의 주변지역으로서 집회 또는 시위로 시설이나 군 작전의 수행에 심각한 피해가 발생할 우려가 있는 경우

④ 집회 또는 시위의 금지 또는 제한 통고는 그 이유를 분명하게 밝힌 서면으로 주최자 또는 연락책임자에게 송달하여야 한다.

Ⅴ. 옥외집회 및 시위의 금지장소(법 제11조)

누구든지 아래에 규정된 청사 또는 저택의 경계지점으로부터 100미터 이내의 장소에서 옥외집회 또는 시위를 하여서는 아니 된다.

① 국회의사당, 각급법원, 헌법재판소

② 대통령관저, 국회의장공관, 대법원장공관, 헌법재판소장공관

③ 국무총리공관. 다만, 행진의 경우에는 그러하지 아니하다.

④ 국내주재 외국의 외교기관이나 외교사절의 숙소. 다만, 다음 아래에 해당하는 경우로서 외교기관이나 외교사절의 숙소의 기능이나 안녕을 침해할 우려가 없다고 인정되는 때에는 해당하지 아니하다.

㉠ 당해 외교기관이나 외교사절의 숙소를 대상으로 하지 아니하는 경우

㉡ 대규모 집회 또는 시위로 확산될 우려가 없는 경우

㉢ 외교기관의 업무가 없는 휴일에 개최되는 경우

Ⅵ. 확성기 등 사용의 제한(법 제14조)

① 집회 또는 시위의 주최자는 확성기, 북, 징, 꽹과리 등 기계 기구(이하 확성기 등 이라한다)의 사용으로 타인에게 심각한 피해를 주는 소음으로서 대통령이 정하는 기준을 위반하는 소음을 발생시켜서는 아니 된다.

② 관할경찰서장은 집회 또는 시위의 주최자가 기준을 초과하는 소음을 발생시켜 타인에게 피해를 주는 경우에는 그 기준 이하의 소음유지 또는 확성기 등의 사용중지를 명하거나 확성기 등의 일시보관 등 필요한 조치를 할 수 있다.

③ **확성기 등 소음기준**

㉠ **주거지역, 학교** : ⓐ 주간 - 65데시벨 이하 ⓑ 야간 - 60데시벨 이하

㉡ **기타 지역** : ⓐ 주간 - 80데시벨 이하 ⓑ 야간 - 70데시벨 이하

Ⅶ. 수사대상

① 헌법재판소의 결정에 의하여 해산된 정당의 목적을 달성하기 위하거나 또는 집단적인 폭행, 손괴, 방화, 협박 등으로 공공의 안녕질서에 직접적인 위협을 가할 것이 명백한 집회 시위의 주최자, 참가자 및

선전, 선동자

② 미신고 또는 허위신고 및 관할 경찰서장으로부터 금지 통고된 옥외집회시위의 주최자

③ 야간 또는 국회의사당 부근, 주요도로 등 금지장소에서의 옥외집회, 시위의 주최자, 질서유지자, 참가자

④ 옥외집회, 시위의 주최자, 질서유지인, 참가자의 행위

㉠ 총포, 독극물, 도검, 철봉, 석괴 기타 타인의 생명, 신체에 위해를 가할 수 있는 기구를 휴대 또는 사용하거나 휴대 또는 사용하게 하는 행위

㉡ 폭행 협박 손괴 방화 등으로 질서를 문란하게 하는 행위

㉢ 신고한 목적, 일시, 장소, 방법 등 그 범위를 현저히 일탈하는 행위

⑤ 확성기 설치 등 옥외 참여를 유발하는 행위를 한 옥내집회의 주최자

⑥ 관할경찰서장의 해산명령에 불응한 집회 시위의 참가자

⑦ 집회 시위의 주최자 및 질서유지인의배제에도 불구하고 참가한 자

⑧ 설정한 질서유지인을 경찰관의 경고에도 불구하고 정당한 이유 없이 상당시간 침범하거나 손괴, 은닉, 이동 또는 제거하거나 기타의 방법으로 그 효용을 해한 자

Ⅷ. 불법집회 시위사범 처리요령

① 다수인원을 연행할 경우 정밀조사 및 신속처리를 위하여 소수인원으로 분산함을 원칙으로 한다.

② 주동자 및 핵심인물은 발생지 경찰서에서 조사하는 것이 효과적이다.

③ 연행된 피의자는 책임간부를 지정하여 1층이나 지하 등 안전한 곳에 분산 수용한다.

④ 상황 발생시부터 정보요원과 수사2계 직원이 현장에 나가 합동으로 채증하고 상황 파악 및 위법사항을 확인하여 조사요원에게 전파한다.

Ⅸ. 불법집회 시위사범 호송요령

① 분산 조사경찰서로 지정된 경찰서별로 연행자 호송요원 편성

㉠ 호송책임 간부는 경찰서별 지능범죄수사팀장 또는 수사간부로 책정한다.

㉡ 호송요원은 10~20명 단위로 편성하되, 여경 2~3명을 필히 동원한다.

㉢ 호송요원은 최소한 연행자 숫자 이상을 확보한다.

㉣ 무전기, 수갑, 가스총, 경적 등 호송장비를 휴대한다.

② 2~5명 단위로 연행자들을 호송버스에 승차

㉠ 시위 주동자들은 사건발생지 관할 경찰서로 호송한다.

㉡ 호송 중 자해, 도주, 상호통모, 집단행위, 피습, 교통사고 등 제반안전사고에 주의한다.

㉢ 호송시 검거자가 검거할 때 미란다원칙 고지 후 작성한 확인서를 받는다.

Ⅹ. 불법집회 시위사범의 일반적인 처리 기준 및 보고시기

① 시위사범 일반적인 처리 기준

㉠ 구속(A급) : 불법시위 주동자 및 공모자

㉡ 불구속(B급) : 불범시위 적극 가담자, 시위전력이 있는 자로 개전의 정이 없는 자 등

㉢ 즉심(C급) : 불법시위 단순 가담자

㉣ 훈방(D급) : 시위전력이 없고 개전의 정이 현저한 자

② 보고시기

㉠ **1차보고** : 연행일시, 장소, 인원(남, 녀), 연행경위

㉡ **2차보고** : 연행자, 직업별, 학교, 학년별, 시위전력자 등 분석 보고

㉢ **3차보고** : 수사결과 및 조치의견(A, B, C, D등급 구분 보고)

제12절 불법선거사범 수사

Ⅰ. 선거사범 수사시 유의사항

① 선거사범의 공소시효는 선거일 후 6월에 불과하므로 신속히 수사한다.

② 선거사범의 처리는 당사자, 정당간 법 적용의 실질적 형평성을 고려하여야 하며 소속여하를 막론하고 위법행위는 적법절차에 따라 엄정 하게 처벌하여야 한다.

③ 선거법 특성상 피의자의 선거법상의 신분, 범죄의 목적 등에 따라 하나의 행위에 여러 조항을 적용할 수 있다.

④ 선거사범은 조직 또는 정당기구를 통한 조직범의 형태를 보임으로 배후와 궁극적인 책임자에 대한수사가 요구된다.

Ⅱ. 선거관련 법률

① 공직선거법은 대통령, 국회의원, 지방의회의원 및 지방자치단체의 장 선거에만 적용된다.

② 현행법은 공무원의 중립의무를 규정하고 선거법위반 사범에 대하여 신속, 공정하게 단속 수사하여야 한다.

③ 시민단체 등은 특정 정당이나 후보자에 대한 것이 아닌 이상 공정한 공명선거 추진활동을 할 수 있도록 법에 보장되어 있다.

Ⅲ. 선거기간 및 선거일

1. 선거기간

선거기간이라 함은 후보자등록 마감일의 다음날부터 선거일까지를 말한다.

① 대통령 선거는 23일

② 국회의원 선거와 지방자치단체의 의회의원 및 장의 선거는 14일

2. 선거일

① 대통령선거는 그 임기 만료일전 70일 이후 첫 번째 수요일

② 국회위원선거는 그 임기만료일전 50일 이후 첫 번째 수요일

③ 지방의회의원 및 지방자치단체의 장의 선거는 그 임기만료일전 30일 이후 첫 번째 수요일

④ 위 규정에 의한 선거일이 국민생활과 밀접한 관련이 있는 민속절 또는 공휴일인 때와 선거일 전일이나 그 다음날이 공휴일인 때에는 그 다음 주의 수요일로 한다.

3. 보궐선거 등의 선거일

① 대통령의 궐위로 인한 선거 또는 재선거는 그 선거의 실시사유가 확정된 때로부터 60일 이내에 실시하되, 선거일은 늦어도 선거일전 29일에 대통령 또는 대통령권한대행자가 공고하여야 한다.

② 보권선거, 재선거, 증원선거와 지방자치단체의 설치, 폐지, 분할 또는 합병에 의한 지방자치단체의 장 선거는 다음 각 호에 의한다.

㉠ 지역구국회의원, 지방의회의원 및 지방자치단체의 장의 보궐선거, 재선거, 지방의회의원의 증원선거는 전연도 10월 1일부터 3월 31일 사이에 그 선거의 실시사유가 확정된 때에는 4월 중 마지막 수요일에 실시하고, 4월 1일부터 9월 30일 사이에 그 선거의 실시사유가 확정된 경우에는 10월 마지말 수요일에 실시한다.

㉡ 지방자치단체의 설치, 폐지, 분할 또는 합병에 의한 지방자치단체의 장 선거는 그 선거의 실시사유가 확정된 때부터 60일 이내에 실시하되, 선거일은 관할 선거구선거관리위원회위원장이 당해 지방자치단체의 장(직무대행자를 포함한다)과 협의하여 선거일전 20일 까지 공고하여야 한다.

③ 선거의 일부무효에 의한 재선거는 확정판결 또는 결정의 통지를 받은 날부터 30일 이내에 실시하되, 관할선거구선거관리위원회가 그 재선거 일을 정하여 공고하여야 한다.

Ⅳ. 선거운동

1. 선거운동의 정의

선거운동이라 함은 당선되게 하거나 되지 못하게 하기 위한 행위를 말한다. 다만, 다음의 행위는 선거운동으로 보지 아니한다.

① 선거에 관한 단순한 의견 개진 및 의사표시
② 입후보와 선거운동을 위한 준비행위
③ 정당의 후보자 추천에 관한 단순한 지지, 반대의 의견개진 및 의사표시
④ 통상적인 정당 활동

2. 선거운동의 원칙

누구든지 자유롭게 선거운동을 할 수 있다. 그러나 이법 또는 다른 법률에 의하여 금지 또는 제한되는 경우에는 그러하지 아니하다.

Ⅴ. 선거운동기간

선거운동은 후보자등록 마감일의 다음날부터 선거일전일까지에 한하여 이를 할 수 있다. 다만, 다음의 어느 하나에 해당하는 경우는 그러하지 아니하다.

① 예비후보자 등이 선거운동을 하는 경우

② 후보자, 후보자가 되고자 하는 자가 자신이 개설한 인터넷 홈페이지를 이용하여 선거운동을 하는 경우

Ⅵ. 선거운동을 할 수 없는 자

① 대한민국 국민이 아닌 자

② 미성년자(19미만의 자)

③ 제18조 제1항의 규정에 의하여 선거권이 없는 자

㉠ 금치산선고를 받은 자

㉡ 금고이상의 선고를 받고 그 집행이 종료되지 아니하거나 그 집행을 받지 아니하기로 확정되지 아니한 자

㉢ 선거범, 정치자금법 제45조(정치자금부정수수죄) 및 제49조(선거비용관련 위반행위에 관한 벌칙)에 규정된 죄를 범한 자 또는 대통령, 국회의원, 지방의회의원, 지방자치단체의 장으로서 그 재임 중에 직무와 관련하여, 형법(특정범죄가중처벌등에관한법률 제2조에 의하여 가중 처벌되는 경우를 포함한다) 제129조(수뢰, 사전수뢰) 내지 제132조(알선수뢰), 특정범죄가중처벌등에관한법률 제3조(알선수죄)에 규정된 죄를 범한 자로서, 100만원이상의 벌금형을 선고 받고 그 형이 확정된 후 5년 또는 형의 집행유예의 선고를 받고 그 형이 확정된 후 10년을 경과하지 아니하거나 징역형의 선고를 받고 그 집행을 받지 아니하기로 확정된 후 또는 그 형의 집행이 종료되거나 면제된 후 10년을 경과하지 아니한 자(형이 실효된 자도 포함)

㉣ 법원의 판결 또는 다른 법률에 의하여 선거권이 정지 또는 상실된 자

④ 국가공무원법 제2조에 규정된 국가공무원과 지방공무원법 제2조에 규정된 지방공무원, 다만 정당법 제22조 제1항 1호 단서 규정에 의한 발기인 및 당원의 자격에서 정당의 당원이 될 수 있는 공무원(국회의원, 지방의회의원, 정무직공무원은 제외한다.)은 그러하지 아니하다.

⑤ 제53조(공무원 등의 입후보) 제1항 2호 내지 8호에 해당하는 자(제4호 내지 6호의 경우에는 그 상근직원도 포함한다.)

⑥ 향토예비군 소대장급 이상 간부

⑦ 통, 리, 반의 장 및 읍, 면, 동 주민자치센터(그 명칭에 관계없이 읍, 면, 동사무소 기능 전환의 일환으로 조례에 의하여 설치된 각종 문화, 복지, 편익시설을 총칭한다.)에 설치된 주민자치위원회(주민자치센터의 운영을 위하여 조례에 의하여 읍, 면, 동사무소의 관할구역별로 두는 위원회를 말한다.)위원

⑧ 특별법에 의하여 설립된 국민운동단체로서 국가 또는 지방자치단체의 출연 또는 보조를 받는 단체(바르게살기 운동협의회, 새마을운동협의회, 한국자유총연맹을 말한다.)의 상근 임,직원 및 이들 단체 등(시, 도 조직 및 구, 시, 군, 조직을 포함한다.)

※ 위 (4)에서 (8)규정에 해당하는 자가 후보자의 배우자인 경우에는 그러하지 아니하다.

Ⅶ. 기탁금(법 제56조)

① 대통령선거는 3억원

② 국회의원선거는 1천 5백만원

③ 비례대표국회의원선거는 500만원

④ 시 · 도의회의원서거는 300만원

⑤ 시 · 도지사선거는 5천만원

⑥ 자치구, 시, 군의 장 선거는 1천만원

⑦ 자치구, 시, 군의원 선거는 200만원

기탁금은 체납처분이나 강제집행의 대상이 되지 아니한다.

Ⅷ. 자수자의 특례(법 제262조)

① 매수 및 이해유도죄(제230조 제1항), 재산상의 이익목적의 매수 및 이해유도죄(제231조 제1항) 또는 기부행위의 금지 제한 등 위반죄(제257조 제2항)의 규정에 위반한 자 중 금전 물품 기타 이익 등을 받거나 받기로 승낙한 자(후보자와 그 가족, 선거사무장, 선거연락소장, 선거사무원, 회계책임자, 연설원, 참관인, 정당의 간부 또는 사위의 방법으로 이익 등을 받거나 받기로 승낙한 자를 제외한다.)가 자수한 때에는 그 형을 감경 또는 면제한다.

② 위에 규정된 자가 각급선거관리위원회(읍, 면, 동 선거관리위원회는 제외한다)에 자신의 범죄사실을 신고하여 선거관리위원회가 관계수사기관에 이를 통보한 때에는 선거관리위원회에 신고한 때를 자수한 때로 본다.

제4장 외사범죄수사

제1절 외국인

Ⅰ. 외국인의 개념

1. 최광의의 외국인

자국의 국적을 갖지 않은 모든 사람

2. 광의의 외국인

자국의 국적을 갖지 않은 무국적자를 포함한 외국국적을 가진 사인. 일반적으로 외국인의 국제법상 지위를 논할 때의 외국인이다. 국가 원수, 외교사절, 군대의 구성원 등 공적기관의 지위에 있는 자는 제외됨

3. 협의의 외국인

외국국적을 갖고 있는 모든 사람. 무국적자는 제외

Ⅱ. 복수국적자

1. 자국국적과 외국국적을 가지고 있는 자와 한 외국국적과 다른 외국국적 두 가지를 가지고 있는 자

① 이때 자국국적과 외국국적 두 가지를 갖고 있는 자의 경우는 자국민으로 분류되며 외국인으로 취급되지 않음.

② 이러한 복수국적자는 자국에 있는 한 그가 국적을 가진 다른 외국의 외교적 보호를 주장할 수 없다.

2. 적국인

적국의 국적을 가진 외국인으로 그 지위에 있어 통상의 외국인과 구별된다.

3. 난민

정치적 기타 이유로 본국에 귀환할 수 없는 자

Ⅲ. 외국인의 대한민국 국적취득 및 상실

1. 국적의 취득

(1) 선천적 취득

① 출생할 당시 부 또는 모가 대한민국 국민인 자

② 출생하기전 부가 사망한 때 그 사망당시 부가 대한민국 국민이었던 자

③ 부모가 분명하지 아니한 때 또는 국적이 없는 때 대한민국에서 출생한 때

④ 대한민국에서 발견된 기아는 대한민국에서 출생한 것으로 추정한다.

(2) 귀화에 의한 취득

① 5년 이상 계속하여 대한민국에 주소가 있을 것

② 대한민국 민법에 의하여 성년일 것

③ 자신의 자산이나 기능이 있거나 생계를 같이하는 가족에 의존하여 생계능력이 있을 것

(3) 수반취득

① 외국인의 자로서 대한민국의 민법에 의하여 미성년인 자는 그 부 또는 모가 귀화 허가를 신청할 때 함께 국적 취득을 신청할 수 있다.

② 상기 규정에 의하여 국적 취득을 신청한 자는 그 부 또는 모에 대하여 법무장관이 귀화를 허가한 때에 함께 국적을 취득한다.

(4) 국적회복에 의한 국적취득

① 대한민국의 국민이었던 외국인은 법무부장관의 국적회복허가를 받아 대한민국의 구적을 취득할 수 있다.

② 법무부장관은 국적회복허가를 신청한 자에 대하여 심사한 후 다음에 해당하는 자에 대하여는 국적회복을 허가하지 아니 한다.

㉠ 국가 또는 사회에 위해를 끼친 사실이 있는 자

㉡ 품행이 단정하지 못한 자

㉢ 병역을 기피할 목적으로 대한민국의 국적을 상실하였거나 이탈하였던 자

③ 상기 규정에 의하여 국적회복허가를 받은 자는 법무부장관이 그 허가를 한 때에 대한민국의 구적을 취득한다.

(5) 국적의 재취득

외국 국적을 가지고 있는 외국인의 대한민국의 국적을 취득한 날부터 6월내에 외국국적을 포기하지 아니하여 대한민국의 국적을 상실한 경우 그 후 1년 내에 그 외국국적을 포기한 때에는 법무부장관에게 신고함으로서 대한민국의 구적을 재취득할 수 있다.

2. 국적취득자의 외국국적 포기의무

① 대한민국의 국적을 취득한 외국인으로서 외구국적을 가지고 있는 자는 대한민국의 국적을 취득한 날부터 6월내에 그 외국국적을 포기하여야 한다.

② 상기 규정을 이행하지 아니한 자는 그 기간이 경과한 때에 대한민국의 국적을 상실한다. 다만 본인의 의사에 불구하고 상기 규정을 이행하기 어려운 자로서 대통령령이 정하는 경우에 해당하는 자는 그러하지 아니하다.

3. 복수국적자의 국적선택의무

① 출생 기타 국적법의 규정에 의하여 만 20세가 되기 전에 대한민국의 국적과 외국국적을 함께 가지게 된 자(이중국적자)는 만22세가 되기 전까지, 만 20세가 된 후에 복수국적자가 된 자는 그 때부터 2년 내에 하나의 국적을 선택하여야 한다.

② 상기 규정에 의하여 국적을 선택하지 아니한 자는 그 기간이 경과한 때에 대한민국의 국적을 상실하지만, 복수국적자에 대한 예외적 인정이 있다.

4. 국적의 상실

(1) 국적의 상실사유

① 대한민국의 국적을 취득한 외국인으로서 대한민국의 국적을 취득한 날부터 6월내에 그 외국 국적을 포기하지 아니한 때

② 이중 국적자로서 국적을 선택하지 아니한 자는 그 기간이 경과한 때

③ 이중 국적자로서 국적 이탈의 신고를 한 때

④ 대한민국의 국민으로서 자진하여 외국 국적 취득한 때

⑤ 대한민국의 국민으로서 다음에 해당하는 자는 그 외국국적을 취득한 때부터 6월내에 법무부장관에게 대한민국 국적을 보유할 의사가 있다는 뜻을 신고하지 아니하면 그 외국 국적을 취득한 때에 소급하여 대한민국의 국적을 상실한다.

㉠ 외국인과 혼인으로 인하여 그 배우자의 국적을 취득하게 된 자

㉡ 외국인에게 입양되어 그 야부 또는 양모의 국적을 취득하게 된 자

㉢ 외국인인 부 또는 모에게 인지되어 그 부 또는 모의 국적을 취득하게 된 자

㉣ 외국국적을 취득하여 대한민국의 국적을 상실하게 된 자의 배우자 또는 미성년의 자로서 그 외국의 법률에 의하여 함께 그 외국국적을 취득하게 된 자

(2) 국적상실자의 권리변동

① 대한민국의 국적을 상실한 자는 국적을 상실한 때부터 대한민국의 국민만이 향유할 수 있는 권리는 이를 향유할 수 없다.

② 대한민국의 국민이었을 때 취득한 것으로서 양도 가능한 권리는 그 권리와 관련된 법령이 별도로 정한바가 없는 한 3년 내에 대한민국의 국민에게 양도하여야 한다.

제2절 외국인 범죄수사

Ⅰ. 외국인범죄

1. 외국인범죄의 의의

통상 외국인 범죄는 주로 국내 체류 외국인에 의한 외국인 범죄와 내국인의 외국인 관련 범죄를 포함하는 것으로서 성질상 국제성 범죄에 속하지 않는 범죄를 말한다. 외사사범은 외국인 범죄와 국제성 범죄를 포함하는 것이다.

2. 외국인범죄의 특질

① 직접 개인적 피해가 없으므로 국민의 피해의식이 희박하다.

② 조직적 계획적이다.

③ 일반범죄에 비해 잠재적이며 잘 노출되지 않는다.

④ 광역적이며 사실의 파악이 곤란하다.

⑤ 외교특권이 이용되기도 한다.

⑥ 수사상의 섭외사건의 특칙이 적용된다.

Ⅱ. 외국인범죄의 처리요령

1. 담당자의 기본자세

① **통역준비** : 미리 통역인을 외국어 강사 등을 위촉 선정하여 신문사항에 관하여 통역인과 상의하고 통역인 준수사항을 주지시키는 등 사전준비를 마친다.

② **인권보장** : 형사소송법에 보장된 변호인 선임권 및 진술거부권의 고지, 구속시 구속사유고지, 영장제시, 공소장사본 송달 등 제반규정을 준수하고 영사에 관한 비엔나협약에 의거 혐의사실을 영사기관에 통보하고 접촉 교통을 허용하여야 한다.

③ **편견불식** : 피의자의 국적 피부색 종교 등과 연관된 편견을 버리고 객관적으로 사건을 처리한다.

④ **관련 증거확보에 주력** : 피의자가 혐의사실을 부인할 것에 대비하여 수사계획을 수립하고 참고인을 확보한다.

⑤ **긍지와 품위유지** : 수사관은 대한민국을 대표하는 자라는 생각을 가지고 절도와 품위를 유지하면서 공평하게 사건을 처리함으로서 외국인이 수사결과에 승복할 수 있도록 한다.

2. 외국인 피의자에 대한 신문사항

① 신문전 고지사항

㉠ **자기소개** : 신문에 들어가기 전에 먼저 자신이 사건을 담당 경찰임을 밝힌다.

㉡ **통역인 소개** : 한국어 의사소통을 하는데 지장이 없는 외국인 피의자를 제외하고는 반드시 통

역인을 통해 조서를 작성해야 하며, 한국어로 의사소통이 가능한 외국인 피의자라 하더라도 통역인을 활용해야 한다.

② 진술거부권고지

③ 변호인선임권고지

④ 여권 등 신분증명서의 소지 진정성 여부 및 신원확인

⑤ 체류자격 확인

⑥ 외국인등록여부 확인

⑦ 피의자신문조서 작성

⑧ **조서의 확인** : 조서작성이 끝나면 통역인을 통해 피의자에게 조서를 읽어주었다는 요지를 기재하고 통역인의 서명날인을 요구해야한다. 외국인 피의자의 경우 서명만으로 날인을 대신할 수 있다. 서명을 거부할 경우 서명거부사유와 서명을 요구했다는 요지를 조서 말미에 기재한다.

3. 외국인의 법적 지위에 따른 일반적 유의사항

① **외교사절 및 준 외교사절과 그 가족**

㉠ 외교사절은 국가를 대표하여 접수국에서 외교교섭을 하고 자국의 이권을 보호하며 접수국의 제반사항을 시찰하는 한편 접수국과 우호증진을 도모하는 임무를 수행하므로 일반 외국인과 달리 '외교관계에관한비엔나협약'에 의하여 불가침권(관사, 신체, 명예, 문서 등에 관한 특권)과 치외법권(재판권, 경찰권 등의 면제)을 향유한다.

㉡ 외교관이 범법행위를 하였을 경우 외교관신분증제시를 요구하며 신분을 확인한다.

㉢ 자발적으로 동의 협조하는 경우 자술서를 작성하게 하거나 진술을 청취하고, 협조를 거부하는 경우 외교부장관을 통하여 인적사항, 범죄 개요 등 필요한 사항의 확인을 의뢰한다.

㉣ 외교관 가족이 범죄를 범한 경우도 외교관과 동일한 절차에 의하여 처리한다.

㉤ 관련사건을 신속히 보고한다. 외교관이 피의자인 경우 신체를 체포·구금·소추할 수 없으나 수사는 할 수 있으며, 검찰에 공소권 없음 의견으로 송치한다.

② **외교사절의 사무 기술직원과 그 가족** : 외교관에 준하여 처리한다.

③ **외교사절단의 서비스직원 및 개인사용인**

㉠ 공관 이외의 범죄는 현행범인인 경우 이외에는 사절단의 동의 없이 체포·억류할 수 없다.

㉡ 현행범인인 경우 체포하여 인적사항, 범죄개요 등을 신속히 보고하고 계통을 통하여 해외공관에 통보한다.

④ 주한 국제기구 기관의 소속직원 및 그 가족 : 외교관에 준하여 처리한다.

⑤ **영사** : 영사 기관원과 명예영사관원을 피의자나 참고인으로 조사할 경우 그들이 공적 직책상 받아야할 적절한 예의를 갖추고 피의자로서 체포·구속될 경우를 제외하고는 영사의 직무에 지장이 없도록 신속하게 처리한다.

⑥ **일반외국인**

㉠ **대상** : 한국 국적을 가지지 않은 사람으로서, 91일 이상 거주하는 거류외국인과 방문 관광 등

을 목적으로 90일 이하 기간 동안 일시 체류하는 체류외국인 중 외교관계에 관한 비엔나협약의 적용을 받는 외교특권 향유자나 한미행정협정의 적용을 받는 미군 군속 및 그 가족 또는 초청계약자가 아닌 외국인을 그 대상으로 한다.

㉡ **일반원칙** : 속지주의에 의거 우리나라 형사법의 적용을 받아 내국인과 동일하게 처리함을 원칙으로 하나 국제법규 조약을 고려한다.

㉢ **일반 외국인 범죄자 처리 요령**

ⓐ 신원확인

ⓑ 신병보호

ⓒ 자국 영사와 면담권 : 외국인 범죄자를 경찰관서에 동행하였을 경우 신속히 자국의 영사와 면담을 원하는지 여부를 문의하여, 면담을 원하는 경우 지체 없이 주한공관에 전화 통보하여 면담을 주선한다. 면담을 원하지 않는 경우 진술서에 그 사실을 기록한다.

㉣ **출입국 규제** : 해외도피의 우려가 있는 범죄자는 신속히 출국을 규제하여 수사 및 재판권을 확보한다. 다음 각 호에 해당하는 국민은 출국을 금지할 수 있고, 외국인에 대하여는 출국을 정지할 수 있다.

ⓐ 범죄수사를 위하여 그 출국이 부적당하다고 인정되는 자

ⓑ 형사재판에 계속 중인 자

ⓒ 징역형 또는 금고형이 집행이 종료되지 아니한 자

ⓓ 법무부령이 정하는 금액 이상의 벌금 또는 추징금을 납부하지 아니한 자

ⓔ 법무부령이 정하는 금액 이상의 국세, 관세 또는 지방세를 정당한 이유 없이 그 납부기한 까지 납부하지 아니한 자

㉤ **신속한 보고** : 외국인을 체포・구속한 경찰관서는 인적사항, 검거경위, 범죄내용, 조치사항을 보고하여야 하고 중요사항은 경찰청장에게 보고하여 그 지시를 받아 처리한다.

㉥ **서명 날인** : 신문조서, 진술서 등 수사서류 작성시 그 말미에 서명만으로 날인에 갈음할 수 있다. 통역 및 번역관은 서명 날인하여야 한다.

4. 외국인 범죄 수사요령

(1) 근거 규정

외국인 관련 범죄의 수사에 관하여 조약, 협정 기타 특별한 규정이 있을 때에는 동 규정에 의하고 특별한 규정이 없을 때에는 범죄수사규칙의 본장 규정에 의하는 외에는 일반의 예에 의한다.

(2) 국제법의 준수

국제범죄 사건의 수사에 있어서는 국제법과 국제조약에 위배되는 일이 없도록 유의해야 한다.

(3) 국제범죄 사건의 수사의 착수

간첩 사건과 같은 국가의 주권을 침해하는 범죄, 마약밀수, 인신 매매 등 인류의 건강을 해치는 사건,

국제 통화위조 밀수, 사기 등 국제경제 질서를 해치는 범죄, 외국환관리법 출입국관리법을 위반한 범죄, 항공기 등 납치 범죄 등 국제성 범죄 유형은 국제협약을 준수하고 신속한 출입국 규제로 외국인 혐의자의 출국을 방지하고 신병을 확보하여야 한다.

① 국제범죄 사건 중 중요한 범죄에 관하여는 미리 경찰청장에게 보고하여 그 지시를 받아 수사에 착수해야 한다.

② 다만, 급속을 요하는 경우에는 필요한 처분을 한 후 신속히 경찰청장의 지시를 받아야 한다.

(4) 외교사절 등에 관한 특칙

외국인 범죄사건 수사시 외교관 등 외교특권을 가진 자의 특권을 침해하는 일이 없도록 주의하고 외교관 등을 조사할 필요가 있다고 인정될 경우에는 현행범인의 체포 기타 부득이한 경우를 제외하고는 미리 경찰청장에게 보고하여 그 지시를 받아야 한다.

(5) 체포

① 일반 외국인의 체포절차는 영사기관에의 통보 등을 제외하면 내국인의 경우와 거의 같지만 한국어를 이해하지 못하는 경우가 대부분이므로 수사의 각 단계에서 통역이 필요하다.

② 외국인을 체포하였을 때에는 그가 이해할 수 있는 언어로 변명의 기회를 부여하여야 한다.

③ 외국인 중에는 인권의식이 민감한 경우가 많으므로 체포시 범죄사실의 요지, 묵비권, 변호인 선임권 등 피의자의 각종 권리사항의 고지를 철저히 이행해야 한다.

(6) 구속시 영사기관에의 통보

① 원칙

㉠ 외국인 구속시 구속된 외국인에 대해 해당국 영사기관에 신병구속사실의 통보를 요청할 수 있고 대한민국 법률의 한도 내에서 해당 영사기관과 접견 교통할 수 있음을 고지해야 한다.

㉡ 피의자가 구속사실의 통보를 요청하는 때에는 지체 없이 이를 해당 영사기관에 통보해야 하며, 이를 거부하는 때에는 통보할 의무는 없지만 영사기관의 관계를 고려하여 통보하여도 무방하다.

② 국적별 통보의무

㉠ **이중국적자** : 2개 이상의 외국국적을 가진 이중국적자의 경우 해당 피의자가 희망하는 영사관에 통보하거나 해당 영사관 모두 통보한다.

㉡ **무국적자** : 무국적자엔 피의자에 대하여 원칙적으로 통보할 의무는 없지만, 해당 피의자가 외국정부 발행의 여권을 소지하고 있고 본인이 희망할 경우에는 여권발행국 영사관에 통보한다.

㉢ **영사관계가 없는 외국인** : 영사관계에 관한 비엔나협약 체결국의 국민이라 하더라도 우리나라와 영사관계가 없는 국가의 국민인 외국인 피의자에 대하여는 통보할 의무가 없다.

③ 통보사항

㉠ 피체포자의 국적, 성명, 생년월일

㉡ 체포일시

㉢ 유치장소

㉣ 죄명 및 피의사실의 요지

㉤ 수사관서 및 수사담당자의 직책과 성명

④ **영사관의 접견 교통권**

㉠ 영사관은 해당국민인 피의자와 접견하거나 통신 접촉할 수 있으며 그를 위해 변호인을 알선할 수 있다.

㉡ 영사관의 접견 교통권은 대한민국법률의 범위 내에서 인정되기 때문에 형사소송법이 정한 제한에 따라야 한다.

㉢ 피의자가 명시적으로 영사와의 접견을 희망하지 않을 경우에 영사관은 접견을 삼가야 하므로 영사관의 접견 신청에 응할 필요가 없다.

㉣ 그러나 이 경우에도 피의자의 방어권을 부당히 침해한다는 의구심을 남기지 않기 위해 피의자의 접견희망여부를 확실히 확인해야 하며, 이 경우에도 명백히 희망하지 않을 때에는 영사관의 접견에 고나한 의사확인서를 작성 첨부할 필요가 있고 이를 영사관이 요구한 때에는 부본을 교부해 주어야 한다.

㉤ 외국인의 피의자가 접견을 희망하는 경우 그 편의를 제공해야 하지만 형사소송법상의 규정, 유치장의 질서유지, 증거인멸방지 등을 위하여, 접견의 일시, 장소, 시간의 지정, 접견시 경찰관이나 통역인의 입회와 같은 제한을 할 수 있다.

5. 국제형사사법공조법

(1) 정의

① **공조** : 대한민국과 외국 간에 형사사건의 수사 또는 재판에 필요한 협조를 제공하거나 제공 받는 것을 말한다.

② **공조조약** : 대한민국과 외국 간에 체결된 공조에 관한 조약 협정을 말한다.

③ **요청국** : 대한민국에 공조를 요청한 국가를 말한다.

④ **공조범죄** : 공조의 대상이 되어 있는 범죄를 말한다.

(2) 공조의 범위

① 사람 또는 물건의 소재에 대한 수사

② 서류 기록의 제공

③ 서류 등의 송달

④ 증거의 수집, 압수, 수색 또는 검증

⑤ 증거물 등 물건의 인도

⑥ 진술 청취, 그 밖에 요청국에서 증언하게 하거나 수사에 협조하게 하는 조치

(3) 공조의 제한

다음에 해당하는 경우에는 공조를 하지 아니할 수 있다.

① 대한민국의 주권, 국가안전보장, 안녕질서 또는 미풍양속을 해칠 우려가 있는 경우

② 인종, 국적, 성별, 종교, 사회적 신분 또는 특정 사회단체에 속한다는 사실이나 정치적 견해를 달리한다는 이유로 처벌되거나 형사상 불리한 처분을 받을 우려가 있다고 인정되는 경우

③ 공조범죄가 정치적 성격을 지닌 범죄이거나 공조요청이 정치적 성격을 지닌 다른 범죄에 대한 수사 또는 재판을 할 목적으로 한 것이라고 인정되는 경우

④ 공조범죄가 대한민국의 법률에 의하여는 범죄를 구성하지 아니하거나 공소를 제기할 수 없는 범죄인 경우

⑤ 이 법에 요청국이 보증하도록 규정되어 있음에도 불구하고 요청국의 보증이 없는 경우

(4) 공조절차

경찰서 → 검사 → 대검찰청 → 법무부장관 → 외교부장관 → 상대국 주재 한국대사관 → 상대국 외무부장관 → 상대국 경찰기관 순이다.

6. 출입국관리법

(1) 정의

① **외국인** : 대한민국의 국적을 가지지 아니한 자를 말한다.

② **여권** : 대한민국정부, 외국정부 또는 권한 있는 국제기구에서 발급한 여권 또는 난민여행증명서 기타 여권에 갈음하는 증명서로서 대한민국정부가 유효하다고 인정하는 것을 말한다.

(2) 출국금지대상자

다음에 해당하는 국민에 대하여는 출국을 금지할 수 있다.

① 범죄의 수사를 위하여 그 출국이 부적당하다고 인정되는 자

② 형사재판에 계속 중인 자

③ 징역형 또는 금고형 집행이 종료되지 아니한 자

④ 대통령령으로 정하는 금액 이상의 벌금 또는 추징금을 납부하지 안한 자
(벌금 1천만원 이상, 추징금 2천만원 이상을 납부하지 아니한 자)

⑤ 대통령령으로 정하는 금액 이상의 국세, 관세 또는 지방세를 정당한 사유 없이 그 납부기한 까지 납부하지 아니한 자. (5천만원 이상의 국세 관세 지방세를 정당한 사유 없이 납부하지 아니한 자)

⑥ 그 밖에 위에 준하는 자로서 대한민국의 이익이나 공공의 안전 또는 경제 질서를 해할 우려가 있어 그 출국이 부적당하다고 법무부장관이 정하는 자

(3) 외국인의 출국정지 사유

출국금지대상자와 같다.

(4) 외국인 강제퇴거대상자

① 유효한 여권과 사증이 없이 입국한 자

② 허위초청 등의 행위에 의하여 입국한 자

③ 입국금지 해당 사유가 입국 후 발견되거나 발생된 자

④ 입, 출국심사규정에 위반한 자

⑤ 상륙허가 없이 상륙하였거나 상륙허가 조건을 위반한 자

⑥ 체류자격외의 활동을 하거나 체류기간연장허가를 받지 않은 자

⑦ 외국인등록, 거소 또는 활동범위의 제한 기타 준수사항을 위반한 자

⑧ 금고이상의 형의 선고를 받고 석방된 자

제3절 주한미군지위협정(SOFA)사건수사

Ⅰ. SOFA 일반론

1. 개요

① **명칭** : SOFA(Status of Force Agreement)란 한 국가의 군대가 다른 국가의 영토 내에 주둔하는 경우 발생하는 제반 문제의 처리를 위하여 파견국과 접수국간에 체결하는 조약을 말한다. 공식명칭은 "대한민국과 아메리카 합중국간의 상호방위조약 제4조에 의한 시설과 구역 및 대한민국에서의 합중국군대의 지위에 관한 협정"이며, "주한미군지위협정(SOFA)"이라고 약칭하는 것이 바람직하다.

② **내용** : 형사사건의 처리, 출입국, 관세, 시설 및 구역의 이용, 불법행위에 대한 민사청구, 기타 조세, 외환, 우편, 통신 분야를 다루고 있으나 여기서는 형사사건의 처리에 관한 부분만을 다룬다.

2. 적용범위

(1) 인적 적용범위

(가) 미국 군대의 구성원

① **대한민국의 영역 안에 있는 미국의 육군, 해군, 공군에 속하는 인원으로서 현역에 복무하고 있는 자** : 대한민국의 영역 안에 공무로 와 있는 사람으로 국한하고, 휴가 중 방한 자는 제외

② **대사관 부속 군인, 군사고문단협정 규정 인원은 제외**(외교관계에 관한 비엔나 협약 적용) : 카투사근무자는 주한 미 육군에 예속되어 근무하고 있으나 미국 군대의 구성원이 아니어서 SOFA대상이 아니다.

(나) 군속

① 미국의 국적을 가진 민간인으로서 대한민국에 있는 미국 군대에 고용되거나 동 군대에 근무하거나 또는 동반하는 자

② 대한민국이나 미국에서 공급할 수 없는 특정한 기술을 가지고 있는 자로서 미국에 의한 고용만을 위하여 미국 군대에 의하여 대한민국에 입국한 자, 미국 군대에 고용되거나 근무하거나 동 군대를 동반하는 제3국 국민

(다) 가족

① 배우자 및 21세 미만의 자녀

② 부모 및 21세 이상의 자녀 또는 기타 친척으로서 그 생계비의 반액 이상을 미국 군대의 구성원 또는 군속에 의존하는 자

(라) 초청계약자

미국의 법률에 따라 조직된 법인, 통상적으로 미국에 거주하는 그의 고용원 및 가족, 미국 군대 또는

동 군대로부터 군수 지원을 받는 통합사령부 산하 주한 외국 군대를 위한 미국과의 계약 이행만을 위하여 대한민국에 체류하는 자로서 소정의 지정절차를 거친 자.

(2) 장소적 적용범위

① 대한민국 영역 안에서 범한 범죄에 대하여만 적용

② 미군 당국은 미군 구성원이 대한민국 영역 밖에서 범한 범죄에 대하여 대한민국 영역 안에서 형사재판권 및 징계권을 행사할 권리를 가진다.

3. 형사재판권

(1) 재판권 분장의 원칙(협정 제22조 제1항)

① **미군 당국의 재판권** : 미군 군대의 구성원, 군속 및 그들의 가족에 대하여 미국 법령이 부여한 모든 형사재판권 및 징계권을 대한민국 안에서 행사할 권리 보유

② **대한민국 당국의 재판권** : 미국 군대의 구성원, 군속 및 그들의 가족에 대하여 대한민국의 영역 안에서 범한 범죄로서 대한민국 법령에 의하여 처벌할 수 있는 범죄에 관하여 재판권을 보유

(2) 전속적 재판권

① **미군 당국의 전속적 재판권** : ㉠ 미국 법령으로만 처벌 가능한 범죄 ㉡ 미국의 안전에 관한 범죄

② **대한민국 당국의 전속적 재판권** : ㉠ 대한민국 법령으로만 처벌 가능한 범죄 ㉡ 대한민국의 안전에 관한 범죄

(3) 경합적 재판권

① 미군 당국의 1차적 재판권

㉠ 원칙적으로는 대한민국 당국이 제1차적 재판권을 보유하되 다음의 경우에는 예외적으로 미군 당국이 제1차적 재판권 보유

㉡ 오로지 미국의 재산이나 안전에 관한 범죄, 또는 오로지 미국 군대의 타 구성원이나 군속 또는 그들의 가족의 신체나 재산에 곤한 범죄

㉢ 공무집행 중의 작위 또는 부작위에 의한 범죄

② 재판권의 포기

㉠ 대한민국 당국은 미군 당국의 요청이 있으면 대한민국 당국이 재판권을 행사함이 특히 중요하다고 결정하는 경우를 제외하고는 재판권을 행사할 제1차적 권리를 포기함(협정 제22조 제3항)

㉡ 특히 중요한 사건 여부는 개개 사건별로 대한민국 법무부가 판단함.

③ **재판권 행사통보의 시한** : 제1차적 재판권을 가지는 당사국이 관할권을 행사하지 아니하기로 결정하거나 연장 기간을 포함하여 정하여진 기간 이내에 그 결정을 타방 당사국에 통보하지 아니할 때에는 요청 당사국이 경합적 관할권을 행사할 수 있음.

Ⅱ. SOFA사건 처리절차

1. 지구대에서의 처리

(1) 신고접수

(가) SOFA 대상자에 대한 범죄신고 접수시 신속하게 현장출동

① 2인 이상 출동, 경찰장구 외 통신장비도 휴대

② 현장출동 도중, 주변 미군 인상착의 등을 메모하거나 불심검문을 통한 인적사항 확인

(나) 외국인 직접 신고시는 경찰통역전화기 또는 민간통역단체 "BBB서비스 통역앱"활용, 신고

① **통역 전화기** : 외국인들의 범죄 민원 신고에 대한 편의 도모 및 인권 침해 예방을 위한 3자 통화 방식의 통역전화기를 전국경찰서 112상황실, 국제공항, 해항에 설치 운영

② **BBB서비스** : Before Babel Brigade 서비스는 민간 통역 지원단체가 제공하는 통역서비스로 KT 3인 통화 기능을 신청한 후 대표전화 1588~5644로 전화하면 17개 국어 통역을 무료로 받을 수 있다.

(2) 초동조치

① 현장에 도착, 현행범체포 등의 절차에 따라 미란다 원칙 고지 후 피의자 신병확보

② 부상자 구호 및 피해품 목격자 등 참고인 인적사항과 피해사항 확인

③ 현장에서 피해품, 범인의 유류품 등 증거물 확보

④ 피의자가 도주한 경우에는 사건의 정황과 목격자의 진술 등을 바탕으로 사건 일시 장소, 피해자, 피해품, 피의자 인상착의, 사건 경위 내용의 발생보고서 작성 경찰서에 보고

(3) 지구대로 피의자 동행

① 동행시 피의자 가혹행위 등 인권침해 금지

② 피의자를 지구대로 동행하면 신분증을 제시 받아 SOFA 대상자 여부 확인 후 현행범체포보고서 등을 작성, 경찰서로 신병인계

2. 경찰서에서의 처리

(1) 기초사실 조사

① 경찰서로 동행한 피의자에 대해 신분증과 대조하여 SOFA 대상자 여부를 재차 확인 후, 소속 계급 성명 생년월일 범죄사실 등 기초사실조사서를 작성 및 신분증 사본 첨부하여 보고

② 지방경찰청을 경유하여 경찰청에 보고 및 24시간 이내에 검찰청에 SOFA사건 발생보고

(2) 체포사실 통보

① 대한민국 당국은 미군 당국에 미국 군대의 구성원, 군속 또는 그들의 가족의 체포를 즉시 통고하여야 한다.

② 미군 당국은, 대한민국이 재판권을 행사할 제1차적 권리를 가지는 경우에 있어서, 미국 군대의 구성원, 군속 또는 그들의 가족의 체포를 대한민국 당국에 즉시 통지하여야 한다.

(3) 범죄현장에서의 수사

① SOFA 적용대상 범죄현장에서 미군 수사기관이 먼저 수사에 착수하여 현장을 관리하는 경우에도, 한국 수사기관은 미군 측의 협조를 얻어 독자적으로 현장조사를 실시하고 적극적으로 피의자 용의자 참고인 조사

② 한국 수사기관이 먼저 수사에 착수하여 현장을 관리하는 때에는 미군 수사기관이 독자적인 현장조사를 희망할 경우 협조

(4) 신병인도 전 조사와 미정부대표 출석요구

① 미국 정부대표 입회하에 미군 당국에 신병인도 전 수사 가능

② 미국 정부대표는 하루 중 언제라도 1시간 이내에 출석하게 되어 있으므로, 야간이라도 미국 정부대표의 출석을 적극 요구하여 SOFA 적용대상 피의자에 대한 신병인도 전 조사시행

(5) 미군당국에 신병인도

① 체포사실 통고를 받은 미군당국이 피의자의 신병인도를 요청하는 경우 미군당국으로부터 '구금인도요청서'를 제출 받고, '신병인수증'을 작성한 후 신병인도

② 신병인도 후 출석요구로 적극적 수사 활동 전개

(6) 체포 후 계속 구금

① SOFA 대상 피의자를 체포한 경우 미군당국의 인도요청이 있으면 대한민국 당국에 의한 수사와 재판이 가능할 것을 전제로 신병을 인도하여야 하며, 모든 재판절차가 종결되고 또한 대한민국 당국이 구금을 요청할 때까지 미군 당국이 계속 구금(협정 제22조 제5항)

② 살인과 같은 흉악범죄 또는 죄질이 나쁜 강간죄를 범한 피의자를 경찰이 현행범으로 체포한 경우에는 구속의 이유와 필요가 있을 시 신병을 미군당국에 인도하지 않고, 검사와 협의하여 구속영장을 신청 발부 받아 체포 후 계속 구금할 수 있다.

- ㉠ 체포 후 계속 구금의 요건으로 ⓐ 대한민국 당국이 SOFA 대상자를 범행현장에서 또는 동 현장에서의 도주 직후나 미군 통제구역으로의 복귀전에 체포 ⓑ 살인과 같은 흉악범죄 또는 죄질이 나쁜 강간죄를 범하였다고 믿을 만한 상당한 이유 ⓒ 증거인멸 도주 또는 피해자나 잠재적 증인의 생명, 신체 또는 재산에 대한 가해 가능성을 이유로 구속하여야 할 필요
- ㉡ 체포 후 계속 구금의 대상이 되는 살인과 같은 흉악범죄 또는 죄질이 나쁜 강간죄로 정의되는 사건의 유형은 추후 '한미합동위원회'에서 결정하기로 하였으며, 결정전까지는 양국 정부가 합의하여 처리
- ㉢ 피의자를 구속하고자 하는 경우는 피의자의 의사와 관계없이 반드시 구속전 피의자심문을 실시하여야 함.

(7) 출석요구

① SOFA대상 사건을 수사함에 있어 피의자뿐만 아니라 미군 군속 또는 그들의 가족 신분을 가진 참고인에 대해서도 적극적으로 출석 요구하여 신속하게 수사를 진행하여야 한다.

② 출석요구서는 관할 미 헌병대장에게 서면으로 발부한다.

③ 출석요구서에는 피의자의 성명, 소속 계급 전화번호 출석 장소 출석시간 등을 명시하고, 미군당국의 공휴일 또는 국경일은 가급적 피하며 48시간 정도의 시간적 여유를 주어 발송함.

(8) 피의자 조사

(가) 피의자신문조서 작성

① 미국 정부대표를 출석케 하여 대표임명장을 접수한 후, 미국 정부대표 입회하에 피의자 신문조서 작성 등 실시

② 미국 정부대표는 불편부당한 입회자이어야 하며, 미국 정부대표와 변호인은 어떠한 신문에도 개입할 수 없음.

③ 조서는 한국어로 기재하되 소속과 성명은 반드시 영문으로 기재

(나) 피의자 신문조서의 서명

① 조서말미에 입회한 통역과 미국 정부대표의 서명날인을 받음

② 미국 정부대표가 참여하지 아니한 피의자 또는 피고인이 진술한 진술은 유죄의 증거로 채택되지 않음

③ 피의자가 서명 날인을 거부한 경우에는 그 사유를 조서에 기재하고 의사에 반해 서명을 강요하지 않도록 유의

④ 단, 피의자가 서명 날인을 거부하였더라도 조사관의 서명 날인과 미국 정부대표의 서명 날인이 있는 한 일반적인 효력에 영향이 없다.

⑤ 피의자 신문조서의 서명은 외국인 서명 날인에 관한 법률 준용

(다) 통역인 참여

통상 미군 당국에서 통역인을 동행시키는 경우가 많으나 이와는 별도로 반드시 통역인을 참여케 하여 피의자 신문조서 작성하고, 담당 경찰관이 영어에 능통하더라도 직접 영어로 신문해서는 안 되며 통역인을 참여케하여 신문하여야 한다.

(라) 변호인 참여

① 미군 피의자가 변호인을 선임하겠다고 하는 경우는 변호인의 참여시까지 신원을 확인하는 외에 피의자를 신문하여서는 안 된다.

② 체포시부터 변호인 참여시까지 형사소송법상 구속영장의 청구시한(48시간)이 일시 정지됨을 고지한다.

③ 피의자가 변호인을 선임하지 않은 경우, 피의자로부터 포기서에 서명을 받고 미국 정부대표에게도 피의자의 권리를 고지한 후, 동 포기서에 연명으로 서명케 한다.

(9) 기소시 신병인도 구속

① 살인 등 12개 중요범죄를 범한 SOFA 대상자는 기소시 또는 그 이후 미군으로부터 신병을 인도받아 구속 가능

㉠ 대한민국이 일차적 재판권을 가지고 기소시 또는 그 이후 구금인도를 요청한 범죄가 구금을 필요로 하기에 충분한 중대성을 지니는 아래 유형의 범죄에 해당하고, 그 같은 구금의 상당한 필요가 있는 경우 미군 당국은 대한민국 당국에 구금을 인도함.

㉡ 피의자가 범죄를 범하였다는 '상당한 이유'라 함은 피의자가 그 죄를 범하였다고 믿을 합리적 근거가 있다는 사법적 결정을 말한다.

㉢ 재판 전 구금의 '필요'라 함은, 피의자가 증거를 인멸하였거나 또는 인멸한 가능성이 있거나, 도주할 가능성이 있거나 또는 피해자 잠재적 증인, 또는 그들의 가족의 생명, 신체 또는 재산에 해를 가할 우려가 있다고 의심할만한 합리적인 근거를 이유로 피의자의 구금이 요구된다는 사법적 결정을 말한다.

② 살인 등 12개 중요범죄는 다음과 같다.

㉠ 살인

㉡ 강간(준강간 및 13세 미만의 미성년자에 대한 간음 포함)

㉢ 석방대가금 취득 목적의 약취 유인

㉣ 불법 마약 거래

㉤ 유통 목적의 불법 마약 제조

㉥ 방화

㉦ 흉기강도

㉧ 상기 범죄의 미수

㉨ 폭행치사 및 상해치사

㉩ 음주운전으로 인한 교통사고로 사망 초래

㉪ 교통사고로 사망 초래 후 도주

㉫ 상기 범죄의 하나 이상을 포함하는 보다 중한 범죄

(10) 사건송치

① 조서작성 단계에서 미군은 한국에 재판권이 없음을 항변하기 위하여 공무집행증명서를 제출하는 경우가 있으나, 재판권 귀속여부에 대한 판단은 검찰에서 하는 것임을 설득시키고 일단 피의자를 신문한 뒤 제출된 공무집행 증명서를 기록에 첨부하여 검찰로 사건 송치

② 중요사건 송치시 미군헌병대 또는 범죄수사대에서 조사한 진술서(번역문 포함)를 수사서류에 첨부하여 송치하는 것이 좋다.

Ⅲ. SOFA사건 수사시 유의사항

1. 범죄현장수사

SOFA 적용대상 범죄현장에서 미군 수사기관이 먼저 수사에 착수하여 현장을 관리하는 경우에도, 한국 수사기관은 미군 측의 협조를 얻어 독자적으로 현장조사를 실시하고 적극적으로 피의자 용의자 또는 참고인 조사를 할 수 있다. 한국 수사기관이 먼저 수사에 착수하여 현장을 관리하는 때에는 미군 수사기관이 독자적인 현장조사를 희망할 경우 협조한다.

2. 현행범 체포 등을 위한 미군시설 출입

미국 군대의 관계당국이 동의한 경우 또는 중대한 범죄를 범한 현행범을 추적하는 경우, 미국 군대가 사용하는 시설과 구역 안에서 체포가 가능하다. 미군시설 내에서 압수·수색·검증을 할 경우에는 미군 당국(관할미군헌병대장)의 동의를 받아 실시한다.

3. 무죄추정의 원칙과 프라이버시 존중

① 수사과정에서 무분별한 촬영 또는 언론보도로 피의자 또는 참고인의 프라이버시와 무죄추정의 원칙이 침해되지 않도록 한다.

② 사진기자 등을 수사기관의 내부로 초청 피의자 등의 사진 촬영하도록 하거나 면담토록 하는 일이 없도록 유의

4. 체포·구금된 피의자의 권리 존중

① 변호인과 통역인의 조력을 받을 권리

② 미국 대표와의 접견권 및 미국 대표의 참여권

5. 수사관련 자료 등 제출협조 및 분쟁조정

① SOFA대상 사건을 수사함에 있어 미군이 보관하고 있는 서류, 자료, 장부 등이 필요한 경우에는 미군에 자료제출 협조를 요청한다.

② SOFA 규정 위반사항이 발생할 경우 SOFA 담당검사가 미군 법무감 등과 협의하여 해결할 수 있으므로 위반사항이 발생하였다고 판단되면 즉시 검사에게 보고한다.

6. 손해배상

① 교통사고 폭행 등으로 인하여 한국인이 미군으로부터 피해를 입었을 경우 비록 미군에 대해서 형사재판권을 포기하더라도 민사상 손해배상을 청구할 수 있으므로 참고인 등의 진술서, 진단서 및 기타 증거서류를 수사기록에 첨부한다.

② 형사부분에서 미군의 범행이 입증되어야 민사상 손해배상에 유리하며, 손해배상 지급여부가 형사상 판결여부에 영향을 준다.

③ 공무수행 중 주한미군이 발생시킨 청구권 손해배상은 미군 당국이 75%, 한국이 25%를 분담한다.

편저자 소개

경북대학교 수사과학대학원 졸업(석사학위)
대구경찰청 "공채24기" 입직
대구지방경찰청 대구중부경찰서 형사과
대구운전면허시험장 시험관
대구성서경찰서 과학수사(화재조사관)
대구성서경찰서 과학수사팀장
대구강북경찰서 형사팀장
대구강북경찰서 수사지원팀장
대구강북경찰서 형사지원팀장
대구성서경찰서 강력팀장
대구달서경찰서 형사(강력)팀장
대구달서경찰서 여청청소년수사팀장
경찰공무원 34년 정년퇴직
"공무원 중앙제안" 경찰청 특별상 수상
(파노라마 VR을 이용한 사진동영상기법 개발)
대구경찰청장, 경찰청장, 행자부장관, 모범공무원(국무총리), 옥조근정훈장

현 계명문화대학교 경찰행정과 겸임교수
대구광역시 시교육청 학교폭력조사관
경북대학교 수사과학대학원 총동문회 고문
대한수사과학회 총괄이사 역임
경북대학교 수사과학대학원 총동문회장 역임
CFEI(국제공인화재폭발조사관, 미국)
화재전문수사관(경찰청)
방화관리자
위험물안전관리자

폴리페서PoliFessor 수사실무

초　판 | 2025년 4월 15일

편저자 | 김성환
발행인 | 공태현
발행처 | 법률저널
등록일자 | 2008년 9월 26일
주　소 | 151-862 서울 관악구 복은4길 50 (서림동 120-32)
전　화 | 02)874-1144
팩　스 | 02)876-4312
홈페이지 | www.lec.co.kr
ISBN | 979-11-7384-020-3 (13350)
정　가 | 44,000원